弥勒县人口和计划生育局

2006年2月21日国家人口计生委副主任赵白鸽到弥勒县视察计划生育优质服务情况和西三镇蚂蚁村委会可邑村小组民族生育文化新村建设情况

2007年6月以来，弥勒县人口计生局与县妇联共同开展育龄妇女生殖健康免费服务周活动。为育龄妇女免费服务

2008年弥勒县人口和计划生育工作认真贯彻落实《中共中央国务院关于全面加强人口和计划生育工作统筹解决人口问题的决定》精神，认真落实“黄牌警告”和“一票否决”制度，狠抓基层基础工作，强化孕前管理和服务，严格控制违法生育，全面完成了红河州州下达给弥勒县的各项责任目标，人口和计划生育工作呈现出生率低、自然增长率低和计划生育率高、避孕及时率高、农业人口独生子女办证巩固率高“两低三高”的良好势头。

人口基本情况：据弥勒县统计局公报，年末总人口515331人，当年出生人口4784人，出生率9.39‰，死亡人口2528人，死亡率4.96‰，自然增长人口2256人，自然增长率4.43‰。计划生育情况：据计生统计报表，计划生育率98.56%，综合避孕率87.40%，避孕及时率73.62‰。

2007年6月28日局长马艳秋（左一）、副局长陈家友（右二）和政策法规科长杨存柱（右一）深入独生子女家庭进行交谈

2007年10月28至30日在县总工会五楼会室召开《弥勒县计划生育系列保障项目启动暨计划生育业务人员培训会》

《和谐计生牵手国寿文艺晚会》

怒江州人口和计划生育委员会

2008年12月，省人口计生委郝青山主任（左三）一行深入怒江调研人口和计划生育工作。图为郝主任在福贡县计划生育服务站指导工作

全省药具工作会议期间与会代表现场参观六库镇小沙坝村委会。前排依次右为：省人口计生委副主任李善荣、省人口计生药具站长张丽萍、州人口计生委主任黄秀柏

怒江傈僳族自治州总面积14703万平方公里，辖泸水、福贡、贡山独龙族怒族自治县、兰坪白族普米族自治县，有29个乡（镇）260个村委会。

怒江是一个集边疆、山区、民族、宗教、贫困“五位一体”的民族自治州。全州国境线长449.5公里，占中缅边境的20%；全州98%以上的面积是高山峡谷，坡度在25°以上的耕地占总耕地面积的70%；境内居住着22种民族，全州总人口为52.04万人，已婚育龄妇女95569人，占总人口的18.3%，少数民族人口占总人口的92.2%，其中怒、独龙、普米三个民族为我州特有民族，是特少民族最多的地区，总人口有46500人，占总人口的8%；信仰宗教人口有12.3万，占总人口的25%，人口密度为每平方公里34人。（贡山8人、独龙江3人）。全州四个县均为国家扶贫开发重点扶持县，被云南省政府确定为云南扶贫攻坚的“上甘岭”。

近30年来，怒江州广大干部和计生工作者就如何按照人口与经济社会协调发展、遵循正确的方法和途径抓紧抓好计划生育工作、对人口问题进行综合治理进行了艰辛的探索和不懈的努力，人口过快增长的势头得到了有效的控制，人口出生率和自然增长率分别由1971年的37.25‰和24.3‰下降到2007年的13.6‰和7‰，分别下降了23.65和17.30个千分点；妇女总和生育率由6.02下降到2.2；计划外多孩率从1983年的46%下降到2007年的0.1%，下降了45.9个百分点；领取独生子女父母光荣证人数从459人增加到3517人；全州有26个乡（镇）实现了无违法多生育。人口生产水平已接近2.1的更替水平。人口再生产类型由高出生、高死亡、高增长向低出生、低死亡、低增长转变，提前五年实现了州委、州政府提出的“2010年人口自然增长率接近

州人口计生委主任黄秀柏与各县人口计生委签订责任书

怒江州采取多种形式广泛开展“关爱女孩”宣传活动。2006年，在全省“关爱女孩”知识竞赛活动中，我州荣获一等奖

全州计划生育科技培训班剪影

全省平均水平”的目标。开展计划生育以来，全州控制少生了13万人，由此产生的社会、经济和生态效益十分巨大。

人口的有效控制，减缓了就学、就医、就业的压力，为提高人口素质，加快怒江发展创造了良好的人口环境。由于控制人口和发展经济同步推进，使全州呈现出经济发展、民族团结、边疆稳定、人民生活水平不断提高的良好局面。2007年，全州国内生产总值49.13亿元，是解放初期的560多倍，是改革开放初期的94倍；粮食总产量16.66万吨，是解放初期的5倍，是改革开放初期的2倍；农民人均纯收入1232元，是解放初期的57倍，是改革开放初期的16倍，人均GDP跨越了400美元的温饱线，累计解决了22万群众的温饱问题，创造了怒江“人口少，资源多，后发展”的三大优势。

州人口计生委主任黄秀柏（右三）深入农村独生子女家庭了解奖励扶助政策落实情况

州人口计生委副主任杨芬（左三）深入秤杆乡了解计划生育“三结合”项目进展情况

州人口计生委副主任李仕泽深入基层为广大育龄群众宣传人口和计划生育奖励扶助政策

上江乡计划生育服务所

每年全州人口计生工作会议期间州人民政府与各县人民政府，州人口计生委与各县人口计生委签订责任目标书。图为州人民政府副州长密秀芳与各县签订责任目标书

2007年7月，怒江州计划生育协会第四次会员大会暨先进集体先进个人表彰大会在六库召开

临沧市人口和计划生育委员会

高峰（右一）副省长在沧源县与村计划生育宣传员座谈

市人口计生委主任王菊在镇康调研时与独生子女户座谈

临沧市人口和计划生育委员会是主管全市人口和计划生育工作的政府工作部门，内设办公室、发展规划科、宣传法规科、科学技术科、流动人口计划生育管理办公室等5个职能科室，2008年末共有干部职工17人。

自实行计划生育后，特别是“十五”以来，全市各级人口计生部门解放思想、务实创新，全市人口计生工作取得了重大突破，为全市经济社会协调可持续发展作出了积极贡献。一是人口增长得到有效控制。1972年至2008年，出生率由29.48‰下降到12.74‰，自然增长率由20.68‰下降到6.12‰，计划生育率提高到96.79%，妇女总和生育率下降为1.9左右，实现了历史性的突破。二是“奖优免补”工作成效明显。全市共有32735户农业人口办理了独生子女父母光荣证，占全市农业人口一孩户的41.73%。三是基层人口计生服务网络日趋完善。全市共建成1个市级计划生育服务站、8个县级服务站、74个乡镇服务所。配备专业技术人员363人，中高级人员48人。四是人口计生整体工作全面推进。宣传教育、流动人口计划生育管理服务、综合治理出生人口性别比攀升、计划生育优质服务创建、出生缺陷一级预防、推广使用安全套

市人口计生委在临沧电台开设政风行风热线接受社会监督

市人口计生委到沧源县勐省镇开展计划生育优质服务三下乡活动

预防艾滋病、依法治理等各项工作稳步推进，人口计生事业全面发展。

2006-2008年，在全省双线责任目标的考核中连续三年获一等奖。期间，市人口计生委被中国人口学会表彰为全国党校人口理论教学和科研工作先进集体，被市委、市政府表彰为党风廉政建设先进集体，被市人民政府授予人口和计划生育工作先进集体荣誉称号；永德县被表彰为全国婚育新风进万家活动先进县；云县被表彰为全国奖励扶助先进县；原凤庆县县长李华松同志获第一届云南人口奖；凤庆县创建为全国优质服务先进县，云县、临翔区创建为省级优质服务先进单位，凤庆县新华乡等26个乡镇创建为市级优质服务先进乡镇。全市人口计生系统有近100名干部受到国家、省级表彰奖励。

2008年3月省人口计生委主任郝青山在云县调研

全市2006年人口和计划生育工作会议现场

省计生协领导到永德县乌木龙乡检查计划生育基金扶持项目

市人口计生委在镇康召开中心组学习会议

云县人口学校开展婚前培训

景洪市人口和计划生育局

签订09年目标责任状

认真开展人口计生咨询活动

春节慰问独子户

2006年，在市委、市政府的正确领导和州人口计生委的具体指导下，在市人大、市政协的法律和民主监督下，通过各有关部门的大力配合和全体计生工作者的共同努力，人口和计划生育政策及法规不断深入人心，执法力度不断加大，工作范围不断拓宽，有力地促进了全市人口与计划生育事业的健康发展，取得了较好成绩。

2006年，全市总人口273224人（不含农垦、流动人口）。当年出生2418人，出生率8.81‰；计划生育率94.33%，比去年同期上升了0.55个百分点；死亡率5.02‰；自然增长率3.79‰。全市已婚育龄妇女58716人，综合节育率90.15%；当年施行计划生育手术2318例；避孕及时率73.23%。当年女性晚婚率33.26%，早婚率10.61%。全市有计划生育专职干部职工61人，村级计生宣传员86人，村民小组计生信息员738人。

2007年，在市委、市政府的正确领导和州人口计生委的具体指导下，在市人大、市政协的法律和民主监督下，通过各有关部门的大力配合和全体计生工作者的共同努力，我局紧紧围绕各级党委政府中心工作和责任目标要求，明确任务，突出重点，采取有效措施，狠抓落实，完成了人口计生工作各项任务。

2007年，全市总人口276368人(不含农垦)。当年出生2612人，出生率9.42‰，死亡率4.56‰，自然增长率4.86‰。全市已婚育龄妇女60051人，计划生育率96.82%，综合节育率89.78%，当年施行计划生育手术1763人，长效节育率76.27%。当年女性晚婚率30.94%，早婚率10.36%。全市有计划生育专职干部职工61人，村级计生宣传员86人，村民小组计生信息员738人。

2008年景洪市人口和计划生育工作坚持以十七大精神为指导，认真学习贯彻《中共中央、国务院关于全面加强人口与计划生育工作统筹解决人口问题的决定》、《中共云南省委、人民政府关于进一步加强人口与计划生育工作统筹解决人口问题的决定》(以下简称《决定》),以提高出生人口素质、千方百计降低生育水平、统筹解决人口问题为目标,坚持以人为本,深入贯彻落实科学发展观,结合实际,采取措施,建立健全依法管理、村(居)民自治、优质服务、政策推动、综合治理的长效工作机制,不断提高人口计生工作的整体水平。2008年,通过各有关部门的大力配合和全体计生工作者的共同努力,较好完成了上级下达的工作目标任务。

2008年,全市辖区户籍总人口为384150人,人口出生率为9.52‰,死亡率4.97‰,人口自然增长率4.55‰,计划生育率96.36%,出生人口性别比为110。全市已婚妇女70525人,落实各种避孕措施的有63825人,节育率为90.5%,长效节育率达83.07%,领取《独生子女父母光荣证》12471户。

到乡镇开展培训

到基层开展宣传

责任目标汇报会

大理市人口和计划生育局

省政协领导到大理市检查指导人口计生工作

2006 年大理市的人口和计划生育工作取得了较好的成绩。至 2006 年末，全市总人口达 603199 人，年增长率为 12.00‰，年内出生 4749 人，出生率为 7.92‰；年度自然增长率为 3.34‰，年度出生人数中符合计划生育政策 4749 人，计划生育率为 100.00％。全市期末领取独生子女父母光荣证人数为 35135 人，与上年相比增 2476 人，增幅为 7.58％，领证率创历史最高水平。

2007 年大理市的人口与计划生育工作取得了较好成绩。2007 年，全市总人口达 608386 人，年内出生 4847 人，其中计划内出生 4844 人，年出生率为 8.00‰，与上年同期相比增加 0.08 个千分点，自然增长率为 3.23‰，与上年同期相比下降 0.11 个千分点，计划生育率为 99.94%。期内女性初婚 2217 人，初婚率为 3.67‰，与上年同期相比上升 0.19 个千分点。全市领取独生子女父母光荣证 36387 人，与上年同期相比增加 1252 人，领证率为 23.34%。

州计生委领导到大理市检查指导工作

大理市的人口与计划生育工作经过多年的努力，初步形成了以科学发展观为指导，切实推进工作重心由控制人口数量为主向统筹解决人口问题转变；工作导向由强调国家利益向兼顾国家利益和个人利益转变；工作方法由行政制约为主向依法管理、政策导向、优质服务和综合治理转变。确定了以稳定低生育水平、

加强人口计生队伍素质培训

大力实施出生缺陷干预工程，提高出生人口素质

大理市委、市政府领导高度重视人口和计划生育工作，严格实行“黄牌警告”、“一票否决”等制度，实行责任目标管理

提高出生人口素质、统筹解决人口问题为主要目标任务；重点抓了出生缺陷干预工程、独生子女奖励扶助工作、流动人口计生管理服务、优质服务、合同管理、村（居）民自治等工作。将人口数量、素质、安全保障等问题进行综合考虑，统筹解决，促进了人口与经济、社会协调和可持续发展。

2008 年年底，全市总人口达 613741 人，年内出生 4716 人，年出生率为 7.72‰；年内死亡 2866 人，死亡率为 4.69‰；自然增长率为 3.03‰，计划生育率为 99.98%。

广泛开展婚育新风进万家宣传活动

分析研究新时期人口和计划生育工作

强化宣传教育，动员社会各界积极参与人口和计划生育工作

腾冲县人口和计划生育局

联合国人口基金驻华代表希瑞女士（左一）到腾冲检查防艾项目

腾冲位于云南西部边陲，总面积5845平方公里，辖18个乡镇，221个村民委员会，2008年末总人口642348人。现有1个县级计划生育服务站、4个乡镇中心服务站。人口计生干部329名，其中村级计生宣传员229名。腾冲县人口和计划生育工作在县委、县政府的重视下，在省、市人口计生委的指导下，努力实现四个坚持，推动人口计生事业发展：始终坚持议全局、抓大事，推动人口和计划生育工作主动融入经济社会发展大局；始终坚持干实事、求实效，全力推进各项工作落到实处；始终坚持突难点、求创新，积极探索适应新形势新任务的新思路、新举措；始终坚持加强作风建设和党风廉政建设，努力培养对人民群众的深厚感情。

市、县领导观摩腾越镇尚家寨村计划生育听证会

在交通要道设立大型广告牌宣传人口和计划生育工作

计划生育服务站咨询服务室常年免费开展咨询服务

2007年6月，中国人口学会党政干部教育分会第二届理事会在腾冲召开

腾冲县人民政府县长（左四）出席2007年人口和计划生育工作会议

腾冲县实行计划生育30年来，少生人口26万人，仅社会抚养费就节约了55亿元，还避免增加26万人的衣、食、住、行、入学、就业、养老等一系列问题。无论是对于各种资源的节约，还是对我县国民经济的持续增长，均有重大的战略意义和现实意义。人口和计划生育工作取得了显著成绩，为腾冲的经济发展、社会进步和人民生活水平的提高做出了巨大的贡献。

2008年，据腾冲县统计局公报表明全县出生7742人，比上年减少299人，出生率12.1‰；年增长人口5066人，比上年减少2552人，自然增长率6.59‰，比上年下降0.25个千分点；死亡人口3525人，年末总人口642348人。

2006年度 副县长李艳，被省委、省政府授予计划生育先进工作者称号；张正达，被省人口计生委授予宣传教育先进工作者称号；尹立波，被省人口计生委授予药具管理先进工作者称号；尹仁辉，被省人事厅、省人口计生委授予计划生育先进工作者称号。

2007年度 孟刚贤，被省委、省政府授予新农村建设优秀指导员称号；王兴竹、金榆林，被中国计生协授予计划生育协会先进工作者称号；刘定育，被省人事厅、省人口计生委授予计划生育先进工作者称号。

2008年度 彭安俊，被省人事厅、省人口计生委授予计划生育先进工作者称号；周新华，被省委、省政府授予防治艾滋病（2005—2007）三年人民战争先进个人称号；杨明丽，被省计生宣教中心授予宣传培训业务工作特殊贡献奖称号。

腾冲代表队参加全市“关爱女孩”行动知识竞赛

计划生育服务车在村社巡回服务，技术服务人员为农村妇女讲解生殖健康知识

建水县人口和计划生育局

局长　郭邦林

县人口计生局参与三下乡活动

改革开放三十年，建水县人口增长速度得到有效控制，全县育龄妇女的总和生育水平逐步下降。实行计划生育三十年，全县少生人口15万余人，连续20年完成州政府下达的人口与计划生育指标任务，连续20年保持了基本无多孩县，连续多年被评为全州人口计划生育一等奖。

建水县委政府始终把人口发展纳入国民经济和社会事业发展的总体规划，用科学的发展观统领人口计生工作，实行双目标责任管理，严格执行"黄牌警告"和"一票否决"制度，积极探索新形势下稳定低生育水平的新措施、新办法，综合运用法律、行政、教育、经济等手段治理人口问题，人口与计划生育现代化、信息化服务网络逐步形成，实现了人口计生工作的新跨越。2007年全县总人口507398人，其中，已婚育龄妇女达10.02万人，计划生育率和自然增长率由1978年的20.99‰和14.54‰下降到2007年的10.29‰和4.47‰，计划生育率和综合节育率由1996年的90.64%和89.5%分别上升到2007年的98.15%和89.68%，截止2007年12月低，全县农业人口领取《独生子女父母光荣证》的户数达7032户。工作思路由单纯控制数量向稳定低生育水平、统筹解决人口问题转变，工作标准由注重完成人口计划向提高群众满意度转变。

建筑面积为2600平方米的计划生育服务站和乡镇10个服务（所）已达规范化管理。服务站2000年投入使用以来，设有门诊、治疗康复室、化验室、宣传室等，多年来始终坚持以人为本、面向基层、服务群众的宗旨，内强素质、加强管理，为育龄群众开展以生育、节育、不育为重点的生殖健康系列化优质服务，拓宽服务项目，赢得了群众誉赞。

总结建水县人口计生工作的成功经验主要是：长效机制初步建立，政府行为不断强化；基层基础工作进一步加强，人口控制能力明显增强；计生干部责任感增强，人口计划全面完成；农业人口独生子女家庭奖励兑现到位，激励机制取信于民；服务领域拓宽，统筹解决人口问题的能力增强；技术服务水平提高、群众满意率提升。

"稳定低生育水平，统筹解决人口问题，促进人的全面发展"，仍然是人口和计划生育工作今后一个时期重大而艰巨的任务，工作的重点在农村、难点在流动人口。在新的历史时期，新的人口问题突现出来，要求全县各级计生干部必须站在新的高度，迎接挑战、有所作为，促进人口与经济、社会、资源环境相适应，推进全县人口和计划生育工作又快又好发展。

局长郭邦林深入独生子女贫困家庭中

局长郭邦林总结上年工作、对下年度工作安排布置

团结务实的领导班子

泸西县人口和计划生育局

泸西县人口和计划生育工作，在县委、政府的高度重视下，在省、州人口计生委的关心和指导下，坚持以人为本，全面协调可持续的科学发展观，坚持党政“一把手”亲自抓、负总责，重大活动亲自参与，遇到困难和问题亲自解决，切实加强计划生育队伍建设，依法行政、强化宣传、深化服务，不断创新人口和计划生育工作思路、机制和方法。2005年，荣获“全国计划生育协会工作先进单位”；2006年，荣获“全国人口和计划生育先进集体”，“全国计划生育优质服务先进县”等称号；2007年，全县出生率为8.16‰，自然增长率4.13‰，符合政策生育率97.92%，全县呈现低生育水平。

县委、政府召开（县、乡、村干部及计生宣传员）全县人口与计划生育工作会议

人口计生政策法规宣传，进村发放到户

部门配合、精心组织、开展活动

出生缺陷干预工作进村入户、服务到人

避孕药具发放服务上门

景谷县人口和计划生育局

局长　郑映勇

局领导深入基层走访慰问双女户

景谷人口计生局坚持和落实科学发展观，紧紧围绕人与自然和谐发展这一根本任务，以完成责任目标为中心，以进一步稳定低生育水平为核心，以实施农业人口独生子女家庭奖励政策，抓好人口控制，推进优质服务，加强流动人口计划生育管理工作为重点，认真落实“黄牌警告”和“一票否决”制度，狠抓基层基础工作，严格控制违法生育，全县人口和计划生育工作继续保持健康发展态势。

领导调研人口和计划生育工作

出生缺陷一级预防检查服务

勐海县人口和计划生育局

勐海县隶属西双版纳傣族自治州，位于云南省南端，西双版纳州西部，西和南与缅甸接壤，国境线长 146.6 公里。土地面积 5511 平方公里，是一个以傣族为主的哈尼、拉祜、布朗等 13 种少数民族等杂居，以种粮、糖、茶等种植为主的典型的边疆少数民族直接过度地区。全县辖 5 个 6 镇，85 个村民委员会，9374 个村民小组。截止 2009 年 6 月 30 日全县总人口为 321146 人。其中，已婚育龄妇女 65997 人，占总人口的 20.24%。

勐海县境的人口总量，在新中国成立以前发展缓慢，地广人稀。中华人民共和国成立后，县境人口总量发展迅速。于 1964 年开始成立县计划生育领导小组和办公室，主要职责是宣传倡导节制多生育。1985 年 6 月，县计划生育协会成立。1988 年 4 月，县计划生育协调委员会成立。1990 年至 1991 年成立了计划生育委员会，各乡镇配专干，并相应组建县计划生育服务站。乡建立所，服务站的建立，标志着县境有了一支专门为计划生育服务的专业技术队伍。

在县委、县政府的关心重视和上级业务部门的指导下，勐海县计划生育优质服务工作于 2007 年获省计生委“优质服务先进单位”的称号，2008 年通过国家计生委考核获“国家级计划生育优质服务先进单位”的荣誉。

省计生委到我县检查调研工作

副州长黄珊、县委书记张兴检查、指导工作

开展人口日宣传

开展“少生快富”工作图片

昭阳区人口和计划生育局

市、区、办领导和负责人参加第十八个"世界人口日"活动

区委、区政府于2007年12月27日在温泉宾馆召开了全区2008年人口和计划生育工作会议，总结回顾了2007年人口和计划生育工作，及早安排布署了2008年工作，与20个乡（镇）、办事处签订了目标责任书。4月17日和8月7日，又分别召开了半年工作会和全区人口和计划生育工作会，认真查找存在问题和不足，及时制定工作措施，进一步完善以党政一据手亲自抓、负总责的工作责任制，严格执行"黄牌警告"和"一票否决"制度。

加第十八个"世界人口日"活动的领导为凤凰办事处、龙泉办事处的农村独生子女颁发慰问品

洒渔乡计生服务站

入户走访　调研调查

凤凰办事处凤霞文艺队自编自演的计划生育专场

云南省人口和计划生育

Yunnan Population and Family Planning Yearbook

年鉴

2006–2008

云南省人口和计划生育委员会 编

下

云南出版集团公司
云南人民出版社

《云南人口和计划生育年鉴》编辑委员会

《云南人口和计划生育年鉴》编辑部

目 录

contents

文山州人口和计划生育委员会

文山州

2006年

【概况】

2006年，在州委、州人民政府的正确领导下，文山州人口与计划生育系统认真学习领会和贯彻执行州委六届七次会议和州七次党代会以及州人大十二届一次全会精神，按科学发展观要求，求真务实、努力工作，把州委、州人民政府关于对人口和计划生育工作的要求深入领会在思想之中，全面落实在工作之中。

【统计数据】

文山州出生率为14‰，自增率为7.8‰，农业人口办理独生子女证10185户，违法超生201人(控制数为230人)。

【考核结果】

2006年，文山州获一等奖5个县：马关县、富宁县、西畴县、麻栗坡、广南县人口计生局；

获二等奖3个县：文山县、砚山县、丘北县人口计生局。

【制订“十一五”人口规划】

全面总结了“十五”工作，制订了“十一五”文山州人口与计生工作规划。同时，与州政协李春林副主席和科教文卫体委合作，开展了文山州人口发展战略研究，研究成果由李春林副主席主编并印制成书。

【“奖优免补”工作】

到2006年11月底，文山州农业人口办理独生子女证10185户，超额完成省、州下达任务。与有关部门配合，兑现了1万多农户每户1000元的奖金，兑现资金达1000多万元；文山州领取国家养老补助的60岁以上农民达5796人，兑现资金达380多万元；年享受160元奖学金的农业人口独生子女小学生达7469人，兑现资金119万多元；年享受260元奖学金的农业人口独生子女初中生达1853人，兑现资金共48万多元，以上共兑现资金1500多万元，这些资金全部发放到了农户手中。

【村民自治与优质服务工作】

抓住普法教育，制度建设、依法行政、执法监督等几个环节，努力规范计划生育工作法制建设。坚持计划生育合同管理，与广大群众“约法三章”，累计与25万多户农村群众签订了合同，实行政务公开，接受群众监督。全年共举办法规培训班155期，培训3826人(次)。制订下发了《文山州人口与计划生育村民自治试行办法》。制订出台了文山州《开展计划生育优质服务试行办法》。在文山、马关两县开展创建优质服务县活动，在其余6县开展创建优质服务乡(镇)活动试点。计划生育技术服务人员走村进寨，上门入户，坚持为群众提供免费、安全的技术服务。50万左右农村育龄妇女得到了免费的服务，全年为群众免费服务投入经费达400多万元。积极向省争取项目，文山、广南两县被列为省出生缺陷干预试点县，现两县正积极开展工作。免费发放了78.7万元的避孕药具。

【强化管理，把工作着力点放在基层】

强化了从州到县、乡的目标责任制，细化目标，突出特色，增强指导性和可操作性，做到层层任务明确、责任明确、奖罚明确。一是在资金安排上重点放在基层。二是坚持黄牌警告和工作通报制度，对工作造成重大失误的，实行通报或黄牌警告，对主要任务完成情况坚持一个月通报一次。三是加强对乡、村两级计生人员的培训，提高其思想、业务素质。乡一级计生部门坚持了工作上的“周报告、月例会”制度。四是抓了“奖优免补”资金使用情况的检查，严防虚报冒领和贪污、挪用、转移专项经费行为的发生。通过抽查，兑现农户的1000多万元资金，未出现挪用或贪污专项资金情况，也未接到这方面的举报。

【抓好国债资金项目，完善服务网络建设】

抓住国家实施“富民兴边”和加强县、乡服务站、所建设的机遇，积极做好项目的争取和实施，完善文山州计生服务网络的建设。上报争取到两个县服务站和七个乡服务所建设的项目，项目资金共400多万。2005年立项建设的马关县服务站、州药具站以及都龙镇、猛硐乡、田蓬镇三个乡服务所已建成并投入使用。

【建立或探索新的工作机制或思路】

一是按照州委的要求，把计生工作融入社会主义新农村建设，在文山州建设的小康村中，都有人口与计划生育的内容。二是积极探索人口与计划生育村民自治的民主管理机制，州人口计生委下发了方案，每个县选一个村民委为试点，年终对试点工作作了评估，取得了良好效果。三是为保障人口安全，控制出生人口性别比升高的问题，在文山州开展了“关爱女孩活动”。在调查的基础上，草拟《关爱女孩综合治理出生人口性别攀升的意见》上报州政府下文实施。四是积极探索流动人口计生工作服务和管理的路子，在文山州建立了流动人口信息交换平台。一年来，查验流入人口《婚育证明》51921人次，查验率为56.5%，办理《婚育证明》65927本。五是以文山、广南两县为试点，探索建立起维护育龄群众合法权益为中心，全面开展融宣传教育，避孕节育、优生优育、生殖健康于一体的优质服务体系。六是在州财政的支持和文化部门的配合下，在文山州102个乡（镇）举行计划生育政策宣传电影500场。广泛宣传计划生育法律法规和政策，有130多万群众观看，收到了很好的宣传效果。

【荣誉】

2006年文山州荣获云南省人民政府和省人口计生委年度目标责任考核一等奖。

2007年

【概况】

2007年，认真学习领会和贯彻执行党的十七大和《中共中央国务院关于全面加强人口和计划生育工作统筹解决人口问题的决定》（以下简称《决定》）及州委七届二次会议精神，全面贯彻落实科学发展观，紧紧围绕“控制人口数量，提高出生人口素质，逐步改善人口结构”的目标以及年度工作任务，求真务实、努力工作。

【统计数据】

文山州出生率为13.3‰，自增率为7.3‰，农业人口办理独生子女证5383户(任务为5000户)，违法多生育控制在人175人。

【考核结果】

2007年文山州获一等奖6个县：马关、富宁、丘北、砚山、文山、麻栗坡县人口计生局。

获二等奖2个县：广南、西畴县人口计生局。

【层层签订目标责任书】

为全面完成各项任务，制订了2007年度责任目标，采取“双线”签订责任书的办法，由州到县、县到乡层层签订责任书。在确保全面完成省任务的基础上，结合文山实际，制订责任指标。如：针对基层工作的实际，设置了创建优质服务乡（镇）的指标；设置了办理农业人口独生子女证的指标；设置了加强基层统计台账管理指标；设置了在各县都开展村民自治试点指标；设置了流动人口服务与管理指标。责任书签订后，州人口计生委组织人员深入县、乡了解各项任务完成情况，帮助基层解决困难和问题，适时总结经验，克服困难，推动任务的全面完成。

【“奖优免补”工作】

一是加大“奖优免补”政策宣传力度，制作宣传光碟和资料，与财政、文化等部门开展文山州农村“奖优免补”政策电影巡回放映活动，把宣传的重点放在农村，做到家喻户晓。二是截至2007年11月20日，文山州农业人口家庭独生子女办证5383户，占年初下达任务数的108 %。文山州累计办证农户达42467户，其中：享受国家养老补助的60岁以上农民6447人，兑现资金422.76万元；享受160元奖学金的农业人口独生子女小学生 8580人，兑现资金137.28万元；享受260元奖学金的农业人口独生子女初中生2363人，兑现资金61.438万元； 享受一次性奖金的农户4092户，兑现资金376.6 万元，以上资金约1000万元，这些资金全部发放到农户手中。三是为规范“奖优免补”档案工作，以对党、对人民高度负责的态度，使“奖优免补”档案既方便使用，又利于长期保存，制订下发了《文山州计划生育“奖优免补”档案管理规定》，使“奖优免补”档案以户为单位，县、乡两级长期保管，规范了管理；四是接受了省审计厅对州“奖优免补”资金管理使用情况的审计，通过审计，审计组认为：州“奖优免补”资金做到了专款专用，没有发生贪污挪用情况。

【依法行政工作】

按照州人民政府关于推进依法行政工作的要求，始终把依法行政工作作为一项重要工作狠抓落实。一是认真学习和宣传计划生育法为主的部门法，使广大计生工作者懂法、用法、依法行政；使广大群众知法、懂法、依法生育，维护自己的合法权益。下发了《文山州计划生育工作推进依法行政的通知》和《关于加强计划生育技术服务机构依法执业的通知》等文件，规范行政行为，推进依法行政。二是坚持实施计划生育合同管理，保障广大群众合法权益。三是严格行政程序，实行政务公开，八县县局和部门乡（镇）建立了便民服务窗口，公开办事程序，方便群众，解决群众办证难的问题。四是依法征收社会抚养费，征收费用全额上交财政，做到收支两条线，对违法生育的处理做到既严格执法又文明执法，不激化矛盾，不引发上访和闹事。五是做好群众的来信来访工作。开展了矛盾纠纷排查化解工作，对文山州计生系统四件重点信访件进行跟踪督查，做好矛盾纠纷化解工作.求决类信访件比上年同期减少65件，举报类信访比上年同期减少70件。文山州没有发生一桩因工作失误而引发的群众集体上访和恶性事件。六是加强流动人口计生服务和管理工作，召开了文山州流动人口服务管理工作会议，加强对此项工作的领导。加强了流动人口信息网络平台的运行，提高回复率，在文山州53个社区配置了流动人口计划生育管理人员。文山州流入育龄妇女37255人，查验婚育证明37171人次。为流动人员52523人出具婚育证明，免费提供避孕节育技术服务17402人次。与有关部门协调形成联动机制，加强管理、提供服务，流动人口计划生育管理服务工作得到加强。

【优质服务工作】

一是抓了创建优质服务县、乡工作，为开展好优质服务搭建平台。制订出台了《文山州乡（镇）计划生育优质服务方案（试行）》，坚持每年创建1个优质服务县和每县创建1个优质服务乡（镇），马关县被评为全国计划生育优质服务先进县，文山县被评为全省计划生育优质服务先进县。二是免费为农村群众提供服务，免费服务金额达700多万元，免费为发放80多万元的避孕药具。三是抓了技术服务人员的培训，提高其服务能力。制订了《文山州计划生育专业技术人员培训计划》，计划在两年内将文山州技术人员全部轮训一次，今年已轮训一半。

【出生缺陷干预与推安防艾工作】

文山、广南两县是出生缺陷干预试点县，两县认真组织实施，开展了基线调查，制订了方案，展开了宣传。两县免费服用"0.4mg叶酸片"的目标人群7420户，下拨试点经费139.3万元。参与防治艾滋病，免费发放安全套42万只，所有宾馆摆放了安全套。制作宣传活页7万多份，发出《致农民工一封信》3万余份。开展了关爱女孩和打击"两非"活动，综合治理性别比攀升问题。组织检查组对文山州八县进行了检查，并将检查情况通报了各县和有关单位。

【国债资金项目工作】

根据建设部、国家发改委关于批准《农村计划生育服务机构基础设施建设标准》及国家人口计生委《关于进一步加强县乡计划生育服务站建设的意见》的规定和要求，与有关部门配合，积极做好县、乡服务站（所）项目申报工作。上报了4个县级服务站以及32个中心乡服务所项目规划、申报说明、图片说明。完成了《文山州"十一五"农村基层计划生育服务体系建设项目规划书》。成立了项目建设领导小组，下发了《关于加强和规范文山州农村计划生育基层服务体系建设参照意见的通知》，加强对项目申报和建设工作。2007年省立项建设的富宁、麻栗坡两县县级服务站和其余九个乡级服务所正按要求顺利实施。西畴县计划生育服务站已批准建设，中央专项资金90万元已到位。

【计生协会工作】

抓了基层协会工作，在文山州新农村建设中建立了协会组织和"会员之家"，在流动人口中成立了计生协会10个，文山州协会会员达411225人。实施了"少生快富"、"幸福工程"项目，共投入资金40万元，项目覆盖人口6400余人，使部分群众增加了收入，加快了脱贫步伐。今年州计划生育协会被评为全国先进协会（全省州、市只有1个），马关县夹寒箐镇通寺村民委原计划生育协会会长权秀芬作为普通劳动者上了央视新闻联播节目和各大媒体。

【党风廉政建设工作】

认真按照《文山州2007年党风廉政建设责任制》要求，在文山州人口计生系统开展如何抓好党风廉政建设的讨论活动。组织党员干部认真学习了州委、州政府和州纪委关于反腐倡廉的各项规定，特别认真学习了中纪委《关于严格禁止利用职务上的便利谋取不正当利益的若干规定》，加强纪律和职业道德教育。开展了"加强作风建设、促进廉洁从政"和"三力建设"为主题的教育实践活动。制订下发《2007年党风廉政与反腐败工作的意见》，与机关科室、下属单位签订党风廉政建设责任书作。在文山州开展民主评议政风行风活动，向人大代表、政协委员、干部群众、相关部门和服务对象征求意见和建议，向农民群众发出调查问卷17000份，从收集的问卷统计，人民群众对人口计生系统政风行风建设的满意和基本满意率达97.8%。

【荣誉】

2007年文山州荣获云南省人民政府和省人口计生委年度目标责任考核一等奖。

2008年

【概况】

在文山州委、州人民政府的正确领导下，文山州人口计生工作坚持以科学发展观为指导，认真学习和贯彻执行党的十七大、十七届三中全会精神，认真学习和贯彻落实《中共中央国务院关于全面加强人口和计划生育工作统筹解决人口问题的决定》、《中共云南省委云南省人民政府关于进一步加强人口和计划生育工作统筹解决人口问题的决定》（以下简称《决定》）和州委七届三次、四次全会精神，控制人口数量，提高出生人口素质，逐步改善人口结构，保障人口安全，依法管理，优质服务，加强基础，开拓创新，文山州人口计生工作健康、稳定、持续发展。

【统计数据】

文山州委、州政府下达人口控制目标全面完成，人口出生率为13‰，人口自增率为6.9‰，同比下降0.4个千分点。违法多生育人178人。

【考核结果】

2008年文山州获一等奖2个县：马关、文山县人口计生局；

获二等奖3个县：富宁、西畴、麻栗坡县人口计生局；

获三等奖3个县：广南、砚山、丘北县人口计生局。

【“奖优免补”工作】

2008年继续推进 “奖优免补”工作，取得新成绩。文山州农业人口新办理独生子女证4240户，累计办理农业人口《独生子女父母光荣证》45927户。从中央和省争取到一次性奖励金282.6万元，养老扶助金383.74万元，特别扶助金99.072万元，教育“奖学金”179.8368万元，以上共计945.2488万元。加上州、县两级配套资金115.6092万元，共计1060.858万元，这些资金全部兑现给群众。

【依法行政工作】

27万多户育龄群众签订了合同，保障了广大群众合法权益。八县计生局和部分乡（镇）建立了便民服务窗口，方便群众办事，解决群众办证难的问题。依法征收社会抚养费，未出现乱罚款和贪污挪用现象。加大举报案件的查处力度，对群众举报的案件及时组成调查组，查清问题，对违法生育者依法进行处理，对举报不实的给予了澄清。开展大接访、大下访活动。做好群众的来信来访和矛盾纠纷化解工作，求决类信访件39件，同比减少175件；举报类信访件35件，比上年同期增加10件；咨询类信访件72件，同比减少1610件。到目前为止，文山州没有新发生一桩因工作失误而引发的群众集体上访和恶性事件。

【村民自治工作】

为推进农村人口计划生育民主管理工作，制订下发了《计划生育村民自治和生育文化村建设试行办法》。在文山州49个行政村开展了村民自治和生育文化村建设试点工作。并在马关县召开了现场会，学习马关经验，推动了文山州村民自治和新型生育文化向前发展，受到了省的好评。

【争取国债资金项目】

积极向省争取国债资金项目，改善县、乡计生服务网络。已争取到的有文山、广南、砚山、西畴4个县级服务站和文山马塘、西畴兴街镇、广南八宝3个乡（镇）服务所的建设项目，国债资金共计475万元，加上地方自筹资金约千万元用于站所建设，计生服务的能力和条件进一步得到改善。

【流动人口计生服务和管理工作】

建立和完善流动人口计生管理和服务信息平台，流动人口管理进入了信息网络化时代。免费为60多万流动人口提供免费避孕节育服务。文山州流动人口的信息管理工作得到了省人口计生委的通报表扬。

【为民服务工作】

为群众提供免费、安全的技术服务近1000万元，免费发放102万元的避孕药具，基本满足了群众实行计划生育需要。全年未出现医疗事故。

【实施出生缺陷一级预防新项目】

在文山、广南、马关、西畴四县开展了出生缺陷一级预防工作，安排了资金300多万元。共培训妇女58960人次，14630户群众得到免费药物。

【打击"两非"工作】

开展了打击"两非"活动。州、县召开部门联席会议。与卫生部门联发了加强B超管理的文件，组织有关部门对文山城区个体诊所的B超管理使用情况开展专项督查，加强了对个体诊所B超的管理。从报表数据看，文山州新出生男孩比例呈下降趋势，表明打击"两非"，加强B超管理收到了效果。

【荣誉】

1. 2008年文山州人口计生委荣获本年度文山州委组织的39个部门政风行风评议第一名；

1. 2008年文山州荣获云南省人口计生委年度目标责任考核一等奖。

文山县

2006年

【概况】

2006年文山县以“控制人口数量、提高人口素质、改善人口结构”为目标，以“满足群众需求，提高服务质量”为着眼点，以实施计划生育和生殖健康项目为载体，创新机制，积极探索行政管理、技术服务、群众工作三位一体的人口和计划生育工作新机制，不断提高文山县计划生育工作水平，为全面建设小康社会，积极构建和谐文山创造了良好的人口环境。

【统计数据】

2006年，文山县总人口43.8万人，净增2599人，年增长率9.58‰。出生4504人，出生率10.32‰。自增2599人，自增率5.95‰。计划外多孩出生22人。计划内出生4346人，计划生育率96.49%。已婚育龄妇女77857人，采取各种节育措施的68034例，综合节育率为87.38%，避孕及时率70.73%。

【“奖优免补”工作】

2006年文山县办理农业人口独生子女证1654户。累计办理独生子女证2869户；免除小学、初中农业人口独生子女“一费”1709人，15.22万元；养老生活补助397人，补助金46.06万元。

【宣传教育工作】

县、乡两级共出宣传栏116期，其中：县级5期，乡级111期；书写标语1520条；开展街头咨询69次，受教育人数达1493人次。其中：县级3次，咨询88人次；广播宣传1258小时；文山县干部培训180期，培训人数7500余人次；向州县各级、各部门及新闻单位报送信息、简报16期。发放《文山县委 县人民政府致文山县人民的公开信》、《云南省农业人口独生子女家庭奖励暂行规定》、《人口和计划生育法》等宣传资料29万份。总计投入经费10余万元。

【流动人口管理】

全年文山县以开化为中心，逐步建立健全流动人口计划生育管理台账，流入人口计划生育证明查验率达85%以上。流动人口信息交换平台正常开展。

【创建省级计划生育优质服务县】

一是加强基础设施建设。文山县16个乡镇建盖15所计生服务所，其中有13所基本做到人员、房屋、设备三配套。文山县计划生育部门配置19台计算机，加快了信息交流，提高工作效率。二是以流动服务车为载体，巡回到文山县16个乡镇及133个村委会的乡、村，开展向计生家庭送政策、送温暖、送服务活动。接县宣传咨询3560人次，发放宣传资料15000份，查环查孕总人数2728人，接受孕检总人数1497人，接受生殖健康服务1310例。

【推广使用安全套防治艾滋病】

开展了2期艾滋病知识培训，使群众对艾滋病的危害、传播途径和防治措施有了更进一步的了解，为开展全民防治艾滋病，打下坚实的基础。同时，向群众发放安全套75500只。

【计划生育协会工作】

文山县共有各级计划生育协会150个。其中：县级协会1个，乡级协会16个，村级协会132个，流动人口协会1个，会员之家45个，能正常开展活动。文山县还结合2005年小康示范村的建设，新建了3个会员之家，会员人数达4.3万人。

2007年

【概况】

文山县始终坚持以“控制人口数量、提高出生人口素质、改善人口结构”为目标，不断创新工作理念、工作内容和工作手段，不断深化计划生育优质服务。工作中，逐步改变过去重安排布置，轻检查落实的工作方式。做到年初早安排，半年检查落实，年终统一考核。将局机关，服务站的工作人员分片安排到各乡镇督促指导工作，提高了乡镇干部职工的思想认识和责任感，很多乡镇在抓烤烟生产、粮食生产等经济工作的同时，也加强了人口计生工作，使我县的各项人口和计划生育工作得到顺利的开展，逐步提高了文山县人口和计划生育工作整体水平，取得了较大的成绩。

【统计数据】

2007年底文山县总人口44.4万人，净增2491人，年增长率10.52‰。出生4245人，出生率9.6‰。自增2491人，自增率5.6‰。计划外多孩出生22人。计划内出生4143人，计划生育率97.5%。已婚育龄妇女77993人，采取各种节育措施的68112例，采取三术措施的62554例，综合节育率、三术率分别为87.3%、80.2%，避孕及时率72.84%。

【"奖优免补"工作】

农业人口家庭当年领取《独生子女父母光荣证》1011户，录入780户，占任务数670户的150.89%。到目前为止，文山县累计办理农业人口独生子女父母光荣证4901户；2007年为1537名农业人口独生子女发放教育奖学金合计2.7782万元，为513人兑现养老生活补助3.3425万元；农业人口已领取《独生子女父母光荣证》巩固率达到99.5%以上；农业人口新领取《独生子女父母光荣证》自愿率达到100%。

【流动人口计划生育管理】

随着文山县城市建设步伐的加快，中心城市的地位日益突出，流动人口的计划生育管理与服务成了工作的重点和难点。为了将流动人口的计划生育管理工作纳入本县、本乡（镇）和社区的经常性管理和服务范围，真正实现"与户籍地人口同宣传、同管理、同服务"的工作目标，文山县结合县情制订出台了一系列的政策、措施，对各乡（镇）常年进行有效指导和工作协助。同时，还充分利用文山县今年开展和谐社区建设试点工作的有利时机，组织人员深入到各个社区和街道开展工作，调动了社会各方面的力量，为流动人口计划生育管理与服务工作的顺利开展打下了坚实的基础。在管理、服务过程中，工作人员坚持依法行政，做到了持证上岗、文明执法，树立了人口和计划生育工作者的良好形象。据统计，2007年文山县流出人口2951人。其中：应办理流动人口婚育证明人数1876人，实际办证1806人，办证率96.27%；综合节育率达79.27%；流入人口28808人；应采取节育措施的3717人，实际采取的2385人（放环1861人，其他措施503人），综合节育率达64.16%；违法生育2人，查验流动人口婚育证明19675人。

【治理人口性别比】

按照有关要求，结合文山县工作实际，从2005年起，进行了对人口出生性别比偏高问题的治理工作。通过近2年来的工作实践，基本形成了县、乡服务站所和各医疗服务机构的管理体制，由文山县人口和计划生育局科技股配合卫生，药监等部门，对文山县范围内的医疗卫生机构进行清理、整顿，杜绝了非医学需要的胎儿性别鉴定，文山县的出生人口性别比逐步接近正常值。

【计划生育优质服务】

文山县在"省级优质服务先进县"的创建工作中，抓住"人口出生缺陷干预项目"和"对娱乐场所从业女性实施性病/艾滋病综合干预"等项目的实施，以项目的落实来促动优质服务工作的顺利开展。一是按照对娱乐场所从业女性实施性病/艾滋病综合干预项目的要求，组织了10余名工作人员对文山城区的宾馆、旅店、歌厅、美容美发等娱乐场所和服务性场所进行摸底调查，共调查了92家宾馆和18家娱乐场所及服务性场所以及72家美容美发厅，查出目标人群871人。对10名娱乐场所从业女性同伴教育宣传员组织开展了2次培训会，对目标人群进行了27期（次）培训，对1246人（次）从业女性进行了有关艾滋病防治知识和正确使用安全套知识的培训，面向文山县发放健康教育宣传资料10993份，项目期间共免费发放安全套10100只，免费为642名娱乐场所从业女性和育龄妇女进行了生殖健康检查。二是充分利用今年省政府批准我县实施“人口出生缺陷干预项目”试点的机会，不断深入广大农村进行“控制人口数量、提高出生人口素质、改善人口结构”和免费服用叶酸片的目的意义等宣传教育活动，从而促进和改变了农村群众对人口计和划生育工作长期以来的抵触思想和情绪。

2008年

【概况】

2008年文山县以党的十七届三中全会精神为指导，全面贯彻中共中央国务院《关于全面加强人口和计划生育工作 统筹解决人口问题的决定》，按照我县经济社会发展要求，围绕稳定低生育水平、统筹解决人口问题、构建和谐人口、打造民本计生的目标，依据“依法管理、村（居）民自治、优质服务、政策推动、综合治理”的工作方针，全面提升人口计生工作质量和服务水平，顺利完成本年度各项党政目标、业务目标、惠民目标。通过各级各部门的密切配合和文山县人口计生干部的艰苦努力，圆满完成了县委、政府及州计生委下达的各项工作任务。

【统计数据】

2008年底文山县总人口44.8万人，净增2465人，年增长率10.39‰。出生4207人，出生率9.42‰。自增2465人，自增率5.52‰。计划外多孩出生24人。计划内出生4085人，计划生育率97.10%。已婚育龄妇女79169人，采取各种节育措施的69361例，避孕及时率75.68%。

【“奖优免补”工作】

农业人口家庭当年领取《独生子女父母光荣证》633户，录入633户，占任务数560户的113.03%。2008年，文山县累计办理农业人口独生子女父母光荣证5278户；2008年为1717名农业人口独生子女发放教育奖学金合计31.332万元，为542人兑现养老生活补助34.91万元；农业人口已领取《独生子女父母光荣证》巩固率达到99.5%以上；农业人口新领取《独生子女父母光荣证》自愿率达到100%。

【流动人口管理】

2008年度文山县共清理查验登记625户，计1447人；清理违法生育人员65户，落实节育措施13例（放环）。流动人口信息交换平台运转正常，本县提交流入人员625条，反馈527条；外省提交查询1925条，已反馈1925条，反馈率100%。

【宣传教育】

深入贯彻中共中央国务院《关于全面加强人口和计划生育工作统筹解决人口问题的决定》，一是深入开展了生育文化示范村建设。注重“两个融入”，即把生育文化示范村建设融入新农村建设、融入文明社区建设，2008年新建了东山乡合掌村、追栗街镇硝厂村、开化镇振华社区等3个村民自治或生育文化示范村。二是开展丰富多彩的宣传活动。在元旦、“5·29”协会会员活动日、“法制宣传周”、“7·11”“世界人口日”、“艾滋病活动日”期间，县、乡两级举办了广场文化活动等大型集中宣传活动340场，印发各种知识卡片15万册，2万余群众受到教育。三是充分利用广告牌等现有资源，在文山各主要公路干道上安装12块宣传广告，普及人口计生知识，提升宣传质效。四是抓好业务培训。共举办各类业务培训班65期，共计培训6800人次。内容涉及规划统计、宣传教育、流动人口、政策法规、“基层基础避孕药具管理”、“出生缺陷干预知识”、“叶酸片使用方法”等培训。进一步提高了计划生育管理和服务水平。

【计划统计】

将提高统计数据质量作为重要工作来抓，加大了统计调查的力度，通过进村入户，重点抓好：一是建立人口与计划生育信息网络沟通平台。二是指导乡镇统计人员学习使用信息网络平台，并对系统数据进行核对，保证了统计数据账账、账实之间相符。三是对各乡镇计划生育服务所上报的计划生育报表进行严格审核，确保文山县统计数据真实准确。

【政策法规】

一是加强行政执法工作。建立健全了行政执法责任制、公示制、评议制、规范性文件备案制和执法过错追究制等制度，对计划生育行政执法程序进行了规范，及时清理、修改、废止了与现行法律法规相抵触的文件。到目前为止，文山县人口计生系统无一例违反计划生育“七不准”或因计划生育工作而引发的群体上访的事件发生。二是按照《条例》规定，严把审批关。对于申请生育孩子的，严格按照《云南省人口和计划生育条例》规定进行审批，按照《计划生育政策法规工作管理规范》要求，进一步规范申报程序，并做好调查及审批工作。2008年底，我局共审批一孩296例；审批二孩532例；审批三孩3例。无一例超审批时限，无一例违反政策审批。

【出生缺陷干预】

文山县巩固“省级优质服务县”为突破口，重点落实出生缺陷一级干预，初步形成了“政府主导、人口计生牵头、多部门协作、社会广泛参与”和集政策干预、社会干预、技术干预以及知识传播、健康教育和信息交流为一体的出生缺陷干预体系，收到了良好的效果。免费为文山县已婚待孕的农村妇女发放叶酸片预防神经管畸形，共发放叶酸片1508人份对新婚夫妇实行免费优生健康检查，全年接受优生咨询共计19190人次，加大了孕前、孕中、孕后干预。文山县出生缺陷一级预防目标人群孕前检查率达67.35%。

砚山县

2006年

【统计数据】

2005年10月至2006年9月，砚山县出生4198人，出生率9.35‰，其中计划内出生4006人，计划生育率95.43%；自增率5.33‰；计划外多孩出生37人，占年控制数38人的97%，比控制数少1人，其中常住人口计划外多孩出生29人，比控制指标30人少1人，流动人口计划外多孩出生8人；综合节育率86.09%，长效节育率80.95%，避孕及时率71%；完成农业人口独生子女办证1238户，其中：符合一次性奖励1182户，应兑现奖励金114.8万元，已兑现一次性奖励金117户（第一次直通车）；2006年养老生活补助对象566人，其中独男户279人，独女户238人，无子女户49人，补助总金额373075元；享受教育奖学金1129人202640元，其中小学生909人，初中生220人。

【宣传教育】

坚持宣传教育的首位意识不动摇。广泛深入地开展多形式、全方位的宣传教育工作，着力在转变群众婚育观念上下工夫。一是利用7·11世界人口日和3月、12月法制宣传月加大计划生育宣传力度，以开展婚育新风进万家和“三下乡”活动为载体，以第三批先进性教育活动、农村温饱村和小康村建设为契机，把人口计生工作纳入新农村建设中，利用广播电视、宣传车、宣传栏、宣传资料、党员干部会等多种形式，大力宣传人口计生法律法规、农业人口独生子女家庭“奖优免补”政策、生殖健康科普知识，营造良好的计划生育宣传氛围。二是加强平时入户面对面的宣传，做到“三上门”，即送《人口与计划生育法》、省《条例》及相关法律法规上门，送生殖健康知识上门，送避孕药具上门，利用黑板报、宣传栏、标语、婚育科普加强对育龄群众的教育，进一步增强了广大育龄群众计划生育意识，提高了计划生育的自觉性。三是深入开展“关爱女孩”行动。县人民政府成立以分管人口计生工作的副县长为组长、宣传部、人口计生局、卫生局等有关部门领导为成员的关爱女孩行动综合治理出生人口性别比偏高问题工作领导小组，明确职责，按照“宣传教育为主、优惠政策导向、优质服务推动、依法治理保障”的工作思路，全面实施关爱女孩行动。积极组队参加州人口计生委举办的“关爱女孩行动知识竞赛”，获得全州一等奖，并参加云南省人口计生委组织的“关爱女孩行动知识竞赛”。全年投入宣传经费35万元，开展宣传活动352次，受教育10.8万余人，发放宣传品24万余份，书写固定标语748条，出动宣传车宣传89次，举办党员干部培训86期，受教育3900人次，召开群众会352次，受教育5万余人，县乡、村公示栏128块。对新婚夫妇、一孩夫妇举办生殖保健、婚育基础知识、法律法规知识培训332期，受教育1万余人。出宣传栏、黑板报899期，宣传品入户率90.8%，政策知晓率95%。

【依法行政】

一是抓建章立制。从制度建设入手，制订和完善一系列制度和规章，形成系统完整的制度体系，内容涉及重大行政决策，照顾再生育审批，违法生育处理，社会抚养费征收，流动人口管理，病残儿医学鉴定，奖扶金发放管理以及《生育证》、《流动人口婚育证明》办理程序等人口计生管理工作的各个方面，把计生行政管理全部纳入依法管理。二是抓行政执法责任制落实。完善集宣传、学法、守法、执法、监督于一体的执法责任制，明确各执法环节和岗位的职责、任务，严格执法考核评议和执法过错责任追究，杜绝执法不严、随意执法。三是抓执法监督。严格遵守计划生育执法工作“七个不准”的规定，完善规范性文件备案和重大案件报告制度。针对重点、难点、热点问题适时组织开展专项调查和执法检查，严格执行公示、公开、评议制度；加强信访工作，健全受理解决群众投诉举报的长效机制。全年举办法规培训91期，培训4085人（次），按程序依法审批并办理《生育证》3345本（其中：一孩2211本，二孩1122本，三孩12本），违法生育行为查处立案192件，查处160件，查处率83.33%。受理群众来信来访34件次，做到了事事有交待，件件有落实，结案率100%。

【“奖优免补”】

深入宣传“奖优免补”政策。自2004年6月施行“奖优免补”政策至2006年9月30日止，砚山县农业人口新办证5165户，是砚山县实行计划生育工作到2004年6月1日前269户的18倍。2006年新办农业人口《独生子女父母光荣证》1238户。符合享受养老生活补助对象566人。有1129名中小学生享受到教育奖学金。

【优质服务】

积极开展避孕节育、优生优育、生殖保健、防病治病、咨询随访五位一体的优质服务。全年为广大育龄群众提供优质、免费技术服务折合人民币30万余元。义务为育龄妇女开展查环、查孕、查病及生殖保健检查44557人次。免费发放避孕药具折价达10万余元。

【基层基础工作】

加强基层基础工作，把计生工作融入新农村建设之中。坚持以“村为主”的工作模式，做到任务布置和管理服务到村、督促指导到村、宣传教育到村、优质服务到村、考核评估到村。加强台账建设和管理，坚持周报告、月例会制度，做到底子清、情况明、管理规范、台账运转正常。积极探索人口与计划生育村民自治管理机制，以盘龙乡三合村民委为试点，依法推行“人口与计划生育村民自治”工作。建立以“村民委负总责，村计生协会为骨干，村民搞自治，群众当主人”的自治格局，坚持合法、务实、双向、平等的原则，制订自治章程、计划生育村规民约及计划生育协约，印制村民自治手册发到农户，保障群众知情权、参与权、决策权、监督权。深入开展“关爱女孩”行动。按照“宣传教育为主、优惠政策导向、优质服务推动、依法治理保障”的工作思路，全面实施关爱女孩行动。加强流动人口管理和服务。社区配置流动人口专职管理员，建立流动人口管理台账。建立流动人口信息交换平台，信息交换平台有专人管理，运转正常。

【计划生育协会】

以小康村及温饱示范村建设为载体，在31个小康村及温饱示范村中建立21个计划生育协会“会员之家”活动室，围绕“协会服务行动拓展年”和“婚育新风进万家”、“关爱女孩行动”主题，以“5·29”、“科技活动周”以及计划生育“科技活动周”为平台，积极开展优生优育、生殖健康、预防艾滋病等科普知识宣传。在抓好原扶持脱贫致富户巩固工作基础上，利用项目资金在干河、盘龙、江那、阿猛4个乡镇4个村新扶持24户计划生育重点户和特困户发展种养殖业。砚山县有协会组织103个，会员47962人，占砚山县总人口的10.62%。依法推行“人口与计划生育村民自治”工作，增强了村民自我教育、自我服务、自我管理的民主议事意识，保障了群众知情权、参与权、决策权、监督权。

2007年

【统计数据】

砚山县总人口456054人，出生4756人，出生率10.48‰；自然增长率6.63‰；计划内出生4552人，计划生育率95.71%；计划外多孩出生30人，比上年同期减少11人；综合节育率85.98%；长效节育率81.27%；避孕节育措施及时率70.5%；完成农业人口独生子女办证638户，占任务数600户的106.3%。

【宣传教育】

广泛深入地开展多形式、全方位的宣传教育工作，着力在转变群众婚育观念上下工夫。一是充分利用各种纪念日和农村重大节日活动，以开展婚育新风进万家和“三下乡”活动为载体，以开展“作风建设”和“三力”主题教育活动、农村温饱村和小康村建设为契机，把人口计生工作纳入新农村建设中，利用广播电视、宣传车、宣传栏、宣传资料、党员干部会等多种形式，大力宣传对人口计生法律法规、农业人口独生子女家庭“奖优免补”政策、生殖健康科普知识。二是以县、乡（镇）人口学校和村宣传室为阵地，以“奖优免补”工作为重点，对育龄群众分班次举办多层次、多形式的生殖保健、婚育基础知识、法律法规培训。三是加强科学文明进步的婚育观念宣传，促进群众生育观念转变。结合婚育新风进万家活动，大力开展“男女平等”、“生男生女一样好”、“关注女孩”就是关注民族的未来等内容的宣传，积极营造有利于女孩健康成长的宣传环境。全年开展宣传活动55次，受教育5万余人，发放宣传资料10万份，开展咨询服务85次，出动宣传车55次，举办基础知识教育130期，出墙报、黑板报555期，举办党员干部培训111期，受教育7万余人，召开各种形式的群众会125次，受教育2万余人，新增固定标语245条。

【依法行政】

一是抓“一法三规”、省《条例》和中央《决定》的学习，增强各级干部和人口计生工作人员依法行政的观念和自觉性。二是制订和完善一系列制度和规章，形成系统完整的制度体系，内容涉及重大行政决策，照顾再生育审批，违法生育处理，社会抚养费征收，流动人口管理，病残儿医学鉴定，奖扶金发放管理以及《生育证》、《流动人口婚育证明》办理程序等人口计生管理工作的各个方面，把计生行政管理全部纳入依法管理。三是抓行政执法责任制落实。完善集宣传、学法、守法、执法、监督于一体的执法责任制，明确各执法环节和岗位的职责、任务，严格执法考核评议和执法过错责任追究。四是全面推行村务、政务公开。严格遵守计划生育执法工作“七个不准”的规定，严格执行公示、公开、评议制度；完善规范性文件备案和重大案件报告制度。针对重点、难点、热点问题适时组织开展专项调查和执法检查，充分发挥群众监督和舆论监督的作用。五是加强对信访案件的查办、督办，健全信访制度和受理解决群众投诉举报的长效机制，切实解决群众反映的实际困难和问题，维护群众的合法权益。全年受理群众来信来访案件34件，做到事事有交待，件件有落实，信访案件结案率100%。违法违规生育案件192件，已立案192件，查处160件，结案率83.33%。

【“奖优免补”】

2004年6月1日实施“奖优免补”至2007年9月30日止，砚山县农业人口办理《独生子女父母光荣证》5803户，是砚山县实行计划生育工作到2006年6月1日前农业人口办证269户的21.6倍。2007年新办农业人口《独生子女父母光荣证》638户。

【优质服务】

一是按照“人性化服务、零距离接触”的工作理念，坚持完善技术服务网络，全面推进以技术服务为重点的计划生育优质服务。二是充分利用农闲时节，开展避孕节育、优生优育、生殖保健、防病治病、咨询随访五位一体的优质服务。砚山县统一调配两辆计划生育流动服务车，分别巡回11个乡（镇）、2个农场开展查环查孕、技术服务和法律法规宣传工作，出动流动服务车93台次，深入到170个村寨实施计划生育手术151例，开展生殖保健服务2869例，查环、查孕2419例，提供避孕药具1109人，宣传咨询12522人次。全年共施行计划生育手术8211例，免费为育龄群众查环、查孕、查病44557人次，开展随访25034人次，咨询17152人次，生殖保健服务73317人次。年内免费发放避孕药具10万余元，免费为广大群众提供技术服务40万余元。

【基层基础工作】

一是加强乡、村两级管理，把强化基层基础管理工作作为人口计生工作的关键来抓，坚持以“村为主”的工作模式，做到任务布置和管理服务到村、督促指导到村、宣传教育到村、优质服务到村、考核评估到村。二是坚持适时抽样调查方式，对乡（镇）上报的各种数据、执法情况进行抽查核实，发现问题及时指出，并督促改正。三是加强台账管理，坚持周报告、月例会制度，做到底子清、情况明、管理规范、台账运转正常。四是推进人口与计划生育村民自治管理机制，积极开展“计划生育村民自治”创建活动。在八嘎乡三星村民委实施整村推进，保障了群众在人口计生工作中的知情权、参与权、决策权、监督权，实行计划生育的自觉性不断得到提高。五是加强流动人口管理和服务。社区和流动人口较多的村民委设置了流动人口专职管理员，建立了流动人口管理台账。流动人口信息交换平台运转正常，全年提交信息34条，反馈信息966条。

【计划生育协会】

大力发挥协会作用，扩大群团组织的参与面。年内整建99个基层计生协会组织，在14个小康和温饱示范村新建村小组协会会员之家14个，有会员47926人。围绕“三结合”、“少生快富”等项目，争取省、州有偿项目资金4万元，在3个乡（镇）4个村23户计生重点户和特困户中发展种养殖业，促进了农民增收。同时，认真抓好中国计生协会预防性病艾滋病知识的宣传项目工程，积极组织实施推广使用安全套防治艾滋病工程。

【队伍建设】

根据州人口计生委《关于转发省人口计生委关于开展“下评上”活动有关事宜的通知》要求，以贯彻落实《中共中央国务院关于全面加强人口与计划生育工作统筹解决人口问题的决定》为主线，以加强领导干部作风建设和行业作风建设为核心，以解决群众反映强烈的热点难点问题为重点，开展了政风行风“下评上”、发放并请相关部门评计生和《请农民兄弟姐妹评议计生问卷调查表》2050份，经过梳理，满意率达到97%以上。计生干部队伍建设得到加强，履行公务能力明显提高。组织乡（镇）助理员11人参加了省人口与计划生育干部培训，选派技术骨干1人到南京参加生殖健康培训，选派12人到县中医院培训B超，1人到文山州医院妇产科培训。

2008年

【统计数据】

砚山县总人口为459518人，人口自然增长率为6.35‰。出生4616人，其中计划内4430人（一孩2648人，二孩1765人，多孩17人），出生率为10.08‰。计划生育率为95.97%。计划外多孩出生30人，占控制数31人的96.7%。综合节育率为86.52%，优选节育率为82.10%。避孕节育措施及时率为71%。完成农业人口独生子女办证518户，占州下达任务480户的107%。符合一次性奖励对象479户，应兑现奖励金46.5万元，2008年养老生活补助对象547人，其中独男户296人，独女户251人，发放补助金额35.33万元；享受教育奖学金1394人(小学1048人，初中346人)发放金额25.764万元。砚山县2008年共有符合享受计划生育家庭特别扶助对象107人，其中因独生子女伤残每年符合享受960元的12人（城镇居民7人，农村居民5人）；因独生子女死亡每年符合享受1200元的95人（城镇居民8人，农村居民87人）。共符合享受农村计划生育家庭参加新农合个人缴费全额资助的13412人，其中农村独生子女家庭13039人，只生育两个女孩且采取绝育措施的农村夫妻373人。

【宣传教育】

始终坚持宣传教育的首位意识不动摇，广泛深入地开展多形式、全方位的宣传教育工作，着力在转变群众婚育观念上下工夫。在春节前后农闲时节、法制宣传月、科技活动周等，认真开展婚育新风进万家和“三下乡”活动，充分利用广播电视、宣传车、宣传栏、党员干部会、新农村建设等多种形式，加大宣传人口计生法律法规、“奖优免补”政策、生殖健康科普知识。全年共开展宣传活动35

期，受教育2.8万余人，发放宣传品4万余份，对新婚夫妇、一孩夫妇举办生殖保健、婚育基础知法律法规知识培训87期，受教育4229人次，发放宣传资料4500余份。在全国人口文化宣传教育月活动中，积极与文化部门协调配合，创编人口计和划生育文艺节目，组织开展宣传活动，编排和录制的《瑶山红门酒》，代表云南省参加了由国家人口计生委主办的全国文艺节目调演评审，获全国选送节目二等奖。

【依法行政】

认真贯彻落实人口计生“一法三规”、省《条例》、国家计生委“七个不准”的规定。坚持依法行政、便民维权，尊重群众的知情选择权、参与权、监督权，保障群众的合法权益。一是抓人口计生法律法规和政策的学习，真正做到有法可依，有法必依，执法必严，违法必究；二是制订和完善行政审批程序，内容涉及重大行政决策，照顾再生育审批，违法生育处理，社会抚养费征收，流动人口管理，病残儿医学鉴定，奖扶金发放管理等人口计生管理工作；三是抓行政执法责任制落实。完善执法监督责任制，明确执法岗位的职责和任务，严格执法考核和执法过错责任追究；四是全面推行政务公开。严格遵守计划生育执法工作“七个不准”的规定，严格公示、评议制度；完善规范性文件备案和重大案件报告制度。针对重点、难点、热点问题适时组织开展专项调查和执法检查，充分发挥群众监督和舆论监督的作用；五是加强对信访案件的办理，健全信访制度和受理解决群众投诉举报的长效机制，切实解决群众反映的实际困难和问题，维护群众的合法权益。全年按程序依法审批《生育证》3791本，其中一孩2332本，二孩1454本，多孩5本，清理历年尾欠118户。受理群众来信来访案件5件，办结5件，信访案件结案率100%。

【奖优免补】

广泛深入宣传和贯彻落实“奖优免补”政策，在抓好组织动员和落实各项奖励政策的基础上，扎实开展了对奖励扶助对象的入户见面核实工作，对所有对象的资格认定、资金兑现等情况进行了见面核实、公示。全年共办理农业人口《独生子女父母光荣证》518户。砚山县至2008年止，农业人口累计办证6321户，是砚山县实行计划生育工作到2004年6月1日前269户的23. 5倍。符合享受养老扶助对象547人，经核实当年新增48人，退出54人；兑现独生子女保健费2074户，25.98万元。按照国家和省的要求，认真组织开展计划生育家庭特别奖扶摸底调查和申报工作，砚山县共有107人符合享受特别奖扶政策，其中农业人口92人，非农业人口15人；独生子女死亡的95人，独生子女伤残的12人。

【优质服务】

按照“人性化服务，零距离接触”的工作理念和为育龄群众提供“安全、有效、免费、及时、方便”的计划生育技术服务扎实推进人口计生优质服务。一是充分利用农闲时节送技术、送服务、送政策进村入户，在各乡（镇）、服务站（所）抓好常规生殖健康优质服务的基础上，调配两辆计划生育流动服务车，巡回各乡（镇）、农场开展查环查孕、技术服务和法律法规宣传工作，两辆服务车共行驶4396公里，深入到128个村寨，查环查孕3254例，放环68例，取环50例，为群众提供免费避孕药具713人（次），开展生殖保健服务254例；二是积极开展医学监护，做好孕前服务，预防和减少计划外怀孕，及时为群众提供优质的计划生育技术服务，共开展孕检环检53289人（次），放环5312例，取环1508例，施行补救手术389例，为“四查对象”开展生殖保健检查人均达2.2次；开展出生缺陷干预工作，有偿提供叶酸185人（份）；与云南省关爱妇女生殖健康项目办合作，深入到206个自然村，为3393名已婚育龄妇女开展生殖健康普查，为4347名已婚育龄妇女进行了红外线乳腺检查和阴道镜检查，项目直接投入经费5.82万元，为群众节约了46.44万元的检查费用；三是认真推广安全套防治艾滋病工程，扩大宣传，积极动员全社会行动起来防治艾滋病，进一步落实宾馆、车站等公共娱乐服务场所安全套的摆放工作，在原安装自动发（售）套机的基础上，今年又在城区和公路沿线乡（镇）新增安全套自动发套机20台，使安全套覆盖率、摆放率、重点人群使用率均达100%；四是做好避孕药具管理工作，县服务站由一名副站长兼任药具管理站站长，配备了2名专职药具管理人员，砚山县11个乡（镇）计划生育服务所93个村委会、7个社区配备了兼职管理人员。县、乡（镇）、村三级都建立健全了规范的药具管理台账，运转正常，使药具计划编制执行率达100%，使用药具对象领到免费药具率95%以上。

【基层基础工作】

一是认真贯彻落实《中共中央、国务院关于全面加强人口和计划生育工作统筹解决人口问题的决定》以及省、州人口计生工作会议精神。并针对人口计生基层基础工作薄弱环节等突出问题，强化工作职责，落实工作措施。二是加强乡、村两级的管理，把强化基层基础管理工作作为人口计生工作的关键来抓，坚持以“村为主”的工作模式，做到任务布置和管理服务到村、督促指导到村、宣传教育到村、优质服务到村、考核评估到村。三是加强对乡（镇）工作的检查指导，发现问题及时指出，督促改正。四是加强台账管理，坚持周报告、月例会制度，切实做到底子清、情况明、管理规范、台账运转正常。五是为提高县、乡计生技术人员的业务素质，积极选送2人到州医院，12人到县级医院学习。

【流动人口管理】

针对流动人口流动性大，底子不清，管理难的状况，狠抓城区流动人口的人口计划生育管理和服务，建立了流动人口的管理台账。重点抓好城区流入人口的清理登记和乡（镇）流动人口的登记建档，共登记流入人口21345人，查验婚育证明1541人，责令补办189人，查处违法生育人员6人，免费提供避孕套1000余盒，与房屋出租户和用工单位签订《流动人口管理合同》155份（出租房屋协助管理合同88份、个体企业协助管理合同67份），乡（镇）登记外出务工人员15869人，办理《流动人口婚育证明》1595人；回复流动人口信息交换平台信息2447条，提交信息113条。

【村民自治和生育文化合格村创建】

按照“建章立制、村务公开、民主管理、优质服务”的要求，本着分类指导，先易后难，示范带动，均衡推进的原则，在干河乡红舍克村民委开展村民自治工作，在红舍克村和小竜白村开展创建生育文化合格村活动。制订实施方案，开展基线调查，与群众签订协约书，建立健全各种民主评议和公示制度，印制发放1000余本《村民自治和生育文化手册》，签订计划生育协约书850份，对红舍克村75名1—10岁适龄儿童免费体检；按照建设生育文化大院的标准，投入资金5万余元，购置图书，桌椅等在红舍克村和小竜白村各建设一个生育文化书屋。积极协调文化部门指导村文艺队编排计生文艺节目，使群众用身边的事教育身边的人，在保障群众在人口计生工作中的知情权、参与权、决策权、监督权的同时，最大限度的丰富群众的文化生活，提升生育文化口味，不断提高群众实行计划生育的自觉性。

【计生协会】

先后出动服务车12台次开展协会发展宣传服务活动，发放宣传资料2300份，为群众查孕查环1800人次，开展生育关怀活动，走访慰问独生子女户96户，积极推进“少生快富”工程，扶持独生子女户，筹资4万元，在维摩土围城、干河红舍克扶持养殖户15户，种植业4户，帮扶20户计划生育户（双女户2户，独生子女18户）。

西畴县

2006年

【综述】

西畴县人口和计划生育局在县委、县人民政府的领导下，在省、州计生主管部门的帮助指导和西畴县各级各部门支持和配合下，坚持以邓小平理论、“三个代表”重要思想和党的十六大、十六届四中、五中全会精神为指导，以计划生育基本国策为总揽，以控制人口过快增长、全面提高人口素质为己任，认真贯彻执行了《中华人民共和国人口与计划生育法》、《云南省人口与计划生育条例》和全州人口、资源、环境工作座谈会以及县委、县人民政府关于人口与计划生育工作的会议和文件精神，坚持以控制计划外多孩、提高持证生育率和避孕及时率为重点，积极推行云南省农业人口独生子女家庭“奖优免补”政策，切实加强计生队伍建设，严格依法行政，强化合同管理，完善服务网络，改善服务条件，推进优质服务，落实工作措施，较好地完成了2006年的人口和计划生育工作任务 。

【统计数据】

（一）. 人口出生率

2005年10月1日至2006年9月30日止，西畴县共出生人口2349 人，人口出生率为9.37‰，比上年的9.30‰上升了0.07个千分点。

（二）. 计划外多孩生育

年内共出生计划外多孩6人，占州下达年计划控制数10人的60%，计划外多孩生育率为0.26%。

（三）. 计划生育率

计划内出生2264人，其中：一孩1363人，二孩880人，多孩21人，计划生育率为96.38 %，比上年的95.61%上升了0.77个百分点。

（四）. 人口自然增长率

2006年自然增长人口919人，人口自然增长率为3.66‰，比上年同期的3.90‰下降0.24个千分点。死亡人口1430人，人口死亡率为5.70‰，比上年同期的5.40‰上升0.3个千分点。

（五）. 避孕及时率

2006年有生育和做过补救措施的已婚育龄妇女2445人，在六个月内有1712人采取了长效避孕节育措施，避孕及时率为70.02%。

（六）. “奖优免补”

到2006年9月30日止，西畴县共有农业人口一孩家庭户5596户，目前，已有3087户申请办理了《独生子女父母光荣证》占51.48%。其中2006年办领768户，占州下达计划750户的102.4%。

【健全领导机构、加强队伍建设，确保工作顺利开展】

人口和计生局注重请示汇报和协调工作，积极主动地争取各级党委、政府对人口与计划生育工作的领导，把人口与计划生育工作纳入重要议事日程，与西畴县经济、社会的发展计划同布置、同落实、同考核，并围绕“严格控制人口过快增长，全面提高人口素质”的目标要求抓好各项工作措施的落实。一是结合实际适时调整充实了县、乡人口与计划生育工作领导小组，使西畴县人口与计划生育工作真正形成了党政一把手亲自抓、分管领导具体抓、其他单位配合抓的良好态势；二是结合实际抓好业务培训工作，使西畴县人口与计划生育工作真正形成了指导、管理、服务一体化；三是定期不定期地组织本系统干部职工学习各种会议、文件精神，开展警示教育活动等，全体干部职工的思想素质、业务素质、职业道德水平和综合办事能力得到进一步提高，有力地推进了人口与计划生育工作的顺利开展。

【加大宣传力度，确保认识提高】

为进一步提高广大人民群众尤其是已婚育龄人群对计划生育法律、法规和相关政策知晓率。人口和计生局充分利用各种媒体、载体，以各种节假日和重大活动为契机，加大宣传力度。一是采用板报宣传82期，橱窗宣150传期，标语宣传800多条（幅），广播宣传50期；二是借各种节假日和重大活动上街设点宣传65场（次），印发资料2万余份，发放《计划生育生殖健康综合服务证》850 册，《法律法规》手册1000册，《人口与计划生育知识问答》600册；《关爱女孩行动知识竞赛题库》和《全国关爱女孩行动知识普及暨竞赛活动百题问答》共100余份；三是以乡镇、村民委员会为阵地开展计划生育法律、法规知识和相关政策的骨干培训10期；五是与县文联加强协调。以《畸阳新声》刊物为载体，专门开设人口与计划生育专栏进行广泛宣传。六是制作挂历4000多份发放到西畴县农业人口独生子女户中大力宣传“奖优免补”政策。通过宣传，使人口与计划生育法律法规和相关政策深入民心，有效地促进了广大群众生育观念的转变、增强了执行计划生育政策的自觉性和主动性，西畴县人口计生工作的整体水平得到明显提高。

【深入贯彻“奖优免补”政策，控制人口过快增长】

为尽快遏制西畴县人口过快增长的势头，积极引导广大群众转变生育观念，进一步降低生育水平，促进西畴县人口、经济、社会、资源、环境的全面、协调、可持续发展。县人口计生局在取得成功经验的基础上，结合县情特点，从以下几方面做好工作：一是结合实际调整充实了 “奖优免补”工作领导小组和办公室，为贯彻实施“奖优免补”工作提供了组织保证；二是为把工作落到实处，在摸清西畴县农业人口一孩家庭户底子的同时，采取与乡镇计划生育服务所签订目标责任书的方式将指标分解到乡镇抓好落实，真正做到上有人抓、下有人管，层层落实；三是县人民政府将农业人口独生子女家庭“奖优免补”工作经费纳入县级财政预算，2006年共预算50万元，为“奖优免补”工作提供经费保证；四是结合实际，严格按照“三公开”、“三公示”、“一评议”制度抓好奖励政策的实施；五是县人口计生局实行干部职工挂钩联系乡镇工作制度，年终视任务完成情况兑现奖惩。六是采取会议、专栏、广播、标语、电视、印发资料等方式加大宣传力度，确保“奖优免补”政策的宣传贯彻不留死角，做到家喻户晓，人人皆知。西畴县共完成农业人口独生子女家庭办证数768户，占计划数750户的1002.4%，超额完成了州下达任务。符合享受奖学金的有893人，其中初中生175人，小学生718人，符合享受“养老补助费”的有254人，年底已将一次性奖金、养老补助金及教育“三免费”全部兑现。

【搞好服务，强化培训，依法打击违法生育行为】

为切实抓好计划生育基本国策的贯彻落实，确保西畴县人口和计划生育工作的顺利开展，县计生局在认真贯彻执行计划生育法律法规的同时，认真抓好各项工作措施的落实。一是实行机关干部职工挂钩联系乡（镇）工作制度，并层层签订了目标责任书，使西畴县人口和计划生育工作形成横向、纵向网络化；二是对已婚育龄妇女实施计划生育/生殖健康综合服务证管理；三是认真贯彻落实避孕节育技术服务免费政策，为自觉实行计划生育的育龄夫妻开展免费节育服务；四是加强对违法婚姻、生育一孩、二孩妇女、双女户、一非一农户、贫困家庭户避孕节育措施的调查和登记，限期落实了节育措施，五是认真开展计划生育法律法规和相关业务知识的培训，尤其是加强对《人口与计划生育法》、《行政处罚法》的学习和运用，及时制止、打击和处理各种计划生育违法行为。一年来，西畴县共处理违法生育户81户，其中申请县人民法院强制执行51户，使广大群众从中受到了教育，有效地维护了计划生育法律法规的严肃性和权威性，保证了计划生育基本国策在西畴县得以较好落实。

【加强计划生育合同管理，规范育龄人群的生育行为】

推行计划生育合同管理是实现“两个转变”的一大举措，是不断提高西畴县人口与计划生育工作整体水平的目标要求，也是加强流动人口计划生育管理的重要措施。西畴县共签订各类管理合同3126份，占应签订数3236份的96.6%，其中，已签订落实避孕节育措施合同596份，占应签订数615份的96.89%；签订生育间隔合同912份，占应签订数913份的97.9%；签订流出人口计划生育管理合同630份，占应签订数701份的89.58%；签订流入人口计划生育管理合同167份，占应签订数168份的99.4%；签订房屋出租户、用工者单位协议53份，占应签订数53份的100%；签订终身只生育一个孩子合同768份，占应签订数的100%。

【狠抓计划生育优质服务，促进生殖保健观念的转变】

为深入贯彻《计划生育技术服务管理条例》，对实行计划生育的育龄夫妇免费提供避孕节育服务。全年共为育龄群众开展优质服务16299人次，其中，放环3501例，取环747例，查环5499人（次），查孕1581人（次），查病2417人（次），发放避孕药具19540 盒（板）。在技术服务起点低、资源匮乏、设备简陋、力量薄弱的情况下，充分利用现有卫生技术力量和现有设备，最大限度地满足育龄群众的需求，走出了一条计划生育技术服务资源与卫生医疗资源整合的新路子，形成了资源优势互补，为生殖健康服务的良好态势，有力地推进了广大育龄群众生殖保健观念的转变，促进了人口和计划生育工作顺利开展。

【扎实开展优质服务试点乡、计划生育村民自治试点村和“双优乡镇”的创建工作，树立婚育新风，促进乡风文明，增强计划生育村民自治能力】

根据州的有关会议和文件精神，县人口计生局结合实际，适时组织工作人员深入乡镇开展计划生育法律法规的宣传、优质服务、婚育新风进万家和计划生育村民自治等活动。把柏林乡列为优质服务试点乡，以树立婚育新风，促进乡风文明为重点，以优质服务为载体，把少生、优生、优育、生殖健康等生育文化传播到村村户户，有力地提高了育龄群众的生殖健康水平，推动了农村生育文明，重男轻女、早婚早育、多子多福等旧观念得到明显转变。同时，把蚌谷乡大吉厂村民委员会列为计划生育村民自治试点村，配合制订实施方案、计划生育村规民约等，并严格按照实施方案，狠抓工作措施落实，认真开展村民自治，促进民主管理，充分尊重育龄群众的民主权利，真正实现了人民群众在计划生育工作中的自我教育、自我服务、自我监督、自我管理。把兴街镇列为“双优乡镇”，采取措施抓好落实，有力地推动了西畴县人口与计划生育工作顺利开展。

【协会建设明显加强，纽带作用发挥较好】

计生协会是党委、政府联系群众的桥梁和纽带，也是做好人口和计划生育工作的一支重要力量。为切实抓好此项工作，县人口计生局严格按照“面向基层、注重实效、好中求快、巩固提高”的发展方针，把计划生育协会的建设与文明村、小康村、沼气池村、普法依法治理试点村、计划生育村民自治试点村的建设有机结合起来狠抓落实。2006年，共建立县、乡、村计划生育协会1767个，发展会员40193人，其中，县级团体协会29个，乡（镇）协会10个，村委会协会70个，村民小组协会1658个；建立协会“会员之家”86个。各级计生协会组织紧紧围绕计划生育工作的具体目标和任务在广大群众中大力宣传了人口与计划生育的各种法律、法规和政策，积极发动群众参与温饱示范村、小康示范村等的建设，使贫穷落后的家乡面貌得到了改变，生活水平明显提高，为西畴县经济和社会的健康协调发展作出了积极的贡献。

【积极配合县委县人民政府抓好中心工作，确保扶贫措施落实到位】

一是定期不定期地抽调工作队员深入扶贫挂钩联系点----法斗乡老寨村民委员会体察民情，帮助群众解决实际困难。如资助改善村委会办公条件、帮助村寨维修乡村公路，为贫困子女购买学习用具等。二是深入烤烟联系点---蚌谷乡干海子村民小组帮助烟农抗汗抢栽烟苗，无偿借款1.4万元给烟农购买化肥和煤炭，帮助烟农缓解了燃眉之急，为西畴县烤烟生产作出了积极的贡献。三是积极参与扶贫挂钩联系点（法斗乡老寨村委会）开展新型农村合作医疗工作的宣传贯彻和实施。

2007年

【综述】

2007年，西畴县的人口和计划生育工作以中国特色社会主义理论为指导，认真落实科学发展观，坚持以人的全面发展为落脚点，以中共中央、国务院《关于全面加强人口和计划生育工作统筹解决人口问题的决定》为纲领，以降低生育水平为工作第一要务，紧紧围绕西畴县人口计生工作目标任务，不断提高人口计生工作管理和服务水平。为西畴县经济社会的健康协调发展营造了宽松的人口环境。

【统计数据】

到2007年12月31日止，西畴县总人口为252470人。出生人口2313人，人口出生率为9.18‰，比上年同期的9.05‰上升0.13个千分点；出生计划外多孩6人，占州下达年计划控制数12人的50%；计划内出生2224人，其中：一孩1308人，二孩897人，多孩19人，计划生育率为96.15%，比上年同期的96.13%上升0.02个百分点；自然增长人口885人，人口自然增长率为3.51‰，比上年同期的3.45 ‰上升0.06个千分点。死亡人口1428人，人口死亡率为5.67‰，比上年同期的5.6 ‰上升0.07个千分点；西畴县共完成计划生育“三术”任务3470例，占计划数3400例的102.06 %，比上年同期的3617例增加147例。到2007年12月31日止，西畴县累计有已婚育龄妇女47073人，已落实各种节育措施40031人，综合节育率为85.04%；有生育和做过补救措施的已婚育龄妇女2717人，在六个月内有2039人采取了长效避孕节育措施，避孕及时率为75.05%；共施行计划生育补救手术408例(引产115　例、人流293 例)；完成农业人口《独生子女父母光荣证》办证数298户，占州下达计划280户的106.43%。落实并兑现教育奖学金1038人18.828万元（初中816人，小学222人），落实养老生活补助267人17.305万元。

【健全机构、加强队伍建设，确保工作顺利开展】

人口和计生局注重请示汇报和协调工作，积极主动地争取各级党委、政府对人口和计划生育工作的领导，把人口和计划生育工作纳入重要议事日程，与经济、社会的发展计划同布置、同落实、同考核，并围绕“贫困山区要致富，计划生育是出路”和“严格控制人口过快增长，全面提高人口素质”的目标要求抓好各项工作措施的落实。一是结合实际适时调整充实了县、乡人口和计划生育工作领导小组，使西畴县人口和计划生育工作真正形成了党政一把手亲自抓、分管领导具体抓、相关单位配合抓的良好态势；二是切实抓好业务培训工作，使西畴县人口和计划生育工作真正形成了指导、管理、服务一体化；三是定期不定期地组织本系统干部职工学习各种会议、文件精神，开展警示教育活动等，全体干部职工的思想、业务素质、职业道德水平和综合办事能力得到进一步提高，为全面推进人口和计划生育工作奠定了良好基础。

【宣教先行，提高认识】

为进一步提高广大人民群众尤其是已婚育龄人群对计划生育法律、法规和相关政策知晓率。使之真正转变生育观念、变被动接受为自觉行动，县人口和计生局充分利用各种媒体、载体，以各种节假日和重大活动为契机，加大宣传力度。据统计，一是采用板报宣传170期，橱窗宣传150期，标语宣传1000多条（幅），广播宣传155期；二是制作宣传挂历4000多份、宣传展板41 块，永久性宣传牌（搪瓷）30余块分发到各乡镇进行广泛宣传；三是借各种节假日和重大活动上街设点宣传35场（次），印发资料10000余份，发放《计划生育生殖健康综合服务证》2000多册，《法律法规》手册1500册，《人口与计划生育知识问答》1700册；四是以乡镇、村民委员会为单位开展计划生育法律、法规知识和相关政策的骨干培训共21期。

【以落实“计生利益导向机制”为载体，深入贯彻“奖优免补”政策，推动西畴县人口计生工作新格局的建立】

为尽快遏制西畴县人口过快增长的势头，积极引导广大群众转变生育观念，进一步降低生育水平，促进西畴县人口、经济、社会、资源、环境的全面、协调、可持续发展。县人口和计划生育局在认真总结2006年工作中取得成功经验的基础上，结合县情特点，进一步加大工作措施的落实力度。一是结合实际调整充实了 “奖优免补”工作领导小组和办公室，为贯彻实施“奖优免补”政策提供了组织保证；二是严格按照“三公开”、“三公示”和“一评议”制度抓好奖励扶助政策的具体内容、奖励对象条件、奖励对象确认程序和一次性奖励对象、享受“奖学金”对象、享受“养老补助”对象的公开、公示和评议工作；三是赢得县人民政府的支持，把农业人口独生子女家庭“奖优免补”经费纳入了县级财政预算，并将县级配套经费及时足额拨付到农业人口独生子女奖励资金专户，为西畴县“奖优免补”工作的顺利开展提供经费保障；四是加大宣传力度，确保“奖优免补”政策的宣传贯彻不留死角，做到家喻户晓，成人皆知；五是采取签订目标责任书的方式分解相关指标，真正做到上有人抓，下有人管，层层落实；六是组织各乡（镇）对奖励扶助对象作了全面的摸底、调查、抽查、汇总、输入、上报等工作，确保零误差。

【强化依法行政，树立计生法律权威】

西畴县现有计生执法人员41名，为使执法人员牢固树立依法行政观念、增强依法行政责任、提高执法能力和技巧。一是在要求执法人员持证上岗、亮证执法同时，切实加强指导和监督，进一步提高了他们的调查取证和依法办案的水平。二是定期不定期地开展计生执法人员培训工作，认真讲解了《人口与计划生育法》、《行政处罚法》等法律法规的学习、研究和运用，有效地提高了计生执法人员政策理论水平。三是加强违法案件的审查力度。根据有关法律法规，从事实是否清楚、材料是否齐全、证据是否充分、取证是否合规、程序是否合法、适用法规是否正确、标准是否恰当、征收决定书制作是否规范等方面进行严格审查，从根本上保证了西畴县对违法生育处理的依法进行，违法生育处理做到了事实清楚，证据确凿，适用法规正确，处理标准恰当。四是加强对违法婚姻、生育一孩、二孩妇女、双女户、一非一农户、贫困家庭户避孕节育措施的调查和登记，限期落实了节育措施。五是加强社会抚养费征收、管理和使用制度。建立健全违法生育户的台账，依法征收社会抚养费。在管理上，统一征收标准，统一设置收入账户，坚持收入结算制度和检查制度，实行专款专用。

【狠抓信访工作，构建和谐计生】

一是明确任务，落实责任。县人口计生局就把计生信访工作列入全年工作的重要议事日程，要求各乡（镇）计生服务所把解决初信初访作为一项重要工作来抓。二是分清重点，抓住关键。在组织人员认真排查计生矛盾纠纷的基础上，针对容易形成的上信上访，集中力量解决。主要抓了求决类和揭发举报类这两个难点和重点案件的落实。三是实行领导包案。重大复杂案件领导亲自查办，对群众反应的一些热点、难点问题及时妥善解决，避免因问题久拖不决而引起的上信上访。四是强化信访工作时限。做到急件随到随办，一般件不超过1个月，重大复杂案件不超过3个月。五是公开查处，接受群众监督。凡是群众检举揭发的信件，都必须查实，减少因不知情而引起的重信重访、集体上访和越级上访。这些措施的落实，有力地促进了西畴县计生信访问题的解决，2007年，西畴县共受理群众来信来访 15 件，办结15件。结案率为100%，全年无越级上访和集体上访。

【强化合同管理，规范生育行为】

推行计划生育合同管理是实现“两个转变”的一大举措，是不断提高西畴县人口与计划生育工作整体水平的目标要求，也是加强流动人口计划生育管理的重要措施。西畴县共签订各类管理合同2510份，占应签2600 份的96.5%，其中，已签订落实避孕节育措施合同836份，占应签订数848 份的98.5%；签订生育间隔合同577份，占应签订数583份的 98.9%；签订流出人口计划生育管理合同697份，占应签订数749份的93%；签订流入人口计划生育管理合同265份，占应签订数267份的99.2%；签订房屋出租户、用工者协助管理流动人口计划生育合同153份，占应签订数的100 %。

【建立联动机制，强化服务措施，抓好流动人口管理】

一是与片区民警、村（居）委会计划生育宣传员和公安协管员密切配合，定期排查，互通信息。

二是实行“以房管人”的方式，以房屋出租户为流动人口管理基本单位，建立“人房”对应关系，与房屋出租户签订协管合同，实行先登记后租房，充分达到资源共享，信息共用，共同堵塞漏洞。

三是加强技术服务，改变工作作风，从硬性管理向规范化、人性化管理发展，真正做到了流动人口与常住人口同宣传、同服务、同管理。特别是在计划生育技术服务方面，与常住人口一样，提供了免费的健康检查，并为其免费提供了健康检查证明，免费实施“三术”、免费发放避孕药具等。

四是依据乡（镇）法律服务所为流动人口提供民事纠纷调解服务，如有流动人口发生纠纷，调解员就及时出面调解，防止矛盾激化，为维护地方稳定奠定了良好的基础。

五是为流动人口提供普法宣传，为他们讲解一些常用的法律法规，给他们发放普法宣传品，使他们懂得怎样才不违法，怎样用法律武器来维护自己的合法权益。

六是以县服务站为依托，成立流动人口医疗服务点，方便了流动人口就医，还组织有关医务人员为他们进行妇检、体检等。

【抓好优质服务县创建，提高西畴县人口计生工作整体水平】

县人口计生局结合实际，研究成立了“优质服务县”创建工作领导小组和办公室，制订了“优质服务县”创建工作实施方案和相关工作措施。一是县委、县人民政府高度技术服务工作，将计生技术服务站、所真正落实为非盈利性财政全额拨款的公益性事业单位， 每月工资由财政全额发放。并将免费技术服务经费纳入财政预算盘子；二是计生局定期不定期地集中西畴县各乡（镇）计划生育技术服务人员进行业务培训，11月还举行了计划生育科技大练兵活动，形成比、学、赶、帮的学习氛围；三是认真开展“二查”、“四查”服务。县、乡（镇）计生指导站、所在适时深入村社开展查病、查环、查孕活动的同时，认真宣传计划生育的有关方针政策。一年来，西畴县共为育龄妇女开展“二查”2482人，占应查数3632人的68.3%。“四查” 8593人，占应查数9469人的90.7%。使西畴县已婚育龄妇女安全有效地落实了各种节育措施，杜绝了节育手术事故的发生；四是部门协调配合。紧密配合宣传部、监察局、卫生局、药监局、工商局、公安局等部门在西畴县范围内开展了打击非法行医专项行动集中执法检查，严厉打击了非法行医行为；五是认真开展病残儿鉴定。西畴县全年受理独生子女病残儿童2例，审批照顾生育2例，确保了再生育政策的贯彻落实。六是加强了药具管理和发放工作，建立健全了药具管理发放网络，实行信息化管理，全年共发放免费药具39433合（板）。

【狠抓计划生育村民自治试点工作，努力实现“四个自我”】

在巩固好蚌谷乡大吉厂村民委员会“计划生育

村民自治村”创建成果的基础上，把莲花塘乡界牌村民委员会列为今年计划生育村民自治工作的试点。认真研究制订了实施方案、计划生育村规民约等，并严格按照实施方案，狠抓工作措施落实，全面推行政务公开、村务公开，努力实现计生工作重心下移，认真开展计划生育村民自治，促进计划生育民主管理，充分尊重育龄群众的民主权利，真正实现了人民群众在计划生育工作中的自我教育、自我服务、自我监督、自我管理。

【搞好协会建设，发挥纽带作用】

计生协会是党委、政府联系群众的桥梁和纽带，也是做好人口和计划生育工作的一支重要力量。为切实抓好此项工作，县人口计生局严格按照“面向基层、注重实效、好中求快、巩固提高”的发展方针，把计划生育协会的建设与文明村、普法依法治理试点村、民主法治示范村以及社会主义新农村的建设有机结合起来狠抓落实。目前，共建立县、乡、村计划生育协会1767个，发展会员40001人，其中，县级团体协会29个，乡（镇）协会10个，村委会协会70个，村民小组协会1658个；建立协会“会员之家”85个。近几年来，各级计生协会组织紧紧围绕计划生育工作的具体目标和任务在广大群众中大力宣传了人口与计划生育的各种法律、法规和政策，积极发动群众参与温饱示范村、小康示范村等的建设，使贫穷落后的家乡面貌得到了改变，生活水平明显提高。为西畴县经济和社会的健康协调发展作出了积极的贡献。

【抓好国债资金项目建设，确保工程质量】

2007年，西畴县得到各级各有关部门的关心和支持，争得了32万元资金（其中，国债资金20万元，地方配套资金12万元）新建鸡街乡计划生育服务所（已就位国债资金20万元）。为确保工程质量，县人口和计划生育局成立了项目建设工作领导小组和办公室，指定一名副局长专门负责整个施工过程中的协调、沟通和监督，并采取邀标的方式组织施工。此工程于2007年4月14日破土动工，通过近8个月的精心施工，于2007年12月13日通过有关部门组织验收合格。同时，还争取了120万元的项目资金（其中，国债资金90万元）新建计划生育服务站，此项目启动时间待定。

【积极抓好中心工作，确保扶贫措施落实到位】

一是定期不定期地抽调工作队员深入扶贫挂钩联系点——莲花塘乡界牌村民委员会体察民情，帮助群众解决实际困难。如慰问老党员、贫困户等。二是深入烤烟联系点——莲花塘乡和平村委会龙海坝村民小组及兴街镇部分村民小组帮助烟农抗旱抢栽烟苗，资助烟农化肥款等。三是抽调人员参加社会主义新农村建设、村“两委”班子换届选举和林改等工作，并多方筹措资金28300元投入骆家塘、马卡、西咪、小平坝、小寨、鱼布拿等10余个小组开展新农村建设。为配合县委、县人民政府抓好中心工作作出了积极贡献。

2008年

【综述】

2008年，西畴县人口和计划生育局在县委、县政府的领导下，在县人大常委会监督和上级业务主管部门的帮助指导下，坚持以邓小平理论和“三个代表”重要思想为指导，以开展解放思想大讨论活动为契机，认真学习贯彻了党的十六大以来的一系列重大理论创新成果和党的十七大、十七届二中、三中全会、省第八次党代会、州委七届三次全会以及县委十一届五次全会精神。以人的全面发展为落脚点，以省委《关于进一步加强人口和计划生育工作统筹解决人口问题的决定》（云发[2008]20号）为纲领，以控制人口数量，提高人口素质，改善人口结构，稳定降低生育水平为工作第一要务，紧紧围绕西畴县人口计生工作目标任务，不断提升人口计生工作管理和服务水平，西畴县人口计生工作保持持续健康发展的良好态势。

【统计数据】

到2008年12月31日止，据计生统计报表显示，西畴县总人口为253091人。出生人口2477人，人口出生率为9.8‰，比上年同期的9.18‰上升0.62个千分点；出生计划外多孩3人，占州下达年计划控制数12人的25%；计划内出生2398人，其中：一孩1436人，二孩941人，多孩21人，计划生育率为96.8%，比上年同期的96.15%上升0.65个百分点；出生婴儿性别比114，比上年同期下降4个百分点；自然增长人口1031人，人口自然增长率为4.08‰，比上年同期的3.51 ‰上升0.57个千分点。死亡人口1446人，人口死亡率为5.72‰，比上年同期的5.67‰上升0.05个千分点；完成农业人口《独生子女父母光荣证》办证数239户，占州下达计划230户的103.91%。落实养老生活补助264人16.98 万元。落实特别补助38人4.368万元。落实一次性"奖学金"16人1.6万元。

【健全机构、加强队伍建设，确保工作顺利开展】

西畴县人口计生局注重请示汇报和协调工作，积极主动地争取各级党委、政府对人口和计划生育工作的领导，把人口和计划生育工作纳入重要议事日程，与经济、社会的发展计划同布置、同落实、同考核，并围绕"贫困山区要致富，计划生育是出路"和"严格控制人口过快增长，全面提高人口素质"的目标要求抓好各项工作措施的落实。一是结合实际适时调整充实了县、乡人口和计划生育工作领导小组，使西畴县人口和计划生育工作真正形成了党政一把手亲自抓、分管领导具体抓、相关单位配合抓的良好态势；二是切实抓好业务培训工作，使西畴县人口和计划生育工作真正形成了指导、管理、服务一体化；三是定期不定期地组织本系统干部职工学习各种会议、文件精神，开展警示教育活动等，全体干部职工的思想、业务素质、职业道德水平和综合办事能力得到进一步提高，为全面推进人口和计划生育工作奠定了良好基础。

【宣教先行，提高认识】

为进一步提高广大人民群众尤其是已婚育龄人群对计划生育法律、法规和相关政策知晓率。使之真正转变生育观念、变被动接受为自觉行动，县人口和计生局充分利用各种媒体、载体，以各种节假日和重大活动为契机，加大宣传力度。据统计，一是采用板报宣传170期，橱窗宣传150期，标语宣传1000多条（幅），广播宣传155期；二是制作宣传挂历4000多份、宣传展板41 块，永久性宣传牌（搪瓷）30余块分发到各乡镇进行广泛宣传；三是借各种节假日和重大活动上街设点宣传35场（次），印发资料10000余份，发放《计划生育生殖健康综合服务证》2000多册，《法律法规》手册1500册，《人口与计划生育知识问答》1700册；四是以乡镇、村民委员会为单位开展计划生育法律、法规知识和相关政策的骨干培训共21期。

【以落实"计生利益导向机制"为载体，深入贯彻"奖优免补"政策，推动西畴县人口计生工作新格局的建立】

为尽快遏制西畴县人口过快增长的势头，积极引导广大群众转变生育观念，进一步降低生育水平，促进西畴县人口、经济、社会、资源、环境的全面、协调、可持续发展。县人口和计划生育局在认真总结2006年工作中取得成功经验的基础上，结合县情特点，进一步加大工作措施的落实力度。一是结合实际调整充实了 "奖优免补"工作领导小组和办公室，为贯彻实施"奖优免补"政策提供了组织保证；二是严格按照"三公开"、"三公示"和"一评议"制度抓好奖励扶助政策的具体内容、奖励对象条件、奖励对象确认程序和一次性奖励对象、享受"奖学金"对象、享受"养老补助"对象的公开、公示和评议工作；三是赢得县人民政府的支持，把农业人口独生子女家庭"奖优免补"经费纳入了县级财政预算，并将县级配套经费及时足额拨付到农业人口独生子女奖励资金专户，为西畴县"奖优免补"工作的顺利开展提供经费保障；四是加大宣传力度，确保"奖优免补"政策的宣传贯彻不留死角，做到家喻户晓，成人皆知；五是采取签订目标责任书的方式分解相关指标，真正做到上有人抓，下有人管，层层落实；六是组织各乡（镇）对奖励扶助对象作了全面的摸底、调查、抽查、汇总、输入、上报等工作，确保零误差。

【强化依法行政，树立计生法律权威】

西畴县现有计生执法人员41名，为使执法人员牢固树立依法行政观念、增强依法行政责任、提高执法能力和技巧。一是在要求执法人员持证上岗、亮证执法同时，切实加强指导和监督，进一步提高了他们的调查取证和依法办案的水平。二是定期不定期地开展计生执法人员培训工作，认真讲解了《人口与计划生育法》、《行政处罚法》等法律法规的学习、研究和运用，有效地提高了计生执法人员政策理论水平。三是加强违法案件的审查力度。根据有关法律法规，从事实是否清楚、材料是否齐全、证据是否充分、取证是否合规、程序是否合法、适用法规是否正确、标准是否恰当、征收决定书制作是否规范等方面进行严格审查，从根本上保证了西畴县对违法生育处理的依法进行，违法生育处理做到了事实清楚，证据确凿，适用法规正确，处理标准恰当。四是加强对违法婚姻、生育一孩、二孩妇女、双女户、一非一农户、贫困家庭户避孕节育措施的调查和登记，限期落实了节育措施。五是加强社会抚养费征收、管理和使用制度。建立健全违法生育户的台账，依法征收社会抚养费。在管理上，统一征收标准，统一设置收入账户，坚持收入结算制度和检查制度，实行专款专用。

【狠抓信访工作，构建和谐计生】

一是明确任务，落实责任。年初，县人口和计生局就把计生信访工作列入全年工作的重要议事日程，要求各乡（镇）计生服务所把解决初信初访作为一项重要工作来抓。二是分清重点，抓住关键。在组织人员认真排查计生矛盾纠纷的基础上，针对容易形成的上信上访，集中力量解决。主要抓了求决类和揭发举报类这两个难点和重点案件的落实。三是实行领导包案。重大复杂案件领导亲自查办，对群众反应的一些热点、难点问题及时妥善解决，避免因问题久拖不决而引起的上信上访。四是强化信访工作时限。做到急件随到随办，一般件不超过1个月，重大复杂案件不超过3个月。五是公开查处，接受群众监督。凡是群众检举揭发的信件，都必须查实，减少因不知情而引起的重信重访、集体上访和越级上访。这些措施的落实，有力地促进了西畴县计生信访问题的解决，2007年，西畴县共受理群众来信来访 15 件，办结15件。结案率为100%，全年无越级上访和集体上访。

【强化合同管理，规范生育行为】

推行计划生育合同管理是实现“两个转变”的一大举措，是不断提高西畴县人口与计划生育工作整体水平的目标要求，也是加强流动人口计划生育管理的重要措施。西畴县共签订各类管理合同2510份，占应签2600份的96.5%，其中，已签订落实避孕节育措施合同836份，占应签订数848 份的98.5%；签订生育间隔合同577份，占应签订数583份的98.9%；签订流出人口计划生育管理合同697份，占应签订数749份的93%；签订流入人口计划生育管理合同265份，占应签订数267份的99.2%;签订房屋出租户、用工者协助管理流动人口计划生育合同153份，占应签订数的100 %。违法生育案件由上年同期的30件减少到18件。

【建立联动机制，强化服务措施，抓好流动人口管理】

一是与片区民警、村（居）委会计划生育宣传员和公安协管员密切配合，定期排查，互通信息。

二是实行“以房管人”的方式，以房屋出租户为流动人口管理基本单位，建立“人房”对应关系，与房屋出租户签订协管合同，实行先登记后租房，充分达到资源共享，信息共用，共同堵塞漏洞。

三是加强技术服务，改变工作作风，从硬性管理向规范化、人性化管理发展，真正做到了流动人口与常住人口同宣传、同服务、同管理。特别是在计划生育技术服务方面，与常住人口一样，提供了免费的健康检查，并为其免费提供了健康检查证明，免费实施"三术"、免费发放避孕药具等。

四是依据乡（镇）法律服务所为流动人口提供民事纠纷调解服务，如有流动人口发生纠纷，调解员就及时出面调解，防止矛盾激化，为维护地方稳定奠定了良好的基础。

五是为流动人口提供普法宣传，为他们讲解一些常用的法律法规，给他们发放普法宣传品，使他们懂得怎样才不违法，怎样用法律武器来维护自己的合法权益。

六是以县服务站为依托，成立流动人口医疗服务点，方便了流动人口就医，还组织有关医务人员为他们进行妇检、体检等。

【抓好优质服务县创建，提高西畴县人口计生工作整体水平】

成立了"优质服务县"创建工作领导小组和办公室，制订了"优质服务县"创建工作实施方案和相关工作措施。一是县委、县人民政府高度技术服务工作，将计生技术服务站、所真正落实为非盈利性财政全额拨款的公益性事业单位， 每月工资由财政全额发放。并将免费技术服务经费纳入财政预算盘子；二是计生局定期不定期地集中西畴县各乡（镇）计划生育技术服务人员进行业务培训，11月还举行了计划生育科技大练兵活动，形成比、学、赶、帮的学习氛围；三是认真开展"二查"、"四查"服务。县、乡（镇）计生指导站、所在适时深入村社开展查病、查环、查孕活动的同时，认真宣传计划生育的有关方针政策。一年来，西畴县共为育龄妇女开展"二查"2482人，占应查数3632人的68.3%。"四查" 8593人，占应查数9469人的90.7%。使西畴县已婚育龄妇女安全有效地落实了各种节育措施，杜绝了节育手术事故的发生；四是部门协调配合。紧密配合宣传部、监察局、卫生局、药监局、工商局、公安局等部门在西畴县范围内开展了打击非法行医专项行动集中执法检查，严厉打击了非法行医行为；五是认真开展病残儿鉴定。西畴县全年受理独生子女病残儿童2例，审批照顾生育2例，确保了再生育政策的贯彻落实。六是加强了药具管理和发放工作，建立健全了药具管理发放网络，实行信息化管理，全年共发放免费药具39433合（板）。

【狠抓计划生育村民自治试点工作，努力实现"四个自我"】

在巩固好蚌谷乡大吉厂村民委员会"计划生育村民自治村"创建成果的基础上，把莲花塘乡界牌村民委员会列为今年计划生育村民自治工作的试点。认真研究制订了实施方案、计划生育村规民约等，并严格按照实施方案，狠抓工作措施落实，全面推行政务公开、村务公开，努力实现计生工作重心下移，认真开展计划生育村民自治，促进计划生育民主管理，充分尊重育龄群众的民主权利，真正实现了人民群众在计划生育工作中的自我教育、自我服务、自我监督、自我管理。

【搞好协会建设，发挥纽带作用】

计生协会是党委、政府联系群众的桥梁和纽带，也是做好人口和计划生育工作的一支重要力量。为切实抓好此项工作，县人口计生局严格按照"面向基层、注重实效、好中求快、巩固提高"的发展方针，把计划生育协会的建设与文明村、普法依法治理试点村、民主法治示范村以及社会主义新农村的建设有机结合起来狠抓落实。目前，共建立县、乡、村计划生育协会1767个，发展会员40001人，其中，县级团体协会29个，乡（镇）协会10个，村委会协会70个，村民小组协会1658个；建立协会"会员之家"85个。近几年来，各级计生协会组织紧紧围绕计划生育工作的具体目标和任务在广大群众中大力宣传了人口与计划生育的各种法律、法规和政策，积极发动群众参与温饱示范村、小康示范村等的建设，使贫穷落后的家乡面貌得到了改变，生活水平明显提高。为西畴县经济和社会的健康协调发展作出了积极的贡献。

【抓好国债资金项目建设，确保工程质量】

2008年，西畴县得到各级各有关部门的关心和支持，争得了32万元资金（其中，国债资金20万元，地方配套资金12万元）新建鸡街乡计划生育服务所（已就位国债资金20万元）。为确保工程质量，县人口和计划生育局成立了项目建设工作领导小组和办公室，指定一名副局长专门负责整个施工过程中的协调、沟通和监督，并采取邀标的方式组织施工。此工程于2007年4月14日破土动工，通过近8个月的精心施工，于2007年12月13日通过有关部门组织验收合格。同时，还争取了120万元的项目资金（其中，国债资金90万元）新建计划生育服务站，此项目启动时间待定。

【积极抓好中心工作，确保扶贫措施落实到位】

一是定期不定期地抽调工作队员深入扶贫挂钩联系点——莲花塘乡界牌村民委员会体察民情，帮助群众解决实际困难。如慰问老党员、贫困户等。二是深入烤烟联系点——莲花塘乡和平村委会龙海坝村民小组及兴街镇部分村民小组帮助烟农抗旱抢栽烟苗，资助烟农化肥款等。三是抽调人员参加社会主义新农村建设、村“两委”班子换届选举和林改等工作，并多方筹措资金28300元投入骆家塘、马卡、西咪、小平坝、小寨、鱼布拿等10余个小组开展新农村建设。为配合县委、县人民政府抓好中心工作作出了积极贡献。

麻栗坡县

2006年

【计划生育情况】

开展计划生育生殖健康优质服务，开展妊娠和避孕的医学检查，提供避孕药具及有关的指导、咨询、随访，实行避孕节育术服务及有关的咨询、随访，开展人工流产避孕节育手术，指导乡（镇）、村搞好孕前管理与服务。全县参检24538人次，其中：查环5157人次，放环972例，查出妇科疾病141例；县乡站（所）、乡村医生就地为群众服务，加强避孕药具的管理工作，使用药具对象领到免费药具率达95%以上，受到广大育龄群众的好评。

【目标管理】

2006年麻栗坡县人口和计划生育工作再创新绩，出生率为9.47‰，比控制指标13.6‰降低了4.13个千分点；人口自然增长率为3.95‰，比控制指标8‰降低了4.05个千分点；计划生育率为95.76%，比任务数95%增加了0.76个百分点；综合避孕节育率85.53%，比任务数84%增加了1.83个百分点；长效避孕及时率达72.4%，比任务数70%增加了2.4个百分点；计划外多孩出生12人，比控制指标13人少出生了1人；完成农业人口“奖优免补”独生子女办证846户，占州下达任务数800户的105.75%。

【流动人员计生管理】

加强对流动人口进行了清理清查和登记工作，工作中采取逐街逐户、逐单位清查，坚持边清理边登记，做到掌握底子，建立了登记卡制度，查验《婚育证明》数2146次，发放《婚育证明》1618人，对没有《流动人口婚育证明》的外籍人口，及时发出责令补办婚育证明通知书和不予出具孕检证明，为已婚育龄妇女建档2146人，为管理和掌握麻栗坡县外来人口的基本情况奠定一定基础和经验。

【奖优免补】

认真贯彻《云南省农业人口独生子女家庭奖励规定》，“奖优免补”政策知晓率达95%，一年共办理农业人口《独生子女家庭父母光荣证》846户，农业人口已经领取《独生子女家庭父母光荣证》巩固率达 99.64%，自愿率达到100%。

完成农业人口“奖优免补”独生子女办证846户。

【协会活动】

充分发挥协会会员这支不计报酬的宣传队伍的积极性和桥梁作用，抓好以“协会服务行动拓展年”为主题的“5·29”宣传活动，开展了各具特色的纪念活动。全县共召开大小会议宣传11次，下乡优质服务宣传12次，为3640余人育龄人群进行了生殖健康检查服务，发放各种宣传资料书籍4150余份。形成协会自我管理，自我教育、自我服务的良好机制。到目前全县共有计划生育协会组织105个，协会小组1927个，会员33153人，占总人口的11.84%。

【大事记】

1. 2006年7月11日是第17个世界人口日，开展关爱女孩行动，发放《计划生育法律法规及相关知识宣传手册》500册，“奖优免补”政策、“计划生育假”、“关爱生命、预防艾滋”、《中华人民共和国妇女儿童权益保护法》宣传单10000余份，免费发放避孕药具价值600余元，为群众义诊249人次，出动宣传车巡回宣传5次，制作宣传展板27块，为2000余人进行了计划生育咨询服务。

1. 2006年10月猛硐瑶族乡计划生育服务所项目建设竣工，投入使用。

2007年

【计划生育情况】

一是认真开展人口和计划生育生殖健康优质

服务工作，加大“二查”、“四查”工作的落实，全县参检8097人次，其中查环4414人次，查孕2258例，查病466 人；二是提供避孕药具及其有关的指导、咨询、随访工作，使用药具对象领到免费药具率达95%以上；三是加强“人口和计划生育避孕节育措施”合同管理，督促已婚育龄妇女及时采取避孕节育措施，以降低或减少其非意愿的计划外怀孕，提高避孕及时率和综合避孕节育率，增强广大育龄 妇女 的自我保健意识，至年底，全县有已婚育龄妇女52838 人，综合节育率86.72 %，避孕及时率 71.8 %。

【目标管理】

2007年通过全县广大计划生育干部职工的共同努力，麻栗坡县的人口和计划生育工作再创佳绩：出生率为9.21 ‰比控制13.5‰指标降低4.29个千点，自然增长率为3.39 ‰，比控制指标7 ‰降低3.61个千分点；计划生育率为95.08 %，比任务95 %增加0.8个百分点；长效避孕及时率为71.8 %，比任务70 %增加1.8个百分点；综合节育率为86.72 %，比任务80 %增加6.72 个百分点；常住人口违法多生育4人，比控制7人实际少出生3人；流动人口违法多生育2人，比任务7人实际少出生5人；月变动台账与信息报告单符合率为96 %，比任务95 %增加1 个百分点；账实符合率为91.5 %，比任务90 %增加1.5 个百分点；账账符合率为97 %，比任务95 %增加2 个百分点；创建了一个人口和计划生育优质服务乡镇（董干镇）和一个计划生育村民自治村委会（杨万村）；麻栗坡县将独生子女保健费纳入财政预算，已划拨独生子女保健费345015.00元；把农业人口独生子女家庭奖励10 %配套资经纳入财政预算，实际配套资金5.656万元；把人口和计划生育手术减免费10万元纳入财政预算，专项经费到位及时率达100 %，连续三年考核为全州人口计生系统一等奖。

【流动人口计划生育服务管理】

一是对全县流动人口进行清理登记，查验流动人口婚育证和落实避孕节育手术证明，对违法多生育人员按有关法律法规进行教育处理；二是开展流动人口生殖健康检查服务工作，县乡随时为流动人口提供避孕药具和孕检服务；三是对外出务工人员进行登记，为其办理《流动人口婚育证明》，努力做好跟踪管理；四是做好流动人口信息平台反馈工作，使其信息平台反馈率达70 %，信息提交查询率达40 %，全年共清理登记流动人口1564人，查出违法多生育3起，查处率达100 %，办理《流动人口婚育证明》 1879份。

【奖优免补】

继续贯彻执行《云南省农业人口独生子女家庭奖励规定》，完成农业人口“奖优免补”办证430户，占任务350户的122.9 %；农业人口独生子女领证率为100 %，比任务99.5 %增加0.5个百分点；“奖优免补”网站数据录入准确率为99.8 %，比任务99.5 %增加0.3 个百分点；领证自愿率达100 %；“奖优免补”政策知晓率达95 %。

【协会活动】

人口和计划生育协会是协助党和政府做好人口和计划生育工作的群团性组织，它的生命力在于活动、凝聚力在于服务，主要以“5.29”活动为契机，召开各种大小会议宣传14次，下乡优质服务宣传24次，发放各种宣传资料50000余份，为42065名育龄妇女进行生殖健康检查，全县有人口和计划生育协会105个，协会小组1930个，会员34485人，占总人口的12.84%；二是积极发挥计划生育协会的桥梁和纽带作用，在各协会“会员之家”中开展“婚育新风进万家”活动，各乡镇在社会主义新农村建设过程中，也开展了一些喜闻乐见、形式多样、内容新颖的活动，广泛宣传党的方针、政策、婚育知识、组织学习科学技术、社会公德、家庭美德。

2008年

【计划生育情况】

一是认真开展人口和计划生育生殖健康优质

服务工作，加大“二查”、“四查”工作的落实。二是提供避孕药具及其有关的指导、咨询、随访工作，使用药具对象领到免费药具率达95%以上；三是加强“人口和计划生育避孕节育措施”合同管理，督促已婚育龄妇女及时采取避孕节育措施，以降低或减少其非意愿的计划外怀孕，提高避孕及时率和综合避孕节育率，增强广大育龄 妇女 的自我保健意识，至年底，全县有已婚育龄妇女53838 人，计划生育率达95.07 %；长效避孕及时率达78.3%；优选节育率达到81.56%。计划生育政策知晓率达98.5%；群众对计划生育管理和服务的满意率达99.5%；使用药具对象领到免费药具达96.6%。

【目标管理】

2008年通过全县广大计划生育干部职工的共同努力，麻栗坡县的人口和计划生育工作再创佳绩：2008年麻栗坡人口出生率控制在8.76‰；自增率控制在3.92‰；计划生育政策知晓率达98.5%；群众对计划生育管理和服务的满意率达99.5%；月变动台账与信息报告单符合率达95.8%；账实符合率达91.4%；账账符合率达96%。奖励扶助资格认定准确率达100%，“奖优免补”档案合格率达100%。完成农村居民“奖优免补”办证298户，占任务数102 .8%。

【流动人口计划生育服务管理】

一是健全了镇、村、组、出租房户的四级管理网络，办理《流动人口婚育证明》1310份；二是加强现居住地和户籍地、流动人口与家人之间的联系，及时掌握流动人口的计生状况；三是坚持“现居住地管理为主”原则，加强流动人口计划生育管理，树立“守人口定期开展清理清查活动。加强对作理清查和登记，出动人4人次；四是强化流动人口登记卡制度，实施流动人口信息适时变动、异地查询和跟踪管理，为进一步规范流动人口管理奠定坚实的基础。五是强化流动人口登记卡制度，流动人口育龄妇建档率达100%，流动人口发证率达100%、验证率达100%、管理率达100%、免费技术服务达100%。实施流动人口信息适时变动、异地查询和跟踪管理，流入、流出人口协查通报率达100%、信息平台交换率达100%、信息采集上报准确率达100%。为进一步规范流动人口管理奠定了坚实的基础。

【协会活动】

计划生育协会整体组织建设、队伍人员的稳定，是做好整个工作必须具备的前提。组织不健全，工作队伍不稳定是直接关系整体工作的成效，为此，我们采取大稳定，小调整充实的方法抓好组织建设，稳定计生协会队伍。首先是今年统一制作会员小组及小组长、会员的职责、权利、义务等模式下发各乡镇，要求结合实际指导好本级协会职责、制度的建立完善，使全体理事、会员进一步了解明确自己的工作职责、活动制度、权利、义务，有效地开展好工作。其次是抓好“会员之家”示范创建工作，扩大宣传阵地。抓“会员之家”示范的创建工作，主要的做法是，巩固、创建并举，巩固在先，创建在后，做好原有“会员之家”示点的巩固上，结合实际再创建新的“会员之家”，创建一个就发挥好一个的作用，计划生育协会宣传阵地就跟到那里，“会员之家”就到那里，共同发挥效益。全县计划生育协会105个，其中：县级协会1个，乡镇级协会11个，村委会级协会105个，计划生育协会小组1930个，会员34485，占总人口的12.56%，计划生育协会队伍建设处于稳步发展中。

马关县

2006年

【综述】

马关县人口和计划生育在县委、县人民政府的正确领导下，以“三个代表”重要思想为指导，认真落实科学发展观和贯彻执行党和国家的人口与计划生育法律法规，以降低生育水平为中心，以提高出生人口素质和实现人口计生事业更好更快发展为目标，以技术服务为保证，以转变群众生育观念为前提，扎实抓好“奖优免补”工作，全力开展计划生育优质服务县创建活动，稳步推进计划生育村民自治工作。确保了2006年度人口和计划生育工作目标的如期完成，名列全州前茅。

【计划生育情况】

2006年，马关县共出生3249人，出生率为9.42‰；其中持证生育3153人，计划生育率为97%；马关县违法多生育出生13人，未突破州下达控制指标；长效避孕及时率为 80.2%。

【“奖优免补”工作】

为贯彻落实好云南省省农业人口独生子女家庭奖励惠农政策，实现马关“少生快富奔小康”的目标，采取了有力措施确保政策的顺利实施。一是与各乡镇签订了“奖优免补”工作目标责任书，建立了奖惩制度；二是切实加大政策宣传力度，全面动员；三是注重实效，认真落实；四是加强管理，保障投入。马关县共有917户农业人口家庭办领了《独生子女父母光荣证》，“奖优免补”网站数据录入准确率为100%；农业人口已领取《独生子女父母光荣证》巩固率达100%；农业人口新领取《独生子女父母光荣证》自愿率达100%；“奖优免补”政策知晓率为98%；共兑现一次性奖励金86.5万元，兑现教育奖学金27.8万元，发放养老生活补助费37.85万元。

【法律法规宣传】

紧紧围绕人口与计划生育法律法规、“奖优免补”政策，因地制宜，开展了针对性、服务性、多样性的宣传教育，在宣传内容上突出一个“新”字，即除认真宣传了计生法律法规、政策外，还增加了出生缺陷干预工程和推广使用安全套防治艾滋病工程的宣传，重点介绍了0.4毫克叶酸片和安全套在防治艾滋病中的作用；宣传形式上突出一个“广”字，在人口集中的松江花园设立了计生科普知识专栏。

【流动人口计生服务管理】

流动人口信息交换平台运转正常，共收到需马关县查办的信息486条，已回复信息452条，马关县发出查办信息9条，收到回复信息7条。实现了流动人口计划生育工作的信息化管理；同流动人口婚育人群、用工单位、房屋出租户签订了1269份目标管理责任书，加强了对马关县流动人口计划生育的清理和查验工作，应查验流动人口婚育证明人数为6864 人，已查验 6522人，查验率为95%。

【优质服务工作】

一是制订出台了《马关县开展计划生育优质服务县创建活动实施方案》，成立了以县政府分管领导为组长，人口和计划生育、卫生、教育、财政等部门主要领导为成员的创优领导小组；二是各乡（镇）均创建了3—5个计划生育优质服务“坝尾模式”示范村。示范村做到了有公房、宣传资料、计划生育文艺宣传队、宣传标语、宣传器材、协会组织、婚育学校、避孕药具管理合格。三是健全了育龄妇女生殖健康档案、定期随访制度。四是突出新婚夫妇和孕产夫妇的婚育培训工作，马关县已举办158期，接受教育人数1.8万余人次；五是充分发挥计划生育流动服务车的优势，坚持为群众提供安全、免费的计划生育技术服务。六是认真开展计划生育服务市场专项整治工作，认真实施《云南省出生人口性别比升高问题综合治理规定》，整合力量，采取综合措施，打击非法行医、溺弃女婴和非法胎儿性别鉴定、非法进行有选择性的人工终止妊娠的违法行为。

【村民自治工作】

一是将计划生育法律法规、计生证件办理程序及涉及群众切身利益的相关事项制作成《告知卡》发放到群众手中，对群众关心关注的事项进行公示，使群众及时了解计生政策法规及办事程序，从而自觉参与到计生工作中来；二是建立起权责分明、行为规范的法制管理体制，组织马白镇下寨村民委制订了民主管理公约、协会章程及相关工作制度；三是建立起以维护育龄群众的合法权益为中心，全面开展融宣传教育、避孕节育、优生优育、生殖健康于一体的优质服务体制；四是计划生育协会积极引导群众参与到“三结合”工作中来，利用会员之家、会员小组、会员联系户等有利形势，为广大育龄群众开展全方位服务。

【技术服务工作】

免费为已婚育龄妇女查环查孕查病1万余人次，施行长效节育手术4000余例，组建便民服务队利用计划生育流动服务车深入乡村白天免费为群众开展查环查孕查病、服务咨询活动，晚上放映电宣传计划生育法律法规，共开展技术服务咨询活动60余次，放映电影60余场，名费发放避孕药具8000余人，使用药具对象领到免费药具率为100%，“二查”对象随访达2次/人均，“四查”对象开展生殖保健检查达4次/人均。

【信息建设】

2006年共编制47期，被县委、政府、州人口计生委采用28期，建立了信息建设奖励制度。

【统计台账管理】

加大了对计生统计台账的管理力度，月变动台账与信息报告单符合率为100%，账实符合率为97.3%，账账符合率为100%，为计生工作的有效开展提供了准确依据。

【计生协会】

马关县有计划生育协会会员4.5万人，占总人口12.9%，县乡计生协会充分利用标语、广播、电视、上街宣传等形式切实加大计划生育法律法规宣传力度，狠抓基层组织建设和整进工作，成效明显，被国家计生协表彰为全国协会工作先进单位；夹寒箐镇通寺村委会基层协会会长权秀芬同志被全国计生协会表彰为先进自愿者，其先进事迹在中央电视台，中央、省、州、县电视台、报社等各大新闻媒体刊播，为马关县争得了殊荣。

2007年

【综述】

马关县人口和计划生育局在县委、县人民政府的正确领导下，以“三个代表”重要思想为指导，认真学习贯彻党的十七大精神和执行党和国家的人口与计划生育法律法规，以降低生育水平为中心，以提高出生人口素质和实现人口与经济社会的协调发展为目标，以技术服务为保证，以转变群众生育观念为前提，扎实抓好“奖优免补”惠农政策的落实，全面开展计划生育优质服务先进单位创建活动，稳步推进计划生育村民自治工作。确保了2007年度人口和计划生育工作目标的如期实现，年度考核名列全州第一。

【计划生育情况】

2007年，马关县共出生3249人，出生率为9.41‰；其中计划内生育3162人，计划生育率为97.32%；马关县违法多生育出生9人(常住人口1人，流动人口8人)，占州下达控制指标15人的60%；长效避孕及时率为 75.5%。

【“奖优免补”工作】

为贯彻落实好云南省省农业人口独生子女家庭奖励惠农政策，实现马关“少生快富奔小康”的目标，采取了有力措施确保政策的顺利实施。一是与各乡镇签订了“奖优免补”工作目标责任书，建立了奖惩制度；二是切实加大政策宣传力度，全面动员；三是注重实效，认真落实；四是加强管理，保障投入。年内，马关县共有642户农业人口一孩家庭办领了《独生子女父母光荣证》，占任务数550户的116.7%，“奖优免补”网站数据录入准确率为100%；农业人口已领取《独生子女父母光荣证》巩固率达99.7%；农业人口新领取《独生子女父母光荣证》自愿率达100%；“奖优免补”政策知晓率为98.3%；共兑现一次性奖励金52.35万元，兑现教育奖学金31.146万元，发放养老生活补助费41.54万元。

【优质服务工作】

一是成立了以县长为组长，人口和计划生育、卫生、教育、财政等部门主要领导和各乡镇人民政府乡镇长为成员的创全国计划生育优质服务先进单位领导小组；二是健全了育龄妇女生殖健康档案、定期随访制度。实施了避孕节育优质服务、出生缺陷干预和推广使用安全套预防艾滋病“三大工程”；利用家庭目标责任书搞好“知情选择”，确保依法生育育龄夫妻的免费用药；做好了避孕药具供应，最大限度满足了育龄群众的用药需求。三是突出婚育培训工作，不断提高新婚夫妇和孕产夫妇的婚育知识。2007年，共开展培训148期，接受教育人数0.8万余人次；四是充分发挥计划生育流动服务车的优势，坚持为群众提供安全、免费的计划生育技术服务。组建便民服务队，深入乡村白天免费为育龄群众查环、查孕、查病，晚上放映电影宣传计划生育法律法规。2007年，共为群众查环、查孕1867例，取环51例，放环248例，放映电影35场，受教育人数达2.6万人次，群众对计划生育工作的满意度不断提高。马关县的计划生育优质服务先进单位创建工作已顺利通过国家的检查验收，并荣获“全国计划生育优质服务先进单位”荣誉称号。

【村民自治工作】

制订下发了《关于开展计划生育村民自治试点工作的通知》，将计划生育法律法规、计生证件办理程序及涉及群众切身利益的相关事项制作成《告知卡》发放到群众手中，对群众关心关注的事项进行公示，使群众及时了解计生政策法规及办事程序，从而自觉参与到计生工作中来；不断建立健全权责分明、行为规范的法制管理体制，组织村民委制订了民主管理公约、协会章程和以维护育龄群众的合法权益为中心，全面开展融宣传教育、避孕节育、优生优育、生殖健康于一体的优质服务体制及相关工作制度；发挥计划生育协会的积极作用，利用会员之家、会员小组、会员联系户等有利形势，引导群众参与到“三结合”工作中来，为广大育龄群众开展全方位服务。年内，已创建44个村民自治村民委。

【法律法规宣传】

在县乡计生站（所）、婚育新风示范村设立了避孕方法知情选择宣传栏及宣传墙报、黑板报、电教室，配备宣传教育光盘和宣传教育展板，利用重大节日，纪念日和“三下乡”等大好时机，上街开展宣传咨询服务活动，重点介绍了0.4毫克叶酸片和安全套在防治艾滋病中的作用；在人口集中的松江花园设立了计生科普知识专栏，编印了《致广大育龄群众的公开信》7万余份、计生日历4000余册、计生明信片2000余份，计生各类宣传单10余万份等资料下发到农户手中，计生政策法规知晓率达98%以上。

【流动人口计生服务管理】

流动人口信息交换平台运转正常，2007年共收到需马关县查办的信息571条，已回复信息571条，回复率为100%，实现了流动人口计划生育工作的信息化管理；同流动人口婚育人群、用工单位、房屋出租户签订了1652份目标管理责任书，加强了对马关县流动人口计划生育的清理和查验工作，应查验流动人口婚育证明人数为7541人，已查验 6857人，查验率为90.9%；与文山、西畴、河口、屏边等周边县签订了流动人口管理协议书，实现资源共享、共同管理流动人口。

【技术服务工作】

免费为已婚育龄妇女查环查孕查病1.2万余人次，施行长效节育手术4000余例，免费发放避孕药具10万余盒（板），使用药具对象领到免费药具率为100%，“二查”对象随访达2次/人均，“四查”对象开展生殖保健检查达4次/人均。

【统计台账管理】

2007年，加大了对计生统计台账的管理力度，投入1万余元对计生统计台账进行了更换，月变动台账与信息报告单符合率为100%，账实符合率为95.3%，账账符合率为99%，为计生工作的有效开展提供了准确依据。

【信息建设】

2007年新购计算机8台，基本达到人手一台。共编制人口信息42条，其中被县委办、政府办采用23条，计分92分，占任务40分的230%；被州人口计生委采用14条，完成了信息考核任务，建立了信息建设奖励制度。

【计生协会】

马关县有计划生育协会会员46972人，占总人口13.6%，县乡计生协会充分利用标语、广播、电视、上街宣传等形式切实加大计划生育法律法规宣传力度，狠抓基层组织建设和整进工作，圆满完成了各项工作任务。

【大事记】

2007年11月，马关县荣获“全国计划生育优质服务先进单位”荣誉称号。

2008年

【综述】

马关县人口和计划生育局在县委、县人民政府的正确领导下，以“三个代表”重要思想为指导，认真学习贯彻党的十七大精神和执行党和国家的人口与计划生育法律法规，以降低生育水平为中心，以提高出生人口素质和实现人口与经济社会的协调发展为目标，以技术服务为保证，以转变群众生育观念为前提，扎实抓好“奖优免补”惠农政策的落实，切实开展出生缺陷一级预防项目工作，全面推进计划生育优质服务，稳步推进计划生育村民自治工作。确保了2008年度人口和计划生育工作目标的如期实现，年度考核名列。

【计划生育情况】

2008年，马关县共出生3640人，出生率为10.46‰；其中计划内生育3563人，计划生育率为97.88%；马关县违法多生育出生14人(常住人口7人，流动人口7人)，占州下达控制指标16人的87.5%，未突破州下达控制数;长效避孕及时率81.11%。

【“奖优免补”工作】

为贯彻落实好云南省省农业人口独生子女家庭奖励惠农政策，实现马关“少生快富奔小康”的目标，采取了有力措施确保政策的顺利实施。一是与各乡镇签订了“奖优免补”工作目标责任书，建立了奖惩制度；二是切实加大政策宣传力度，全面动员；三是注重实效，认真落实；四是加强管理，保障投入。年内，马关县共有525户农业人口一孩家庭办领了《独生子女父母光荣证》，占任务数440户的119.3%，“奖优免补”网站数据录入准确率为100%；农业人口已领取《独生子女父母光荣证》巩固率达99.8%；农业人口新领取《独生子女父母光荣证》自愿率达100%；“奖优免补”政策知晓率为98%；共兑现一次性奖励金45.03万元，兑现教育奖学金33.744万元，发放养老生活补助51.262万元。

【优质服务工作】

在2007年荣获“全国计划生育优质服务先进单位”荣誉称号的基础上。以2008年马关县被列为人口出生缺陷一级预防项目实施重点县为契机，坚持“面向基层、深入农村、方便群众、服务上门”的工作方针，着力抓好计划生育优质服务工作。一是全面创建计划生育优质服务示范村。示范村做到了有阵地、有宣传资料、有计划生育文艺宣传队、宣传标语、宣传器材、协会组织、婚育学校、避孕药具管理合格，建立健全了各种计划生育统计台账、卡、册，县、乡人口计生所技术人员主动上门免费为育龄群众开展生殖健康检查，利用活动制度、节假日聚集计生协会会员一起讨论本村的计划生育情况，让群众自觉参与到人口和计划生育工作中来。二是做好马关县育龄群众生殖健康服务工作。充分发挥计划生育流动服务车的优势，坚持为群众提供安全、免费的计划生育技术服务，组建便民服务队深入村寨白天免费为育龄群众查环、查孕、查病，晚上放映电影宣传计划生育法律、法规及人口出生缺陷一级预防知识。2008年，利用计划生育流动服务车共为群众查环、查孕4170例，取环117例，放环632例，为群众减免费用7万多元，群众受教育人数达6.3万人次。三是开展个性化优质服务。在发放叶酸的过程中，有针对性地对重点人群和有高危因素影响的夫妇进行指导，针对不同情况再进行个案讲解，了解群众所想、所需，消除群众对叶酸以及各种化验检测结果的误解，让群众放心服用，积极地接受配合各种化验检测服务，并填好各种项目表册，针对一些技术力量较薄弱、工作难开展的乡镇，县项目执行组对其进行协助和指导，县项目督查组定期对各乡镇项目服务情况进行督促检查。四是开展全程跟踪随访服务。对目标人群进行跟踪随访，对免费服用叶酸的夫妇进行定期电话或上门随访服务，并及时告知检测结果，对有异常者，耐心细致做好当事人的思想工作，消除群众顾虑。对孕中（晚）期的妇女，告知其定期进行B超筛查。五是及时发放0.4mg叶酸营养素。认真开展资格条件审核工作，全面实行公开公示制，确保符合对象能及时就近就地免费服用到0.4mg叶酸营养素，对不符合对象实行有偿服务。截至目前，马关县共免费发放了0.4mg叶酸营养素1420人份，服药率为48.3%，马关县已婚育龄妇女综合节育率稳定在85%以上，育龄妇女接受规范的基本生殖保健服务率达80%，男性参与生殖保健活动和服务人数占接受服务人群的20%以曲上，规范的术后和药具随访服务率达98%以上。

【村民自治工作】

一是宣传发动，舆论先行。大力优化计生宣传服务环境，做到了“七个有”。即：有大幅宣传画，有规范的计生宣传标语，有规范计生服务室，有配套齐全的宣传服务设施，有计生文艺宣传队，小组有图书和避孕药具专柜，每个家庭有5种以上的计生宣传资料和一份《计划生育政策告知卡》权利和义务，引导广大群众自觉实行计划生育政策。二是组建机构，明确职责。在村党总支、村委会“一把手”的领导下，各村均成立了工作领导小组和计划生育村民自治民主监督小组，由村民代表、协会理事、热心计生工作的“五老”组成，计生协定期评议计生工作开展情况，监督育龄群众履行协议的情况，定期召开村民代表大会，公布《章程》、《公约》执行情况，听取村民代表的意见和建议。三是制订章程，依法管理。指导村民委制订了符合村情的《计划生育协会章程》和《村级民主管理公约》，按照《公约》的规定，村民委与育龄夫妇签订了《计划生育民主管理合同》，明确双方的权利和义务，倡导依法生育、文明生育。四是抓典型，促进工作平衡发展。建立“后进村”整改制度，对班子薄弱、计生底子不清、管理水平差的村实行重点管理，按“一年甩后进、二年上水平、三年创先进”的要求，狠抓后进村的转化，村民委依规对违反民主管理公约的村民收取违约金，2008年，共有17个村民委对38户违反者收取了6870元违约金，依法依规、民主管理计划生育的工作新格局逐步形成。

【法规宣传工作】

紧紧围绕人口与计划生育法律法规、“奖优免补”政策，通过多形式、多渠道，因地制宜，开展针对性、服务性的宣传教育。在县乡计生站（所）、婚育新风示范村设立了避孕方法知情选择宣传栏及宣传墙报、黑板报，县乡计生站（所）设立电教室，备有20多种宣传教育光盘和宣传教育展板，每个村服务室都有计划生育墙报；利用重大节日，纪念日和“三下乡”等大好时机，上街开展宣传咨询服务活动。在人口集中的松江花园设立了人口和计划生育科技宣传长廊6块；在城区、街道、公路沿线、公共场所制作了规范的计划生育宣传牌和广告牌20余块，书写了规范性的计生宣传标语300余条。同时，编印了《婚育新风知识宣传手册》1万余份、计生日历5万余份、法律汇编8万余本、计生各类宣传单10余万份等资料下发到农户手中，把“婚育新风知识”、省委省政府《决定》精神编印在挂图、日历和日常生活用品上，针对农村不同对象进行宣传品入户发放，深受群众欢迎。并利用计划生育流动服务车深入乡、村免费放映电影宣传计划生育法律法规和“奖优免补”政策，共放映电影58场。

【流动人口计生管理】

在县城四个社区配置了4名流动人口计划生育专职服务管理员；继续在流动人口中以籍贯或行业为单位成立流动人口计划生育协会，2008年止，共有流动人口计划生育协会会员267人;在流动人口较多的都龙镇、南捞乡矿区，由业主自费聘请流动人口管理员;流动人口信息交换平台运转正常，2008年来，马关县共提交信息462条，接收信息1391条，回复信息1382条，回复率为99.4%。加强了对马关县流动人口计划生育的清理和查验工作，应查验流动人口婚育证有人数为7653人，实际查验6964人，查验率90.9%。

【技术服务工作】

免费为已婚育龄妇女查环查孕查病2万余人次，施行长效节育手术4000余例，免费发放避孕药具10万余盒（板），使用药具对象领到免费药具率为100%，“二查”对象随访达2次/人均，“四查”对象开展生殖保健检查达4次/人均。

【统计台账管理】

2008年，加大了对计生统计台账的管理力度，月变动台账与信息报告单符合率为98%，账实符合率为95.3%，账账符合率为99%，为计生工作的有效开展提供了准确依据。

【信息建设】

2008年共编制人口信息56条，其中被县委办、政府办采用21条，计分111分，占任务40分的277.5%；被州人口计生委采用15条，完成了信息考核任务，建立了信息建设奖励制度。

【计生协会】

马关县有计划生育协会会员47120人，占总人口13.7%，县乡计生协会充分利用标语、广播、电视、上街宣传等形式切实加大计划生育法律法规宣传力度，狠抓基层组织建设和整进工作，圆满完成了各项工作任务。

丘北县

2006年

【概况】

2006年，丘北县人口与计划生育工作在贯彻落实《人口与计划生育法》、《云南省人口计划生育条例》、《计划生育技术服务管理条例》的基础上，认真抓好宣传教育、奖优免补、行政执法、优质服务、队伍建设等重点工作，圆满完成本年度人口与计划生育的各项目标任务。

【统计数据】

2006年，丘北县总人口453764人，已婚育龄妇女人数为84984人。计划生育率为95.33‰，自然增长率为8.11‰，综合节育率为82.01%，出生人口性别比为113∶100。

【计划生育综合管理】

2006年，丘北县人民政府专门召开丘北县人口计生工作会议，对全年的人口计生工作进行专题部署。县局先后召开乡（镇）分管领导和计生办主任会议、乡（镇）党政主要领导计生工作座谈会，县人民政府分管领导出席会议，听取人口与计划生育情况汇报，研究解决工作中的实际问题，多次就计划生育工作目标、领导力度、综合治理、责任制奖惩、经费投入等问题提出要求。

【宣传教育】

丘北县紧紧围绕既定的“1336”工作思路，加强了人口和计划生育舆论宣传及科学知识普及，以“大宣传、大联合、出精品”为出发点和归宿，通过形式多样、图文并茂、贴切民情的宣传，实现了计划生育宣传工作目标，体现了宣传工作特色。充分发挥了舆论导向作用，切实转变了广大人民群众的生育观念。

【奖优免补】

农业人口独生子女家庭奖励政策是对计划生育利益导向机制的探索，是一项利国利民的计生新政。自2004年6月，省人民政府出台《云南省农业人口独生子女家庭奖励规定》以来，丘北县不断总结经验，结合丘北实际，采取多种措施和方法加以落实。县乡成立了“奖优免补”工作领导小组，认真落实党政一把手亲自抓，负总责的工作机制，实行县、乡、村三级联动，各负其责。为确保“奖优免补”工作任务的完成，2006年丘北县人口计生工作会上县人民政府与各乡（镇）签订了目标责任书，明确了任务，确定了奖惩机制，对“奖优免补”工作实行“黄牌警告”和“丘北县通报”制度。充分利用广播、电视、专栏、标语、图文资料及计划生育服务车等形式，广泛宣传《云南省农业人口独生子女家庭奖励规定》。于2006年8月底提前完成州计生委下达的农业独生子女办证任务1200户，超额完成404户。兑现一次性奖励金1101户，兑现金额为94.9万元；兑现养老补助金592人，兑现金额为39.185万元；兑现教育奖学金818人，兑现金额为14.388万元，共计148.473万元。

【优质服务】

注重对技术人员的培训，提高服务技能和服务质量， 坚持以人为本的工作理念，广泛开展了新婚、孕期、产后跟踪检测活动。2006年丘北县已婚育龄妇女数为84984人，“四查”对象应查24428人，实查22782人，“四查”率为93.2%；“二查”对象应查10630人，实查9789人，“二查”率为92%。建立健全了计划生育优质服务领导机构和工作机制，制订了服务方案及工作流程。根据上级要求，确定了锦屏镇为优质服务试点乡（镇），扎实开展优质服务工作，锦屏镇的四个村民委和社区9个村小组近2000余名育龄群众接受了一次优质服务。充分发挥服务车和为民服务医疗队的流动服务功能，坚持以"面向基层、深入乡村、服务上门、方便群众"的工作方针，开展了为农村已婚育龄妇女提供生殖健康检查免费服务，对丘北县十二个乡（镇）的育龄人群进行轮回服务，宣传各种计划生育政策和艾滋病防治知识。全年共出车112天，在175个自然村开展服务工作，随车服务人员累计296人次，接受服务11816人次，接受宣传达22500人次。

【行政执法】

加大依法行政力度，把树立计生干部新形象，提高计生干部执法水平放在重要位置，使计生系统没有因程序违法而出现行政复议和行政诉讼案件。一是强化法制宣传教育。将计生政策、执法依据、依法行政的职责、权限和范围，办事条件和要求，办事程序和结果，征收项目和标准等有关内容在政务公开栏内公布于众，自觉接受监督；二是强化执法操作规范。统一规范了独生子女父母光荣证和流动人口婚育证明的申请、审批发放、归档立卷。三是认真做好群众来信来访工作。2006年，共受理来信来访203件，其中，求决85件，举报9件，咨询107件，已全部作了答复。清理社会抚养费坐收坐支现象，共清理上缴40万元。

【流动人口服务管理】

在流动人口服务管理上，采取了一系列新举措，实现了从被动工作向主动工作转变。配备了5名社区流动人口管理员，加强了流动人口管理力度。2006年11月，开展了丘北县流动人口综合治理工作，对外来流动人口的身份证、户口薄、暂住证、流动人口婚育证明、生育证、领养证以及各种经营的证照进行检查登记，确认是否齐全、合法。共清理城区外来流动人口1267户，3781人。

【协会工作】

丘北县计生协会共有常务理事26人，各级理事1344人。99个村级12个乡镇协会组织，村协会小组830个。一年来，协会充分发挥计生工作中的辅助作用，配合计生部门大力宣传计生法律、法规、政策，切实抓好美国福特基金会援助的在丘北县开展的预防性病艾滋病项目的实施工作。2005年9月省计生协批准丘北县为美国福特基金会资助的预防性病艾滋病项目县。县委政府先后三次专题研究讨论防艾工作，明确目标、任务、措施、方法和步骤，确定相关部门的工作职责和任务，成立了项目领导小组，并挂牌办公。通过基线调查确定锦屏、树皮、曰者、双龙营四个乡（镇）为项目实施乡（镇）。同时也成立了相应的项目领导小组，做到项目有人管，工作有人抓，形成"领导重视、组织保障、部门配合、全民预防"的工作格局。

【队伍建设】

为更好地开展好新形势下的人口计生工作，今年共投入培训经费11.3万元，围绕优质服务、流动人口管理、奖优免补、行政执法、统计、艾滋病防治等重点工作，对丘北县计生系统干部职工进行了三次大规模的培训，收到了良好效果。

2007年

【概况】

2007年在县委政府的正确领导、县人大、县政协的监督和上级业务部门的指导下，丘北县人口和计划生育局坚持以邓小平理论和 "三个代表"重要思想为指导，结合工作实际不断深入开展"三力建设教育学习活动"，紧紧围绕2007年人口计生工作"1336"工作思路，开拓进取、扎实工作，人口和计划生育工作取得了明显成效，获得了2007年文山州人口和计划生育工作一等奖，为丘北县新农村建设和构建和谐丘北创造了良好的人口环境。

【统计数据】

按与州政府鉴定的计划生育目标责任书，丘北县狠抓落实。2007年末丘北县人口数为461882人，年内人口出生5735人，出生率为12.52‰，其中计划内出生5574人，计划生育生育率为97.19%，计划外多孩出生48人（自1979年开展计生工作以来最好控制水平），年内人口自然增长3546人，自然增长率为7.74‰。共完成"三术"6531例，其中放环6509例，男扎14例，女扎8例，取环2221例，补救手术169例，综合节育率为82.94%， 避孕及时率达73%。各项指标都完成了州下达任务数。

【政治理论学习】

按照县委政府要求，丘北县计生局积极组织干部职工学习邓小平理论和"三个代表"重要思想，结合行业特点认真践行"三力建设教育学习活动"，以体现实绩为首要任务贯彻好"执行力"，特别是党的十七大召开后，全局上下掀起学习高潮，做到"周一同学习，常日见行动"，以个人工作绩效来体现理论指导实践的能力。在实践中干部职工"不座机关门、办事在基层"，围绕县局的"树立诚信计生形象"活动，勤政廉洁人人争当"诚信计生形象标兵"，理论武装了头脑，使丘北县形成了一支政治素质高、业务能力强的干部队伍，为丘北县人口控制事业奠定了扎实的基础。

【奖优免补政策推广深入】

为把奖优免补利益导向政策深入推行，丘北县一是统一思想、深化认识，召开了丘北县工作会和业务培训会；二是加强领导明确目标，层层落实党政一把手"亲自抓、负总责"负责制；三是强化舆论宣传，充分利用广播、电视、标语墙报、文体宣传等宣传阵地力求做到家喻户晓、人人皆知；四是扎实开展好便民服务活动，为群众提供快捷的计划生育技术服务、独生子女办证上门服务，把得民心、顺民意的事办好办实；五是县人大县政协及时加以工作督查指导，推进了工作进度。2007年办理《独生子女父母光荣证》1158户，兑现一次性奖励金50.05万元，兑现养老补助金 45.285万元，兑现教育奖学金17.93万元，共计113.265万元，超额完成州下达任务。

【流动人口管理全州创典型】

2007年县委政府高度重视为四个社区和一个村民委配备了5名流动人口计划生育管理员，解决了流动办交通工具，县局配置了两台电脑给流动办。在良好外部环境下，流动办实行"主任负责，片区管理"责任制，扎实开展工作。2007年共建立了流动人口计划生育管理台账6895户，16279人，其中县内流动6824人，县外流入9345人，涉及22个省、自治区、直辖市的159个县，持有《流动人口婚育证明》的2297人，占育龄妇女的83.8%。流动人口录入并与全国联网，在文山州是唯一的县，流动人口信息资源共享作出了全州表率，2007年信息反馈率达100%，提交查询率达95%，流动人口信息管理得到了上级的高度评价。

【村民自治与创优工作探出新路子】

按全州考核要求，2007年确定了天星乡笼陶村民委、新店乡新店村民委为村民自治试点，树皮乡为优质服务"创优"试点。按《实施方案》县局抽调15人组成工作组，进驻村民委开展试点工作，围绕"六好四有三落实"的目标，工作组入户开展宣传与服务工作，制订了《计划生育村规民约》，入户发送宣传资料签订计划生育《合同书》，加强协会组织建设、书写计生标语、完善档案痕迹管理，通过近两个月努力，完成计划生育村民自治工作。树皮乡的"创优"工作由服务部组织医务人员随服务车常年入村进户搞服务。一年来9个村民委的4000余名育龄群众接受了计划生育技术服务，圆满完成"创优工作"。其余乡镇也积极开展好优质服务工作，坚持"面向基层，深入群众、服务上门、方便群众"方针，丘北县计生服务所入村服务4800余人次，服务群众60000余人次，完成了二查、四查工作任务。

【加大依法行政力度】

2007年丘北县人口计生局加大依法行政力度，一是完善机构落实责任，成立了以局长为组长的行政执法领导小组；二是加大宣传力度，投资近10万元订购了宣传册、围腰、传单入村发放宣传；三是加强了乡、村分级培训工作提高执法水平。培训后，各乡加强违法生育户调查取证工作，共调查取证22户，并作出了处罚决定。2007年在依法行政工作中持证生育率达95%，生育证发放率达97%，共受理来信来访1907件，已全部答复和解决，各级严格依法行政，加大工人力度，共征收社会抚养费48.4万元。

【美国福特基金会防艾项目通过评估】

丘北县是文山州唯一美国福特基金会援助防艾项目试点县。自2005年以来，丘北县专门成立项目办，确定了双龙营、锦屏、曰者、树皮四个乡（镇）为项目试点乡（镇），按照“4554”宣传培训计划，在四乡（镇）的21个村民委培训骨干1050名，千余名骨干又联系群众4200名，在曰者镇举行了防艾专题文艺调演，在双龙营镇举行了防艾知识竞赛。在防艾推行安全套使用工作中安置了四台自动售套机，县城和普者黑的宾馆免费并按要求摆放了安全套，累计投入资金10余万元。2007年6月，省项目评估组抵达丘北进行考核，对以项目为依托、普及防艾知识、促进计生工作发展的成果给予了充分肯定。

【幸福工程再续新篇】

救助贫困母亲的“幸福工程”项目也是文山州唯一的一个县，启动资金10万元，项目实施以来，当年受助的50户贫困家庭脱贫，至今已滚动发展到410户，受益人口2136人。这一项目提升了“丘北形象”，2005年中央电视台赴丘北拍摄了专题片“穷妈妈的春天”在中央七台于“母亲节”当天面向全国播出。项目期间，杨仕萍等三人被幸福工程组委会评为“百佳脱贫母亲”，罗正美等56人被为脱贫母亲先进个人，丘北县被应邀赴北京参加幸福工作捐赠慈善晚宴，2007年，国家幸福工程组委会又划拨专项资金5万元给丘北县滚动发展，项目正扩展进行中。

【扶贫工作】

按丘北县委建设社会主义新农村的工作要求，县计生局安排 了一名副局长驻笼陶村常年开展专项工作，直至圆满完成任务。特别是2007年局班子全力投入林改工作，主要领导、副职和纪检组长按要求驻温浏乡参与林改工作，圆满完成了林改工作任务，在完成林改、计生业务的同时筹措资金20000元支持温浏乡的五个村民委用于房屋修缮和村道交通建设。面对双龙营镇普格村完小寄宿生生活困难实际，又拨资金2000元改善生活问题，双龙营村的松坡脚、小梁街等四条街修街道，又拨资近20000元购买水泥，给付现金给予大力支持。2007年县人口计生局累计为八个乡镇的房屋修缮、道路交通、饮水工程等社会主义新农村建设投入资金90000余元。

2008年

【概况】

丘北县人口和计划生育局有干部职工14人，配局长1名，副局长3名。局机关设办公室、法规股、宣教股、统计股、科技股、计生协会6个股室。下属单位有县计划生育流动人口管理办公室职工7人，县计划生育服务站职工20人，乡级计生助理员35人，乡级技术人员33人，村级计生宣传员130人。2008年，在县委、县政府的正确领导下，在州人口计生委的指导下，在丘北县计生干部职工的共同努力下，认真贯彻落实云南省委、省政府《关于进一步加强人口和计划生育工作 统筹解决人口问题的决定》精神，进一步拓宽工作思路，较好地完成了年度考核各项责任目标，使丘北县人口和计划生育工作继续保持了较好的发展势头。

【统计数据】

2008年年末丘北县总人口数为467020人，年内人口出生4938人，出生率为10.63‰，比控制数13‰低2.37个千分点；计划内出生4751人，计划生育率为96.21%；年内死亡人数为2131人，死亡率为4.59‰；年内人口自然增长2807人，自然增长率为6.84‰。

【宣传教育工作】

在计生宣传工作中，树立以人为本理念，结合计生优质服务、“婚育新风进万家”、“关爱女孩行动”、“村民自治”、“生育文化”、“科技大练兵”等活动，把宣传工作引向深入，一是扩展宣传教育对象，从向已婚育龄妇女逐步扩展到整个育龄人群，引导树立晚婚晚育、少生优生、男女平等的婚育观。二是扩展宣传教育的内容。从只注重国情国策、人口形势、政策法规的宣传教育，扩展到避孕节育知情选择、优生优育和生殖健康等科普知识的宣传教育。三是扩展宣传教育的形式和方法。充分利用学校开展宣传教育工作。11月份在县委党校向村“两委”干部开设人口计生知识讲座，加强广大领导干部对计生政策知识教育。全年共投入计生宣传教育经费18万元，把宣教资料送进千家万户，共发放宣传手册两万份。把计生宣传教育与群众生产生活、生育需要的知识紧密结合，促进群众生育观念的转变。此外，在“法制宣传月”、“禁毒日”、“世界人口日”、“世界艾滋病防治日”等重要节日，积极组织开展了入村咨询服务和宣传教育活动。四是深入开展生育文化试点村工作，各乡镇都选择了一个自然村作为生育文化试点村，进行宣传品入户、关爱女孩入户服务活动。五是抓好县、乡、村宣传标语和宣传公示栏建设。目前县、乡、村三级均有宣传公示栏，丘北县有规范的计生宣传标语2400条。

【行政执法工作】

一是抓好法律法规学习，坚持依法办事。二是公开办事程序，提高办事效率。严格执行“四项制度”，有效地提高了办事效率。三是努力做好孕前服务工作，严格控制违法多生育。全年违法多生育出生43人（其中：常住人口违法多生育数25人，流动人口违法多生育数18人），在州下达的控制指标内。四是依法征收社会抚养费。与法院配合，在双龙营镇、树皮乡严格按照社会抚养费征收程序依法强制征收了五户，为依法征收社会抚养费难打开了局面。五是做好信访工作。丘北县未出现因计划生育而引发的集体上访、越级上访现象。

【奖优免补工作】

自2004年6月1日实行“奖优免补”政策以来，丘北县农业人口累计办理《独生子女父母光荣证》4840户。2008年丘北县农业人口《独生子女父母光荣证》办证任务数为600户，实际完成607户，占任务数的101.17%；“奖优免补”网站数据录入准确率达99.5%；新领《独生子女父母光荣证》自愿率达100%。2008年，共发放独生子女保健费43.04万元；一次性奖励金57.42万元；教育奖学金1.793万元；养老补助金41.37万元；符合特别扶助对象89人，共兑现资金10.656万元。“奖优免补”档案基本理顺。

【优质服务工作】

为让计划生育优质服务进村入户，深入广大育龄妇女当中，县人口计生局与云南省关爱育龄妇女生殖健康免费普查项目办签订了普查协议，并相继在天星、双龙营等乡（镇）开展妇女生殖健康普查工作。2008年，丘北县在巩固原创优乡（镇）的同时，确定了天星乡为优质服务试点乡。县计生局成立了领导机构和工作小组，制订了《实施方案》。县计生服务站抽调医务人员与天星乡计生办、服务所全体干部职工在该乡开展随访工作，并指导天星乡服务所规范管理、规范运作。

【流动人口管理】

在过去探索创新的基础上，深入摸底调查，完善台账，运转好流动人口信息交换平台，提高回复率，控制流动人口违法生育。截至2008年12月31日，丘北县流入人口19473人，育龄妇女流入地共登录反馈信息3402条，已反馈3402条，反馈率100%，登录流入户籍地反馈信息769条，发现计划外怀孕妇女53人，采取补救措施53例。

【基础建设工作】

2008年，丘北县以国债项目、创优活动、科技大练兵活动为依托，大力加强了计生服务站所的“硬件”、“软件”建设。腻脚乡计划生育服务所国债资金项目建设已于2008年底竣工验收，投入使用。通其他11个乡（镇）计生服务所已列入2009年新建项目。在“软件”建设上，所有计生技术人员通过科技大练兵活动多次到县计生局、县服务站进行理论学习、实际操作等训练，共计300多人次。

【党风廉政建设】

2008年，认真执行"四项制度"，强化机关作风建设。一是开展了贯彻执行"四项制度，加强机关作风建设的活动。二是制作了干部职工上岗牌，方便群众办事，接受群众监督。三是做好扶贫挂钩点扶贫工作。

广南县

2006年

【简述】

2006年，广南县人口和计划生育局以邓小平理论和“三个代表”重要思想为指导，进一步降低生育水平，提高人口素质为目标，树立和落实科学发展观，认真贯彻执行《中华人民共和国人口与计划生育法》、《云南省人口与计划生育条例》等法律法规，围绕大局抓重点，集中力量攻难点，开拓创新造亮点，扎扎实实落实各项工作措施，全面完成年度人口与计划生育各项任务，为推进社会主义新农村建设构建平安和谐广南营造良好的人口环境。

【统计数据】

2006年，广南县总人口759283人，其中：计划出生10749人，实际出生9494人出生率12.55‰；死亡4104人，死亡率5.43‰；自然增长5390人，自然增长率7.13‰；计划外多孩出生38人，占年控制数48人的80%；综合节育率84.4%，长效节育率82%，避孕及时率73%。

【宣传教育】

以宣传教育工作为先导，按照“贴近实际、贴近生活、贴近群众”要求，千方百计扩大宣传面。通过深入开展婚育新风进万家活动和关爱女孩行动，依托各种阵地，采取各种形式，加大计划生育新产品、科普知识进村入户力度。年内，共举办法律法规、生殖保健、优生优育知识等系统化培训班36期，发放宣传资料3万多份，近10万人（次）受到教育。

【政策法规】

以法律法规为准绳，依法行政，进一步加大执法力度，对计生干部队伍进行法律法规知识培训；建立健全计划生育行政执法监督检查制度；严格审查生育申请，依法按程序办理《生育证》，《生育证》发放程序合格率97%以上；依法处理违法生育案件147件，严格按程序征收社会抚养费；做好来信来访工作，共处理来信来访14将（次）；继续抓好合同管理，广南县累计有73258对已婚育龄夫妇签订计划生育管理合同，计划生育村民自治工作得到加强；以五珠乡红石岩村委会为试点，积极开展计划生育村民自治工作。

【技术服务】

始终坚持“面向基层、方便群众、服务上门”的服务方针，不断拓宽技术服务领域，加大查环、查孕、查病力度。结合人口出生缺陷干预工作积极向育龄群众宣传优生优育知识，全面推广使用叶酸片预防出生缺陷，提高人口素质。年内利用流动服务车深入乡村开展宣传咨询、生殖健康等服务，共为育龄妇女进行健康检查12万人（次），切实维护育龄群众的健康权益。对出生缺陷干预目标人群进行培训4320人（次），免费为目标人群发放叶酸片2016人（份）。

【协会工作】

加强计生协会组织建设，在巩固原有协会组织的基础上，继续在奔小康示范村成立计划生育协会会员之家，组织协会会员开展活动，广泛宣传计划生育知识。各级协会组织充分利用节假日积极开展活动，向广大群众宣传现行计划生育政策及相关知识，较好地发挥协会“带头、宣传、服务、监督、交流”职能作用。广南县18个乡（镇）、174个村（居）委会均建立协会组织，3032个村民小组成立协会小组，有会员之家91个，会员人数发展到91722人，占广南县总人口的12.3%，有会员联系户25744户。

【奖优免补】

广南县是一个人口大县，农业人口占总人口95

%。积极落实“奖优免补”政策，减少农村政策内二孩生育，有利于控制人口增长和推进人口发展走上良性循环轨道。在总结上年工作经验的基础上，认真落实工作目标责任制，狠抓各项工作措施落实。县政府将“奖优免补”工作进度纳入督办，实行月通报制度。2006年农业人口新领取《独生子女父母光荣证》2167户，完成州下达任务的103.19%。符合一次性奖励的1432户，奖励金130.6万元。符合享受教育奖学金学生2823人/次，资金53.9万元，兑现率100%。有6名独生子女享受高考升学加分，其中有4人被高校录取。审核上报符合领取养老生活扶助对象1933人扶助金126.5万元，兑现率100%。在落实省政府《规定》基础上，县政府于9月出台《广南县农业人口独生子女家庭合作医疗补助（暂行）办法》，将农业人口独生子女家庭参加农村合作医疗自筹资金部分纳入财政预算。2006年有23880人享受补助，补助经费23.88万元。

【队伍建设】

在队伍建设上，一是在计生系统干部职工中广泛开展“八荣八耻”学习教育活动，增强人口计生系统党员干部实践“三个代表”重要思想自觉性，不断增强党员队伍和党组织创造力、战斗力，真正树立起新时期人口计生系统党员干部新形象；二是加强计生干部业务技能培训，鼓励干部职工参加在职函授学校，提高业务能力和工作水平；三是加强对村级计划生育宣传员管理，要求乡（镇）计生站要与宣传员签订责任书，明确工作目标任务，把工作实绩作为解聘、续聘计划生育宣传员的重要依据，增强工作紧迫感和使命感。

2007年

【简述】

广南县人口计生局以邓小平理论和“三个代”重要思想为指导，认真贯彻党的十七大精神，坚持以人为本，控制人口数量，提高人口素质，树立和落实《科学发展观法》、《云南省人口与计划生育条例》等有关法律法规，围绕大局抓重点，集中力量攻难点，开拓创新造亮点，扎实落实好各项工作措施，全面完成好年度人口与计划生育各项任务指标，为构建平安和谐广南营造良好的人口环境。

【统计数据】

2007年计划出生10655人，实际出生9151人，出生率为12.01‰；死亡3763人，死亡率4.94‰；自然增长5388人，自然增长率为7.07‰。全年出生人口中，计划内一孩出生4908人，二孩出生3872人，多孩13人，计划生育率为96.09%；计划外出生358人，其中：计划外一孩出生48人，计划外二孩出生281人，多孩出生29人，计划外生育率为39.1%，长效节育率为82.7%，避孕及时率为71.5%。农业人口领取《独生子女父母光荣证》1152人，占任务数1150的100.1%.

【宣传教育】

以宣传教育工作为先导，按照“贴近实际、贴近生活、贴近生活”的要求，千方百计加大宣传力度，强化宣传教育的实效性，主要采取了三条措施抓好宣传教育工作。一是组织以计生宣传员、计生协会会员为主的文艺宣传队，采用少数民族言语、结合民族节日、自编自导自演少数民族群众喜闻乐见的文艺节目深入村社进行演出，全年演出24场受教育人数达2万多人次，收到了较好的效果；二是结合出生缺陷干预项目工作，充分利用人口学校对育龄群众进行法律法规、生殖健康、优生优育知识培训教育，促进育龄群众文明、健康、科学的生育观的形成；三是制作永久性宣传标语、公示板，深入乡村发放宣传资料，共举办培训班52期，受训人数21332人次，发放宣传资料51000多份。

【政策法规】

抓好队伍的法律法规知识教育，严格依法办事，按次序办事，不断规范行政行为。一是切实加强对计生干部队伍的行政执法培训力度，增强干部队伍的法律意识，提高他们依法行政能力。二是建立健全计划生育行政执法监督检查制度、过错责任追究制度、公开制度、评议制度和考核制度；三是严格审查生育申请，依法按程序办理《生育证》，《生育证》发放程序合格率达98%以上。四是认真处理好群众的来信来访工作，提高群众的满意度。全年共处理群众来信来访33件，回复率达100%，保证年内没有因为计划生育行政行为所引起的群体上访事件的发生；五是依法处理违法生育案件。对10户拒绝缴纳社会抚养费的违法生育户申请法院强制执行，按程序征收社会抚养费55万多元；六是加强流动人口管理，确保城乡人口有序流动。全年共查验《流动人口婚育证明》5000人次，为13760名外流人口办理了《流动人口婚育证明》，办证率达89%。加强对流动人口的信息化管理工作，对流动人口管理员采取分散和集中培训，先后培训5期91人次，使广南县县的流动人口信息反馈率和提交查询率由上年的10%提高到现在的65%。

【技术服务】

始终坚持“面向基层，方便群众，服务上门”的服务方针，不断拓宽技术服务领域。以出生缺陷干预项目工作为契机，积极开展向群众宣传优生优育知识，全面推广使用叶酸育龄妇女进行检查，免费发放避孕药具价值近21万多元，向目标人群发放叶酸片4896人(份)使出生缺陷干预项目工作得到顺利开展，有效地降低了广南县县新生孩子缺陷的发生率。同时，免费为各大小旅馆、娱乐场所提供安全套8万多只，积极配合县防艾机构开展防治艾滋病宣传工作。

【计划生育综合管理】

按照“依法治理，村民自治，优质服务，政策推动，综合管理”的要求，全面推行计划生育合同管理，促进计划生育管理工作的规范化。年内在七个乡镇开展村民自治试点工作。

【协会工作】

在巩固原有协会组织的基础上，加强协会组织建设，壮大协会力量。广南县18个乡镇、174个村(居)委会均建立了协会组织，3032个村民小组成立了协会小组，有协会会员之家97个，会员人数92135人，占广南县总人口的12.3%，协会“带头、宣传、监督、交流”的职能作用得到了充分发挥，并在开展计划生育系列保险工作中起到了积极的作用。

2008年

【简述】

广南县人口计生局以邓小平理论和“三个代”重要思想为指导，认真贯彻党的十七大精神，坚持以人为本，控制人口数量，提高人口素质，树立和落实科学发展观、《云南省人口与计划生育条例》、中共中央国务院《关于进一步加强人口和计划生育工作统筹解决人口问题的决定》和中共云南省委 云南省人民政府《关于加强人口和计划生育工作统筹解决人口问题的决定》等有关法律法规，围绕大局抓重点，集中力量攻难点，开拓创新造亮点，扎实落实好各项工作措施，全面完成好年度人口与计划生育各项任务指标，为构建平安和谐广南营造良好的人口环境。

【统计数据】

1.人口出生控制指标完成情况

2008年广南县总人口为769562人，其中：计划出生9990人，实际出生9577人，出生率为12.49‰；死亡4161人，死亡率为5.43‰；自然增长5416人，自增率为7.06‰。全年出生人口中，计划内一孩出生4911人，二孩出生4191人，多孩15人，计划生育率为95.2%；计划外出生460人，其中：计划外一孩出生184人，计划外二孩出生244人，计划外多孩出生32人，计划外生育率为4.8%。常住人口违法多生育17人，占年控制数24人的70.8%；流动人口违法多生育15人，占年控制数19人的78.9%。

1.任务指标完成情况

综合节育率达84.51%，长效节育率达82.43%，避孕及时率达72.1%。

1.奖优免补办证任务完成情况

农村居民（原农业人口户）独生子女家庭新领取《独生子女父母光荣证》805户，占年任务数800户的100.6%。

1.计划生育事业费投入指标

2008年为确保计划生育工作顺利开展，我县已将计划生育手术费20万元，独生子女保健费53.537万元，农业人口独生子女家庭合作医疗补助48.534万元全部纳入县级财政预算，并及时足额划拨。2008年我县“奖优免补”第一批一次性奖励金县级配套经费0.81万元，已按时足额划拨；第二批一次性奖励金配套经费需待省级核拨后方能配套划拨。

1.出生缺陷一级预防工作完成情况

2008年，广南县共有目标人群35006人，其中常驻目标人群21158人，外出目标人群13848人，目标人群自愿参与出生缺陷一级预防项目活动28083人，目标人群自愿参与率为80.2%。应培训目标人群6900对，已培训6594对；培训率达95.6%，群众对人口出生缺陷预防基本知识知晓率达90.3%。广南县目标人群孕前检查率达61.8 %。免费发放叶酸片4062人份，孕前服药3986人，孕前服药率为98.1%，孕期服药76人，孕期服药率为1.9%。广南县应开展目标人群孕期随访2987人，已开展随访服务2546人，随访率达85.2%。广南县经接受出生缺陷干预服务后出生新生儿2763人，无一例缺陷儿发生。

【宣传教育】

2008年，广南县人口计生局以“覆盖农业人口每一户、覆盖目标人群每一对、覆盖已婚育龄妇女每一人”为目标，制订了《计生宣传工作方案》，拓展计划生育宣教工作深度和广度。一是扩展宣传教育对象，从只面向育龄群众逐步扩展到面向社会广大群众，引导广大群众树立晚婚晚育、少生优生、男女平等、男性参与计生的婚育观。二是扩展宣传教育的内容。从只注重国情国策、人口形势、政策法规的宣传教育，扩展到避孕节育知情选择、优生优育和生殖健康等科普知识的宣传教育并重。三是扩展宣传教育的形式和方法。充分利用学校、社区、有线电视、乡镇人口学校、村级协会等阵地，开展文艺演出、访谈、电视专题记录等群众喜闻乐见的宣教活动，将计划生育政策和优生优育知识送进千家万户。同时把宣传工作同群众的生产生活、生育需要的结合起来，在宣教的同时开展优生优育咨询、发放药具、孕情病情环情检查等技术服务，提高群众的政策知晓率和自愿参与率。截至今年11月底，广南县已开展各类宣传培训28期，文艺演出23场次，同时与县电视台联合开办了计划生育专题栏目《幸福家园》，定期播放人口出生缺陷一级预防和计划生育优质服务的相关知识，制作播放电视专栏20期，发放宣传资料3.2万份，宣传咨询发放避孕药具价值近9万元，取得了良好实效。

【政策法规】

抓好队伍的法律法规知识教育，严格依法办事，按次序办事，不断规范行政行为。一是切实加强对计生干部队伍的行政执法培训力度，增强干部队伍的法律意识，提高他们依法行政能力。二是建立健全计划生育行政执法监督检查制度、过错责任追究制度、公开制度、评议制度和考核制度；三是严格审查生育申请，依法按程序办理《生育证》，《生育证》发放程序合格率达98%以上。四是严肃查处违法生育案件，依法征收社会抚养费。2008年，共依法处理违法生育案件189件，申请法院强制执行8例，征收社会抚养费91.153万元；五是认真处理好群众的来信来访工作，畅通信访渠道，提高群众的满意度。并按照“治慢工作”、“大讨论”活动和政府信息公开工作的要求，及时将计生部门的监督举报电话和电子信箱面向社会公布，制订了信访案件限时办结和限时答复制，进一步规范了信访案件的处理程序。全年共处理来信来访17件，没有因计生行政执法不当引起的恶性案件和群体上访事件的发生；六是加强流动人口计划生育管理工作。

【流动人口服务管理】

为不断加强广南县的流动人口计划生育管理

工作，今年县人口计生部门主要做了四点努力：一是将流动人口计划生育管理纳入责任目标书中，不断加强流动人口计划生育管理工作力度；二是切实履行流出地管理原则，与外出务工的人员签订《计划生育管理合同书》，并为他们出具《流动人口婚育证明》，截至今年11月底，广南县流出人口84010人，应办证67208人，实办证43685人，办证率为65%；三是履行流入地的管理职责，切实加强对流入人口的管理，截至今年11月底，广南县共查验流入人口12845人次，经核实广南县共有流入人口5585人，其中已婚育龄妇女1482人，持证780人，已婚育龄妇女持证率53%，已发放限期办证880份，流入人口生育30人，其中违法多孩出生2人，实施补救措施5人；四是利用流动人口信息交换平台建立流动人口计划生育管理档案，完善流动人口计划生育管理制度，截至今年11月底，广南县已提交流动人口信息查询信息579条，收到回复492条，异地提交查询信息7789条，已回复信息7757条，信息反馈率99.9%。

【计划生育综合管理】

按照“依法治理，村民自治，优质服务，政策推动，综合管理”的要求，全面推行计划生育合同管理，促进计划生育管理工作的规范化。2008年，在七个乡镇开展村民自治试点工作。

【协会工作】

在巩固原有协会组织的基础上，加强协会组织建设，壮大协会力量。广南县18个乡镇的7个社区、168个村委会均建立了协会组织，有村小组协会3032个，重新做好乡村协会充实调整，发展会员小组5330个，有兼职工作人员195人，发展会员96198人，占广南县总人口的12.9%，有会员之家99个，其中，新建会员之家3个，有会员联系户30466户。

富宁县

2006年

【综述】

2006年，期末总人口392660人，出生人口4232人，其中计划内生育4121人，计划生育率97.38%，出生率为10.82‰。死亡1948人，自然增长2284人，自然增长率5.84‰。2005年4月至2006年3月出生和采取补救措施的已婚育龄妇女5229人，已采取长效避孕措施3621人，避孕及时率70.61%。已婚育龄妇女76674人，已采取长效避孕措施61640人，长效节育率80.39%。采取各种避孕措施的已婚育龄妇女64993人，综合节育率84.77%。使用避孕药具3205人，领取率达95.6%。

【计划生育优质服务】

以流动服务车为载体，深入边远乡村，融管理与服务为一体。共出动流动宣传车29次，为育龄妇女免费进行妇检、健康咨询等服务10963人次;为“二查”、“四查”对象进行生殖保健检查15087人次，免费发放避孕药具35620人次，妇检2590人次，诊治妇科病3341例；放环196例，取环169例。

【计划生育依法行政】

进行有关法律法规、政策和业务知识培训250人(次);加大对违法生育的查处罚力度;切实做好计划生育来信来访工作，共办理群众来信来访29件，办结率达100%，及时化解矛盾，避免重复上访和集体上访。

【流动人口计划生育管理和服务工作】

加强流动人口的创新管理。在县城3个社区配备了流动人口计划生育管理员。共接收流出人口信息1012条，反馈1012条，反馈率100%；富宁县共流入人口30599人，流出8722人，办理流动人口婚育证明4410本;已婚育龄妇女3878人，查验《流动人口婚育证明》26013人次，查验率为85.39%;为流动人口提供查孕、查环等技术服务2330人(次)，处理流动人口违法生育案件7起。

【宣传教育工作】

富宁县共组织开展宣传活动45次，出动宣传车18次；发放各类宣传资料6万余份；制作宣传牌180块；宣传挂图1.5万张；大幅标语36幅；富宁县乡村建固定永久公示板2889块；标语1万余条；播放宣传光碟26场次；走访贫困母亲20余户，群众知晓率达95%以上；编写人口计生信息27期，被《新华网》、《中国人口网》、《中国人口报》、《云南电视网》、省计生宣教中心采用13期（次）、州人口计生委采用2期、《七都晚刊》采用2期、《富宁情况》采用3期、《富宁信息》采用2期、富宁政务网采用7期。

【奖优免补】

加强监督，严格按照程序，稳步开展“奖优免补”工作。富宁县共有 1073 户农业人口家庭领取《独生子女父母光荣证》，有490户享受一次性奖励，奖励金45.10万元，1314人(次)享受义务教育奖学金，奖学金23.664万元，1010人（次）享受养老生活补助，补助金66.395万元，享受独生子女保健费2785人，保健费30万元，计划生育家庭得到各项奖励扶助奖金共计165.159万元，其中争取国家、省和州的“奖优免补”专项奖金135.159万元。

【出生人口性别比综合治理工作】

成立富宁县综合治理人口问题工作领导小组，制订成员单位挂钩联系制度，广泛开展关爱女孩行动综合治理出生人口性别比偏高问题工作。设立“关爱女孩”大型永久宣传牌一块，制作发放“关爱女孩”宣传挂图1300余幅、宣传资料1万余份，宣传册5500本，宣传品1500件，接受群众咨询2200人次，受教育群众达2万余人。

【争先创优工作】

①完成新华镇那平村委会村民自治试点工作。各项制度、机制已建立健全，工作正常运行，计划生育村民自治初步形成；②创建者桑乡优质服务乡（镇）。县、乡成立专门领导小组和工作指导小组，制订实施方案，扎实开展优质服务创建的各项工作。通过开展创建活动，者桑乡达到计划生育优质服务乡。

【推广使用安全套预防艾滋病工作】

与县城56家宾馆、娱乐场所签订《推广使用安全套防治艾滋病目标责任书》，年中，进行检查安全套摆放情况3次，为宾馆提供安全套1.3万余只。开展宣传教育活动9 次，发放宣传资料、宣传品24796 余份。发挥计生服务网络，向群众免费发放安全套15万余只。

【其他工作】

①移民搬迁工作。抽调1名副局长、2名工作人员进驻归朝百洋移民安置点帮助群众建设永久房，6月15日，所挂钩的百洋村小组36户全部搬进永久房。②扶贫工作。认真做好里达镇里拱村委会的挂钩扶贫工作，捐款5000元。

2007年

【综述】

2007年，期末总人口396139人，本年度共出生人口4366人，其中计划内生育4181人，计划生育率95.76%，出生率为11.05‰；自然增长2359 人，自然增长率5.97‰。2006年5月至2007年4月出生和采取补救措施的已婚育龄妇女4667人，已采取长效避孕措施3298人，避孕及时率70.67%。富宁县有已婚育龄妇女77548人，已采取长效避孕措施61949人，长效节育率79.88%；富宁县共采取各种避孕措施的已婚育龄妇女65616人，综合节育率达84.61%。

【奖优免补工作】

2007年富宁县共有790户农业人口家庭办理《独生子女父母光荣证》，有390户享受一次性奖励金35.85万元，1559人享受义务教育奖学金28.435万元，1174人（次）享受养老生活补助金71.18万元，2956人享受独生子女保健费34万元，计划生育家庭得到各项奖励扶助奖金共计135.465万元，其中争取国家、省、州“奖优免补”专项奖金128.665万元。

【争先创优工作】

1. 完成板仑优质服务乡创建工作。县乡成立了专门领导小组和指导小组，制订实施方案，做到组织、人员、措施三到位。完成服务所机构设置、人员配备、规范业务和有效开展避孕节育、出生缺陷干预、生殖保健检查等优质服务。为该乡4982名育龄妇女免费妇科检查，服务率达99.1%，生殖健康建档率达100%，已婚育龄妇女综合节育率达86.54%，避孕及时率达70.54%，术后和药具随访服务率达99.5%。2. 村民自治工作。在者桑乡安哈、洞波乡洞洪村委会实施村民自治工作。及时成立工作领导小组和技术指导小组，制订工作实施方案、工作计划；召开群众会议和专题会议12次，开展宣传8次，发放宣传资料4000余份，发放综合服务证760本，免费生殖健康检查1400人次，发放避孕套4000只，避孕药1512（板），诊治妇科疾病56人（次），查环取环676人，接待咨询群众268余人（次）。

【宣传教育】

共开展宣传活动45次，出动宣传车18次，发放各类宣传资料6万余份，制作宣传牌180块，宣传挂图1.5万张，富宁县建公示板2889块、宣传标语3539条，群众知晓率达96%以上，受教育群众8万余人次。编写工作信息35期，被《中国人口报》采用1篇；新华网采用4篇；中国人口网采用9篇；省宣教中心《云南人口宣传》采用7篇；《文山日报》采用2篇。

【优质服务，惠及千家万户】

充分发挥县乡计生服务站（所）、流动服务车作用，深入边远乡村，进村入户免费为群众开展查孕查环、妇检，提供生殖保健、优生优育、防治艾滋病等知识咨询，发放避孕药具等计生服务，实施出生缺陷一级干预，防止出生婴儿缺陷，通过推行计划生育优质服务，极大地调动广大群众参与计划生育的积极性和自觉性。一年来，开展计生服务29次，为育龄妇女免费进行妇检、健康咨询等服务15137人次，为“二查”、“四查”对象进行生殖保健检查23058人次，免费发放避孕药具14224人次，诊治妇科病1300例，实施“三术”2982例。

【依法行政】

坚持执法为民，依法维权，优质服务的执法理念，开展计划生育便民维权活动，为群众提供服务。加强培训，开展专题或以会代训方式对富宁县计生干部职工进行业务培训2期165人次，提高了业务水平。加大对违法生育的处罚力度，严格按规定给予处罚并按标准征收社会抚养费。做好来信来访工作，全年办理群众来信来访38件，办结率达100%，及时化解矛盾，避免重复上访和集体上访。查处违法多生育14人，比州控制数少 1人。

【流动人口计划生育管理】

按照“属地管理，市民化服务”的原则，创新流动人口计划生育管理和服务工作，计生服务队定期或不定期深入百色水利枢纽富宁库区、高速公路沿线、矿山、电站等工地及住户为流动人口提供免费服务。年中，富宁县流入人口20316人，其中育龄群众1061人，查验17135人次，查验率为70%；流出人口11096人，其中育龄群众907人，办理《流动人口婚育证明》3917本；接收信息1829条，反馈1829条，反馈率100%；信息交换平台提交信息431条，得到反馈332条，占77%。

【出生人口性别比综合治理】

认真开展婚育新风进万家活动，充分利用县、乡、村计生协会抓好综合治理人口问题工作，县乡建立长效的综合治理人口问题工作机制。加强B超管理，禁止性别鉴定和选择性别人工终止妊娠行为。加大综合治理力度，严厉打击非法胎儿性别鉴定等行为。

【推广使用安全套预防艾滋病】

与各乡镇、有关部门及县城63家宾馆、娱乐场所签订目标责任书，确保100%旅馆和娱乐场所摆放安全套。培训县乡村三级干部职工2026名，发放宣传资料6万余份，提高了群众特别是高危人群对使用安全套防治艾滋病知识的知晓率。加强艾滋病防治行为干预，全年共免费发放安全套6万余只。

【富宁县人口计生局荣获全国人口计生系统先进集体称号】

2007年，被评为“全国人口和计划生育系统先进集体”荣誉称号，受到人事部、国家人口和计划生育委员会的表彰，是全州唯一受到表彰的单位。

【省人口计生委和耀云副主任到富宁督查调研】

2007年10月13–14日，省人口计生委副主任和耀云、人事处处长郭辉军等一行，在州人民政府办公室副主任贾根、州人口计生委主任祝正武等人的陪同下，到富宁县人口计生局、富宁县计生服务站、木央镇计生服务所等就贯彻全省人口计生形势分析会议精神、“奖优免补”、出生缺陷干预、推广使用安全套防治艾滋病等工作进行实地走访察看。富宁县委常委、宣传部长谭金花、富宁县政府副县长段刚陪同调研。调研组对富宁县人口计生工作给予了较高的评价。

2008年

【综述】

2008年，期末总人口400240人，本年度共出生人口4918人，其中计划内生育4715人，计划生育率95.87%；出生率为12.35‰；自然增长2741人，自然增长率6.88‰。有已婚育龄妇女74307人，避孕及时率75.01%%；已采取长效避孕措施60211人，长效节育率81.03%；采取各种避孕措施的已婚育龄妇女63393人，综合节育率达85.31%。

【争先创优工作】

1. 创建省级计划生育优质服务达标县。县委政府将其纳入重要议事日程，及时成立领导机构，制订方案，设立创优工作台账。县人口计生局成立工作指导组、督查组、分组挂钩工作组；规范统一了县、乡计划生育服务站（所）机构标识牌和业务用房，规范了各种工作制度，建立健全了统计台账、各类技术服务表卡和医疗文书档案。县乡计生服务技术用房基本达到要求。为乡镇配备了必需的医疗设备；以“开展计生优质服务，构建和谐柔情富宁”为主题，深入开展“三查一治”和术后随访工作，全年共为15232名已婚育龄妇女开展“三查”，对查出患有疾病的2506人分别进行指导用药、孕期保健等相应处理。经开展创优活动，达到了省级计生优质服务达标县标准，通过了省级检查验收。2. 稳妥推进计划生育村民自治、生育文化村创建工作。2008年在每个乡镇1个村委会实施计划生育村民自治、生育文化合格村创建工作。县乡成立工作领导小组和工作指导组，制订实施方案及工作制度、工作职责。村委会制订了《计划生育村民自治章程》、《村规民约》等。到2008年底，富宁县实施计划生育村民自治村达39个。

【宣传教育】

印制集生殖保健、优生优育、避孕节育以及计生奖励制度等知识的小折页2万册、精美计生挂历6000份、围腰1万张及宣传单6万份；县、乡计生服务站（所）设立宣传咨询室，累计开展宣传咨询服务1.8万人（次）；在国道线、县乡公路和主要街道设立美观、温馨的小型计生宣传标语牌280块、大型计生公益广告牌14块；计划生育宣传橱窗13个；书写温馨标语3000余条。

【优质服务】

组织服务队利用流动服务车深入到12个乡镇33个村寨，开展计生集中或上门服务活动，共为3954名妇女进行了妇科病普查，查出妇科常见病2506例，免费诊治1524人，免费发放避孕药具17896人次，为群众查孕查环13784人，查病治病1448人、健康咨询4530人，生殖健康检查6510人（次），促进了育龄妇女的身体健康。

【奖优免补工作】

2008年富宁县共有603户申请并领取办理农业人口《独生子女父母光荣证》，占任务数600户的100.5%。积极做好2007年各项奖励金兑现工作，享受一次性奖励金378户，34.65万元;享受教育奖学金1559人，28.434万元；享受独生子女保健费2982人，31.904万元；享受养老生活补助1174人（次），71.18万元。

【依法行政】

完善了县计划生育行政执法责任制、公示评议制、行政过错责任追究制等一系列工作制度。县乡调整充实再生育资格审批小组，办理生育证2286本。共发生违法生育案件199件，查处196件，办结率98.5%。办理群众来信来访42件，办结率达95.2%。对计生干部职工法律法规、政策和业务知识培训3期，培训110人次，组织20名县乡计生干部到州级参加行政执法培训。

【流动人口计划生育管理】

为流动人口开展计生免费服务2048人（次），查验婚育情况16097人，查验率为100%，办理《流动人口婚育证明》1695本。开展集中服务月活动，为500余名外出务工人员提供服务。签订生育合同书2252份；与业主签订流入人口管理协议书476份，与已婚育龄妇女签订生育管理合同525份。运行管理好流动人口信息交换平台，接收信息3232条，反馈3232条，反馈率100%；提交信息437条，得到反馈337条。

【关爱女孩，综合治理出生人口性别比偏高问题】

更新“关爱女孩”5块公益宣传牌和14个宣传橱窗的内容。印制发放 “关爱女孩行动”、优惠奖励小折页8000份发放到独女、双女户家庭。开展“五访五问”活动，慰问女孩困难家庭5户，发放奖励补助金1000元，棉被5床。联合卫生、药监等部门，组成了专项检查组，深入24家医疗卫生单位、计划生育技术服务机构以及个体诊所进行了专项检查。加强对B超的管理，建立了登记备案制度，实行终止妊娠药品实名销售制度，严格执行查验施术者相关证件证明的程序。

【推广使用安全套预防艾滋病】

在宾馆、娱乐场所摆设防艾温馨提示牌1820块。运行管理好自动售套机，售出安全套700只。与各乡（镇）、县城74家宾馆、娱乐场所签订目标责任书，免费供应安全套3万只。发放防艾宣传资料3万余份（册），宣传品1.5万份，张贴悬挂宣传画156幅，书写张贴标语1200条，接待群众3150人次，播放录像60个小时，免费发放安全套6万余只，受教育群众达6万余人。

【实施出生缺陷一级预防】

对育龄夫妇在孕前、孕后和产后实行动态监测，面对面接受群众咨询，定期上门为孕妇检查身体，共开展优生优育咨询检测1537人（次），并积极推荐服用叶酸片、“福施福”及孕妇营养素等新药物604人份，服用率为新出生婴儿数的11.5%。

【省人口计生委吴莉华副主任到富宁调研】

2008年12月15日至16日，省人口计生委副主任吴莉华、科技处副处长杨自清一行，在州人口计生委副主任杨朝华等人的陪同下，到富宁县就人口计生工作进行调研。县委常委、宣传部长谭金花、县政府副县长李艳红陪同调研。调研组深入了解富宁县 “少生快富”工程、国债项目建设、“奖优免补”、出生缺陷干预等各项工作，视察了县计生服务站建设及工作开展情况。调研组对富宁县人口计生工作给予了较高的评价，认为富宁县人口计生工作有成效、有亮点、有创新。

普洱市人口和计划生育委员会

普洱市

2006年

【概况】

2006年，思茅市人口和计划生育系统以开展“树新风、强作风、兴思茅”教育活动为契机，以全心全意为人民服务为出发点和落脚点，围绕“坚持六个不动摇、实现五个突破”开展工作。即坚持六个不动摇是：坚持稳定现行生育政策不动摇；坚持党政一把手亲自抓、负总责，认真执行计划生育“黄牌警告”和“一票否决”制度不动摇；坚持目标管理责任制，形成党政领导、部门配合、群众参与、齐抓共管的工作格局不动摇；坚持市指导、县负责、乡为主、村配合、户落实的管理模式不动摇；坚持财政投入为主的经费保障机制不动摇。实现五个突破是：在人口与计划生育新机制建立上有新突破；在流动人口计划生育管理上有新突破；在计划生育重点和难点工作上有新突破；在人口与计划生育法制建设上有新突破；在以技术服务为重点的优质服务工作上有新突破。人口和计划生育整体工作呈现出“两个突破、三个进展、两个起色”的特点，即：突破了投入问题，突破了历年拖欠独生子女保健费老大难问题；农业人口独生子女办证、优质服务、宣传教育工作有新进展；流动人口计划生育管理和服务、计划生育村（居）民自治有新起色。

【统计数据】

1.人口基本情况。年末总人口为257.3万人，人口出生率为13.00‰，人口自然增长率为6.01‰。（以上数据来源思茅市统计局统计公报数）

2.计划生育基本情况。计划生育率98.6%，长效避孕及时率为74.97%。（以上数据来源计划生育统计报表）

【考核结果】

思茅市政府对各县（区）政府：翠云区、普洱县、墨江县、景东县、景谷县、江城县、澜沧县、孟连县、西盟县获一等奖。

思茅市人口计生委对各县（区）人口计生局：翠云区人口和计划生育局、景谷县人口和计划生育局、景东县人口和计划生育局、孟连县人口和计划生育局、普洱县人口和计划生育局、西盟县人口和计划生育局获一等奖；澜沧县人口和计划生育局、墨江县人口和计划生育局、江城县人口和计划生育局、镇沅县人口和计划生育局获二等奖。

【落实“奖优免补”政策】

实行责任到人、指标任务到人；建立独生子女领证和奖励月报制度；对农业人口一孩家庭情况进行认真的收集整理、分析研究，根据父母年龄、一孩性别、家庭经济和思想状况进行分类，明确工作重点、难点和先后次序，组织专人进村入户，开展面对面地有针对性的宣传动员工作；强化兑现意识，取信于民，让执行了“奖优免补”政策的农业人口独生子女家庭真正享受到党和政府的温暖。2006年，思茅市农业人口独生子女累计办证34174户，占农业人口家庭一孩户的44.82%；符合享受第一批农业人口独生子女家庭一次性奖励为1299户，第二批2085户，已全部兑现；已办证的农业人口独生子女中考加分84人，录取60人，高考加分9人，录取6人；符合享受奖学金条件的在校学生共有15409人，其中：小学生12221人，初中学生3188人；应享受农村部分计划生育家庭奖励扶助金4669人，已全部兑现。

【宣传教育】

内容上，从单纯宣传计划生育内容拓展到宣传“三农”政策、经济发展和可持续发展，从单纯强调公民计划生育义务拓展到宣传生殖健康知识、优生优育知识以及性病、艾滋病等相关知识。宣传对象上，把宣传教育对象从育龄人群拓展到进入青春期和退出育龄期的人群。宣传方法上，在思茅市人民广播电台开办《人口与计划生育栏目》，每周播4天，每天播1小时；在思茅日报《茶城晚刊》开办人口与计划生育专栏；利用印制“奖优免补”宣传单发送到农户手中，在人口相对集中的地方（如集贸市场、广场等）进行广泛宣传；10月中旬举办了全市“关爱女孩”知识竞赛活动，并组队参加全省“关爱女孩”知识竞赛。各县（区）充分发挥流动服务车优势，深入农村巡回宣传，把党和政府的计划生育政策、婚育知识、生殖保健知识送到人民群众手中，做到家喻户晓。

【流动人口计划生育管理】

建立由人口计生、卫生、公安、工商、劳动、城管等部门组成的流动人口管理领导小组，形成部门与部门、县与县、乡（镇）与乡（镇）、乡（镇）与部门之间的整体联动机制。把流动人口机构设置、人员配备、经费保障及违法生育指标纳入人口与计划生育管理责任制进行考核。2006年，为36个社区配备了流动人口专职管理人员39名，实行了流动人口和户籍人口同宣传、同服务、同管理。

【计划生育优质服务】

以流动服务车为载体，抽调业务熟、工作能力强的技术服务骨干，深入到乡、村、组、企业（场矿），积极为广大育龄妇女提供计划生育技术服务，2006年11辆服务车共出车1247天，行程85142公里，技术服务人员到103个乡（镇）施行放环、皮埋、取环、人流等计划生育手术4080例，提供避孕药具26205人（次），开展查孕、查环60104例，生殖保健服务38836例，宣传咨询147468人（次），培训有关人员1357人（次），手术对象及病人的接送转诊376例。在景谷县、景东县、普洱县开展了乳腺疾病的普查普治，在孟连县开展了出生缺陷干预工程试点工作，在镇沅县开展了情系苦聪山寨活动，组织完成了全国计划生育服务站所基本情况、全国流动服务车项目管理运行情况、全国计划生育技术服务情况、边境少数民族和小民族生育情况及普洱县全国人口与计划生育统计抽样调查。2006年，翠云区巩固了全国计划生育优质服务先进县称号，景谷县荣获省级计划生育优质服务先进县称号，普洱县、孟连县被评为市级计划生育优质服务先进县。

【计生协会工作】

以群众满意为目标、党政支持为动力，配合计划生育服务站（所）的技术服务人员，认真实施“少生快富”、“生育关怀”活动、预防艾滋病宣传教育等项目。组建文艺宣传队，自编自演相声、小品、歌舞等节目， 开展形式多样、丰富多彩的宣传活动，活跃群众的文化生活，弘扬社会主义新道德、新风尚。积极推行计划生育村（居）民自治试点工作，通过落实民主议事制度，实现计划生育村民民主参与、民主决策、民主管理、民主监督，从而达到群众自我教育、自我管理、自我服务的目的。

【推广安全套预防艾滋病】

加强技术服务人员队伍培训，强化防艾知识宣传，提高群众防艾意识，完善推广安全套预防艾滋病工作机制，切实做好已婚育龄人群和进城农民工安全套免费发放工作，2006年免费发放安全套103.15万只。对宾馆、酒店、娱乐场所、歌舞厅、美容院、医疗卫生单位等场所摆放安全套工作进行督查，重点场所安全套摆放率达100%。2006年3月，国家人口计生委副主任赵白鸽视察了翠云区富有特色的“爱心屋”，对其给予了高度评价。

【干部队伍建设】

认真开展了廉政文化进家庭、树立社会主义荣辱观、爱岗敬业比奉献、请农民兄弟姐妹评计生和“树新风、强作风、兴思茅”等教育活动，增进了市人口计生委机关的凝聚力和战斗力，讲团结、求实效、干实事，转变了机关作风。在思茅市“树新风、强作风、兴思茅”教育活动机关事业单位社会民主测评中，市人口计生委得到90.37分，在130个机关事业部门（单位）中排名第36位。在请农民兄弟姐妹评议计生活动中，农民兄弟姐妹对人口计生工作的满意率达99%。

【送温暖献爱心】

2006年，在为困难群众送温暖献爱心活动中，市人口计生委为困难群众捐款3000元；为澜沧县文东乡芒糯村争取资金4万元，建盖了村文化宣传室；在“三下乡”活动中，向景东县永秀乡政府捐赠现金2万元，向乡计生服务所赠送医疗器械1.6万元，免费发放安全套6000只，避孕药500板，各种宣传材料8000余份。

【荣誉】

2006年，思茅市在全省人口与计划生育“双线”目标责任考核中获一等奖；在全省“关爱女孩”知识竞赛中获三等奖。市人口计生委荣获思茅市防治艾滋病工作先进集体；市人口计生委许燕波被授予“全国人口文化工作先进个人”荣誉称号；市人口计生委张丽菊荣获云南省“三八”红旗手荣誉称号；市人口计生委张丽菊、杜黎、李桂兰、谢美玲被评为思茅市“十五”期间人口与计划生育工作先进个人。

2007年

【概况】

2007年，普洱市人口和计划生育工作坚持计划生育基本国策和稳定现行生育政策不动摇；坚持党政一把手亲自抓、负总责不动摇；坚持稳定人口和计划生育工作机构、工作队伍不动摇；坚持不断创新人口计生工作体制、手段和方法不动摇；坚持人口和计划生育双线目标管理（市政府与各县（区）政府、市人口计生委与各县（区）人口计生局，各县（区）政府与各乡（镇）政府、各乡（镇）政府与各村（居）委会分别签订计划生育目标管理责任书）不动摇的工作方针，逐级落实工作责任，形成了“横向到边、纵向到低”的工作格局。突出了“奖优免补”、流动人口计划生育管理服务、优质服务和村（居）民自治四项工作重点。

【统计数据】

1.人口基本情况。年末总人口为257.63万人，人口出生率为12.95‰，人口自然增长率为5.97‰。（以上数据来源普洱市统计局统计公报数）

2.计划生育基本情况。计划生育率98.13%，综合节育率86.17%，长效避孕及时率为77.49%。（以上数据来源计划生育统计报表）

【考核结果】

1.市政府对各县（区）政府。思茅区、宁洱县、墨江县、景东县、景谷县、江城县、澜沧县、孟连县、西盟县获一等奖。

1.市人口计生委对各县(区)人口计生局。思茅区人口和计划生育局、景谷县人口和计划生育局、镇沅县人口和计划生育局、孟连县人口和计划生育局、澜沧县人口和计划生育局、西盟县人口和计划生育局获一等奖。宁洱县人口和计划生育局、墨江县人口和计划生育局、景东县人口和计划生育局、江城县人口和计划生育局获二等奖。

【宣传教育】

2007年,利用会议、标语、知识竞赛、新闻媒体、广播电视等形式开展中共中央、国务院《关于全面加强人口和计划生育工作,统筹解决人口问题的决定》精神的学习宣传教育活动,有13516人参加了学习宣传《关于全面加强人口和计划生育工作,统筹解决人口问题的决定》的知识竞赛。通过座谈会、个人自学和集体组织学习等形式在人口和计划生育系统中掀起了学习宣传贯彻党的十七大精神热潮,进一步明确党的十七大报告对人口和计划生育工作提出的要求。举办了由中国人口宣教中心、普洱市人口计生委、天津和杰医疗器械有限公司主办,景谷县人民政府承办的"关爱边疆新女性,吉妮致美献爱心暨中国人口宣教中心关爱女孩助学行动",树立婚育新风,关爱女孩成长。在这次活动中,中国人口宣教中心、和杰医疗器械有限公司为我市妇女无偿赠送了价值10万元的吉妮系列新产品,为22名农村女孩捐赠了学习用品和助学金。在第17个世界人口日之际,共出动宣传车11辆开展宣传活动,发放宣传资料35200余份(册),避孕套4600只,避孕药2800板,使受教育人数达8万余人。

【完善利益导向机制】

2007年,普洱市共办理农业人口《独生子女父母光荣证》1559户,其中符合享受2007年农业人口独生子女家庭一次性奖励为1477户(符合享受奖励1000元的1324户,奖励500元的153户);已办证的农业人口独生子女中考加分100人,录取100人,高考加分23人,录取19人;2007年共有符合享受奖学金条件的在校学生17605人,其中:小学生13546人,初中学生4059人;应享受农村部分计划生育家庭奖励扶助金5162人。截至2007年12月31日止,全市农业人口独生子女累计办证35704户,占全市农业人口一孩户家庭的45.52%(全市农业人口一孩户家庭共有78428户)。

【计划生育优质服务】

2007年,充分抓住国家发改委和国家人口计生委下发《关于"十一五"期间农村基层计划生育服务体系建设规划的通知》的机遇,按照省政府实施"兴边富民工程"三年行动计划要求,共投入建设资金538万元(其中项目资金400万元),新建了2个县级计生服务站和10个乡级计生服务所,扩建了6个乡级计生服务所。实施了"避孕节育知情选择与技术服务、避孕节育随访服务与监测、育龄妇女生殖道感染综合防治、出生缺陷干预、男性生殖健康、青少年生殖健康"六大工程。在景谷、宁洱、景东、镇沅、思茅、西盟、孟连、澜沧、江城9县(区)开展了乳腺疾病普查普治项目工作。6月份开展了以提高计划生育技术服务人员业务素质和服务技能为目标的科技大练兵活动。10月中旬,对全市计划生育技术服务人员进行了使用吉妮环的技术业务培训,使优质服务的内容得到了不断拓展和丰富。

【流动人口的管理与服务力度】

2007年,全市强化了流动人口计划生育管理"信息互通、管理互补、服务互动"的部门协调机制,强化了流动人口以现居住地管理为主的工作机制,将育龄妇女基本信息收集、信息平台的信息提供与反馈、《婚育证明》的出具与查验、重点人群管理等内容纳入日常工作,通过全国流动人口计划生育信息交换平台提交信息849条,接收应反馈信息1852条,已反馈信息1579条,反馈率达85.26%。

【依法治育工作】

2007年,认真开展计划生育法制宣传教育工作，开展行政执法自检自查，推行计划生育政务公开，加大执法力度，对违法生育案件及时处理，认真执行计划生育行政执法“七不准”和计划生育群众工作“八不准”规定，认真贯彻落实《信访条例》和做好信访工作。据2007年人口和计划生育信访统计报表反映，全市市、县、乡人口计生部门共受理计生信访案件9152件，其中：来信62件，个人访8429件，电话访650件，电子访2件，做到了件件有回音件件有落实。

【避孕药具管理工作】

2007年3月召开了普洱市计划生育药具工作会，把计划生育药具管理纳入人口与计划生育目标责任内容，进行管理考核。积极深化计划生育药具改革工作，10月份通过了省计划生育药具改革工作考评小组的考核，推进了计划生育药具管理工作的深入发展。2007年，药具计划分配执行为：省下达市级药具分配计划57.29万元，计划执行率为100%；市级下达各县（区）药具分配计划64.51万元，计划执行率100%，免费提供药具宣传、推广使用安全套预防艾滋病工程药具达2.56万元。全市药具应用率达95.82%，随访率为84.02%，有效率为98.70%。

【计生协会】

2007年，各级计生协会以社会主义新农村建设、计生工作新机制建设为契机，深化“协会服务行动拓展年活动”；以“生育五关怀”为主题，借助“少生快富”、“幸福工程”和“预防性病艾滋病宣传教育”项目的实施，利用会员之家、人口学校等阵地开展“奖优免补”政策、避孕节育知识、生殖保健知识宣传，普及群众的计划生育政策和生殖保健知识。通过积极参与村民自治工作，适时对乡村两级行政人员实施计划生育行政行为和法律法规落实情况以及村级政务公开情况进行监督，促进了基层计划生育工作的公开、公平和公正。

【“政风行风热线”】

2007年4月25日，普洱市人口计生委通过普洱市广播电台“政风行风热线”，接受社会各界对市人口计生委在政风行风建设中提出的意见和建议。在“政风行风”热线平台，市人口计生委主任张丽菊与各界朋友进行了1个小时的交流、沟通，还向广大听众介绍了市人口计生委的主要工作职能和2007年工作计划、工作重点以及对社会公开的八项承诺等情况，并就一些群众关心的问题作了详细解答。热线交流中，没有接到听众对市人口计生委政风行风方面的意见或投诉。

【办公楼搬迁】

2007年4月，市人口计生委办公地点从原占地仅350㎡的三层老办公楼搬迁至占地2500㎡的五层新办公大楼办公。新办公楼设施配备齐全崭新，绿化优美，办公环境整洁宽松，办公环境得到改善。

【抗震救灾，恢复重建】

2007年6 月3日的地震发生后，市人口计生委主任张丽菊亲自安排部署抢险救灾工作，并率队奔赴宁洱、景谷、思茅三县（区），察看人口计生系统的受灾情况，慰问受灾地方的干部职工。同时，市人口计生委安排下拨了13万元救灾资金，组织干部职工向灾区捐款1850元。深入灾后重建恢复联系点景谷县益智乡，协助做好恢复重建工作，使灾区的人口计生系统做到了恢复重建和业务工作两不误、两促进。

【荣誉】

2007年，普洱市在全省人口与计划生育“双线”目标责任考核中获一等奖；市人口计生委荣获普洱市抗震救灾先进集体；市人口计生委张丽菊荣获普洱市抗震救灾先进个人。

思茅区

2006年

【概况】

2006年以加强领导为关键，以宣传教育为先导，以落实奖励扶助和综合治理流动人口为重点，以夯实基层基础为目标，不断深化计划生育优质服务工作，巩固扩大全国优质服务先进区成果，全面完成各项目标管理任务，连续五年被市政府考核为"一等奖"。

【统计数据】

1.人口基本情况。2006年末常住总人口为255507人；出生率11.83‰；死亡率5.81‰；自然增长率6.02‰。（以上数据来源普洱市统计局统计公报数）

2.计划生育基本情况。计划生育率98.21%；长效避孕及时率76.42%。（以上数据来源计划生育统计报表）

【加大计划生育宣传教育力度】

按照省人口计生委"5331工程"要求加强宣传［"奖优免补"政策宣传标语：乡（镇）、村（居）委会、村民小组分别为5条、3条、3条；7个乡（镇）、60个村委会有一块规范的公示板］。强化"奖优免补"舆论环境：利用报纸、电视台和订制6万份年画、挂历宣传"奖优免补"政策。利用"三下乡"、"科技活动宣传周"活动、苗族的欢山节、傣族泼水节、"5·29"计划生育协会纪念日、7月11日世界人口日等集中宣传日和纪念日巡回各乡（镇）对育龄群众免费进行计划生育咨询，生殖健康检查。

【大力开展"奖优免补"工作】

继续把"奖优免补"工作作为全区计划生育工作的重点，广泛宣传"奖优免补"政策，严格审核奖励对象。认真搞好录入工作，当年新办证254户。

【强化基层基础工作】

做好各辖区人口清查清理工作，健全完善基层统计台账；完善基层服务设施建设。做好区计划生育服务站1820平方米业务综合楼开工建设相关工作，为思茅港镇、云仙、六顺乡服务所申报项目，积极争取搬迁、重建资金。

【开展关爱女孩活动】

加强宣传教育，发放宣传单1000余份、宣传画256张。规范医疗单位及个体诊所的医疗行为，防止利用B超做胎儿性别鉴定和选择性别人工终止妊娠情况发生。开展多形式帮扶，2006年投入计划生育32万元帮扶资金，帮扶独女户68户，双女户92户。在"奖优免补"政策实施中全区共有1004户独女户享受政策，其中享受"一次性奖励金"独女户818户，享受养老补助的独女户32户。

【实施全球基金项目—对娱乐场所从业女性实施预防性病/艾滋病综合干预】

翠云区从2006年1月实施联合国全球基金项目，在翠云区妇女健康中心开设"爱心屋"。通过开展基线调查工作、发放宣传单、外展服务，提高目标人群对性病/艾滋病知识的知晓率。指定区计划生育服务站主治医生为"爱心屋"指导老师，进行两期推广使用"安全套"预防性病、艾滋病和生殖健康等知识培训，共70人次。

【综合治理流动人口计生工作】

不断探索流动人口和易地移民计划生育管理服务新思路。一是加强领导、开展调研。召开流动人口计划生育工作会议，研究翠云区流动人口管理和服务工作。以区人大、区政协1名副主任和1名副主席为组长的流动人口计生工作调研组，深入南屏镇等乡（镇），柏木河等村（居）委会和计划生育服务所进行调研。二是健全队伍，明确职责。明确公安新配备的100名保安员需承担协助社区计生宣传员清查流动人口的职责，从而形成每个社区有1名专职宣传员、1名流动人口计划生育协管员、8~10名保安员的格局，大大加强了流动人口计划生育工作的管理服务力量。三是创新机制，表彰激励。在全区推行“模范用工单位”和“出租示范户”授牌制度，调动用工单位和房屋出租户支持和配合计划生育工作的积极性。

【召开社区计划生育工作座谈会】

为使社区计划生育综合治理局面进一步形成，翠云区召开了由常务副区长、区委宣传部、区人大、区政协分管、联系领导参加的社区计划生育管理工作座谈会。区公安分局、区人口计生局、南屏镇政府分别对流动人口管理现状、社区保安和计生工作制度及相互协调、信息资源共享等社区计划生育综合治理的工作进行探讨，指出了亟待解决的问题和工作措施，主要是协调和指导驻地单位、物业管理机构等与社区共同建立信息通报制度，协同开展社会治安和计划生育工作，使流动人口综合治理落到实处。

【国家人口计生委副主任赵白鸽视察翠云区全球基金综合干预项目"爱心屋"】

2006年2月24日，国家人口和计划生育委员会副主任赵白鸽在省人口计生委副主任金桂兰，思茅市副市长高颂山，市人口计生委主任张丽菊，翠云区副区长魏凡等同志的陪同下，视察了全球基金第四轮“对娱乐场所从业女性实施预防性病/艾滋病综合干预”项目设置的“爱心屋”，并与“爱心屋”的管理者、服务员和到“爱心屋”活动的娱乐场所从业女性进行了较深入和广泛的交谈。赵白鸽主任对“爱心屋”给予了高度的肯定，特别是肯定了“爱心屋”卫生、妇联、计生资源整合的管理和运作模式。

【荣誉】

2006年翠云区人口计生局获市级人口和计划生育工作“先进集体”。

2007年

【概况】

2007年，思茅区的人口和计划生育工作以党的十六大、十七大和中共中央国务院《关于全面加强人口和计划生育工作统筹解决人口问题的决定》为指导，以稳定低生育水平，提高人口素质为目标，狠抓流动人口和易地移民计划生育管理工作，继续实施农业人口独生子女“奖优免补”政策和推广使用安全套防治艾滋病工作，改善计划生育基础服务设施，进一步巩固全国计划生育优质服务先进区成果，全区人口和计划生育工作获得较快发展。

【统计数据】

1.人口基本情况。2007年末总人口25.62万人；出生率12.79‰；死亡率6.79‰；自然增长率6.00‰。（以上数据来源普洱市统计局公报统计数）

2.计划生育基本情况。计划生育率98.68%；长效避孕及时率80.23%；综合避孕率85.80%。（以上数据来源计划生育统计报表）

【计划生育宣传教育工作得到进一步加强】

一是突出中央《关于全面加强人口和计划生育工作统筹解决人口问题的决定》的宣传，在思茅城区制作大型宣传画和三面翻广告牌，在66辆公交车上书写了统筹解决人口问题的标语，发放《决定》宣传单10000份，开展了有奖知识竞赛；二是利用网络、手机短信等方式进行宣传；三是以电视、报刊等传统形式进行宣传，在《普洱日报》开办宣传专栏，与思茅广电局联合开办了“记者视点·聚焦人口计生工作”栏目，宣传政策法规、提高国策意识、人口意识。四是进行集中性宣传，利用三下乡活动、民族节日、“5·29”计生协会会员日、“7·11”世界人口日、“12·1”世界艾滋病日等重大节日进行宣传。五是创新宣传方式，由大规模集中宣传向以家庭为重点的婚育新风进村入户转变，面向群众、服务群众，开展了“育龄妇女谈生殖健康活动”和“乳腺疾病普查普治活动”。

【狠抓流动人口和易地移民计划生育工作】

抓住举办中国第八届普洱茶叶节的有利时机，

与思茅区公安分局协作联合进行了为期2个多月的流动人口清理清查工作，更新了流动人口台账。在全区推行《流出人口计划生育管理合同》，在“以房主、业主管人”的基础上，深化“市民化，亲情化服务”的流动人口管理、服务工作新机制。3月，思茅、南屏等乡镇以社区和村委会为单位相继开展 “关怀生育、关爱流动人口”服务活动，为流动人口已婚育龄妇女提供生殖健康服务。12月份开展流动人口计划生育优质服务活动周活动，通过清理清查流动人口、印制发放宣传品、举办培训班、避孕节育和生殖健康检查服务、催办《流动人口婚育证明》等方式，进一步规范流动人口的计划生育管理，提高流动人口履行计划生育义务的自觉性、主动性。多方争取资金，创造有利条件，支持易地移民计划生育管理示范点—营盘山村民委员会和柏木河村民委员会开展好计划生育村民自治和村务公开工作。

【继续实施农业人口独生子女“奖优免补”政策】

认真做好“奖优免补”政策的宣传，提高政策知晓率。严格办证程序，及时兑现，截至2007年9月，思茅区已有3683对夫妇放弃生育二孩领取了《独生子女父母光荣证》，占农业人口一孩户的57.83%，发放农业人口独生子女家庭一次性奖励性金2299户、220.45万元，义务教育奖学金5732人、60.85万元，进行中考、高考升学加分130人，对年满60周岁的农村计划生育奖励扶助对象发放养老生活补助金114人、7.42万元。

【全面推进安全套工作和综合干预项目】

加大督查力度，按照“社区一月一小查，成员单位一季度一抽查，领导小组半年大检查”的规定，各成员单位和社区继续深入宾馆酒店、娱乐场所严格检查安全套的摆放情况，确保全区100%摆放安全套。在2006年开展国家人口计生委“对娱乐场所从业女性实施预防性病/艾滋病的综合干预”项目的基础上，思茅区又被国家人口计生委确定为美国中华艾滋病基金会开展“对娱乐场所从业女性实施预防性病/艾滋病的综合干预”项目区，将推广使用安全套防治艾滋病工作同实施项目及流动人口工作有机地结合起来。会同妇联推进的“爱心屋”项目工作，举办了9期各种防艾知识和劳动技能培训班，培训了1454人次，销售安全套59039只。3月份，国家人口计生委国合司和国家人口和发展中心对思茅区实施综合干预项目进行检查，充分肯定了我区项目工作。

【开展以“关怀关爱、促进和谐”为主题的流动人口防治艾滋病活动周】

利用农民工春节返乡时机，向每个农民工发放1个信封、1份“防艾”知识宣传资料和2个安全套。在流动人口较集中的区域和车站设立11个计划生育宣传服务点，发放各种宣传册3000册，慰问信和防艾宣传资料各 4512封（份），安全套23800只，为流动人口已婚育龄群众免费生殖健康检查5020人次。

【国家人口计生委领导勾清明一行到思茅区调研】

4月1日，中央纪委驻国家人口计生委纪检组组长勾清明、监察部驻国家人口计生委监察局副局长杨云凯和省纪委驻省人口计生委纪检组组长聂愿平、蔡俊萍等一行在市委常委、纪委书记黎素梅、思茅区区长毛保祥等领导的陪同下，深入基层视察了思茅区服务站、倚象镇营盘山移民村，与区、乡、村计生工作者畅谈，了解群众对计生工作的需求和意见，并就人口计生党风廉政建设工作进行调研。勾组长一行充分肯定了区计生工作在服务群众、方便群众、廉政建设等方面所作出的努力，高度评价了思茅区人口计生和党风廉政建设工作，并向营盘山村委会捐赠了一台高清晰电视机和DVD。

【开展“思茅区育龄妇女乳腺疾病普查普治活动”】

通过开展“育龄妇女谈生殖健康活动”中收集育龄群众需求，在全区开展了为期两个多月的乳腺疾病普查普治活动。免费为16992人育龄妇女普查乳腺疾病，普查率达48.38%，患病率达42.74%，对患病育龄妇女开展药物治疗，治疗2336人，治疗效果明显。活动满足了育龄群众的需求，推进全区计划生育优质服务水平，树立计划生育新形象。

【省人口计生委药具管理和改革工作考核组对思茅区进行检查考核】

4月15日，云南省人口计生委药具科科长蒋全生、大理州药具服务中心宋吉安副主任一行在普洱市计生委领导的陪同下，根据《云南省计划生育药具工作改革评估方案》的要求对思茅区计划生育避孕药具管理和改革工作情况进行了检查考核。分别和40名使用不同避孕药具的育龄妇女进行了访谈，了解育龄妇女对避孕药具的需求。通过检查，充分肯定了思茅区避孕药具管理和改革工作所取得的成绩。

【荣誉】

2007年思茅区人口计生局获市政府“十五”期间人口和计划生育工作“先进集体”

2008年

【概况】

2008年，思茅区人口计生工作以科学发展观为统领，认真贯彻落实《中共中央国务院关于全面加强人口和计划生育工作统筹解决人口问题的决定》、《中共云南省委云南省人民政府关于进一步加强人口和计划生育工作统筹解决人口问题的决定》，落实人口计生工作管理责任制，完善流动人口计划生育统一管理、服务新体制，实施农业人口独生子女“奖优免补”政策和国家特别奖励扶助政策，推广使用安全套防治艾滋病，开展出生缺陷一级预防和关爱女孩行动，推进计生服务机构的标准化建设，各项工作取得新进展。

【统计数据】

1.人口基本情况。2008年末总人口25.68万人；出生率12.74‰；死亡率6.39‰；自然增长率6.35‰；（以上数据来源普洱市统计局公报统计数）。

2.计划生育基本情况。计划生育率98.46%；优选节育率76.67%；避孕及时率68.37%。（以上数据来源计划生育统计报表）

【广泛开展宣传教育，营造浓厚氛围】

以婚育新风进万家为主线，广泛开展宣教活动。一是利用春节前农民工返乡之际，组织人员深入到车站、工地、工厂、工棚等流动人口聚集地设立宣传点（台），向流动人口发放计划生育政策法规、维权措施、需求调查等宣传资料，开展咨询和服务活动。利用清理清查流动人口、易地移民的时机，统一印制宣传单、宣传帽、纸杯，深入乡（镇）、进村入户集中宣传计生政策、法律法规、生殖健康服务知识。二是开展形式多样的宣传活动。充分利用“三下乡”活动、春节、科技活动周、“5·29”协会活动日、报刊专栏以及乡（镇）、社区出黑板报、宣传栏和自行组织的文艺演出等形式进行广泛深入的宣传，组织人员参加了全区廉政文化建设晚会，所参演的小品获得观众的一致好评。

【突出流动人口和易地移民两大重点，切实做好管理和服务工作】

一是在春节前后开展了为期一个月的流动人口计划生育“关怀关爱”专项行动。投入17200元看望慰问了162户留守家庭，为外出务工、经商的18—49周岁的农民工免费办理《流动人口婚育证明》64本，生殖健康服务420人次，发放宣传资料10432份、调查问卷459份、安全套14000只、避孕药3035盒。二是开展为期三个多月的流动人口和易地移民宣传和清理清查专项行动。发放宣传单10000份、宣传帽3100顶、纸杯5000个、避孕套25000只，提供计生政策、法律法规、生殖健康咨询9023人，清理核对登记10523户32535人，签订《流动人口计划生育管理协议书》607份。

【实施“奖优免补”政策和国家特别奖励扶助政策】

截至2008年9月底，思茅区已有3771对夫妇放弃生育二孩领取了《独生子女父母光荣证》，占农业人口一孩户的58.63%，发放农业人口独生子女家庭一次性奖励金2332户223.5万元，义务教育奖学金7180人次128.08万元，进行中考、高考升学加分206人，对年满60周岁的农村计划生育奖励扶助对象发放养老生活补助金120人7.86万元。认真做好计划生育家庭特别奖励扶助对象申报工作，全区共申报录入86名特别奖励扶助对象分别给予每人每月不低于100元和80元的补助。

【彰显“防艾”项目特色，大力推进“推套防艾”工程】

检查220家宾馆酒店摆放安全套情况，确保宾馆酒店和娱乐场所100%摆放安全套。认真开展好美国中华艾滋病基金会资助的“对娱乐场所从业女性实施预防性病/艾滋病的综合干预”项目，不断完善对娱乐场所从业女性开展健康教育、同伴教育、百分之百安全套推广、性病病症处理等干预活动。

【加强服务站（所）建设，提高服务水平】

一是按照国家人口计生委关于基层服务机构建设标准，切实做好计生服务站、所的标识化工作，统一服务站、所内外标识，统一技术服务人员服装和服务用品。二是积极筹措资金，加大计划生育服务设备的投入，为区计生服务站和5个乡（镇）服务所全部配备新B超。三是依据不孕不育家庭需求情况开展了不孕不育服务项目诊治活动，全区共有55对夫妇107人接受不孕不育检查，进行治疗。四是认真在服务站、所技术服务人员中开展科技大练兵活动，强化技术服务人员技能培训。

【全面实施出生缺陷一级预防】

按照国家人口计生委《关于开展出生缺陷一级预防工作指导意见》和《云南省人口出生缺陷预防规定》要求，加强对计划生育技术服务人员出生缺陷预防工作的培训，进行健康教育、遗传咨询、孕前保健等孕前阶段综合干预。组织全区各乡（镇）、各成员单位参加全国预防出生缺陷知识竞赛活动备受欢迎。开展“百份叶酸献爱心”活动，向已婚待孕、在孕妇女提供叶酸、福施福等药品，发放600盒叶酸。

宁洱县

2006年

【概况】

2006年宁洱县人口和计划生育工作，在县委、县人民政府的领导下，上级业务部门的大力支持、关心、指导下，紧紧围绕双线责任目标，认真履行好工作职责，扎实有效地开展工作。

【统计数据】

据2006年计划生育年报统计，宁洱县常住人口174881人，出生1345人，出生率7.69%；死亡1042人，死亡率5.96%；自然增长303人，自然增长率1.73%。在出生的1345人中，计划内出生1317人，计划生育率达97.92%。宁洱县已婚育龄妇女34008人，占总人口的19.45%，落实各种节育措施29003人，综合节育率85.28%。

【加大宣传力度，抓好农业人口办证工作】

1.发放“奖优免补”宣传图解2万余份，要求宣传员、村组干部负责人发放到农户，重点是一孩家庭户手中；

2.坚持刷新原有的乡、村、村民小组规范标语和公示栏；

3.利用赶集日、“三下乡”活动开展宣传咨询；

4.与新闻媒体合作，在电台、电视台、报纸报道宣传，制作大型公益性广告。由于宣传到位，2006年市下达宁洱县农业人口独生子女办证230户，实际完成244户，超额完成14户。宁洱县累计农业人口办理《独生子女父母光荣证》3009户，占宁洱县农业人口一孩户的49.94%。

【积极开展优质服务，实施好生殖健康项目】

2006年普洱市人口计生委把宁洱县列入创市级优质服务先进县之一，按照上级要求认真组织实施，作了精心的准备，先后组织人员分别到翠云区、景谷县进行考察学习，取得了很好的经验，为开展优质服务打下了良好的基础。为真正体现优质服务的内涵，还开展了妇女乳腺疾病普查普治项目。县人民政府于2006年10月12日在县青少年活动中心会议室召开了县级启动会，对项目的实施进行统一安排。完成了城区各单位、宁洱镇、磨黑镇、德安乡、梅子乡、德化乡已婚育龄妇女的初查工作。

【开展人口与计划生育信息调查工作】

2006年8月，全国人口和计划生育调查培训在长沙举行，按本次调查的要求，及时向县人民政府汇报，县人民政府十分重视此次调查工作，责成人口计生局成立领导机构，抽调涉及调查点的乡(镇)统计人员进行集中培训，通过培训掌握了调查方法、对象、汇审、上报等环节，并模拟农村、社区两个点进行调查前“实战演习”，宁洱县涉及6个乡(镇)，10个调查点，400户，填写三个问卷(即：社区问卷、住户问卷、妇女问卷)。由于精心策划，周密组织，在上级业务主管部门的指导和帮助下，按时、按质、按量完成国家计划生育委员会下达的调查任务。

【抓好计划生育村民自治试点工作】

根据市人口计生委的要求，县、乡两级开展村民自治试点工作，把德安乡列为县级试点乡，各乡(镇)都有一个村作为试点，宁洱县共有14个村开展试点。各试点村通过了自治章程，并按章程规范村民的生育行为。

【加快计生服务网络的建设】

宁洱县计划生育服务站业务综合楼基本完工，年底可投入使用。同时，德化乡计划生育服务点正在建设中，年内可交付使用。

【荣誉】

(一)宁洱县2006年3月被普洱市人民政府评为

"十五"期间人口和计划生育"先进集体";

(二)2006年3月副县长赵伟、县人口和计划生育局局长陶明、县计生服务站副站长李祺鸿、梅子乡党委书记(乡长)陶其良、磨黑镇计生办主任李雄斌、宁洱镇计生办主任高贵荣、宁洱镇宽宏村计生宣传员李崇仙、普义乡普义村计生宣传员董幼萍被普洱市人民政府表彰为"十五"期间人口和计划生育先进个人;

(三)2006年1月县人口计划生育局许会琼被国家计划生育协会表彰先进志愿者。

2007年

【概况】

2007年人口和计划生育工作,在县委、县人民政府的领导下,省、市人口和计划生育委员会的帮助指导下,积极参与"6·3"地震抗震救灾应急抢险和恢复重建家园的工作,克服困难,紧紧围绕市人民政府和市人口计生委下达的双线责任目标努力工作,抗震救灾与人口和计划生育工作不放松、两不误,认真履行好工作职责。

【统计数据】

据2007年计划生育年报统计,宁洱县常住人口177288人,出生人口1437人,出生率8.15‰;死亡1052人,死亡率5.97‰;自然增长385人,自然增长率2.18‰。在已婚育龄妇女32527人,落实各种节育措施28521人,综合节育率为85.07%。长效节育率达80.45%。2007年办理《独生子女父母光荣证》354户,其中农业人口新领证161户。累计领取《独生子女父母光荣证》9695户,其中农业人口领证3138户,占农业人口一孩户的47.52%。

【召开工作会议,落实责任目标】

2007年4月21日县人民政府召开宁洱县人口和计划生育工作会议,贯彻落实普洱市人口和计划生育工作会议精神,自治县人民政府副县长赵伟作了《抓住机遇、狠抓落实、确保省级计划生育优质服务先进县创建目标的实现》讲话,兑现2006年人口与计划生育责任目标奖,并与各乡(镇)人民政府签订2007年人口和计划生育责任目标,县人口和计划生育局与各乡(镇)计划生育办公室签订责任目标书。

【一手抓抗震救灾,一手抓计生工作】

2007年6月3日5时34分,宁洱县城发生6.4级严重破坏性地震,震中位于县城近郊。地震发生后,省人口计生委多次打电话了解受灾情况,向宁洱县人民和计划生育系统干部职工发出《慰问信》,并由李善荣副主任带队到宁洱县了解灾情、慰问乡、村、县干部职工;市人口计生委领导在第一时间打电话了解灾情,张丽菊主任亲自带队到灾区察看灾情,慰问基层计生职工。

根据县抗震指挥部统一要求,积极组织开展自救,县人口和计划生育局成立由局长任组长、副局长 任副组长的救灾领导小组,赶赴受灾严重的宁洱镇、同心乡察看灾情,同时,抽调10名工作人员参加县抗震救灾抢险工作队奔赴重灾区开展工作,完成了上级交给的工作任务。通过调查,全系统虽然无人员伤亡,但是,宁洱县7乡2镇计生办、计生服务站(所)基础设施服务网络严重受损,造成经济损失780余万元。面对大灾之年的困难和压力,在抓抗震救灾恢复重建的同时,县人口和计划生育局发出了《在抗震救灾期间切实加强计划生育工作的紧急通知》,要求各乡(镇)计生办、计生服务站(所)做到抗震救灾和计划生育工作两不误,围绕县委、政府的大局搞好恢复重建;围绕双线责任目标切实开展计生工作,确保大灾之年圆满完成责任目标各项任务。

【积极开展人口和计划生育民主评议行风调查工作】

宁洱县2004年被列为中国人口信息点。2007年主要是开展计划生育民主行风评议问卷调查来评价计划生育工作开展情况,问卷涉及三个方面的内容:1.调查对象个人的基本信息;1.对人口计生管理及服务工作、作风建设情况的评价;1.对人口计生奖励优惠政策及处罚措施落实情况的评价。根据要求，2007年6月27日举办问卷调查培训班，并抽取了同心、勐先、普义、磨黑、德安的5个村为调查点，根据调查方案的要求，抽取了党政领导、人大代表、政协委员、相关部门工作人员10人，一般群众100人。

【加大对流动人口计划生育的管理力度】

2007年，结合实际制订并签订《宁洱县流入（流出）人口计划生育管理合同》，合同内容有：权利和义务、违约责任、其他。宁洱县截至12月31日止，流出人口11432人；流入人口9783人，流动人口信息反馈率100 %。

【抓好推广使用安全套预防艾滋病工作】

为认真贯彻落实国务院《中国遏制与防治艾滋病行动计划》、《云南省落实艾滋病防治“四免一关怀”“一办法六工程”实施意见》精神，与卫生、旅游、公安、文体、广电、工商等部门的共同努力下，宁洱县142家星级宾馆和普通旅店全部摆放安全套，摆放率100%。

【全面开展计划生育优质服务，争创省级计划生育优质服务达标县】

努力探索新时期人口计生工作新路子，切实转变工作思路、工作方法，树立以人为本、优质服务的工作理念，结合实际，突出重点，全面开展优质服务工作。

【荣誉】

2007年3月，宁洱县人口和计划生育局何洁被省人事厅和省人口计生委表彰为先进个人。

2008年

【概况】

2008年，宁洱县的人口和计划生育工作，在县委、县人民政府的正确领导和市人口计生委的指导、关心、支持下，深入贯彻落实科学发展观和《中共中央国务院关于全面加强人口和计划生育工作统筹解决人口问题的决定》，统领人口和计划生育工作，以转变计划生育工作导向、工作方法为根本，以实现“六个好”为中心任务，进一步加大优质服务工作力度，夯实基层基础工作，使宁洱县的人口和计划生育工作取得较好的成绩。

【统计数据】

据2008年计划生育年报统计，2008年年末宁洱县常住人口179828人，出生1494人，出生率5.61‰，死亡1088人，死亡率4.56‰；自然增长185人，自然增长率1.05‰，计划生育率达96.39%。宁洱县已婚育龄妇女34715人，落实各种节育措施29716人，综合节育率85.6%；优选节育人数27980人，优选节育率80.6%；累计领取《独生子女父母光荣证》10005户 ，其中：农业人口领取《独生子女父母光荣证》3193户，农业人口一孩户的47.48%。2008年1月—10月非正常退证8户，办证巩固率达99.5%。

【认真宣传贯彻党的十七大和中央《决定》精神，切实加强领导，推动新形势下人口和计划生育工作】

在宁洱县范围内掀起学习、宣传、贯彻党的十七大和中央《决定》精神的热潮，学习贯彻县委办公室、县人民政府办公室《关于进一步加强人口和计划生育工作的意见》（宁办发〔2008〕75号），坚持计划生育基本国策，稳定低生育水平，提高出生人口素质。

【切实加强领导，狠抓落实】

2008年4月1日召开宁洱县人口和计划生育工作会议，县四班子分管联系领导、各乡（镇）分管副乡（镇）长、计划生育领导小组成员单位领导、各乡（镇）计生办主任出席了会议。县人民政府杨春高副县长作了《坚定信心、扎实工作，努力开创人口和计划生育工作新局面》的重要讲话，传达学习全市人口和计划生育工作会议精神，总结回顾了2007年人口和计划生育工作，县人民政府、县人口计生局分别与各乡（镇）人民政府、计生办签订了《2008年人口与计划生育目标责任书》，并兑现2007年责任目标奖。

【强化服务体系，广泛深入开展创省级计划生育优质服务达标县活动】

1.结合实际制订《宁洱哈尼族彝族自治县创建省级计划生育优质服务达标县活动实施方案》，坚持党政一把手亲自抓，分管领导具体抓，有关部门配合抓，人口计生部门积极抓的领导机制。

2.组织业务骨干和专业技术人员以“一帮、二奖、三送、四心”送服务上门，广泛深入地开展计划生育优质服务活动。一帮：围绕计划生育“三结合”，帮助计划生育贫困家庭寻找致富门路，为他们送致富信息，并给予必要的资金支持；二奖：奖励农业人口独生子女家庭一次性奖励金及义务教育奖学金，奖独生子女困难家庭高考优秀学生；三送：围绕婚育新风进万家活动，送文明健康生育观念，送生殖健康保健知识，送计生法律、法规、政策和科技致富信息；四心：诚心诚意的法律、法规、政策服务；耐心细致的为民宣传教育服务；细心周到的生殖健康服务；真心实意的便民综合咨询服务。

3.以县服务站为龙头、流动服务车为纽带，带领专业技术人员深入宁洱县七乡两镇为广大育龄群众提供法律法规、政策宣传、生殖健康咨询13600人次；为9650人次提供查孕、查环及生殖健康检查，免费发放避孕药具5000余盒。

【关注民生，兑现独生子女奖励政策】

宁洱县委、县人民政府高度重视关注民生，在财政十分困难的情况下安排拨出99.3万元，一次性解决多年尾欠的农业人口独生子女保健费；同时，安排县级承担的“奖、优、免、补”配套经费4.7048万元。全年共兑现农业人口136户独生子女一次性奖励12.9万元；兑现农业人口独生子女教育奖学金1848人次、34.148万元；兑现农业人口独生子女家庭养老补助254人次，养老金16.34万元；2008年可以享受国家计划生育特别扶助对象53人应兑现奖励6.246万元，政策兑现率100%。

【抓住机遇，搞好服务网络建设】

加强对同心乡、勐先乡、磨黑镇中心计划生育服务所国债项目建设的领导。

【加强人口计生队伍建设，努力提高整体素质和基层基础工作】

1.2008年选派1人到省外参观学习、选派一人到省级医院进修学习、选派2人到县级医院进修学习。

2.积极开展“科技大练兵”活动，采取集中学习和个人自学相结合的形式，认真学习《计划生育技术服务管理条例》、《常用计划生育手术常规》、《消毒技术常规》、《医疗事故处理条例》、《医疗机构管理条例实施细则》；并认真组织专业技术人员参加市人口计生委举办的“科技大练兵”业务学习培训班。

3.抽调业务骨干深入宁洱县七乡两镇举办基层计生业务培训班，从宣传教育、计划统计、乡村基层规范管理、行政执法、流动人口管理与服务、技术服务规范管理等方面进行系统全面的业务知识培训，采取边培训、边统一、边规范、集中培训与分类指导相结合的形式，对基层业务管理提出统一要求，全面加强基层计生业务规范化管理，使宁洱县基层基础工作跃上一个新台阶。全年共培训3期，211人次。

【积极推进政府信息公开工作】

认真贯彻落实《中华人民共和国政府信息公开条例》，按照创建“廉洁、勤政、务实、高效”文明机关的要求，认真开展政府信息公开工作。

【荣誉】

2008年11月宁洱镇太达村宣传员李建华被省人事厅和省人口计生委表彰为先进个人。

墨江县

2006年

【概况】

2006年，坚持以邓小平理论和“三个代表”重要思想为指导，以科学发展观统领工作全局，深入推进农业人口独生子女“奖优免补”工作和计划生育优质服务工作，提高出生人口素质，努力解决出生人口性别比偏高的问题，改善育龄群众生殖健康水平为重点开展工作。

【统计数据】

2006年12月30日，墨江县总人口356787人，墨江县总出生2600人，死亡1061人，净增长1539人；自然增长率为7.03‰，人口出生率为14.13‰。

【领导重视，层层落实责任】

1. 2006年1月12日，墨江县委、县政府主要领导听取2005年度人口和计划生育工作，安排部署2006年人口和计划生育工作。

2. 2006年10月17日，墨江县人大常委会调研人口和计划生育工作，专题听取人口和计划生育工作汇报，并对人口和计划生育工作取得的成绩给予充分肯定。

3. 墨江县人民政府加大投入，解决了2006年度的农业人口独生子女保健费29.8635万元。

【宣传教育工作】

利用计生信息、广播、电视、宣传栏、人口学校等宣传阵地，开展全方位，多层次的群众性宣传活动。大力宣传计划生育法律、法规和政策。截至2006年12月30日，墨江县共发放各种宣传单60000份，发放避孕药具5000板（只），（其中：长效避孕药200板，短效避孕药1000板，探亲避孕片100板，避孕套4700只）；受宣传人数达8万余人次；深受广大育龄群众的好评。

【认真贯彻落实“奖优免补”政策】

1. 严格执行“奖优免补”政策，坚持五个制度，把好五个关。坚持五个制度即坚持议事制度、“四权分离”制度、监督检查制度、责任追究制度和信息化管理责任制；把好五个关，即见面关，要求乡（镇）、村计生工作人员必须与奖励对象见面，掌握实际情况；公示关，享受奖、补的对象必须经过公示，接受群众监督；资格确认关，乡（镇）计生办工作人员必须对“奖优免补”奖励对象进行资格确认，签字上报审批后，才能录入“奖优免补”网站；责任关，上报养老补助名单必须有六个责任人签名认定后，才能上报，同时录入网站；兑现关，县人口和计生局与邮政局反复核实资格无误后，才能发放，并委托邮政部门反馈发放情况。真正让党的政策落实到农户。

2. 加大对各乡（镇）办证任务的协助工作。墨江县人口计生局组成工作组，分片包干，责任到位，协助乡（镇）落实办证任务。截至2006年12月30日，墨江县农业人口独生子女家庭新领取《独生子女父母光荣证》344户，全面完成市政府下达的340户任务。

【深化创建计划生育优质服务先进县成果】

1.开展计划生育避孕节育知情选择。根据育龄妇女的生理特点，充分运用节育技术新成果进行技术指导，帮助育龄群众选择适合自身的避孕方法，广泛推行避孕节育知情选择。营造宽松的工作环境，推动政策深化，突破过去“一孩上环、二孩结扎”的强制性管理模式，让育龄群众“知情”的基础上，放手让育龄群众选择适合自身的避孕节育措施，将国家指导和自主选择的原则落到实处。

1.做好创建全国计划生育优质服务先进县“回头看”的准备工作。

（1）墨江县人口计生局认真梳理和总结了创

建全国计划生育优质服务先进县活动取得的成果，制作了多媒体的汇报材料；

（2）在墨江电视台插播了《情洒哈尼山乡播种爱、计生优质服务暖民心》的计划生育优质服务工作专题片。

【加强流动人口计划生育管理和服务】

1. 健全流动人口信息交换平台和流动人口计划生育管理台账。据流动人口信息报表反映，截至2006年12月30日，墨江县外流人口登记在册人数有44017人，其中18~49周岁外流人口有32334人，办证20985人，办证率达64.90%；流入登记在册人数有4444人，其中18~49周岁流入人口有3314人，查验2689人，查验率达81.40%。

2. 落实同管理，同服务，同享受。截至2006年12月30日，墨江县流动人口免费查病服务3314人。

【充分发挥计生协会作用】

1. 积极开展预防性病/艾滋病（STD/AIDS）健康教育项目，并取得阶段性成果；

2. 实施好推广使用安全套防治艾滋病项目工程。做到各大宾馆酒店和娱乐场所100%摆放安全套，并定期不定期地进行检查督导。

【计划生育村民自治试点工作取得阶段性成果】

2006年墨江县被确定为计划生育村民自治试点县。通过试点，村民进行“自我管理、自我教育、自我服务、综合治理”的计划生育管理模式有了一定的理论基础和实践经验，取得了阶段性成果。为墨江县全面实施计划生育村民自治工作奠定了基础。

【荣誉】

2006年人口和计划生育目标管理责任考核被思茅市人民政府评定为一等奖；墨江县联珠镇象鼻村计生宣传员杨发清被云南省计划生育委员表彰为2006年度人口和计划生育先进工作者。

2007年

【概况】

2007年，墨江县的人口和计划生育工作，坚持以邓小平理论和"三个代表"重要思想为指导，以科学发展观统领工作全局，深入贯彻党的十六届六中全会精神和中央、省、市的重大决策精神，围绕稳定低生育水平、统筹解决人口问题、促进人的全面发展这个中心任务。

【统计数据】

2007年12月30日，墨江县总人口362384人，墨江县总出生5007人，比2006年同期多出生2407人，死亡2434人，净增长2573人；自然增长率为7.15‰，人口出生率为13.92‰。

【领导重视，层层落实责任】

1. 墨江县人民政府投入120万元，解决了历年拖欠和2007年度的农业人口独生子女保健费，切实解决了人口和计划生育工作中的老大难问题。

2. 县、乡、村层层签订目标管理责任制，做到层层有责任，层层有人抓的工作格局。

【广泛开展宣传教育】

墨江县人口和计划生育局三个方面的宣传教育工作。1.抓好《决定》的宣传教育工作。2.抓好活动内容。坚持"大宣传、大联合、出精品"的方针，深入开展婚育新风进万家活动和"关爱女孩行动"，广泛宣传计划生育、男女平等、少生优生等文明婚育观念，普及保护妇女儿童权益的法律法规知识，大力加强生育文明建设。3.抓好通讯报道。2007年共上报信息12期36条。

【继续贯彻落实“奖优免补”政策】

1. 严把关口，及时兑现。墨江县在办事程序、办事结果、对象的申报和确认过程中，按照“奖优免补”的确认条件，严格审核，逐级公示，广泛接受群众监督，确保“奖优免补”对象不错和不漏。同时，将补助资金及时足额兑现到符合享受标准的家庭和个人。截至2007年11月底，共有2421户独生子女家庭领取了一次性奖金，累计金额达221.65万元；有3592名中小学生领取了教育奖学金，累计金额达53.47万元；有8名学生因加分考取了初、高中和本省院校；有2976人次的养老生活补助对象领取了养老生活补助金，累计金额达184.28万元。

2. 成效显著。墨江县的农业人口独生子女办证数、已领取《独生子女父母光荣证》巩固率，新领取《独生子女父母光荣证》自愿率，"奖优免补"政策知晓率均保持平稳状态。巩固率达100%，自愿率达100%，"奖优免补"政策知晓率达96%。

【依法行政】

建立健全计划生育信访工作制度，全面落实分级负责责任制。落实行政执法岗位责任制、过错责任追究制等一系列计划生育行政执法制度，做到统一职责要求，统一办事程序、统一执法标准，进一步规范了人口和计划生育行政行为。

【保持计划生育优质服务先进县荣誉称号】

为继续保持"创建全国计划生育优质服务先进县"荣誉称号，墨江县人口和计划生育局进一步完善基层计划生育服务站所硬件和软件建设

1. 新建县计划生育服务站综合楼并投入使用，复建那哈乡计划生育服务所。

2. 建立跟踪服务档案，定期采取不同的方法、方式开展生殖健康普查活动。

3. 进一步畅通避孕药具免费发放渠道，在县、乡（镇）村（社区）设立避孕药具服务点并直接服务上门。

【全面推进计划生育村民自治】

墨江县164个村（居）委会、4个社区开展计划生育村民自治工作。初步形成了民主参与、民主监督和自我教育、自我管理、自我服务的人口和计划生育工作自治机制。

【流动人口计划生育管理和服务工作有新突破】

1. 墨江县人民政府把流动人口计划生育管理和服务工作纳入目标管理责任制，明确了各乡（镇）、各单位的任务和职责，使流动人口计划生育工作做到了属地管理、单位负责的管理机制。

2. 积极为流动人口中的育龄人群提供免费服务，兑现和落实有关奖励政策。截至2007年12月30日，墨江县免费为流动人口查环、查孕、查病27561人次。

【积极开展出生缺陷干预工作】

按照省、市人口和计生委出生缺陷干预工作的相关要求，抓好出生缺陷危害及预防科普知识社会宣传、待孕妇女增补营养素、孕期保健服务等工作，把预防为主落到实处，避免常见、重大出生缺陷和残疾发生；健全产前筛查网络，抓好孕期保健、产前筛查、产前诊断服务，对有出生缺陷风险的孕产妇早发现、早治疗、早处理，减少出生缺陷和残疾发生率。截至2007年12月30日，墨江县共有977名已婚妇女服用了叶酸，有660名已婚育龄妇女服用了福施福。

【荣誉】

2007年人口和计划生育责任目标考核被普洱市人民政府考核为一等奖。

2008年

【概况 】

2008年，墨江县人口和计划生育工作，坚持以党的十七大精神为指导，深入贯彻落实科学发展观，突出稳定低生育水平，提高出生人口素质为主题，突出以人为本、优质服务的理念，突出综合治理、统筹解决人口问题思路；夯实基层基础，整合社会资源，进一步推进农业人口独生子女"奖优免补"工作和计划生育优质服务工作。

【统计数据】

2008年12月30日，墨江县总人口368582人，墨江县总出生6232人，比2007年同期多出生1225人，死亡3005人，净增长3227人；自然增长率为8.23‰，人口出生率为17.05‰。

【依法行政，依法管理】

2008年4月墨江县人口计生局抽调局机关的工作人员，组成行政执法检查组，深入到那哈乡、龙坝乡，坝溜乡、景星乡、雅邑乡、联珠镇宣传政策，已婚育龄夫妇的随访服务，协助做的政策外多孩怀

孕夫妇的工作。据统计，墨江县共查处计划生育违法案件12件，共征收社会扶养费87500元。

【认真调查核实特别扶助对象】

2008年9月24日，墨江县人口计生局召开墨江县计划生育特别家庭扶助资金确认工作业务培训会议，并及时传达市关于计生特别家庭扶助会议精神及安排特别家庭扶助对象的落实工作。确保享受扶助的人一个不漏，不符合条件的一个不报。据统计墨江县有符合享受扶助的对象有123人。

【积极开展乳腺疾病普查普治工作】

2008年4月22日墨江县人民政府召开了专题会议和项目启动会，制订下发了《墨江哈尼族自治县乳腺疾病普查普治项目实施方案》，同时，强化宣传，扩大影响。保证了项目有目的、有组织、有计划、有领导。通过历史3个多月，深入墨江县15个乡（镇）人口比较集中的村组免费开展乳腺疾病普查普治工作，墨江县共有13209人接受免费普查，普查率达37.07%，查出患病人数5194人，患病率37.42%，有1690人接受治疗，治疗率达32.54%。

【认真开展出生缺陷一级预防工作】

2008年，墨江县被确定为全省人口出生缺陷干预工作实施重点县。县人民政府高度重视，坚持"政府主导，全民动员，重点推进，注重实效"的原则，抓好出生缺陷危害及预防科普知识社会宣传、待孕妇女增补营养素、孕期保健服务等工作，把预防为主落到实处，避免常见、重大出生缺陷和残疾发生；健全产前筛查网络，抓好孕前检查、孕期保健、产前筛查、产前诊断服务，对有出生缺陷风险的孕产妇早发现、早治疗、早处理，减少出生缺陷和残疾发生率。通过一系列卓有成效的工作，截至12月31日，墨江县共有服务对象2925人，有1027人已婚妇女服用了叶酸，有660名已婚育龄妇女服用了福施福。

【加强查验工作】

2008年11月至12月，用两个月的时间，重点查验相对集中的乡（镇）和社区流动人口查验工作。据统计，墨江县流出人口办理婚育证明27561份，发证率达85.1%，流入人口查验婚育证明4214人，验证率达86%。

【认真贯彻落实"四项制度"工作】

制订人口计生局干部职工问责制、服务承诺制、首问责任制、限时办结制和责任追究制；进一步强化干部职工的责任意识、服务意识、公仆意识和依法履行职责的法治意识。

【荣誉】

2008年人口和计划生育责任目标考核被普洱市人民政府考核为一等奖。

景东县

2006 年

【概况】

2006 年是实施“十一五”人口发展规划的开局之年。景东人口和计划生育工作取得了较好的成绩，实现了新的跨越和突破：景东县投入计划生育事业费 377.309 万元（人均 10 元）；市政府和市计生委下达的各项任务指标圆满完成；“三为主”成果得到巩固，基层基础工作进一步加强；婚育新风进万家活动和创建计划生育优质服务先进县活动深入开展，并分别通过了省级和市级考评验收；农业人口独生子女家庭“奖优免补”工作健康发展，广大群众的生育意识普遍提高；计划生育村（居）民自治工作全面启动，“宣教开路、依法管理、村民自治、优质服务、政策推动、综合治理”的管理机制和县指导、乡负责、村为主、组配合、户落实的工作格局基本形成；低出生、低死亡、低增长的人口态势得到稳定，法制化、规范化、科学化的孕前型管理不断加强和完善。

【统计数据】

1. 人口基本情况：2006 年末总人口 378600 人，出生率 11.69‰；死亡率 5.54‰；自然增长率 6.15‰。

1. 计划生育基本情况：计划生育率 98.97%；综合节育率 86.99%，长效节育率 80.26%。

【坚持六个不动摇】

坚持稳定现行生育政策不动摇；坚持党政一把手亲自抓、负总责，认真贯彻执行“黄牌警告”和“一票否决”制度不动摇；坚持稳定人口与计划生育工作机构、队伍不动摇；坚持目标责任管理，努力形成党政领导、部门配合、群众参与、齐抓共管的工作格局不动摇；坚持县指导、乡负责、村为主、组配合、户落实的管理模式不动摇；坚持财政投入为主的经费保障机制不动摇。

【加强组织领导】

坚持和完善党政“一把手”亲自抓、负总责的领导体制，人口计生工作列入经济社会发展目标内容，做到安排布置和考核检查工作由主要领导负责。

【利益导向机制】

切实做好农业人口独生子女家庭“奖优免补”工作，认真动员广大农业人口家庭少生优生、终身只生育一个孩子。据统计，景东县 1980 年至 2003 年 8 月 1 日共有农业人口独生子女 1895 户，2003 年 8 月 1 日至 2006 年末，共有 5002 户农业人口领取了《独生子女父母光荣证》，历年合计共有农业人口独生子女 6897 户。

【宣传教育】

充分利用世界人口日等有关重大节日上街开展内容丰富的宣传教育活动。元月 8 日与市计生委等市级有关部门到大朝山东镇开展了科技、文化、卫生三下乡活动。5 月 21 日组织开展了科技活动周的有关活动，深入文井、安定、花山、大街等乡（镇）宣传计划生育法律法规、优生优育、生殖健康和避孕节育知识。7 月 16 日组织上街开展了“关爱女孩行动”宣传活动并于 7 月 19 日晚与文井镇清凉村共同开展了“关爱女孩、情洒火把节”文艺晚会。同时，订购 6 万册《婚育新风进万家计划生育优质服务知识手册》，订购印有“奖优免补”知识的围裙 2 万余条，订购宣传资料袋及有关挂图发到了农业人口家庭户。

【做好难点工作】

2006 年 2 月初至 3 月中旬，各级各部门对景东县违法怀孕情况进行了全面排查，乡、村两级共召开专题会议 170 余场 / 次，走访及 B 超检查已婚育龄妇女 5 千余人 / 次，动员 32 名违法怀孕的妇女采取了终止妊娠措施，为做好各项工作奠定了基础。

【推行计划生育村民自治】

为使广大群众在计划生育工作上实现自我教育、自我管理、自我监督、自我服务，推动计划生育管理和服务工作向前发展，景东县人民政府成立了副县长为组长的计划生育村民自治工作领导小组，制订了《景东彝族自治县计划生育村（居）民自治工作实施方案》。景东县以锦屏镇为计划生育村民自治试点示范乡（镇），锦屏镇所有的村（居）委会全部推行计划生育村民自治，其中灰窑村为县级计划生育村民自治试点村，其余乡（镇）负责完成一个计划生育村民自治试点村。9月22日，景东县召开了计划生育村民自治工作会议。之后，试点村制订了计划生育村民自治章程，召开了村民代表大会，并与村民签订了《避孕节育协议书》、《生育间隔协议书》、《流出、流入人员协议书》。计划生育村民自治工作全面启动。

【流动人口管理和服务】

景东县流动人口计划生育管理所建立了信息交换平台，完善了横向、纵向联系制度，流出地和流入地的有关信息得到及时沟通；强化了经常性检查督促工作，坚持做到每季度对流入人员进行一次清理检查，发现问题得到了及时解决和处理；全面开展了优质服务，坚持做到每季度开展一次宣传服务，把计划生育法律法规、优生优育和避孕药具送到各个角落、各暂住户家中，实现了流动人口和户籍人口同宣传、同管理、同服务、同考评，流动人口计划外怀孕和生育得到了逐步减少。2006年景东县流出人口22352人，其中当年流出人口1967人，出具《婚育证明》1615份，出具率为82.10%；流入人口2874人，持《婚育证明》949人，查验《婚育证明》857人/次，查验率为90.30%，全年共查处流动人口计划外怀孕和生育案件61件，结案率达93%。

【优质服务】

进一步明确了各级各部门的工作职责，强化目标管理责任制，落实了领导、责任和投入三个到位，营造了优质服务的宽松环境；千方百计筹措资金新建、扩建和改造了林街、花山、大街、文井、曼等和县服务站业务用房，进一步完善了县服务站为龙头，乡（镇）中心服务所为骨干，乡（镇）服务所为依托，村服务室为基础，流动服务车为纽带的服务网络，夯实了优质服务工作基础；全面开展了创建“四优一满意”服务站（所）活动，使县服务站和多数乡（镇）服务所成为环境优美、技术优良、管理优秀、服务优质、群众满意的育龄群众之家；加强了信息网络化建设，景东县建立了已婚育龄妇女生殖健康服务台账，并在经费非常困难的情况下，计生局、服务站、流动人口计划生育管理所全部配齐了微机，各乡（镇）计生办配齐了微机和传真机，加快了信息化管理的步伐；认真组织计生办、服务所有关人员到翠云区进行了全面考察，为做好优质服务工作取得了宝贵经验；认真开展避孕节育技术全程服务，进一步规范术前知情和手术规程，杜绝了手术事故的发生；全面实施生殖道感染干预工程，制订了妇女病普查规划，经常性组织技术人员深入各村巡回、免费普查，使普查率达育龄妇女的90%以上；全面实行了避孕节育知情选择，广大育龄人群自我服务能力得到提高，减少了非意愿妊娠，保护了育龄妇女的身心健康。2006年，景东县利用服务车深入乡村开展乳腺检查1786人/次，医学监护7414人/次，开展妇科病查治1816人/次，心电图检查630人/次，其他诊疗、咨询服务8145人/次，共发放价值12.9万元的避孕药具。

【荣誉】

景东县人民政府副县长孔群，县人口计生局王达、刘昌发，锦屏镇副镇长杨灿辉、计生办陈瑞，曼等乡计生服务所王卿，文井镇新会村宣传员石凤琼，安定乡中仓村宣传员吴治中等同志被市人民政府评为“十五”期间计划生育先进工作者，县人口计生局被授予“十五”期间先进集体称号。

景东县人口计生局连志明同志被省人事厅、省人口计生委评为云南省先进工作者。曼等乡计生服务所王卿同志被国家计生委授予“全国人口和计划生育科技工作先进个人”称号。

2007年

【概况】

2007年是全面进行社会主义新农村建设的第一年。景东县进一步明确了认真贯彻落实党中央、国务院《关于全面加强人口和计划生育工作统筹解决人口问题的决定》，紧紧围绕构建社会主义和谐社会和社会主义新农村建设发展目标，稳定低生育水平，提高人口素质，改善人口结构，引导人口合理分布，保障人口安全的工作思路和总体要求；坚持宣传教育为主、经常工作为主、避孕节育为主和“既要抓紧又要抓好”的工作方针；坚持党政一把手亲自抓、负总责的工作原则，强化“黄牌警告”、“一票否决”和目标管理责任制，并投入计划生育事业费392万元（人均10.35元）；各级各部门任务清楚，职责明确，工作到位，人口和计划生育工作得到了健康向前发展。

【统计数据】

2007年末总人口379000人，出生率13.52‰，死亡率7.41‰，自然增长率6.11‰。

计划生育率98.49%，综合节育率86.77%，长效节育率79.75%。

【抓基层破难点】

始终坚持以村、组为工作重点，配齐了村（居）委会计生宣传员和村（居）民小组计生服务员，制订了管理办法，解决了报酬问题；建立健全了人口计生台账和已婚育龄妇女生殖健康台账，认真落实了相关管理制度；进一步完善了县指导、乡负责、村为主、组配合、户落实的工作模式，检查、指导、服务、考评工作做到进村下组入户，实现了宣传、服务、管理到户到人，结牢了工作网底。努力攻克农业人口和违法生育两个难点，千方百计控制农村违法怀孕和违法生育，稳定了低出生、低死亡、低增长的人口态势。景东县组织有关人员对13个乡（镇）及部分村、组的人口计生工作进行了全面督查，并协助大街乡清理违法怀孕和违法生育，依法征收历年来尾欠的违法生育费，切实维护了计划生育法律法规的严肃性、公平性，让广大群众充分认识到有法必依、违法必究、执法必严。

【开展婚育新风进万家活动】

认真贯彻落实《2006—2010年继续深入开展婚育新风进万家活动方案》，进一步明确了“破千年习俗，树婚育新风”的活动主题，确定了在“新”字上做文章，在“进”字上抓创新，在“家”字上讲服务，在“广”字上求发展的活动思路，广泛、深入开展了形式多样、内容丰富的宣传教育活动。1.充分利用“科技活动周”、“世界人口日”等有关节日，上街和深入乡（镇）开展有关宣传教育活动，向群众发放人口计生法律法规、科普知识宣传资料和避孕药具，免费开展有关诊疗服务。1.会同教育等部门深入各中学开展“花季雨季”青春期健康教育活动，向中学生普及生理卫生等方面的知识。1.制作、更换永久性宣传标语5300块，制作计生村民自治日历8万份，订购《关于全面加强人口和计划生育工作统筹解决人口问题的决定》挂图200份、《婚育新风进万家》挂图200份。1.积极支持、协助老体协及乡、村业余文艺宣传队开展有关人口计生方面的文艺演出活动。1.在《银生文化》、《普洱日报》制作专栏宣传景东人口和计划生育。同时，制订了《景东县人口和计划生育新闻稿件奖励办法》，积极鼓励广大干部群众投稿宣传景东人口和计划生育工作。

【农业人口独生子女家庭奖励工作】

2003年8月1日以来，景东县上下认真贯彻落实农业人口独生子女家庭奖励政策，并取得了显著成效。据统计，2003年8月至2007年12月末，5380户农业人口领取了《独生子女父母光荣证》，景东县历年共有农业人口独生子女7275户，领证人数占一孩户的52%（其中当年领证378户），共兑现一次性奖励478.8万元；1023名独生子女父母享受了养老生活补助，共兑现奖学金203.9万元；3640名中小学生享受了教育奖学金，共兑现奖学金198.9万元；77名高中学生享受了升学加分。

【优质服务】

为确保创建计划生育优质服务先进县的各项工作达到省级先进县标准，景东县认真分析研究，查缺补漏做了很多工作。1.千方百计投入人力、物力加强技术服务网络建设，巩固、完善“达标站、所”成果，努力使县服务站为龙头、乡（镇）服务所为主体、村服务室为基础的技术服务网络发挥更大的作用。1.认真实施避孕节育、出生缺陷干预和生殖道感染三大工程，切实做好跟踪随访服务。景东县本着群众自愿的原则，全面推进避孕节育方法知情选择；积极宣传、推广服用“福施福”、“叶酸”等营养素，努力降低人口出生缺陷；经常性深入乡、村开展生殖道感染检查治疗服务和医学监护工作，减少了意外妊娠和补救措施，巩固了孕前型管理成果。1.进一步优化合理配置服务资源，完善服务体系，增强服务功能，提高服务质量，努力为群众提供生育、节育、生殖健康等方面的优质服务。2007年，景东县利用服务车深入乡、村施行放环手术290例；开展婚育知识培训4期，医学监护4617人/次，妇科病查治1384人/次，心电图检查680人/次，其他相关诊疗、咨询服务8138人/次，共发放避孕药具价值6.23万元。其中，免费为579名流动人口已婚育龄妇女开展了查环、查孕、查病及生殖健康检查。1.县、乡、村配齐了避孕药具管理发放人员，配备了药具柜和药具包，避孕药具管理、发放、随访工作实现了经常化、制度化、规范化。1.认真开展创建“四优一满意”服务站、所活动，使服务站和多数乡（镇）服务所基本达到环境优美、管理优秀、技术优良、服务优质、群众满意。1.认真实施乳腺疾病普查普治项目。该项目于2006年12月19日启动，2007年景东县共开展乳腺病检查15539人/次。1.认真牵头组织实施推广使用安全套防治艾滋病工程，使100%的旅馆酒店和娱乐场所摆放了安全套，有效防止了艾滋病蔓延。

【流动人口计划生育工作】

景东县上下始终坚持现居住地为主和户籍地管理相结合的原则，逐步建立健全了属地管理、单位负责、村（居）民自治、社区服务的工作机制；健全了流出流入人口登记管理台账、已婚育龄妇女台账，做到了底子清、情况明；完善了信息交换平台，强化了双向联系、通报制度，实现了信息互通、资源共享，有效控制了流动人口违法生育；推行流动人口计生专职管理人员和社区合署办公制度，坚持做到每季度开展一次全面性宣传、检查和服务工作，把有关法律法规、科普知识和避孕药具等服务项目送到各个角落、各暂住户家中，并及时解决了存在的困难，处理了发现的问题，使流动人口计生工作实现了社区化管理、市民化服务，有关奖励、优待政策和免费项目兑现率达100%；实行目标责任管理，把有关职责和任务落实到各级各部门，并做到横向到边，纵向到底，不留死角；在春节来临之际组织开展了“预防艾滋病、关爱农民工”宣传活动，共发放《给农民工的一封信》5千份、艾滋病防治知识5千份、安全套6千余只，并为流动人口已婚育龄妇女开展了查环、查孕、查病及生殖健康免费检查服务。2007年末，景东县流出人口26011人，其中当年流出2001人，出具《婚育证明》1325份，出具率为86.43%；流入人口3445人，持《婚育证明》759人，《婚育证明》查验率为93.9%；流动人口计划外生育结案率81.3%；

【全面开展计划生育村（居）民自治工作】

为切实增强村民的自主权，努力使广大群众在计划生育方面做到自我教育、自我管理、自我监督、自我服务，200 7年全面开展了计划生育村（居）民自治工作，各村（居）委会制订了计划生育村（居）

民自治章程，与村民签订了《避孕节育协议书》、《生育间隔协议书》、《流出、流入人员协议书》，落实了村(居)民的相关权利和义务，使100%的村(居)委会实现了计划生育村(居)民自治。

【扶贫开发工作】

2007年景东县人口计生局制订了“十一五”期间扶贫开发规划，千方百计为挂钩扶贫点——花山乡卜勺村脱贫致富出谋划策。同时，根据县妇联《关于动员组织广大妇女积极参与社会主义新农村建设实施意见》，县人口计生部门积极组织人员参与“城乡姐妹共建新农村”活动。在此项活动中，深入10个新农村建设示范点开展五个一服务，即上好一堂少生优育等计划生育科普知识培训棵，发好一份人口计生法律法规等宣传资料和一份避孕药具，做好一次生殖健康检查服务，看望慰问一次独生子女和特困家庭。县人口计生局共筹措资金1万余元，购买被子、电饭煲、热水瓶等物品看望慰问示范点的92户独生子女户和36户特困户，鼓励他们尽快实现少生快富奔小康。

【荣誉】

景东县人民政府分管人口计生工作的孔广群副县长被省人事厅、省人口计生委评为2007年度人口和计划生育先进工作者。

2008年

【概况】

景东县2008年的人口和计划生育工作，始终以“解放思想、深化改革、扩大开放、科学发展”大讨论活动和优化政务环境活动为契机，深入查找分析了存在的问题和困难，采取了一系列具体办法措施，并投入计划生育事业费417万元(人均达11元)，圆满完成了市政府和市人口计生委下达的各项任务指标，优质服务工作获得了省级先进县称号，打造了人本计生、民生计生、和谐计生，开创了人口计生工作的新局面。

【统计数据】

2008年末总人口379300人，出生率13.34‰，死亡率7.29‰，自然增长率6.05‰。

计划生育率97.52%，综合节育率86.77%，长效节育率80.02%。

【明确新思路，破解新难题】

景东县上下强化了领导责任制，“一票否决”和“黄牌警告”制度，层层分解、落实了目标责任，进一步建立、完善了村级防控体系。破解了社会抚养费征收问题，加大了宣传教育力度和征收社会抚养费的力度，规范了法律文书，对重点乡、村行政执法情况进行了全面检查、清理，制订了整改措施；对尾欠违法生育费重点户申请法院进行了强制执行，强化了人口计生执法工作。

【大宣传、大培训活动】

认真贯彻落实《2006－2010年继续深入开展婚育新风进万家活动方案》，再次明确了“破千年习俗，树婚育新风”的活动主题，确定了在“新”字上做文章，在“进”字上抓创新，在“家”字上讲服务，在“广”字上求发展的活动思路，广泛、深入开展了形式多样、内容丰富的宣传教育活动。1.充分利用“科技活动周”、“世界人口日”等有关节日，上街和深入乡(镇)开展有关宣传教育活动，向群众发放人口计生法律法规、科普知识宣传资料和避孕药具，免费开展有关诊疗服务。1.会同教育等部门深入各中学开展“花季雨季”青春期健康教育活动，向中学生普及生理卫生等方面的知识。1.组织人员深入13个乡镇集中宣传员开展大宣传、大培训活动，培训基层计生人员290多人，3万多群众得到宣传服务。

【农业人口独生子女家庭奖励工作】

据统计，2003年8月至2008年末，5603户农业人口领取了《独生子女父母光荣证》，历年来共有农业人口独生子女7498户(其中2008年新办证230户)，当年兑现一次性奖励17.75万元；1157名独生子女父母享受了养老生活补助，兑现补助资金91.384万元；3952名中小学生享受了教育奖学金，兑现奖学金71.922万元；84名初中学生和22名高中学生享受了升学加分。

【优质服务】

为确保巩固提高省级优质服务先进县工作成果，景东县认真分析研究，查缺补漏狠抓八项工作。1.千方百计投入人力、物力加强技术服务网络建设，巩固、完善“达标站、所”成果，努力使县服务站为龙头、乡（镇）服务所为主体、村服务室为基础的技术服务网络发挥更大的作用。1.认真实施避孕节育、出生缺陷干预和生殖道感染三大工程，努力做好跟踪随访服务。1.进一步优化合理配置服务资源，完善服务体系，增强服务功能，提高服务质量，努力为群众提供生育、节育、生殖健康等方面的优质服务。2008年，景东县利用服务车深入乡、村开展婚育知识培训4期，医学监护8734人/次，进行生理卫生知识培训6810人/次，生殖健康检查6383人/次，查孕查环5562人/次，心电图检查680人/次，其他相关诊疗、咨询服务6606人/次，共发放避孕药具价值6.2万元。1.县、乡、村配齐了避孕药具管理、发放人员，配备了药具柜和药具包，使避孕药具管理、发放和随访工作实现了经常化、制度化、规范化。1.认真开展了创建“四优一满意”服务站、所活动，使服务站和多数乡（镇）服务所基本达到环境优美、管理优秀、技术优良、服务优质、群众满意。1.认真实施乳腺疾病普查普治项目。2008年，景东县共开展乳腺病检查15539人/次。1.认真牵头组织实施推广使用安全套防治艾滋病工程，使100%的旅馆酒店和娱乐场所摆放了安全套，有效防止了艾滋病蔓延。1.全面开展计划生育科技大练兵活动，使技术服务人员的思想素质和业务水平进一步得到提高，为做好优质服务工作奠定了基础。

【流动人口管理和服务工作】

始终坚持现居住地为主和户籍地管理相结合的原则，建立完善属地管理、单位负责、村（居）民自治、社区服务的工作机制。1.配齐了流动人口计生专职管理人员，2008年10月，经县人民政府批准，景东县十三个乡（镇）从下岗工人中选配了13名流动人口计生专职管理人员，相关待遇按“4050”政策解决。同时，对流动人口计生专职管理人员集中进行了政治思想教育和业务培训。1.健全了流出流入人口登记管理台账、已婚育龄妇女台账，做到了底子清、情况明；完善了信息交换平台，强化了双向联系、通报制度，实现了信息互通、资源共享，有效控制了流动人口违法生育，全年共接收流动人口信息496条，反馈421条，反馈率84.87%，提交流入人口信息96条。1.推行流动人口计生专职管理人员和社区合署办公制度，坚持做到每季度开展一次全面性宣传、检查和服务工作，使流动人口计生工作实现了社区化管理、市民化服务，有关奖励、优待政策和免费项目兑现率达100%。三是实行目标责任管理，把有关职责和任务落实到各级各部门，并做到横向到边，纵向到底，不留死角。2008年末，景东县流出人口25846人，其中当年流出1702人，流入人口3705人，《婚育证明》查验率为96%；共查处流动人口计划外怀孕和生育案件43件，结案率80%。

【开展计划生育村（居）民自治】

为切实增强村民的自主权，努力使广大群众在计划生育方面做到自我教育、自我管理、自我监督、自我服务，2006年景东县开展了计划生育村（居）民自治试点工作，2008年各村（居）委会修改完善了计划生育村（居）民自治章程，与村民签订了《避孕节育协议书》、《生育间隔协议书》、《流出、流入人员协议书》，落实了村（居）民的相关权利和义务，加快了村级民主管理的步伐。

【提高干部队伍的思想素质和业务水平】

为使全体计生工作者达到“思想好、作风正、懂业务、会管理、善于做群众工作”的要求，县人口计生局成立了党风廉政建设工作领导小组，明确了相关职责和任务，并与下属单位签订了目标管理责任书；制订了“首问责任制度”、“服务承诺制度”、“社会评议机关作风制度”并严格贯彻执行；认真组织开展了“加强作风建设，促进廉洁从政”教育活动和廉政文化“六进入”活动，严格贯彻落实了国家人口计生委制订的“人口和计划生育群众工作纪律”和“检查考评工作纪律”；两次集中计生干部职工和技术服务人员开展大练兵活动，并始终坚持每周一集中学习制度，不断提高了计生工作者的整体素质，营造了风清气正的良好氛围，造就了一支勤政廉政、作风正派、团结干事、乐于奉献的工作队伍，树立了计划生育工作的良好形象。

【荣誉】

2008年，景东县花山乡文俄村宣传员解成弘同志被省人事厅、省人口计生委评为人口和计划生育先进工作者。

景谷县

2006 年

【概况】

景谷县人口计生局坚持和落实科学发展观，紧紧围绕人与自然和谐发展这一根本任务，以完成责任目标为中心，以进一步稳定低生育水平为核心，以实施农业人口独生子女家庭奖励政策，抓好人口控制，推进优质服务，加强流动人口计划生育管理工作为重点，认真落实“黄牌警告”和“一票否决”制度，狠抓基层基础工作，严格控制违法生育，全县人口和计划生育工作继续保持健康发展态势。

【统计数据】

2006 年，景谷县总人口 285619 人，出生 2861 人，出生率为 10.00‰；死亡 1575 人；人口自然增长率为 4.50‰。已婚育龄妇女 53875 人，占总人口的 18.81%，节育率为 87.75%，三术率为 84.43%。领独生子女证人数 435 人，女性初婚 1383 人。出生性别比为 106，有流出人口 11914 人，出具率为 78.24%；有流入人口 18710 人，查验率为 70.33%。

【领导力度进一步加大】

县委、县人民政府定期召开专题会议，研究人口和计划生育工作，明确要求各乡(镇)要牢固树立科学的发展观和政绩观，牢固树立人口和计划生育工作与经济社会统筹发展的思想，抓人口和计划生育工作就是抓经济发展的观念，把人口和计划生育工作真正摆到实施可持续发展战略，全面建设小康社会的首要位置，在研究制订经济社会重大问题时，实行人口与经济通盘考虑，综合决策，做到责任、措施、投入三到位。各乡(镇)按县委、县政府的要求，加大了对人口与计划生育工作的领导力度，分管领导亲自带领计生部门同志深入基层调查研究，了解情况，为计生部门解决实际困难和问题。

【开展中期督查】

2006 年 8 月 20 日至 8 月 30 日，县人民政府组织 2 个督查组，对全县 10 个乡(镇)责任目标完成情况、优质服务工作开展情况和“黄牌警告”制度的落实情况进行了全面的督促检查，要求各乡(镇)党委、政府要加大工作力度，集中一定的物力、人力，采取切实可行的措施，着力提高计划生育率、综合节育率、长效节育率、避孕及时率和农业人口办证五个核心指标，努力降低出生率和自然增长率。切实加强对人口和计划生育工作的领导，加大督查指导力度，各乡(镇)党委、政府根据督查组的反馈意见，查漏补缺，认真进行整改，为全县责任目标的完成奠定基础。

【“奖优免补”工作扎实推进】

2006 年，县人民政府把农业人口独生子女家庭奖励工作作为全县人口和计划生育工作的一项重要工作来抓，办理农村独生子女入学加分 人，办理农业人口独生子女证 435 人。兑现一次性奖金 39.25 万元 417 人，兑现养老生活补助 41.515 万元 625 人，兑现教育奖学金 32.282 万元 1797 人，兑现独生子女保健费 40 余万元。

【流动人口计划生育管理工作】

积极为外出人员办理《流动人口婚育证明》，并与流动人口及用工单位签订计划生育协议书，认真开展流动人口《婚育证明》查验、出具工作，加大违法案件的查处力度，为流入人员提供避孕节育、生殖保健服务，流动人口信息交换平台运转正常。查验率达 70.33%，出具率达 78.24% 。

【宣传教育】

2006 年，在景谷电视台《芒乡气象》开设专栏，广泛宣传人口国情，计划生育法律法规，避孕节育、优生优育、生殖保健等知识，宣传全县人口与计划生育工作取得的成绩，反映全县人口与计划生育工作的动态信息。各乡（镇）围绕《云南省农业人口独生子女家庭奖励规定》的宣传贯彻，组织开展了大规模的宣传咨询活动，印制6万余份计划生育宣传品，分发分送到育龄群众家中。以婚育新风进万家活动和"三下乡"活动为载体，充分发挥各级组织的作用，推进先进思想、文明观念、政策法规和科普知识进村入户。

【开展创建省级计划生育优质服务先进县工作】

2006年，以乳腺疾病普查普治工作为纽带，全县联动，广泛开展以群众需求为出发点，以控制人口数量，提高人口素质为目标，以群众生殖保健为重点的优质服务工作，把宣传教育与咨询服务结合起来，积极推行避孕节育知情选择，提高避孕节育质量，建立完善服务体系。2006年6月25日，举办科技培训班，各乡（镇）计生工作站站长、服务所所长共计50余人参加，为全县开展创建省级计划生育优质服务先进县工作奠定基础。年终顺利通过省级计划生育优质服务先进县达标验收。

【启动乳腺疾病普查普治项目】

2006年8月2日乳腺疾病普查普治项目在景谷正式启动，共免费普查14942名妇女。此项目的开展不仅让全县育龄妇女得到温馨的生殖健康关爱，而且建立健全了5万多育龄妇女生殖健康档案，提高了女性自觉参与生殖健康保健的意识。

2007年

【概况】

强化宣传教育，努力营造良好工作氛围。2007年，景谷继续坚持宣传教育的首位意识不动摇。1.充分发挥人口学校的宣传教育阵地功能，定期讲授群众喜闻乐见的生产、生活和人口与计划生育方面的知识，以身边的人和事教育带动广大育龄群众自觉形成新的婚育观念；1.广泛开展形式多样的宣传活动，让科学、文明、进步的婚育新风进入千家万户；1.组织计划生育干部、技术服务人员，开展"传婚育新风、送优质服务"活动，深入村组为育龄群众送科普知识，送宣传资料，送技术服务，免费为育龄妇女查病治病；1.注重5.29协会活动日、7.11人口日、9.1人口法宣传日、12.4法制宣传日等集中宣传活动，设立宣传点，分发宣传单；1.2007年共发放宣传品5万多份，投入宣传经费10.5万元，宣传品入户率达98%以上，计划生育知识入户率达到95%以上。

【统计数据】

2007年，景谷县总人口288499人，出生2877人，出生率为7.31‰；死亡1590人；人口自然增长率为4.47‰。已婚育龄妇女54446人，占总人口数的18.87%，节育率为87.78%，三术率为84.63%。领独生子女证人数258人，女性初婚1456人。出生性别比为115，有流出人口13297人，出具率为68.87%；有流入人口17718人，查验率为49.55%。

【推进计划生育工作规范化管理】

1.加强基层计生业务规范化管理。为切实抓好计划生育基层业务管理规范，定期举办基层计生业务培训班，从宣传教育、规划统计、乡村基层管理规范、流动人口计生管理与服务、科技管理与服务、协会等六方面进行了系统全面的业务知识培训，对基层管理提出统一规范性要求；1.坚持边培训边统一边规范，采取村级自查、乡级互查、县级督查各种形式，全县基层计生管理水平上了一个新的台阶，规范化程度大为提高；1.全县135个村（居）全部按照要求，硬件到位，管理规范，服务功能进一步完善4全年共举办县级培训3次90余人，乡级培训100余人次，送出去培训10人次。1.加强人口计生系统信息化建设。充分发挥人口计生信息系统在统计质量，工作效率等方面的重要作用，不断加大投入，更新设备、加强培训，加快建设步伐，进一步完善了育龄妇女信息系统内容，充分发挥信息提示作用，全县十个乡镇计生站均实行了宽带上网，初步实现计生信息网上交换；1.充分利用流动人口信息交换平台网络资源优势，加强了流动人口的生育节育信息收集力度，进一步提高了基层计生工作效率和质量；1.加强县站乡所建设力度，提高计生技术服务水平。全面推进规范服务，牢固树立依法行政和规范服务的意识，强化计生服务管理，进一步加强了县服务站的窗口建设，改善服务态度，提高技术服务质量。严格持证施术管理，严格技术操作规范，加强手术安全性管理，减少各类手术并发症发生。

【加大重点难点工作推进，寻求计生工作新突破】

1.扎实开展"奖优免补"工作。2007年办证258户，累计办证3921户，办征率达43.28%。兑现"奖优免补"资金105.038万元。1.抓性别比的综合治理。建立健全了终止妊娠前置审查和对B超机等各种可用于胎儿性别鉴定设备设施的监督管理等制度。与相关职能部门联手行动，对全县各计生、卫生医疗机构进行了全面性别比综合治理专项行动。对辖区内个体诊所，涉及计生药品商店进行逐一巡查和走访；对B超和妇产科及妊娠药品三个环节中可能存在问题进行整顿规范；对不合条件开展补救手术的单位和个人责令其停止营业。

【强化流动人口计生管理，全面推行计生属地化管理】

1.从属地管理统计口径、台账资料设置、信息录入、信息通报等重要环节，进行了严格规范操作，强行入轨，逐步完善；1.加大流入人口、属地人口清理建档、统计以及管理工作力度。同时突出重点，抓好流出人口计划生育管理与服务；1.着力抓好流出已婚育龄妇女在外孕情信息反馈工作，建立起乡干包村、村干包组、奖优罚劣有效机制，督促已婚育龄妇女定期寄回孕检反馈单，提高反馈率，及时掌握外出妇女孕育情况。

【计划生育优质服务】

在2006年开展乳腺疾病普查普治的基础上，2007年，以企业为平台（天津和杰医疗用品有限公司），开展"关爱边疆新女性，吉妮致美献爱心"活动，为景谷赠送价值10万元的吉妮系列产品，为22名农村女孩捐赠了学习用品和助学金，得到群众一致好评。通过推行计划生育优质服务，全县人口和计划生育工作队伍的工作方法、工作思路根本转变，坚持以人为本，服务群众的理念进一步树立和增强，育龄群众的婚育观念切实转变，"依法管理村（居）民自治、优质服务、政策推动、综合治理"的计划生育工作新机制逐步确立，优质服务工作取得显著成绩。

【推广使用安全套预防艾滋病工作】

1.加强领导，提高认识，进一步完善推广安全套预防艾滋病工作机制；1.加强防艾知识宣传，提高群众防艾意识；1.切实做好已婚育龄人群和进城农民安全套免费发放工作，特别是加强了在我县区域内施工的几大工地的发放工作，全县免费发放安全套9.6万只；1.重点对宾馆、酒店、娱乐场所、歌舞厅、美容院、医疗卫生单位等场所摆放安全套工作进行督查，确保摆放率达100%；1.加强技术服务人员队伍培训，逐步提高相关人员的防艾知识和推广使用安全套防治艾滋病的工作能力，更好地为维护人口安全、提高人口素质作出努力。

【发挥计划生育协会的桥梁和纽带作用】

景谷县各级计生协会树立"有为才有位"的思想，努力工作。1.组织上，会员队伍不断壮大，全县共建立各级协会组织150个，会员之家133个，会员联系户10212户，会员总数为42226人，占全县总人口的12.5%，2007年新成立了一个社区计划生育协会组织；1.活动上，围绕计生工作的总体部署，工作扎实有效，在"会员活动日""世界人口日""世界艾滋病日"等特殊日子开展形式多样，丰富多彩的活动，广泛宣传国家计划生育政策和法律法规，宣传计划生育和生殖健康等科学知识，协调社会各方力量，帮助群众解决实际困难和后顾之忧。

【做好抗震救灾及恢复重建工作】

2007年6月3日凌晨，云南省普洱市宁洱县发生6.4级地震，地震波及景谷十个乡镇，其中以正兴镇铁厂村、勐烈村、波云村、新寨村受损最为严重，其余乡镇也受不同程度的受损。1.计生局班子第一时间深入受灾最严重的正兴镇，对镇、村计生工作人员和独生子女户、双女绝育户、养老生活补助户进行了慰问，发放慰问品5000元；1.及时统计受灾情况逐级上报，争取上级资金支持；1.鼓励站、所工作人员克服困难，积极抗震救灾，重建家园。

【抓"加强作风建设、促进廉洁从政"主题教育活动】

根据"加强作风建设、促进廉洁从政"主题的教育活动安排，景谷人口计生局以教育活动为契机，密切联系群众，真抓实干、务求实效。1.在抓好学习教育活动的同时，抓好当前工作任务，做到教育活动和工作两不误；1.通过主题教育活动，以良好的作风促进全局团结干事，共谋发展的大局，为景谷加快经济建设有一个良好的人口环境提供有力的政治作风和纪律保障。

2008年

【概况】

夯实基础，加强基层服务网络建设。2008年，向上争取县服务站建设资金116万元（其中：国债80万元，省配套16万元，市配套20万元），争取凤山、半坡、碧安、益智、正兴国债建设资金各25万元，市配套30万元，对原有的基础设施进行新建或扩建，工程正按程序逐步推进。解决了县计生局交通工具困难问题，落实了县计划生育服务站建设用地，公开招考3名技术服务人员。

【统计数据】

2008年，景谷县总人口289096人，已婚育龄妇女54613人，综合节育率达87.57%，农业人口独生子女领证占一孩比例44%；全县出生人口2817人，人口出生率为7.06‰，在出生人口中，符合政策生育人数为2792人，符合政策生育率为99.11%，其中：女孩人数为1315人，出生人口性别比为112，人口自然增长率为3.33‰。办理农村独生子女入学加分8人，办理农业人口独生子女证196人，确认特别扶助对象236人，兑现一次性奖金18.75万元196人，兑现养老生活补助48.715万元733人，兑现教育奖学金45.894万元2504人，兑现独生子女保健费60余万元。

有流出人口11847人，出具率为55.82%；有流入人口17374人，查验率为50.55%。

【健全计划生育利益导向机制】

1.积极探索对农村独生子女家庭在宅基地、基本住房面积、子女入学等方面优惠优待政策的建立；1.继续做好计生家庭奖励扶助和独生子女父母奖励以及独生子女死亡、重残家庭扶助资金的发放工作。1.认真落实惠民政策，激励群众自觉实行计划生育的积极性。2008年办理农村独生子女入学加分8人，办理农业人口独生子女证196人，确认特别扶助对象236人。兑现一次性奖金18.75万元196人，兑现养老生活补助48.715万元733人，兑现教育奖学金45.894万元2504人，兑现独生子女保健费50余万元。

【创新举措，加大计划生育行政执法力度】

1.组织人员到景谷乡、正兴镇、半坡乡开展历年尾欠款催收工作；1.采取日常巡查、举报专查和专项检查等执法手段，检查重点区域外来流动人口落实计划生育的情况，督促用人单位履行计划生育职责和流动人口办证、验证，对不执行法律法规的单位与个人实施行政处罚；1.及时查处群众来信来访案件，结案率达100%。

【开展出生缺陷一级预防工作】

2008年，景谷县被列为云南省全面启动出生缺陷一级预防工作重点县之一，为确保工作有序进行，1.组织5名技术骨干参加省、市组织的业务培训，保障全县技术工作开展。1.重点突出宣传工作，充分利用自身组织网络优势，开展进村入户宣传，统一制作、发放《人口出生缺陷预防须知》宣传单1.5万余份；1.做好摸底调查工作，确定目标人群，有出生缺陷干预目标人群对象 2230 对。

【标本兼治，做好推广使用安全套预防艾滋病打击非法胎儿性别鉴定工作】

按照省、市有关艾滋病防治工作要求，景谷县进一步完善推广安全套预防艾滋病工作机制。1. 加强防艾知识宣传，提高群众防艾意识，切实做好已婚育龄人群和进城农民工安全套免费发放工作，特别是加强了在景谷区域内施工的几大工地的发放工作；1. 重点对宾馆、酒店、娱乐场所、歌舞厅、美容院、医疗卫生单位等场所摆放安全套工作进行督查，确保摆放率达 100%；1. 加强技术服务人员队伍培训，逐步提高相关人员的防艾知识和推广使用安全套防治艾滋病的工作能力，更好地为维护人口安全、提高人口素质作出积极努力；1. 计生、卫生、药监部门联合下发《关于加强禁止非医学需要鉴定胎儿性别和选择性别终止妊娠工作的通知》，规范 B 超购买、使用、管理制度，规范终止妊娠手术和药品管理，建立卫生—计生信息通报制度和举报奖励制度；1. 设立非法胎儿性别鉴定、选择性别的终止妊娠手术、非法销售或者使用终止妊娠药品举报奖励制度，对举报内容属实的，由县人口和计划生育局按照每例给予一定标准奖励。

【抓行业作风建设，认真落实政府信息公开工作】

2008 年是计划生育系统行风建设年。1. 开展了以“为民、便民、帮民”为主要内容的“内强素质、外树形象”活动，要求全体工作人员切实转变工作作风，把“立党为公、执政为民”具体化，真正落实到广大育龄群众的需求中，使他们得到更多、更好地服务；1. 加快职能转变，坚持抓大事、办实事、求实效的原则，努力建设“服务型机关”，坚决杜绝刁难设卡现象，杜绝“门难进、话难听、事难办”等问题的出现；1. 深入开展行风评议活动，积极推行审批办证“一站式”服务和服务承诺制度，加大对违法行政、“三乱”和弄虚作假的整治检查力度，实行纠、评、建并举，标本兼治，加强计划生育行风建设；1. 完善内部管理制度，结合推行“三项制度”，进一步建立和完善《开会学习制度》、《外出报告、请假制度》、《上、下班制度》、《人口和计划生育群众工作纪律》，各股室岗位职责等，为有效接受社会的监督，把制度装框上墙，向社会公示；1. 认真落实政府信息公开工作。把计划生育政策、法规、服务承诺内容、内部管理制度等在信息网上向社会公开，公开办事程序，接受社会监督。

【做好县委、政府中心工作安排】

1.“解放思想、深化改革、扩大开放、科学发展”大讨论活动扎实开展；1. 认真做好扶贫帮困工作。除不定期组织人员深入挂钩扶贫点进行慰问外，抽调一名工作人员长期参与挂钩扶贫点新农村建设工作，组织干部职工积极踊跃向四川汶川灾区捐款 4250 元；1. 社会治安综合治理和精神文明工作扎实有效。无影响社会稳定现象发生，精神文明建设得到市级肯定；1. 党的建设和党风廉政建设工作扎实推进；1. 工会共青团妇女老干工作正常开展。

镇沅县

【概况】

2006-2008年，镇沅县人口计生工作以满足群众愿望和需求为出发点和立足点，以突出为民服务意识为前提和根本，以坚持“三个代表”重要思想和科学发展观为指导，认真贯彻落实党和国家人口计生工作各项方针政策、法律法规，初步建立完善依法管理、村（居）民自治、优质服务、政策推动、综合治理工作新机制，形成宣传开路、利益导向、政策推动、综合治理、齐抓共管工作新格局。

3年来，镇沅县人口计生工作，（1）加强队伍建设，不断提高队伍素质，强化责任，增强法制观念和服务意识，全面提升管理服务水平。（2）加强基础建设，完善基层服务网络，狠抓基层基础工作。（3）加大宣传教育力度，普及“应知应会”知识，加强法制教育和健康教育，增强法律意识和健康意识，倡导婚育新风，建设生育文化，引导群众树立新型婚育观念。（4）完善利益导向机制，落实优先优惠和奖励扶助政策，保障计划生育家庭的合法权益。（5）创建优质服务体系，增强优质服务能力，提供计划生育/生殖健康优质服务。（6）积极开展村民自治，强化民主管理，实现计划生育自我管理、自我教育、自我服务。（7）加强流动人口计划生育管理、完善综合治理机制，探索管理服务模式。

2006-2008年，连续3年获人口和计划生育双线责任目标考核一等奖。

【统计数据】

2006-2008年，镇沅县人口基本情况、计划生育基本情况如下：

1.人口基本情况。据镇沅县统计局公报，2006-2008年年末总人口为21.41万人、21.44 万人、21.46万人，当年出生人口为2299人、2932人、 2626人，出生率为10.24‰、13.68‰、12.24‰，死亡人口为1014人、1646人、1339人，死亡率为4.74‰、7.68‰、6.24‰，自然增长人口为1285 人、1286人、1287人，自然增长率为6‰、6‰、6‰。

2.计划生育基本情况。据普洱市计划生育报表，2006-2008年计划生育率为98.5%、98.46 %、97.10 %，综合避孕率为87.12 %、86.48 %、87.57 %，长效避孕率为83.31%、 81.95%、83.09 %，避孕及时率为74.68%、76.8%、76 %。

【将计划生育工作纳入依法管理轨道】

2006-2008年，镇沅县人口计生局加强人口计生干部队伍的培训，提高法律知识水平，增强法制意识和法制观念，正确理解依法管理和依法行政的内涵，准确把握依法管理和依法行政的方法，倡导和树立为人民服务思想和公仆意识，努力造就一支依法管理能力强、依法行政水平高的队伍；多种形式、多种渠道、多种方法的宣传普及人口计生政策法规知识，以普法为先导，把法律交给群众，增强群众依法履行义务和依法维护权利的 意识，打牢群众的思想基础；采取教育、法律、行政、经济、舆论等综合手段，约束和制止群众中不文明、不道德和违反法律的行为，规范广大人民群众实行计划生育的行为，增强广大群众依法实行计划生育的法律意识，提高广大群众自觉实行计划生育的积极性和主动性；将人口计生工作行政管理全部纳入依法管理轨道，建立健全依法管理责任制和目标管理制，实行计划生育政务和村务公开，推行执法过错追究制、行政执法公开制、考核评议制和服务承诺制，严格执行计划生育工作“七个不准”和计划生育群众工作纪律，坚持依法管理和依法办事，杜绝因计划生育工作不当引发的恶性案件和行政侵权行为，尊重群众的知情权、参与权、监督权，实现依法管理和依法行政公开、公平、公正、透明，切实维护群众的合法权益。三年来，无恶性案件发生和群体上访事件。

【计划生育"创优"活动】

2006-2007年，镇沅县开展创建以"六好"（领导重视好、政策导向好、依法行政好、服务质量好、民主管理好、队伍作风好）为目标的计划生育优质服务市级先进县和省级达标县活动。（1）成立领导小组，制订实施方案，确保领导到位、投入到位、措施到位、责任到位。（2）纳入乡（镇）人口和计划生育责任目标考核，纳入计生办和服务所人员年终考核，进一步强化责任，充分调动工作积极性。（3）加强检查督导，及时查缺补漏，健全完善各种制度、职责、档案和材料。（4）按照技术优良、服务优质、环境优美、群众满意"四优一满意"优质服务标准，加强服务站所建设，优化内部结构和环境，健全功能科室，改造不合理布局，增置设备，美化服务环境，规范内部管理，严格技术操作，保证服务质量。（5）坚持以人为本，以人的全面发展为中心的思想，始终贯穿优质服务理念，以计划生育\生殖健康技术服务为重点和切入点，全面开展计划生育优质服务。（6）组织开展"走进哀牢山、情系苦聪人"系列服务活动、流动人口计划生育"关怀关爱"专项行动、流动人口计划生育优质服务周活动、妇女乳腺疾病普查普治项目工作和世界人口日宣传活动，创优质服务特色和品牌。2007年12月27 -29日普洱市人口计生委和2008年1月16-17日省人口计生委在考评验收后，镇沅县创优达市级优质服务先进县和省级优质服务达标县。

【计划生育村民自治】

2006年8月，镇沅县人口计生局制发《全县计划生育村民自治试点工作实施意见》，确定古城乡（后改为和平乡）为全县试点乡，要求其余乡镇选择一个村作试点。在试点中，坚持民定（定自治章程和村规民约）、民签（自愿签订管理服务协议）、民管（实行自我管理）、民评（开展评议活动）的原则，做到：（1）明确村民的权利和义务，调动群众参与和实行计划生育的积极性、主动性、自觉性；（2）健全村"两委"、计生协、计生宣传员"三位一体"管理服务体系，形成两委负总责、村民搞自治、协会当骨干、群众做主人的工作格局；（3）强化政府在人口计生工作中的公共管理和服务意识，促进人口计生工作由政府要求向群众需求转变；（4）形成群众参与、纵横联系、综合服务的工作新格局，加快人口和计划生育工作思路和工作方法由行政制约型向以人为本、优质综合服务和个性化服务转变；（5）增强依法办事，依法治村意识，把群众从管理对象转变为服务对象，密切党群干群关系；（6）实行村务公开，把计划生育事务最大限度的向全体村民开放，公开、公平、公正、透明，接受群众监督，保障群众的知情权、参与权、监督权，切实维护农民群众的合法权益。2008年底，计划生育村民自治在和平乡试点获得成功的基础上，已逐步在全县推开。

【落实"奖优免补"政策】

2006年以来，镇沅县认真贯彻落实"奖优免补"政策，初步建立了以国家奖励扶助制度为龙头、"少生快富"扶贫工程为目的、"奖优免补"政策为内容的农村计划生育利益导向机制。（1）严格考核，坚决执行"一票否决"制，强化责任，落实指标任务。（2）多渠道、多形式、有影响、有声势的广泛宣传，营造良好的社会氛围。（3）坚持工作到家、宣传到人、办证自愿的原则，尊重群众合法生育权利。（4）严格把关，深入排查，做到不错人、不漏户。2007年，全县农业人口一孩户7797户、领取《独生子女父母光荣证》3163户、占40.6%，提前实现省委政府要求至2008年农业人口独生子女办证数占一孩家庭户40%以上的目标。

【流动人口计划生育服务】

2007年2月，镇沅县人口计生局组织开展流动人口计划生育"关怀关爱"专项行动，2007年12月12-18日，组织开展流动人口计划生育优质服务周活动，切实维护流动人口实行计划生育的合法权益，促进流动人口计划生育管理服务工作整体水平。共计悬挂、张贴宣传标语口号82条，播放宣传录音160余次，发放各种宣传材料6000余份，发放避孕套440盒、长效避孕药140盒、短效避孕药200盒、避孕药膜128本，建立《优质服务手册》86人，各种咨询120人次，义诊39人次，面对面宣传教育1000余人次。

【开展苦聪人计划生育优质服务】

2006年7月24–31日，镇沅县人口计生局开展“走进哀牢山、情系苦聪人”——哀牢山中部苦聪人人口与计划生育优质服务系列活动。（1）营造好一种氛围。宣传到位，有声势，有影响，群众积极参与。（2）上好一堂课。结合苦聪人实际，通俗易懂的开展人口计生“应知应会”知识培训，提高苦聪人政策法规、优生优育、避孕节育、生殖保健等知识水平和知晓率，共2300余人次参加培训。（3）做好一服务。选派业务精、服务好的医务人员5人，开展查环查孕、妇女病普查普治、避孕节育等技术服务，为苦聪人排忧解难、减少开支，共计B超检查1018次，妇科查治468人次、免除全部费用9.4万元。（4）摆好一个台。开展政策法规、生殖健康咨询，发放宣传品，发放避孕药具，宣讲避孕知识，宣讲避孕药具用法、禁忌症、注意事项，讲解宣传挂图、展板，共发放宣传品8000余份、发放避孕套880盒、长效避孕药216盒、短效避孕药383盒、避孕药膜81本。（5）演好一场戏。聘请镇沅县文化馆精心编导“镇沅哀牢山中部苦聪人人口与计划生育优质服务文艺晚会”，用幽默生动的小品、优美动听的歌舞，寓教于乐，宣传“奖优免补”政策，优生优育知识，倡导社会主义科学、文明、进步的婚育新风。晚会同时穿插进行“人口与计划生育应知应会知识抢答赛”，不同年龄群众踊跃参与，气氛热烈活跃，答题正确率高。

【开展妇女乳腺疾病普查普治项目工作】

2007年5月16日至8月13日，为响应中国人口福利基金会、国家人口计生委科技司共同发起的“关爱女性健康——乳腺疾病普查普治及科普知识宣传活动”的号召，在省、市人口计生委及省乳腺疾病普查普治项目组的支持指导下，镇沅县人口计生局组织开展妇女乳腺疾病普查普治项目工作（简称项目工作）。（1）领导重视。县、乡（镇）、村成立相应项目工作领导小组，加强领导，制订实施方案，召开启动会，确立“全县90%以上的育龄妇女知晓普查的意义、80%以上的目标人群接受一次乳腺疾病检查”的目标，实行领导亲自挂帅、直接组织实施、分片包干、责任指标到人的工作机制，将项目工作纳入年终考核新指标，真正做到认识到位、领导到位、责任到位、措施到位、投入到位，保证项目工作的顺利开展和取得成功。（2）服务到位。宣传发动到位，做到育龄妇女人手一分宣传单和通知单；氛围营造到位，利用电视字幕、会议、讲座、板报、标语口号等多种形式营造出良好的工作氛围；布点到位，全县设立了56个普查点，最大限度的服务于育龄妇女；服务质量和水平到位，坚持“检查免费、治疗自愿”的原则，以吃苦耐劳和乐于奉献的精神、热情周到的态度、优良的技术，为育龄妇女提供满意的、优质的服务；跟踪随访到位，对患病、服药的妇女坚持进行电话随访，详细了解病情、药效、不良反应等，及时为她们排忧解难。（3）效果明显。初查人数为16278人，复查人数为2453人，共计18731人，普查率为86.42%；查出患病妇女7929人，患病率为42.33%，自愿接受治疗3496人，治疗率为44.09%，共计免除各种费用100余万元。

【荣誉】

2006年3月，镇沅县人民政府被思茅市人民政府表彰为思茅市“十五”期间人口和计划生育先进集体，李盛富、毛瑞洪、陈健、付天明、王绍武、李加雄、罗荣贵、黄志美等被表彰为先进个人。2006年6月，杨正贤被国家人口计生委表彰为全国人口和计划生育科技工作先进个人。

江城县

2006 年

【概况】

2006 年，江城县紧紧围绕人口与计划生育目标管理的各项任务，全面推行农业人口独生子女“奖优免补”工作，创新计划生育优质服务机制，开展计划生育村民自治，坚持以人为本科学发展观，进一步加大工作力度，不断开拓创新，改进工作方法，狠抓工作落实，加大对乡村工作分类指导的力度，江城县人口控制的能力得到有效提升。

【统计数据】

据江城哈尼族彝族自治县统计局公报，2006 年末，江城县总人口数为 118500 人，比上年增 900 人，增长率 0.8%；人口出生率为 12‰，同比下降 2.9 个千分点；人口死亡率为 5.47‰，同比下降 2.49 个千分点；人口自然增长率为 6.53‰，同比下降 0.5 个千分点。据江城县人口和计划生育局统计，2006 年末江城县已婚育妇女为 21772 人，采取各种节育措施的有 19014 人。在全年出生人口中一孩率为 64.78%，多孩率为 0.26%，计划生育率为 95.63%，综合节育率为 87.33%。

【党委、政府高度重视】

领导有力，措施得力 年初，县人民政府及时召开江城县人口与计划生育工作会议，县人民政府与乡（镇）人民政府、县人口和计划生育局与乡（镇）计生办签订了人口与计划生育目标管理责任书。各乡（镇）人民政府又与本辖区的村（居）委会签订人口与计划生育目标管理责任书。做到了目标明确，层层分解，责任到人，及早安排，及早部署。一是突出重点，狠抓落实。在工作中，对重点指标进行重点分析重点落实，把工作重点放在全面推行“奖优免补”工作，着力提高计划生育率和综合节育率，狠抓避孕节育措施特别是长效节育措施的落实，严格控制计划外生育上，全面开展优质服务和开展计划生育村民自治试点工作。二是建立严密的县乡两级计划生育目标管理监督制约机制，严格进行监督考核，并实行“一票否决”制。县人民政府按照目标管理责任制的要求，对乡（镇）及每个乡（镇）的其中 2–3 个村进行中期目标检查，检查农业人口领取《独生子女父母光荣证》办证情况，检查计划生育率、综合节育率、长效节育率、避孕及时率等情况，并及时通报督查情况。对责任目标完成不好的乡镇，要求乡镇党政领导到县人民政府说清理由。县人口和计划生育局干部职工全年至少抽出 1/2 时间深入乡（镇），村民（社区）委会指导工作，并按照考核办法对乡（镇）进行半年和年终检查考核，发现问题及时纠正。乡（镇）人民政府对所属的村（居）委会实行月监控及半年和年终考核制度。三是确保计划生育事业经费的投入。本着尽力而为、量力而行的原则，江城县人民政府优先保障计生工作经费的投入，并把计生经费列入年初财政预算，按时足额配套“奖优免补”资金，独生子女保健费和计生业务经费，保障了计划生育工作的顺利开展。

【计划生育宣传教育进一步深化】

2006 年，江城县上下进一步强化宣传教育的首位意识。一是与县委宣传部、县文明办等部门配合，深入开展“婚育新风进万家活动”，广泛宣传《中华人民共和国人口与计划生育法》、《云南省人口与计划生育条例》、《云南省农业人口独生子女奖励规定》等法律法规，普及避孕节育、优生优育、生殖保健等科学知识，引导各族群众树立晚婚晚育、少生优生、生男生女都一样等科学、文明、进步的婚育观。二是狠抓计划生育宣传品进村入户工作，各乡（镇）积极把计划生育宣传品，分发分送到育龄群众家中，认真开展5331工程，按规定标准制作宣传标语和公示板，利用节假日、赶街天上街宣传咨询等形式，广泛开展宣传教育，提高广大育龄群众对计生知识的了解。同时，充分发挥计生协会的作用，组织会员将计生政策编成通俗易懂、喜闻乐见的文艺节目在群众中演出，以身边的事教育身边的人。据不完全统计，2006年，江城县出动宣传车共58辆次，印制宣传单44581万份，出黑板报1061期，宣传工作延伸到了江城县的村村寨寨。

【农业人口"奖优免补"工作有效推进】

江城县人口计生局在贯彻落实"奖优免补"政策，完成市政府下达的农业人口独生子女办证任务中，采取每个计生干部挂钩一个乡（镇）的工作方法，并实行奖惩制度。对在规定时期内完成办证任务的，每户奖励30.00元，超额完成任务的，每超一户奖励50.00元（奖励资金用县人口计生局工作经费开支）。对办证工作成绩显著的计生办和个人，江城县人民政府将给予表彰和奖励。通过采取切实有效的措施，江城县2006年《独生子女父母光荣证》领证率为16.87 %，其中农业人口家庭领取《独生子女父母光荣证》1698户，农业人口独生子女户占农业人口一孩家庭户比为48.71%。2006年，江城县应兑现一次性奖励金178户，第一批65户，第二批113户，需兑现奖励金16.75万元；应兑现教育奖学金959户17.684万元，按县级应承担比例，江城县已按时足额到位并予以兑现。

【加强部门协调，综合治理人口问题】

江城县切实加强流动人口的计划生育管理工作，管住流动人口计划外生育，县人口计生局成立了流动人口计划生育管理办公室，配备了3名专职管理人员，并落实了经费。流动人口计划生育管理办公室认真执行流动人口计划生育管理的有关法律法规，积极为外出人员办理流动人口《婚育证明》，并与流动人口签订计划生育管理合同书，认真开展流入人口《婚育证明》查验工作，做好流动人口信息的交换，加大违法生育案件的查处力度，为流入人员提供避孕节育、生殖保健服务。2006年江城县共清理登记流动人口5583人（其中流入3766人，流出1817人），查验婚育证明2895人（占应查数2964人的97.67%），出具流动人口《婚育证明》1528人本（占应出具数1585人的96.40%）。针对江城县异地移民计划生育管理基础较差，计划外生育率较高的实际，江城县着重抓好异地移民人口控制工作，采取有针对性的过硬措施，集中资金、技术和人力，抓死长效节育措施的落实，狠抓计划外多孩的控制和其他各类妨碍计划生育管理的行为，最大限度地减少计划外生育。与此同时，江城县人口计生局还加大异地移民点的人口与计划生育工作的督导力度，定期和不定期地对其进行具体督查和指导，把"奖优免补"政策宣传到移民点，把技术服务带进移民点，加大工作力度，提高服务能力和服务水平。通过多方努力，移民点计划生育管理工作得到很大改观，计划外生育明显减少，2006年还有3户办理了《独生子女父母光荣证》。

【开展村民自治试点，强化计生协会工作】

江城县计划生育村民自治试点工作分三个阶段进行，第一阶段：2006年为试点阶段，确定一个乡和一个社区委员会为县级试点，每个乡（镇）确定一个试点村并启动该项工作；第二阶段：2007年为全面实施阶段；第三阶段：2008年为总结验收阶段。2006年，村民（社区）委员会已同5381户育龄群众签订了《人口和计划生育服务管理协议书》，基本形成了群众参与、纵横联动、综合服务的人口计生工作格局，增强了干部依法办事、依法治村的意识，村民及其相关责任人由过去的管理对象变为自治主体，初步实现村民之间我管人人和人人管我的自治模式。在开展计划生育村民自治工作中，江城县高度重视计生协会的工作，充分发挥计生协会在组织育龄群众开展自我教育、自我管理、自我服务方面的作用。重视协会的组织建设，明确要求县、协会要有办公地点，乡、村、社区及有条件的自然村有协会之家，做到县、乡两级有专（兼）职协会工作人员，县乡会员人数占总人口的10%以上。通过省协会的支持，康平乡计生协会在项目上得到了支持。广大会员"学科技、用科技"，计划生育与扶贫开发相结合，一部分群众走上了少生快富之路。目前，江城县基层计划生育协会组织已达54个，专兼职工作人员8人，会员人数8540万人,宣传服务阵地(会员之家)49个，会员联系户1864户。全年各级协会培训人员9期191人次，宣传服务对象24299人，协会项目资金扶持到户30户，扶持资金5万元。

【荣誉】

2006年，江城人民政府在普洱市人口与计划生育责任目标考核中获得一等奖；江城县人口和计划生育局被思茅市人民政府授予"十五"期间人口与计划生育工作先进单位，县人口计生局干部徐芳、勐烈镇计生办干部李应兰、勐烈镇东城社区计划生育宣传员卢风春等三人被思茅市人民政府授予"十五"期间人口与计划生育工作先进个人；县人口和计划生育局局长龙院平被云南省人口和计划生育委员会授予2006年度计划生育工作先进个人。

2007年

【概况】

2007年，江城县人口与计划生育工作以争创省级计划生育优质服务先进县为主线，紧紧围绕人口和计划生育目标管理责任书，着力在强化领导责任、深化综合改革、完善运行机制、落实"奖优免补"政策、提升服务水平、推动综合治理上下工夫，人口与计划生育工作保持了健康、持续、稳步发展的良好态势。

【统计数据】

据江城哈尼族彝族自治县统计局公报，2007年末，江城县总人口数为118700人，比上年增200人，增长0.2%。江城县人口出生率为13.77‰，人口死亡率为7.77‰，人口自然增长率为6.00‰。据江城县人口和计划生育局统计，2007年江城县已婚育妇女为21853人，育龄妇女人数比上年同期增加81人，采取各种节育措施的有19435人，比上年同期增加431人。在全年出生人口中一孩率为64.25%，比上年同期提高了0.53个百分点，多孩率为0%，比上年同期下降个0.26个百分点。计划生育率为94.50%，综合节育率为86.63%。

【强化领导责任，提升工作水平】

江城县继续坚持党政一把手亲自抓，负总责责任制，各级政府目标管理责任制。年初召开江城县人口计生工作会议，认真分析形势，统一思想，结合实际，寻找差距，确立了深化综合改革、创新工作机制、稳定低生育水平的目标任务。县、乡镇党委、政府高度重视人口计生工作，强化领导责任，狠抓任务落实，切实保证了村（居）委会换届工作中人口计生工作不放松；进一步加大督查指导力度，6月25日-7月3日县人民政府组成督导组，对江城县五乡两镇的人口与计划生育工作情况进行中期督导。重点督导：人口和计划生育目标责任书执行情况，计划生育优质服务，计划生育村(居)民自治开展情况。给乡镇交任务，压担子，并对督导情况作了通报。

【计划生育优质服务】

一是进一步加快服务体系建设，积极建立"以县站为龙头，以乡镇中心站为骨干，以乡镇服务所为依托，以流动服务车为纽带"的四级计划生育技术服务网络体系。按照"环境优美、布局合理、服务功能齐全"的要求和《计划生育技术服务机构设置标准》，积极争取国债资金，重建了江城县计生服务站，康平乡计服务所，曲水乡计生服务所，正在建设宝藏乡计生服务所，计划2008年完成国庆乡计生服务所、加禾乡计生服务所、整董镇计生服务所建设。二是全面实施计划生育技术优质服务。开展生殖保健、优生优育咨询、不孕症治疗服务；免费为已婚育龄妇女进行妇女病检查，开展生殖健康咨询；积极开展"出生缺陷干预工程"活动，加大"福施福"、"叶酸"的知晓程度，开展病残儿鉴定和信息采集工作，宣传优生优育知识，提高了出生人口素质。各乡镇计生服务所全面开展"三查（查孕、查环、查病）二访（产后、术后访视）二服务（咨询服务、药具发放服务）"活动，强化了宣传教育、技术服务、信息咨询、人员培训、药具发放"五位一体"的服务功能。

【计划生育村（居）民自治】

按照《江城县计划生育村（居）民自治实施方案》的总体规划，江城县50个村（居）委会成立领导小组、召开村（居）民大会、通过《自治章程》、实行计划生育村务政务公开、签订《计划生育协议》、并在年终进行了总结评议。初步形成了民主参与、民主监督和自我教育、自我管理、自我服务的人口与计划生育工作自治机制。

【宣传教育】

2007年，江城县始终把宣传教育摆在人口与计划生育工作的首位来抓。一是积极利用广播、电视、报纸等媒体开展宣传教育活动。二是积极开展集中性宣传活动。在"7.11"世界人口日宣传活动中，组织各乡镇车辆开展巡回式宣传咨询活动，发放宣传彩页2000余份；三是制作发放法律法规、婚育新风、生殖保健、奖励扶助等知识、宣传页24770多份；先后翻新制作公示板28块，刷新固定标语56条；重新订制《政策法规手册》100本，宣传品入户率达96.4%，通过广泛宣传，育龄群众对《中华人民共和国人口与计划生育法》和《云南省人口与计划生育条例》的生育政策、"奖优免补"政策和生殖保健等政策和知识知晓率达85%以上。

【坚持完善利益导向】

2004年6月1日《云南省农业人口独生子女家庭奖励规定》全面实施以来，江城县采取有力措施，狠抓工作落实，在认真落实《云南省人口与计划生育条例》有关奖励规定的基础上，初步建立了以"奖励扶助"制度为龙头、"少生快富"工程为支撑、"奖优免补"政策为主要内容的计划生育利益导向机制。截至2007年9月30日，累计兑现一次性奖励金111.90万元，养老生活补助33.605万元；发放教育"奖学金"39.33万元；有1名农业人口独生子女享受了初中升高中的加分。

【严格推进依法行政】

坚持计划生育行政执法责任制，不断提高依法管理人口和计划生育工作的水平。一是严格各类办证审批程序。二是加强对计划生育违法行为的查处力度。三是按时足额兑现独生子女奖励扶助资金。

【荣誉】

2007年，江城人民政府在普洱市人口与计划生育责任目标考核中获得一等奖；县人口和计划生育局被普洱市人口和计划生育委员会授予全市计划生育优质服务先进单位；县人口计生局副局长被普洱市人口和计划生育委员会授予2007年度计划生育工作先进个人。

2008年

【概况】

2008年，江城县人口和计划生育工作以党的十七大精神为指导，深入贯彻落实科学发展观和《中共中央国务院关于全面加强人口和计划生育工作统筹解决人口问题决定》，以稳定低生育水平、统筹解决人口问题、促进人的全面发展为中心任务，紧紧围绕各项目标管理责任制抓落实，加大对乡村工作分类指导的力度，江城县人口控制能力得到有效提升。

【统计数据】

据江城哈尼族彝族自治县统计局公报，2008年末，江城县总人口数为120300人，比上年增1600人，增长1.3%。江城县人口出生率为13‰，人口死亡率为7.31‰，人口自然增长率为5.69‰。

据江城县人口和计划生育局统计，2008年江城县已婚育妇女为22152人，采取各种节育措施的有19820人。在全年出生人口中一孩率为71.48%，比上年同期提高了7.23个百分点，多孩率为0%，与上年同期持平。计划生育率为98.47%，综合节育率为89.47%，比上年同期分别增加3.97个百分点，2.48个百分点。

【计划生育利益导向机制】

对农村独生子女家庭实行“奖优免补”政策是健全利益导向机制，做好农村人口与计划生育工作的重要举措。按照《云南省农业人口独生子女家庭奖励规定》要求，在认真落实《云南省人口与计划生育条例》有关奖励规定的基础上，江城县采取有力措施，狠抓工作落实，初步建立了以“奖励扶助”制度为龙头、“少生快富”工程为支撑、“奖优免补”政策为主要内容的计划生育利益导向机制。工作中严格按照程序，坚持“四权分离”制度，做到奖抚对象认定准确、资金管理专用、资金发放渠道畅通、社会监督到位，档案管理规范。通过实施一系列优惠政策，全面落实计划生育家庭奖励扶助制度，江城县农村已有137名计划生育奖励扶助对象享受养老生活补助金，累计支付养老生活补助金42.485万元，农村独生子女父母一次性奖励金兑现率达100%，下岗失业职工、农村独生子女的保健费全部落实到位。截至2008年12月31日，江城县累计兑现一次性奖励金117.60万元；发放教育“奖学金”58.53万元。2008年11月，为保证计划生育“少生快富”工程工作顺利落实，把国家优惠政策切实落到实处，在省人口计生委的安排下，江城县开始启动“少生快富”工程，把计划生育“少生快富”工程项目工作作为当前人口计生工作的首要任务，及时召开培训会，对符合“少生快富”工程项目的对象进行摸底确认，通过摸底调查，共有独生子女户1792户，双女户1237户双女户符合“少生快富”工程项目资格。

【流动人口和异地移民计划生育管理工作】

江城县人口计生局按照“属地管理、单位负责、社区服务”的总要求，先后划定责任区，县公安、工商、劳动、城镇、交通、人事、药监等部门在办理有关证照时，首先审查当地计生部门审验的《婚育证明》或户籍地计生部门出具的有关证件，登记造册，及时将有关信息反馈到计划生育部门。2008年，一是组织力量，对各乡镇和城郊居民区、流入人员集中居住地的流动人口进行了清理清查，共清理登记流动人口6497人(其中流入4525人，流出1972人)，查验婚育证明3684人(占应查数3728人的98.82%)，出具流动人口《婚育证明》1794人本(占应出具数1860人的96.45%)。二是利用专用网站加强流动人口管理。利用省人口计生网站、流动人口计生管理信息交换平台、农村部分计生家庭奖励扶助管理信息平台，配备专人认真做好信息交换工作。年末共接收省外查询89条，已反馈信息数88条，查无此人3条，反馈率98.88%；三是针对江城县异地移民计划生育管理基础较差，违法生育率较高的实际，着重抓好人口控制工作，采取有针对性的过硬措施，集中资金、技术和人力，抓死长效节育措施的落实，狠抓违法多孩的控制和其他各类妨碍计划生育管理的行为，最大限度地减少违法生育。与此同时，还加大了异地移民点的人口与计划生育工作的督导力度，定期和不定期地对其进行具体督查和指导，把“奖优免补”政策宣传到移民点，把技术服务带进移民点，加大工作力度，提高服务能力和服务水平。通过多方努力，移民点的计划生育管理工作得到很大改观，违法生育明显减少，有的农户还办理了《独生子女父母光荣证》。

【依法行政】

依法行政是贯彻落实人口与计划生育法律法规的重要保障。2008年，江城县人口计生局将人口和计划生育行政执法工作摆上重要议事日程，进一步完善以计生部门为主，法院、公安、民政、卫生、司法等部门协作配合的计生执法网络体系。

江城县计生系统全面推行行政执法责任制，明确执法权限，落实执法责任，规范执法程序和执法文书，加大对计生系统干部的法律知识培训，提高计生干部的依法行政、文明执法的工作水平。江城县上下严格执行计划生育“七个不准”和“两个纪律”（即群众工作纪律、考核工作纪律）的规定，全面推行执法责任制、执法公示制、执法过错追究制和执法督查制。

【计划生育技术服务】

2008年，江城县加强县、乡（镇）计生服务站（所）基础设施建设。按照县委、县人民政府“项目带动”发展战略，积极争取省市项目资金，加强县、乡（镇）两级计划生育服务机构建设，近三年来，重建了江城县计划生育服务站、康平乡计生服务所、曲水乡计生服务所、宝藏乡计生服务所；整董镇计生服务所在建。各站（所）配齐配强了必需的医疗设备和医疗器械，积极开展避孕节育优质服务、出生缺陷干预、生殖道感染防治“三大工程”。对实行计划生育的夫妻提供免费的基本避孕节育技术服务，并为已婚育龄夫妇提供优质的孕前优生咨询指导、避孕方法知情选择服务、规范的术后和药具随访服务及健康查体服务。江城县已婚育龄夫妇避孕节育措施落实率连续多年达85%以上，节育措施知情选择率达到了70%以上，药具使用率、随访率达90%以上，已婚育龄妇女已享有规范的基本生殖健康服务，男性参与生殖保健活动和服务呈逐步上升趋势。

孟连县

2006 年

【概况】

切实加强领导，综合治理机制进一步健全完善。领导重视，强化措施，层层落实责任。孟连县委、县政府高度重视人口和计划生育工作，坚持一把手亲自抓，负总责，坚持双线目标责任制。年初，孟连县委、县政府组织召开了人口和计划生育工作会。会议提出：孟连县各级各部门领导要以稳定现行生育水平，提高人口素质为主要任务，紧紧围绕孟连县人口自然增长率控制在13‰以内的目标，继续把工作重点放在农村、城市社区和流动人口的计划生育管理服务上，切实加强领导，强化责任，完善机制，狠抓落实。继续坚持党政一把手亲自抓，负总责，分管领导具体抓，各有关部门和单位的领导分头抓，全面落实目标管理责任制，切实做到责任到位，措施到位，工作到位。

【统计数据】

2006 年末孟连县总人口 120921 人，当年出生人数 1330 人，出生率 11‰，死亡人口 586 人，死亡率 4.85‰，自然增长人口 1330 人，自然增长率 11‰。（据孟连县统计局公报）

计划生育率 99.58%，综合节育率 85.99%。（据孟连县计划生育报表）

【加强法制宣传教育】

深入开展计划生育法律法规和“奖优免补”政策宣传，启动“奖优免补”政策宣传月活动。一是充分利用广播、电视、宣传栏、黑板报、宣传标语口号、文艺演出等方式，开展《中华人民共和国人口与计划生育法》、《社会抚养费征收管理办法》、《计划生育技术服务管理条例》、《流动人口计划生育工作管理办法》、《云南省人口与计划生育条例》、《云南省流动人口计划生育规定》、《云南省社会扶养费征收管理规定》，“奖、优、免、补”奖励政策宣传教育活动和面对面宣传，并严格执行以上法律法规，加大计生行政执法力度。二、是通过举行“文化、科技、卫生”、三下乡活动、把婚育新风进万家活动、关爱女孩行动、出生缺陷干预、“奖优免补”政策宣传等结合起来，展出科普知识展板、发放宣传资料和避孕药具。演出《婚育新风传万家》等表演精彩的文艺节目，现场开展义诊咨询服务，把宣传教育寓优质服务之中，传播先进的人口文化和生育文化，倡导文明健康、进步的婚育新风，营造了实行计划生育光荣的社会氛围。三、是通过召开座谈会、入户走访、计划生育流动服务车宣传优质服务等行式多样的活动，把计划生育法律法规、“奖优免补”政策宣 传和送计划生育服务下乡紧密结合，最大限度地方便群众，为群众提供经济、简便、快捷、优质的服务，使计划生育政策更加深入人心。

【强化利益导向机制和目标管理责任制，“奖优免补”工作规范化】

切实完善利益导向机制。一是抓好现有计生优惠政策的督办落实。对独生子女、晚婚晚育以及实行计划生育家庭优惠政策、农村部分计生家庭奖励扶助政策等，抓好督促落实，做到公开、公平、公正，真正让计生户感到光荣，得到实惠。二是宣传落实好“奖优免补”政策，有针对性地召开农村独生子女家庭会，面对面地进行政策宣传和讲解工作。三是严格执行“奖优免补”政策，把好各个关口，使各项奖励资金落实到户。四是加大对乡（镇）业务工作的督查指导力度。全面落实市下达的各项指标和任务，县人口计生局认真坚持季度通报制度，及时向乡（镇）政府通报目标责任完成进度情况。2006 年孟连县农业人口独生子女家庭新领证 213 户，其中 0-14 岁有 198 户。全年共发放“奖优免补”宣传单 8 种 40266 份。

【全面开展计划生育优质服务，服务水平不断提高】

以人为本，全力推进优质服务创建活动。孟连县围绕群众计划生育的需求，把开展人性化、优质化的技术服务摆在突出重要的位置，着力构建优质服务平台，切实维护育龄群众的切身利益。在工作思路上坚持“以人为本”，在政策措施落实上满足“群众需求”，在服务方法上推行“知情同意”，在工作过程中推进“人文关怀”，围绕育龄群众生产、生活、生育开展全方位的优质服务。在队伍建设方面，实施精兵战略，创新人才培养和使用机制，努力建立一支以技术服务人员为主、专兼职并用，一专多能的复合型人才队伍。第四，坚持强化宣传教育、技术服务、人员培训、药具发放“四位一体”的服务功能。通过“请进来、走出去”等多种交流与培训方式，提高技术人员的服务能力和水平。切实加强基层服务站(所)建设。2006年，新建了孟连县景信乡服务所，并加大投入力度为县计生服务站和部分服务所配置医疗设备，极大地改善了工作条件，为育龄群提供更优质的计划生育、生殖保健服务，为提高出生人口素质提供了技术支持。

【流动人口管理和服务不断加强】

充分应用全国流动人口计划生育系统管理交换平台，加强流动人口信息沟通和基本情况管理工作。加强流入地与流出地之间的密切配合，将流动人口同常住人口一同宣传，一同管理，一同服务，一同检查。建立以社区为依托，探索出“单位负责、计生主抓、部门配合、群众参与”的流动人口属地管理工作机制。积极为流动人口育龄群众提供服务，兑现落实有关的奖励政策。2006年共清理登记流动人口6267人，应查验4245人，已查验3632人，查验率85.5%；流出人口254人，应办理婚育证明251人，已办理婚育证明240人，出具率95.6%。

【充分发挥计生协会作用】

孟连县已建立协会组织58个，会员10561人，占孟连县总人口的8.5%。积极开展预防性病艾滋病项目工作，2006年孟连县举办性病和艾滋病师资培训151期，共有17523人次参加。各级计生协会广泛开展各类活动，积极参与村(居)民自治，落实村规民约，实现群众“自我教育、自我管理、自我服务”的目标。

【人口出生缺陷干预试点工作启动】

2006年6月孟连县被确定为云南省25个出生缺陷干预试点县之一，为了进一步提高出生人口的整体素质，减少出生缺陷婴儿，孟连县委、政府高度重视，把出生缺陷干预工作纳入议事日程，及时成立工作领导小组，制订工作方案，精心组织，狠抓落实。孟连县认真贯彻落实《云南省出生缺陷预防规定》，积极开展“出生缺陷干预工程”。县计划生育局分别对6个乡(镇)主管计划生育的乡(镇)长、28名业务技术人员、29名计划生育行政干部进行骨干培训2次，参加人数为126人次。召集孟连县39个村委会书记、主任、计划生育宣传员培训1次，参训人数为117人次，并对583名计划生育信息员进行出生缺陷干预相关知识培训。宣传中采取集中服务与现场挂图培训相结合、上门服务与面对面宣传等方法，开展婚前宣传培训47期，参训2820人次，培训率达28.94%。加大宣传力度与宣传、民政、卫生、财政等部门密切配合，明确责任，认真开展摸底调查，确认了9194名育龄群众为目标人群。结合孟连县情况开展优生检测、指导、宣传、咨询、孕期保健、孕妇营养素增补等的指导。重点对14种严重危害儿童健康的出生缺陷病例，实行优生筛查和产前诊断。将云南省药具站免费调拨的6696瓶叶酸片按规定进行验收入库，然后按村级宣传员提供今年辖区内应享受免费发放叶酸对象花名册，把1728瓶叶酸调拨到6个乡(镇)服务所，宣传员按规定将叶酸发放到自愿服用对象的手中，2006年，共发放叶酸39人次206瓶。对育龄妇女进行预防出生缺陷和生殖保健知识传授、为待孕妇女发放叶酸片和发放人口计生法律法规、优生优育、避孕节育、预防出生缺陷等宣传资料，努力降低出生缺陷发生率。

【荣誉】

2006年，被思茅市人民政府授予“十五”期间人口与计划生育工作先进集体。

2006年，在全市计划生育年度工作考核中，被思茅市人民政府评为“一等奖”。

2007年

【概况】

孟连县委、县政府高度重视人口和计划生育工作，坚持一把手亲自抓，负总责及双线目标管理责任制度。年初，及时组织召开了人口和计划生育工作会。会议提出：孟连县各级各部门要坚持计划生育基本国策，稳定低生育水平，提高人口素质为主要任务，紧紧围绕孟连县人口自然增长率控制在7‰以内的目标，继续把工作重点放在农村、社区的育龄群众和流动人口的计划生育管理服务上。成立了18个相关部门组成的人口和计划生育工作领导小组，进一步完善工作制度，切实加强领导，强化责任，完善措施，狠抓落实，做到责任到位，措施到位，工作到位，为孟连县人口与经济、社会的协调发展和可持续发展，全面建设小康社会作出新的贡献。

【统计数据】

2007年末孟连县总人口133600人，当年出生人数1785人，出生率13.36‰，死亡人口995人，死亡率7.45‰，自然增长人口789人，自然增长率5.91‰。（据统孟连县计局公报）

计划生育率99.44%，综合节育率86.50%。（据孟连县计划生育报表）

【进一步深化人口和计划生育宣传工作】

孟连县充分发挥计生宣传教育的推动作用，多形式、全方位地开展人口计生宣传活动，加强生育文化建设。利用会议、广播电视、报刊、标语、知识竞赛等各种形式和手段广泛开展对中共中央国务院《关于全面加强人口计生工作统筹解决人口问题的决定》精神、“婚育新风进万家”、“关爱女孩行动”和“出生缺陷干预”等一系列宣传教育活动，营造浓厚的“学习《决定》、贯彻《决定》”的社会舆论氛围，树立婚育新风，关爱女孩成长的良好氛围。在第18个世界人口日期间，通过召开群众会、上街宣传、咨询等多种形式，有效地宣传、动员和引导广大群众自觉参与人口计生活动。2007年共发放宣传资料57500余份（册），发放避孕药具12500只，受教育人数达16650余人。同时，认真清理规范和更新人口计生标语宣传口号工作，按照“灵活、多样、协调、永久”的总体要求，对人口计生政策进行了多样化的宣传，共清理规范标语口号1873条，新刷写标语22条，宣传咨询服务人数15650次，受教育人数达107000人次。营造了良好的人口计生宣传氛围，引导群众树立了科学、文明、进步的婚育观念。

【加强计划生育法律法规宣传教育】

进一步开展计划生育法律法规和“奖优免补”政策宣传，首先是利用“文化、科技、卫生”三下乡活动，把计划生育法律法规和“奖优免补”政策及优质服务宣传结合起来，展出科普知识展板、发放宣传资料、避孕药具、义诊咨询服务、演出《婚育新风传万家》等精彩的文艺节目，把宣传教育融入到优质服务之中，传播先进的人口文化和生育文化，倡导文明健康、进步的婚育新风，营造了实行计划生育光荣的社会氛围。其次是通过召开座谈会、入户走访、计划生育流动服务车等行式，把计划生育法律法规、“奖优免补”、出生缺陷干预政策宣传和送计划生育服务下乡紧密结合，开展面对面的宣传教育，最大限度地方便群众，为群众提供经济、简便、快捷、优质的服务，让更多农民感受到党和政府的温暖，使计划生育政策更加深入人心。再次是加大对乡（镇）业务工作的督查指导力度。全面落实市下达的各项指标和任务，坚持季度通报制度，及时向乡（镇）人民政府通报目标责任完成情况。

【强化利益导向机制，落实优惠政策】

严格执行“奖优免补”政策，建立利益导向机制，落实好农村独生子女、晚婚晚育及实行计划生育家庭的优惠政策，做到公开、公平、公正，真正让计生户感到光荣，得到实惠。2007 年，孟连县人民政府按云南省人民政府〔2004〕101 号文件规定，及时拨付了 2007 年一次性奖励金 59500 元，其中：1000 元的有 53 户、500 元的有 5 户；教育奖学金 13810 元，其中：中学 221 人、小学 504 人；2007 年独生子女保健费 124080 元，1034 人。同时，在孟连县财政比较困难的情况下，解决了历年所拖欠的独生子女保健费 246220 元。

【全面开展计划生育优质服务，不断提高服务水平】

孟连县人口计生局围绕群众计划生育的需求，把开展人性化、优质化的技术服务摆在突出重要的位置，着力构建优质服务平台，切实维护育龄群众的切身利益，坚持以人为本，以满足群众服务需求，推行知情选择的工作思路，围绕群众生产、生活、生育开展全方位的优质服务，为创建省级优质服务先进人口计生系统采取有效措施全方位、多层次地开展优质服务工作。一是坚持以“县站为龙头、乡（镇）所为骨干、村服务室为基础、流动服务车为纽带”，切实加强组织领导，加强服务网络建设。县服务站充分利用自身的人才、技术、装备和信息优势，统筹协调乡（镇）的计划生育服务资源，带动孟连县计划生育整体服务水平的提高。二是坚持“面向基层，深入乡村，服务上门，方便群众”的工作方式。从单一的避孕节育服务向综合的生殖健康服务转变，以实施“三大工程”为切入点，全面开展优生优育、避孕节育、生殖保健宣传咨询、术后随访、乳腺普查普治、生殖道感染和转诊服务，提高服务质量。三是坚持“机构小设备精、人员少技术精”和布局合理、特色突出、依法规范的建所原则。发挥计划生育特色，在法律法规规定的范围内，按行业标准开展业务活动，努力满足群众需求。在队伍建设方面，实施科技大练兵活动，创新人才培养和使用机制，努力建立一支以技术服务人员为主、专兼职并用，一专多能的人才队伍。

【流动人口管理和服务】

孟连县认真做好流动人口计划生育管理工作，与外出流动人口签订计生管理合同，充分利用全国流动人口计划生育信息交换平台，加强与流出地人口计生部门之间的沟通协调，把流动人口与常住人口同宣传，同管理，同服务，同检查，探索出了以“社区为依托，单位负责、计生主抓、部门配合、群众参与”的流动人口属地管理工作机制，为流动人口育龄群众提供服务，落实有关的奖励政策。加大计生行政执法力度，严格控制计划外生育。认真落实举报制度，严格按有关规定查处对违反计划生育政策的人员，做好孕前管理和流动人口的计划生育管理工作，严格控制计划外生育。2007 年 9 月底，孟连县有流动人口 6525 人，已婚育龄妇女 1660 人，流出人口 340 人，已办理婚育证明 292 人，婚育证明出具率 85.883%；应查验 4121 人，已查验 3784 人，查验率 91.8%；流动人口信息交换平台运转正常，本辖区内流动人口有效信息反馈率达 80% 以上。

【发挥计生协会作用】

孟连县已建立各级协会组织 58 个，会员 10561 人，占孟连县总人口的 8.31%。孟连县计生协利用会员之家、人口学校等宣传阵地，借助“少生快富”、“关爱女孩”和“预防性病艾滋病宣传教育”项目为契机，广泛开展计划生育村民自治、“奖优免补”政策、避孕节育、生殖保健知识等宣传。充分发挥协会的民主监督作用，对乡、村两级计划生育管理人员实施计划生育行政行为、法律法规落实情况、政务、村务公开情况进行督促检查。并与药品监督局、工商行政管理局等相关部门联合对孟连县药品经营单位、“成人用品”店安全套 CCC 认证、进货渠道及孟连县 85 家宾馆酒店、娱乐场所安全套摆放情况进行全面清理检查。

【人口出生缺陷干预工作扎实开展】

孟连县县委、政府高度重视出生缺陷干预工作，在试点的基础上，为进一步提高出生人口的整体素质，减少出生缺陷婴儿，把出生缺陷干预工作纳入重要议事日程，扎实开展出生缺陷干预工作，县计划生育局分别对6个乡（镇）分管领导、计划生育行政管理人员、专业技术人员、村计划生育宣传员进行了系统培训。采取集中与现场挂图培训相结合、上门服务与面对面宣传等方法对目标人群进行培训32期，参训4167人次。重点对14种严重危害儿童健康的出生缺陷病例，实行优生筛查和产前诊断，按照乡、村提供的应享受免费发放叶酸对象花名册，将叶酸分发到各乡（镇）服务所，再由服务所分发到目标人群手中。2007年，共发放叶酸717人4152瓶，随访616人，随访率86%，服用叶酸后怀孕人数158人，出生39人，不明原因流产3人。

【推广使用安全套预防艾滋病工作成效明显】

孟连县人口计生局与宾馆、酒店业主签订了“推广使用安全套防治艾滋病业主管理协议书”，每季度对孟连县宾馆、旅店、娱乐场所安全套摆放情况进行检查督促，同时还印制安全套摆放及使用情况登记表，制订业主“一日一登，一月一报”，人口计生局“一季一汇总，半年一汇报”的管理机制，使孟连县宾馆、旅店、娱乐场所的安全套摆放更加规范化、制度化，安全套摆放率得到了大幅度的上升。据统计，孟连县85家宾馆、酒店及36家娱乐服务场所均已摆放了安全套，摆放率为100%，使用率为40%。

【荣誉】

2007—2009年度，被中共普洱市委、市人民政府授予“市级文明单位”称号。

2007年，在全市计划生育年度工作考核中，被普洱市人民政府评为“一等奖”。

2008年

【统计数据】

2008年末孟连县总人口133800人，当年出生人数1735人，出生率12.97‰，死亡人口938人，死亡率7.01‰，自然增长人口797人，自然增长率5.96‰。（据统孟连县计局公报）

计划生育率99.75%，综合节育率89.31%。（据孟连县计划生育报表）

【“奖优免补”工作进展顺利】

为认真贯彻落实《云南省农业人口独生子女家庭奖励规定》，进一步转变工作思路和工作方法，由过去的惩罚多生向奖励少生转变，从生产、生活、教育和养老等方面给予农村少生家庭实实在在的“奖优免补”的照顾和实惠，切实引导农村广大育龄家庭少生、优生。孟连县人口计生局在认真做好计划生育多项常规性工作的同时，积极开展农业人口独生子女奖励工作，一是广泛开展宣传工作，使奖励优惠政策做到家喻户晓、人人皆知；二是认真做好摸底调查工作，掌握实情；三是严格审批程序，接受群众监督；四是热情接待办证群众，努力做好服务工作；五是及时兑现奖励。2007年10月1日—2008年9月30日，孟连县农业人口独生子女办证33户，其中符合兑现一次性奖励的有25户（奖励1000元20户，奖励500元5户）。

【认真开展宣传教育工作，不断营造舆论氛围】

一、认真贯彻学习宣传云南省委人口《决定》精神。坚持贴近群众，贴近实际，贴近需求，利用社区专栏、橱窗、板报等宣传普及人口和计生法律法规、生育政策和生殖健康知识。二、充分利用人口学校、计生温馨小屋、计划生育网站等宣传载体，倡导文明进步的婚育观念，计生工作人员走家串户，宣传到人。三、积极稳妥推进人口和计划生育知识“五期教育”。利用元旦、春节和5.29等几大节日，与有关部门联合开展“三下乡”、“五服务”活动。2008年4月，孟连县印制“计划生育法律法规及出生缺陷干预规定”知识手册2000份，发放到计划生育干部和育龄群众手中，使计生国策家喻户晓，深入人心。

【流动人口管理和服务工作进一步加强】

孟连县建立了由计生、卫生、公安、工商等部门组成的流动人口管理领导小组，各成员单位统一思想，提高认识，密切配合，逐步形成党政负责、群众参与、通力合作、齐抓共管、综合治理的良好工作格局。把流动人口机构设置、人员配备、经费保障及违法生育指标纳入孟连县人口和计划生育管理责任制进行考核。目前，县、乡计生部门均建立了流动人口管理机构，配备了专（兼）职管理人员，3 个社区已配备了专职流动人口管理人员和办公设备。并将流动人口计划生育工作纳入现居住地计划生育经常管理和服务范围，实行流动人口与户籍地人口同宣传、同服务、同管理。为流动人口提供免费避孕药具和技术服务。把育龄妇女基本信息采集、信息平台的信息交换、婚育证明出具、重点人群管理等内容纳入日常工作，重点抓落实，有效地控制了流动人口违法生育

【计划生育村（居）民自治工作正常开展】

孟连县认真开展计划生育村民自治工作，工作过程中认真落实民主议事制度，推行计划生育民主参与、民主决策、民主管理、民主监督，逐步实现群众自我教育、自我管理、自我服务。同时，加强了村级计生队伍建设，并加大对村级宣传员的教育培训，不断提高村级管理水平。

【推广安全套预防艾滋病工作不断得到加强】

按照云南省、普洱市有关艾滋病防治工作要求，孟连县：一是加强领导，提高认识，进一步完善推广安全套预防艾滋病工作机制。二是加强防艾知识宣传，提高群众防艾意识。三是切实做好已婚育龄人群和进城农民工安全套免费发放工作。2008 年，孟连县免费发放安全套 16200 只。四是重点对宾馆、酒店、娱乐场所摆放安全套工作进行督查，与业主签订协议书，落实业主管理制度，确保摆放率达 100%。五是加强技术服务人员队伍培训，逐步提高相关人员的防治艾滋病知识的知晓率，为推广使用安全套预防艾滋病工作打下坚实的基础。

【出生缺陷干预工程进展顺利】

为进一步提高出生人口的整体素质，减少出生缺陷婴儿，通过两年多的试点工作，孟连县认真开展好婚前培训、孕前检查、产前筛查、孕期供药、病残儿医学鉴定等一系列服务工作。充分发挥基层计划生育服务网络优势，加强部门间的合作，严厉打击非医学需要的 B 超对胎儿的性别鉴定和因性别歧视而进行的人工流产等非法行为。通过认真摸底调查，确定了1211 名育龄群众为目标人群，并结合实际进行了婚前培训 3726 人次，孕前体格检查及实验室检查 763 人，异常 26 人，转诊 8 人；B 超产前筛查 385 人，异常 4 人，转诊 2 人；共发放叶酸 532 人份 3192 瓶；怀孕 127 人，出生 63 人，无异常出生；孕妇营养素增补 576 盒，进一步减少人口出生缺陷，提高了出生人口的素质。

【计划生育优质服务工作有新成效】

按照开展计划生育优质服务工作的具体要求，2008 年，孟连县将创建省级计划生育优质服务先进县。在开展工作过程中，孟连县广泛开展以避孕节育、生殖健康、优生优育等技术服务为主要内容的计划生育优质服务。在工作思路上坚持“以人为本”，在政策措施落实上满足“群众需求”，在服务方法上推行“知情选择”，在工作过程中推进“人文关怀”，建立和完善符合要求的技术服务阵地。以县计生服务站为龙头和基地，以乡（镇）服务所为依托，各级计生服务站（所）围绕少生、优生开展经常性、全方位、系列化的优质服务。2008 年共开展生殖保健服务 11835 例，提供避孕药具 2683 人（次），培训干部 227 人（次），宣传培训 49867 人（次），计划生育优质服务创建活动取得明显成效。

【荣誉】

2007—2009 年度，被中共普洱市委、市人民政府授予“市级文明单位”称号。

澜沧县

2006 年

【概况】

2006 年，澜沧县以推行农业人口独生子女家庭奖励政策为重点，严格依法行政，认真开展优质服务，不断强化基层基础工作，完善综合治理机制，抓紧抓好各项责任目标和工作措施的落实，全面完成了市上下达的各项任务。

【统计数据】

1. 人口基本情况

澜沧县 2006 年年末总人口 498200 人，当年出生人口 6202 人，出生率 12.7‰，死亡人口 3141 人，死亡率 6.45‰，自然增长人口 3061 人，自然增长率 6.25‰。（据澜沧县统计局公报）

1. 计划生育基本情况

2006 年计划生育率为 98.98%、综合避孕率为 86.60%。（据计划生育报表）

【认真落实“双线目标”管理责任制】

澜沧县委、县人民政府始终把人口与计划生育工作摆在澜沧县经济社会发展的战略高度。县委常委坚持每年听取一次澜沧县人口与计划生育工作情况汇报，研究解决人口与计划生育工作中存在的问题和困难。县政府每年召开一次各级党政一把手参加的人口与计划生育工作会议，总结上一年的工作，安排布置下一年的人口与计划生育工作任务，形成了各级党政一把手亲自抓、负总责，联系分管领导具体抓负实责，层层抓落实人口与计划生育工作的格局。

【组织开展村（居）民自治试点工作】

澜沧县计生局开展以发展河乡为县级试点，其余 19 个乡（镇）自行选择一个村（居）委会为乡（镇）级试点的计划生育村（居）民自治工作，进一步探索了人口与计划生育村民自我教育、自我管理、自我服务的自治机制，为澜沧县全面开展计划生育村（居）民自治工作取得了经验，打牢了坚实的基础。

【宣传教育工作】

澜沧县计生局积极参加县委宣传部，县科技局等单位主办的科技文化“三下乡”活动，分别到酒井乡勐根村、东回乡、拉巴乡，结合行业特点，开展生殖健康、优生优育、避孕节育措施等科普知识的宣传和咨询，共发放安全套 320 盒，避孕药具 463 板，宣传单 2400 余份，“奖优免补”小围裙 4000 余条，受到了群众的好评，收到了很好的宣传效果。各乡（镇）结合实际，利用宣传单、标语、广播等多种形式进行宣传“奖优免补”政策。组织县、乡、村计生干部进行“关爱女孩”行动知识考试，合格率达 100%。县计划生育服务站向社会推出“十条服务承诺”，注重抓好职工的思想教育工作和精神文明建设，得到了“农民医院”的美称。

【加强干部队伍的培训】

以“内强素质、外树形象”强化计生系统规范管理为准则，加大对干部队伍的培训力度，努力提高计生队伍的业务素质。于 6 月 5 日至 10 日组织澜沧县 20 个乡（镇）计生干部到市上集中培训了政策法规、统计、协会等方面的业务知识，6 月 12 日县计生局对澜沧县 20 个乡（镇）计生办主任进行为期一天的集中业务培训。不断派送好学、爱专的管理和技术人员参加学历培训和技术操作培训。通过这些培训，为基层培养了一批会管理，业务精的管理和技术人员。

【加大对乡（镇）业务的督促和指导力度】

于 2006 年 5 月组织人员分别到澜沧县 20 个乡（镇）进行中期督查，对“双线目标”的各项内容作了逐条检查；7 月底至 8 月初根据人口与计划生育统计报表，认真分析工作中存在的问题，对部分办证任务完成不理想的乡（镇）进行重点协助；9月中旬我局再次组织人员对澜沧县20个乡（镇）的痕迹管理和工作指标的完成情况作了终期督查。

【荣誉】

2006年3月，澜沧县人口和计划生育局被思茅市人民政府表彰为“十五”期间人口和计划生育工作先进集体，赵云（澜沧县委书记）、李培新（澜沧县糯扎渡镇党委书记）、李春福（澜沧县富东乡乡长）、木志兰，女（澜沧县人口和计划生育局局长）、杨素兰 女（澜沧县人口和计划生育局主任科员）、李天尧（澜沧县拉巴乡计生服务所所长）、李杰（澜沧县谦六乡计生服务所所长）、石庆九（澜沧县南岭乡计生办科员）、李志强（澜沧县谦迈乡计生办主任）、王玉琼 女（澜沧县糯扎渡镇南现村计生宣传员）、王明生（澜沧县东朗乡罗八村副主任）等十一位同志被思茅市人民政府表彰为“十五”期间人口和计划生育工作先进个人

2006年10月，组队参加了市委宣传部，市人口和计划生育委员会等部门主办的“关爱女孩”知识竞赛，并获得“一等奖”。

2007年

【概况】

2007年，澜沧县的人口和计划生育工作在县委、县人民政府的正确领导和上级业务部门的指导下，全面贯彻科学发展观，紧紧围绕县委、政府的中心任务，围绕上级下达的“双线责任目标和计生部门的职能开展工作。

【统计数据】

1. 人口基本情况

澜沧县2007年年末总人口498600人，当年出生人口6723人，出生率13.49‰，死亡人口3484人，死亡率6.99‰，自然增长人口3239人，自然增长率6.50‰。（据澜沧县统计局公报）

1. 计划生育基本情况

2007年计划生育率为98.61 %，综合避孕率为86.56%。（据计划生育报表）

【深入乡（镇）抓好督查工作】

根据澜沧县计生统计报表反映的情况，针对存在的问题，县委、县人民政府于2007年5月组织工作组深入到乡（镇）认真抓好督查工作。10月份局班子领导根据各自挂钩联系的乡（镇）进行责任目标任务的检查指导。

【开展创建优质服务先进县工作】

为全面提升澜沧县人口和计划生育工作质量，根据市人民政府的要求，澜沧县积极开展创建计划生育优质服务先进县活动，为确保创建活动取得实效，成立了澜沧县创建市级计划生育优质服务先进县工作领导小组。县委办、政府办印发了《澜沧县创建市级计划生育优质服务先进县实施方案》的通知。2007年11月14日在县会议中心召开澜沧县乳腺疾病普查普治项目工作启动会，会议由县委常委宣传部长王发富主持，省协会秘书长李桂芳、市计生委副主任邱继东、县人民政府副县长王云双作了重要讲话。截至到2007年底开展了县城、上允、惠民、竹塘等四个点，为9800个育龄妇女用红外线检查乳腺，患有乳腺疾病1960人。该项目的开展使广大育龄妇女获得生殖保健服务。

【计划生育村（居）民自治工作取得新进展】

在总结去年开展计划生育村（居）民自治工作经验的基础上，在澜沧县范围内全面开展计划生育村（居）民自治工作。把计生工作中存在的难点问题写入村民自治章程，公开计划生育政务，使村民实行自我管理、自我教育、自我服务，使基层计划生育管理得到进一步加强，避孕及时率指标明显上升。

【进一步加强流动人口计划生育管理】

为进一步加强流动人口计划生育管理工作，实现同常住人口同管理、同服务、同宣传、同考核，采取的具体措施是:（1）县流动人口办、乡计生办、流动人口信息管理人员三级互动，做好流动人口的监管工作；（2）加大宣传工作力度，印制《流动人

口须知》和《给流动人口的一封信》等宣传单，为抓紧落实流动人口计划生育管理和服务工作营造良好氛围；（3）实行合同制管理，对于流出育龄妇女与计划生育管理单位签订合同进行管理；（4）利用计划生育村（居）民自治章程，狠抓流动人口违法生育;（5）各相关部门和单位密切配合，各司其职、各负其责，实行统一管理。

【加强干部队伍的业务培训】

为贯彻普洱市人口计生工作会议精神，落实2007年度人口和计划生育各项目标任务，于2007年4月5日召开澜沧县20个乡（镇）计生办主任、服务所长、统计员培训会议。2007年8月7日举办计划生育优质服务培训会议，市计生委纪检组长马兰萍、业务科长杜黎、流动办主任王群英到会培训了计划生育优质服务，政策法规等方面的知识。2007年3月王克坚站长到南京参加科技大练兵培训，同时，再次还选派县服务站好学、爱专的技术人员到昆华医院进修，为基层培养了一批会管理、业务精的管理人员和技术人才。

【免费推广使用安全套预防艾滋病工作】

在省、市防治艾滋病工作委员会的统一领导下，澜沧县积极开展推广使用安全套预防艾滋病工程，与工商、旅游等部门开展对旅馆业、娱乐服务场所、医疗卫生单位等重点场所的督查，并签订合同，进行合同式管理，利用以会代训的形式对各乡（镇）计生办主任、服务所长进行推广使用安全套预防艾滋病工程的培训，每一个季度对各重点场所进行检查安全套摆放情况，已对6家星级宾馆、133家普通旅馆酒店、1家桑拿洗浴、4家歌舞厅、20家美容院进行检查，安全套摆放率达100%，2007年实施免费推广使用安全套工作，澜沧县对已婚育龄妇女及防艾宣传活动，免费发放安全套35906只，坚持做好免费推广使用安全套防治艾滋病工程，有效遏制了艾滋病的蔓延。

【荣誉】

2007年3月，赵云（澜沧县县委书记）被云南省人事厅和云南省人口和计划生育委员会表彰为2006年度“云南省人口和计划生育先进工作者”。

2008年

【概况】

2008年，澜沧县人口计生局以突出稳定低生育水平、提高出生人口素质为主题，用以人为本的理念创建市级计划生育优质服务先进县，全面开展出生缺陷一级预防工作，抓紧抓好各项目标任务的落实。

【统计数据】

1. 人口基本情况

澜沧县2008年年末总人口498900人，当年出生人口6650人，出生率13.33‰，死亡人口3283人，死亡率6.58‰，自然增长人口3367人，自然增长率6.75‰。（据澜沧县统计局公报）

1. 计划生育基本情况

2008年计划生育率为98.56%、综合避孕率为86.69%。（据计划生育报表）

【加强领导，强化责任，促进人口和计划生育工作深入推进】

澜沧县委、县人民政府把人口和计划生育工作与经济工作同计划、同布置、同督促、同考核，加大了经费的投入，保障了开展各项计划生育工作经费。加强了干部队伍建设，配齐配全计生局党政班子，根据计划生育服务所技术人员不足的现状，2008年给予报考录用7名专业技术人员。

【加强督导工作，完善各项基础工作】

（1）、在2008年3月、9月、11月，澜沧县人口计生局班子成员和局、站股室人员组成工作组分别到各自挂钩联系的乡（镇）进行了三次全面的工作督查；（2）利用计划生育流动服务车，先后到谦六乡、勐朗镇、糯扎渡镇等几个大乡（镇）开展巡回技术服务工作，极大方便了农村广大群众;（3）、在勐朗镇四个社区配备了流动人口计划生育专职管理员，健全管理和服务网络；（4）、采取走出去请进来的办法，加大对管理和技术人员的培训力度；(5)、根据上级和科学发展观的要求，对“特别扶助”和“少生快富”对象进行认真统计、资格确认、审核和录入上报工作，使实行计划生育的家庭能及时享受到国家优惠政策，把农村广大群众引导到少生快富的道路上来。

【积极做好服务站、所项目建设工作】

(1)、做好木戛乡、发展河乡、糯扎渡镇、大山乡服务所新建项目的管理工作，保质保量建好每一个所，尽快竣工投入使用。(2)、做好谦六乡、南岭乡、富邦乡、竹塘乡服务所可研报告、初设评审等项目前期的准备工作，力争明年初动工。(3)做好未立项的糯福、东回等九个乡(镇)服务所项目申报、对接等工作，争取能全面立项建设。

【全面开展计划生育优质服务工作，创建市级计划生育优质服务先进县】

召开“创优”工作动员启动会，邀请市人口计生委领导及业务专家开展“创优”业务培训，在澜沧县掀起“创优”热潮。澜沧县计生局加大对基层管理和服务人员的业务培训及业务指导力度，通过近两年创优工作，使澜沧县人口和计划生育工作管理水平和技术服务质量有了明显提高，优质服务理念明显增强，提高了广大群众对计划生育管理和服务的满意率，实现了创建市级计划生育优质服务先进县的目标。

【全面开展出生缺陷一级预防工作】

人口和计划生育工作，不仅仅要稳定低生育水平，还要不断提高人口素质，为此，澜沧县把出生缺陷一级预防工作作为一项长久大计来抓，一方面利用墙报、黑板报、宣传标语、宣传画、宣传单等作广泛宣传。同时抓住重点人群，与民政部门共同协作，在办理《结婚证》时送上一份出生缺陷预防宣传资料，使新婚夫妇掌握怎样预防出生缺陷，生一个聪明健康的宝宝；另一方面，全面开展基线调查，摸清底数，为其提供营养素(叶酸、福克生)。

【依法管理，低生育水平持续稳定】

根据云南省行政问责办法和行政机关推行服务承诺制首问责任制限时办结制的决定精神，结合澜沧县计生工作实际，建立了领导机构，制订了澜沧县计生局关于贯彻落实行政问责办法等四项制度的实施意见，向社会公示计划生育执法机构、执法权限、执法承诺、办事时效等群众最关心、最应该了解的计划生育政策，增强计划生育工作的透明度。建立和落实行政执法责任制、执法过错追究制度、执法公示制度和执法评议制度，推行公正执法、文明执法。

【荣誉】

2008年3月，澜沧县竹塘乡计划生育办公室和澜沧县拉巴乡计划生育办公室被普洱市人口和计划生育委员会表彰为2007年人口和计划生育系统先进集体；李学勇、杨志兴、钱珍(女)被普洱市人口和计划生育委员会表彰为2007年人口和计划生育系统先进个人。

2008年11月，李应祥(拉祜族)澜沧县勐朗镇唐胜村计生宣传员被云南省人事厅和云南省人口和计划生育委员会表彰为2007年度“云南省人口和计划生育先进工作者”。

西盟县

2006 年

【概况】

2006 年普洱市西盟佤族自治县的人口和计划生育工作在县委、县人民政府的高度重视和正确领导下，在上级业务主管部门的精心指导下，通过西盟县各级领导干部和计生系统干部职工的共同努力，各项指标任务完成达到了预期目的。

【统计数据】

人口基本情况。2006 年，普洱市西盟佤族自治县总人口 87428 人，出生率 10.2‰。

计划生育基本情况。计划生育率 98.5%。

【宣传教育】

西盟县七个乡（镇）共计召开各种形式的宣传会议 78 场次，参加会议人员共计 23278 人次。其中：乡镇召开 18 次，村委会召开 50 次；自编、自演通俗易懂的“奖优免补”政策歌舞到各乡（镇）演出 7 场次，参加演出的干部群众达 13810 人次；发放宣传品共计 16831 份（册），书写宣传标语 1241 条，其中：县级 12 条；免费发放避孕套 9900 只；避孕药 535 盒。

【业务培训】

普洱市西盟佤族自治县人口和计划生育局深入各乡（镇）进行业务培训指导 32 次；对宾馆、酒店等娱乐场所从业人员，乡（镇）计生办主任、村宣传员，县属各单位、计生服务员进行集中和走访培训，安全套预防艾滋病、流动人口管理知识等业务培训 19 次，培训时间共计 28 天，参加培训人员 594 人次。其中：参加市级业务培训 2 次，12 人；县级培训 3 次，培训时间为 7 天，参训人员共计 458 人次；乡（镇）培训 16 次，参训人员 124 人次。

【农业人口独生子女“奖、优、免、补”工作】

农业人口新领取《独生子女父母光荣证》165 户，其中：0—14 周岁新领证的有 158 户，占任务数 150 户的 105%。新领证自愿率达 100%。

【推广安全套预防艾滋病工作】

认真开展推广安全套预防艾滋病经常性工作，对西盟县宾馆、酒店、招待所等服务行业安全套摆放情况进行检查 10 次；利用广播、宣传栏、群众大会、“科技三下乡”、乡镇赶集日、节假日等时间和方式进行宣传教育 29 次，共发放安全套 5400 只，宣传手册 2500 册，宣传挂历 250 份；宾馆、酒店等娱乐场所安全套摆放率 100%。对宾馆、酒店等娱乐场所的从业人员进行了安全套预防艾滋病、流动人口计划生育管理知识培训，参训人员达 150 人；通过培训，宾馆、酒店等娱乐场所的从业人员艾滋病知识知晓率达 90%。

【协会建设】

（1）加强协会组织建设。至 2006 年底，西盟县各级计生协会有 372 个，其中县级 1 个，乡（镇）级 8 个，村级 362 个。（2）推进计划生育村（居）民自治试点工作，充分发挥计生协会民主参与和民主监督的作用，引导群众自我教育、自我管理、自我服务、自我监督，使计划生育成为村（居）民的自觉行动。

【人口资源环境工作座谈会】

2006 年 1 月 18 日，在“两会”期间，召开普洱市西盟佤族自治县“人口资源环境工作座谈会”。县四班子主要领导和联系分管领导、各乡（镇）主要领导、县人口和计划生育工作领导小组成员单位主要领导 78 人参加了会议。会上，县委书记和县长分别作了重要讲话。

【西盟县人口和计划生育工作会议】

在普洱市西盟佤族自治县人口和计划生育工作会议上，认真传达学习了省、市人口和计划生育工作会议精神，县人民政府副县长罗洪波同志总结回顾了西盟县“十五”期间及2005年度人口和计划生育工作取得的成绩和成功经验，对西盟县2006年的人口和计划生育工作提出了七点要求。参加会议的有七个乡（镇）分管领导、计生办主任、各村计生宣传员、县人口和计划生育领导小组成员单位和厂（矿）分管领导、计生服务员共计154人。

会上，与乡（镇）人民政府、厂（矿）企业签订了2006年度《人口与计划生育目标责任书》；县人口和计划生育局与各乡（镇）计生办、县计生服务站与各乡（镇）服务所签订了2006年度《人口与计划生育目标管理责任书》，同时，还与各单位签订了《流动人口计划生育管理协议书》。

2007年

【概况】

2007年普洱市西盟佤族自治县的人口和计划生育工作在县委、县人民政府的高度重视和正确领导下，在上级业务主管部门的精心指导下，以“三个代表”重要思想为指导，组织和带领西盟县计生队伍实事求是，与时俱进，团结努力，积极工作，创建市级计划生育优质服务县，各项指标任务完成达到了预期目的。

【统计数据】

人口基本情况。2007年，总人口87911万人，出生699人，死亡415人。出生率控制在18.42‰；人口自然增长率要求控制在3.42‰。（县统计局提供）

【宣传教育】

宣传工作是开展人口和计划生育工作的先导，为使广大农村群众掌握计划生育政策、生育节育知识、生殖保健知识、预防艾滋病/性病知识等，在节日、乡（镇）赶集日、群众较为集中的场所和计划生育各种纪念日期间，组织业务骨干到各乡（镇）、村、组以发放宣传画（册）、悬挂宣传标语、播放生育政策、“奖优免补”政策、生殖保健知识碟片等形式，有声有色地进行宣传，使群众进一步加深了对人口和计划生育应知应会知识和预防艾滋病性病知识的知晓程度。2007年，共制作和发放印有“奖优免补”政策的宣传画（册）和宣传袋子18000份，发放避孕套25000只，避孕药11860板，价值25000元的育龄妇女妇科常用药品。积极组织人员参加以县委宣传部牵头的科技、卫生、文化“三下乡”活动2次。

【业务培训】

普洱市西盟佤族自治县于2007年4月4日至4月6日召开了为期3天的“西盟县人口和计划生育工作业务培训会”。培训会主要针对市人民政府对县人民政府、县人民政府对各乡（镇）人民政府，以及市计生委对县计生委签订的目标责任内容进行逐条讲解。在培训会上，安排布置了2007年人口和计划生育各项工作，在政府与政府签订的目标管理基础上，与各乡（镇）计生办、计生服务站（所）签订了目标责任书，做到目标责任层层订，工作层层有人抓。为验证培训效果，对154名参训人员进行了笔试和抢答形式的测试，达到了培训的预期目的。

【计划生育优质服务】

认真扎实组织开展生育、节育、生殖保健、妇女疾病普查普治工作。10月份争取得到了省计划生育科研所的大力支持和帮助，在我县西盟县范围内进行了一次全面的乳腺疾病普查普治活动，可喜的是这次活动同时带动了我县的日常妇科疾病普查普治工作，使我县完成妇科疾病普查普治4254例；完成乳腺疾病普查普治4254例；完成“三术”475例。利用计划生育技术服务车进村寨为群众服务技术、服务宣传、服务咨询等9254人次，创建了市级“优质服务达标县”。

【流动人口服务管理】

与相关部门和单位通力合作。把流动人口计划生育管理工作融入西盟县人口和计划生育综合管理，有关部门和单位各司其责，形成合力；加强执法检查。坚持每季流动人口计划生育执法检查，与房屋出租人、个体业主签订人口计生管理协议书，落实“谁出租谁负责、谁经营谁负责”；利用流动人口计划生育优质服务宣传周活动开展流动人口农民工计划生育便民维权活动。全年累计流入外来居住人口1333人，其中18-49岁育龄人群974人，查验884人，查验率为90.7%，全年累计流出人口1344人，其中18-49岁1142人，累计办、换《流动人口婚育证明》980人，出具率为85.8%。

【课题研究】

在省计生协会的支持下，开展了艾滋病、性病健康教育项目。通过认真调查分析，选择了勐梭镇的勐梭村、里拉村、它朗村、秧落村、班母村5个村民委员会；勐卡镇西盟村、莫窝村、马散村、班哲村4个村民委员会和力所乡的南亢村民委员会为项目拓展点。实施项目的乡（镇）、村也相应成立领导机构和工作机构。为确保项目工作的顺利开展，对10个项目拓展点的管理采取协会领导挂钩责任制，各项目拓展点工作开展情况纳入年终考评，形成县督促乡、乡督促村、村抓骨干的工作机制。通过项目的实施，项目拓展点的群众对艾滋病/性病预防知识知晓率从24.8%达到了75.2%，取得了预期的效果。

【争取设备、资金，改善育龄群众查治妇科病的条件】

积极向上级业务部门争取检查治疗妇女疾病的数码电子阴道镜、麻醉机、B超等急需而应有的医疗设备。2007年争取到了总价值93万元的设备，解决了多年来育龄群众妇科疾病不能得到及时检查并知情治疗的问题。

【为民服务做实事，解决困难量力行】

人口和计划生育工作重点和难点在农村，主要对象是农民，而农民直接关系到农业问题。普洱市西盟佤族自治县人口和计划生育局把党和政府的关怀送到响应计划生育政策的部分育龄群众中，把“送医、送药、送爱心、送关怀”作为2007年的工作重点。2007年，组织开展向各乡（镇）部分村、组，“送医、送药、送爱心、送关怀”资金投入3万元，特别在挂钩点班哲村为班哲村群众开挖种植茶沟、技术培训等资金支持5000元，购买农具（锄头、铲子等）折合人民币10000元。同时为南亢、帕科 、付倮、马散、玉体、班哲等村组想办法解决水泥15吨。

2008年

【概况】

2008年普洱市西盟佤族自治县的人口和计划生育工作，在县委、县人民政府的高度重视和正确领导下，在上级业务主管部门的精心指导下，全面贯彻落实《中共中央国务院关于加强人口与计划生育工作稳定低生育水平的决定》精神，圆满完成各项目标任务。

【统计数据】

人口基本情况。2008年，总人口88810人，实际新生人口718人，出生率为8.65‰；人口自然增长率为3.76‰。（县统计局提供）

计划生育基本情况。政策内出生696人，计划生育率达96.94 %。（计划生育报表）

【依法行政】

为了创造一个规范有序的行政执法工作环境，普洱市西盟佤族自治县十分注重抓好执法队伍建设，建立了行政执法各项规章制度，认真开展计划生育清理清查工作，在各乡（镇）推行公正执法机制，做到政务公开、“奖优免补”政策公开、办证程序公开，制订了有奖举报制度，设立了举报箱、公布了举报电话。年内对西盟县5乡2镇进行了一次计划生育执法检查。2008年末，西盟县共有计划生育行政执法人员17名。

【队伍建设】

乡（镇）计生服务所配备执业（助理）医师进一步加快。西盟县7个乡（镇）的计生服务所共有18名技术服务人员，其中：执业医师2人，助理医师5人。2008年招考6名专业技术人员充实到乡（镇）计生技术服务队伍。

【计划生育优质服务】

认真扎实组织开展生育、节育、生殖保健、妇女疾病普查普治工作。创建了省级“优质服务达标县”。

【统筹兼顾，整体推进】

通过西盟县政务信息公开网站，全方位展示西盟县人口计生工作情况。年内上报信息20期36条。

【经费投入】

2008年普洱市西盟佤族自治县共投入计划生育事业费105.5万元，人均达11.2元（按市统计局公布人口数9.42万人计算），主要包括：手术补助费、村宣传员补助经费、“奖优免补”工作经费、流动人口计划生育管理经费、优质服务经费和独生子女保健费等，“奖优免补”县级配套经费按时足额拨付到位，并及时兑现，兑现率100%。

西双版纳州人口和计划生育委员会

西双版纳州

2006 年

【概况】

2006 年是实施“十一五”规划的开局之年，西双版纳州人口和计划生育工作坚持“宣教开路、利益导向、政策推动、优质服务、依法管理、村（居）民自治、综合治理”的工作思路，以人口和计划生育责任目标为主线，开拓进取，扎实工作。通过西双版纳州各级各部门的共同努力，西双版纳州计生干部的辛勤工作，社会各界的积极支持与参与，西双版纳州人口和计划生育工作取得新的进展。

【统计数据】

（一）人口基本情况：据西双版纳州统计局公报，2006 年年末户籍总人口 889873 人、当年出生人口 10938 人、出生率 12.35‰、死亡人口 4500 人、死亡率 5.08‰、自然增长人口 6438 人、自然增长率 7.27‰。

（二）计划生育基本情况：据西双版纳州计划生育统计报表，2006 年计划生育率 95.98%、选用各种避孕方法人数 169000 人、综合避孕率 90.27%、采取三术 150185 例、三术率 80.62%。

【考核结果】

一市二县：景洪市、勐海县、勐腊县 2006 年度考核指标均为 20 项总分设置分，实际各完成 20 项。一市二县人口与计划生育责任目标考核实得 200 分。

西双版纳州农垦分局：2006 年度考核指标共 13 项总分设置分，实际完成 13 项。农垦分局人口与计划生育责任目标考核实得 200 分。

【切实加强领导，认真落实责任】

西双版纳州委、州人民政府始终把人口和计划生育工作纳入社会经济发展的总体规划，使人口控制与经济发展做到同规划、同部署、同落实，把人口与计划生育工作纳入党委、政府督办的重要工作内容，坚持一把手负总责、亲自抓，分管领导具体抓。西双版纳州各级政府及人口计生部门层层签订人口与计划生育双线目标管理责任书，落实目标管理责任制度、计划生育通报制度、黄牌警告制度和“一票否决”制度，确保各级责任目标落实到位。西双版纳州各级政府加大投入，全年共投入计划生育经费1013.79万元，比2005年增加206.58万元，增长25.59%，有力地保障了人口与计划生育工作顺利开展。

【积极推行农业人口独生子女家庭“奖优免补”政策】

2006年西双版纳州农业人口新领取《独生子女父母光荣证》950户，完成省政府下达任务的118.75%。在认真做好各项奖励经费和养老扶助资金按时兑现的同时，各县市积极筹措资金，补发了2003年—2005年农业人口独生子女保健费，切实维护了群众的合法权益，促进了“奖优免补”政策的落实。到2006年底止，西双版纳州共有10929户农业人口家庭领取了《独生子女父母光荣证》，领证户占农业人口一孩家庭的28%，各级财政共投入政策资金1347万元，其中，发放农业人口独生子女家庭一次性奖励金687.7万元，奖学金213.77万元，养老扶助金303.23万元，独生子女保健费142.3万元。“奖优免补”政策的实施，有效地控制了人口增长。在全国农村部分计划生育家庭奖励扶助制度和“少生快富”工程全面实施工作会议上，西双版纳州获得了国家人口计生委和财政部的全国农村部分计划生育家庭奖励扶助制度和“少生快富”工作试点工作先进单位的表彰。

【刀林荫荣获第一届云南“人口奖”】

2006年2月21日云南人口奖遴选委员会授予西双版纳州委副书记、代理州长刀林荫首届云南“人口奖”。颁奖大会后，刀林荫代州长当即将2万元奖金交州人口计生委主任吴江玲，作为西双版纳州人口奖励基金的启动资金，用于表彰奖励基层人口和计划生育先进工作者，促进西双版纳州人口与计划生育工作的健康发展。

【加强基础设施建设，推进优质服务工作】

一是州级安排22.5万元的经费用于二县一市创建计划生育优质服务县。二是紧紧抓住省政府实施“兴边富民”工程和“十一五”建设有利时机，加快基层计生服务站所的建设，投入财政资金653.7万元，新建计生服务站所6所，改建5所，在建6所1站，建筑面积达5880平方米，极大地改善了计生服务站所的工作条件。三是加强技术人员业务技能培训，切实提高技术服务能力，切实把以人为本的理念融入避孕节育、生殖健康及业务管理全过程，深入开展创优工作。四是组织二县一市人口计生局长、计生服务站长进行考察学习，拓宽了视野，增长了知识，促进了计划生育优质服务工作的开展。五是重点抓好勐海县争创云南省计划生育优质服务先进县的工作。勐海县抓住创优机会，制订出台了《勐海县争创优质服务先进县实施方案》，并认真组织实施。通过一年的努力，从制度建设、人员培训、优化工作环境、拓宽服务领域等方面得到了突破。

【出生缺陷干预试点工作】

2006年，省人口计生委在全省25个县（市）开展出生缺陷干预试点工作，勐腊县被列入试点县。为认真做好此项工作，州人口计生委成立了工作领导小组，州级财政安排了配套经费5.1万元。勐腊县委、县人民政府十分重视出生缺陷干预工作，成立了工作领导小组，制订了工作方案，召开了启动会和培训会。县人口计生局认真组织开展基线调查，经调查，全县2003年9月以后出生的3495名儿童中有出生缺陷的24名，占0.68%。对1792人开展婚前培训，对628人进行了孕前检查，发放叶酸7142瓶，对195名怀孕妇女进行了跟踪随访。通过基线调查，为勐腊县开展出生缺陷干预试点工作打下了基础。

【强化管理，完善服务，建立有效的流动人口计划生育管理机制】

西双版纳州各级计生部门紧紧抓住城市社区建设有利时机，按照流动人口计划生育法律法规要求，初步建立“属地管理、单位负责、居民自治、社区服务”的城市计划生育管理体制和“以现居住地为主、现居住地与户籍地共同管理”的流动人口计划生育管理体制。西双版纳州23个社区居委会共配备了28名专职流动人口计划生育管理人员，流动人口计划生育管理机构得到进一步加强。随着省级流动人口信息交换平台的日益完善，宣传教育针对性、有效性进一步提高，管理与服务措施进一步深化，综合治理部门联动机制初步形成。一是加强领导，层层落实责任。各级将流动人口计生管理和服务工作纳入年度目标责任管理考核，层层签订责任书，并保证了工作经费。二是完善服务，维护流动人口的合法利益。州、县（市）政府安排了专项经费，用于减免流动人口计划生育手术费，保障了流动人口的权益。三是认真落实流动人口避孕药具免费发放工作。景洪市依托"流动人口避孕药具免费发放点"，在全市各乡镇和街道办各社区设立了免费发放窗口，方便了群众，确保流动人口能够免费领取避孕药具，促进流动人口计划生育管理和服务工作。四是充分调动乡镇专职管理人员的积极性，在依法行政的前提下，规范流动人口查验程序，杜绝违法违规行为，同时对流动人口违法违规个人和对招用无《婚育证明》的各类业主进行处罚教育，维护了流动人口管理有关法律法规的严肃性。五是继续清查登记流动人口，及时提交和答复流动人口信息。通过有效的工作，流动人口违法多生育现象得到有效扼制，流动人口计划生育管理工作有所突破。2006年，西双版纳州共开展流动人口清查360余次，查验流动人口婚育证明51890人次，配合流出地查处办理计划外怀孕30起，落实补救措施22例。2006年，西双版纳州流动人口共生育孩子399人，其中政策内生育292人，违法多生育19人，流动人口计划生育率73%。

【认真做好州政府实施的"民心工程"】

西双版纳州十届人大六次会议审议通过的《政府工作报告》，明确了西双版纳州"十一五"和2006年经济社会发展主要目标，并承诺了2006年要做好的十件实事任务。西双版纳州改造建设3个乡镇计生服务所也列入了十件实事任务之中，并给予每个所10万元的经费补助。为健全和完善西双版纳州计划生育技术服务网络，规范服务程序和质量标准，提高计划生育技术服务的综合业务素质和服务质量，为育龄群众提供优质的生殖保健服务。2006年西双版纳州按照整体推进，分类指导的原则，以全省实施"兴边富民"工程以及州政府实施的"民心工程"为契机，建立和完善以县级服务站为龙头，中心乡（镇）服务所为骨干，乡镇服务所为支撑，流动服务车为纽带的人口和计划生育服务网络。2006年州政府将景洪市的景哈乡、勐海县的勐宋乡、勐腊县的勐满镇计生服务所列入州政府的十件实事之一，对其的基础设施进行改造建设。到2006年12月底止，景洪市的景哈乡计生服务所完成改造工程，勐腊县的勐满镇计生服务所完成建筑面积为432平方米的改造工程的工作。勐海县的勐宋乡计生服务所完成了225平方米的业务用房建设。

【荣誉】

（一）首届云南"人口奖"

2006年2月，州委副书记、代理州长刀林荫同志荣获首届云南"人口奖"

（二）2006年度云南省人口和计划生育先进工作者

高艳丽（女）

西双版纳州农垦分局计生委主任

王得高（布朗族）勐海县布朗山乡乡长

玉叫甩（女、布朗族）勐海县布朗山乡章家村计生宣传员

玉旺叫（女、傣族）勐腊县勐腊镇计生办计生助理员

2007年

【概况】

2007年西双版纳州人口和计划生育工作全面贯彻落实党的十七大精神和中共中央国务院《关于全面加强人口和计划生育工作统筹解决人口问题的决定》，紧紧围绕降低生育水平、统筹解决人

口问题、促进人的全面发展的中心任务，乘势推进，开拓创新，健全机制，提升能力。在常规工作上抓规范管理，重点工作上求突破，特色工作上有创新，努力提升西双版纳州人口计生工作整体水平。建立了以国家奖励扶助制度为龙头，以“奖优免补”为内容的农村计划生育利益导向机制；乡镇计划生育服务所“兴边富民”工程进展顺利；按照“属地化管理、市民化服务”的原则，努力探索建立流动人口计划生育统一管理，优质服务新体制；宣传工作更加深入人心，营造了良好的人口与计划生育工作氛围；完成了推广使用安全套预防艾滋病工程阶段性工作，计划生育优质服务工作初见成效，计划生育信息化建设进一步加快，人口过快增长得到有效控制。

【统计数据】

（一）人口基本情况：据西双版纳州统计局公报，2007年年末总人口（户籍）904292人、当年出生人口10381人、出生率11.57‰、死亡人口4359人、死亡率4.77‰、自然增长人口6022人、自然增长率6.8‰。

（二）计划生育基本情况：据西双版纳州计划生育统计报表，2007年计划生育率96.95%、选用各种避孕方法人数167189人、综合避孕率89.77%、采取三术148017例、三术率79.47%。

【考核结果】

一市二县：2007年度，设置指标24项，设置总分200分，景洪市实际完成23项，因流动人口统计台账建账率一项指标未能完成，扣该项指标全部分值5分，年度考核实得分195分；勐海县全面完成24项，考核实际得200分；勐腊县实际完成23项考核指标，因长效避孕及时率一项指标未能完成，扣除该项指标全部分值10分，年度考核实际得190分。

西双版纳州农垦分局：设置指标172项，设置总分200分，实际完成16项考核指标，因长效避孕及时率一项指标未能完成，扣除该项指标全部分值10分，年度考核实际得190分。

【认真抓好中央《决定》的学习宣传和贯彻落实】

全面贯彻落实《中共中央国务院关于全面加强人口和计划生育工作统筹解决人口问题的决定》是2007年西双版纳州人口和计划生育部门的工作重心，一年来，西双版纳州各级人口计生部门，以宣传《决定》为重点，动用各种宣传媒体，采用各种宣传形式，开展各种社会宣传活动，大力宣传以人为本的科学发展观、人口与经济社会资源环境协调发展和可持续发展的理论；大力宣传全面建设社会主义和谐社会中人口和计划生育工作的重要性；大力宣传全面加强人口和计划生育工作，统筹解决人口问题的主要工作任务和工作经验。通过多种形式的学习培训交流活动，进一步增强各级计生工作人员以科学发展观统领新时期人口和计划生育工作的政治意识、大局意识和责任意识，明确新时期人口计生工作的发展方向，提高贯彻落实《决定》精神的自觉性和工作能力。

【基层基础设施得到加强】

加强对计生服务基础设施建设和技术服务能力建设，重点加强了对勐海县计生服务站，勐阿镇、勐往乡、嘎洒镇、勐养镇、尚勇镇、勐仑镇、易武乡计生服务所的项目工程建设工作，这些项目的实施，使基层服务站所的服务条件和服务环境逐步得到改善。通过对乡镇计生服务所的改造建设有力地推动了人口和计划生育工作持续、快速、健康发展，为实现降低生育水平，提高出生人口素质，改善人口结构的目标，奠定了坚实的基础。加强对县、乡计划生育技术人员的培训，有5名计生技术服务人员分别被选送到州、县级医院进修学习，为不断提高计划生育技术服务水平打下了基础。

【强化了流动人口计划生育管理和服务】

2007年，西双版纳州各级认真贯彻落实全省流动人口计划生育工作现场会议精神，切实加强了对流动人口计划生育管理和服务工作。州人民政府与州公安局、劳动和社会保障局、卫生局、建设局、工商局和人口计生委签订《西双版纳州流动人口计划生育目标管理责任书》，建立了流动人口计划生育责任目标考核制度，根据考核结果兑现奖惩。2007年，人口计生统计报表数据显示，西双版纳州共有流动人口13.36万人，其中流出人口1.78万人，流入人口11.58万人，已婚育龄妇女4.97万人，占流动人口总数的37.2%；共查验《婚育证明》32405人，验证率达65.2%。严格控制流动人口中的违法生育行为，在流动人口管理方面取得新的突破。

【全面推进计划生育优质服务创建工作】

在继续做好勐海县"省级计划生育优质服务先进单位"创建活动的同时，启动了勐腊县省级优质服务先进单位创建活动，从制度建设、人员培训、优化工作环境、拓宽服务领域作为优质服务先进单位创建活动的突破口，注重专业技术人员继续教育和业务能力的提高。勐海县从解决组织保障、基础建设、依法管理、利益导向等工作入手，按照"抓基层、打基础"、"抓服务、上水平"、"抓创优、争一流"的工作思路，全面开展了各项创建活动，经省级考核评估勐海县荣获省级计划生育优质服务先进单位称号。为在计划生育技术服务机构大力营造"内强素质、外树形象"的良好学习氛围，按照省人口计生委《关于印发云南省计划生育科技大练兵活动实施方案的通知》要求，认真制订了州、县（市）的实施方案，成立了组织机构，明确了目标任务，并认真组织在西双版纳州计划生育技术服务人员中科技大练兵活动。为进一步畅通避孕药具免费发放渠道，西双版纳州在218个村委会、12个社区设立避孕药具免费发放服务点，加大避孕措施知情选择宣传力度。

【完成了推广使用安全套预防艾滋病工程阶段性工作】

西双版纳州各级人口计生部门按照"四免一关怀"政策和"一办法六工程"的有关要求，进一步明确相关部门工作职责，不断完善工作方案，采取有效措施，加大在旅馆业、娱乐服务场所、医疗卫生单位等重点部门摆放安全套的督查力度。2007年，西双版纳州人口计生系统认真贯彻落实《云南省艾滋病防治办法》和《云南省人民政府办公厅关于实施艾滋病防治六项工程的通知》精神，各相关成员单位相互协调，紧密配合，全面实施推广使用安全套防治艾滋病工作。据统计，西双版纳州用于防治艾滋病一共发放安全套120万只，其中免费发放115万只（含宣传），社会市场营销5万只。重点场所中的星级宾馆有34家，摆放率达100%；在公安、工商、药监、卫生、旅游等部门的配合下，通过三年的努力，安全套的推广使用，为有效地预防控制艾滋病在西双版纳州的蔓延起到了积极的作用，取得了阶段性成果。由于推广安全套预防艾滋病工作的突出贡献，州人口计生委被州委、州政府评为"禁毒和防治艾滋病工作先进单位"。

【落实党风廉政建设责任制，加强行风建设】

根据西双版纳州委、州政府和省人口计生委的工作部署及要求，西双版纳州各级人口计生部门坚持"谁主管、谁负责"的原则，认真履行"一岗双责"制度。一是健全组织领导机构。成立党风廉政建设领导小组，明确了委领导班子是党风廉政建设的责任主体，对本部门的党风廉政建设负全面领导责任，班子成员按分工，对分管科室党风廉政建设负直接领导责任，各科室负责人在委党组的统一领导下，各负其责，抓好科室的党风廉政建设；二是开展"下一级评上一级"的评议活动。西双版纳州人口计生系统认真开展各级党委、政府部署的社会评议机关作风工作，坚持标本兼治，纠建并举的方针，坚持实事求是的原则，充分发挥各级各部门以及社会各界对计划生育系统行风的检验、评判和监督，以群众满意为标准，以解决群众反映的突出问题，特别是发生在老百姓身边的损害群众利益的问题为重点，严格规范行政执法行为，改进工作作风，提高服务质量，进一步密切党群干群关系。经测评群众对计划生育管理服务工作满意率达到98%以上。

【加强计生协会工作，完成了州级协会的换届工作】

2007年，西双版纳州共有县级协会3个，乡镇级（社区）协会32个，村级协会226个，会员小组2607个，宣传服务阵地1318个，有“会员之家”286个，会员联系户32832户，会员97341人，会员人数占西双版纳州总人口的10.94%。2007年11月30日召开了西双版纳傣族自治州计划生育协会第五次会员代表大会，选举产生了新一届州计划生育协会班子，对16个计划生育协会工作先进集体和48名先进工作者进行了表彰，对下一步计划生育协会工作提出了目标任务。

【表彰首届西双版纳人口奖和2006年人口和计划生育工作先进工作者】

为全面贯彻落实《中共中央国务院关于全面加强人口和计划生育工作统筹解决人口问题的决定》，表彰和奖励2006年以前在西双版纳州人口和计划生育事业中作出重大贡献的社会各界人士，促进西双版纳州人口与经济、社会、资源、环境的协调发展和可持续发展，经西双版纳州人民政府批准设立西双版纳人口奖。西双版纳人口奖为常设的西双版纳人口领域的最高个人终身荣誉奖。按照《西双版纳人口奖遴选办法》规定，由中共西双版纳州委宣传部、西双版纳州人口和计划生育委员会、西双版纳州财政局、西双版纳州人事局、西双版纳州卫生局、西双版纳州教育局、西双版纳州统计局、西双版纳州扶贫办、西双版纳州报报社、西双版纳电视台等单位组成第一届西双版纳人口奖遴选委员会和组织工作委员会，经西双版纳州社会各界推荐，组织工作委员会审查、初选、复选，遴选委员会表决，并公示无异议，吕永和等4位同志获得西双版纳人口奖，每人颁发奖金5000元。2007年9月4日，召开的西双版纳州人口与计划生育工作会上对获得2006年人口和计划生育工作先进工作者的袁松林等10名同志予以表彰奖励。

【荣誉】

（一）省级计划生育优质服务先进单位称号

勐海县荣获省级计划生育优质服务先进单位称号

（二）2007年度云南省人口和计划生育先进工作者

岩　康（傣族）

西双版纳州农垦分局副局长

玉　溜（女、傣族）

勐海县勐遮镇曼恩村计生宣传员

李有萍（女）

景洪市人口计生局办公室主任

依腊波（女、傣族）勐腊县人口计生局局长

（三）第一届西双版纳人口奖

吕永和（傣族）

勐腊县人民政府县长

李　健　州教育局局长

（原景洪市人民政府副市长）

李　洁（女、拉祜族）

州人口和计划生育委员会主任

（原勐海县人民政府副县长）

徐爱萍（女）

勐海县人口和计划生育局局长

2008年

【概况】

2008年，西双版纳州人口和计划生育工作坚持以党的十七大和十七届三中全会精神为指导，坚持以人为本，全面落实科学发展观，完善利益导向政策，建立健全依法管理、村（居）民自治、优质服务、政策推动、综合治理的长效机制，切实维护群众合法权益，引导群众自觉实行计划生育，稳定低生育水平，统筹解决人口问题，为全面建设小康社会创造良好的人口环境。通过西双版纳州各级各部门的共同努力，西双版纳州人口和计划生育工作取得新成效，管理和服务能力明显提升，人口出生性别比趋于正常，落实节育措施力度明显增强，计划生育水平进一步提高，人口自然增长水平持续放缓。

【统计数据】

（一）人口基本情况：2008 年度责任目标设置指标 29 项，设置总分 200 分。据西双版纳州统计局公报，2008 年年末总人口（户籍）920048 人、当年出生人口 10982 人、出生率 10.29‰、死亡人口 4578 人、死亡率 4.29‰、自然增长人口 6404 人、自然增长率 6‰。

（二）计划生育基本情况：2008 年度责任目标设置指标 26 项，设置总分 200 分。据西双版纳州计划生育统计报表，2008 年计划生育率 96.95%、选用各种避孕方法人数 176750 人、综合避孕率 90.74%、采取三术 162498 例、三术率 83.42%。

【考核结果】

一市二县：景洪市实际完成 28 项，因“年内开展一次行政执法检查并有检查报告”一项指标未能完成，扣该项指标全部分值 5 分，年度考核实得分 195 分；勐海县全面完成 29 项，考核实际得 200 分；勐腊县实际完成 28 项，因“年内开展一次行政执法检查并有检查报告”一项指标未能完成，扣该项指标全部分值 5 分，年度考核实得分 195 分。

西双版纳州农垦分局：实际完成 24 项考核指标，因“年内开展一次行政执法检查并有检查报告”、“流动人口基层统计台账建账率”两项指标未能完成，扣除两项指标全部分值 10 分，年度考核实际得 190 分。

【领导重视，落实计生责任】

西双版纳州委、州人民政府高度重视人口计生工作，把人口计生工作作为 20 项重要工作任务来抓，在州人民政府承诺的十件实事中，把 3 个计生服务所的建设纳入“民心工程”。西双版纳州各级强化目标管理责任制，层层签订“双线”目标管理责任书，落实计划生育通报制度、黄牌警告制度和“一票否决”制度，将人口和计划生育工作纳入各级领导干部绩效考核内容，实行严格的督查制和考核制。按照省政府行政问责等四项制度的要求，进一步加大督查力度，全力推进各项工作的落实，确保了各级责任目标落实到位，西双版纳州上下形成了纵向到底、横向到边的目标管理体系。

【抓好宣传，突出正确引导】

一是认真学习贯彻党的十七大精神，把思想统一到中央和省委的《决定》上来。西双版纳州各级把贯彻落实党的十七大精神与《中共中央国务院关于全面加强人口和计划生育工作统筹解决人口问题的决定》及《省委省政府关于进一步加强人口和计划生育工作统筹解决人口问题的决定》精神有机结合起来，在深入学习领会的基础上，制订出台了《中共西双版纳州委西双版纳州人民政府关于进一步加强人口和计划生育工作统筹解决人口问题的实施意见》（西发〔2009〕3 号），结合西双版纳州实际情况，《实施意见》将城镇居民未享受退休金的独生子女父母纳入养老扶助范围；提高了村委会计划生育宣传员的补助，解决了村民小组计划生育服务员的补助。二是积极动员社会各界力量，努力营造全社会关心、支持人口计生工作的良好氛围。充分依托婚育新风进万家活动、关爱女孩行动、生育关怀活动等有效载体，深入基层、深入群众，开展人口计生法律法规和政策的宣传，不断增强各级领导做好人口计生工作，统筹解决人口问题重要性和紧迫性的认识。不断提高群众对计划生育政策的知晓率，引导群众转变婚育观念，增强实行计划生育的自觉性。

【落实政策，确保群众得实惠】

一是以国家农村部分计划生育家庭奖励扶助制度、计划生育特别扶助制度（即“独生子女伤残死亡家庭扶助制度”）和计划生育“少生快富”工程为龙头，以云南省“奖优免补”政策为内容的计划生育奖励优惠政策得到全面落实，使实行计划生育的家庭充分享受改革开放的成果。截至2008年12月，西双版纳州领取《独生子女父母光荣证》达35100户，其中农业人口领证累计11942户，新增农业人口领证441户，享受一次性奖励409户，发放奖励金39.4万元；享受奖学金5086人，发放奖学金97.44万元。西双版纳州累计农村部分计划生育家庭奖励扶助对象1865人，新增202人，发放养老补助金120.04万元。计划生育家庭特别扶助（独生子女伤残或死亡）对象376人，发放奖励金43.92万元。二是认真组织“少生快富”工程奖励对象调查登记及数据录入工作。2008年西双版纳州按照省人口计生委的要求，人口计生干部攻坚克难，在规定的时间内完成了“少生快富”奖励对象的调查登记与数据录入工作。西双版纳州符合“少生快富”奖励的独生子女户11231户，双女户13473户，需发放奖励金6703.6万元。

【健全机制，实施科学管理】

一是抓好队伍建设，进一步夯实基层基础工作。2008年西双版纳州共举办各类培训班42期，共培训计生人员658人次。同时，组织68名村级计划生育宣传员到昆明考察学习。二是坚持依法行政，切实加大违法生育查处力度。西双版纳州共查处违法生育案件2243起，其中当年违法生育案件282起，历年违法生育案件1961起，共依法收取罚款和征收社会抚养费251.21万元。三是加强基础设施建设，改善计划生育优质服务条件。认真组织计划生育服务网络基础设施建设，重点加强对景洪市计生服务站、勐遮、打洛、关累、象明计生服务所的建设工作。四是积极开展计划生育优质服务创建活动。景洪市已达到州级计划生育优质服务标准，勐腊县已达到省级计划生育优质服务标准，勐海县被国家人口计生委授予“全国计划生育优质服务先进单位”荣誉称号。五是加强计划生育药具管理和服务。西双版纳州已婚育龄妇女药具应用有效率达99.9 %，随访率98%，群众满意率为99%。全面开展推广使用安全套预防艾滋病工程。六是强化流动人口计划生育服务和管理。州委办、州政府办下发了《西双版纳州关于进一步加强流动人口服务和管理工作的意见》，州政府办下发了《关于进一步加强流动人口计划生育工作的通知》。一是实行部门流动人口计划生育目标管理责任制。二是建立了流动人口计划生育联席会制度和信息报告制度；三是充分运用全国流动人口信息交换平台，开展信息交换；四是建立流动人口计划生育协会；五是积极为流动人口提供避孕节育、生殖保健服务，兑现和落实有关奖励政策。七是积极开展人口出生缺陷一级预防工作。州政府成立了领导机构，制订下发了《西双版纳州人口出生缺陷一级预防工作实施意见》。2008年勐腊县共有目标人群1590对，3180人，接受婚前培训1590对，3180人，婚前培训率达100%；接受孕前检查1012对，2019人，孕前检查率达63.49%。景洪市、勐海县全面开展工作，大力开展宣传教育、健康促进、优生咨询、高危人群指导、孕前实验室筛查、营养素补充等工作，有效减少了人口出生缺陷的发生。八是不断健全和完善计划生育协会工作。按照“组织健全、活动经常、搞好服务、形成风尚”的要求，对村（居）计生协会进行全面整建，进一步夯实基础，提高工作水平。加快了对外来流动人口聚集地组建协会的工作步伐，勐海县已组建6个流动人口计划生育协会。发挥了协会在计划生育上的自我教育、自我管理、自我服务作用，逐步实现流动人口由单纯的行政管理向群众积极参与、自我管理转变，切实提高管理和服务水平，进一步增强协会的凝聚力和战斗力。

【落实党风廉政建设责任制，加强行风建设】

坚持“谁主管、谁负责”的原则，认真履行“一岗双责”。加大预防力度，坚持教育、制度、监督、惩处整体推进，注重班子建设，实行党风廉政建设目标管理责任制，把党风廉政建设纳入人口计生各项工作之中。以推行行政问责等四项制度为契机，认真抓好机关作风建设，有效促进了工作。切实以解决群众反映的突出问题，特别是损害群众利益的问题为重点，严格规范行政行为，改进机关工作作风，提高服务质量，进一步密切了党群干群关系。

【荣誉】

（一）全国计划生育优质服务先进单位

勐海县被国家人口计生委授予"全国计划生育优质服务先进单位"荣誉称号

（二）云南省防治艾滋病人民战争先进个人

2008 年 6 月西双版纳州计划生育药具管理站副站长黄和平同志被云南省委云南省人民政府评为 2005–2007 年云南省防治艾滋病人民战争中先进个人。

（三）2008 年度云南省人口和计划生育先进工作者

陶篝旺（基诺族）

洪市基诺族乡党委副书记

白文海（哈尼族）

勐海县人口计生局流动人口管理办公室主任

咪尖逢（女、傣族）

勐腊县勐腊镇曼龙代计生宣传员

杨银燕（女）

西双版纳农垦分局景洪农场计生委副主任

景洪市

2006年

【概述】

2006年，在景洪市委、市政府的正确领导和西双版纳州人口计生委的具体指导下，在市人大、市政协的法律和民主监督下，通过各有关部门的大力配合和全体计生工作者的共同努力，人口和计划生育政策及法规不断深入人心，执法力度不断加大，工作范围不断拓宽，有力地促进了景洪市人口与计划生育事业的健康发展，取得了较好成绩。

【统计数据】

2006年，景洪市总人口273224人（不含农垦、流动人口）。当年出生2418人，出生率8.81‰；计划生育率94.33%，比去年同期上升了0.55个百分点；死亡率5.02‰；自然增长率3.79‰。景洪市已婚育龄妇女58716人，综合节育率90.15%；当年施行计划生育手术2318例；避孕及时率73.23%。当年女性晚婚率33.26%，早婚率10.61%。景洪市有计划生育专职干部职工61人，村级计生宣传员86人，村民小组计生信息员738人。

【宣传教育】

通过有线广播、新闻媒体、黑板报、宣传专栏、进村入户直接面对面等方式。利用人口日、"三下乡"活动和各种民族节日，通过多渠道全方位的广泛宣传，进一步普及了计生政策和相关知识，全年共开展267次宣传活动，发出宣传资料52万份，发放避孕药具16万只，宣传教育受益285万人次。

【狠抓"奖优免补"政策的落实】

2006年有368户农业人口新领取了《独生子女

父母光荣证》，可以享受一次性奖励的有222户427人，奖励经费合计16.7万元；2006年符合享受教育奖学金的有1942人，其中初中生508人，小学生1434人，奖学金合计36.152万元。享受养老生活补助486人，资金31.905万元。

【流动人口计划生育管理和服务】

一是加强领导，层层落实责任，层层签订责任书，并保证了工作经费。二是切实保障管理和服务，维护流动人口的合法利益。市政府安排了专项经费，用于减免流动人口计划生育手术费，保障了流动人口的权益。三是在景洪市各乡镇和街道办各社区设立了免费发放窗口，确保流动人口能够免费领取避孕药具。四是继续清查登记流动人口，及时提交和答复流动人口信息，确保流动人口计划生育信息平台正常运转。当年，景洪市辖区内的流动人口总数40115人。其中：流入38258人，已婚的22229人；流出1857人，已婚331人。签订计划生育管理合同4601份。向全国流动人口计划生育信息平台答复234条信息，答复率96.7 %。在流出人口中，从农村流出1445人，城镇流出412人；当年流出130人。

【计划生育优质服务】

充分发挥计划生育服务 “四大功能”作用，以婚育新风进万家活动为载体，以计划生育流动服务车流动服务为纽带，以优生优育为目标，强化计划生育优质服务工作。制订了计划生育优质服务实施方案，完善了优质服务的各项政策措施，建立了优质服务工作机制。进一步提高了技术服务人员的业务技能和服务水平。积极实施出生缺陷干预，确保优生优育；严厉打击“两非”，确保出生婴儿性别比平衡等工作。计划生育技术服务流动车行程1809公里，为边远地区33个村寨的3686名育龄群众进行了查孕查环和生殖健康保健服务，并对患者给予了及时治疗。

【预防艾滋病推广使用安全套工程】

在景洪市各乡镇和街道办各社区设立了避孕药具免费发放窗口，另在大连、观光、财鑫、锦鹏、邮电等几个酒店安装了自动售套机，提高了安全套普及率；同时积极争取到了6000元资金用于推广使用安全套防治艾滋病宣传和业务培训，确保了各项工作的正常开展；景洪市星级以下旅馆业安全套摆放率达100%，娱乐场所摆放率75%。

【计划生育法制化管理】

严格按照政策法规办理《生育证》、《独生子女父母光荣证》、妇检证明、病残儿童鉴定、征收社会抚养费等手续，依法行政工作取得一定成效。今年，我市对自1991年以来未处理的违反政策生育行为进行了一次调查清理，加大了处罚力度，景洪市共征收社会抚养费47.79万元。

【计生队伍建设】

抓好计生队伍政治素质和业务素质建设，努力提高他们的政策水平和业务技能及做好各项工作的本领，强化计生队伍的责任、岗位和奉献意识，拓宽计生队伍的知识面，提高处理各种复杂问题的能力和水平。今年，组织计生工作人员分别到昆明、曲靖、大理、保山、楚雄、普洱等地，考察学习了计划生育优质服务、村民自治、出生缺陷干预、城区人口计生管理等方面的经验；共举办了三次业务培训。

【计划生育村民自治试点工作】

一是召开群众大会，在认真听取群众意见的基础上形成计划生育村民自治章程及协议书初稿。二是将初稿提交村民小组、村委会、乡计生办和乡政府逐级讨论和审查。三是再次召开群众大会审议通过自治章程和协议书。四是村民自觉遵守计划生育自治章程，签订了计划生育村民自治协议书。五是将计划生育村民自治工作与新农村建设、创建平安单位（村寨）等工作结合起来开展。当年，景洪市有52个村民小组开展了计划生育村民自治工作，1952名育龄妇女自愿签订了计划生育村民自治协议，进一步提高了计划生育自我管理、自我教育、自我监督的意识。

【协会建设】

景洪市有计划生育协会组织104个，共发展协会会员18574人，会员小组521个，会员联系户1562户，会员之家105个，宣传服务阵地92个。景洪市有活动经费 14.7万元。开展计划生育保险532人，年投保8.17万元。一年来，计生协会积极发动群众，一是开展会员之家整建工作;二是学习宣传计划生育政策和优生优育、生殖保健等知识，做好预防艾滋病等宣传活动;三是积极巩固和加强农村“三结合”；四是继续搞好计划生育保险等工作，进一步提高了协会的作用。

2007年

【概述】

2007年，在景洪市委、市政府的正确领导和西双版纳州人口计生委的具体指导下，在市人大、市政协的法律和民主监督下，通过各有关部门的大力配合和全体计生工作者的共同努力，我局紧紧围绕各级党委政府中心工作和责任目标要求，明确任务，突出重点，采取有效措施，狠抓落实，完成了人口计生工作各项任务。

【统计数据】

2007年，景洪市总人口276368人(不含农垦)。当年出生2612人，出生率9.42‰，死亡率4.56‰，自然增长率4.86‰。景洪市已婚育龄妇女60051人，计划生育率96.82%，综合节育率89.78%，当年施行计划生育手术1763人，优选节育率76.27%。当年女性晚婚率30.94%，早婚率10.36%。景洪市有计划生育专职干部职工61人，村级计生宣传员86人，村民小组计生信息员738人。

【积极落实计划生育奖扶政策】

2007年度兑现一次性奖励、教育奖学金、养老生活补助等三项资金共84.653万元（市级配套资金12.5545万元）。其中一次性奖励资金11. 25万元（市级配套2.8125万元），教育奖学金38.968万元（市级配套9.742万元），养老生活补助资金34.435万元。景洪市农业人口已办理《独生子女父母光荣证》4207户中子女未满14周岁符合领取独生子女保健费的家庭有2676户，发放独生子女保健费共计29.723万元。发放非农业人口家庭的保健费276户6万余元。

在落实“奖优免补”政策工作中，我市采取的主要措施是：一是把“奖优免补”政策落实工作纳入目标管理责任制；二是加大政策宣传力度，群众对“奖优免补”政策知晓率达96%以上，领取《独生子女父母光荣证》的巩固率和自愿率均达到100%；三是进村入户搞好办证服务工作；四是及时兑现各种奖励资金，“奖优免补”配套资金和独生子女保险费及时足额兑现；五是加强计生系统信息化建设，强化“奖优免补”信息管理，提高效率，“奖优免补”的统计台账建账率达100%；六是认真按照省、州的要求，对景洪市农业人口可以生三个孩子家庭进行摸底调查。据统计，景洪市可以生三孩只生二孩一孩符合奖励的家庭有5181户，其中：二孩家庭符合国家帮扶对象的有3583户，已录入少生快富网，一孩家庭1598户。

【广泛开展宣传】

全面贯彻落实《中共中央国务院关于全面加强人口和计划生育工作统筹解决人口问题的决定》精神，通过多渠道、多层次的宣传学习，进一步提高了各级领导干部对计划生育工作的认识。2007年，景洪市共开展宣传活动100多次，发出宣传资料20万份，发放避孕药具28014合/板/支，发放避孕药36万只，宣传受益群众10万余人次。通过广泛宣传，进一步普及了计生政策和相关知识，提高了广大群众的思想认识。

【加强流动人口计划生育管理和服务工作】

流动人口计划生育工作是人口计生工作的难点，对此，我市高度重视，抓好规范管理。继续开展流动人口清查登记工作，进一步加强和完善流动人口台账，确保流动人口计划生育信息平台正常运转；同时不断强化日常管理。要求各乡镇、企业事业单位、社会团体、经济组织，在本辖区和本系统及其所属的建筑工地、种植基地，经常开展流动人口计生情况调查工作，减少或杜绝管理服务漏洞。当年，景洪市登记在册的流动人口7.2万人（流入6.9万人），流入人口已婚育龄妇女综合节育率69.1%，流动人口统计台账建账率达85%。向全国流动人口计划生育信息平台答复信息262条，答复率98.86%；提交信息 72条。流动人口计划生育管理服务工作已逐步形成清查工作日常化、上报信息制度化、合同管理规范化、优质服务市民化。

【实施推广使用安全套预防艾滋病工程】

一是把开展推广使用安全套防艾滋病工作纳入目标考核任务；二是制订了全年实施计划，明确了工作任务和步骤；三是发挥景洪市各乡镇和街道办各社区设立了避孕药具免费发放窗口优势，提高了安全套普及率；四是对各乡镇服务所的所长和药具负责人、各社区主任及计生兼职人员进行了业务培训；五是安排推广使用安全套防治艾滋病专项经费，确保了各项工作的正常开展；六是适时随机抽查部分宾馆、美容美发厅等服务场所安全套摆放情况，发现未摆放的立即责令摆放。目前，景洪市星级以下旅馆业安全套摆放率达95%，娱乐场所摆放率85%。

【强化计划生育优质服务工作】

把优质服务创建工作纳入各级目标责任考核内容，进一步加强技术人员的业务素质培训，认真组织技术人员参加科技大练兵活动，不断提高技术人员素质。完善了优质服务的各项政策措施，建立了优质服务工作机制。同时积极开展送政策、送技术、送医药、送服务到农村，为广大农村育龄群众提供优质服务，从市服务站下派医生到技术力量相对薄弱的乡镇进行指导，充分发挥带动和培训作用，加强基层技术力量，切实提高景洪市计划生育技术服务水平。

【依法行政，提高执法水平】

计划生育依法行政工作政策性强、涉及面广，我市抓了以下方面的工作：一是抓好宣传教育。通过以会代训、办培训等形式，组织计生干部学习“一法三规一条例”、中央《决定》等计划生育法律法规知识，进一步提高依法行政能力，学法、懂法、文明执法；二是严明工作纪律，规范执法程序。根据相关法律法规的要求，规范各项工作程序，严格执行计划生育工作的“八不准”规定，不侵害育龄群众的合法权益，确保依法行政落到实处，杜绝违法行政恶性事件的发生，在管理和服务上努力做到优质、规范、热情、高效；三是严格执法，加强对违法生育行为的查处。2007年，通过加大执法力度，景洪市查处的行政处罚和征收社会抚养费案件共500余件，共征收社会抚养费105万元；四实行政务公开，接受群众监督。对生育证审批、奖励、服务项目、社会抚养费征收等全面公开，公布举报电话，通过各种方式，多渠道接受群众监督。

【全面开展计划生育村民自治工作】

2006年试点工作启动，我市各乡镇严格按照《村民委员会组织法》和计划生育政策法规的程序及要求，选择了1个镇、其他乡镇选择了1个村委会开展了村民自治试点工作，制订了实施方案、自治章程和协议书。2007年，按照要求景洪市83个村委会开展了计划生育村民自治试点工作，各村基本做到了有一个强有力的村级班子和村级计划生育协会组织、有确保开展计划生育工作的经费、有一个规范的《计划生育村民自治章程》和《协议书》、有一个开展计划生育优质服务的阵地、有一个育龄群众满意和责任心强的计划生育宣传员。通过开展村民自治工作，提高了计划生育自我管理、自我教育、自我监督的意识，进一步促进了农村人口计生工作。

【荣誉】

2007年度云南省人口和计划生育先进工作者：李有萍（女）

景洪市人口计生局办公室主任

【概况】

2008年景洪市人口和计划生育工作坚持以十七大精神为指导，认真学习贯彻《中共中央国务院关于全面加强人口和计划生育工作统筹解决人口问题的决定》、《中共云南省委云南省人民政府关于进一步加强人口和计划生育工作统筹解决人口问题的决定》（以下简称《决定》），以提高出生人口素质、千方百计降低生育水平、统筹解决人口问题为目标，坚持以人为本，深入贯彻落实科学发展观，结合实际，采取措施，建立健全依法管理、村（居）民自治、优质服务、政策推动、综合治理的长效工作机制，不断提高人口计生工作的整体水平。2008年，通过各有关部门的大力配合和全体计生工作者的共同努力，较好完成了上级下达的工作目标任务。

【统计数据】

2008年，景洪市辖区户籍总人口为384150人，人口出生率为9.52‰，死亡率4.97‰，人口自然增长率4.55‰，计划生育率96.36%，出生人口性别比为110。景洪市已婚妇女70525人，落实各种避孕措施的有63825人，综合节育率为90.5%，优选节育率达83.07%，领取《独生子女父母光荣证》12471户。

【落实各项“惠民政策”】

1.2008年，景洪市符合奖励扶助并办理了《兑现证》的共542人，兑现奖励金35.24万元；符合特别奖励扶助对象的121人，兑现奖励金13.65万元。

1.继续实施“奖优免补”政策。景洪市农业人口独生子女家庭累计办理《独生子女父母光荣证》4342户，其中2008年当年办证139户，当年将享受“一次性奖励”116户（享受1000元111户，享受500元5户），享受教育奖学金2058人（小学1450人，初中608人）。共发放一次性奖励、教育奖学金升学奖励55.87万元，发放保健费424户58.88万元。享受升学奖励54人，发放奖励金5.52万元。

1.认真做好城镇零就业家庭独生子女保健费发放工作。按照属地管理原则，今年户籍属州、省、中央级单位的城镇零就业独生子女保健费由景洪市统一发放，为了更加便民快捷，景洪市辖区（除农垦系统外）城镇零就业独生子女家庭的保健费由所属乡镇、街道办和社区发放。2008年，景洪市共发放城镇零就业独生子女保健费626户6.548万元。

1.“少生快富”工程进入临兑状态。按照省人口计生委关于认真做好“少生快富”工程的有关要求，景洪市符合享受“少生快富”工程奖励的家庭共计9009户，其中：“双女户”家庭共4896户、独生子女户家庭共4113户；在9009户家庭中，符合国家政策奖励的8697户，符合云南省政策奖励的312户。一次性奖励金共2412.6万元，其中：中央补助资金2087.28万元；省补助资金286.32万元；州级配套19.5万元；市级配套19.5万元。

【流动人口计生服务与管理】

按照“属地化管理，市民化服务”的要求，把流动人口纳入常住人口的管理和服务，同宣传、同管理、同服务、同考核。经常开展流动人口计生情况调查工作，减少或杜绝管理服务漏洞。同时积极建立异地双向管理和服务机制。目前我局已同江西少新干县人口计生委、云南省宣威市人口计生局，分别建立了流动人口双向管理和服务机制，双方签订了协议书，明确了各自的职责。当年，景洪市登记在册的流动人口7.18万人（流入6.69万人），流入人口已婚育龄妇女14305人，流动人口统计台账建账率达92%。向全国流动人口计划生育信息平台答复信息309条，答复率98.7%；提交信息150条。

【计生服务水平稳步提高】

完成了嘎洒镇和勐养镇的计划生育服务所的建设，将景洪市计划生育服务站综合楼建设纳入日程。在优质服务工作方面，坚持“生殖健康普查”制度，推进计划生育“避孕节育、出生缺陷干预、生殖道感染”三大服务工程的实施，提高妇女健康水平。2008年9月下旬，景洪市开展了以“关爱妇女健康”为主题的生殖健康大型免费普查活动。服务对象包括景洪辖区户籍人口和流动人口的已婚育龄妇女。据普查统计，患有各种生殖道感染疾病9000余人，3600余人参加治疗，共有1万余名妇女受益。

【行政执法工作步入正轨】

一是狠抓景洪市人口和计划生育系统干部职工特别是执法人员的教育、培训。通过以会代训、办培训班等形式，组织计生干部学习"一法三规一条例"等计划生育法律法规知识，进一步提高依法行政能力，做到学法、懂法、文明执法；二是严明工作纪律，规范执法程序。根据相关法律法规的要求，规范各项工作程序，严格执行计划生育工作的"八不准"规定，维护育龄群众的合法权益，确保依法行政落到实处，杜绝违法行政恶性事件的发生，在管理和服务上努力做到优质、规范、热情、高效；三是严格执法，加强对违法生育行为的查处。2008年，景洪市计划生育行政处罚和征收社会抚养费案件共1818件，共征收社会抚养费243万元；四是推进村民自治、知情选择工作。制订村民自治章程，保证育龄群众在知情、自愿的情况下，落实安全、适宜、长效、经济的避孕节育措施，提高育龄群众的计划生育生殖健康水平；五是推行政务信息公开。对生育证审批、奖励、服务项目、社会抚养费征收等全面公开，公布举报电话，通过各种方式，多渠道的接受群众监督。

【推广使用安全套预防艾滋病工程稳步推进】

2008年，景洪市继续加大推广使用安全套预防艾滋病工程，共开展形式多样的宣传活动44次，发放性病、艾滋病防治宣传材料6万余份，发放免费避孕套13.8万只，有效地提高了广大群众的自我保护意识和避孕套的使用率。景洪市非星级以下旅馆业安全套摆放率达100%，娱乐场所摆放率100%。

【出生缺陷一级干预工程】

2008年，景洪市出生缺陷一级预防工作组领导小组，把预防干预工作纳人责任目标考核内容，层层落实；人口和计划生育局把出生缺陷干预作为年度重点工作抓紧抓好。一是结合"婚育新风进万家"和"关爱女孩活动"，印制宣传单、刷写宣传标语、制作公益宣传板，使广大群众明白出生缺陷预防知识，了解优生检测的好处及检测地点，小剂量叶酸的作用、领取办法；二是充分发挥人口学校的宣传阵地作用，举办各种生殖健康讲座、婚前培训和出生缺陷预防培训；三是充分利用计生服务（站）所资源，开展生殖健康检查、孕前检查和优生优育咨询；四是积极选拔技术骨干参加上级部门培训。全年共计培训业务骨干、宣传员、服务员和群众129万人次，发放宣传资料240万份，咨询优生优育54万人，参加婚前咨询3469人次，婚前培训率76%，参加孕前检查1117人，孕前检查率36%。

【计生协会建设成效显著】

景洪市有计划生育协会组织104个，其中：市级机关1个、企事业单位（团体）2个、街道1个、乡镇机关11个、村级89个、其他团体1个，共发展协会会员18574人。会员小组521个，会员联系户1562户，会员之家105个，宣传服务阵地92个。一年来，计生协会充分发挥自身优势，全面开展活动：一是整建会员之家。景洪市原有会员之家141个，通过整顿规范，保留105个；二是加强对协会组织、会员的培训。全年组织协会培训班78次，参训人数4174人次；三是面向辖区各界人士，广泛开展"一法三规一条例"宣传。各级协会充分利用节假日、纪念日、活动日学习宣传"一法三规一条例"等计划生育法规、政策以及优生优育、生殖保健和预防艾滋病知识，全年共发放各种宣传资料38000份（册）；四是开展计划生育系列保险。投保人数532人，投保金额8.17万元；五是巩固农村"三结合"工作成果，拓宽工作范围。投入"三结合"项目资金14.3万元。

【边民通婚调查工作如期完成】

按照景洪市政府的部署，2008年8月，开展了对我市边民与毗邻国家边民的通婚情况的调查。据调查，在我市定居边民通婚数为499对，其中：依法领取结婚证135对，占通婚数的27%，未办理结婚登记364对，占通婚数的73%。主要涉及缅甸、老挝国籍；初婚占78%，再婚占22%；哈尼族占90%，傣族占18%；主要集中在勐龙镇、景哈乡。边民通婚生育子女总数为612人，办理《生育证》的仅为41人，占7%，根据人口与计划生育有关法律法规规定，违法生育数达93%。

【荣誉】

2008年度云南省人口和计划生育先进工作者： 陶篝旺（基诺族）

景洪市基诺族乡党委副书记

勐海县

2006年

【概况】

2006年勐海县加快争创计划生育优质服务先进县步伐，调整充实计划生育领导小组，明确领导小组在创建计划生育优质服务工作中的职责和任务，成立“创优”办公室和业务工作指导组。县政府以海政发[2006]23号、24号和40号文件，出台《勐海县创建优质服务站所实施方案》、《勐海县开展计划生育优质服务先进集体争创活动实施方案》、《勐海县2006年省级计划生育优质服务先进县创建实施方案》。以海办字［2006］22号文件出台《勐海县“十一五”期间开展婚育新风进万家活动实施方案》。

【统计数据】

据勐海县统计局公报：2006年年末总人口299684人。出生人口2687人，出生率为8.96%，同比少生195人，出生率下降0.7个千分点。死亡1611人，死亡率5.39‰，同比减少595人，死亡率下降2.03个千分点。自然增长1076人，同比增加400人，自然增长率为3.6‰，同比上升1.33个千分点。

据计划生育统计报表显示：2006年勐海县有已婚育龄妇女62157人， 占总人口比重的21.50%，比上年同期减少547人。女性初婚人数为978人，女性初婚中早婚人数为145人，早婚率13.07%，晚婚人数为293人，晚婚率26.45%。年末落实各种节育措施人数为56582人，综合节育率为89.78%，比上年同期上升0.2个百分点;采取长效节育人数为53625人， 优选节育率为85.10%，比上年同期上升0.76

个百分点；采取绝育的人数为37454人，绝育率为59.91%，比上年同期下降1.45个百分点。

【计生工作暨争创省"优质服务先进县"动员大会】

2006年5月29日上午，勐海县"2006年计生工作会暨创建优质服务先进县"动员大会在县委小礼堂召开。大会表彰奖励"十五"期间为计划生育"创优"工作作出贡献的4个先进集体，为109名曾经为勐海计划生育事业作出贡献的离岗宣传员颁发荣誉证和奖励金。新任县委书记张兴作题为"统一思想、精心实施、全面推进'创建计划生育优质服务先进县'活动"动员讲话，县长岩温、副县长李桂英等领导，就如何开展好"创优"工作具体部署、提出意见和要求。

【计划生育协会换届】

2006年5月29日下午，在县委小礼堂召开勐海县第五届计划生育协会代表大会。选举产生新一届协会理事47人及秘书长和副秘书长，聘请名誉会长4人。表彰先进集体29个，先进个人79人；表彰奖励通过省、州项目考核的5个乡镇、7个村委会； 1个先进个人和2个先进集体代表在大会上交流经验。

【宣传特色】

"5331"宣传工程达标率95%。2006年年末勐海县有公示板987个，基本满足乡(镇)、村公示需要，县、乡、村、组永久性宣传标语2989条，基本达到目标要求。9月，人口计生局牵头，县委宣传部、团县委联合举办"关爱女孩"有奖知识竞赛，20个单位16个队参赛，进入决赛并获优秀以上奖项的有6个队。县委、政府、人大、政协主要领导亲临决赛场指导并为优胜队颁奖。勐海镇是"婚育新风进万家"试点镇，获省人口和计划生育委员会2006年"婚育新风进万家"先进集体荣誉称号。

【计划生育"合格村"高标准验收开始】

勐海县2002年开始实施计划生育村民自治"合格村"创建计划，截至2006年12月31日，85个村委会3个社区中有80个村委会3个社区通过县计划生育村民自治合格村验收，"合格村"达标率94.3%。2006年，"合格村"高标准创建活动开始。通过修改完善后的计划生育村民自治"合格村"标准条件：一是达到"六好、三落实、五到位"要求。"六好"就是领导重视好、政策落实好、依法行政好、服务质量好、民主管理好、队伍作风好；"三落实"就是人员、报酬、待遇落实；"五到位"就是认识、领导、措施、投入、服务五到位。二是验收当年要求达到"五无"，即无计划外生育，无大月份引产，无出生瞒报、漏报，无计划生育集体上访和越级上访，无计划生育恶性案件。

【计划生育技术服务规范化管理开始试点】

2006年县计生工作会议明确要求，必须将技术服务规范管理纳入人口计生综合改革重要内容。勐海县认真研究《省计划生育优质服务实施意见》文本，出台《勐海县争创优质服务先进站所实施方案》，从制度建设、技术人员的培训、优化工作环境、拓宽服务领域等方面深化和突破。整个规范管理以严格技术服务规程，拓展服务领域为重点开展。县人口计生局把服务站作为一个行政管理科室不断加强管理和指导，开始与县服务站签订规范化管理试点目标责任书，授权县服务站管理指导好乡镇服务所工作。

【基础设施建设】

以"创优"为契机，勐海县加快技术服务站（所）的基础设施建设。2006年计生局明确具体负责建设项目的调查储备和基建项目的实施管理。在省、州支持下，投入技术服务网络建设款71.95万元，完成勐混、勐宋两个服务所综合楼新建项目，完成勐满、格朗和两个服务所改、扩建工程。先后为局机关、县、乡服务站解决电脑14台，电视12台，VCD12台，照相机7台，B超6台、显微镜 2台，阴道镜 1 台。目前，县、乡技术服务站（所）基本具备开展以生殖健康为重点的孕前型服务条件，服务站（所）承担的技术服务水平不断提高。

【流动人口规范化管理改革初见成效】

2005年，勐海县结合社区建设在勐海镇开展流动人口规范化管理试点工作，试点工作从2005年4月开始，2006年4月通过评估验收，在试点带动下，勐海县流动人口机构健全，分“动态”管理和“静态”管理两种，正在试行法人责任目标制，区域双项管理制，重点对象双项合同管理制的管理模式。10月中旬，县政府委托业务部门按照年初制订的流动人口规范化管理达标标准对11个乡镇和3个社区、85个机关、企事业单位考核评估，结果显示：被考核单位考核成绩都在85分以上，基本都通过县级达标验收。

【荣誉】

（一）2006年度云南省人口和计划生育先进工作者：

王得高（布朗族）

勐海县布朗山乡乡长

玉叫甩（女、布朗族）

勐海县布朗山乡章家村计生宣传员

（二）2005至2006年度人口和计划生育工作成绩突出工作者：

刘丽辉（女）

勐海县人口计生局办公室主任

2007年

【概况】

2007年勐海县在巩固计划生育“省优”的基础上，继续努力创建“国优”。全年以“创优”为契机，围绕“一目标，两建设，三创优，四规范，五服务”开展工作。“一目标”即人口和计划生育“双线”目标；“两项建设”即技术服务机构的基础设施设备和服务队伍的建设；“三创优”即争创优质服务先进县、乡、村工作；“四规范”即规范基层统计台账、宣传管理、技术服务、流动人口管理工作；“五服务”即落实好宣传服务、执法服务、技术服务、管理服务、制度服务。把全面开展行政执法行动和建立完善计划生育村民自治新机制列为2007年工作重点。经过努力在计划生育行政执法、村民自治、优质技术服务、流动人口规范管理等四个方面作出新成绩。

【统计数据】

据勐海县统计局公报：2007年年末总人口302943人。出生人口3650人，出生率为12.05‰，同比增加963人，出生率上升3.09个千分点。死亡1739人，死亡率5.74‰，同比增加128人，死亡率上升0.4个千分点。自然增长1911人，同比增加835人，自然增长率6.31‰，同比上升2.71个千分点。

据计划生育统计报表显示：2007年勐海县已婚育龄妇女63992人，占总人口比重的20.83%，比上年同期增加1835人。计划生育率97.72%，同比增加1.19个百分点，其中二孩计划生育率为97.67%，同比上升1.66个百分点。

女性初婚人数为1225人，其中，女性早婚人数为289人，早婚率为23.59%，晚婚人数为297人，晚婚率为24.24%。年末落实各种节育措施人数为56757人，综合节育率为88.69%，比上年同期下降1.14个百分点;采取长效节育人数为53918人，优选节育率为84.26%，比上年同期下降1.01个百分点;采取绝育的人数为37159人，绝育率为58.1%，比上年同期下降1.81个百分点。

【领导落实责任制】

勐海县委、县政府领导高度重视计划生育工作，认真落实“一把手”负责制，定期不定期专题听取计生工作汇报，研究、分析、解决工作中存在的困难和问题。3月30日，县委常委专门听取了计生工作汇报；4月26日在县委小礼堂召开2007年人口和计划生育工作会，会议有139人参加，县长岩温作人口和计划生育工作报告。10月17日，县政府专题听取勐海县计划生育双线目标执行情况汇报。

【合格村高标准验收】

勐海县2006年提出创建优质服务先进乡镇、先进站所、先进村民委员会的目标，制订计划生育村民自治“合格村”三年一轮高标准复核制度。截至2007年12月30日，勐海县83个通过县计划生育村民自治“合格村”高标准验收的村委会中，有65个村委会完成计划生育村民自治章程和村规民约的修改，有11个试点村委会申报计划生育村民自治“合格村”高标准验收，有10个村委会通过复查验收。通过验收的村委会，县政府分别给予2000元奖励。

【计划生育行政执法新行动】

行政执法一直是勐海县计划生育工作的薄弱环节。2007年初，勐海县摸底调查结果显示：有历年违法、违规生育2687户，先后查处违规和违法生育278户，查处率达10.34%；依法应征收计划外生育费和社会抚养费333.84万元，实际征收8.45万元，征收率达2.53%。2007年，县政府提出用一年半时间开展计划生育行政法规集中宣传和违法生育集中查处工作，第一次将行政执法工作纳入责任目标管理。人口计生局制订并组织实施《关于集中开展计划生育行政执法活动的方案》。经过半年集中宣传和查处，完成违法、违规生育查处245例，征收社会抚养费（含原条例规定计划外生育费）22.85万元，查处率比集中执法前提高9.4个百分点，征收率提高6.84个百分点。

【“创优”活动推动服务机构落实规范化管理】

2006年起，勐海县将技术服务规范管理纳入人口计生综合改革重要内容。两年来，结合《省计划生育优质服务实施意见》，制订出台《勐海县争创优质服务先进站所实施方案》，从制度建设、技术人员培训、优化工作环境、拓宽服务领域等方面深化和突破。县计生局与县服务站在总结试点经验基础上编制了《勐海县计划生育技术服务规范管理》一书，从服务内容、服务质量、服务标准和服务要求等方面进一步规范计划生育技术服务站所管理。10月县计生局对11个乡镇服务所规范化管理工作进行评估验收，有8个服务所通过技术服务规范化管理验收。县乡服务机构上下联动，积极为勐海县育龄家庭提供宣传、培训和避孕节育技术服务，群众满意率达99%以上，技术服务工作成效明显。一是避孕药具管理更加规范。二是出生缺陷干预工作工程实施成效显现。追踪统计显示：勐海县2006年开始开展出生缺陷干预宣传和营养剂服用试推行中，有635人自愿服用叶酸或福施福。2007年发放叶酸1152瓶，发放福施福250盒，服务站所为服药对象建档并定期跟踪随访。目前，已出生224人，现孕236人，待孕175人，用药情况正常，服药后出生的婴儿无一例异常。三是继续开展以生殖健康普查服务为主的孕前型管理，通过提高检查水平，赢得越来越多群众的信任。四是以人为本的优质技术服务吸引越来越多的育龄群众到服务站检查和进行手术。截至2007年10月，到县服务站做各种计划生育手术2470例，手术量占到勐海县的89.6%，门诊人数达3732人次，住院人数118人次。

【流动人口管理】

2007年，勐海县推行以人为本的流动人口规范管理新模式。一是在宣传服务方面逐步体现温馨化，建立已婚育龄妇女跟踪宣传服务册；二是将流动人口计划生育技术服务纳入免费范围，在宣传服务期间为2974名流动人员育龄妇女进行生殖健康普检普查。三是继续指导和服务好基层的流动人口计划生育管理工作。与单位和社区配合，开展政策法规和健康知识培训；指导勐海镇玉溪流入人员集中的曼贺村委会成立玉溪流动人员计生协会组织，并引导开展活动。四是加强流动人口电脑信息化管理。五是抓住重点和常规管理不放松。2007年末，查验《流动人口婚育证明》10651人，查验率84.73%；为1804个流入人员办理《已婚育龄妇女管理手册》。为133个当年流出人员办理《婚育证明》；与流入人员重点对象签订计划生育管理合同书2683份。

【基层计生协会】

计划生育协会作为计划生育村民自治“合格村”高标准验收重要内容，积极开展组织建设，年末11个乡镇有 8个乡镇48个村委会完成计生协会换届工作。

【李荣参加第一批新农村建设工作队】

2月，单位职工李荣同志参加第一批新农村建设工作队指导员到勐阿镇贺健村委会指导农村工作。

【创省计划生育优质服务先进县】

12月创省计划生育优质服务先进县通过省人口和计划生育委员会考核验收。

【荣誉】

（一）省级计划生育优质服务先进单位称号

勐海县荣获省级计划生育优质服务先进单位称号

（二）2007年度云南省人口和计划生育先进工作者

玉　溜（女、傣族）

勐海县勐遮镇曼恩村计生宣传员

（三）第一届西双版纳人口奖

徐爱萍（女）

勐海县人口计生局局长

2008年

【概况】

2008年勐海县人口和计划生育工作以创建"国家级优质服务先进单位"为契机，以州计划生育"双线"责任目标为重点，围绕"着眼一个目标、突出两个重点、做好三个项目、落实四项措施、强化五项工作"的工作思路开展。"着眼一个目标"：稳定低生育水平，提高出生人口素质。"突出两个重点"：完成好勐海县集中宣传和查处违法生育工作；实施好出生缺陷干预工程，建立起出生缺陷干预一级预防网络。"做好三个项目"：与修正药业集团合作的生殖道感染免费普查和优惠诊治项目、少生快富项目、服务站（所）基础设施建设项目。"落实四项措施"：加强政策研究，建立和完善人口和计划生育考核评估体系；加大监督检查，抓好过程管理；加强统筹协调，建立服务机制；落实协会工作，引导群众自我教育、自我管理、自我服务。"强化五项工作"：强化"三级创优"工作；强化宣传工作；强化人口和计划生育基础台账规范化管理工作；强化计划生育技术服务规范化管理工作；强化流动人口规范化管理和服务工作

【统计数据】

据勐海县统计局公报：2008年年末总人口332500人。出生人口3633人，人口出生率为11.81‰，同比减少17人，出生率下降0.24个千分点。死亡1711人，死亡率5.60‰，同比减少28人，死亡率下降0.14个千分点。自然增长1922人，同比增加11人，自然增长率4.81‰，同比下降1.5个千分点。

据计划生育统计报表显示：2008年勐海县已婚育龄妇女65119人，占总人口比重的19.58%，比上年同期增加1127人。女性初婚人数为1400人，女性初婚早婚人数为169人，早婚率为12.07%，晚婚人数为337人，晚婚率为24.07%。年末落实各种节育措施人数为57812，综合节育率为88.78%，比上年同期上升0.09个百分点；采取长效节育人数为55039人，优选节育率为84.52%，比上年同期上升0.26个百分点。

【计生工作会议】

2008年4月24日，在县委小礼堂召开2008年人口和计划生育工作会暨争创全国计划生育优质服务先进县动员大会。会议有155人参加。县长吴江玲作争创全国计划生育优质服务先进县动员讲话。当年县委常委两次专题听取计划生育专题汇报，把创建"国家级计划生育优质服务先进单位"和修改勐海县计划生育"黄牌警告"制度纳入督察、督办范围，专题讨论并将流动人口计划生育服务工作纳入"创优"要求，决定每年增加流动人口管理和服务经费5万元。8月21日县政府召集相关部门及流动人口集中的乡（镇）、社区，召开流动人口计划生育研讨会。

【合格村】

2008年末，勐海县有26个村委会通过计划生

育村民自治合格村高标准复查验收，其中当年验收有16个村委会。

【第二届国策杯文艺演出】

2008年1月28日，在县"两会"换届期间，人口计生局与文化部门再次合作，成功举办第二届国策杯文艺演出，有11个乡镇代表队参加。

【第一次公益性广告宣传】

勐海县政府在迎宾路设置了一幅长12米，高5米计划生育大型公益性广告宣传牌。紧接着各个乡镇政府也在公路沿线和醒目的地方悬挂计划生育公益宣传广告，树永久性宣传碑、宣传柜、订立瓷牌标语等，利用宣传袋和开展节日赠送计划生育宣传品（如：围腰、环保袋、明信片、笔记本）等，计划生育宣传的社会效应越来越高。

【服务机构"三创优"形成制度】

勐海县计生服务站结合《争创优质服务站所实施方案》认真制订服务站所年度"创优"工作计划。围绕环境优美、技术优良、服务优质、管理优秀、群众满意 "四优一满意"目标落实"三级创优计划"即：创建花园站所、创建优质服务站所、创建优质服务先进站所。通过努力，年内有8个服务所通过 "优质服务单位"的评估，被授予"先进"称号，受奖单位由政府委托计生局组织省外参观考察，年末嘉奖1000元。

【流动人口管理】

2008年流动人口综合管理基本形成格局，在流动人口集中地建立计划生育协会工作进展顺利，年末流动人口协会已经从1个发展到8个。

【基层统计台长又有新规范】

基层统计是整个人口和计划生育管理的基础和支柱。2007年来，我县不断改进管理、规范和简化台账登统方式，启动电子计算机实施分类管理，制订出台《勐海县基层统计台账管理实施意见》。统一印制总人口登记册和各类相关表册；规范台账设置；进一步明确县、乡各级在统计工作中的职责；完善计划生育年报、定期报告、随访、例会四大制度。将台账管理纳入"三级创优"考核的重要内容，通过反核或复核。年末，11个乡（镇）83个企业和机关单位，基本启动新统计台账，台账建账率达到100%，运转合格率在90%左右。

【第三届"人口杯"运动会】

2008年2月29–3月3日，勐海县承办全州计生系统第三届"人口杯" 运动会。勐海县人口计生局荣获团体总分第一名，篮球比赛第一名。

【张庆海当选县人大副主任】

2008年1月30日第十三届人民代表大会选举张庆海同志为第十四届勐海县人大常委会大副主任。

【张庆海离任】

2008年2月3日张庆海离任。

【徐爱萍参加第二批新农村建设工作队】

2008年2月县人口计生局长徐爱萍参加第二批新农村建设工作队，到勐阿镇嘎洒村委会指导农村工作。

【徐爱萍连任】

2008年3月，徐爱萍同志连任勐海县人口和计划生育局局长。

【科技大练兵】

2008年4月1日至28日开展科技大练兵活动，有40名科技人员积极参加科技大练兵活动。举办培训班4次，先后有36名技术人员参加学习考试，参学率达97%，考试成绩平均为89.9分。

【设备配置】

2008年6月省人口计生委优配县服务站价值18万元全自动生化分析仪一台，至年末肝肾功能检查105 例。

【SDP项目】

2008年10月服务站接受国家"十一五"科学支撑计划课题皮下埋植剂放取手术（SDP），项目负责人范慧芬，成员玉嫩养、段玉萍。

【出生缺陷干预实施工程纳入目标管理】

2008年，勐海县进一步强化"出生缺陷"干预工程的实施，制订《实施方案》，以项目活动的形式，从省计生科研所请来专家协助培训，开展已婚育龄妇女重点对象生育健康普查服务。培训涉及县城和11个乡镇的计划生育技术服务员、计划生育专兼职干部、村委会宣传员和自愿参加宣传活动的农村骨干妇女共720人；先后为7594名已婚育龄妇女进行生殖健康检查和孕检；11月服务站引进出生缺陷预防干预工程第三代产品，国家唯一指定孕妇营养素——福格森。特别邀请省福格森公司从事预防出生缺陷工作的高级技术人员授课，7名县服务站相关人员，45名乡镇计生所服务人员，80名宣传员，13名村民小组组长，580名群众参训。此培训是服务站成立以来规模较大，较深入的一次培训。

【创“国优”通过验收】

2008年12月勐海县“创建全国计划生育优质服务先进县”工作通过国家人口和计划生育委员会验收，被确定为国家级优质服务先进县。

【少生快富工程】

2008年勐海县11个乡镇85个村委会符合享受“少生快富”政策的家庭10829户，其中独生子女户5094户，双女户5735户，发放奖励金2982.6万元。

【特别扶助政策】

自2008年9月国家实行特别扶助政策以来，勐海县有208人享受特别扶助政策，其中伤残家庭11人，死亡家庭197人。

【荣誉】

（一）全国计划生育优质服务先进单位

勐海县被国家人口计生委授予“全国计划生育优质服务先进单位”荣誉称号

（二）2008年度云南省人口和计划生育先进工作者

白文海（哈尼族）

勐海县人口计生局流动人口管理办公室主任

勐腊县

2006年

【概况】

2006年，勐腊县人口计生工作，以降低生育水平为目标，围绕“双线”目标责任管理，以计生优质服务、“兴边富民”、“国债”、“出生缺陷干预”工程为载体，强化队伍建设，努力探索计生村（居）民自治新方法，建立新机制，各项工作取得新进展。

【统计数据】

2006年年末勐腊县总人20.75万人。出生1970人，出生率9.6‰；死亡794人，死亡率3.87‰；自然增长率5.73‰；计划生育率79.92%，比去年同期增1.77%。

【“奖优免补”激励机制进一步完善】

把“奖优免补”政策落实纳入年度目标责任考核，采取领导分片负责，跟踪问效，进一步规范工作制度。“三公开”、“三公示”、“四权分离”的工作机制日益完善。数据录入率、准确率、政策兑现率100%。累计2073户农业人口家庭自愿办理了《独生子女父母光荣证》，其中2006年新办194户，完成年度计划的129.3%。县财政为农业人口独生子女落实了每月10元保健费，一次性补发2003至2005年1295户231672元。

【计生优质服务见成效】

按照“六好一满意”的要求，结合勐腊实际，制订了《勐腊县2006年省级计划生育优质服务先进县创建实施方案》。组织乡、村医技人员到县级医疗卫生机构学习，以会代培，派出医疗小分队入村就诊，促进计生技术交流，完善县、乡计生服务站、所工作机制，夯实医学监护，开展避孕知情选择服务，实现计生管理重心前移，向孕前管理转变。为积极争创省级优质服务先进县打下基础。

【乡镇计生服务所综合服务楼建设加快】

2006年11月，完成勐捧镇计生服务所综合服务楼工程验收。该楼建筑面积413平方米，占地面积3270平方米，二层钢筋混凝土砖混机构，工程造价53万元，其中县级投入19万元。勐仑镇计生服务所综合服务楼列入"国债"建设项目，尚勇镇计生服务所综合服务楼列入省"兴边富民"建设项目。

【加大疑难案件查处力度】

勐腊县共有人口计生行政执法人员25人，其中行政委托执法18人，在坚持以服务促管理同时，重视行政执法。一是抓好执法人员法制培训，规范计生法律文书制作；二是加强对基础薄弱乡镇的违法生育案件查处。多次深入勐伴镇的曼燕村、龙嘎村，勐仑镇等，对历年集结的违法生育案件进行处理，协助乡镇查处疑难案件12起，维护了计生法律法规严肃性，有效遏制政策外生育势头。

【流动人口计生管理不断加强】

县、乡成立了流动人口计生管理领导小组，为流动人口开展必要的人口计生法律咨询、生殖健康服务、办理孕检证明，查验流动人口《婚育证明》，乡镇与辖区各经营业主，出租房主以合同书的方式加强对流动人口计生管理，基本实现了流动人口计生信息平台通报与常住户籍地双向互动享受管理，信息平台反馈率达85%以上。

【推广使用安全套防治艾滋病取得实效】

按照《勐腊县推广使用安全套防治艾滋病工程实施方案》和《勐腊县推广使用安全套防治艾滋病工程工作计划》。以县计生服务站为供应站、各乡镇计生服务所为供应点的安全套营销发放网络，与各单位、各经营主业建立了供求联系，保障计生服务系统在安全套推广工程中的主渠道作用。勐腊县185所宾馆、酒店、旅店、招待所等经营场所全部摆放了安全套，摆放率及产品合格率均达100%。

【人口出生缺陷干预工程启动】

勐腊县是全省人口出生缺陷干预工程项目试点县之一。2006年8月21日，勐腊县召开人口出生缺陷干预工作启动会，成立了县人口出生缺陷干预工作领导小组，制发了《勐腊县人口出生缺陷干预工作实施方案》、《勐腊县人口出生缺陷干预工作婚（孕）前培训实施意见》及《勐腊县人口出生缺陷干预工作免费发放叶酸管理办法》，县财政配套资金4万元，9月启动基线调查，锁定目标人群，11月对业务人员进行培训。尿液、血液分析仪、显微镜等专用设备配备到位，出生缺陷干预工程有序开展。

【制订和完善村民计生自治章程】

勐腊县52个村委会有41个村委会制订了村民计生自治章程，占79%，乡镇出台了计生村民自治实施方案，占70%。

【荣誉】

勐腊县勐腊镇计生办计生助理玉旺叫（女、傣族），被云南省人事厅、省人口计生委评为"2006年度云南省人口和计划生育先进工作者"。

2007年

【概况】

2007年，勐腊县人口计生工作以"双线"责任目标为主线，坚持"一手抓人口数量，一手抓人口质量"，着力抓好基础设施建设，大力实施推动出生缺陷干预工程及推广使用安全套防治艾滋病工程，统筹兼顾、创新发展，突出"奖优免补"、案件查处、流动人口计生管理等重难点工作，人口计生各项工作进一步加强，圆满完成了人口计生各项任务。

【统计数据】

2007年年末，勐腊县总人口212803人。出生2128人，出生率10.13‰；死亡815人，死亡率3.88‰；自然增长率6.25‰；早婚率比去年同期下降2.32%，计划生育率97.56%；综合节育率92.51%。

【强化"双线"责任目标管理，促进各项任务完成】

县委、县政府重视人口计生工作，把人口计划与经济发展同部署、齐落实。强化“双线”责任目标管理，坚持人口计生 “一票否决”和“黄牌警告”，增强各级抓好人口计生工作责任意识。年初、组织召开2007年度卫生、计生暨鼠害联防工作会议，兑现2006年度乡镇人口计生 “双线”责任目标奖9万元，与乡镇签订当年“双线”责任目标管理书。年内多次派出责任目标督导组巡回乡镇检查、指导，4次召开县长和常务会议研究解决工作中的热点难点问题，落实了村级计生宣传员的县级每月60元的补贴，增加计生事业经费投入，保障计生工作开展。2007年，勐腊县全面完成了与州签订的“双线”责任指标；各乡镇较好地完成了与县签订的“双线”责任指标任务。

【“奖优免补”政策更加深入人心】

加大“奖优免补”政策宣传同时，加强对各环节工作衔接与部门之间的协调，狠抓统计数据准确率，录入吻合率，进一步规范对跨乡镇就读、异县就读学生申报程序，所有申报家庭信息经公布录入国家养老扶助网站、省“奖优免补”专网。数据录入率、准确率、政策兑现率达100%。累计办理农业人口独生子女父母光荣证2189户，当年新办116户，自愿办证率达100%，巩固率达99.99%。县财政共投入计生事业经费193.34万元，及时完成了“奖优免补”、农业人口独生子女保健费、省“兴边富民”工程等各类配套资金。2007年，共兑现“奖优免补”资金50.324万元，其中一次性奖励97户185人9.6万元；799人享受了义务教育奖学金14.474万元；补助年满60周岁的独生子女父母399人26.25万元，其中独男181人，独女192人，无子女26人。兑现14周岁以下农业人口独生子女1411人的保健费16.25万元。

【基层服务网络建设加快】

借“国债”项目、省“兴边富民及州“民心工程”之机，先后完成6个乡镇计生服务所综合服务楼立项（勐捧所、尚勇所、易武所、勐腊镇所、勐仑所、关累所）、计生基础设施建设进入快速发展黄金时期。勐腊县10个乡镇计生服务所中有3个计生服务所完成新建，1个计生服务所在建，建设投资达204.9万元，总建筑面积1907平方米。争取资金19万元解决了勐满镇、关累镇、勐伴镇计生服务所原拖欠工程款，计生服务网络硬件建设得到实质发展，服务环境明显改善。2007年6月和12月，分别完成了尚勇镇计生综合服务楼、勐腊镇计生服务所改扩建项目建设。

【推广使用安全套防治艾滋病工作取得成效】

由勐腊县人口计生局牵头实施的推广使用安全套防治艾滋病工程工作，在各相关部门配合下，充分发挥计生三级服务网络资源优势，狠抓 “市场供应、业务培训、宣传教育”等重点环节，积极构建安全套发放营销网络，探索建立健全安全套供应长效机制，形成以重点场所高危人群有偿使用，一般人群免费提供、市场随机供应的良好局面。勐腊县185家宾馆、饭店等重点场所100%摆放了安全套，到2007年通过计生服务网络发放避孕套累计41728支（其中2007年摆放9080支）。发放AIDS宣传材料55300份，展出防治艾滋病宣传图片60张，累计发放安全套41728支，接受咨询13500人次，培训业主235人次，累计投入推广使用安全套防治艾滋病工作经费近10万元。

【出生缺陷干预试点工作成效显署】

出生缺陷干预，按照《勐腊县人口出生缺陷干预工作实施方案》，重点开展 “一、二”级干预，引导群众提高孕期保健意识。采取县城附近对象到县计生服务站、边远村寨由技术工作人员下乡服务的方式，加强查环、查孕等基础工作。视不同人群，实行有偿购买与免费发放（农村对象全部免费发放）叶酸片的方式，有效提高叶酸片使用率。2007年，勐腊县共有待怀孕夫妇1424对，婚前培训1972人，孕前检查1159人，发放叶酸10134瓶，免费服用叶酸1159人6954瓶，占待怀孕夫妇1424对的81.39%，有偿购买149人次。目标人群中正常分娩214人，在孕277人，未孕649人，流产19人，尚未出现一例出生缺陷。

【依法行政有新突破】

社会抚养费征收难是困扰计生工作的一大难题。针对这一问题，县人口计生局，制发了《关于在勐腊县统一时间开展违法生育案件清理查处活动的通知》，要求各乡镇、单位对2002年9月1日至2007年12月期间发生的各类违法生育案件进行清理查处。各乡镇党委、政府非常重视此项工作，组织持有行政执法证人员组成小分队进村宣传政策、登记核实上报查处，通过半年的清理查处，执结率较往年有大幅度提高，其中7例违法多生育已立案征收，净化了执法环境。勐腊县共查处违法生育案件592例，其中无《生育证》生育162例，间隔不到生育156例，早婚267例，违法多生育7例，共征收社会抚养费和处罚金307730元，上缴县级财政304460元。继县设立流动人口计生管理股后，各乡镇均成立相应的管理机构，城区居委会指派一名人员负责流动人口计生管理日常工作。县、乡镇开设了流动人口计生服务窗口，每年开展一次勐腊县集中清理查处活动，坚持谁用工谁管理，谁出租房屋谁负责的原则，促进流动人口计生管理。2007年，勐腊县流动人口23710人，中期：流入17812人，流出5898人，已婚育龄妇女6561人，共查验婚育证明5533人，办理婚育证明105人，累计投入流动人口计生管理经费25470元，采集流动人口信息19人、流动人口信息平台反馈率70%。

【幸福工程·救助贫困母亲行动项目启动】

北京市资助幸福工程勐腊项目，救助贫困母亲行动于2007年11月1日正式启动。项目实施中，有针对性地选择勐伴镇、瑶区乡、象明乡、勐腊镇60户计生贫困母亲家庭，并对其发放无息贷款28.5万元，用于发展种植、养殖业，通过项目资金扶持、帮助她们早日改变贫困状况。

【荣誉】

勐腊县人口计生局局长依腊波（女、傣族），被云南省人事厅、云南省人口计生委授予2007年“云南省人口计划生育先进工作者”称号。

2008年

【概况】

勐腊县委、县政府加强对人口计生工作领导：一、在评选先进、干部任免、部门绩效考核实行人口计生“一票否决制”；二、6月13日召开卫生、计生、鼠害联防工作会议，兑现2007年“双线”责任目标奖77.680元。县政府与乡镇政府，县人口计生局与乡镇计生办签订2008年“双线”责任目标管理责任书；三、对乡镇2007年工作执行情况按照“黄牌警告”制度实行奖惩；四、全年召开5次政府常务会议，研究解决疑难问题，协调各部门综合治理；五、在乡镇机构改革中保留专职计生助理员，同时对中心乡镇（勐腊镇、勐捧镇）各增编一名；六、把农业人口、城镇零就业家庭独生子女保健费纳入为民办实事工程落实，进一步加强人口计生工作领导。

【统计数据】

2008年，勐腊县总人口217256人，勐腊县出生1971人，出生率9.17‰；计划生育率98.07%；综合节育率92.14%；独生子女领证率20.16%；死亡率4.01‰；人口自然增长率5.15‰。

【开展解放思想大讨论】

学习活动分三个阶段进行，通过自学和集中学习全体职工共撰写心得体会18篇，采取发放征求意见表、设立意见箱、召开座谈会、互相谈心等形式，广泛征求各方面意见和建议，查找班子及班子成员、广大党员干部在工作、思想、廉洁自律等方面存在的差距和不足，通过开展批评与自我批评，有针对性地进行整改，树立了形象，促进计生工作发展。

【人口计生“两支”队伍整体水平不断提高】

计划生育行政执法及专兼职计生工作人员，通过逐年的职业继续教育、政策法规、统计等全方位的业务培训和自学相结合，熟练地掌握和提高办事效率；通过采取举办检验、B超技术常规等技能培训，计生医技人员分期分批到县级医疗机构学习进修，开展科技大练兵等活动提高技术服务的自身理论及实践技能知识，不断提高“两支”队伍思想政治素质和服务水平，促进人口计生工作规范管理。

【优质服务达省标】

在深入总结五年优质服务工作经验的基础上，制订了《勐腊县创建省级计生优质服务达标县实施意见》，对县达标工作进行规划：一是按照“四优一满意”的要求加强服务站、所建设，实现“人员、房屋、设备”三配套；二是加强医技队伍培训；三是组织站、所长到外县学习达标经验；四是坚持将优质服务与出生缺陷一级预防、推广使用安全套防治艾滋病工程相结合。做好“二查、四查”，在开展随访时，把艾滋病的危害和预防艾滋病的科学知识宣传到千家万户，让群众懂得保护自己，远离危险行为，群众对计生服务满意度达95%以上。年终，经省检查组检查验收：“勐腊县计生优质服务达省级先进县标准”。

【计划生育奖励优惠政策得到全面落实】

2008年，办理农业人口《独生子女父母光荣证》150户，其中：一次性奖励金127户；免义务阶段奖学金小学692人，初中262人；补年满60周岁独生子女父母资金符合对象442人，其中独男户203人，独女户212人，无子女户27人。2008年，勐腊县是全省“少生快富”试点县之一。11月正式启动；11月6日县对乡镇工作人员进行培训。11月25日前，村委会、乡镇完成调查、资格确认、填表、初审、公示、审核，县人口计生局进行复核、审批，并录入汇总上报工作。勐腊县共申报“少生快富”工程独生子女户2047户，双女户2811户，共需发放奖励金1299.8万元。2008年9月23日，勐腊县计生家庭特别扶助工作正式启动。对乡镇、县属单位工作人员进行业务培训1天，10月5日前，完成了村（居）委会、乡镇、县级的资格确认，初审、审批申报并录入特别扶助网站。勐腊县共有“特扶”对象60人，其中子女伤残家庭4人，独生子女死亡家庭56人。

【规范管理，加大处罚力度】

2008年依法行政着力抓好：一是计生执法人员继续培训，案件处理中做到行政主体合法、程序合法、法律文书健全规范；二是加大对违法“丁子户”的处理力度。执法中做到严禁粗暴执法，以理服人，依法管人，使部分“丁子户”主动接受处罚；三是严肃纪律加强执法监督。县人口计生局每年对委托执法乡镇进行案件检查监督，年终将社会抚养费征收票据及金额全额上缴县财政。2008年，勐腊县共立案查处违法生育案件280件，征收社会抚养费和罚款377738元。

【流动人口计生管理有新招】

县政府制订了《关于建立人口计生工作联席会议制度的通知》，转发《州政府办公室‘关于进一步加强流动人口计生工作的通知’》，《勐腊县流动人口计生管理有关部门职责》，规定每半年定期召开流动人口计生工作联席会议，县、乡经常性地开展对流动人口计生登记、查验“婚育证明”，把信息纳入信息平台管理，协助流动人口户籍地计生部门到本县清查、处理违法生育案件。2008年，勐腊县共有流动人口2.37万人，县、乡开展清理清查121次，查验“婚育证明”2736人，流动人口建账率达90%。

【出生缺陷一级预防有序开展】

按照省级和本县实施方案，研究制订了《勐腊县开展出生缺陷一级预防工作实施意见》，一是抓住优生宣传教育不放松，加强指导优生检测；二是抓住孕期服务不放松，努力引导广大群众提高孕期保健知识，实现预防关口前移；三是确保出生缺陷一级预防按质按量开展，在县、乡服务站、所配置冰箱共11台、离心机11台、冷藏包24个以及试验常规检验器材，使血液储藏运输管理及保存检验工作得到进一步提高。2008年，出生缺陷一级预防目标人群全程跟踪服务1590对3180人，服用叶酸436份8616瓶，宣传面达100%。婚、孕前培训159对3180人，培训指导率100%，孕前检查4012对2019人，孕前检查率63.49%以上。采取多渠道、多方式进行广泛深入宣传，取得了明显成效，具体是：在重大节日和少数民族节日，开展宣传咨询服务活动；开展“三下乡”活动，对流动人员进行计生宣传培训；深入边远少数民族村寨开展计生知识培训，与县科技局在城区联办计生宣传一条街，乡、村重新刷写了标语口号每村3至4条，印制“一法三规”宣传单8万份，发至勐腊县农户家庭；创办了勐腊人口网等营造了良好氛围。

【基层服务网络建设】

2008年6月，易武乡计生服务所综合服务楼竣工验收。象明乡计生服务所综合服务楼列为州政府“民心工程”，并破土动工。

【关爱女孩，力促出生人口性别比平衡】

及时转发了有关综合治理出生人口性别比升高问题的文件，进一步明确了县属部门的职责，对医院、药店及拥有B超的私营诊所进行B超的管理与使用，终止妊娠手术的审批、登记，终止妊娠药品的销售管理等情况，做到常检查、常督促，开展“关爱女孩”、“少生快富”、“奖优免补”、“幸福工程救助贫困母亲”项目活动，优先扶助计生户、双女户发展生产，促进出生性别比的稳定，2008年勐腊县出生人口性别比111。

【勐仑镇“林权改制”工作中加强边远村寨计生政策宣传】

勐仑镇人民政府在“林权改制”工作中，针对边远村寨计生工作薄弱情况，把“林权改制”、计生工作融入一体同宣传、同服务。在“林权改制”政策宣传活动会上进行宣讲，印制计生宣传单2000份，发放到农民家中，受到群众欢迎。

【荣誉】

勐腊县勐腊镇曼龙代村委会计生宣传员咪尖逢被云南省人事厅、省人口计生委评为“云南省人口和计划生育先进工作者”，并受到表彰。

大理州人口和计划生育委员会

大理州

2006 年

【概述】

大理州人口和计划生育工作稳步实施，人口过快增长势头得到有效控制。截至 2006 年末，大理州总人口达 343.97 万人。“十五”期间，大理州人口年均出生率为 12.10‰，比“九五”期间的 14.57‰降低 2.47 个千分点，人口出生率降至较低水平；年均人口自然增长率为 6.55‰，比“九五”期间降低 1.59 个千分点；计划外出生人数由“九五”末的 206 人减少 100 人，下降 51.46%；计划生育率由 99.56%提高到 99.69%，提高 0.13 个百分点。

【全面完成 2006 年度各项工作责任指标】

2006 年是实施“十一五”人口规划的开局之年，大理州的人口与计划生育工作紧紧围绕年初确定的“围绕一个目标，完成四个责任书，做好十项工作”的基本思路和奋斗目标，认真贯彻落实中央、省州人口资源环境工作座谈会和人口与计划生育工作会议精神，各项工作取得了新的进展，全面完成了年初与省人民政府签订《责任书》中各项工作责任指标。根据计生统计工作年报(2005 年 10 月 1 日 ~ 2006 年 9 月 30 日)，2006 年大理州总人口 344.83 万人，期内出生 34413 人，出生率为 10.06‰，与上年同期相比下降 0.77‰，比省下达的出生率控制在 12.6‰的指标低 2.54 个千分点；死亡 18796 人，同比减少 919 人，死亡率为 5.49‰，同比下降 3.33‰；自然增长 15617 人，同比减少 1303 人，人口自然增长率为 4.56‰，同比下降 0.44‰；年增长 52701 人，年增长率为 15.40‰；计划生育率为 99.53%；综合节育率为 90.59%；出生婴儿性别比保持在 106 以内。大理州人口与计划生育工作继续保持了良好的态势。

【稳步推进三项重点工作】

一是截至 2006 年 12 月 31 日，大理州农业人口领取《独生子女父母光荣证》的户数累计达 47392 户，其中 2006 年 1 月 1 日至 12 月 31 日新领证 7298 户。年内符合享受“一次性奖金”5889 户，兑现资金 562 万元；符合享受“教育奖学金”22910 人，兑现资金 418 万元；符合享受“养老生活补助”5126 人，兑现资金 337 万元；符合享受中考升学加分

683人，被录取382人，符合享受高考升学加分83人，被省内大专院校录取57人。二是推行计划生育合同管理，一年来，大理州签订各类计划生育合同占应签对象的80%以上，履约情况良好。三是优质服务整体水平得到提升。有11个乡级计划生育服务所通过验收，成为大理州优质服务示范所。较好地发挥了宣传教育、人员培训、药具管理、技术服务四大功能。

【国家人口计生委主任张维庆到大理州检查指导工作】

2006年7月27日，中共中央委员、国家人口计生委主任张维庆到大理州检查指导工作。

张维庆专题听取了州委书记顾伯平、州长赵立雄所做的工作情况汇报。对大理州人口与计划生育工作取得的成绩给予了充分肯定。他说，州委、州政府切实做到党政一把手“亲自抓，负总责”，做到了认识到位、责任到位、措施到位、投入到位，这是多年来大理州的人口与计划生育工作取得显著成绩的根本保证，这一成就也为大理州的经济、社会、环境、资源协调和可持续全面发展作出了巨大贡献。他指出，大理州人口与计划生育的工作思路和工作方法发生了重大转变。一是新的机制基本建立，如依法管理、村（居）民自治等，用政策推动，综合治理，特别是创造性地开展了合同管理，使新机制建设取得了突破性进展，很有特点。二是利益导向政策措施基本落实，各级财政拿出5000万元来解决计划生育家庭面临的实际困难和问题，解决了基层计划生育家庭的实际困难，缓解了老百姓的后顾之忧，是一个得民心的德政之举。三是大理州人口与计划生育工作的服务网络在基层比较健全，“纵向到底，横向到边”。四是相关部门密切配合、综合治理的工作格局基本形成。大理州的人口与计划生育工作已经走上了良性发展的健康轨道，从行政管理为主，逐步走向优质服务、依法行政。大理和全国的平均水平一样，同步进入了新的阶段。张维庆要求，进入新阶段后，大理要率先建成全国统筹解决人口问题的示范区。

【流动人口计划生育管理条例公布实施】

《云南省大理白族自治州流动人口计划生育管理条例》经大理白族自治州第十届人民代表大会第四次会议于2006年2月21日通过，云南省第十届人民代表大会常务委员会第二十二次会议于2006年5月25日批准，自2006年7月1日起施行。《条例》适用于进入、离开本州或者在本州内异地从业、居住、生活的育龄流动人口，流动人口享有现居住地户籍人口同等的计划生育技术服务的权利；实行计划生育的夫妻，享受国家规定的计划生育免费技术服务项目；《条例》对公安、民政、劳动和社会保障、建设、工商、税务、教育、文化、卫生等有关部门，按照各自的职责共同做好流动人口计划生育管理和服务工作，对乡镇人民政府、村（居）民委员会、社会团体、企事业单位以及物业管理、中介机构对流动人口计划生育服务与管理作出了明确规定，《条例》全文共二十七条。6月29日，州人大召开《流动人口计划生育管理条例》公布施行大会，州人大常委会主任赵波、州人民政府副州长周军就《条例》公布实施作了重要讲话，州人口计生委主任李桂芳就贯彻实施《条例》提出了具体意见。

【省政府督察组对大理州推广使用安全套防治艾滋病工程工作进行调研】

2006年8月23日，省人口计生委、省推广使用安全套预防艾滋病工程工作组成员单位有关领导、有关专家和各州、市人口计生委科技科长组成的省政府督导调研组，对大理州2006年推广使用安全套防治艾滋病工程工作进行调研。2006年，大理州根据《云南省艾滋病防治办法》和《大理州推广使用安全套防治艾滋病工程实施方案》，以州人口计生委牵头，旅游、公安、工商、药监、卫生等部门配合，认真实施“推广使用安全套防治艾滋病工程”。统一制作标志牌21000个，按县市住宿业房间数发放到宾馆、酒店。免费发放安全套

48000只，宣传资料24254张（册），提供给宾馆、酒店和公共娱乐场所摆放安全套96115只，免费调拨给各县市12.8万只，为236个星级宾馆安装了自动售套机，并开展了对高危人群、宾馆业主和管理人员防艾知识的培训。省政府督察组采取听、看、查、访的形式进行调研，一是听取了州人口计生委和相关部门的工作情况汇报，二是认真查阅了大理州开展推广使用安全套防治艾滋病工程工作的相关文件资料，三是抽查了大理州的大理市、祥云县、弥渡县开展工作情况。四是对大理州各县市所在地宾馆、酒店和公共娱乐场所摆放安全套、自动售套机设施进行随机现场抽查，对相关人员进行个别访谈，通过考察，督导调研组对大理州2006年推广使用安全套防治艾滋病工程工作给予了充分肯定。

【大理州祥云、弥渡、永平列为省人口出生缺陷干预工作试点县】

2006年7月，祥云、弥渡、永平三个县被列为全省25个人口出生缺陷干预试点县，根据《云南省人口出生缺陷预防规定》和《云南省人口出生缺陷干预工作实施细则》，第一批率先启动人口出生缺陷干预试点工作。试点期间，三个县对新婚和计划怀孕生育的农业人口夫妇免费享受新婚培训、孕前检查、孕期叶酸营养素增补、随访和产前筛查等服务。通过系列服务的开展，防止和减少出生缺陷婴儿，降低出生缺陷发生率，不断提高人口素质。

【州人口计生委在企业评议活动中名列第二】

2006年12月6日，州企业合法权益保障委员会召开了大理州2006年度企业评议行政经济管理和公共服务部门评议大会，对州级33个行政经济管理和公共服务部门依法行政、政务公开、办事效率、服务态度和服务质量、廉洁行政等方面的情况进行评议。州人口计生委以96.04%的满意率名列第二。

【大理州基层计生协会和先进工作者受国家计生协表彰】

2006年1月，大理州3个计生协会、3名计生协工作者、5名计划生育志愿者受中国计划生育协会表彰。3个先进基层计生协会是：大理市大理镇计生协、宾川县老赵村计生协、漾濞县龙潭村计生协；3名先进计生协工作者是：白仕昌（大理州计生协办公室）、赵素媛（鹤庆县计生协）、李开明（南涧县计生协）;5名先进计生工作志愿者是：吴芳（大理州妇联）、杜梅（大理州妇幼保健院）、李海燕（大理学院附属医院）、王学芬（祥云县计生协）、石钰（弥渡县计生协）。

【荣誉】

李桂芳同志荣获云南人口奖

2006年2月，云南人口奖遴选委员会发布第一届云南人口奖遴选结果，大理州人口计生委主任李桂芳同志获此殊荣。

大理州人口与计划生育先进工作者受表彰

云南省人事厅、省人口计生委表彰2006年度人口与计划生育先进工作者。

大理州受表彰的情况是：

王慧君（宾川县人民政府副县长）、

张学全（漾濞县人口计生局局长）

赵永福（洱源县人口计生局副局长）

王福云（祥云县计生服务站站长）

杨毅军（巍山县五印乡计生专干）

刘美仙（弥渡县弥城镇谷芹村委会宣传员）

尹宏光（云龙县表村傈僳族乡科立村宣传员）

2007年

【概述】

2007年，大理州的人口和计划生育工作续稳定健康发展的良好态势，各项工作取得了新的进展，全面完成与省人民政府签订《责任书》中各项工作责任指标。

【统计数据】

根据计生统计年报，2007年大理州总人口

345.17万人，期内出生31399人，出生率为9.12‰，与上年同期相比下降0.48‰，比省下达的出生率控制在12‰的任务数低2.88个千分点，死亡21165人，与上年同比增加2207人，死亡率为6.15‰；同比上升0.62个千分点，自然增长10234人，同比减少3752人，人口自然增长率为2.97‰，同比下降1.10个千分点，计划生育率为99.5%；比省下达任务数99%高0.5个百分点，综合节育率为90.83%；出生人口性别比保持在106以内。经省人民政府组织检查考核，大理州全面完成了2007年度人口与计划生育责任指标。

2007年大理州人口与计划生生育工作的态势，①出生人数减少，出生率下降，死亡人数增加，死亡率上升，自然增长人数减少，自然增长率下降，但年增长人数增加，年增长率略有提高；②分孩次的出生人数均比上年同期减少，一孩率略有上升，二孩率和多孩率略有下降，出生人口性别比保持在正常范围；③计划内出生人数减少，计划生育率略有下降，计划外出生人数略有增加，但计划外多孩出生人数减少；④女性初婚人数增加，其中早婚人数和晚婚人数均有不同程度增加；⑤已婚育龄妇女人数增加，综合节育率略有上升；⑥领取独子女证人数增加，农业人口家庭独生子女领证率上升。

【三项重点工作初见成效】

一是截至2007年12月31日大理州农业人口领取《独生子女父母光荣证》的户数累计达52396户，其中2007年1月1日至12月31日，新领证的有4473户，年内，兑付“一次性奖金”369.5万元，符合享受“养老生活补助”5482人次，兑付资金359.77万人,符合享受‘义务教育奖学金”26205人次，兑付资金483.78万元，符合享受中考、高考升学加分的共有268人，其中有165名考生因享受照顾加分被录取。完善计划生育合同管理制度，除祥云县开展计划生育村民自治工作外，11个县市开展计划生育合同管理，在大理州70.68万已婚育龄妇女中，已落实各种节育措施人数达64万人，综合节育率为90.83%，长效避孕时率达88%，分别比上年同期上升0.34和0.24个百分点，签订各类计划生育合同占应签对象的80%以上，履约情况良好。三是祥云、弥渡、永平三个县被列为全省25个人口出生缺陷干预试点县以来，大理州加大了贯彻落实《云南省人口出生缺陷预防规定》工作的力度，增加了经费投入，加强了新技术，新产品的推广，到年末，除三个试点县外，共下发“叶酸”片79.5件，下发“福施福”10164盒，三个试点县共有24148人接受了一级干预，有8141对参加了婚前培训，有7183人接受孕前检查，有2065人接受了孕期随访，有4462人服用了“叶酸”，群众参与率达80%以上。

【大理州人口与计划生育工作会议在下关召开】

2007年3月28日，大理州人口与计划生育工作会议在下关召开，州人民政府副州长舒自明作了重要讲话，他强调2007年大理州人口与计划生育工作要切实抓好四个方面的工作，一是千方百计稳定低生育水平，努力控制人口数量的过快增长，积极推进计划生育优质服务，合同管理、少生奖励三大重点工程；二是各级各部门要高度重视人口安全，大力提高出生人口素质，开展“关爱女孩行动”、“婚育新风进万家”活动；三是切实加强基层网络和队伍的建设；四是加强领导，确保投入，坚持把人口目标管理责任制的实施结果作为考核领导干部政绩的重要指标，坚决落实“一票否决”和“黄牌警告制度”，要按照中央的要求，建立稳定增长的投入保障机制，确保奖励优惠政策及计划生育经常性工作的顺利实施。

【国家人口计生委副主任王培安到大理州开展调研工作】

2007年4月4日至6日，国家人口计生委副主任王培安率调研组就大理州争创“全国统筹解决人口问题试验区”工作和农村基层人口与计划生育工作开展调研通过调研，王培安副主任对大理州的人口计生工作表示满意，同时他要求，大理州要认真总结在计划生育工作中创造出的经验，进一步完善创建“全国统筹解决人口问题的试验区”方案，争取在全国率先实现创建目标。

【大理州委、州人民政府认真研究贯彻中央《决定》精神】

根据《中共中央国务院关于全面加强人口和计划生育工作统筹解决人口问题的决定》精神，2007年7月8日中共大理州委第17次常委会议研究通过《关于创建全国统筹解决人口问题示范区实施意见》，并以正式文件下发贯彻执行。州人民政府第57次常务会议讨论研究同意了上报国家人口计生委审批的《大理白族自治州创建统筹解决人口问题试验区规划》。《实施意见》和《规划》以中央《决定》精神为指针，提出和部署了大理州各级党委、政府做好新时期人口和计划生育工作的目标和任务。

【大理州人大常委会对《流动人口计划生育管理条例》进行执法检查】

2007年5月16日至18日，州人大常委会主任赵波、副主任刘世兴、尚榆民、毕熊光等一行对《大理州流动人口计划生育管理条例》进行执法检查。这次检查以大理市、祥云县、宾川县、大理经济开发区为重点检查单位。检查组走访了当地计生、卫生、公安、工商、小区物业管理、村居民委员会、社区居民委员会及企业等单位，对《条例》的宣传贯彻执行情况，群众的知晓度、流动人口计划生育管理机构、经费投入、举报有奖制度、流动人口对计划生育技术服务的享受、部门职责落实与配合、行政处罚等方面的情况进行了认真检查。

通过执法检查，州人大执法检查组认为，《大理州流动人口计划生育管理条例》颁布施行以来，各县市高度重视《条例》的宣传、贯彻落实工作，为实现流动人口“属地化管理，市民化服务”的目标，加强了领导，建立健全了服务网络体系，形成了有效的管理和服务机制，实现了流动人口计划生育的有序管理。同时指出，今后还必须加大宣传力度，增强对流动人口计划生育的管理和服务意识，各相关部门要加强配合，进一步加强队伍建设和经费投入，加强档案管理，拓展信息网点采集渠道，继续完善各项制度。

【大理州政协常委视察计划生育服务站所建设管理情况】

2007年7月23日至25日，州政协主席赵有生、副主席杨培香、孙珍玲等政协常委视察了永平县、漾濞县、洱源县、鹤庆县的计生服务站所建设管理情况，并就大理州的计划生育服务网络建设管理情况进行调研。

【滇西北三州市计划生育药具业务培训班在下关举办】

2007年8月21日至22日，全省县级计划生育药具分片区业务培训班在下关举办。大理州、迪庆州、丽江市三州市所辖各县市人口计生局分管领导和计划生育服务站站长、药具管理员等共81人参加了培训。

【国家人口计生委行政执法组到大理州督查行政执法工作】

2007年12月13日，国家人口计生委办公厅主任崔丽一行到大理州祥云县督查计划生育行政执法工作。

崔丽主任充分肯定了大理州、祥云县在计划生育行政执法工作中所取得的成绩和经验。她说：“大理州的计生行政执法工作受到州委、州人民政府的高度重视，各级计生部门充分发挥职能作用，认真贯彻落实国务院《关于在人口和计划生育工作中切实加强依法行政促进社会和谐的意见》精神，建立了行政执法公示、违法行为责任追究、民主评议等一系列规章制度。同时，做到科学合理地宣传教育，不断增强广大群众执行计划生育法规的意识，在群众中形成了“少生快富”的理念，对大理州控制人口增长起到了积极的促进作用。”

【云南省育龄妇女乳腺疾病普查普治项目在大理州

启动】

2006 年 3 月州启动了乳腺疾病普查普治项目，先后完成了 11 个县市（巍山县未开展）的普查普治工作。截至 2007 年 10 月 1 日，11 个县市累计有已婚育龄妇女 241253 人参加了普查，普查率为 43.56%，患病人数达 88540 人，患病率为 36.70%，查出患有乳腺增生患者 85000 人，乳腺肿瘤患者 3540 人（含乳腺癌患者），2330 名育龄妇女进行了及时治疗和预防，近 30 万人次接受了项目宣传，现场发放乳腺疾病宣传资料 100 余万份，省项目组邀请乳腺疾病专家举办专题讲座，开展乳腺疾病科普知识、防治知识宣传教育，使普查目标人群对相关知识的知晓率达 90% 以上。

【大理州计生协会工作暨计生系列保险宣传服务项目启动会在下关召开】

2007 年 4 月 16 日，大理州计划生育协会和中国人寿大理分公司在下关联合召开计划生育协会工作暨计划生育系列保险宣传服务项目启动会。

会议强调一是要坚持以服务为核心的协会宗旨，通过提供服务、保障服务来调动广大群众的积极性；二是要坚持以宣传为重点的工作定位，帮助育龄群众从思想上建立起有利于家庭幸福、子女健康成长的保险意识；三是要以合作体现工作水平，以谦虚体现工作态度，以主动体现合作诚意，通过项目实践，努力为大理州的人口和计划生育事业作出新的更大贡献。

【荣誉】

云南省人事厅、省人口计生委表彰 2007 年度人口与计划生育先进工作者。

大理州受表彰的是：

熊艳萍（巍山县人民政府副县长）

庞生明（祥云县祥城镇镇长）

曹永凤（南涧县人口计生局局长）

杨丽菊（弥渡县红岩镇计生办主任）

杨汝清（云龙县检槽乡计生办主任）

鲍红仙（大理市大理镇南门村委会计生宣传员）

钟伟（宾川县金牛镇白塔村委会计生宣传员）

李顺明（鹤庆县六合彝族乡灵地村计生宣传员）

2008 年

【概况】

2008 年，大理州人口和计划生育工作通过认真贯彻落实《中共大理州委大理州人民政府关于创建全国统筹解决人口问题试验区的实施意见》，开拓创新，扎实工作，为全面建设小康社会、构建和谐大理创造了良好的人口环境。

【统计数据】

2008 年末，大理州总人口 347.48 万人，期内出生 34346 人，出生率为 9.88‰，死亡 19787 人，死亡率为 5.69‰，自然增长 14559 人，人口自然增长率为 4.19‰（据大理州统计局公报）；计划生育率为 99.43%，综合节育率为 90.83%，出生人口性别比保持在 107 以内，较好地完成了年度人口和计划生育的各项目标任务（据计划生育统计报表）。

【稳定低生育水平进一步巩固】

一是重大问题列入州委常委会、州政府常务会研究解决。二是坚持把人口和计划生育工作纳入经济社会发展和西部大开发战略规划，一手抓经济发展、社会进步，一手抓人口控制、素质提高。三是坚持把人口与计划生育工作纳入四个建设的重要内容，作为评选文明单位、先进集体和个人的重要条件，实行“一票否决”。四是坚持把人口与计划生育工作纳入干部政绩考核的主要指标，层层落实目标管理责任制和“黄牌警告制度”，极大地增强了人口宏观调控能力。

【依法行政水平全面提升】

积极开展了对农业人口独生子女家庭“奖优免补”政策，独生子女伤残死亡家庭特别扶助制度，《大理州流动人口计划生育管理条例》贯彻落实情况的督查督办工作，在大理州政务服务中心网站上公布了人口和计划生育方面的法律法规以及有关办事程序，建立了“政风行风”热线和“州长信箱”，清理和出台了大理州人口和计划生育委员会行政执法责任制等规范性文件，依法梳理执法依据，规范行政执法责任制。建立和完善了行政执法制度、执法检查制度、错案追究制度、重大案件上报制度、重大责任事故追究制度。

【坚持宣传教育为先导，着力打造大宣教格局】

利用街天、纪念日、节假日等组织活动，开展政策咨询、发放宣传品、在大理电视台开办《人口与计划生育》电视栏目26期，滚动播放160次，编办《大理人口》报12期，发行10万份，遍及大理州每一个村（居）民委员会。加大推广安全套预防艾滋病工作力度，免费发放宣传资料286626份，发放安全套679020只，对艾滋病感染者及其配偶100%的免费提供安全套，免费发放避孕药具折价100.34万元，销售安全套132550只，为预防艾滋病保障人口安全作出了积极的努力，宣传教育工作充分利用报纸、广播电视等新闻媒体广泛宣传人口和计划生育政策、法律法规以及生殖健康知识，开展“婚育新风进万家”活动，和“关爱女孩行动”都收到了良好的社会效益。

【考核结果】

2008年，大理州12县（市）人口和计划生育工作考核情况：（一）根据州委政策研究室对2008年度经济社会发展重点工作人口和计划生育责任目标考核，12县（市）全面完成年度人口和计划生育各项责任目标，根据评分标准，大理市、漾濞县、祥云县、宾川县、弥渡县、南涧县、永平县、剑川县、云龙县评定为98.53分，巍山县、洱源县、鹤庆县评定为96.86分，（二）大理州人民政府对9个州级相关部门实行流动人口计划生育目标管理责任制，经州政府督查室牵头进行考核检查，获一等奖的有大理州民政局、工商行政管理局、财政局、公安局、人事局、劳动和社会保障局7个单位；获2等奖的是大理州建设局、州地方税务局2个单位。

【开展流动人口计划生育目标管理责任状检查考核】

根据大理州人民政府与州级相关部门签订的大理白族自治州流动人口计划生育2008年度目标管理责任状，州政府督查室会同州人口计生委组成考核组，对州级9个有关单位完成责任状情况进行了全面考核检查。通过考核检查，反映出各部门对流动人口计划生育目标管理责任制落实高度重视，切实履行职责，认真部署落实。一是加强领导，落实责任。结合各部门责任内容进行专题研究和分析，提出具体贯彻意见，多数部门专门成立以分管领导为组长的领导机构，明确具体工作科室，把工作任务分解到各科室、各下属单位和县市对口部门，做到有主管领导、有责任单位、有具体责任目标、有具体落实措施。二是重视宣传，营造氛围。各部门结合工作实际协助人口计生部门广泛开展计划生育基本国策、相关政策以及法律法规、生殖健康的宣传活动。三是规范程序，加强监管。各部门在受理流动人口申报办理部分行政许可事项或到本部门办理证照过程中根据《大理白族自治州流动人口计划生育管理条例》和《责任状》的要求，规范了查验流动人口《婚育证明》工作机制，坚持查验制度、通报联系制度，年内，共涉及查验流动人口《婚育证明》78804人次。四是跟踪检查，强化落实。各部门结合各自责任指标，规范工作机制、明确专人负责，加强宣传教育、强化协调配合、注重跟踪检查，有力地推动了各项制度的贯彻落实。

【三项重点工作进展情况】

①继续贯彻执行云南省农业人口独生子女家庭奖励政策，大理州累计办证总户数有55652户，累计办证率达44.70%。2008年度，办理农业人口《独生子女父母光荣证》的有3256户，享受一次性奖励的有2949户，其中享受1000元奖金的户数有2752户，享受500元奖金的户数有197户；符合享受高考、中考优待加分的独生子女共有1024人，其中有697名考生因享受照顾加分被录取；符合享受义务教育奖学金有28712人次，其中小学生有

20704人，初中生有8008人；高中及大学奖学金，高中录取1048人，每人奖学金1000元，大专录取80人，每人奖学金1200元，大学本科录取94人，每人奖学金2000元；小学、初中、高中及大学阶段累计兑现奖学金672.72万元；大理州经入户调查确认符合享受特别扶助政策的独生子女家庭有1126人，其中：子女伤残达到伤残鉴定等级（三级）以上标准的父母每人每月补助80元，子女死亡的父母每人每月补助100元。②继续完善计划生育合同管理制度，积极探索村（居）民自治，流动人口与常住人口同管理同服务，以签订合同方式管理流动人口计划生育事务，在大理州71.37万人已婚育龄妇女中，已落实各种避孕节育措施人数达64.83万人，合同签约率占应签对象的80%以上，履约情况良好。③计划生育优质服务水平继续提升。年内，创建省级计划生育优质服务先进县、达标县工作经省人口计生委通过资格审核和抽查评估，确认大理市、剑川县为全省计划生育优质服务先进县，鹤庆县、云龙县为省级优质服务达标县。

【大理州人口和计划生育工作会议在下关召开】

2008年3月21日，大理州人口和计划生育工作会议在下关召开。州人民政府副州长许映苏出席会议并讲话，她强调，2008年要重点抓好五项工作：努力控制人口增长，实施稳定低生育水平行动，确保大理州人口自然增长率控制在6‰以内；实施出生缺陷干预行动，努力提高人口出生素质，力争使婚前检查率和孕前检查率达到90%以上，建立和完善为贫困妇女提供必要的生育救助机制；实施出生人口性别比偏高综合治理行动，着力改善出生人口性别结构；实施流动人口管理行动，完善流动人口计划生育服务体系。建立城乡统一的人口登记制度，凡到大理州务工经商的流动人口与流入地户籍人口享受同等待遇，切实保护其合法权益；实施统筹养老保障行动，积极应对人口老龄化，探索统筹解决人口问题的社会养老保障机制，把大理州建成全国较好的统筹解决人口问题的试验区之一。会上签订了2008年度责任状，与州级有关部门签订了2008年流动人口计划生育管理责任状。州人口计生委与各县（市）人口计生局签订了2008年度人口和计划生育目标管理责任书。

【大理州开展计划生育科技大练兵活动】

2008年6月17至19日，大理州兴办大理州计划生育科技大练兵活动培训班。各县（市）人口计生局分管科技工作的副局长、服务站站长、选派的科技骨干以及大理生育健康服务中心的工作人员共60人参加了培训。

【州政府督查组开展试验区创建督查工作】

2008年7月21日至28日，大理州人民政府督查室牵头，州人口计生委配合抽调相关人员组成三个督查组，对12县市和州级有关部门创建全国统筹解决人口问题试验区工作进行了督查。督查组认为各县（市）各级党委政府高度重视创建全国统筹解决人口问题试验区工作，控制人口数量，继续保持了低生育水平；注重人口素质的提高，加强计划生育基础设施和创新优质服务工作，确保大理州创建全国统筹解决人口问题试验区工作顺利进行。

【开展人口和计划生育统计监测工作培训】

2008年10月29日，大理州人口和计划生育统计监测工作培训在下关举行。有关业务人员对人口和计划生育统计监测和县级网上直报工作的相关功能进行了具体详细的讲解和演示，大理州十二县（市）的人口计生局分管领导和业务人员对各自的数据进行了初审，并在培训网上进行了实际操作。

【国债建设项目进展情况】

2008年，大理州22个县乡（镇）计划生育服务站国债建设项目全面开工建设，（其中：3个县级服务站、19个乡级服务站），合计建设规模11751平方米，其中新建7800平方米，改扩建3951平方米，投资合计992万元，（其中：中央国债建设投资745万元，地方配套资金247万元)。州人口计生委为加强对项目建设的领导，及时成立了“计划生育服务站国债建设项目工作领导组”，委党组书记、主任芮雪梅任组长、党组成员、副主任解志坚任副组长、相关科室领导为成员，领导小组下设办公室，负责日常工作，切实做到一把手亲自抓、负总责，分管领导具体抓，相关科室齐抓共管的工作格局。

【全面启动出生缺陷一级预防工作】

2008年，根据全省州(市)人口计生委主任会议暨出生缺陷一级预防工作会议精神，大理州在12县(市)全面启动了出生缺陷一级预防工作。年内，祥云县孕前检查率达73%、弥渡县孕前检查率达80.9%、永平县孕前检查率达75%。宾川县孕前检查率达52%、鹤庆县孕前检查率达60%、南涧县孕前检查率达51%。其余6个县市也全面开展一级预防工作，通过婚前培训、孕前检查,营养素增补,大理州共推广“叶酸片”170件，“福施福”8880盒，“福格森”2287盒。

【荣誉】

云南省人力资源和社会保障厅、省人口计生委表彰2008年度人口和计划生育先进工作者。大理州受表彰的是：

马孟杰(回族)(鹤庆县人民政府副县长)
罗明栋(彝族)(漾濞县人民政府副县长)
张玉森(云龙县人口计生局局长)
化晓燕(祥云县人口计生局局长)
何志成(白族)(剑川县人口计生局局长)
陈瑞兰(大理市下关镇玉龙村委会计生宣传员)
朱江平(弥渡县苴力镇白云村委会计生宣传员)
张永湘(永平县杉阳镇永和村委会计生宣传员)

大理市

2006 年

【概述】

2006 年大理市的人口和计划生育工作取得了较好的成绩：一是人口总量增长稳定。至 2006 年末，大理市总人口达 603199 人，年增长率为 12.00‰，年内出生 4749 人，出生率为 7.92‰；年度自然增长率为 3.34‰，年度出生人数中符合计划生育政策 4749 人，计划生育率为 100.00%。二是综合节育率、长效节育率稳步上升。至 2006 年末，大理市已婚育龄妇女 124435 人，采取各种节育措施 111871 人，与上年同期相比增 2971 人，增幅为 109.10%。综合节育率为 89.90%，与上年同期相比上升 0.23 个百分点；采取长效避孕措施（三术）107783 人，与上年同期相比增加 3295 人，增幅为 111.10%；长效节育率为 86.62%，与上年同期相比上升 0.58 个百分点。三是领取独生子女父母光荣证人数创历史新高。大理市期末领取独生子女父母光荣证人数为 35135 人，与上年相比增 2476 人，增幅为 7.58%，领证率创历史最高水平。

【统计数据】

①人口出生率控制数为 9.31‰，实际出生率为 8.00‰，低于控制数的 1.31 个千分点；②计划外出生人数控制在 85 人以内，年内为无计划外出生；③三术任务数为 4676 例，实际完成 6307 例，完成任务数的 134.88%；④避孕及时率要求达 80% 以上，实际达 84.24%；⑤市委、市人民政府每年召开专题会议，听取计生部门工作汇报，研究人口与计划生育工作不得少于 2 次，每次会议解决 1—2 个实际问题。市政府常务会中，有 2 次专题研究计生工作，并解决了实际问题；⑥要求为农村育龄妇女生殖健康服务达人均 2 次，大理市进行生殖健康检查 69934 人次，检查率在 95% 以上；⑦要求市本级财政投入计生事业费 110 万元，实际投入 253 万元，完成任务的 220.00%；⑧要求“奖优免补”配套经费按时足额到位，实际共投入配套经费 55 万元，做到了按时足额到位；⑨要求计划生育手术费当年不欠账，实际共投入计生手术费 116 万元，做到了当年不欠账；⑩要求财政转移支付经费用于计生事业不低于 15%，实际支付 92.58 万元，占转移支付经费的 15% 以上。

【抓好农业人口独生子女奖优免补工作】

2005 年 10 月至 2006 年 9 月，大理市已审批一次性奖励 1083 户（兑现 604 户，其中单亲 20 户），教育奖励金小学 2658 人，中学 691 人，养老生活补助 508 人，享受升学加分照顾中考 129 人，高考 17 人，“奖优免补”政策共兑现现金 1529140 元。

【抓好计划生育合同管理工作】

在坚持执行计划生育政策与群众自愿的前提下，与育龄群众签订《计划生育间隔合同》、《落实避孕节育措施合同》、《流出人口计生管理合同》、《流入人口计生管理合同》、《出租房屋、用工者协助管理流动人口计生合同》等 5 个合同。同时做好合同履约保证金管理，市人口计生局通过与邮政局调研，制订出了合同履约保证金以开设育龄妇女存折长期存入银行方式进行管理，合同管理工作正常运行。

【全面推进优质服务工作】

大理市计生工作坚持“以人为本”的工作理念，将过去的管理型向优质服务型转变。计生局组织人员定时不定时地到各乡镇检查、指导、督促优质服务工作的开展。按《云南省人口与计划生育条例》规定的生育政策，实行由夫妇自主选择生育时间，计生工作人员为育龄夫妇及时申办《生育证》制度。一孩审批办证可与办理结婚登记同步；

凡符合二孩生育者，由本人申请，村、乡（镇）、市依次审核合格后方能发证。市计生系统实行党员、团员挂牌上岗制度，热情接待前来办事和来电来访人员，单位内设置党员示范窗口和党员先锋岗，推进优质服务。

【加强流动人口计划生育管理服务工作】

大理市对流动人口进行认真的清查和统计，建立了流动人口计生管理台账，与流动人口签订计划生育管理合同，广泛宣传计生法律法规和政策，加强与流出地计生部门的联系与合作，共同做好管理工作，积极为流动人口提供咨询服务、避孕指导、避孕药具供应和生殖健康等服务。建立流动人口育龄妇女信息交换平台，通过网络平台，达到了流动人口资源共享，促进了工作开展。

【实行政务公开和村民自治，维护群众的合法权益】

大理市计生系统公开办事制度和办事程序，将办理《生育证》、《流动人口婚育证明》、《独生子女父母光荣证》、农业人口奖优免补等所需条件和材料公开，并印制了便民服务小卡片，发放给办理相关手续的群众。计生系统公开办公电话，设立群众意见箱，接受社会各界监督。在12个乡镇中每个乡镇选一个村作为村民自治试点，探索出经验后在大理市全面实施，并选出思想先进、熟悉计生政策法规、愿意为群众服务的人员充实到村民委员会。村民委员会积极按照“一法一条例”、《村民委员会组织法》等法律法规，组织村民讨论制订了《计划生育村民自治章程》、《计划生育村规民约》，建立群众自我管理、自我教育、自我服务的计划生育村民自治体制，切实维护群众的合法权益。

2007年

【概述】

2007年大理市的人口与计划生育工作取得了较好成绩：一是人口总量增长稳定。2007年，大理市总人口达608386人，年内出生4847人，其中计划内出生4844人，年出生率为8.00‰，与上年同期相比增加0.08个千分点，自然增长率为3.23‰，与上年同期相比下降0.11个千分点，计划生育率为99.94%，与上年同期相比下降0.06个百分点。二是综合节育率、长效节育率稳步上升。大理市已婚育龄妇女人数为125428人，采取各种避孕措施的已婚育龄妇女人数为113014人，综合节育率为90.10%，与上年同期相比上升0.20个百分点；采取三术和皮埋的已婚育龄妇女人数为109013人，长效节育率为86.91%，与上年同期相比上升0.29个百分点。三是领取独生子女证人数不断增加。大理市领取独生子女父母光荣证36387人，与上年同期相比增加1252人，领证率为23.34%。

【统计数据】

圆满完成州政府下达的各项人口和计划生育工作指标。一是基本指标：人口出生率为8.00‰，低于控制数的0.2个千分点；完成三术6068例，完成任务数的141.97%；大理市开展婚前培训人员7372人次，培训率为108.87%，推广叶酸7044瓶，完成任务的128.73%，推广福施福1000盒，占任务的125.00%。二是工作指标：全年市政府常务会专题听取计生工作汇报2次，研究解决了2个问题以上，市委书记专门听取计生工作汇报，并作了重要指示；大理市配备社区居委会流动人口计生专职管理员21人，待遇均在500元/人以上，流动人口较多的村也配备了管理员，并相应落实了报酬；在大理市实行计划生育“黄牌警告”和“一票否决”制度，市政府2次通报了人口与计划生育工作情况。大理市12个乡（镇）开发区均已开展合同管理，已收担保金的7个乡、镇已纳入人口和计生局管理；三是投入指标：市级计划生育事业费投入338.03万元（不含“奖优免补”配套资金和人头经费），完成任务的307.30%；安排奖优免补资金一次性奖励45万元，教育奖学金25万元，出生缺陷预防资金10万元；市级安排计划生育手术费125万元，做到当年不欠账，财政转移支付经费用于乡（镇）及村委会开展计划生育的费用为115.58万元，人均为3.01元。大理市非农业人口独子女保健费兑现了86万元近4000多人，农业人口兑现63.55万元6685人。

【抓好农业人口独生子女奖优免补工作】

2007年1月至2007年12月，大理市已兑现一次性奖励927户，其中单亲64户；养老生活补助586人，享受教育奖学金小学3383人，中学1296人,享受升学加分照顾中考197人,高考33人。

【抓好计划生育合同管理工作】

大理市全面推行计划生育合同管理制度，不断提高依法管理计生工作的整体水平。到目前为止，大理市已签订合同39000多份,签约率达95%以上。

【狠抓流动人口计生管理和服务】

大理市认真贯彻执行《大理州流动人口计划生育管理条例》,切实推行《流动人口婚育证明》"一证先行"制度。以下关镇、大理镇和大理经济开发区作为贯彻执行《州条例》的试点，探索流动人口计生管理新经验。利用市、乡(镇)流动人口计生管理服务站（所）、村（居）委会专兼职计生管理员这个健全的网络管理流动人口计划生育。积极为流动人口办理和查验《流动人口婚育证明》；为流动人口提供计生法律法规咨询服务、避孕药具、避孕指导和生殖健康服务。建立了流动人口计生管理台账、完善了各种管理制度。将流动人口计生情况录入全国流动人口信息交换平台。于4月份对辖区内的流动人口进行了一次大型的清理清查，对清查出的问题进行了认真处理。流动人口计生工作形成了政府领导、部门主抓，全民参与的工作格局。

【做好乳腺疾病普查普治工作】

从2007年3月13日起，省乳腺疾病普查普治项目组到大理市对大理市育龄妇女（包括流动人口）开展乳腺疾病普查普治工作。市政府成立了"大理市乳腺疾病普查普治项目领导组"，加大了宣传力度，科学合理安排普查日期，这次普查普治活动的原则是"检查免费，治疗自愿"，历时7个多月，免费普查人数达48393人，受到了广大育龄妇女的欢迎和好评。

【加强计划生育干部队伍建设】

在大理市人口计生局领导班子中开展"执行力、创新力、凝聚力"建设主题实践活动。认真贯彻执行人口和计划生育群众工作纪律和检查考评工作纪律。对市、乡、镇、村计生干部进行计划生育业务和计划生育系列保险知识培训；计生系统工作人员参加国家计生委、清华大学举办的社会主义新农村、新家庭人口健康高级研修班。计生局认真开展人口和计划生育系统民主评议政风行风工作，市人口和计生局、计生服务站各方面工作都得到了社会各界和群众的肯定。群众对计生部门的满意率为96.85%，满意率在大理市被评议的41个行政部门中居第一位。

2008年

【概述】

大理市重点抓了出生缺陷干预工程、独生子女奖励扶助工作、流动人口计生管理服务、优质服务、合同管理、村（居）民自治等工作。将人口数量、素质、安全保障等问题进行综合考虑，统筹解决，促进了人口与经济、社会协调和可持续发展。

【统计数据】

至2008年年底，大理市总人口达613741人，年内出生4716人，年出生率为7.72‰；年内死亡2866人，死亡率为4.69‰；自然增长率为3.03‰，计划生育率为99.98%。性别比为103。大理市已婚育龄妇女人数为124335人，采取各种避孕措施的已婚育龄妇女人数为112339人，综合节育率为90.35%。人口与计划生育宣传品入户率达92.42%，开展避孕方法知情选择率达100%，大理市无节育手术并发症（据大理市2008年人口和计划生育资料汇编）。

【加大宣传教育力度】

通过书写宣传标语、设立宣传栏、发放宣传资料、举办培训班等方式，大力宣传人口和计划生育政策法规和科普知识。与《苍洱时讯》合办了一个人口与计划生育宣传专栏，并在《人口与家庭报》、《大理人口》等报刊上刊登大理市人口与计划生育工作信息。一年来，免费发放"一法一条例"、母婴保健等宣传资料12万份；免费发放安全套40万只。

【稳定低生育水平，提高出生人口素质】

深入贯彻执行人口和计划生育法律法规，稳定现行的生育政策，大理市计划生育率为99.98%，人口自然增长率为3.03‰。在2008年银桥镇、双廊镇等部分出生缺陷高发乡（镇）、村开展出生缺陷干预工作，积极开展婚育咨询指导，为育龄妇女提供婚前、孕前、孕产期保健检查，制订分娩随访制度。对部分贫困孕妇免费供给"福施福"、"叶酸"，预防新生儿神经管畸形，提高出生人口素质。深入开展"关爱女孩行动"，建立和落实B超管理、引产审批、引产胎儿性别鉴定监管制度，着力改善出生人口性别结构，2008年大理市的出生婴儿性别比为103。

【突出工作重点，创新管理机制】

将以人为本、优质服务的理念渗透到依法行政、宣传教育、队伍建设、技术服务等日常工作中。全面实行避孕方法知情选择政策，市计生服务站每年2次深入基层为群众开展生殖健康服务，开展宣传教育，探索避孕药具管理的新模式，真正发挥了"宣传教育、药具管理、人员培训、技术服务"四大功能。2008年大理市被评为全省计划生育优质服务先进单位。全面推行"合同管理"制度，指导各乡（镇）根据实际分类签订合同，并按合同条款开展工作和提供服务。实行村民自治，探索国家指导和群众自愿相结合的工作方式。

【做好独生子女奖励扶助工作】

2008年大理市共兑现独生子女父母奖励17313人，兑现资金205万元。按时足额兑现独生子女"奖优免补"政策，2008年大理市共有571户独生子女户享受1000元的一次性奖励金；5021名农业人口独生子女小学、初中在校生享受教育"奖学金"；考取高中阶段学校的218名农业人口独生子女，享受1000元的一次性奖励；考取大学专科院校的17人，享受1200元的奖励；考取大学本科院校的23人，享受2000元的奖励；248名农业人口独生子女初中毕业生享受加分，47名高中毕业生享受升学加分；569名独生子女父母享受养老生活补助。做好计划生育家庭特别扶助工作，大理市符合享受计划生育家庭特别扶助的对象共有205人，其中因子（女）伤残享受扶助的有51人，因子（女）死亡现无子女享受扶助的有154人。

漾濞县

2006 年

【概况】

2006 年，漾濞县的人口和计划生育以邓小平理论和“三个代表”重要思想为指导，工作中认真贯彻执行党的路线方针、政策、树立和落实科学发展观,坚持以人为本的新理念。以降低生育水平，提高出生人口素质，满足群众实行计划生育技术服务为主线，扎实抓紧抓落实，少生奖励、合同管理、优质服务三项重点工作。在上年基础上取得新的突破，为漾濞县经济社会的全面发展提供了良好的人口环境。

【统计数据】

人口基本情况。2006 年末，漾濞县总人口为 101025 人，年内出生 1034 人（男婴 557 人，女婴 477 人），人口出生率 10.25‰，死亡 533 人，死亡率 5.28‰，人口自然增长率 4.97‰，人口性别比 116.77。（据漾濞县统计局年鉴）。

计划生育基本情况，全年落实长效避孕节育手术 1152 例，与上年同期相比减少 108 例，综合节育率达 89.83%。已婚育龄妇女避孕及时率达 83%。（据漾濞县计划生育统计报表）

2007 年

【概况】

2007 年，人口和计划生育紧紧围绕贯彻落实中共中央、国务院《关于全面加强人口和计划生育工作统筹解决人口问题的决定》及中共大理州委、州人民政府《关于创建全国统筹解决人口问题示范区实施意见》的部署狠抓各项工作的落实，促进了经济社会的全面发展。促进了漾濞县育龄群众婚育观念的转变，为建设新农村建设和新型生育文化奠定了基础。

【统计数据】

人口基本情况：2007 年末，漾濞县总人口达 101785 人，年内出生 1119 人（男婴 575 人，女婴 539 人），人口出生率 11.04‰，死亡 539 人，死亡率 5.32‰，人口自然增长率 5.72‰，人口性别比 106.68。（据漾濞县统计局年鉴）。

计划生育基本情况，全年落实长效避孕手术 1102 例，与上年同期相比减少 50 例，综合节育率达 89.72%。已婚育龄妇女避孕及时率达 89.72%，与上年同期相比综合节育率下降 0.11%。（据漾濞县计生统计报表）

2008 年

【概况】

2008 年，人口和计划生育工作，坚持邓小平理论和“三个代表”重要思想为指导，以解放思想为动力，执行落实中央和省的《决定》精神，深化认识、创新思路、突出重点、紧紧围绕漾濞县工作大局以及人口和计划生育责任目标，勤奋工作，为漾濞县经济社会发展创造了良好的人口环境。

【宣传教育为先导，群众婚育观念发生深刻变化】

通过漾濞县各级深入地开展新农村建设，整村推进和传播文明观念，普及科学知识为主要内容的宣传教育活动，有力地促进了群众婚育观念的转变。目前，人口和计划生育基本国策已深入人心，育龄群众对生育政策的知晓率和对人口计生宣传教育的满意率均达 85% 以上。社会主义人口文化，新型生育文化建设初见成效，晚婚晚育，少生优生，男女平等，生男生女都一样，新的婚育观念逐步被广大群众接受。漾濞县有 1234 对农村一孩夫妻主动放弃二孩生育。终生只生一个孩子。人口计生奖励工作取得实效。

【群众实行计划生育的权益得到较好的维护和落实】

全面落实农村计划生育家庭奖励扶助和特别扶助制度。漾濞县从2004年以来全面兑现了农村独生子女一次性奖励。高考加分特别奖励，教育奖学金，养老生活补助及特别扶助金等。人民群众分享到改革发展成果的同时，计划生育生殖健康权益得到保障。

【人口和计划生育新工作机制正在逐步建立】

漾濞县各级加强计划生育综合改革，寓管理和服务之中，强化统筹协调，依法行政和优质服务的理念，从转变工作思路和工作方法等，探索建立与社会主义和市场经济体制相适应的机制，符合县情的人口计生工作新体制。在优质服务工作机制，利益导向机制，目标管理考核机制等建设上取得新的进展。

【层层召开会议，确保工作落到实处】

2008年2月县人口计生局召开了漾濞县9个乡镇计生办主任，计生服务站所长参加的 工作总结会议。一是分析2007年人口计生目标管理各项任务完成情况；二是通报分析07年工作任务情况；三是对09年工作提建议和意见。4月县委，县人民政府召开了漾濞县人口和计划生育工作会议。县人民政府与9个乡镇人民政府签订了2008年度统筹解决人口问题目标管理责任状；县人民政府与流动人口管理县级9家成员单位签订了责任状。6月份遵照漾政办[2008]54号文件精神，漾濞县对早婚、晚婚、再婚，流动人口计划外生育问题，进行了排查和处理。全年共召开各级计生干部会议4次，通过以会代训的形式培训干部280人。

【扎实开展人口和计划生育宣传教育工作】

2008年2月至3月中旬县计生局组织宣传小分队，深入9个乡镇，开展宣传服务活动11次发放宣传品15000份。避孕药具5000盒，避孕套5000支，为前来咨询计划生育政策，避孕节育，生殖健康，优生优育等知识的700名育龄群众，作了面对面解释。计划生育宣传工作得到群众的欢迎和支持。

漾濞县9个乡镇，在县计生服务站的支持协助下，开展计划生育优质服务2次，为14500名已婚育妇女做了查孕、查环、查病、治病的便民服务，上门服务，工作到位，深受广大育龄群众欢迎，并得到好评。

2008年办理农业人口《独生子女父母光荣证》117户，享受一次性奖励105户，计9.9万元，享受养老生活补助214人，计13.83万元，特别奖励扶助24人，计2.712万元，教育奖学金:小学742人，11.8720元，初中263人，68380元，以上奖优免补资金已全部兑现。

【国债建设项目】

2008年4月县计生服务站住房改造和新建业务楼项目开工，漾江镇、平坡镇、富恒乡3个服务所同时动工。至今主体工程建设进入粉刷装饰阶段，将在今年9月投入使用。苍山西镇服务所正在施工期，可以在年底投入使用。县站旧房改造为1000m2米，新建600m2，该项目建成后，可以满足漾濞县计划生育事业发展的需要。其余4个乡镇，每个所建设300m2米，县站资金为110万元，4个乡所每所资金为30万元计120万，全部资金为230万元。

祥云县

2006 年

【概述】

2006 年祥云县的人口与计划生育工作坚持以人为本，以群众的需求为导向，进一步深化和推进生殖健康个性化服务，继续抓实农村农业人口独生子女家庭"奖优免补"工作，开展避孕方法知情选择，全面推进计划生育村（居）民自治，并与流动人口的计划生育管理相结合。建立村、组对服务对象生殖健康需求的基础信息采集网络和信息分析交流平台，建立以群众需求为导向的科学决策体系和生殖健康个性化服务机制。依托健全完善的管理和服务网络，不断强化队伍素质，提高管理服务水平。积极努力争取并实施乳腺疾病普查普治项目、云南省出生缺陷干预工作试点项目，与广西康华药业有限公司联合实施宫颈炎康栓技术推广项目。通过各项工作的开展，不断提高了人口和计划生育工作的整体水平。

全面完成了大理州政府、大理州人口计生委下达的责任目标：人口出生率为 11.35‰，人口自然增长率为 5.55‰，出生性别比为 105.19，计划生育率达 100%；综合节育率达 92.36%，避孕及时率达 80% 以上；农业人口新领取《独生子女父母光荣证》户数占州下达任务数的 111%；无流动人口违法多生育；群众对计划生育基础知识、"奖优免补"政策、艾滋病预防知识的知晓率分别达 98%、92%、82%；"奖优免补"网站数据录入准确率达 99% 以上。

【启动乳腺疾病普查普治项目】

祥云县乳腺疾病普查普治活动从 2006 年 5 月 25 日启动到 11 月 10 日初、复查全面结束，历时近 6 个月的时间，经过县、乡镇、村、组四级的共同努力，项目工作已圆满结束。

至祥云县第一期普查普治项目结束，祥云县 86239 名育龄妇女中，有 42061 人参与了普查，普查率为 48.7%。查出患有不同程度乳腺疾病 16680 人，患病率达 39.1%，治疗 4794 人，占患病人数的 28.7%，祥云县免费检查金额达 400 多万元。

【预防艾滋病"同伴教育"走进祥云】

2006 年 7 月 25 日至 27 日，州人口计生委、州红十字会在祥云县开展"艾滋病预防青年同伴教育培训"活动。在县人口和计生局、县防艾办的协调配合下，预防艾滋病同伴教育培训员深入到祥城镇一中、沙龙镇、禾甸镇、建筑工地、客运站分别对初中生、计生协会预防艾滋病宣传骨干、村计生宣传员、普通群众、农民工、驾驶员进行防治艾滋病相关知识的宣传教育。

在培训过程中，青年同伴教育培训员采用讲授、互动交流、图文演示、知识竞猜等方式，向参训人员讲述了什么是艾滋病，它有什么危害，有哪些传播渠道，如何防治艾滋病，如何为艾滋病人提供社会服务等等，培训收到了较好的效果。

【祥云县启动人口出生缺陷干预试点工作】

祥云县被列为全省出生缺陷试点项目县后，为认真贯彻落实《云南省人口出生缺陷预防规定》，2006 年 8 月 1 日启动了人口出生缺陷干预工作，并结合自身实际开展了一系列的前期工作。

一是"祥云县人口出生缺陷干预试点工作领导组"，为祥云县实施人口出生缺陷干预工作提供了组织保障。二是制订了《祥云县人口出生缺陷干预工作实施方案》。三是开展了基线调查工作，为祥云县开展人口出生缺陷干预工作奠定基础。四是组织学习人口出生缺陷干预工作相关文件，进一步统一思想，提高认识。五是对乡镇工作作了动员和宣传。六是安排布置各乡（镇）对享受免费服务的目标人群进行摸底调查并进行初步统计。七是于2006年9月29日召开了祥云县人口出生缺陷干预试点工作启动会。

2007年

【概述】

2007年，祥云县全面完成了州政府、州人口计生委下达的责任目标：人口出生率为10.38‰，人口自然增长率为3.78‰，出生性别比为100.98，计划生育率达100%；综合节育率达到92.09%，避孕及时率达80%以上;完成三术5693例，其中：男扎1例，女扎1005例，放环4687例；无流动人口违法多生育；共有436户农业人口领取了《独生子女父母光荣证》。

【大理州人口计生委三下乡示范活动在祥云举行】

2007年1月31日，大理州“科技、文化、卫生”三下乡示范活动在祥云县举行。活动当天发放避孕方法知情选择宣传单1000多份，生殖健康个性化服务宣传卡2000多份，“奖优免补”政策指南100多份，生殖健康科普知识手册100多份，预防艾滋病知识手册500多份，免费发送避孕套15000多只，避孕药品1000多盒。县人口和计划生育局以此次活动为载体，向广大群众大力宣传了人口和计划生育的政策、法律、法规。宣传资料的发放广泛宣传了生殖健康、优生优育、避孕方法知情选择和预防艾滋病等计生知识。

【祥云县举办2007年计生系统医疗护理技术技能培训班】

为了进一步规范祥云县计划生育服务站、所医疗护理操作规程，结合县计划生育服务站与各乡镇计划生育服务所签订的2007年工作责任目标以及县人口和计划生育局在年度医疗卫生、计划生育技术服务工作方面的要求。县计划生育服务站于2007年3月30日至4月1日对祥云县计划生育专业技术人员进行了医疗护理“三基”培训学习。

培训的内容主要：医疗文书书写规范、无菌技术理论、无菌技术操作、护理文件书写质量管理、导尿术及操作、计划生育手术术前检查规范、氧气吸入及操作和计划生育手术注意事项。促进了今后计划生育技术服务工作的规范开展。

【国家人口计生委王培安副主任一行到祥云调研人口和计划生育工作】

2007年4月5日，国家人口计生委王培安副主任一行，在省、州人口计生部门领导的陪同下，到祥云调研农村基层人口和计划生育工作。

调研组详细了解了祥云县的农村家庭人口、经济收入、相关计生政策、法规普及，避孕、节育知识，生殖健康个性化服务，术后回访服务等情况。尤其与独女户、双女户进行了更为详细的交谈，充分了解了农户的真实想法以及他们所享受的社会经济政策。

通过听取汇报和实地调研，调研组认为，祥云县人口计生工作措施有力，管理有效，方法得当。尤其在转型期实现了行政干预向优质服务的转变，既体现了科学发展观，又体现了以人为本的思想。最后，调研组指出祥云县在技术服务、行政服务，宣传教育等方面的做法有创新、有特点，值得总结推广经验。同时，希望祥云县树立全面和谐的人口观，“同管理、同宣传、同服务”，进一步把人口和计划生育这篇文章做深、做透、做好。

【祥云县推行计划生育系列保险项目】

为认真贯彻落实国家人口计生委“大理要率先建成统筹解决人口问题示范区”的指示精神，根据大理州计划生育协会，中国人寿保险股份有限公司大理分公司《关于在全州范围内开展计划生育系列保险有关问题的通知》要求，和实现建立完善人口和计划生育利益导向机制，积极探索建立有利于计划生育的保险制度的目标，祥云县于2007年推行计划生育系列保险项目。该项目由县人口计生局与中国人寿祥云县支公司共同合作开展。为确保祥云县开展计划生育系列保险顺利进行并取得实效，祥云县结合实际，认真安排部署了相关工作：成立了“祥云县计划生育系列保险工作领导小组”；明确县、乡镇计划生育协会主要工作职责和县、乡镇保险机构职责；规定要按时按质广泛开展计划生育形势任务、政策、法规、生育保险等知识的宣传教育和人员培训；明确了主要服务对象及保险险种。

开展计划生育系列保险的主要服务对象是各乡镇农村独生子女、双女户及其父母。保险种类主要有“康宁定期保险”、“康宁终身保险”、“独生子女英才少儿保险”、“独生子女父母养老保险”和“独生子女意外伤害综合保险”五种。同时，还积极鼓励广大育龄人群参加“计划生育手术保险”。

此次计划生育系列保险项目还将坚持三条原则，即：一是自愿原则，由投保人自愿投保，不得搞强制投保；二是服务原则，为投保群众提供好服务，确保群众满意；三是群众得实惠原则，保障群众得到更多实惠。

【县政协对人口和计划生育工作进行民主评议】

2007年9月28日县政协六届二十四次常委会对县人口和计划生育工作进行了民主评议，评议认为，近年来，祥云县的人口和计划生育工作，紧紧围绕“稳定低生育水平，努力提高人口素质”目标，在巩固祥云县计生成果的基础上，坚持以人为本，深入开展计划生育宣传教育，纵深推进生殖健康个性化服务，全面推进农村部分计划生育家庭奖励扶助制度和农业人口独生子女家庭“奖优免补”政策，不断提高依法行政水平，充分发挥了计生系统广大干部“特别能吃苦，特别能奉献”的敬业精神和计生协会的作用。班子团结务实，勤政廉洁，不断创新服务理念，不断转变服务观念，使祥云县人口和计划生育工作呈现出了良好发展势头，为祥云经济社会的发展提供了良好的人口环境，为构建和谐社会作出了积极的贡献。县政协常委会议对近年来祥云县人口和计划生育工作表示满意。

【荣誉】

2007年3月，祥云县计划生育服务站站长王福云被评为2006年度“云南省人口和计划生育先进工作者”。

2008年

【概述】

2008年祥云县人口计生局进一步抓实目标管理责任制，夯实基层基础，严格依法行政，拓展宣传教育，深化优质服务，狠抓队伍建设，祥云县人口计生工作主要指标执行情况良好。

《孕前保健关键技术研究及示范项目》落户祥云；祥云县计生系统参加卫生部门开展的紧急医疗救护演习活动；祥云县人口计生系统开展“双评”活动改进工作作风提高行政效率；“新家庭文化屋”工程建设项目落户祥云县普查镇大井村；祥云县计划生育协会荣获全国先进单位。

【统计数据】

人口基本情况：年末总人口458263人，当年出生人口4569人，出生率9.99‰，死亡人口3120人，死亡率6.82‰，自然增长人口1449人，自然增长率3.17‰。（据祥云县统计局公报）

计划生育基本情况：计划生育率99.98%，已婚育龄妇女避孕及时率达85%以上，综合节育率达92%。（据计划生育报表）

【《孕前保健关键技术研究及示范项目》落户祥云】

2008年6月11日《孕前保健关键技术研究及示范项目》在祥云启动，孕前保健是降低出生缺陷发生，提高母婴健康的最积极有效、具有较大效益成本比的干预措施。本研究旨在建立循证基础上的适宜云南基层开展的孕前保健标准操作程序，祥云县作为全省唯一的试点县通过试点示范研究，验证其实用性和有效性，最终形成标准化、规范化的孕前保健服务体系并在全国推广，填补国内空白，为出生缺陷一级预防工作的科学、可持续发展提供技术支撑。

【祥云县计生系统参加卫生部门开展的紧急医疗救护演习活动】

2008年8月12日，祥云县计生系统参加了卫生部门组织开展的紧急医疗救护演习活动。通过演习，提高了计生系统技术服务人员急救技能和应急处理能力，丰富了医疗救护相关知识，开阔了眼界。活动为医疗专业技术人员搭建了相互学习，取长补短，共同进步的平台；也为提高祥云县计生技术服务人员的优质服务水平起到了促进作用。

【祥云县人口计生系统开展“双评”活动】

2008年8月初，祥云县人口计生系统启动了“请农民兄弟姐妹评计生”和“请流动人口农民工评计生”的“双评”活动。在活动开展过程中，祥云县人口和计划生育局组织督查组，通过明察暗访、重点督导、随时回访、公布举报电话等形式，认真听取和受理群众的意见建议，确保评价结果的真实性。祥云县人口计生系统共发放调查问卷2000余份，面对面听取农民群众和流动人口农民工关于人口计生工作建议140余人次，收集整理有价值建议意见8条，全部列入整改计划，逐一进行整改。

【荣誉】

2008年，祥云县计划生育协会被评为“全国计生协工作先进单位”。

宾川县

2006 年

【概况】

2006 年，宾川县以稳定低生育水平为目标，以“优质服务，合同管理，少生奖励”三大重点工程为重点，不断提高管理和服务水平，积极探索开展人口和计划生育工作的新思路、新途径，强化措施，狠抓落实，超额完成了州委、州政府下达的人口和计划生育目标任务。

【统计数据】

人口基本情况。2006 年宾川县总人口为 331896 人，年内出生 3191 人，出生率为 9.64‰，死亡 1577 人，死亡率为 4.76‰，自然增长 1614 人，自然增长率为 4.87‰。（据宾川县统计局公报）

计划生育基本情况。计划生育率为 99.22%，长效节育率达 88.06%，避孕及时率达 85.1%。（据计划生育统计年报）

【合同管理纳入责任目标考核】

根据大理州人口计生委的部署，按照《关于贯彻落实大理州计划生育合同管理实施方案的意见》和《宾川县计划生育合同履约担保金管理暂行规定》，县人口计生局全面推行计划生育合同管理。

【流动人口计划生育管理】

制订并完善了对乡镇（农场）、相关部门的流动人口计划生育的考核内容和考核办法，统一坚持“一格式”量化标准，并签订目标管理责任书，纳入年度考核，使宾川县流动人口计划生育的管理从粗放型逐渐步入依法管理的轨道。

【责任目标考核】

按照省、州对计划生育工作实行“黄牌警告”和“一票否决”制度的要求，根据州计生委联字〔2003〕24 号、县计生局联字〔2003〕6 号文件要求，由县政府牵头，县人口和计划生育领导组相关部门组成考核组，于 12 月对 13 个乡镇（农场）、县级 7 部门和 42 位党政领导和分管领导进行了责任制考核。考核结果均在良好以上，无违反计划生育政策和法律法规的，考核结果分别呈报州、县纪委和组织部。通过认真考核，增强了各级领导的人口意识和责任意识。

【组织乳腺疾病的普查普治项目工作】

按照检查免费、治疗自愿的原则，2006 年 6－11 月，认真组织实施乳腺疾病的普查普治项目工作，对宾川县广大育龄妇女乳腺疾病的发病情况进行了一次免费普查。

【推广安全套防治艾滋病】

按照《云南省艾滋病防治办法》和《大理州推广使用安全套防治艾滋病工程实施方案》的要求，县人口计生局与旅游、公安、工商、药监、卫生等相关部门配合，共签订目标管理责任书 32 份，签订率达 100%。为宾馆、旅店和娱乐场所提供安全套 7560 只，摆放安全套标志牌 1000 多个。

【推行避孕节育“知情选择”】

在宾川县范围内全面推行避孕节育“知情选择”，宾川县 7.07 万人已婚育龄妇女中，6.04 万人已落实各种节育措施，综合节育率 89.71%，避孕及时率高于州下达数的 5.1 个百分点。

【加强执法培训】

为认真实施《大理州流动人口与计划生育管理条例》，2006 年 9 月，组织县乡人口计生干部 16 人参加了州人口计生委组织的执法培训班，提高了宾川县人口计生干部的依法行政水平。

2007 年

【概况】

2007 年，宾川县认真贯彻落实计划生育“奖优免补”政策；继续加强和完善人口计生责任目标考核管理；积极做好人口出生缺陷干预工程准备工作；积极创建计划生育优质服务先进县；完成和超额完成了人口和计生工作目标任务。

【统计数据】

人口基本情况。2007年宾川县总人口为334476人，年内出生3060人，出生率为9.18‰，死亡1745人，死亡率为5.24‰，自然增长1315人，自然增长率为3.95‰。（据宾川县统计局公报）

计划生育基本情况。计划生育率99.6%，长效节育率88.73%，避孕及时率达86%。（据计划生育统计年报）

【提高优质服务水平，满足育龄妇女生殖健康需要】

一是积极推行避孕节育措施知情选择。指导育龄群众选择安全、长效、适宜的避孕方法，使95%以上的已婚育龄夫妇掌握2种以上的避孕节育相关知识。二是开展出生缺陷干预工程。对准备生育夫妇重点做好优生指导、孕前检查和孕期监测服务工作，及时为新婚期、孕产期育龄妇女送去优生优育的相关知识，孕前、孕后三个月推广服用叶酸、福施福，减少出生缺陷。三是密切关注育龄妇女身体健康，积极开展生殖健康普查普治活动。围绕婚、孕、产、育等方面对育龄妇女提供全方位的保健、咨询指导服务，有效地保障了群众的生殖健康权。四是做好随访服务。抽调县计生服务站人员组成计划生育技术服务小分队，深入到贫困、边远山区免费为育龄妇女开展查孕、查环、查病活动，加强了对新婚对象、孕产期、育儿期、更年期以及计划生育手术后的随访服务工作。

【认真实施计划生育合同管理，使计划生育工作有序开展】

宾川县认真实施计划生育合同管理制度，使计划生育各项工作有序开展，步入了规范化、制度化轨道。积极探索村民自治、优质服务、政策推动、综合治理的长效工作机制。

【强化利益导向机制，积极推进奖励扶助制度】

一是加大农业人口独生子女“奖优免补”政策的宣传落实力度，使这项惠农工程深入人心、家喻户晓。二是按照规定的时限，认真落实农业人口独生子女各项优惠政策，做到录入数据准确无误。三是积极探索建立独生子女父母养老保障机制。

【加强流动人口管理，提高管理服务水平】

一是认真贯彻落实《大理白族自治州流动人口计划生育管理条例》，县人民政府与公安、工商、民政、卫生、城建等11个部门签订了流动人口计划生育管理目标责任书，进一步明确了各相关单位在流动人口管理中的职责；二是在流动人口较为集中的金牛镇开展流动人口清理清查工作，澄清底数，进一步完善了流动人口查验证制度和生育审批制度，有效地促进了流动人口管理的规范化，提高流动人口管理水平。三是迎接州人大执法检查组对宾川县贯彻执行《大理州流动人口计划生育管理条例》情况进行视察，州人大执法检查组对我县流动人口计划生育管理“七关”、“六个一”、“四经常”等措施给予了充分肯定。

【加强法律法规和业务技能培训力度，营造良好的执法环境】

认真组织乡镇（农场）分管领导、计生办主任、服务所所长、计生业务人员和村计生宣传员参加的业务知识和法律知识培训会，重点培训法律法规、合同管理、统计业务、办证、流动人口计划生育管理、优质服务及药具管理等知识，进一步提高计划生育工作人员的法律知识和业务知识水平，为各项工作的顺利开展奠定了坚实基础。

【强化法律法规宣传力度，努力构建和谐人口计生】

始终把宣传教育放在计划生育工作的首位，加大以《人口与计划生育法》、《云南省人口与计划生育条例》、大理州《流动人口计划生育管理条例》为主要内容的计划生育政策法规的宣传力度。一是组织计生干部、计生宣传员深入村组进行计生政策的宣传，注重社会宣传的效果，营造全社会人人都关心、支持人口与计划生育工作的良好氛围。二是注重阵地宣传教育，充分利用报刊、杂志、标语等宣传形式，积极宣传计生政策、优生优育、生殖保健知识。三是制作了价值3万多元的手提袋、围裙等计划生育宣传品以及计划生育宣传折页，在"计划生育协会会员活动日"、"世界人口日"上发放宣传。四是与县广播电视局联合制作人口与计划生育宣传专栏。通过宣传，进一步增强了广大育龄群众计划生育意识，提高了计划生育的自觉性，树立了"生男生女一个样，女儿也是传家人"的良好婚育观念，营造了女孩健康成长的良好环境。

2008 年

【概况】

2008 年，宾川县以突出稳定低生育水平、提高出生人口素质、满足人民群众日益增长的生殖健康保健需求为主线，以改革创新和科技进步为动力，建立健全计划生育依法管理、综合治理的长效机制，深入学习贯彻中央、省《决定》、州《实施意见》以及相关的法律、法规，认真落实中央、省、州人口与计划生育工作会议精神，狠抓各项工作的落实，全面完成了州下达的人口与计划生育各项目标任务，稳定了低生育水平，提高了人口素质，为经济社会的发展创造了良好的人口环境。

【统计数据】

人口基本情况。2008 年宾川县总人口为 336102 人，年内出生 3072 人，出生率为 9.14‰，死亡 1773 人，死亡率为 5.27‰，自然增长 1299 人，自然增长率为 3.87‰。（据宾川县统计局公报）

计划生育基本情况。计划生育率为 99.74%，长效节育率 89.07%，避孕及时率达 86%。（据计划生育统计年报）

【抓实三项工程，增强服务水平】

一是强化避孕节育措施的落实，推进优质服务。围绕婚、孕、育等方面对育龄妇女提供全方位的婚前培训、优生咨询、避孕节育、生殖保健等服务。二是认真实施计划生育合同管理，严格规范资金管理程序，坚持合同履约担保金乡收县管乡用、专户储存、专款专用。三是完善利益导向机制，积极推进人口与计划生育工作。进一步加大农业人口独生子女"奖优免补"政策的宣传落实力度，使这项惠农工程深入人心、家喻户晓。四是成功创建为省级计划生育优质服务达标县。

【认真实施人口出生缺陷干预工程，努力提高出生人口素质】

在成功创建省级计划生育优质服务达标县的基础上，发放宣传品 3 万多份，宣传品入户率达 98% 以上，目标人群婚孕前培训 3995 对，孕前检查 2000 多例，免费发放叶酸 10368 瓶，孕中筛查 189 人，随访率达 90% 以上，完成符合目标人群营养素补充覆盖率达 100%。

【加强队伍建设，强化基层基础工作】

一是各乡镇（农场）配齐了乡镇（农场）人口计生专干，为工作的顺利开展奠定了基础。二是各村（居）委会配齐了村宣传员和流动人口管理员，以及各村组专（兼）职服务员。三是加强乡镇村组人口计生干部以及技术人员的培训工作。四是选派专业技术人员到上级医疗机构进修培训。五是抓实县乡服务站所设备建设。

【加强县乡服务体系建设，切实增强服务功能】

宾川县计划生育服务站和州城镇、平川镇中心计划生育服务站被列为 2008 年度新增中央投资拉动内需国债建设项目，县计划生育服务站批准新建 1529.31 ㎡，概算总投资 271.68 万元，州城镇中心计划生育服务站批准新建 322.6 ㎡，概算总投资 35 万元，平川镇中心计划生育服务站批准新建 280.3 ㎡，概算总投资 30 万元。在中华慈善总会和民政部门的支持下，部分出资争取了价值 150 多万元的彩超一台，更新了宾川县计生服务站和部分乡镇服务所医疗设备。

弥渡县

2006 年

【概述】

2006 年，弥渡县人口和计划生育工作继续保持弥渡县人口低生育水平，弥渡县总人口为 320611 人，人口自然增长率为 4.64‰。全年出生 3361 人，死亡 1878 人，迁入 2674 人，迁出 2728 人，出生率 10.51‰，死亡率 5.87‰，与上年同期相比出生率下降 1.43 个千分点，死亡率下降 0.58 个千分点，年内实际增加人口 1373 人，增长率为 4.3‰。已婚育龄妇女 67460 人，占弥渡县总人口的 21.02%，比上年同期减少 253 人。弥渡县年末累计落实各种节育措施 61926 人，综合节育率为 91.87%。

【完成目标任务】

2006 年，完成州下达的责任目标任务。一、人口出生率控制在 13.57‰以内，实际控制为 10.51‰；二、计划外出生人数控制在 55 人以内，实际控制为 1 人；三、流动人口违法多生育控制在 1 人以内，实际控制为 0；四、“三术”任务完成 3475 例，实际完成 3968 例，占年任务的 114.19%；五、农业人口新领取《独生子女父母光荣证》户数 700 户，实际完成农业人口新领取《独生子女父母光荣证》户数 734 户；六、多次召开会议，专题研究人口和计划生育工作，做到每半年通报一次工作情况；七、弥渡县共兑现农业人口独生子女养老生活补助 378 人、资金 24.8 万元，兑现教育奖学金 37.954 万元；一次性奖金 39.65 万元；全面清理独生子女保健费拖欠底数，共筹资 58.7621 万元兑现 2001.2001.2005 年的农村户口独生子女保健费和历年城镇非农业人口独生子女保健费。

【实施云岭先锋工程】

县人口和计划生育局实施“云岭先锋工程”以来，局党支部认识上统一、思想上重视；工作中坚持以支部建设和队伍建设为重点，以转变作风、促进工作为着力点；以优质服务、群众满意作为“工程”成败的检验标准；党建工作与人口和计划生育工作有机结合，突出行业特点、抓好“工程”实施，成果显著，群众满意、上级认可。在 2001.2001.2006 年民主评议经济行政管理和公共服务部门中连续三年被评为优秀，2006 年被省委组织部表彰为云岭先锋三级联创基层满意的县（市、区）涉农部门。

【清兑历年独生子女保健费】

2006 年 6 月，对弥渡县历年农业人口独生子女、非农待业人口独生子女进行全面清理，截至 2005 年底，弥渡县农业人口办理《独生子女父母光荣证》2426 户，拖欠独生子女保健费 53.47 万元；非农待业人口办理《独生子女父母光荣证》210 户，拖欠独生子女保健费 5.29 万元。其中：2002 年及以前，农业人口办理《独生子女父母光荣证》931 户，拖欠独生子女保健费 12.82 万元，非农待业人口办理《独生子女父母光荣证》144 户，拖欠独生子女保健费 4.21 万元。根据县人民政府 2006 年 60 号文件“关于清兑历年独生子女保健费的通知”，弥渡县共清兑独生子女保健费 58.76 万元。

【开展乳腺疾病普查普治】

弥渡县在大理州率先启动乳腺疾病普查普治项目，项目从 4 月 3 日启动到 8 月初复查全面结束，历经 4 个月。项目组深入弥渡县 8 个乡镇、80 个村委会，为 18 ~ 55 周岁的育龄妇女开展乳腺疾病普查普治活动。受普查总人数达 35330 人，普查率 55.42%，查出患病人数 10959 人，发病率 31.02%，治疗人数 1230 人，治疗率 15.6%。

【人口出生缺陷干预工作展开】

2006 年 10 月 31 日，弥渡县召开人口出生缺陷干预试点工作启动暨培训会议，分析研究新形势下人口与计划生育工作的新任务、新要求，安排部署计划生育优质服务和人口出生缺陷干预试点工作。县、乡镇、村三级计划生育管理和服务人员以及县级成员单位领导160多人参加启动会以及为期一天的培训。年底，弥渡县已有560多对夫妇参加婚（孕）前培训、孕前检查、孕期叶酸营养素增补等各个环节。

【10台安全套自动售套机落户宾馆、医院】

2006年初，弥渡县第二批安全套自动售套机安装工作会后，10台安全套自动售套机正式在县医院、中医院、疾控中心、血防站和县计生服务站5家主要医疗机构及禾源、弥昆、友怡、鸿林、玉叶5家主要宾馆安装。年末，弥渡县已安装安全套自动售套机11台。

2007年

【概述】

2007年，弥渡县围绕计划生育优质服务、少生奖励、合同管理三项重点工作，在管理、服务、激励三个方面全面整合计划生育工作，实现计划生育工作思路和工作方法的根本转变，实现发展和维护好人民群众的根本利益，为推动社会文明开放和谐进步等方面发挥了重要作用，弥渡县人口与计划生育工作稳步向前发展。

2007年，弥渡县总人口321561人，人口自然增长率为3.17‰，呈低生育水平。全年人口出生3105人，死亡2087人，迁入3724人，迁出3819人，出生率9.67‰，死亡率6.50‰，与上年同期相比出生率下降0.84个千分点，死亡率上升0.63个千分点，年内实际增加人口950人，增长率为2.96‰。已婚育龄妇女67545人，占弥渡县总人口的21.01%，比上年同期增加139人。独生子女累计领证数8630户，年内领证687户，符合奖励条件的有525户，领证率为10.14%，比上年同期上升0.65个百分点。弥渡县年末累计落实各种节育措施62355人，综合节育率为92.32%。

【完成目标任务】

2007年，圆满完成大理州下达的责任目标任务。1. 在大理州下达计划外控制在54人以内，其中计划外多孩控制在5人以内，实际控制为计划外出生8人，多孩出生0人；1.“三术”下达任务3025例，实际完成3731例；1. 避孕及时率达到80%以上，实际达到82.23%；1.“奖优免补”政策兑现率达100%，实际达100%；1. 县人民政府多次召开会议，专题研究人口和计划生育工作，做到每半年通报一次工作情况；1. 弥渡县共兑现农业人口独生子女父母养老生活补助金276850元，农业人口独生子女教育奖学金549300元，农业人口独生子女家庭一次性奖励金464000元。

【出生缺陷干预工作稳步推进】

一是切实加强领导，县级成立了以分管副县长为组长，12个相关部门为成员单位的工作领导小组，及时协调和解决工作中的困难和问题。二是抓好宣传培训，到12月止，弥渡县已有1526人参加婚孕前培训，757人进行了尿HCG筛查，1531人（其中：男方631人，女方900人）参加了孕前检查，为1403对新婚和拟怀孕夫妇发放了8418瓶叶酸营养素，孕期随访101人。三是确保经费投入，把专项经费按照各乡镇的工作完成量，分批拨付了设备配套费、宣传费、婚孕前培训费、孕前检查费等207240元。四是抓好技术服务，实行乡镇“集中培训检查日”，目标人群当天即可免费享受婚孕前培训、孕前检查、叶酸发放等“一站式”服务。五是强化考核落实，把人口出生缺陷干预试点工作的主要指标列为县对乡镇考核的重要内容，实现了目标人群培训合格率要达到95%以上，宣传品入户率达到90%以上，婚孕前检查率达到60%以上，孕期随访率达100%以上的目标。

【奖优免补政策】

一是加强组织领导，确保符合政策的农业人

口独生子女家庭得到实实在在的实惠；二是广泛宣传发动，以农业人口一孩家庭为重点对象，以及各类宣传阵地为主渠道，开展广泛的社会宣传；三是加强为民服务，组织人员深入到乡镇及时就近办理，方便广大群众；四是规范业务工作，做好资格审查，及时进行公示。到12月止，弥渡县已新办农业人口独生子女户553户，兑现农业人口独生子女养老生活补助424人，兑现资金27.685万元；兑现教育奖学金2975人，其中：小学2242人，初中733人，兑现资金54.93万元；办理升学加分照顾136人，其中：高考13人，中考123人。弥渡县农业人口已领取《独生子女父母光荣证》巩固率达99.6%以上。

2008年

【概述】

2008年，弥渡县人口和计划生育工作以稳定低生育水平，提高出生人口素质，建设统筹解决人口问题试验区为奋斗目标，围绕计划生育优质服务、少生奖励、依法行政三项重点工作，在管理、服务、激励三个方面全面整合计划生育工作，实现人口和计划生育工作思路和工作方法的根本转变，实现发展和维护好人民群众的根本利益，为推动弥渡社会经济发展、文明开放、和谐进步等方面发挥了重要作用，弥渡县人口与计划生育工作稳步发展。

【统计数据】

2008年末，弥渡县总人口322270人，年内出生人口2882人，出生率8.94‰，死亡人口1980人，死亡率6.14‰，与上年同期相比出生率下降0.73个千分点，死亡率下降0.36个千分点，年内自然增加人口902人，人口自然增长率为2.8‰。已婚育龄妇女67961人，占弥渡县总人口的21.09%，比上年同期增加416人。独生子女累计领证数9168户。弥渡县年末累计落实各种节育措施63313人，综合节育率为93.16%。

【完成目标任务】

2008年，圆满完成州下达的责任目标任务。1.州要求避孕及时率达到80%以上，实际达到80.3%；1.“奖优免补”政策兑现率达100%，实际达100%；1.县人民政府多次召开会议，专题研究人口和计划生育工作，做到每半年通报一次工作情况；1.弥渡县共兑现农业人口独生子女父母养老生活补助金387000元，农业人口独生子女教育奖学金629060元，农业人口独生子女家庭一次性奖励金394500元，独生子女考上高中、大学教育奖学金168200元。

【宣传教育不断深化】

2008年，开展了丰富多彩的计划生育宣传活动，发放中央《决定》宣传品500份，生殖健康、避孕节育和政策法规等宣传品1万多份，召开不同类型、不同规模的座谈会4场次，举办以“关注女性健康、优生优育”为主题的知识讲座，免费为育龄群众查病治病4.5万多人次，同时在弥渡县各乡镇开展“计划生育群众工作纪律自检自查”、“农民兄弟姐妹评计生”、“流动人口评计生”活动，发放评议表2200份，测评服务对象的满意度，倡导生育文明、普及婚育新风，营造和谐人口和计划生育工作的舆论氛围和社会环境。

【出生缺陷预防工作取得成效】

一是加强组织领导。县级成立了以分管副县长任组长，12个相关部门为成员单位的工作领导小组，及时协调和解决工作中的困难和问题；二是抓好宣传培训。到12月止，弥渡县已有3000人参加婚孕前培训，1500人进行了尿HCG筛查，2702人参加了孕前检查，为1500对新婚和拟怀孕夫妇发放了9000瓶叶酸营养素，孕期随访1892人。三是确保经费投入。把专项经费按照各乡（镇）的工作完成量，分批拨付了设备配套费、宣传费、婚孕前培训费、孕前检查费等48万多元。四是抓好技术服务。实行乡（镇）“集中培训检查日”，目标人群当天即可免费享受婚孕前培训、孕前检查、叶酸发放等“一站式”服务。五是强化考核落实。把人口出生缺陷干预试点工作的主要指标列为县对乡（镇）考核的重要内容，实现了目标人群培训合格率要达到100%，宣传品入户率达到100%，婚孕前检查率达到90.06%，孕期随访率达98.4%的目标。

【加强流动人口计划生育管理和服务】

一是坚持以人为本、管理与服务相结合；二是进一步建立健全了相关制度，层层抓管理，层层抓落实；三是进一步建立完善了流动人口“现居住地与户籍地之间的工作联动协作机制”综合治理机制；四是进一步加强了信息化建设，建立了通畅、及时、准确、有效的双向交流和协调管理；五是加强基层基础工作，切实做好流动人口计划生育调查登记工作；六是积极开展便民服务，为流动人口提供全程的计划生育优质服务。

【民主评议取得好成绩】

2008年，弥渡县人口计生局按照科学发展观的要求，全面贯彻新时期人口与计划生育工作的指导思想，围绕稳定低生育水平，提高出生人口素质，统筹解决人口问题这个奋斗目标，在“合同管理、优质服务、少生奖励”三个方面充分实现发展和维护好人民群众的根本利益，获得了社会各界的支持，赢得了人民群众的信任。在2008年弥渡县34个具有行政经济管理职能和公共服务职能的单位政风行风民主评议中，以综合满意率84.76%的成绩获得第二名。

南涧县

2006 年

【概述】

2006 年是实施“十一五”人口规划的第一年，为了开好头、起好步，南涧县的人口和计划生育工作，在县委、政府的正确领导和州人口计生委的关心支持下，紧紧围绕州人民政府下达的责任目标，人口计生职能部门抓紧抓好抓实“优质服务、合同管理、少生奖励”三项重点工程，除计划外多孩生育突破州下达指标外，其他指标超额完成了州下达任务，人口出生率和自然增长率继续下降，争创了省级计划生育优质服务先进县，南涧县人口和计划生育工作持续稳步健康发展。

【统计数据】

截至 2006 年 12 月 31 日，南涧县总人口达 218923 人，年增长 474 人，比上年同期减少 911 人，年增长率 2.17‰，比上年同期下降 4.19‰；年内出生 2286 人，出生总数比上年同期减少 93 人，人口出生率达 10.45‰，比上年同期下降 0.48‰；年内死亡 1399 人，比上年同期减少 61 人，死亡率达 6.40‰；年内自然增长 887 人，比上年同期减少 32 人，自然增长率达 4.06‰，比上年同期下降 0.16‰；出生性别比为 118.13，计划生育率达 99.91%。

南涧县已婚育龄妇女达 44140 人，占总人口的 20.16%，比上年同期减少 97 人，采取各种节育人数达 38897 人，综合节育率达 88.12%，比上年同期提高 1%，采取长效节育措施人数达 36900 人，长效节育率达 83.60%，比上年同期提高 0.35%。

2006 年末累计领取独生子女父母光荣证户数为 5046 户，比上年同期增加 873 户，其中子女在 14 周岁以下的 4449 户，领证率达 10.08%；在办证总数中属农业人口家庭的 2981 户，占领证总数的 59.08%。

【基本指标完成情况】

⑴大理州下达人口出生率控制在 13.67‰以内，2005 年 10 月 1 日至 2006 年 9 月 30 日，南涧县共出生 2293 人，计划生育率为 99.91%，人口出生率为 10.50‰，比州下达数低 3.17‰。⑵州下达计划外出生人数控制在 50 人以内，2005 年 10 月 1 日至 2006 年 9 月 30 日，南涧县计划外多孩出生 2 人，无计划外一孩、二孩出生；计划外出生人数占州下达控制数的 4%。⑶州下达流动人口违法多生育控制在 1 人以内，2005 年 10 月 1 日至 2006 年 9 月 30 日，南涧县流动人口无违法多生育情况。⑷州下达完成“三术”2291 例，2005 年 10 月 1 日至 2006 年 9 月 30 日，南涧县共完成“三术”3752 例，超额完成 1461 例。⑸州下达农业人口新领取《独生子女父母光荣证》800 户，南涧县截至 9 月 30 日动员办理农业人口独生子女证 806 户，超额完成 6 户。

【县委政府重视支持人口计生工作】

人口和计划生育工作是一项社会系统工程，人口问题是可持续发展和构建和谐社会的主要问题。年内县人口计生局积极争取县委政府加强对人口和计划生育工作的领导。于 3 月 24 日下午和 9 月 28 日下午两次在县人民政府常务会议上汇报了存在的问题和困难，县人民政府解决了计生事业费、责任目标设置等问题，特别是村（居）委会计生宣传员的报酬从 150 元或 160 元提高到 270 元或 280 元，并于 2006 年 1 月起执行，极大地调动了计生宣传员的工作积极性，县人口计生局和各乡镇计生办用“以奖代补”的形式考核兑现，做到了村级计生工作人员、任务、报酬“三落实”。

【核发了独生子女父母保健费】

截至 2006 年底，南涧县共办理独生子女证

5046户，其中农业人口申请办证2981户。前几年由于县、乡镇财政困难，不同程度地存在拖欠农业人口、城镇居民、下岗职工独生子女父母保健费的情况。2005年底通过进村入户、逐户逐月对所欠情况进行核实，截至2005年12月，南涧县共应补发农业人口1878户、城镇居民42户、下岗职工37户的独生子女父母保健费333570元。在2006年春节前把所欠的独生子女父母保健费发放到了群众手中。

【计划生育合同管理工作】

截至2006年12月31日，南涧县除合同期满退出的以外，还纳入合同管理的夫妻共有22292对，其中签订了独生子女合同的2715对，签订了生育间隔合同的6640对，签订了落实节育措施合同的12855对，与8个租房单位和24户租房户签订了协助管理流动人口合同，与15个用工单位和35个用工者签订了协助管理流动人口合同。2006年1至12月，南涧县共签订合同2633对，其中签订农业人口独生子女合同580对，签订生育间隔合同915对，签订落实节育措施合同1138对；退出合同1726对，其中退出生育间隔合同1230对，退出落实节育措施合同496对。南涧县合同签订率达95%以上，履约担保金新收取的已大部分上交县专户管理，往年收取的已逐步上交县专户管理，合同管理工作进一步规范完善。

【创建了省级优质服务先进县】

2006年州人口计生委把南涧列为创建省级优质服务先进县，南涧县各级计生部门根据《云南省优质服务先进县（市、区）考核评估指标和评分标准》，从“领导重视好、政策导向好、依法行政好、服务质量好、民主管理好、队伍作风好”的“六好”目标和“环境优美、技术优良、服务优质、管理优秀、群众满意”的“四优一满意”要求，全面加强提高了南涧县的人口和计划生育工作。省考评组按关键指标、保障指标、工作指标、效果指标四个方面31项评估体系，通过进村入组入户的检查，认为南涧县的计划生育优质服务工作达到了省级先进县的标准，受到了表彰奖励。

2007年

【概述】

2007年，南涧县人口和计划生育工作以认真宣传贯彻落实《中共中央国务院关于全面加强人口和计划生育工作统筹解决人口问题的决定》为契机，认真执行《中华人民共和国人口与计划生育法》、《云南省人口与计划生育条例》等法律法规，以建立“依法管理、村民自治、优质服务、政策推动、综合治理”的工作机制为目标，努力实现计划生育工作思路和工作方法的“两个转变”，围绕州下达县、县下达乡镇的年度各项工作任务，抓好“优质服务、合同管理、少生奖励”三项重点工程的落实，南涧县人口和计划生育工作持续稳步健康发展。

【统计数据】

2007年，南涧县总人口达219654人，年增长731人，比上年同期增加257人，年增长率3.33‰，比上年同期增长1.16‰；出生1981人，出生总数比上年同期减少305人，人口出生率为9.03‰，比上年同期下降1.42‰。死亡1440人，比上年同期增加41人，死亡率为6.57‰；自然增长541人，比上年同期减少346人，自然增长率达2.47‰，比上年同期下降1.59‰；出生性别比为114.86；南涧县人口出生率首次下降到10‰以下。计划生育率为99.85%，综合节育率88.51%，

南涧县累计领取独生子女父母光荣证户数为5530户，比上年同期增加524户，其中子女在14同岁以下的4696户，领证率达10.6%；在办证总数中属农业人口家庭的3047户，占领证总数的55.1%。

【计划生育优质服务】

2006年，南涧县被省人口计生委考评验收为省级计划生育优质服务先进县，为巩固工作成果，2007年南涧县各级人口计生部门继续抓好优质服

务工作，各乡镇计生服务所深入村委会为合同管理对象提供生殖健康服务52060人次，服务率达83.96%；县计生服务站抓好常规服务的同时，继续开展了9个项目的生殖健康普查，共普查2440人，由于仅收成本费，受到群众的欢迎。

【计划生育合同管理】

2007年纳入合同管理的夫妻达22926对，其中签订独生子女合同的3186对，签订生育间隔合同的6791对，签订落实节育措施合同的12867对。年内共签订合同2616对，其中签订农业人口独生子女合同477对，签订生育间隔合同1176对，签订落实节育措施合同963对；退出合同1982对，其中退出农业人口独生子女合同6对，退出生育间隔合同1025对，退出落实节育措施合同951对。

【少生奖励工作】

2007年共审核批办独生子女证504户，其中农业人口办证444户。农业人口办证数中子女在14周岁以下，可享受一次性奖金的370户，可享受1000元的358户，可享受500元11户，共兑现了一次性奖金36.4万元；南涧县共有58名中考、9名高考农业人口独生子女符合加分条件，县人口计生局逐一进行了审核，招生部门落实了加分，有24名中考生、5名高考生因享受加分优先进入高中、大学学习；南涧县共发放了2006年9月至2007年7月这一学年的农业人口独生子女在校生“教育奖学金”1297人，其中小学1019人，初中278人，共发放了教育奖学金23.53万元；符合享受养老生活补助372人，其中独生子的218人，独生女的141人，无子女的13人，共发放了养老生活补助23.93万元。

【国家人口计生委领导到南涧调研】

2007年4月，由国家人口计生委副主任王培安为组长的人口和计划生育调研组一行11人，到宝华镇小铁窑村委会小村入户与育龄群众进行了座谈，召开了县、镇、村领导和计生干部参加的座谈会。阿怀聪汇报了人口计生工作情况、存在的困难及请求帮助解决的事项。调研组对南涧县人口计生工作取得的成绩给予高度评价。

【加强流动人口计划生育管理】

配合南涧镇清理核查了县城内的外来流入人口，及时办理和查验了流动人口婚育证明。南涧县流动人口总数为10606人，其中流出8267人，流入2339人；流动人口育龄妇女3742人，已婚1983人，未婚1758人；流出已婚育龄妇女1384人，流入已婚育龄妇女599人。经县委政府研究同意，县编委4月批准成立“南涧彝族自治县流动人口计划生育管理所”，核定事业编制3名，隶属县人口计生局下属事业单位。

【开展计划生育系列保险】

根据上级计生协会、中国人寿保险公司的安排，要求各村(居)民委员会的计生宣传员兼保险业务代理员，以“积极发动，投保自愿”的原则开展与独生子女户、计划生育相联系的5种保险。5月深入到各乡镇开展了相关业务培训工作。

【慰问农业人口独生子女】

在“六一”国际儿童节期间，县人口计生局、县计划生育协会、中国人寿保险南涧县支公司对南涧县14周岁以下的农业人口独生子女户进行了慰问，每户发给了一个不锈钢保温杯，共慰问2670户，慰问经费达5.34万元。

2008年

【概述】

2008年南涧县的人口和计划生育工作突出抓好“优质服务、合同管理、少生奖励、出生缺陷干预”四项重点工作，各乡镇计生服务所到村委会查孕、查环、查病优质服务51000人次；计生合同管理工作进一步完善；办理农业人口独生子女证302户，兑现“奖免补”资金118万多元；2008年南涧列入出生缺陷干预重点县，年内完成婚前培训2350对，孕前检查665对，产前筛查450人，发放宣传品19800份，叶酸片1150人份。健全完善“依法管理、村民自治、优质服务、政策推动、综合治理”的工作机制，南涧县人口计生工作稳步健康发展。

【统计数据】

据计生统计报表统计，截至2008年12月31日，南涧县总人口达220277人，年增长623人，年增长率2.83‰，年内出生2153人，比上年同期增加112人，人口出生率9.79‰，计划生育率99.81%；年内死亡1290人，死亡率5.86‰；年内自然增长863人，自然增长率3.92‰；出生人数中男孩1148人，女孩1005人，出生性别比为114；2008年南涧县人口出生率继续保持在10‰以下，自然增长率下降到了较低水平，南涧县的低生育水平进一步稳定。年内共完成各种计划生育手术4238例。南涧县综合节育率达89.62%，长效节育率达85.04%。

【县流动人口管理所挂牌成立】

为抓好流动人口计划生育管理和服务工作，南涧县编委批准成立“南涧彝族自治县流动人口计划生育管理所”，该所为县人口计生局下属全额拨款事业单位，核定事业编制3名，2008年10月6日举行了挂牌仪式，挂牌时调配了2人。

【宣传教育工作】

2008年南涧县强化计划生育宣传教育，一是结合人口出生缺陷预防工作开展了不同层次、不同类别的宣传培训，征订了《出生缺陷预防服务指南》10000份，《我学我知道》8000册、《出生缺陷温情卡》10000张，《婚前培训合格证》10000张；二是在纪念中国计生协成立28周年“5.29”活动期间，上街开展了宣传活动；三是抓住下基层开展生殖健康服务的机会，对育龄群众进行面对面宣传，进一步营造了实行计划生育、优质服务和预防出生缺陷的良好氛围。

【依法管理工作】

2008年南涧县加强计划生育依法行政、依法管理，一是继续抓好计划生育合同的签订，年内共签订合同1600对，其中农业人口独生子女合同226对，生育间隔合同634对，落实节育措施合同740对；退出合同1300对，其中退出间隔合同600对，退出落实节育措施合同700对。二是严肃依法追究违约责任和处理计划外怀孕人员。三是开展了执法检查和打击“两非”工作。四是实行了引产审批和B超产检登记制度。

【服务站、所建设工作】

2008年南涧县全面完成了县计划生育服务站业务综合楼建设，建筑面积1126平方米，包括附属工程总投资143万元。完成了乐秋乡计划生育服务所门诊铺面建设，建筑面积160平方米，总投资10万元。宝华镇计划生育服务所列入了新增国债项目建设，加强了县、乡镇计划生育服务站（所）的内部管理和制度建设。

【荣誉】

2008年南涧县人口和计划生育局局长曹永凤被省人事厅、省人口计生委表彰为“全省人口和计划生育工作先进个人”。

巍山县

2006 年

【概述】

2006 年，巍山县人口和计划生育工作的总体部署及要求，2006 年巍山县人口和计划生育管理服务部门紧紧围绕"优质服务、合同管理、少生奖励"三项重点工程，按照"围绕责任目标，突出重点工作，加强管理服务，抓实各项工作，确保各项任务的圆满完成"的思路开展了各项工作，较好地完成了州对县主要责任指标任务。

【统计数据】

2006 年末，巍山县人口出生率为 9.07‰，与 2002 年相比降低了 4.35 个千分点；人口自然增长率为 2.90‰，与 2002 年相比降低了 4.35 个千分点。巍山县计划生育率为 99.42%。

【完成责任目标情况】

（一）出生人口 2904 人，人口出生率为 9.54‰，自然增长率为 3.57‰，人口出生率控制在州要求的 11.6‰以内。

（二）计划外出生 20 人，占州下达控制指标 80 人的 25%。年内巍山县无流动人口违法多生育的行为。计划外多孩 2 人（分别为牛街乡、永建镇）。

（三）完成"三术"任务 3484 例，占州下达任务 2858 例的 122%，占县下达任务 3000 例的 116%。

（四）完成办理《农业人口独生子女父母光荣证》639 户，占州下达任务数 530 户的 121%；占县下达任务数 645 户的 99.1%。

（五）出生 2904 人，其中计划外出生 20 人，占 0.69%，计划生育率为 99.31%，达到了州计划生育率 98% 以上的要求。

（六）农业人口新领取《独生子女父母光荣证》自愿率达 100%，年内办理"退证"2 户，退证率 0.31%，巩固率达 99.5% 以上。

（七）"奖优免补"政策知晓率，"5331"工程达标率基本上达到了州 90% 的要求。

（八）较好完成了州要求的"县市委、县市政府每年召开不少于两次人口计生专题会议"、"实行计划生育'黄牌警告'和'一票否决'制度，每半年通报一次巍山县人口与计划生育工作情况"、"100% 的乡镇开展计划生育合同管理，管理好合同履约但保金"、"综合治理人口问题的新机制建设有新进展"、"开展计划生育村民自治试点工作"等主要工作指标。

2007 年

【概述】

2007 年，巍山县上下高度重视稳定低生育水平工作，各级计划生育管理部门在稳定低生育水平工作中认真扎实地开展了工作。一是认真做好计划内一孩、二孩和特批第三孩的审批工作，全年共办理计划内一孩《生育证》1688 本、二孩《生育证》1121 本、特批第三孩《生育证》3 本。在办理《生育证》工作中无重、漏、错等问题。二是对已采取避孕节育措施后计划外怀孕的对象，认真做好其思想工作，尽力帮助解决受术者手术费、生活费等方面实际困难。全年共采取各种补救措施（人流、引产）283 例，支出手术包干经费和生活困难补助费 25.43 万元。三是针对巍山县部分地区群众婚育观念尚未根本转变，非婚计划外怀孕、再婚计划外超怀等不断出现的问题，县、乡两级齐抓共管、密切配合，想尽千方百计查找计划外怀孕对象的下落、做好深入细致的思想工作、帮助解决工作对象的一些实际问题和困难，及时采取补救措施。四是认真做好流动人口计划生育管理服务工作。一方面认真办理县内育龄人口流出县外务工人员《流动人口婚育证明》,全年共办理《流动人口婚育证明》5407本。另一方面加强县外育龄人口流入我县的计划生育管理和服务工作。积极争取县委、政府领导重视和支持，分别在南诏镇四个社区、大仓镇大仓村委会配备5名流动人口计划生育专职管理员的基础上，组织人员力量，对流入我县的育龄人口的婚育等情况进行了认真调查、清理。通过调查清理，巍山县共有流入流动人口1033人，其中已婚育龄妇女402人,年内无计划外生育的行为。五是积极探索并开展救助、慰问困难独生子女家庭工作。春节前期，组织开展了慰问贫困独生女家庭104户，支出慰问金10400元。年内先后对5户因独生子女伤残、死亡、患特殊疾病或特殊困难的家庭实施了救助，支出救助金5700元。六是认真开展计划生育村民自治试点工作。年内在庙街镇碧清村民委员会开展了计划生育村民自治试点工作。通过试点，取得了一些经验，促进了村委会人口计生等各项工作的顺利完成。

【统计数据】

2007年，巍山县人口出生率为9.26‰，死亡率为6.35‰，人口自然增长率为2.90‰，年末巍山县总人口305841人。

【认真落实“奖优免补”政策】

年内，巍山县共办理符合享受一次性奖励对象372户，应兑现奖励金33.25万元；办理符合享受中考、高考升学照顾加分106人；办理符合享受教育奖学金2754人，应兑现奖励50.57万元；办理符合享受养老生活补助507人，应兑现补助33万元。全年应兑现各种奖励116.87万元，已全部兑现。至2007年末，巍山县累计办理《独生子女父母光荣证》达8767户。

【人口计生部门的工作得到社会各界的充分肯定】

2007年，巍山县人口和计划生育部门的工作得到了各级党委、政府，业务主管部门和社会各界的充分肯定，在2007年10月中共巍山县委组织的对巍山县乡科级领导班子和领导干部届末考察工作中，县人口和计划生育 局领导班子综合得分95.83分。在2007年10-11月间县委、政府组织的“企业评议行政经济管理、行政执法和公共服务部门”工作中,县人口和计划生育局综合得分93.74分,在被评议的34个部门中列第6位。近三年来，社会各界对人口计生工作的满意率均在90%以上。

2008年

【概述】

2008年，巍山县全面加强人口和计划生育工作，切实抓好巍山县2008年创建统筹解决人口问题试验区工作，较好地完成了各项工作目标任务。

【统计数据】

据巍山县统计局公报，2008年年末巍山县总人口306544人，当年出生人口2702人，出生率为8.81‰；死亡1707人，死亡率为5.57‰；自然增长995人,自然增长率为3.24‰。据计划生育报表，计划生育率为99.59%，长效节育率为83.14%，综合节育率为85.83%。

【认真贯彻落实好“奖优免补”政策】

2008年巍山县全年共兑现农业人口独生子女各种奖励金125.807万元。至2008年末，巍山县办理《独生子女父母光荣证》累计达9230户。

【健全完善管理内容，认真抓好合同管理】

不断完善计划生育合同管理的内容，积极探索村(居)民自治、优质服务、政策推动、综合治理的长效工作机制。

【实施出生缺陷干预行动，努力提高出生人口素质】

全面实施计划生育生殖健康促进计划。大力宣传和普及预防出生缺陷科学知识，加强婚育咨询指导和孕前培训，普及率达95%以上，知晓率达90%以上。积极开展婚前检查和孕前咨询、孕期供药、产前筛查等工作,建立优生及孕产妇档案,大力推广在孕前、孕中、孕后补充“叶酸”、“福施福”、“福格森”等营养素,推广使用率达80%以上。

切实做好病残儿鉴定工作，积极开展孕产期保健，促进住院分娩、新法接生、母乳喂养、新生儿疾病筛查和康复工作。协同相关部门认真执行《关于禁止非医学需要的胎儿性别鉴定和选择性别的人工终止妊娠的规定》，严厉打击“两非”行为。

【认真开展政府信息公开工作】

成立了巍山县人口计生局信息公开工作领导小组，明确联络员，公开巍山县人口计生局信息直通车联系号码。利用政府信息公开网站平台制作“巍山彝族回族自治县人口和计划生育局”网页，并上传了群众最想知道和关心的信息，向社会全面公开。

【巍山县计划生育协会圆满完成换届工作】

巍山县计划生育协会第四届理事会，于11月26日在县政府五楼会议室召开第五次代表大会，选举产生了县计划生育协会第五届理事会理事、常务理事、副理事长、常务副理事长、以及理事长，还聘请了秘书长，设立计生协会办公室处理日常事务，圆满完成了县计划生育协会第五届理事会的换届工作任务。

【巍山县流动人口计划生育管理站批准成立】

巍山县机构编制委员会巍编复〔2008〕7号文件批准同意成立巍山县流动人口计划生育管理站，该站为巍山县人口和计划生育局下属股所级事业单位，经费形式为财政全额拨款，下达人员编制4名，其中管理人员1名、专业技术人员编制3名，全面加强对巍山县育龄流动人口的计划生育管理和服务工作；同时，撤销县人口计生局内设机构流动人口计划生育管理股，其职能交由流动人口计划生育管理站承担。

【古城村委会计划生育协会被表彰为全国计生协会先进集体】

庙街镇古城村委会计划生育协会2008年被中国计划生育协会表彰为全国先进集体。

【巍山县完成不孕不育症基本调查】

2008年，巍山县人口计生局组织开展了巍山县已婚育龄人群不孕不育调查。经初步调查统计，巍山县已婚育龄人群中，不孕不育夫妇有1095对，其中已有540对夫妇抱养了小孩。巍山县不育症发病基本情况按年龄分布情况是：<25岁的有18对夫妇；25—30岁的有109对，已有28对夫妇抱养小孩；31—35岁的有129对夫妇，已有49对夫妇抱养小孩；36—40岁有107对夫妇，已有59对夫妇抱养小孩；>41岁的有732对夫妇，已有404对夫妇抱养小孩（注：此处所指“不育症”是结婚1年以上有正常性生活未孕）。

永平县

2006 年

【概况】

2006 年，永平县以降低生育水平、提高出生人口素质、保持出生人口性别平衡为目标，以全面推进人口与计划生育优质服务为主线，不断强化措施，落实责任，努力做好人口与计划生育各项工作。

完善人口与计划生育目标管理责任制，构建综合治理人口问题工作机制。将县法院、财政局、卫生局、公安局、工商局、教育局、民政局等八个部门纳入责任目标管理，签订了《县级相关部门人口与计划生育工作责任书》，形成了各级各部门齐抓共管的工作格局。

【统计数据】

人口基本情况。2006 年永平县总人口为 178935 人，年内出生 1491 人，出生性别比为 102.58，出生率 8.36‰，死亡 1319 人，死亡率 7.40‰，自然增长 172 人，自然增长率为 0.96 ‰（据永平县统计局公报）。

计划生育基本情况。计划生育率为 99.06%，综合节育率为 89.39%，长效节育率为 87.17%。避孕及时率为 80%。（据计划生育统计报表）

【流动人口计划生育管理】

实行分级负责制，对流动人口进行清理清查，为流动人口提供办证、避孕节育、生殖健康等服务。明确了公安、工商等部门为流动人口办理《暂住证》等，坚持一证先行的管理原则，查验流动人口婚育证明，全面加强对流动人口的计划生育服务和管理工作。

【认真落实农业人口“奖优免补”政策，积极引导群众少生】

制订了《永平县贯彻落实云南省农业人口独生子女奖励暂行规定实施办法》，严把资格确认关，为做到少生奖励对象“既不漏报一人，又不错报一人”，由于我县措施得力，工作落实到位，2006 年被评为贯彻落实“奖优免补”工作先进县。

【推广使用安全套预防艾滋病】

加强对使用安全套预防艾滋病的宣传，把推广使用安全套预防艾滋病工作纳入责任书目标考核，在抓好巩固宾馆、旅店、娱乐场所推广安全套的基础上，向矿山等流动人口集聚的地方延伸推广。

【依法开展计划生育合同管理，推进优质服务】

按照《大理州计划生育合同管理实施方案》、《永平县计划生育合同管理实施方案》，开展合同管理，一是针对不同对象签订合同，对婚育情况变更的进行改签合同；对退出育龄期的妇女及时解除合同，退回履约担保金；对不履行合同的育龄妇女，追究违约责任。二是按合同内容提供知情选择、优质服务，

2007 年

【概况】

永平县人口和计划生育工作以法律法规为依据、以农业人口少生奖励为动力、计划生育合同管理为手段，构建综合治理机制，实现了永平县人口计生工作的良性发展。

继续坚持和完善人口与计划生育目标管理责任制和法定代表人责任制。在县人民政府与各乡镇人民政府签订的责任书中，突出违法生育控制、“三术”任务、避孕及时率、出生缺陷干预、合同管理重点指标。突出法定职责与县情的结合，体现综合治理的意念。

【统计数据】

人口基本情况。2007年永平县总人口为179364人，年内出生1440人，出生性别比为96.45，出生率8.04‰，死亡1948人，死亡率10.87‰，自然增长-508人，自然增长率为-2.84‰。（据永平县统计局公报）

计划生育基本情况。计划生育率为97.50%，综合节育率为90.96%，长效节育率为88.56%。避孕及时率为80%。（据计划生育统计报表）

【加强计划生育技术服务网络建设和管理，充分发挥计划生育服务站所在推进人的全面发展中的作用】

对永平县计生站实行责任目标管理，按照“放权、搞活”和“效率优先、奖优罚劣、奖勤罚懒”的原则，调动计生服务站所专业技术人员的主动性、积极性。承担了“十一五”国家科技支撑课题——“避孕节育技术综合评价研究”县级150例宫内节育器放置、随访任务。认真抓避孕药具规范化管理工作，2007年永平县被列为省避孕药具规范化管理参观现场。

【探索计划生育村民自治之路】

在村“两委”换届期间，建立和完善可操作性的《计划生育村规民约》，进一步明确村民委员会在人口与计划生育工作中的职责及管理权限；不断规范群众的婚育行为，明确村民按现行的规定一对夫妻允许生育子女的数量、违法生育应承担的法律责任以及违约责任，充分发挥村民自治的作用，逐步实现基层计划生育的行政功能与村民自治功能的互补。

【认真抓好计划生育协会工作】

巩固县、乡、村三级协会组织，落实工作制度、会议制度。积极参与保险机构推进人口和计划生育系列保险工作。

2008年

【概况】

永平县以落实《中共中央、国务院关于全面加强人口和计划生育工作统筹解决人口问题的决定》精神为主线，紧紧围绕全州创建全国统筹解决人口问题试验区这个中心任务，切实抓好稳定低生育水平、提高出生人口素质、综合治理出生人口性别比偏高等工作、努力为实现全面建设小康社会的奋斗目标创造良好的人口环境。

【统计数据】

人口基本情况。2008年永平县总人口为181641人，年内出生2030人，出生率11.17‰，死亡924人，死亡率5.09‰，自然增长640人，自然增长率为6.08‰。出生性别比为108.40。（据永平县统计局公报）

计划生育基本情况。计划生育率为98.13%，综合节育率为91.22%，长效节育率为88%。避孕及时率为80%，完成“三术”2774例，占任务数的213%。（据计划生育统计报表）

【强化宣传教育，统筹解决人口问题】

广泛深入宣传贯彻中央《决定》，着力提高各级领导干部对统筹解决人口问题的认识。制作并向农民群众发放了4万册以人口计生法律法规、出生缺陷知识、优生优育、避孕节育、生殖健康等知识为主要内容的《农家历》，深入开展普及计生法律法规、避孕节育、生殖保健等知识的群众性宣传教育。突出对初中学生、结婚登记、办理二孩生育证人群的计生法律法规、优生优育、避孕节育及生殖保健知识的宣传教育、培训、指导，必要时帮助其落实避孕措施。

【认真实施出生缺陷干预工程，努力提高出生人口素质】

确定专职人员，在民政部门的支持下，办理婚姻登记时，对申请结婚登记的人群和拟生育2孩的人群进行认真细致的优孕、优生知识教育；强化以优婚、优生教育，孕前检查，营养素供给为主的一级干预。配备设备、培训相关技术人员，提高孕前血清学检查率。充分利用B超进行胎儿重大体表畸形的初筛，可疑的转上级确诊。对已分娩的进行新生儿情况的随访工作。年内，永平县开展婚前培训1035对、生育二孩前培训623对，开展孕前检查703对，产前B超筛查338人，免费叶酸供给631人2397瓶。

【全面落实少生奖励政策，引导群众少生优生】

兑清由乡镇人民政府承担发放的农业人口独生子女保健费。实行由各乡镇承担所漏报、迟报的养老生活补助对象的补助、教育奖学金、独子保健费的责任制度。年内，办理农业人口独生子女证188户、非农业人口独生子女证22户；落实养老生活补助对象294人；审核独生子女升学加分37人，（其中：高中8人，初中29人）；申报2008年农业人口独生子女家庭一次性奖金141户135500元。申报了2008年度特别奖励扶助对象59人。

云龙县

2006 年

【概况】

云龙县 2006 年的人口与计划生育工作，在县委、县人民政府的正确领导下，在人大的监督和政协的支持下，以及在州人口与计划生育委员会的关心、指导和帮助下，通过云龙县广大计生干部的努力工作，各项工作进展顺利。

【统计数据】

2006 年末总人口 202635 人，净增人口 1584 人。出生 1620 人，其中男孩 885 人，女孩 735 人，出生性别比 120.41%，出生率为 8.03‰，比州下达人口出生率控制数 10.49‰低 2.46 个千分点。人口自然增长率为 1.63‰。计划生育率达 98.09%，避孕及时率达 80.49%。

办理农村独生子女父母光荣证 445 人，累计办证 2293 人，完成落实“三免费”奖学金补助对象 1252 人，其中小学 935 人，初中 317 人；完成落实养老生活补助 47 人，累计 481 人；完成中考升学加分资格审查 14 人，已录取 5 人，高考升学加分资格审查 2 人，已录取 2 人。

【坚持实行计划生育情况通报】

在云龙县坚持实行计划生育“黄牌警告”制度和“一票否决”制度，县与乡镇、乡镇与村均签订了人口与计划生育目标责任书和制订了考核奖惩制度，年终实行“黄牌警告”考核奖惩。县政府 3 次通报了人口和计划生育工作情况（2 次会议通报，1 次文件通报）。

【计划生育基础工作有了新的加强】

云龙县层层签订人口与计划生育目标管理责任书，针对乡镇党委换届，及时调整和充实联系和分管领导、计生办工作人员，保证了计划生育工作的正常开展。云龙县进一步充实了村计划生育宣传员，配足了 90 名村宣传员，并签订目标管理责任书，督促各乡镇解决村宣传员的配套补助，村宣传员乡镇配套补助已兑现 7 个乡镇。切实加强了村级计划生育台账和各种统计报表的建立和完善，云龙县台账应建 86 个村，正常运转 83 个村，其余正在进一步建立和完善中。

【三项重点工作稳步推进】

云龙县认真落实“奖优免补”各项政策，采取集中或上门宣传的方式，认真搞好宣传标语，宣传的力度进一步加大。任务到村组到个人，制订考核奖励措施，层层抓好落实，较好的完成了“奖优免补”各项任务。云龙县在抓好计划生育台账的建立和完善的同时，认真搞好计划生育各类合同的签订和管理，切实加强合同履约金的收取和管理，确保计划生育合同管理的正常运行。配合州中心到云龙县开展生殖健康知识宣传和免费药具服务。县计生局及服务站认真搞好优质服务，成立了领导和工作组，提高了经费补助的标准，在优质服务中结合了计划生育政策法律法规的宣传，结合了优生优育、生殖健康知识的宣传和普及，不仅在农村育龄妇女中开展，还在机关企事业单位和流动人口育龄妇女中开展，进一步拓宽了优质服务领域。从 9 月份以来在云龙县开展了乳腺疾病普查普治项目，项目组历时近 2 个月，送服务到乡村，使云龙县 3.5 万育龄妇女，接受了一次科普知识、政策法规的普及宣传，近 1.5 万人参加了乳腺疾病检查，既体现了对妇女同志的关爱，又进一步树立了党委、政府的形象，也锻炼了计生系统的干部职工。项目开展以来深受群众的好评。

【依法行政进一步规范】

云龙县今年对历年违法生育情况作了全面清理检查，依法对历年违法生育行为进行了处罚，保证了执法的公平、公正。各乡镇对流动人口进行了两次清理检查，进一步澄清了底子，同时加强了流动人口计划生育管理，确保了依法行政。进一步规范了计生系统的执法范围、执法权利和义务，明确执法人员的执法责任、执法权限、执法标准、执法程序及执法责任过错追究，坚持做到持证上岗，亮证执法。

2007年

【概况】

云龙县人口与计划生育工作，在县委、县人民政府的正确领导下，在人大的监督和政协的支持下，在乡镇党委政府的支持配合下，以及在州人口与计划生育委员会的关心、指导帮助下，通过云龙县广大计生干部的努力工作，各项工作进展顺利，圆满完成了各项工作任务。

【统计数据】

2007年末总人口204465人，比上年末203476人增加989人。出生1744人，其中男孩906人，女孩838人，出生性别比108.11，出生率为8.55‰，比州下达人口出生率控制数9.88‰低1.33个千分点。死亡1709人，死亡率为8.38%，人口自然增长率为0.17‰。计划生育率达97.88%，避孕及时率达81%。

【积极开展出生缺陷预防工程】

云龙县采取集中培训、个别培训等方式对云龙县未婚青年进行培训，应培训6164人，已培训5067人，培训率达82%以上。推广叶酸2197瓶完成任务数2016瓶的109%，推广福施福629合，完成任务数400合的157%。

【县委、政府高度重视人口与计划生育工作】

云龙县委、政府在“两会”期间召开云龙县人口资源环境工作会议，书记、县长都作指示要求并与各乡镇签订了2007年人口与计划生育管理责任书。县政府召开云龙县人口与计划生育工作会议，对当年人口与计划生育工作作全面安排部署，会议上县人口计生局与各乡镇计生办签订了系统内目标管理责任书。今年11月份县人大主任会议专门听取县人民政府关于人口和计划生育工作情况汇报，对人口和计划生育工作提出肯定意见和建议。今年县政府常务会讨论决定在县人口计生局成立流动人口计划生育管理站，还讨论通过《中共云龙县委县人民政府关于统筹解决人口问题的实施意见》。分管领导多次听取县人口与计划生育工作情况汇报，经常下乡督促检查指导人口和计划生育工作，组织召开流动人口计划生育管理工作和关爱女孩行动工作协调会议。县与乡镇、乡镇与村均签订了人口与计划生育目标责任书和制订了考核奖惩制度，实行年终考核奖励。县、乡政府每半年通报一次人口和计划生育工作情况。提高村宣传员报酬，增加乡村工作经费，切实加大了人口和计划生育工作经费的投入。

【三项重点工作稳步推进】

一是云龙县认真落实“奖优免补”各项政策，完成农村独生子女办证381户，发放一次性奖金19.4万元。兑现教育奖学金25.716万元，其中小学1006人计16.096万元，初中370人计9.62万元，资格审查中考升学加分39人，已录取39人，高考升学加分12人，已录取8人。落实养老补助对象42人，累计516人，当年发放养老扶助资金34.25万元。二是认真搞好计划生育各类合同的签订和管理。2007年已签订各类合同16881份，占应签对象18419人的91.6%，收取合同履约担保金323140元。各类合同运转正常，履约金均实行专户或个人存折存储。年内每个乡镇开展一个村计划生育村民自治试点工作，诺邓镇已全面开展，各村有章程、协议，计划生育工作逐步走上村民自我服务、自我教育、自我管理的轨道。云龙县流动人口有6965人，其中流入2578人，流出4387人，累计办理流动人口婚育证明5313人，流动人口育龄妇女已签订计划生育合同741人，收取履约保证金1.49万元，签订出租房主合同100份。云龙县流动人口实行微机管理，录入流动人口管理平台。三是认真搞好优质服务。云龙县服务站（所）专业技术人员深入乡、村和农户，积极开展查孕查环查病的优质服务工作，云龙县应监护对象37179人，已监护40801人次。云龙县避孕及时率达81%。年内申报了检槽乡服务所为"示范服务所"。搞好安全套摆放工作，云龙县推广自动售套机7台，云龙县有宾馆、旅社、娱乐场所92家，已摆放安全套92家，共与业主签订摆放安全套责任书92份，发放标识牌628个。加强药具规范化管理，计划药具104721元，已落实104721元，避孕药具分配执行率达100%。

【依法行政进一步规范】

云龙县在去年的基础上，重点对边远、贫困、高寒、少数民族地区计划生育进行了专项清理。当年违法生育41例，已处理41例，查处率为100%，共罚款27.19万元，已收罚款22.52万元。通过清理和及时查处既很好的解决了历史遗留问题，又确保了执法的公平、公正，对控制计划外生育起到遏制作用。各乡镇对流动人口进行清理检查，共清理流动人口25次3070人次，进一步澄清了底子，加强了流动人口计划生育管理。加大依法行政的力度，今年来已申请法院执行6例，确保执法的公平、公正和法律的严肃性。

2008年

【概况】

2008年度，云龙县完成了州人民政府对县人民政府下达的各项人口与计划生育责任目标工作任务，云龙县人口与计划生育工作取得了新成绩，低生育水平进一步得到稳定。

【统计数据】

人口基本情况。2008年末云龙县总人口205296人（其中已婚育龄妇女37456人），当年出生1742人，人口出生率为8.5‰，死亡1336人，死亡率6.52‰，自然增长人口406人，自然增长率为1.98‰（据云龙县计划生育统计报表）。

计划生育基本情况。2008年落实长效避孕手术2019例（含结扎242例），同比减少66例，综合节育率达88.49%，已婚育龄妇女避孕及时率达80.6%（据云龙县统计局公报）。

【提高出生人口素质】

实施出生缺陷预防干预工程，积极开展婚前培训，云龙县培训7750人，培训率达93%。已婚妇女怀孕1674人中，接受孕前检查1145人，占68%，出生人口1742人中随访1136人，占65%，推广"叶酸"2880瓶，占任务数2016瓶的142.9%，推广"福施福"426合，占任务数400合的106.5%。实施推广使用安全套预防艾滋病工程，云龙县有酒店、宾馆、娱乐场所84家，签订责任书84份，宾馆酒店全部摆放安全套，摆放率达100%。

【控制出生人口性别比】

云龙县政府召开了关爱女孩行动联席会议，云龙县大力开展关爱女孩行动，加大宣传力度。县人口计生局、县卫生局、县食品药品监督管理局联合下发了《关于控制出生人口性别比偏高的七项制度》，进一步建立和规范卫生、计生、药品供应工作中控制性别比攀升的相关制度。严格禁止非医学需要的性别鉴定和非医学需要的选择性别的人工终止妊娠行为、溺弃女婴等违法犯罪行为。2008年云龙县出生性别比为113。

【流动人口计划生育管理和服务】

云龙县对流动人口进行了两次清理，流入4878人，其中办理婚育证明1026人。流出4587人，其中办理婚育证明4587人。县乡为流动人口提供与常住人口同等的免费技术服务。县人口计生局、服务站，旧州镇计生办、服务所还到流动人口密集的功果电站为流动人口搞好优质服务。县政府投入流动人口计划生育管理经费5万多元，确保了工作的正常开展。各乡镇还建立流动人口计划生育管理台账，录入计算机管理。

【计划生育村民自治】

在云龙县全面推行计划生育村民自治，积极探索管理有效的工作方法，云龙县已开展86个村，与村民签订村民自治协议13766份，占应签数21867份的62.9%。计划生育村民自治已初见成效。

【"奖优免补"政策稳步推进】

云龙县办理农村独生子女父母光荣证163人，累计2753人；核实新增养老补助对象28人，累计476人；核实特别家庭奖励扶助101人；农村独生子女中、高考一次性奖励68人。

【建立层层目标管理责任制】

建立了县政府对乡（镇）政府，乡（镇）政府对村委；县人口计生局对乡（镇）计生办，乡（镇）计生办对村宣传员的目标管理责任制，制订了考核奖惩工作制度和落实"一票否决"和"黄牌警告"制度。

【成立流动人口计划生育管理机构】

2007年云龙县政府批准成立流动人口计划生育管理站，2008年下达事业编制3人。县人民政府出台了流动人口管理相关文件，并召开了流动人口部门联席会议，与八个相关部门签订了2008年度流动人口计划生育目标管理责任书。

【云龙县人大组织了专题"一法两条例"实施情况视察】

云龙县人大组成联合调研组深入部分乡镇和村组检查，并提出了专题审议意见。

【计划生育优质服务和"关爱妇女健康月活动"】

由云龙县人口计生局、县总工会、县妇联共同举办，开展了电子阴道镜、分泌物、红外线乳腺的"三项检查"。三项检查2378人。年度共免费技术服务26150人。

【宣传教育工作深入扎实】

云龙县共印发各种宣传资料44824份，制作《农家历》1万册，发至云龙县计划生育户和计生协会员。开展了计生各种宣传月的咨询活动19场次，群众接受宣传达2万余人次。

召开了科技大练兵培训会议。对计划生育技术服务规范和有关业务进行了培训。年内完成了对乡、村、组的业务培训工作。

【荣誉】

云龙县人口计生局局长张玉森被省人口计生委表彰为2008年度先进个人。

洱源县

2006 年

【概况】

2006 年末，洱源县总人口 275844 人；当年出生 2725 人，人口出生率 9.89‰，比上年下降了 0.69‰；死亡率 5.05‰，人口自然增长率为 4.85‰，比上年降低了 0.73‰。洱源县有已婚育龄妇女 56629 人，占总人口的 20.53%；在已婚育龄妇女中采取长效避孕节育措施的有 51864 人，综合节育率为 91.59%，避孕及时率达 80% 以上。

【召开洱源县人口与计划生育工作会】

2006 年 7 月 28 日，经县委、政府研究，召开了洱源县的人口与计划生育工作会议，进一步贯彻落实中央、省、州人口资源环境工作座谈会和全州人口与计划生育工作会议精神，安排了学习贯彻《大理州流动人口计划生育管理条例》的意见，进一步总结经验，分析形势，部署任务，明确责任，为全面推进人口与计划生育事业健康发展创造了良好的环境。

【全面推行计划生育合同管理】

在总结各地推行计划生育合同管理成功经验的基础上，洱源县从 2004 年 1 月 1 日起全面推行计划生育合同管理，通过建立计划生育合同管理制度，全面了解掌握已婚育龄妇女的生育节育情况，有效落实长效避孕节育措施，杜绝和减少计划外生育，使计划生育工作走上依法管理的轨道，达到不断提高计划生育工作整体水平的目的；通过合同管理，使广大人民群众明确了解计划生育基本国策，实行计划生育的权利和义务，把实行计划生育变成群众的自觉行动；通过合同管理，使镇（乡）人民政府、职能部门及工作人员明确职责，增强责任感，切实做到依法行政，文明执法。通过两年的努力，洱源县 100% 的乡镇开展了计划生育合同管理，签订各类计划生育合同占应签对象的 80% 以上。

【做好人口与计划生育优质服务工作】

洱源县计生服务站配合各镇乡计生服务所积极开展计划生育优质服务生殖健康检查，做到二查对象检查率达 70%，四查对象检查率达 80%，做到孕前型管理计划生育工作，较好地发挥了宣传教育、人员培训、药具管理、技术服务“四大功能”；认真实施出生缺陷干预工程，推广使用“叶酸片”、“福施福”，预防神经管畸形，帮助指导已婚育龄妇女孕前和孕后各三个月增补“叶酸”或“福施福”，提高出生人口素质，取得了明显的效果。

为推广使用安全套防治艾滋病提供机制保障，年内共制作安全套摆放标志 700 个，在 44 家宾馆酒店摆放，共免费发放安全套 30000 只，摆放自动售套 6500 只。开展了乳腺疾病普治项目。

【全面落实农业人口独生子女奖励政策】

自 2003 年 8 月 1 日我州贯彻实施《云南省农业人口独生子女家庭奖励暂行规定》以来，截至 2006 年 12 月 31 日，洱源县领取《独生子女父母光荣证》的累计户数达 5367 户，其中农业人口户数达 3331 户，占农业人口一孩家庭户的 19.65 %；2006 年，洱源县农业人口独生子女家庭享受一次性奖励金 521 户，发放奖励金 50.1 万元;享受高考、中考加分的有 54 人；符合享受义务教育奖学金的学生共 1571 人，兑现资金 28.686 万元；符合享受养老生活补助的 556 人，兑现补助金 36.21 万元。农业人口独生子女家庭奖励政策的实施，充分调动了农村广大育龄群众实行计划生育的自觉性和主动性。

2007 年

【概况】

2007 年末，洱源县总人口 277450 人；当年出生 2541 人，人口出生率 9.18‰，比上年下降了 0.71‰；死亡率 4.93‰，人口自然增长率为 4.25‰，比上年降低了 0.60‰。洱源县有已婚育龄妇女 56800 人，占总人口的 20.47%；在已婚育龄妇女中采取长效避孕节育措施的有 52407 人，综合节育率为 92.27%，避孕及时率达 80% 以上。

【关爱女性健康，积极开展乳腺疾病普查普治项目】

为了积极响应中国人口福利基金会、国家计生委关于开展关爱女性健康——乳腺疾病普查普治及科普知识宣传活动的号召，努力提高洱源县计划生育生殖健康事业服务水平，为广大育龄妇女提供优质的生殖健康系列服务，洱源县在省、州计生委以及乳腺疾病普查普治领导组的帮助指导和大力支持下，洱源县于 2006 年 10 月 25 日正式启动了乳腺疾病普查普治项目，2007 年 3 月 25 日全面结束，历时五个多月的时间，为洱源县九个镇乡 24754 人已婚育龄妇女开展了乳腺疾病普查普治服务，普查率达 47.19%，查出患各种乳腺疾病人数 9334 人，其中 3168 人得到了有效的治疗，治疗率达 33.9%，使乳腺疾病患者及早发现、及早治疗、防止癌变、及早康复，避免和减少癌变后因大额治疗费用支出给家庭和社会带来的巨大压力。结合项目的开展，县、镇（乡）计划生育技术服务人员为所有参加乳腺疾病普查普治的已婚育龄妇女开展了一次以查环查孕为重点的生殖健康服务，受到洱源县已婚育龄妇女的高度评价。

【全面落实农业人口独生子女奖励政策】

自 2003 年 8 月 1 日大理州贯彻实施《云南省农业人口独生子女家庭奖励暂行规定》以来，截至 2007 年 12 月 31 日，洱源县领取《独生子女父母光荣证》的累计户数达 5722 户，其中农业人口户数达 3660 户，占农业人口一孩家庭户的 21.18 %；2007 年，洱源县农业人口独生子女家庭享受一次性奖励金 241 户，发放奖励金 23.5 万元；享受高考、中考加分的有 52 人，录取 47 人；有 1819 名学生（其中：小学 1386 人，初中 433 人）享受教育奖学金，兑现资金 33.434 万元；符合享受养老生活补助的 586 人，兑现补助金 318650 元。

【认真开展计划生育系列保险培训】

2007 年 9 月 11 日至 15 日，洱源县计划生育协会和中国人寿保险洱源县公司联合启动了计划生育系列保险活动，参加的人员有 9 个镇乡的计生办主任、计划生育宣传员共 104 人。

【开展流动人口计划生育优质服务周活动】

为全面贯彻落实云南省人口和计划生育委员会办公室《关于开展流动人口计划生育优质服务周的通知》精神，满足流动人口计划生育、生殖健康需求，使他们享有同常住人口同样的权益，及时为流动人口送去关爱和服务，洱源县人口和计划生育局及服务站于 2007 年 12 月 12 日至 18 日对洱源县辖区内的流动人口进行了为期一周的针对性的计划生育优质服务。通过此次活动的开展，加大了流动人口对计划生育政策、法律法规的知晓率，进一步提高了流动人口履行计划生育义务的自觉性、主动性，为切实把流动人口计划生育工作纳入规范化、法制化轨道奠定了良好基础，推动了洱源县流动人口计划生育管理水平和服务工作整体水平的提高。同时，也使流动人口感受到了党和政府给他们带来的温暖。

2008 年

【概况】

2008 年，洱源县的人口和计划生育工作在全面推进“优质服务、合同管理、少生奖励”三项重点工程中，较好地完成了州对县的各项工作考核指标，保持了洱源县人口的低生育水平，为洱源县的经济社会稳定和发展创造了良好的人口环境。

【统计数据】

2008年末，洱源县总人口278313人；当年出生2382人，人口出生率8.55‰，比上年下降了0.63‰；死亡率4.82‰，人口自然增长率为3.73‰，比上年降低了0.52‰。（据洱源县统计局公报）

洱源县有已婚育龄妇女57447人，占总人口的20.64%；计划生育率99.36%；在已婚育龄妇女中采取长效避孕节育措施的有53338人，综合节育率为92.85%，避孕及时率达80%以上。（据计划生育统计报表）

【强化流动人口计划生育管理和服务工作】

为进一步加强流动人口计划生育管理和服务工作，洱源县及时制订出台了《洱源县关于进一步加强流动人口计划生育管理工作的实施意见》，成立了洱源县流动人口计划生育工作协调领导小组，为洱源县流动人口计划生育管理和优质服务提供了政策依据和组织保障。同时，为进一步掌握和澄清流动人口的现状，在流动人口较多的茈碧湖镇九台社区、玉湖社区和邓川镇新州村委会配备了专职流动人口计划生育管理人员，为流动人口计划生育管理和优质服务提供了组织保障。并于10月22—28日组织专门力量对洱源县的流动人口进行清理、查验和优质服务，建立完善了流动人口计划生育管理台账，做到底子清、情况明，台账运转正常，为抓好洱源县流动人口计划生育管理和服务打下了坚实的基础。

【认真做好计划生育电视专题片的制作】

在大理州人口计生委和大理电视台的支持配合下，通过县人口计生局的努力，摄制了反映流动人口计划生育管理的电视专题片《计生有爱 他乡情暖》和体现党和政府对计划生育家庭关怀的计划生育家庭特别扶助政策的电视专题片《房屋的爱》；并在大理电视台上播出，反映了洱源县人口和计划生育工作的现状，取得了较好的宣传效果。

【抓好镇乡村计生队伍的培训工作】

为使洱源县人口和计划生育服务队伍不断适应新时期人口和计划生育工作要求，更好地为育龄人群提供计划生育政策、法律法规和优质的生殖健康服务，促进人口和计划生育工作全面发展，县人口和计划生育局于6月24日—29日对洱源县计生服务站所、9乡镇计生专干及村级计生宣传员共计150多人分三个片区进行了五个专题知识的培训，对下半年的工作作了安排；通过培训，促进了业务人员和技术人员进一步树立以人为本的服务理念，树立终生学习、对工作认真负责、对技术精益求精的态度，提高了洱源县计生干部队伍的整体素质和综合服务能力，达到了工作方法和工作思路两个转变的目的。

剑川县

2006年

【概况】

2006年，剑川县人口与计划生育工作，紧紧围绕控制人口数量，提高人口素质、改善人口结构、稳定低生育水平这一工作方针和“一二三四五”的工作思路，剑川县人口与计生工作有了较大的突破，继续保持了稳步、健康、向上发展的良好势头。现将一年来的工作作如下总结。

【统计数据】

剑川县实际出生1708人，其中：男903人，女805人，男女性别比为112，出生率为10.01‰。自然增长率控制在5.81‰。剑川县保持了无计划外多孩生育；剑川县避孕及时率达到85.61%。甸南、沙溪、老君山三个镇实现了全年无计划外生育。流动人口无违法多生育。农业人口新领取《独生子女父母光荣证》户数505户。

【投入指标】

考核期限内，县级财政实际投入计划生育事业费40万元（不含“奖优免补”配套资金和计生系统人员工资）。“奖优免补”县级配套经费3.37万元，并按时足额拨付到位。县财政能按时足额拨付计划生育节育手术费，做到当年不欠账；税费改革后，县级财政转移支付经费用于村级开展计划生育费用，占省州下达转移支付经费总额的15%（上半年拨到乡镇，下半年拨入县人口计生局22.1万元）。

【工作指标】

剑川县政府召开了两次专题会议，研究解决了剑川县人口与计生工作的三个问题。配备了五名流动人口计划生育专职管理员，流动人口计生管理工作正常开展。《2006年度人口和计划生育工作责任目标考核及奖励办法》中明确规定了坚持实行计划生育“黄牌警告”和“一票否决”制度。年内，县政府先后两次行文通报人口和计划生育工作。剑川县各乡镇均已积极开展计生优质服务的各项工作，并制订了绩效挂钩管理办法。

【工作思路】

为了切实开展好2006年度人口计生工作，提出了“一二三四五”的工作思路，即围绕一条主线（控制人口数量、提高人口素质、改善人口结构、引导人口合理分布这条主线）；突出两个维护（维护稳定低生育水平，维护群众利益）；树立三种理念（群众至上的理念，严于律已的理念，依法行政的理念）；抓实四项工作（合同管理，少生奖励，优质服务，流动人口管理）；实现五个目标（人口出生率、自然增长率、年末总人口在控制数以内，全年无计划外多孩生育，完成农业人口独生子女办证数，落实三术任务、无大月份引产，计生合同签订率、避孕及时率达到要求）。

【抓实计生合同管理】

2006年新增加的计生合同管理对象2462对夫妇已全部签订了合同，到2006年9月，剑川县累计收取计生合同履约保证金93.50万余元，收取的保证金按规定进行了专户储存，并统一在邮政储蓄专户内为每一对合同管理夫妇办理了保证金个人储蓄存折，取信于民。

【抓实计划生育优质服务】

通过调研，针对县乡计生服务站所存在的困难和问题，提出了工作思路和指导意见，制订了县乡计生服务站所管理考核办法。与县计生服务站签订了《2006年计划生育服务站目标管理责任书》。年内选送了2名专业技术人员到州医院进修，乡镇计生服务所的10名专业技术人员分期分批到县计生服务站进行轮训。为县计生服务站协调更新了B超机一台，将甸南镇、马登镇计生服务所申报为“示范服务所”。按照“县计生服务为龙头，基层服务所为依托，村级宣传员为纽带”的工作模式，全面开展了生殖健康服务。剑川县计生技术服务系统共开展了生殖健康服务19475人次，其中县计生服务站开展了生殖健康服务10215 人次。

认真抓好出生缺陷预防工程，完成推广“叶酸片”413份，占州下达推广任务数336份的122.92%；推广了“福施福”340盒，占州下达推广任务数200合的170%。下发了《关于切实加强计划生育管理工作的通知》，制订了《2006年剑川县避孕药具管理工作考核评分表》，10月初，经州考核组考评，避孕药具管理各项工作圆满完成。

【抓实流动人口计生管理和服务】

为了切实加强对流动人口计生管理和服务，经剑川县政府批准，落实了流动人口计生专职管理员，并已上岗工作。

剑川县流出人口总数2412人，均已办理了《流动人口婚育证明》，领证率为100%，其中已婚育龄妇女499人；外地流入剑川县的人口总数为911人。与50户房屋出租户和用工单位应签订流动人口管理合同、协议。为外来已婚育龄妇女提供必要的基本项目免费服务，保障了流动人口计划生育的合法权益。

2007年

【概况】

2007年剑川县人口和计划生育工作围绕现行生育政策不变，稳定低生育水平这一核心；突出维护人口安全和群众利益两个重点；树牢群众至上、严于律己、依法行政三种理念；抓实优质服务、合同管理、少生奖励、流动人口计划生育管理服务四项工作及人口和计划生育目标管理各项责任指标，圆满完成了各项工作。

【统计数据】

剑川县实际出生1700人，其中：男860人，女840人，男女性别比为102.38，人口出生率为9.90‰；自然增长率控制在4.13‰。剑川县保持了无计划外多孩生育；无违法多生育（含流动人口违法多生育）。计划生育率为98.33%，避孕及时率达85%。开展婚前培训，培训率达75%。推广“叶酸片”10件、占州县下达任务数的142.86%和114.29%。“福施福”700盒，占州县下达任务数的175%。

【工作指标】

剑川县政府召开了三次专题会议，研究解决了剑川县人口和计划生育工作的四个问题。解决了老君山镇设一名流动人口计划生育专职管理员及工资问题；批准了县计生协会与人寿保险剑川分公司开展计生系列保险；批准了县乳腺疾病普查普治项目研究方案，解决了乳腺疾病普查普治项目工作经费；从二00七年1月1日起，村级计生宣传员的工资待遇提高至200元。5名社区居委会流动人口计划生育专职管理员纳入村宣传员管理，待遇标准高于村宣传员补助。《二00七年度人口和计划生育工作责任目标考核及奖励办法》中明确规定了坚持实行计划生育“黄牌警告”和“一票否决”制度。年内，县政府先后两次行文通报人口和计划生育工作情况（剑政办发[2007]46号和113号）。100%的乡镇开展计划生育合同管理，做到专户储存，专人管理，确保合同履约担保金的安全。创建省级计划生育优质服务示范县已报州申请验收。

【优质服务、合同管理、少生奖励三项重点工作扎实推进】

2007年是创建省级计划生育优质服务先进县的关键一年，按照环境优美、服务优质、管理优秀、群众满意的“四优一满意”要求，实现“三个提高”，即：提高计划生育服务水平、提高服务质量、提高服务效益，树立起优质服务的理念，以群众需求为工作的出发点，科学管理为特征的优质服务机制，下发了剑人口发（2007）14号《转发关于在全省开展计划生育优质服务的实施意见和考核评估及评分标准》，剑政办发[2007]53号《剑川县人民政府办公室关于印发创建省级计划生育优质服务先进县工作流程的通知》，按照创建省级计划生育优质服务先进县考核评估指标逐项落实。

2007年，剑川县累计收取合同履约保证金108.14万元，履约保证金按规定进行了专户储存，并统一在邮政储蓄为每对夫妇办理了个人存折，取信于民。

认真落实"奖、优、免、补"工作，截至11月26日，剑川县独生子女新增215人，其中农业人口独生子女新增99人。今年预计剑川县独生子女新增245人，其中农业人口独生子女新增110人。农业人口已领取《独生子女父母光荣证》巩固率达100%，新领证自愿率达100%。

【加强流动人口管理】

为切实加强剑川县流动人口计划生育管理服务工作，认真落实《大理州流动人口计划生育管理条例》，流入人口采取与计划生育管理对象每月见面一次，及时掌握信息，利用国家人口计生委网络流动人口信息交换平台交换信息，掌握剑川县流出育龄妇女的生育、节育情况，提供对方流入剑川县育龄妇女情况，信息沟通，资源共享。流动人口计划生育管理做到了底子清，情况明，管理到位，服务到位。1-11月在国家人口计生委网络流动人口信息交换平台，为对方提供了剑川县流出育龄妇女178人、外地流入育龄妇女215人的信息情况。1—11月，剑川县流出人口583人，均已办理了《流动人口婚育证明》，流入人口1711人，流入流出人口更加活跃，人口流动呈上升趋势。

【马登镇计生服务所业务楼重建项目工作进展顺利】

通过剑川县人口计生局的积极努力和州人口计生委的大力支持，马登镇计生服务所业务楼建设项目已被州发展和改革委员会通过评审同意列入国债投资计划，项目总投资32万元。沙溪镇计生服务所新建和改扩建项目正进行申报立项。

2008年

【概况】

剑川是一个多民族聚居县，境内有白、汉、彝、回、傈僳、纳西等6个世居民族。2008年末，剑川县少数民族人口有165840人，占总人口的96.37%，白族又占剑川县总人口的90.43%，是全省白族人口比例最高的一个县。

2008年，剑川县的人口与计划生育坚持以邓小平理论和"三个代表"重要思想为指导，落实科学发展观，认真贯彻执行党的路线、方针、政策和中央、省、州、县关于人口计生工作的重大决策部署，紧紧围绕剑川县工作大局以及人口和计划生育工作责任目标，解放思想，开拓创新，扎实工作，为剑川县经济社会发展创造了良好的人口环境。

【统计数据】

人口基本情况。2008年末，剑川县总人口达172080人，年内出生1469人，(男婴753人，女婴716人)，人口出生率8.89‰，死亡1048人，死亡率6.10‰，人口自然增长率2.95‰，人口出生性别比105 。(据剑川县统计局公报)

计划生育基本情况。2008年落实长效避孕手术1449例，与上年同期相比减少320例，综合节育率达90.43 %，已婚育龄妇女避孕及时率达85%。(据剑川县计划生育统计报表)

【剑川县群众婚育观念发生深刻的变化】

通过广泛深入地开展以传播文明观念、普及科学知识为主要内容的宣传教育活动，有力地促进了群众婚育观念的转变。目前，人口和计划生育基本国策已经深入人心，育龄群众对生育政策的知晓率和对人口计生宣传教育的满意率均在85%以上。社会主义人口文化、生育文化建设初见成效，晚婚晚育，少生优生，男女平等，生男生女一样好，新型的婚育观念正逐步被广大人民群众所接受。剑川县有1101对农村一孩夫妇主动放弃二孩生育指标，终生只要一个孩子。人口计生工作取得实效。

【剑川县群众实行计划生育的权益得到较好的维护】

全面落实农村计划生育家庭奖励扶助和特别

扶助制度。2008年剑川县先后将农村独生子女一次性奖励、高考加分特别奖励、教育奖学金、养老生活补助及特别扶助金208万元兑现到了农业人口独生子女父母手中。人民群众在分享改革发展成果的同时，计划生育、生殖健康的权益也得到基本保障。

【人口和计划生育新的工作机制正在逐步健全】

剑川县上下加强计划生育综合改革，不断强化统筹协调、改革创新、依法行政和优质服务的理念，从转变工作思路和工作方法入手，探索建立与社会主义市场经济体制相适应、符合县情的人口计生工作新的体制机制。特别是在优质服务工作机制、利益导向机制、目标考核管理机制等三大机制建设上取得了新的进展。

【为育龄妇女开展生殖健康检查】

2008年3月1日至31日，剑川县人口计生局、县妇联、县总工会联合主办，在县计生服务站开展了以妇科疾病、乳腺疾病和查孕查环为重点的“2008年‘三八节’生殖健康普查服务活动”。为3445名育龄妇女提供了全面优质的计划生育、生殖健康检查服务，累计减免了各项检查费用28.18万元。

【召开剑川县人口计生工作会议】

2008年4月10日，何志成局长在剑川县人口和计划生育工作会议上，代表县人口计生局与八个乡镇人口计生办主任签订了《剑川县创建全国统筹解决人口问题试验区2008年度目标管理责任书》。

2008年6月30日，《中共剑川县委、剑川县人民政府关于创建全国统筹解决人口问题试验区实施意见》出台。提出的主要任务：一是千方百计稳定低生育水平，努力控制人口过快增长；二是大力实施出生缺陷干预，努力提高出生人口素质；三是综合治理出生人口性别比偏高问题，着力改善出生人口性别结构；四是加强流动人口计划生育管理，完善流动人口计划生育服务体系；五是建立养老长效机制，积极应对人口老龄化。

【国债建设项目进展顺利】

2008年8月16日，马登镇计划生育中心服务所新建主体工程综合业务楼正式开工。主体工程总投资37.6万元，建筑面积为372.4㎡，到当年底该项目已争取到中央和省级到位资金41万元。主体工程已于2009年1月15日竣工；12月21日，剑川县向中央和省国债项目争取到总投资135万元，总建筑面积为924㎡的县计生服务站新建业务楼破土动工。该项目已争取到中央和省级到位专项资金90万元。该建设项目预计2009年10月30日前竣工；12月23日，剑川县向国债项目争取到总投资37.09万元，总建筑面积为374.4㎡的沙溪镇中心服务所新建主体工程综合业务楼破土动工。该项目已争取到中央和省级到位资金25万元，自筹5万元。预计2009年6月30日前竣工。

【荣誉】

何志成被评为2008年度全省人口和计划生育先进工作者，2009年2月受到云南省人力资源和社会保障厅及云南省人口和计划生育委员会的表彰奖励。

剑川县被评为2008年度全省计划生育优质服务先进县，2009年2月受到云南人口和计划生育委员会的表彰。

鹤庆县

2006年

【概况】

2006年是实施“十一五”人口发展规划的开局之年，鹤庆县坚持以党的十六大精神和“三个代表”重要思想为指导，围绕稳定低生育水平的总体目标，全面推进“优质服务、合同管理、少生奖励”三项重点工程,全面落实兑现了“奖优免补”政策，严格控制了计划外生育，稳定了低生育水平，较好地完成了州对县年度工作考核指标。表彰了人口和计划生育先进集体和个人，保持了鹤庆县人口与计划生育事业健康发展，为鹤庆县的经济社会稳定和发展创造了良好的人口环境。

【统计数据】

基本情况：据鹤庆县统计局公报：2006年末总人口270190人，年内出生人口2942人，出生率10.92‰，比年初计划12.70‰下降了1.78个千分点。死亡人口1505人，死亡率5.58‰，自然增长人口1437人，自然增长率5.34‰，比年初计划5.68‰下降了0.34个千分点。鹤庆县的人口出生率比上年的11.71‰下降了0.79个千分点；自然增长率比上年的5.61‰下降了0.28个千分点。

计划生育基本情况：据计划生育报表统计：计划生育率为99.7%，当年无流动人口违法多孩生育，出生人口性别比保持在正常范围内。鹤庆县已婚育龄妇女53375人，综合节育率达91.46%，避孕及时率为80%以上。

【领导重视，强化责任考核】

在2006年人口与计划生育工作中，鹤庆县委、县人民政府十分重视人口和计划生育工作，年初制订和下发了《鹤庆县人民政府办公室关于加强人口和计划生育工作的意见》，重点解决宣传和控制计划外生育问题。9月29日，鹤庆县制订和下发了《中共鹤庆县委办公室、鹤庆县人民政府办公室关于对党政领导干部实行人口和计划生育工作责任考核的实施意见》,进一步对计划生育实行“一票否决”和“黄牌警告”制度作出了明确规定，对拟表彰的先进单位和优秀工作者进行审核，落实一票否决。县委、政府还召开专题会议研究、解决人口与计划生育工作的实际问题。由于加强了领导、统一了认识，为全年人口与计划生育工作的顺利开展提供了坚强的组织保证。

【加大宣传教育力度】

鹤庆县在2006年的人口与计划生育工作中，始终把宣传教育工作放在首位，并不断创新宣传方式，规范宣传内容，形成良好的宣传社会氛围。一是认真落实计划生育宣传工作“5331”工程，对过去一些不适应的、陈旧的宣传标语进行了清理，进一步规范了农村计划生育宣传的内容，做到村村有标语，内容更贴切，有力的配合了新农村的文化建设。二是结合“婚育新风进万家”活动的开展，由县人口计生局统一制作宣传挂历5000本、宣传围裙1500件发放给基层计生人员，使计划生育宣传形式和内容更贴近群众、贴近生活。三是编写了《鹤庆人口计生信息》13期，制作拍摄计划生育专题片2集，在大理电视台播放，起到较好地宣传计生、宣传鹤庆的作用。

【“奖优免补”政策全面兑现】

鹤庆县严格按照《云南省农业人口独生子女家庭奖励规定》执行，“奖优免补”工作稳步推进，当年农业人口办理《独生子女父母光荣证》652户，占州下达600户任务数的108.6%，“奖优免补”政策兑现率达100%。其中落实兑现农业人口独生子女家庭一次性奖励371户，奖励资金35.1万元；发放独生子女义务教育奖学金1521人，资金27.82

万元；发放独生子女父母养老生活补助 403 人，补助金 20.53 万元；享受独生子女中高考升学加分 53 人，部分独生子女享受加分后，被省内大专院校录取。

2007 年

【概况】

鹤庆县在 2007 年的人口与计划生育工作中，坚持以党的十七大精神为指导，全面学习贯彻《中共中央国务院关于全面加强人口和计划生育工作统筹解决人口问题的决定》，鹤庆县形成了加强领导、统一认识、真抓实干、再创辉煌的新局面。当年全面完成了州对县人口与计划生育工作考核目标任务，低生育水平更加稳定，少生奖励政策深入人心，宣传教育广泛开展，乳腺普查普治项目顺利实施，计划生育系列保险开局良好，为创建全国率先统筹解决人口问题试验区打下了坚实的基础。

【统计数据】

人口基本情况：据鹤庆县统计局公报：2007 年末总人口 271309 人，当年出生人口 2640 人，出生率 9.75‰，比年初计划 12‰下降了 2.25 个千分点；当年死亡人口 1530 人，死亡率 5.65‰，自然增长人口 1110 人，自然增长率 4.10‰，比上年 5.34‰下降了 1.24 个千分点。当年的人口出生率比州下达考核指标 11.81‰下降了 2.06 个千分点。

计划生育基本情况：据计划生育报表统计：2007 年计划生育率为 99.9%，当年无违法多孩生育（含流动人口违法多孩生育），出生人口性别比 100：103，保持在正常范围内。鹤庆县已婚育龄妇女 53811 人，综合节育率达 92.14%。

【重视宣传培训】

鹤庆县在 2007 年的人口与计划生育工作中，重视宣传培训，注重解决实际问题，把学习宣传贯彻中央《决定》贯穿在人口计生工作的全过程。上半年，针对村“两委”换届，基层干部变动大的实际，在县委党校举办了两期基层干部培训班，把人口与计划生育作为重要内容之一进行培训，第一期培训的有村党支部书记、村主任共 133 人，副主任 135 人；第二期参训的有乡镇计生办主任 9 人和鹤庆县村级计划生育宣传员 114 人。通过培训把鹤庆县各级领导干部和全体计生人员的思想认识统一到中央《决定》精神上来。

【注重解决实际问题】

鹤庆县委、政府十分重视人口与计划生育工作，每年召开二次以上的专题会议，着重解决实际工作中的困难和问题，2007 年经县人民政府研究同意，由县财政列入预算，全面落实兑现农业人口独生子女保健费，当年共发放独生子女保健费 3331 户，资金 6.5 万元，有力地推动了鹤庆县“少生奖励”工作的健康发展。县委、县政府还针对村级计生宣传员报酬偏低的问题，决定每人每月增加宣传员补助 50 元，进一步调动了基层计划生育宣传员的工作积极性。

【全面落实兑现奖扶政策】

鹤庆县在 2007 年的工作中，对自愿放弃生育二孩，终身只生育一个孩子的农业人口家庭，全面落实兑现“奖优免补”政策，并逐步形成奖扶机制。当年农业人口办理《独生子女父母光荣证》363 户，一次性奖励金发放 285 户，奖励资金 27.1 万元；发放独生子女义务教育奖学金 1827 人，资金 33.39 万元；发放独生子女父母养老生活补助 420 人，补助金 27.69 万元；享受独生子女中高考升学加分 73 人。少生奖励政策深入人心，使广大农村独生子女家庭政治上感到光荣，经济上得到实惠。

【项目工作顺利实施】

鹤庆县 2007 年在鹤庆县范围内组织开展了“乳腺疾病普查普治项目”，鹤庆县期初已婚育龄妇女 53375 人，参加普查人数 27595 人，普查率达到 51.7%。普查结果，鹤庆县患有乳腺疾病人数 9482 人，患病率 34.3%，部分患者得到了治疗，计生队伍得到了锻炼，项目工作圆满完成，普遍受到广大妇女好评。

【计生系列保险工作全面推开】

从 2007 年 4 月起，鹤庆县开展了计划生育系列保险工作，使中国人寿保险公司的“惠民第一险”在广大计划生育户中全面推开，当年办理计划生育系列保险 300 份，投保金额达 32 万元，逐步解决了广大农村家庭实行计划生育后的养老生活问题，创新了计划生育发展的新路子。

【荣誉】

2007 年鹤庆县六合乡灵地村计划生育宣传员李顺明受到了云南省人民政府表彰，被授予人口和计划生育先进工作者光荣称号。

2008 年

【概况】

鹤庆县坚持以邓小平理论和“三个代表”重要思想为指导，全面落实科学发展观，认真贯彻落实《中共中央国务院关于全面加强人口和计划生育工作统筹解决人口问题的决定》，全面实施创建全国统筹解决人口问题试验区建设，使鹤庆县的人口和计划生育工作保持了稳定健康发展的良好态势。通过努力，2008 年鹤庆县低生育水平稳定，农业人口独生子女家庭“奖优免补”政策全面兑现，基层计划生育技术服务网络得到加强，人口出生缺陷干预项目全面展开，优质服务达标县创建顺利实施，流动人口管理机构和人员正常配备，出生人口性别比保持正常，当年州下达人口与计划生育各项考核指标全面完成，统筹解决人口问题试验区建设初见成效。

【统计数据】

人口基本情况：据鹤庆县统计局公报：2008 年末总人口 272650 人，当年出生人口 2987 人，出生率 10.95‰，比年初计划 11‰下降了 0.05 个千分点；当年死亡人口 1492 人，死亡率 5.47‰，自然增长人口 1495 人，自然增长率 5.48‰，实现了人口自然增长率保持和稳定在 6‰以下的目标。

计划生育基本情况：据计划生育报表统计：计划生育率为 99.8%，出生人口性别比保持在正常范围内。鹤庆县已婚育龄妇女 54432 人，已采取各种避孕措施人数 50332 人，综合节育率 92.5%。避孕及时率达 80% 以上。

【加强领导】

鹤庆县高度重视人口问题，在宣传贯彻《中共中央国务院关于全面加强人口和计划生育工作统筹解决人口问题的决定》的同时，认真组织开展深入学习实践科学发展观活动，把如何创建全国统筹解决人口问题试验区问题摆到了县乡党委、政府重要的工作日程，切实加强了对人口与计划生育工作的领导。2008 年鹤庆县人民政府连续下发了4 个文件，即《关于转发关爱女孩治理出生人口性别比的实施意见》、《关于切实加强流动人口管理工作的实施意见》、《鹤庆县计划生育村民自治工作方案》、《鹤庆县人口出生缺陷干预工作方案》。年初召开鹤庆县人口与计划生育工作会议，安排布置工作，并层层签订年度人口与计划生育目标管理责任书，半年进行检查通报，年终进行考核和兑现奖惩，形成完整的干部考核、工作目标考核、兑现奖惩、一票否决等制度。县委、政府还召开专题会议，研究解决人口与计划生育工作中的实际问题，确保了鹤庆县创建统筹解决人口问题试验区工作的顺利实施。

【“奖优免补”政策全面兑现】

鹤庆县保持和稳定了低生育水平，这是宣传贯彻和实施统筹解决人口问题试验区的结果，也与积极鼓励少生，全面落实兑现“奖优免补”政策分不开。2008 年鹤庆县落实和兑现“奖优免补”的情况是：当年农业人口独生子女办证 295 户，一次性奖励金发放 290 户，奖励资金 27.45 万元；发放独生子女义务教育奖学金 2166 人，资金 50.45 万元；发放独生子女父母养老生活补助 415 人，补助金 27.1 万元；落实和兑现特别扶助 84 人，资金 9.65 万元；落实和办理升学加分 108 人，“奖优免补”政策兑现率达 100%。独生子女保健费全面兑现，计划生育政策深入人心，群众对计划生育部门的满意度不断提高。

【生殖健康服务上台阶】

鹤庆县在控制人口数量的同时，认真做好提高人口素质方面的工作。2008年被列为全省人口出生缺陷干预和计划生育优质服务达标县后，加强了领导，县、乡分别成立了领导小组，制订了实施方案，积极组织和实施项目工作。当年完成人口出生缺陷干预的宣传培训、体检2000对，孕检率63.2%的各项任务；完成“福施福”7件和“叶酸片”10件的推广任务。在上年完成“乳腺疾病普查普治项目”的基础上，县计生服务站设立了诊治室，经常性地开展乳腺疾病诊治和项目巩固工作。优质服务达标县项目全面启动，计生技术服务队伍的工作和服务水平全面提升，鹤庆县的生殖健康和优质服务迈上了一个新的台阶，不断满足了人民群众的生殖健康的需求。

【流动人口的管理和服务得到加强】

鹤庆县在贯彻《大理州流动人口计划生育管理条例》中，解决了机构、人员、经费等实际问题，在县人口计生局内设立了“流动人口管理站”，落实了专职人员2人，配备了各乡镇流动人口专兼职人员和云鹤镇社区流动人口管理员，安排了专项经费和设备，鹤庆县的流动人口管理与服务工作逐步进入正常轨道。

【强化基层服务网络建设】

2008年，鹤庆县完成了金墩乡计划生育服务所国债项目建设，建筑面积400㎡，总投资48万元，其中中央补助25万元，省州配套补助7万元，县级补助及自筹12万元，当年项目建成后，配备了人员和设备，年底已正式投入使用，做到当年建设，当年见效。

【荣誉】

2008年鹤庆县人民政府副县长马孟杰受到了云南省人民政府表彰，被授予人口和计划生育先进工作者光荣称号。

保山市人口和计划生育委员会

保山市

【概况】

2006年至2008年，保山市人口计生系统努力践行科学发展观，克服困难、勤奋工作。人口自然增长率平稳下降，人口增长得到有效控制；分类指导、整体推进出生缺陷一级预防工作，出生人口素质逐步提高；明确责任，规范执法，计划生育依法行政进一步推进；强化宣传教育，改革基层统计台账，改善流动人口计生服务管理，基层基础工作进一步夯实；认真实施奖优免补政策、特别扶助制度、“少生快富”工程，计划生育利益导向机制进一步完善；围绕“六个好”，实施“六项工程”，深入开展计划生育优质服务，育龄群众生殖健康水平得到提高；以计划生育听证会为平台，在村级建立了计划生育民主管理制度；强化培训，改进作风，干部队伍整体素质进一步提高；加强机关自身建设，工作效率和服务质量明显提高；帮助腾冲县实施联合国人口基金、世界卫生组织防艾项目，协助省人口计生委承办中国人口学会党政干部教育分会第二届理事会，承办2007年全省人口和计划生育药具工作会，对外交流合作广泛开展。保山市人口与计划生育工作持续、健康、快速发展。

【统计数据】

（一）人口基本情况

项目	单位	2006年	2007年	2008年
年末总人口	人	2442963	2464216	2482202
出生人数	人	31687	28730	29667
出生率	‰	13.02	11.71	12.01
死亡人数	人	15196	14629	16880
死亡率	‰	6.24	5.96	6.83
自然增长人数	人	16491	14101	12787
自然增长率	‰	6.78	5.75	5.18

数据来源：保山市2006年、2007年、2008年统计年鉴（户籍人口）。

（二）计划生育基本情况

项目	单位	2006年	2007年	2008年
已婚育龄妇女人数	人	493133	494614	494339
出生婴儿性别比		110.03	110.51	108.48
违法生育	人	297	227	214
计划生育率	%	98.87	99.10	99.14
综合节育率	%	86.73	86.86	87.42
长效节育率	%	83.83	83.85	84.70
本期施行三术例数	例	43160	41120	39575
出生人流比		0.20	0.19	0.18

数据来源：保山市人口计生委2006年、2007年、2008年人口和计划生育统计报表。

【考核结果】

（一）保山市人民政府

年度	考核结果	发文字号
2006年	一等奖	云政办发〔2007〕64号
2007年	二等奖	云政办发〔2008〕45号
2008年	一等奖	云政办发〔2009〕33号

（二）保山市人口计生委

年度	考核结果	发文字号
2006年	一等奖	云人口发〔2007〕18号
2007年	一等奖	云人口发〔2008〕9号
2008年	一等奖	云人口发〔2009〕8号

【进一步加强人口计生工作的领导】

2007年1月19日，召开保山市人口资源环境座谈会，市委书记熊清华作讲话，市长段跃庆主持会议并讲话，共100多位领导参加会议。会议充分肯定人口计生工作取得的成绩，深入分析存在的困难和问题，提出2007年的主要工作任务。2008年1月14日，举行保山市人口资源环境及安全生产工作座谈会，共80多位领导参加会议。熊清华书记作《深入贯彻落实科学发展观 扎实推进人口资源环境及安全生产工作》的讲话，熊书记指出，要进一步抓紧抓好人口与计划生育工作，一是坚持和完善现行生育政策；二是强化宣传教育；三是完善利益导向机制；四是加快计生服务网络建设；五是综合治理出生人口性别比偏高问题；六是稳定健全基层工作机构和队伍。李正阳市长要求，对人口计生工作，要进一步提高认识，加强领导，现有生育水平来之不易，稍一松懈就有可能出现反弹。各级政府召开工作会，层层签订责任书。2006年3月14日，召开2006年保山市人口与计划生育工作会议，市长段跃庆作题为《锐意进取 扎实工作 努力开创“十一五”人口和计划生育工作新局面》的重要讲话，共100多人参加会议。2007年3月21日，召开2007年保山市人口与计划生育工作会议，副市长解丽平作题为《认真贯彻落实〈决定〉精神 努力实现我市人口计生工作新发展》的讲话，共120多人参加会议。2008年3月25日，召开2008年保山市人口与计划生育暨全面启动出生缺陷一级预防工作会议，副市长解丽平作题为《统筹兼顾 协调发展 努力推进我市人口计生工作再上新台阶》的讲话，共140多人参加会议。各级进一步加强调研、督查。2007年8月、9月，市委书记、市长相继调研人口计生工作，指出保山市人口计生工作在投入不足的情况下取得了突出的成绩，一是干部队伍作风好，甘于吃苦奉献；二是基层基础工作好，对群众落实政策到位；三是责任目标完成好，人口增长得到有效控制。要加强宣传教育，强化基层基础工作，提高计划生育技术服务水平。2007年11月25日至28日，国家人口计生委专家组对保山市2004年以来落实农村部分计划生育家庭奖励扶助制度情况进行调查评估。专家组先后到腾冲县和顺镇大庄村、中和乡大村，隆阳区永昌办事处太平村、板桥镇板桥村，通过问卷调查的方式，对47户59名奖扶对象从资格认定、资金兑现等方面进行调查核对。对保山市加强领导、广泛宣传、严把资格确认关、层层张榜公示、及时兑现资金的做法和取得的工作成效给予充分肯定。2008年4月3日至5日，国家人口计生委调研组对保山市《“十一五”期间农村基层计划生育服务体系建设规划》贯彻执行情况进行督查调研。调研组先后到隆阳区计生服务站、腾冲县人口计生局及县计生服务站、滇滩镇计生服务站，通过看、查、听、问等方法，全面了解“十一五”规划落实和计划生育技术服务机构建设、管理、使用情况。2006年4月18日至20日，省人口计生委副主任吴莉华一行到隆阳区计生服务站、辛街乡计生服务所、腾冲县计生服务站、滇滩镇计生服务站，与基层干部亲切座谈，深入开展调研。2007年10月19日至23日，省人口计生委副主任李善荣一行到腾冲县和顺镇、县计生服务站，昌宁县田园镇、县计生服务站检查工作。与群众座谈，与人口计生专干、技术服务人员交谈，对保山市人口计生工作统筹兼顾、有序推进、整体工作协调健康发展给予高度评价。2007年6月底，市政府责成市人口计生委对各县（区）指标任务进展情况进行督查。督查组以奖励扶助对象资格复查为重点，对5县（区）人口计生工作整体开展情况进行督导，促进了人口计生工作的进展。2008年8月19日至28日，市政府责成市人口计生委对保山市人口计生工作进行督查。督查组先后到隆阳区、施甸县、龙陵县、昌宁县的20个乡（镇）、30个村（社区）、8个乡（镇）计生服务站（所）进行实地检查。针对督查中发现的问题，市政府及时发出《保山市人民政府办公室关于加强当前人口与计划生育工作的通知》（保政办电〔2008〕212号），对2008年9月至12月的人口计生工作进行具体部署。

【控制人口产生的社会效益】

以60年代生育水平计算，30年保山市少出生约120万人，产生了巨大的经济、社会和生态效益：按人均800美元的基本小康标准计算，相当于少需要70.06亿元（人民币，下同）的GDP总量，占2008年保山市GDP总量194亿元的36.11%，缓解了保山市全面建设小康社会的人口压力。按国家统一测算标准，以人均终身2.3万元的教育成本计算，节约家庭教育支出费用276亿元。按国家统一测算标准，以人均2.5万元的物资技术装备费计算，节约家庭和社会物资技术装备费300亿元。由此大幅度收缩校点，为各级财政节省大量的教育支出。按联合国粮农组织确定的人均0.8亩耕地警戒线计算，节约耕地96万亩。按现行每亩补助80元的退耕还林政策计算，为各级财政节约退耕还林经费0.768亿元。按每亩每年补助退耕还林粮食150公斤计算，每年为国家节约14.4万吨粮食。按每年人均消耗1.15立方米木材计算，每年节约木材砍伐138万立方米。按出生人口中的63%在贫困地区计算，相当于少出生了75.6万贫困人口。为从源头上堵住贫困人口增长、缓解“三农”问题、调整城乡结构作出了极大贡献。

【稳定了低生育水平】

保山市自1998年至2002年，人口出生率分别是15.63‰、14.56‰、14.94‰、13.24‰、13.09‰，人口自然增长率分别是9.29‰、7.81‰、8.09‰、6.74‰、6.53‰，连续5年人口出生率、人口自然增长率分别低于20‰、10‰，2002年与全国同步进入低生育水平阶段，在全省率先实现低生育水平。人口再生产类型从“高出生、低死亡、高增长”的传统模式向“低出生、低死亡、低增长”的现代模式转变。自2006年起，保山市人口过快增长的势头进一步得到遏制，低生育水平进一步得到稳定。2008年末总人口2482202人，比2005年末的2424870人增加57332人，年均增加19111人；2008年人口自然增长率5.18‰，比2005年人口自然增长率6.00‰下降0.82个千分点。

【计划生育依法行政全面推进】

广泛开展《中华人民共和国人口与计划生育法》、《云南省人口与计划生育条例》（以下简称“一法一条例”）等人口计生法律法规宣传，全面落实行政执法责任制，坚持人口计生干部队伍法制培训，进一步规范行政执法行为，严格执法，坚决查处违法生育案件，依法征收社会抚养费，完善社会抚养费征收手续。主动接受人大、政协、政府法制机构对计划生育行政执法的监督，抓好整改落实。2007年3月，认真落实市政协二届政协委员关于“农村早婚早育现象突出”问题的提案，提出5条具体措施及解决方法。2008年3月12日至20日，由市人大常委会副主任陈自锋带队先后到腾冲县、施甸县、隆阳区对贯彻实施“一法一条例”情况进行执法检查。检查组深入6个乡镇、7个县乡计生服务站所 、2个乡镇卫生院、3个乡镇人口计生办，通过实地考察、查阅资料、听取汇报等方法，对基层贯彻实施“一法一条例”的经验进行总结，并提出意见建议，形成执法检查报告。4月24日，市第2届人大常委会第16次会议听取并审议《保山市人大常委会执法检查组关于保山市贯彻实施〈中华人民共和国人口与计划生育法〉和〈云南省人口与计划生育条例〉情况的执法检查报告》。会议认为，保山市各级政府认真贯彻执行“一法一条例”，工作成效显著，为保山市人口与计划生育事业发展，稳定低生育水平，构建和谐社会，促进人口与经济、社会、资源、环境协调发展作出了积极贡献。同时针对部分领导干部思想认识不到位、社会抚养费征收难等问题，提出坚持依法行政、完善利益导向机制、加强流动人口计划生育管理等意见、建议。4月至8月，保山市人口计生委按照市政府要求，协调相关部门，重点从：稳定低生育水平；加大“一法一条例”宣传贯彻力度，营造和谐计生文化；建立健全利益导向机制，认真落实各项惠民政策，兑现农业人口独生子女保健费；依法行政，加大社会抚养费征收力度；重视队伍建设，强化培训，不断提高服务质量和服务水平；加强基础设施建设，改善乡镇计划生育服务站所技术服务条件；密切配合，齐抓共管，有效控制流动人口违法生育7个方面认真落实市人大4月24日的执法审议意见，全面加强人口与计划生育工作。

【计划生育优质服务深入开展】

围绕“六个好”：领导重视好、政策导向好、依法行政好、服务质量好、民主管理好、队伍作风好，实施“六项工程”：避孕节育知情选择工程、避孕节育随访服务工程、出生缺陷干预工程、生殖道感染干预工程、农村独生子女关爱工程、推广安全套预防艾滋病工程，深入开展计划生育优质服务。1. 统一思想，加强领导。2007年1月4日至5日，在昌宁县召开保山市计划生育优质服务现场会，解丽平副市长出席会议。市人口计生委主任刘冬青作题为《夯实基础 开拓进取 全面推进保山市计划生育优质服务工作进程》的讲话，总结保山市计划生育优质服务开展情况，部署2007年保山市计划生育优质服务工作任务。2. 加快阵地建设。实施“兴边富民工程”计生服务站建设项目，腾冲县、龙陵县列入县、乡（镇）计生中心服务站建设项目6个，2007年申报新一轮计生服务站所建设项目6个；实施农村计生服务体系国债项目，保山市2005年至2008年国债投资县、乡中心服务站建设项目共19个；实施农村基层计划生育服务体系设施建设项目，2008年按照中央进一步扩大内需、促进经济增长的部署，批准保山市2008年中央新增投资中心计生服务站建设项目共13个。3. 强化技术培训。2007年7月19日至22日，举办保山市计划生育科技大练兵活动培训班，共170多名技术服务人员参训，系统学习《常用计划生育技术常规》、《常用专科护理操作规程》、《计划生育服务中的咨询技能》等技术和知识。2008年7月29日，在腾冲县召开保山市计划生育科技大练兵骨干培训现场会。4. 狠抓节育措施落实。44个县乡计生服务站（所）、6辆计划生育流动服务车常年深入乡村开展生殖健康检查服务。从1991年到2008年，县乡计划生育服务站（所）施行各种计生手术42.31万例，占保山市计生手术总数的38.81%，其中施行“三术”29.98万例，占保山市“三术”总数的33.97%。从2001年到2008年，6辆服务车共出车6129天，到3524个村开展计划生育技术服务。综合节育率从2005年的86.51%上升到2008年的87.42%，长效节育率从2005年的83.76%上升到2008年的84.70%。5. 加强药具管理服务。2006年7月19日至20日，召开保山市计划生育药具管理现场会，省药具站站长张丽萍应邀出席会议并讲话，市人口计生委主任刘冬青对保山市计划生育药具规范化管理提出明确要求。2007年4月10日至13日，省考核组对保山市计划生育药具工作改革进行考核评估。通过实地察看、随机抽查、随机随访、逐条对照、量化打分，保山市药具工作被评为优秀。2008年，保山市实际使用计划生育药具5.75万人，药具供应基本满足群众对象的需求。6.推进出生缺陷预防工作。2006年7月，昌宁县被确定为全省人口出生缺陷干预试点县。8月，成立以县委常委、常务副县长张卫国为组长的领导小组。制订实施方案，制订出生缺陷干预工作操作流程，召开试点工作启动会。开展基线调查，确定目标人群，培训技术骨干，组织宣传发动，开展孕前检查，免费发放叶酸。2008年3月，保山市出生缺陷一级预防工作全面启动。施甸县被列入全省出生缺陷一级预防工作重点县，昌宁县继续开展试点工作。7.认真实施推广安全套预防艾滋病工程。按照《保山市推广使用安全套防治艾滋病工程实施办法》确定的工作目标、工作要求、部门职责、实施步骤等，由保山市人口计生委牵头，与各相关成员单位相互协调、紧密配合，全面实施推套防艾工程。2006年8月29日至9月3日，以省人口计生委巡视员朱建琨为组长的省政府检查组，对保山市2006年中期推广使用安全套防治艾滋病工程工作责任目标完成情况进行督导调研。检查组深入隆阳区、腾冲县的24个星级宾馆、酒店及17个普通旅馆进行检查，对保山市实施推套防艾工程取得的成绩和经验给予充分肯定。2008年保山市防治艾滋病共计发放安全套985286只，其中免费发放929000只。8.引项目促发展。2007年6月12日，启动隆阳区关爱女性健康乳腺疾病普查普治项目。当年完成8个乡（镇）的普查普治，共查30193名妇女，普查率44.1%，查出患病人数10518人，患病率34.84%，有2583人接受治疗。2008年继续实施项目，截至7月，完成10个乡（镇）以及城区流动人口的普查普治，共查46348名妇女，普查率31%，查出患病人数16712人，患病率36%，接受药物治疗3938人次。2007年7月10日，启动施甸县关爱女性生殖健康生殖道感染普查普治项目。历时一年，至2008年7月，全县开展普查普治共投入补助及各类资金100万元，服务范围覆盖县直机关和全县13个乡镇的114个村、2个社区。实际普查人数9470人，普查率14.31%。普查结果统计，患生殖道感染疾病8019例，感染率84.68%。其中实施干预治疗3113人，治疗率38.82%。9.着力抓创优。2006年，昌宁县争创省级计划生育优质服务先进县。2007年10月10日至11日，受省人口计生委委托，市人口计生委组成考评验收组，对申报2007年全国计划生育优质服务先进单位的昌宁县进行评估验收。考评组采取查阅资料、听取汇报、实地考察等方式，对昌宁县计划生育优质服务和人口计生整体工作进行全面考核评估。认为昌宁县已初步达到国家级计划生育优质服务先进县标准，同意通过验收，并将初评结果报送省人口计生委，昌宁县被评为2007年全国计划生育优质服务先进单位。2008年隆阳区经省考核评估小组进行检查验收，被评为全省计划生育优质服务先进单位。

【基层基础工作更加夯实】

1.坚持宣传教育首位。2006年9月26日，保山市人口计生委举办“关爱女孩行动”知识竞赛，保山市人口计生工作领导小组成员单位领导及市直单位计生专兼职干部共100多人观看比赛。各县（区）人口计生系统和保山中医药专科学校、保山移动公司、武警保山支队共8个代表队参加比赛，内容涉及人口计生法律法规、出生人口性别比、生殖健康等多方面知识，施甸县代表队获得第一名。10月，保山市参加全省“关爱女孩行动”知识竞赛获得二等奖。2007年1月25日至26日，在施甸县召开保山市人口计生宣传法规工作会。传达《中共中央国务院关于全面加强人口和计划生育工作统筹解决人口问题的决定》精神，展示各县（区）编印的宣传品，并到由旺镇永福村、太平镇莽林村观摩计划生育宣传室，观看永福村计生协组织的花灯文艺节目表演。2008年6月29日，在市委党校举行保山市党政干部人口理论教育基地揭牌仪式。保山市党政干部人口理论教育进入规范化、经常化和系统化的新阶段。2008年7月22日，市委党校与市人口计生委联发《关于进一步加强党校人口理论教育意见的通知》，把干部人口理论教育列入党校教学重要内容，把人口理论和计划生育作为党校主班次必修课。2008年6月30日，市人口计生委举办保山市农村独生子女家庭才艺展演。2.不断强化统计工作。2006年4月28日，召开2006年保山市半年人口形势分析会。2007年8月9日，召开2007年保山市半年人口形势分析会。2008年7月30日，召开2008年保山市半年人口形势分析会。认真总结当年上半年人口计生工作，运用主要人口计生指标数据深入分析人口形势，剖析工作中的问题和困难，及时调整制订当年下半年的工作措施。经论证、立项、考察、调研、汇总，市人口计生委决定启用新台账。报省人口计生委发展规划处修改审定后，及时出台《保山市人口与计划生育基层统计台账管理规定》，于2008年3月25日在保山市人口计生工作会上安排布置，各县区人口计生局参会人员到隆阳区板桥镇人口计生办、小永村委会观摩了新台账试点。各县区通过抓试点，层层组织培训，加强督查指导，已全部更换老台账，2008年11月，新台账全面投入使用。3.改善流动人口计生服务管理。2006年11月3日至4日，召开保山市流动人口计划生育管理工作会。省人口计生委流动人口管理处副处长范雅康出席会议，市公安局、市工商局、市劳保局、市民政局等市流动人口计划生育工作领导小组成员单位参会，共计40多人参加会议。解丽平副市长作题为《齐心协力 扎实工作 努力开创流动人口计划生育管理工作新局面》的讲话，市人口计生委主任刘冬青对抓好流动人口计划生育管理工作进行具体部署。各县（区）人口计生局采取有效措施，进商场，进社区，主动服务上门，为流动人口开展计划生育优质服务。保山市在流动人口较为集中的地方设立30个避孕药具免费发放窗口。

【计划生育利益导向机制进一步完善】

着力推行计划生育奖励优惠政策，开展“三上门”（宣传政策上门、办证手续上门、致富帮扶上门）服务，奖优免补政策已经家喻户晓，大批农民群众积极办理独生子女证。傈僳族、阿昌族等少数民族部分群众865户放弃三孩生育指标办理了独生子女证。截至2008年保山市农业人口领取独生子女证40830户，占农业人口一孩家庭户的43.34%，是实施奖优免补政策前3643户的11.2倍。农村独生子女家庭累计享受补助资金5167.394万元，按80%的农业人口计算，农民人均增收26元，农村独生子女家庭户均增收1271元。享受中考加分1548人、高考加分272人。其中：2006年保山市农业人口一孩家庭新领取独生子女证5920户，享受一次性奖金4554人，计422.45万元；享受教育奖学金14473人，计262.438万元；享受奖励扶助金5163人，计337.795万元。2007年保山市农业人口一孩家庭新领取独生子女证3662户，享受一次性奖励2774户，计255.79万元；享受教育奖学金16454人，计301.75万元；享受奖励扶助金5622人，计367.225万元。2008年保山市农业人口新领取独生子女证1508户，享受一次性奖励925户，计84.74万元；享受教育奖学金13840人，计316.49万元；享受奖励扶助金5461人，计352.22万元。2008年共发放农业人口独生子女保健费24903户，计297.94万元。认真落实计划生育家庭特别扶助制度，核定2008年特扶对象944人，当年国家发放补助109.632万元。在腾冲县、龙陵县实施西部地区计划生育“少生快富”工程，通过层层动员，细化任务，把责任落实到人，把对象落实到户。抓好个人申请、县乡村三级公示、签订协议书、信息录入四个环节，严把资格确认关，做到不重、不漏、不错。共核定符合享受对象

26573户（第一次上报），应发放补助7324.72万元，其中：国家承担470.2万元，省级承担5495.1万元，市、县承担1359.5万元。从2007年起市、县（区）为农业人口独生子女交纳新农合参保金，2007年交纳36.28万元，2008年交纳39.6万元。

【村级计划生育民主管理制度普遍建立】

加强计划生育协会自身建设，积极组织会员开展活动。2008年1月，按照保山市机构编制委员会办公室《对保山市人口和计划生育委员会〈关于将宣传站药具站人员纳入计生协会参照中华人民共和国公务员法管理的请示〉的批复》，撤销市计划生育宣传站和药具站，将两站职能划归市计划生育协会，核定市计生协行使行政职能的事业编制8名，增加科级领导职数2名。将保山市计划生育协会纳入参公管理，进一步强化了协会的职能。进一步拓展协会工作职能，创新协会工作理念，提升协会工作水平。充分发挥计划生育协会的群团组织优势，邀请各方面人士参加，以计划生育听证会为平台，宣传贯彻计划生育政策法规，讲解生殖健康知识，现场解答群众提问，听取群众意见建议，接受群众监督，改善计划生育管理与服务，在90%的村（社区）建立了计划生育民主管理制度。

【人口计生队伍建设进一步强化】

注重教育培训，坚持制度化培训：行政工作人员市级培训到乡，2年1次；县级培训到村，1年1次。技术服务人员3年到上级医院进修1次。坚持阵地化培训：加强市党政干部人口理论教育基地和各级人口学校建设，使之成为干部学习、教育、培训、交流的阵地，群众了解认识计划生育的窗口。坚持专业化培训：邀请有关领导、专家、学者讲授，开阔干部的视野，更新干部的知识。2006年2月13日至15日，2008年6月29日至30日，分别举办保山市人口计生干部培训班，来自5县（区）72个乡（镇、办事处）的人口计生干部、计生技术服务人员参加培训。注重作风建设，始终以"内抓作风建设、外树国策形象"为核心，坚持"五实"：知实情、说实话、报实数、干实事、求实效，培育勤政廉政、埋头苦干、不计名利、甘于奉献的扎实工作作风，建设思想好、作风正、会管理、懂业务的实干型队伍。2008年12月，市、县（区）、乡（镇、办事处）、村（社区）四级人口计生专兼职工作人员共1189人。其中市20人，县（区）66人，乡（镇、办事处）179人，村（社区）924人。行政管理人员编制278人，市、县、乡三级实有公务员265人。县、乡两级服务站所人员编制217人，实有218人。结构逐步优化，公务员中大学专科以上175人，占公务员的66%。专业技术人员192人中，大学专科以上124人，占专业技术人员的65%，中职以上65人，占专业技术人员的34%，获得医疗卫生执业资格154人，占专业技术人员的80%。村计生宣传员中，具有高中以上文化程度的占35%。2007年保山市村级"两委"换届中有104名宣传员被选为村（社区）干部，占宣传员总数的11.4%。保山市有计划生育协会991个，村级会员之家911个，会员小组7003个。有理事7345人，会员275314人，会员占总人口的11.11%。各县（区）、各乡（镇、办事处）计生协设专兼职人员78人。

【机关自身建设明显加强】

一是强化机关党的建设。保山市人口计生委党组把机关党建工作纳入重要议事日程，进一步完善学习制度、组织生活制度，提高党组织的建设水平，党组织的战斗力、凝聚力不断增强。二是强化党风廉政建设。委党组把团结、敬业、自律作为保山市人口计生队伍的廉政准则，认真落实党风廉政建设责任制，把任务责任细化分解到各科室。严格执行中纪委的"四大纪律"、"八项要求"，严格执行国家人口计生委的狠刹"五风"、"十个不"、"检查考评工作纪律"和"群众工作纪律"。认真做好中央新增投资建设项目的资金管理，保证工程质量，确保工程按期完成。加强保山市人口计生系统反腐倡廉教育，在历次举办的保山市人口计生干部培训班上，都举行党风廉政建设专题讲座。三是强化制度建设。建立健全机关内部管理制度、工作制度等规章制度，机关工作做到有章可循，促进机关管理和履行职能科学化、制度化、规范化。认真落实责任政府“四项制度”、阳光政府“四项制度”和政府信息公开工作，改进服务质量，提高行政效能，提供优质服务。四是强化干部教育管理。坚持集中学习制度，重视干部职工党的知识的学习和业务培训，坚持正确的用人导向，通过工作实践、工作业绩来选人用人。五是强化和谐机关建设。机关逐步做到风清气正、纪律严明，形成风正、气顺、心齐、劲足的良好局面。大家团结协作，顾全大局，大事讲原则，小事讲风格，相互支持、相互配合、相互补台，以创新的思路、扎实的作风、昂扬的斗志，抢抓机遇，创优争先，不断取得新的工作业绩。

【对外交流合作广泛开展】

2005年12月起，在腾冲县实施世界卫生组织、云南省人口计生委、腾冲县人民政府共同组织的“安全套百分百预防艾滋病项目”，由腾冲县计生服务站具体承办，对县城和猴桥镇娱乐服务场所的业主、经理和女性商业性行为者进行内容丰富、操作性强的宣传、培训和相关服务。2007年6月15日至18日，在腾冲县召开中国人口学会党政干部教育分会第二届理事会。来自全国各省（区、市）的党校副校长、教务处处长、人口计生委副主任、宣教处处长、人口专家学者共130余人参加会议。中共中央党校石泰峰副校长、国家人口计生委赵白鸽副主任出席会议，并分别作人口计生工作与依法行政、人口计生工作与宣传教育的专题报告。会议期间，赵白鸽副主任在省人口计生委郝青山主任、副市长解丽平、保山市人口计生委刘冬青主任陪同下视察腾冲县计生服务站，对宣传教育、优质服务等工作给予充分肯定。2008年4月10日，在腾冲县召开中国西部地区省级人口计生科研院所联席会议。来自中国西部地区的8个省（区）及上海市、深圳市、吉林省的计生科研院所领导，《中国人口计划生育学杂志》编辑部主任共33人参加会议。会议以加强协作、共同发展为宗旨，以人口出生缺陷一级预防为主题，进行了9篇学术论文的交流。

【荣誉】

集体：保山市人口计生委

2006年，被保山市委、市政府表彰为执行党风廉政建设责任制优秀单位。

2006年，被保山市委、市政府授予综治维稳工作目标管理责任达标奖。

2007年，被保山市委命名为“平安单位”。

2007年，被保山市委、市政府授予综治维稳工作目标管理责任达标奖。

2008年，被保山市政府表彰为2005至2007年度防治艾滋病人民战争先进集体。

2008年，被保山市委、市政府授予综治维稳工作目标管理责任达标奖。

2008年，被保山市政府表彰为保山市禁毒工作先进集体。

个人：保山市人口计生委干部职工

2006年，朱德昌被国家人口计生委表彰为全国人口和计划生育系统优秀工作者。

2006年，沈祖燕被市政府表彰为保山市“十五”期间扶残助残先进个人。

2007年，钟雪被市委组织部、市老干局、市人事局表彰为保山市先进老干部工作者。

2007年，段如仲被国家人口计生委表彰为全国人口和计划生育外事工作先进个人。

2008年，沈洪芹被省政府表彰为全省防治艾滋病人民战争先进个人。

2008年，李毅被保山市政府表彰为保山市2005至2007年度防治艾滋病人民战争先进工作者。

2008年，杨进勇被保山市政府表彰为保山市禁毒工作先进个人。

隆阳区

【概况】

2006—2008年，隆阳区人口和计划生育工作坚持以人为本，科学发展，改革创新，着力于“依法管理、村民自治、优质服务、政策推动、综合治理”新机制建设，在“控人口，重基础，抓特色，强管理，出成效”方面狠下工夫，实现人口发展由高出生、低死亡、高增长向低出生、低死亡、低增长历史性转变，进入稳定低生育水平、统筹解决人口问题、促进人的全面发展的新阶段。

【统计数据】

人口基本情况：据隆阳区统计局2008年国民经济社会发展统计资料，2008年末总人口881419人，其中农业人口754036人，占总人口的85%，当年出生9799人，出生率11.2‰，死亡4635人，死亡率5. 3‰，人口自然增长率5.9‰。

计划生育基本情况：据2008年末计划生育报表统计，隆阳区计划生育率为99.38%，育龄妇女219321人，其中已婚育龄妇女172876人，累计采取综合避孕措施人数达151962人，综合节育率87.9%，优选节育率84.65%，避孕及时率80%。

【低生育水平持续稳定，人口规模呈良性发展】

2006年–2008年年均出生人口控制在1万人以内；计划生育率从2006年的99.34%提高到2008年的99.38%；违法生育数从2006年的67人下降到2008年的46人。

【利益导向机制完善，奖励政策落实到位】

2004年至2008年隆阳区农业人口领取《独生子女父母光荣证》12970户，是过去30多年累计办证1579户的8.2倍，目前隆阳区累计领证14549户，领证率达41.25%。共兑现一次性奖金8745户、825.4万元；累计审批高考、中考独生子女学生加分944人次；兑现教育奖学金23989人次、439.564万元，居全省第一；兑现养老生活补助7177人次、470.585万元；兑现升学奖206人、23.58万元。5年内中央、省、市、区累计投入“奖、免、补”资金1759.129万元，平均每年直接增加我区农民人均纯收入6.6元。隆阳区共有各类独生子女伤残死亡特别扶助家庭357户，实际兑现特扶资金达37.896万元。每年足额兑现独生子女保健费15万元左右。

【人口和计划生育民生问题得到重视和改善】

坚持每年春节前慰问和救助农村独生子女和双女贫困户，发放食品年货、挂历、围裙等。对提出申请的计划生育特困家庭给予500元至2000元的生活困难补助，并到家中进行看望。2006年以来，区人口计生局用于慰问和救助农村独生子女困难家庭和双女户困难家庭的扶贫资金达20万元以上。

【机构、队伍得到加强，干部待遇大幅提高】

建立了乡镇（街道）计划生育服务所，并充实了28名技术服务人员；在全市率先设立区人口计生局流动人口计划生育管理股、永昌和兰城两个街道办事处流动人口计划生育管理办公室，并配备了相应人员编制。2006年底在永昌、兰城两街道办事处的12个社区各配备1名流动人口计划生育专职管理员，人员待遇从405元/人/月提高到500元/人/月；村级计划生育宣传员补贴从80元/人/月提高到300元/人/月。近几年，许多新参加工作的大学生被调整充实到乡镇（街道）人口计生岗位上，干部综合素质明显提高，现有乡镇人口计生助理员72名。

【技术服务网络建设实现重大突破，优质服务深入拓展】

先后完成了对西山片和东山片的6个乡级服

务所改造升级，建成了区计生服务站新业务楼1幢并减压加固改造了老业务楼；建成了辛街乡、板桥镇中心计划生育服务所。由中央扩大内需投资175万元和省级配套89万元的河图、汉庄、西邑、瓦渡、蒲缥、潞江、芒宽等7个乡镇中心计生服务站即将建设。区、乡计划生育服务站所经常性开展“三查”优质服务，有效实施避孕节育知情选择、生缺陷干预、生殖道感染预防、避孕节育随访、推广使用安全套预防艾滋病和关爱农村独生子女“六大工程”，全面开展关爱女性健康“乳腺普查普治”项目，深入拓展优质服务。以平安计生为特色的“创优”工作成效显著，2008年隆阳区被省人口计生委评为“全省计划生育优质服务先进单位”。

【流动人口计划生育服务与管理探索发展】

一是健全服务管理网络。隆阳区人口计生局成立了流动人口计划生育管理股，永昌、兰城两街道办事处设立流动人口管理办公室，其他乡镇实行专人管理，城区12个社区各配备1名流动人口计划生育专职管理员，形成三级管理服务网络。二是明确管理服务职责。区政府每年坚持召开城市人口和计划生育工作会议，按照“谁主管谁负责”和“谁受益谁负责”的责任要求，层层签订流动人口计生管理责任书，严格落实单位法人代表负责制、“双统计双考核”制和“一票否决”制，制订了综合治理流动人口管理措施，公安、工商、税务等部门严格执行“一证先行，无证缓办”制度，严把计生关，形成了信息互通、管理互补、资源共享、整体联动、综合治理的“一盘棋”格局。三是保障管理服务经费。实现与户籍人口相同的财政投入标准，落实流动人口计划生育管理经费预算5万元/年。四是突出管理服务重点。坚持把流动人口管理服务重心下移到社区，以已婚育龄妇女为重点服务对象，以生育和避育节为重点环节，以出租房屋、物业小区、商场、建筑工地和城乡结合部为重点区域，强化服务管理。五是推行市民化服务。坚持公平对待、合理引导、完善管理、优质服务，全面落实与户籍人口同宣传、同管理、同服务的要求；流动人口凭婚育证明可在我区享受国家政策规定的计划生育、生殖健康基本项目免费技术服务，同时在子女入学、就业、就医等方面给予关心照顾。六是强化信息化管理。全面建立流动人口已婚育龄妇女信息电子档案，全国流动人口信息交换平台实现经常性运转，加强与区外各地的信息沟通。

【长效工作机制不断健全完善】

一是强化各级党委、政府高度重视的领导机制，把“党政一把手亲自抓、负责总”作为“铁的纪律”。每年坚持召开系统工作会、人口资源环境安全生产工作座谈会和隆阳区人口计生工作会，专题研究，统筹协调、统一部署。二是健全完善了“双线目标管理”、“黄牌警告”和“一票否决”的工作责任制。三是坚持“三为主”工作方针，突出重点开展经常性督导，为乡、村工作把“脉”开“方”，坚持工作进展情况季度通报制，表扬先进，鞭策后进。四是建立完善各级政府统一领导、各部门相互协作、齐抓共管和广大群众共同参与的综合治理机制。五是坚持逐年增加人口和计划生育事业经费投入。切实把计划生育手术费、双线目标考核奖、工作经费、村级工作人员补贴、农业和非农业人口独生子女保健费、新农合参保金、以及“奖优免补”配套资金等纳入区级财政预算，确保法律政策规定群众应享受的各种奖励优惠足额兑现到位。乡、村（社区）计划生育工作人员报酬落实率达100%，独生子女保健费兑现率达100%。同时把乡镇人民政府（街道办事处）对人口计生工作的经费投入（5000元/年至20000元/年不等）作为考核硬指标，确保乡级开展人口计生工作有经费。据统计，我区人口计生事业人均投入从2006年的8.2元增加到2008年的11.7元。

【依法行政工作水平明显提高】

一是大力宣传“一法一条例一规定”等法律

法规，让群众明白在实行计划生育政策过程中应享有的权利和应尽的义务，增强依法生育的法制意识，增强公民执行生育政策的自觉性，同时促进隆阳区各级人口计生部门树立依法行政、依法管理的意识，转变工作思路和方法。二是加强执法队伍建设，注重执法效力。区、乡人口计生部门执法人员实行持证上岗，每年开展一次由区法院执行局权威干部授课的法律法规培训，积极参加一年一度的普法考试，同时专门聘请1名律师作为法律顾问指导计划生育行政执法工作，做到执法主体合法，执法程序合法。三是完善计划生育行政执法责任制度、行政过错责任追究制等一系列工作制度，保证不出现违法行政行为。四是加强基层计划生育民主管理，全面建立计划生育村民自治合格村，制订了维护群众合法权益、突出为群众服务的计划生育村民自治章程和村规民约，认真落实群众民主评议和听证会制度。五是全面推行计划生育政务公开。区、乡、村都建立计划生育政务、村务公开栏，公开办事程序、服务承诺事项以及各种奖励优惠政策规定等，设立投诉电话和举报箱，公开接受社会群众监督。

【信息化建设全面加强】

一是区、乡镇（街道）人口计生部门全部配齐电脑、打印机等现代化办公设备，逐步使用电子邮件上报各类统计报表，传输工作信息；实行乡镇独立完成农业人口独生子女家庭“奖优免补”个案信息录入，逐步提高信息化管理水平。二是按照省、市人口计生委对统计台账的规范化管理要求，2008年4月至11月，隆阳区大力实施了人口和计划生育基层统计台账改革工作，制订了实施方案，切实抓好了培训试点，现场示范，规范运作，质量监管等各个环节，强化配套措施，制订了《隆阳区基层计划生育信息管理服务工作规程》，以信息服务管理推动基层统计台账质量与水平的提高。三是认真执行五项制度（落实生育奖励政策、出生婴儿性别比监测、计划外怀孕监控、责任倒查、人口与计划生育统计信息）推动基层基础工作扎实开展。四是基层自主创新，管理有效。如板桥镇小永村结合本村实际，积极开展“三上门”服务，寓管理于服务之中，人口和计划生育管理工作富有成效。

【干部队伍建设扎实，作风优良】

以制度建设和机制创新为抓手，以“想服务、能服务、会服务和优服务”以及“创建学习型机关、实干型集体和服务型队伍”活动为载体，积极开展股级干部轮岗、科技大练兵，严格落实服务承诺等四项制度和阳光政府四项制度，狠抓政风行业建设，人口计生干部服务意识和责任意识增强，依法行政能力及综合服务能力普遍提高，行业作风优良，备受群众欢迎。2006—2007年连续两年民主评议机关作风工作中，群众满意率达98%以上，局班子在届中考核中被区委评为“好班子”，2006—2008年连续三年被区委评为“党风廉政建设优秀单位”。

【荣誉】

2006年度云南省人口和计划生育先进工作者
杨洪刚 隆阳区永昌街道办事处副主任
2007年度云南省人口和计划生育先进工作者
张元秀 隆阳区西邑乡人口计生办主任
2008年度云南省人口和计划生育先进工作者
杨耀程 隆阳区人民政府区长

施甸县

【概况】

2006年—2008年，施甸县的人口和计划生育工作全面落实科学发展观，按照构建社会主义和谐社会和建设社会主义新农村的要求，进一步降低生育水平，努力提高出生人口素质，努力构建新机制，施甸县人口快速增长的势头进一步得到了有效控制，人口素质持续提高，人口与计划生育工作取得了新的成绩。

【统计数据】

（一）人口基本情况（据施甸县统计局公报）

1. 2006年。当年出生3228人，出生率9.76‰；死亡2173人，死亡率6.57‰；自然增长人口1055人，自然增长率3.19‰。年末总人口331162人。

2. 2007年。当年出生3205人，出生率9.66‰；死亡2314人，死亡率6.98‰；自然增长人口891人，自然增长率2.68‰。年末总人口332170人。

3. 2008年。当年出生3251人，出生率9.77‰；死亡2161人，死亡率6.49‰；自然增长人口1090人，自然增长率3.28‰。年末总人口333396人。

（二）计划生育基本情况（据计划生育报表）

1. 2006年。计划生育率98.96%，施甸县有已婚育龄妇女66766人，其中：采取各种避孕节育措施58080人，节育率为86.99%；采取长效节育措施56862人，三术率为85.17%。

2. 2007年。计划生育率98.96%，施甸县有已婚育龄妇女65735人，其中：采取各种避孕节育措施56999人，节育率为96.71%；采取长效节育措施55680人，三术率为84.70%。

3. 2008年。计划生育率98.88%，施甸县有已婚育龄妇女65544人，其中：采取各种避孕节育措施57174人，节育率为87.23%；采取长效节育措施55996人，三术率为85.43%。

【强化宣传，依法行政】

三年来，施甸县深入开展国策、人口形势教育，结合“五五”普法，加大了对“一法三规”、“一条例”等人口计生法律、法规、政策的宣传、培训和落实。加大法制培训力度，增强基层执法人员依法行政、文明执法意识，规范相关执法程序和行政行为，县、乡干部依法行政能力和水平得到了很大提高。推行政务公开和事务公开，层层落实依法行政责任制，及时了解群众诉求，积极倡导科学、文明、进步的婚育观念，促进人口和计划生育惠民政策深入人心。同时通过婚育新风进万家等活动，教育、引导群众遵纪守法，自觉实行计划生育。施甸县违法生育人数大幅减少，有效缓解了人口增长的压力。

【完善机制，提供保障】

一是逐步完善了利益导向新机制。加大国家“奖励扶助”制度及省“奖优免补”的宣传落实力度，到2008年12月，施甸县农业人口累计领取《独生子女父母光荣证》5656户，累计领证率达44.92%，累计兑现到农户的“奖优免补”资金达850.26万元。其中：有3762对夫妇领到了一次性奖金，兑现金额为362.8万元；有4164人次60岁以上的一孩及无孩夫妇领到了养老奖励扶助金，兑现金额为271.36万元；有133人次49周岁以上无孩及子女伤残的夫妇领到了特别扶助金，兑现金额为15.34万元；有10039人次的中、小学生领到了独生子女义务教育奖学金，兑现金额为182.15万元；有77人初中升高中、高中升大学的应届毕业生享受到了农村独生子女升学奖励，兑现金额为8.32万元；兑现农村独生子女参合金10.29万元；有253人高中、初中应届毕业的独生子女享受到了升学加分的优惠政策。2004年6月1日至2008

年底新领证 5099 户，是“奖优免补”政策执行前的 8.29 倍。二是积极探索基层管理新机制。在施甸县 137 个村、居委会积极探索计划生育村民自治，有近 80% 的村（居）委会制订了章程、公约，按时召开听证会，与广大育龄夫妇签订了相关协议。三是完善年终考核评估机制。完善了政府与政府、计生与计生的双线目标管理考核机制。

【提高信息化水平，改善基础设施】

施甸县人口计生局各科室、施甸县 13 个乡镇均配置了微机，并开通了宽带网，确保了国家“奖励扶助”信息、“全国流动人口交换平台”信息、省“奖优免补”信息及其他相关信息的及时、准确传递和共享。三年来，施甸县积极争取上级资金 90 多万元，进行了县计生服务站、万兴乡、何元乡服务所的改扩建和修建工作。县乡服务站、所购置设备 100 多万元。

【深化优质服务，群众满意率提高】

认真贯彻落实中央和省委《决定》精神，不断提高施甸县计划生育技术服务水平，最大限度地满足广大育龄群众计划生育、生殖健康和家庭保健需求，提高育龄群众对优质服务理念及基本知识的知晓率，增强了生育、节育、生殖保健意识。2007 年开展了创建省级计划生育优质服务先进县活动，创建工作经省上考核已达标。按照“政府主导、部门推动、政企合作、社会参与”的工作思路，引入修正药业集团投资近百万元的设备耗材，派出技术人员，县、乡服务站、所配合，在施甸县 13 个乡镇 114 个村及两个社区开展了“关爱妇女生殖健康”普查普治活动。活动从 2007 年 7 月开始至 2008 年 7 月结束。利用电子阴道镜，红外线乳腺扫描仪和 B 超等诊疗设备，为广大育龄群众开展免费服务。培训相关技术服务人员 560 人次，完成普查人数 9470 人，查出患有生殖道感染疾病 8019 例，实施干预 3113 例。在活动期间还开展生殖健康讲座，普及生殖健康知识，发放节育避孕知情选择卡 5000 多份，为育龄群众提供咨询服务 3.7 万人次。2007 年 7 月，施甸县服务站成立了“少女救助中心”，为女孩提供生殖健康知识咨询服务，对意外怀孕的少女进行免费流产手术。2008 年施甸县列为全省实施“人口出生缺陷干预一级预防”工作重点县。整个项目投入资金 80 多万元，到 2008 年底，施甸县孕前检查 755 人，发放叶酸 4530 瓶，孕前检查率达 31.82%。

【狠抓队伍建设，提高管理和服务水平】

一是在施甸县、乡机构改革中，计划生育工作队伍机构不撤并，编制不减少。县人口计生局在原有 9 名编制的基础上，增加了 2 个编制，设立了流动人口计划生育管理办公室。两个社区配备了专职流动人口计划生育管理人员。二是调整充实了乡镇服务所人员，施甸县基层站、所总编达 75 人。新招聘了 14 名医学类大专毕业生充实到了乡镇计生服务所，增强了基层技术服务队伍的服务能力。出台措施，鼓励专业人员不断提高技术和服务水平，对获取助理执业医师资格的人员每人给予 500 元的奖励。三是落实了村级计划生育宣传员的报酬。按“县聘、乡管、村用”的原则，施甸县 137 个村（社区）全部配齐了计划生育宣传员，在全国农村税费改革中，村计生宣传员的报酬纳入了县级财政预算。

【荣誉】

（一）2006 年 3 月，甸阳镇被中央宣传部、中央文明办、国家人口计生委、教育部、民政部、文化部、国家广电总局、中华全国总工会、共青团中央、中华全国妇女评为“全国婚育新风进万家先进乡镇”。

（二）2006 年 3 月，甸阳镇张家村宣传员李蔚芹被省人事厅、省人口和计划生育委员会评为“2005 年度云南省人口和计划生育先进工作者”。

（三）2006 年 4 月，太平镇计划生育办公室主任张志军被评为省级“2001–2005 年婚育新风进万家活动先进个人”。

（四）2006 年 8 月，计生局干部蒋立新被市委、市人民政府评为“2001–2005 年保山市法制宣传教育先进个人”。

（五）2006 年 10 月，施甸县选手水长乡计生办何忠云、姚关镇计生服务所王雪菲、县计生服务站蒋冬梅三位同志代表保山市参加省委宣传部、省人口计生委组织，在昆明海埂会议中心举行的全省“关爱女孩知识竞赛”，获全省二等奖。

（六）2006 年 11 月，施甸县人口计生局档案室通过审核，被省档案局授予“三星级”档案室。

（七）2007 年 2 月，施甸县人口计生局长蒋启坤被省人口计生委、省人事厅表彰为“2006 年人口和计划生育先进工作者”。

（八）2008 年 2 月，施甸县人民政府副县长杨光兰被省人口计生委、省人事厅表彰为“2007 年人口和计划生育先进工作者”。

（九）2008 年 4 月，施甸县人口计生局被保山市人民政府表彰为全市“禁毒防艾工作先进集体”。

（十）2008 年 6 月，施甸县人口计生局被市委、市政府评为“2007-–2009 市级文明单位”。

（十一）2009 年 2 月，水长乡计生班主任何忠云被省人口计生委、省人事厅表彰为“2008 年人口和计划生育先进工作者”。

（十二）2008 年 5 月，施甸县服务站站长丁国开被市委、市政府表彰为“劳动模范”。

腾冲县

【概况】

2006—2008年，腾冲县人口和计划生育工作始终坚持以稳定低生育水平、提高人口素质、优化人口结构为目标，开拓创新，扎实工作，使腾冲县人口计生工作取得了新的成绩。

2006年政府增加了腾冲县人口计生局编制4人，设立了流动人口计划生育管理股，批准并补助局机关建设办公楼，将村级计划生育宣传员补助标准从160员提高到300元，聘用村级计划生育宣传员为防艾宣传员，增加防艾补助100元，确保村级宣传员月补助不低于400元；2007年对四个乡镇中心服务站建设给予资金支持，每站给予建设和设备购置资金20万元，并公开招聘技术服务人员（事业编制）16名；2008年支持新建县服务站，无偿划拨建设用地2.5亩。

【统计数据】

2006年，据腾冲县统计局公报腾冲县出生8203人，比上年增加557人，出生率13.12‰；年增长人口8700人，比上年增加3868人，自然增长率7.13‰，比上年上升0.87个千分点；死亡人口3746人，年末总人口629664人。据计划生育报表表明，腾冲县计划生育率98.17%，综合避孕节育率85.42%，落实长效避孕措施10990例。

2007年，据腾冲县统计局公报腾冲县出生8041人，比上年减少162人，出生率12.69‰；年增长人口7618人，比上年减少1082人，自然增长率6.84‰，比上年下降0.29个千分点；死亡人口3709人，年末总人口637282人。据计划生育报表表明，腾冲县计划生育率98.56%，综合避孕节育率85.55%，落实长效避孕措施10450例。

2008年，据腾冲县统计局公报表明腾冲县出生7742人，比上年减少299人，出生率12.1‰；年增长人口5066人，比上年减少2552人，自然增长率6.59‰，比上年下降0.25个千分点；死亡人口3525人，年末总人口642348人。据计划生育报表表明，腾冲县计划生育率98.75%，综合避孕节育率86.02%，落实长效避孕措施11423例。

【“奖优免补”政策进一步深入人心】

2006年来，腾冲县加大了对“奖优免补”政策的宣传力度，提出了“三上门”“三到位”的工作方法。截至2008年底，腾冲县累计办理《农业人口独生子女证》9143户，实行奖励扶助政策以来办证8510户，享受一次性奖励5931户，金额498.7万元；享受义务教育阶段奖学金3521人，金额189.654万元；考取中高等院校享受奖学金122人，金额13.68万元；2003年至2008年共享受养老补助8275人次，金额547.835万元；2008年享受国家特别扶助242人，金额28.416万元。

【优质服务工作进一步提升】

为满足不同育龄人群的需求，腾冲县把育龄群众从管理对象转变为服务对象，围绕群众在避孕节育、优生优育、生殖健康等方面的需求开展服务。为育龄人群开设了生殖健康咨询服务电话，建立了需求、反馈信息联系卡，免费发放《人口与计划生育优质服务宣传手册》。为提升服务人员工作能力，腾冲县积极指派医务人员参加了国际（项目）、国内、省、市等各级举办的业务培训，腾冲县计划生育服务站抽调一个医疗小组，成立流动服务队，长年累月巡回在腾冲县221个行政村（社区）进行查环、查孕、查病的“三查”服务。2006年至2008年，共服务“三查”人数62000人、咨询人数20680人；2008年腾冲县提出为孕妇增补叶酸计划，对计划怀孕的育龄妇女实行6个月（孕前3个月及孕后3个月）的叶酸增补计划，叶酸费用由新农合费用报销，并制订了《腾冲县出生缺陷一级预防工作实施意见》。

【安全套推广使用工程取得进展】

（1）每年组织县、乡、村人口计生干部及宾馆、酒店等娱乐场所业主进行正确使用安全套预防艾滋病知识培训，三年来共培训干部1000人次，业主3000人次。（2）专门安排医务人员到机场、电站等大型建筑工地为农民工培训正确使用安全套预防艾滋病知识。（3）为出境务工人员制作了防治艾滋病公开信、宣传材料和安全套。（4）设计小镜子、梳子、纸杯等宣传用品。（5）实现了辖区宾馆、酒店100%摆放安全套或设置安全套发售设施。

【对外交流合作得到加强】

（1）2007年6月，中国人口学会党政干部教育分会第二届理事会在腾冲召开。（2）“联合国人口基金/中国计划生育协会边境地区预防艾滋病宣传项目”、“世界卫生组织/云南省人口计生委娱乐服务场所100%安全套推广使用项目”、联合国人口基金/中国计划生育协会百分百安全套项目在腾冲实施。（3）成功接待了联合国人口基金驻华代表希瑞女士一行赴腾冲考察联合国人口基金项目，项目实施过程中联合国人口基金项目官员、中国计生协会多次到腾冲指导工作。

【腾冲县人口和计划生育工作会议】

分别于2006年2月27日、2007年4月18日、2008年4月12日召开。连续三年会议均由县长亲自到会讲话，县、乡、村三级干部350参加会议，并同各乡镇签订人口和计划生育工作责任书，明确了各自的工作职责。

【中国人口学会党政干部教育分会第二届理事会】

2007年6月，中国人口学会党政干部教育分会第二届理事会在腾冲召开，中央党校副校长石泰峰、国家人口计生委副主任赵白鸽出席会议并讲话，有关专家在会议进行了发言讲话，各省、市、自治区、直辖市分别派出代表参加了会议。

【腾冲县为农村独生子女参加新农合买单】

2007年开始腾冲县为腾冲县农业人口独生子女交纳新型农村合作医疗每年人均10元的参合费（市县各负责50%），2007年为腾冲县7366名农业人口独生子女，交纳农村合作医疗参合经费7.366万元；2008年为腾冲县8348名农业人口独生子女，交纳农村合作医疗参合经费8.348万元。另外，腾冲县人口计生局每年组织慰问部分农村独生子女户，为独生子女提供学习生活用品，对独生子女家庭在生产生活方面提供帮助，三年共慰问农村独生子女户200多户。

【“奖优免补”政策成效显现】

2003年8月实行奖扶政策以来，腾冲县农业人口放弃生育二和三孩的家庭共有8510户，少生人口9323人。按国家统一测算标准，以人均终身2.3万元的教育成本计算，节约家庭教育支出费用2.1亿元；以人均2.5万元的物资技术装备费用计算，节约家庭和社会物资技术装备费2.3亿元；按联合国粮农组织确定的人均0.8亩耕地警戒线计算，节约耕地7458亩。按现行每亩补助80元的退耕还林政策计算，节约退耕还林经费74.6万元。按每亩一年补助退耕还林粮食150公斤计算，每年节约1390吨粮食。按每年人均消耗木材1.15立方米计算，每年节约木材砍伐10721立方米。

【流动人口服务管理工作机制初步建立】

腾冲县每年组织开展流动人口生殖健康检查服务、查验流动人口婚育证明，通过完善流动人口计划生育合同管理、建立流动人口避孕药具免费发放窗口、成立流动人口计划生育协会等系列措施，强抓流动人口计划生育服务管理工作，形成了一手抓管理，一手抓服务的工作机制。三年来，建立健全了流动人口服务网络，在县、乡、村流动人口密集地分别设立了245个流动人口避孕药具免费发放点，组织为流动人口进行生殖健康检查服务13600人次，为外出人员办理《流动人口婚育证明》4121本，组织对流入人员《流动人口婚育证明》进行检查34816人次。

【关爱女孩行动，综合治理出生人口性别比工作进展明显】

深入开展以“关爱女孩行动”为主题的宣传教育活动。以消除性别歧视为重点，深入开展婚育新风进万家活动和“关爱女孩行动”，使“男女平等”、“生男生女都一样”等科学观念家喻户晓；2007年7月4日，腾冲县人口和计划生育局在马站乡和睦村召开关爱女孩、综合治理出生人口性别比座谈会，邀请有关领导、基层干部座谈，探讨如何开展关爱女孩行动、综合治理出生人口性别比偏高问题；2008年，腾冲县联合公安、工商、卫生、药监等部门开展区域联防，加大集中整治力度，严厉打击利用B超非法实施胎儿性别鉴定和选择性别的人工终止妊娠，以及溺弃女婴等违法行为。

【违法生育得到有效控制】

（1）腾冲县成立了人口计划生育行政执法领导小组，各乡镇成立了综合执法领导小组，严格执法，严肃查处超生违法情况，依法征收社会抚养费。（2）建立了双女户、再婚家庭等重点户基本信息档案，加强孕前管理，及时掌握其生育状况，强化经常性工作力度，出现超怀现象立即开展说服教育，把问题解决在萌芽状态。（3）在开展行政执法大检查时，各乡镇组织卫生院医生随执法队伍进驻村社落实措施，从根本上改变传统的“等育龄群众上门落实措施”的做法，提高了避孕措施落实率。（4）通过村规民约限制早婚早育和非婚生育行为。

【基层队伍明显优化】

2006年7月选聘了18个乡镇的221名宣传员及腾越镇的8名社区流动人口计划生育管理员，选聘后宣传员结构得到优化：一是女性增加（占35.5%）；二是平均年龄下降（35岁以下占54%）；三是文化程度上升（高中、中专以上文化程度占45%），综合素质明显提高。同时建立健全了宣传员管理制度，建立了村级计划生育宣传员电子信息档案，使宣传员管理制度化、规范化。

【明光乡召开“冬日暖阳、关爱行动”启动会】

为倡导男女平等，消除性别歧视，2008年11月30日明光乡组织召开“冬日暖阳、关爱行动”启动会，倡导全社会“关爱女孩、关注母亲、关爱女性”，干部、企业、学生、群众共计170多人参加了启动会，将“关爱女孩”行动作为系统工程，倡导大家共同投入“关爱女孩”队伍中。

【荣誉】

2006年度

副县长李艳，被省委、省政府授予计划生育先进工作者称号；

张正达，被省人口计生委授予宣传教育先进工作者称号；

尹立波，被省人口计生委授予药具管理先进工作者称号；

尹仁辉，被省人事厅、省人口计生委授予计划生育先进工作者称号。

2007年度

孟刚贤，被省委、省政府授予新农村建设优秀指导员称号；

王兴竹、金榆林，被中国计生协授予计划生育协会先进工作者称号；刘定育，被省人事厅、省人口计生委授予计划生育先进工作者称号。

2008年度

彭安俊，被省人事厅、省人口计生委授予计划生育先进工作者称号；

周新华，被省委、省政府授予防治艾滋病（2005—2007）三年人民战争先进个人称号；杨明丽，被省计生宣教中心授予宣传培训业务工作特殊贡献奖称号；

龙陵县

【概况】

龙陵县2006年至2008年人口和计划生育工作，坚持以人为本的科学发展观，以大力推进计划生育优质服务，扎实开展农业人口“奖优免补”、“少生快富工程”为主旋律,以全面建立和完善“依法管理，村民自治，优质服务，政策推动，综合治理”的人口和计划生育新机制为重点；以实现年度人口和计划生育工作考核指标，进一步稳定和降低人口出生率为总目标。与时俱进，开拓创新，人口和计划生育事业继续保持良好发展态势。计划生育宣传教育和以技术服务为重点的优质服务深入开展，计划生育各项基础工作切实加强，“奖优免补”、“少生快富”实施工作全面推进，利益导向机制进一步建立，广大育龄人群婚育观念进一步转变，计划生育干部队伍整体素质和依法管理工作水平明显提高，综合治理人口问题的工作格局明显增强，人口和计划生育工作全面推进，成效显著。

奖励保障机制建设得到进一步落实，农村独生子女家庭“奖优免补”、“少生快富”工作成效明显。三年来，新办《农业人口独生子父母光荣证》2139户，农业人口独生子女家庭办证户由2005年的1698户增加到3837户，领证率达35.05%。共兑现一次性奖励金139.6万元，教育奖学金2891人次53.06万元，考入高中以上升学奖24人2.52万元。养老扶助金1775人次133.78万元。自2008年开始新增农业人口独生子女伤残家庭特别扶助和“少生快富”两项奖励制度，兑现特别扶助101人次11.71万元。落实“少生快富”奖励对象6585户。通过各项奖励的落实兑现，既增加了农村计划生育家庭的纯收入，又密切了党和农民的血肉联系，促进了“三农”问题的解决，计划生育“三结合”帮扶工作稳步推进，成效明显，在碧寨中寨村、平达黄连河村新建两个帮扶点，投入资金5.8万元，又一批独生子女和双女家庭58户243人得到计生帮扶，计划生育激励机制明显增强。

【统计数据】

人口基本情况：据龙陵县统计局2008年国民经济和社会发展统计资料，2008年末总人口280795人。当年出生3520人，出生率12.60‰，死亡人口1740人，死亡率6.23‰，人口自然增长率6.37‰，少数民族人口14494人，占总人口的5.16%。

计划生育基本数据：据年末计划生育报表统计，2008年末龙陵县育龄妇女72715人，其中已婚育龄妇女54554人，三年共落实避孕节育措施15081例，累计采取综合避孕措施人数达48740人，综合避孕率89.34%，优选节育率87.36%，避孕及时率84.2%，计划生育率99.18%。

【计划生育基础水平显著提高】

三年共动员落实三术措施15081例，至2008年末，龙陵县采取综合节育措施人数达48740人，其中落实三术47659人，综合避孕率达89.34%，优选节育率达87.36%，分别比2005年提高0.56和0.7个百分点，避孕及时率达84.2%，有效促进了广大育龄群众的身心健康，孕前管理工作进一步加强。

【婚育观念得到进一步转变，晚婚晚育、少生优生的良好氛围大幅度提升】

“传宗接代、重男轻女、多子多福”的传统生育观念已进一步被“计划生育、晚婚晚育、少生优生、生男生女”都一样、“少生快富”等新的婚育观念所替代。2008年末，计划生育率达99.18%，比2005年提高0.75个百分点，累计办理《独生子女父母光荣证》的夫妻达6532对，领证率为

11.97%，较2005年提高1.93个百分点。晚婚率达50.67%，比2005年提高3.45个百分点，早婚率由2005年的0.94%下降为0.71%，新型生育文化建设呈现出新面貌。

【依法管理进一步推进，计划生育法制建设明显增强】

计划生育法律法规知识的普及率、群众对计生工作满意率不断提升，计划生育法律法规日益深入人心，形成了强大的社会舆论氛围，计生干部依法行政意识得到加强，依法行政进一步规范。计划生育依法管理成效明显，违法生育人数由2005年的56人减少为30人，减幅为46.43%。

【计划生育各项基础建设得到进一步完善和加强，龙陵县人口和计划生育事业进入了一个良好发展时期】

一是宣传教育工作进一步深化，宣传阵地得到巩固和发展，宣传环境逐步强化；二是计划生育统计台账建设实现了更新换代，更加符合新时期计生工作特点，科学化、系统化进一步增强，信息网络建设得到进一步巩固完善；三是计生技术服务网络建设实现突破性进展，县级服务站国债建设项目1041m2业务用房于2008年7月25日竣工，镇安镇中心计划生育服务站516.57m2业务用房于2007年3月建成投入使用，象达乡中心计划生育服务站516.57m2业务用房建设项目顺利推进，技术服务能力进一步得到增强；四是基层计生干部队伍不断壮大，综合素质有所提高；五是计生协会工作稳步推进，计生工作路子不断拓宽，综合治理机制进一步增强。

【创新领导机制，有效促进组织领导经常化】

一是坚持党政一把手亲自抓、负总责，坚持"一票否决"工作机制不动摇，完善建立领导机构，坚持议会制度，对计生工作重大事项做到及时研究，及时协调有关部门共同落实。二是坚持目标管理，强化目标考核，县委、政府坚持把人口计划生育纳入龙陵县经济社会发展总体规划，实行统一考核，统一奖惩，更加凸现人口和计划生育的重要位置；三是狠抓部门联动、协调配合，坚持每年3月份召开龙陵县人口计生工作会、做到早计划、早安排，层层签订目标责任书，将执行情况纳入政府督查工作范围，加强督查工作力度，有效促进了齐抓共管的工作格局。

【创新宣传教育机制，有效促进宣传方式多样化】

龙陵县上下紧紧依托"五个平台"加大计划生育法律法规及政策的宣传力度，精心组织、广开渠道、强化氛围，营造环境。坚持社会舆论扬法，办班培训讲法、宣传制品送法，文艺演出传法，进村入户说法，优质服务示法等有效办法。一是以计生协会为平台，大力开展"关爱女孩行动"和"独生子女慰问"活动，激发广大育龄群众自觉实行计划生育的热情；二是以村民自治为平台，广泛开展"计生民主听证会"活动，强化计划生育村务公开，构建群众主动参与、实用实效的自治宣传机制，三是以乡镇人口学校为平台，积极开展"新婚培训班"和"婚育新风进万家"活动，三年共举办新婚培训班120期3203人次；已婚育龄妇女培训班236期10610人次。广泛深入开展人口与计划生育法律法规的宣传教育；四是以流动服务车巡回服务为平台，深入乡村开展综合服务宣传，使广大育龄对象在接受服务中进一步增进对法律法规的理解；五是以重大节日、纪念日专题宣传为平台，每年春节期间组织参加县委政府组织的科技活动周活动，深入部分村对独生子女户进行宣传慰问，认真组织开展"世界人口日"专题宣传活动，2007年7月10日至18日在龙陵县电视台每天两次分章节播放宣传《中共中央国务院关于全面加强人口和计划生育工作统筹解决人口问题的决定》，印发各种宣传单5000多份，省委省政府《决定》系列宣传材料5200份，《婚育新风进万家计划生育优质服务知识手册》20000册，防艾用"套"除忧手册6000册，确保宣传品进村入户，做到报刊有文、广播有声、电视有图，切实提升宣传教育的导向作用。

【创新依法管理机制，有效促进计生工作法制化】

每年坚持开展计生执法检查活动，坚持实行责任追究与执法监督，增强计生干部依法行政意识，认真落实执法权限和执法责任，严格规范执法程序和执法文书，畅通信访渠道，认真查处计生信访案件；进一步完善以计生为主，法院、公安、民政、卫生、司法等部门协作配合的计生执法网络体系。严肃查处计生违法案件和违法生育行为，做到奖罚分明。切实推进计划生育政务公开和依法管理的各项工作。

【创新优质服务机制，有效促进优质服务人本化】

坚持以人为本的工作理念，认真遵循"面向基层、深入乡村、服务上门、方便群众"的方针，以县级服务站为龙头，各级卫生单位为依托，流动服务车为载体，广泛深入的开展计生技术优质服务工作，抓住"兴边富民"、"扩大内需"等良好机遇，大力加强县乡服务网络建设，加快改善技术服务条件滞后的现状，2007 年 11 月 30 日龙陵县编委，以龙机编办发〔2007〕45 号批准成立镇安、象达两个计生服务站，每站核编 4 人。积极推进避孕方法知情选择、出生缺陷干预、生殖健康"三大工程"。2006 年 8 月 23 日龙陵县人民政府办公室发出《关于由村级计生员承担防治艾滋病宣传工作的通知》（龙政办发〔2006〕70 号），并规定为村计生员每人每月增加生活补贴 50 元。认真抓好预防艾滋病推广使用安全套工作，提高技术干部队伍素质，抓好经费投入保障。三年来，县财政投入计生事业经费 345.7 万元，并且每年都呈递增趋势，做到投入到位，使广大育龄群众免费接受计生手术服务的权益得到维护和保障，确保计划生育优质服务工作进一步推进。

【创新管理服务机制，有效促进综合治理系统化】

多措并举，切实加强流动人口管理服务工作，坚持"政府统一领导、部门齐抓共管"的理念，遵循"属地化管理、市民化服务"的原则。加强部门联动，坚持每年开展流动人口计划生育专项清理整治活动，建立流动人口服务窗口，开展对流动人口"关怀关爱"专项活动，春节期间深入乡村开展"关爱留守老人和儿童"慰问活动，严格坚持流动人口《婚育证》查验和出具制度，为流动人口免费办理《婚育证》1903 人份，免费发送避孕套 34000 只，避孕药 3100 板，使流动人口享受到与常住人口相同的计生综合服务，进一步强化流动人口计生信息交换平台应用工作，切实将各项管理措施落到实处，促进流动人口管理工作更加规范和完善。继续推进村级计生民主管理，强化村民自治，进一步巩固提高村级计生民主管理的工作成果和水平。

【荣誉】

获得国家人口计生委授予《计划生育工作荣誉证书》人员：

2007 年度

莫仙翠　龙陵县计划生育服务站

字翠萍　龙陵县计划生育服务站

杨世安　龙陵县象达乡计生办

2008 年度

杨从玉　龙陵县龙新乡计生办

获省表彰的"云南省人口和计划生育先进工作者"：

2006 年度　杨世安　龙陵县象达乡计生办

2007 年度　余自明　龙陵县龙山镇副镇长

2008 年度　李红梅　龙陵县人民政府副县长

昌宁县

2006 年

【概况】

2006 年，昌宁县的人口计生工作在省、市人口计生委的帮助指导下，在县委、县人民政府的正确领导下，县人口计生工作领导小组各成员单位密切配合，各乡镇党委、政府真抓实干，全体人口计生干部尽心尽力，昌宁县各级干部和广大群众积极参与，坚持以科学发展观为指导，以优质服务为重点，强化管理，规范服务，全面提升了管理和服务工作水平，促进了人口计生事业的全面发展。

——生育秩序明显好转，整体工作水平进一步提高。人口增长速度继续下降，违法生育得到有效控制，低生育水平得到稳定。

——宣传工作不断深化，良好氛围逐步形成。利用广播、电视、报刊、张贴宣传标语和结合“三下乡”等多种形式广泛宣传人口计生相关政策、法律法规，在《昌宁宣传》上开设了《人口和计生惠及千万家》专栏，人口计生宣传工作取得新突破。

——严格依法行政，行政执法工作进一步规范。规范执法程序，完善各种法律文书的制作和送达，文明执法，及时对各种人口计生违法案件进行查处，使人口计生行政管理逐步进入依法管理轨道。

——人口出生缺陷干预试点工作稳步推进，优质服务水平进一步提升。自 2006 年 8 月份启动人口出生缺陷干预工作以来，整个试点工作得到了稳步推进。

——农业人口独生子女领证人数持续增加，“奖优免补”工作进一步深化。政策宣传、各种信息资料的录入上报、政策兑现等各项工作都得到有序开展。

——计划生育村（居）民自治工作全面铺开，综合治理工作进一步加强。以建设社会主义新农村为契机，切实将人口计生工作纳入新农村建设的总体规划，统一部署，协调推进。

——基层技术服务网络建设得到完善，技术服务水平不断提高。按照国家人口计生委的统一要求，对计划生育服务站（所）的各项技术服务工作进行了规范。各乡镇计生服务所结合实际,深入村、组开展“三查”和随访服务，全面、及时地为广大育龄群众提供方便、安全、有效的计划生育避孕知情选择和生殖健康优质服务。

——抓好源头治理，流动人口的计划生育管理服务工作进一步强化。明确专人负责，进行清理建档，明确管理责任，搞好服务工作。

——加强自身建设，重塑人口计生队伍的国策形象。抓业务培训，进一步提升人口计生干部队伍的业务素质。加强制度建设，用制度约束和规范干部职工，努力建设守法、和谐、高效的工作环境。开展学教活动，结合“学习贯彻党章做一名合格党员”主题教育活动、“思想作风整顿教育”活动和社会主义荣辱观教育活动的开展，切实加强对干部职工的思想教育，转变工作、学习、生活作风，提高群众对计划生育政策的知晓率、满意率，密切党群、干群关系，促进工作健康发展。

【统计数据】

1. 人口基本情况。根据县统计公报，昌宁县年末总人口为 342809 人，当年出生人口 3369 人，出生率为 9.85‰，死亡 2066 人，死亡率为 6.04‰，自然增长 1303 人，自然增长率为 3.81‰。

2. 计划生育基本情况。根据县计划生育统计报表，在当年出生人口 3369 人中，符合政策生育 3350 人，符合政策生育率为 99.44%。年末昌宁县累计有已婚育龄妇女 72551 人，采取各种避孕措施67650人，已婚育龄妇女综合节育率为87.73%。避孕措施及时率为80.99%。

3. 独生子女办证情况。根据昌宁县计划生育统计报表，截至2006年12月31日，昌宁县领取《独生子女父母光荣证》的人数累计共有11376人，领证率为15.68%。其中，农业人口累计领证户数达7346户，领证率为44.18%，高于全市平均水平。昌宁县共兑现“奖优免补”经费185.38万元。

【大事记】

（一）3月28日，昌宁县人民政府召开2006年昌宁县人口计生工作会议，全面部署2006年的人口计生工作，与各乡镇人民政府签订《2006年人口和计划生育目标管理责任书》，及时调整充实人口计生工作、流动人口计划生育管理工作领导小组。

（二）5至6月，由昌宁县人口计生局牵头，公安、工商、卫生、民政等部门配合，对昌宁县范围内的流动人口进行全面清理，建立健全流动人口计划生育管理档案。

（三）7月底，昌宁县被省人民政府确定为全省25个人口出生缺陷干预试点县之一。8月1日，昌宁县正式启动人口出生缺陷干预工作。8月28日，县人民政府召开昌宁县计划生育优质服务暨出生缺陷干预工作会议，会议期间进行了相关的政策业务知识培训。

（四）10月10日至14日，昌宁县举办了“千年茶乡”大型活动，县人口计生局在活动期间开展计划生育政策、法律法规宣传，发放宣传资料15330份、避孕药具2340份，接受群众咨询350人次，播放宣传碟片21场次。

（五）2006年11月，漭水镇计生服务所被列为全市2006年中央预算内专项资金（云南省）农村基层计划生育服务网络建设项目。

（六）12月6日，昌宁县人民政府召开昌宁县计划生育优质服务工作总结会议，为迎接省人口计生委对我县创建计划生育优质服务先进单位工作进行评估验收作准备。

【荣誉】

（一）2月，于成均同志被云南省人口和计划生育委员会评为2005年度云南省人口和计划生育先进工作者。

（二）4月，陈国珍、杨学祥两位同志荣获《全国计划生育工作荣誉证书》。

（三）6月，昌宁县柯街镇计划生育服务所杨萌同志荣获国家计划生育委员会授予的“全国人口和计划生育科技工作先进个人”称号。

（四）9月26日，在保山市“关爱女孩”知识竞赛活动中，昌宁县代表队荣获团体第二名。

（五）11月2日，昌宁县人口计生局在云南省档案工作“八大项工程”验收考核中荣获三星级证书。

（六）12月，张卫国同志被云南省人口和计划生育委员会评为2006年度云南省人口和计划生育先进工作者。

2007年

【概况】

2007年，昌宁县深入贯彻落实《中共中央国务院关于全面加强人口和计划生育工作统筹解决人口问题的决定》精神，以满足广大育龄群众的需求为出发点和落脚点，紧紧围绕“稳定低生育水平、全面提高优质服务能力、统筹解决人口问题”的工作思路，以开展创建全国计划生育优质服务先进单位活动和做好出生缺陷干预工作为载体，全面开展避孕节育、优生优育、生殖保健等系列服务，各项工作扎实有效，稳步发展。

——农业人口独生子女家庭奖励扶助工作进一步深入。昌宁县共有282户农业人口家庭新领取了《独生子女父母光荣证》，累计领证户数达到7643户，领证率达45.86%，巩固率达99.90%。发放奖励扶助资金153万元。

——优质服务工作水平得到提升。全年完成

人口出生缺陷干预婚前培训2430对、孕检1593对，免费发放叶酸1515人份。生殖健康普查普治工作投入经费197385元，共完成生殖健康普查3.9万人次，占农业人口已婚育龄妇女的58.87%。

——积极向上争取资金，加强基层基础建设。通过努力，年内共争取到中央、省、市等上级设备及资金等项目补助款共计262.10万元（含奖优免补经费），为昌宁县人口计生各项工作的顺利开展奠定了坚实的基础。

【统计数据】

1. 人口基本情况。根据县统计公报，昌宁县年末总人口为344135人，当年出生人口3073人，出生率为9.85‰，死亡2093人，死亡率为6.09‰，自然增长980人，自然增长率为2.85‰。

2. 计划生育基本情况。根据县计划生育统计报表，在当年出生人口3073人中，符合政策生育3350人，符合政策生育率为99.44%。年末昌宁县累计有已婚育龄妇女72904人，采取各种避孕措施63595人，已婚育龄妇女综合节育率为87.23%，避孕措施及时率为80.68%。

【大事记】

（一）1月5日，保山市计划生育优质服务现场会在昌宁县召开，市人口计生委主任刘冬青出席会议并讲话。

（二）3月10至25日，在昌宁县范围内开展了避孕药具规范管理服务工作。在县城内设立了16个流动人口避孕药具免费发放点，保证广大育龄群众能方便、快捷地得到安全、有效、适宜的药具。

（三）4月11日至12日，计划生育药具工作通过省计划生育药具管理考核组的考评验收。

（四）5月14日至18日，昌宁县人大派出执法检查组，对昌宁县贯彻执行《中华人民共和国人口与计划生育法》情况进行了专项执法检查。

（五）8月12日至14日，省人口计生委对昌宁县人口出生缺陷干预试点工作进行了全面的现场调查和评估。

（六）10月10日至11日，由保山市人口计生委刘冬青主任任组长的评估验收组一行受国家和省人口计生委委托，深入我县对我县创建全国计划生育优质服务先进县工作进行评估验收。

【荣誉】

（一）2月，昌宁县被云南省人口计生委评为全省计划生育优质服务先进单位。

（二）5月，杨金钰、李才瑛、左德洲三位同志荣获《全国计划生育工作荣誉证书》。

（三）11月，昌宁县被国家人口计生委评为全国计划生育优质服务先进单位。

（四）12月，施恩朝同志被云南省人口计生委评为2007年度云南省人口和计划生育先进工作者。

2008年

【概况】

2008年，紧紧围绕昌宁县经济社会发展战略目标和中心任务，以全面建立和完善“依法管理、村（居）民自治、优质服务、政策推动、综合治理”的人口计生工作新机制为重点，坚持以人为本和科学发展，深入贯彻落实《中共中央国务院关于全面加强人口和计划生育工作统筹解决人口问题的决定》精神，全面开展避孕节育、优生优育、生殖保健等系列优质服务，进一步巩固全省、全国计划生育优质服务先进单位创建成果，各项工作继续保持了健康发展的良好势头。

——优质服务成果得到巩固。关爱妇女健康科普宣传和生殖健康普查项目全面启动，出生缺陷干预进展顺利。昌宁县共完成孕前检查1881对、孕期随访896人次，免费发放叶酸1696人份（10176瓶），支出孕检费用334745元。

——台账改革工作圆满完成。根据市人口计生委的统一安排和部署，年内在昌宁县开展统计台账改革工作，进一步规范基层人口计生统计台账，确保正常运转。

——基础设施建设取得突破。投资45万元

的湓水镇计生服务所业务综合楼在年内投入使用；投资108万元的县计生服务站业务综合楼及配套设施建设工程竣工；温泉、大田坝、鸡飞、翁堵、柯街、卡斯和勐统等7个乡镇计生服务所业务用房建设项目被列入中央预算内投资计划。

【统计数据】

1. 人口基本情况。根据县统计公报，昌宁县年末总人口为344244人，当年出生人口3302人，出生率为9.59‰，死亡2511人，死亡率为7.30‰，自然增长791人，自然增长率为4.60‰。

2. 计划生育基本情况。根据县计划生育统计报表，在当年出生人口3302人中，符合政策生育3292人，符合政策生育率为99.70%。年末昌宁县累计有已婚育龄妇女72285人，采取各种避孕措施63224人，已婚育龄妇女综合节育率为87.46%，优选节育率为84.95%。

【大事记】

（一）2月2日，昌宁县人口计生局组织县计生服务站和田园镇计生办，在县城范围内开展流动人口计划生育“关怀关爱”活动。活动紧紧围绕“关怀关爱、促进和谐”这一主题来进行，共计发放宣传资料3000份、避孕药具2000份，接待咨询150余人次。

（二）为户口在昌宁县的7313个农业人口独生子女参加新型农村合作医疗买单，按每人10元计算，涉及经费73130元，由市、县两级各承担50%。

（三）2008年4月11日，昌宁县人民政府召开昌宁县2008年人口和计划生育工作暨生殖健康普查项目启动会议。同时，会上对人口计生系统行政管理人员和技术服务人员进行了相关业务培训。

（四）2008年7月1日，昌宁县计生服务站业务综合楼建设项目正式开工建设，综合楼建设项目总建筑面积1546平方米，项目概算总投资124.9万元。

（五）全面实施计划生育家庭特别扶助制度，2008年昌宁县共有符合享受特别扶助对象141人，享受特别扶助金162720元。

（六）从2008年秋季学期入学起，对农村独生子女当年考取高中阶段学校、国民教育全日制大学专科和大学本科的学生分别发放奖学金。2008年我县共有享受对象115人（高中阶段学校91人、大学专科14人、大学本科10人），享受金额127800元。

【荣誉】

张春仙同志被云南省人力资源和保障厅、云南省人口和计划生育委员会评为2008年度云南省人口和计划生育先进工作者。

德宏州人口和计划生育委员会

德宏州

2006 年

【概况】

2006 年，在德宏州委、州政府的领导下，在省人口计生委的帮助指导下，德宏州各级党委政府和人口计生部门以“三个代表”重要思想和科学发展观为指导，按照“十一五”时期全省人口计生工作要“突破一个难点，突出两个重点，推进四项建设，实施四大工程，抓好七项工作”的基本工作思路和 2006 年的工作要点，紧紧围绕人口与计划生育目标管理责任书的各项指标任务，加强领导，真抓实干，开拓进取，各项工作取得了积极进展，较好地完成了 2006 年人口与计划生育“双线”目标管理责任。

【统计数据】

据德宏州统计年鉴，2006 年年末德宏州总人口 116.5 万人；当年出生 1.66 万人，出生率 14.31‰；死亡 0.73 万人，死亡率 6.34‰；自然增长 0.93 万人，自然增长率 7.97‰。据计划生育报表，德宏州计划生育率 98.13%，年末采用各种避孕措施人数 194428 人，综合避孕率 85.43%，避孕及时率 93.85%。

【深化认识，明确“十一五”人口发展目标任务】

德宏州委、州政府在全面总结“十五”人口计生工作成绩和基本经验的同时，认真分析和研究了德宏州人口和计划生育工作面临的形势与挑战，进一步深化对人口计生工作重要性、紧迫性和长期性的认识，提出了德宏州“十一五”人口计生工作的目标任务。根据州委、州政府确定的目标任务，州人口计生委结合《云南省“十一五”人口规划》确定的目标任务，认真分析研究了德宏人口计生工作的形势和任务，提出了“围绕一个目标，推进四项建设、实施四大工程”的“十一五”人口计生基本工作思路和 8 条保障措施，明确了 2006 年要抓好的 10 项工作。

【创新思路，进一步完善长效工作机制】

2006 年 3 月，州委、州政府制订出台了《德宏州人口与计划生育工作通报和黄牌警告暂行规定》（以下简称《规定》），该《规定》的出台，标志着德宏州在人口和计划生育长效管理机制建设上迈出了新的步伐。5月，州政府印发了《德宏州人口和计划生育村民自治五年实施方案》，对人口和计划生育村民自治的指导思想、目标任务、实施步骤、实施措施和工作要求提出了明确规定，德宏州50个乡镇全面启动了计划生育村民自治试点工作并取得了积极进展。

【强化宣传教育，进一步落实好“奖优免补”政策】

一是加强宣传阵地建设，全面组织实施好人口计生宣传教育“5331”工程，进一步规范县、乡、村宣传标语，在德宏州范围制作了一批高质量的标语，营造了良好工作氛围。二是主动把人口计生工作融入社会主义新农村建设之中，纳入各级各部门社会主义精神文明建设和思想道德建设之中，在中小学开设了人口和计划生育基础知识、国情、人口形势教育课。三是深入开展婚育新风进万家活动和“关爱女孩”行动，认真组织了“关爱女孩”知识竞赛活动，德宏州40余个单位参赛，掀起了学习人口计生政策法规和业务知识的高潮；在广大农村、学校、机关广泛开展人口计生政策法规宣传教育，传播科学、文明、进步的社会主义新型生育文化。“奖优免补”政策得到较好贯彻落实。截至2006年12月31日，德宏州共有15541户农业人口家庭领取了《独生子女父母光荣证》，占农业人口一孩家庭总数的38.59%。当年办证完成省政府下达任务数的173.5%。

【全面推进优质服务，进一步提高服务能力】

按照“四优一满意”的要求，进一步规范计划生育技术服务工作，认真做好技术服务人员的资格审查和培训工作；在德宏州组织开展了计划生育服务站所规范管理达标创建活动；与卫生等部门联合开展了打击非法行医专项行动的自查工作；建立生殖健康普查制度，定期不定期的开展生殖健康普查，加大孕前型管理工作力度；加大干部教育培训工作力度，转变工作作风，深入基层，服务上门，为群众提供便捷、优质的人口和计划生育政策、法律和优生优育、生殖健康知识等服务。

【改进工作方法，进一步加大推广使用安全套工作力度】

德宏州各级党委政府高度重视防治艾滋病工作，州及县市推安防艾成员单位齐心协力，认真履职，层层实行目标管理，加强宣传教育，加强督促检查，积极开展高危人群行为干预，不断探索和改进工作方法，全面落实安全套摆放工作。德宏州累计聘请同伴宣传员180人，开展娱乐场所服务人员宣传培训192场次、1665人次，开展高危人群行为干预和外展服务5125人次、提供咨询服务6605人。推安防艾成员单位干部职工培训率达100%；推广使用安全套59.29万只，其中，免费发放11.93万只，社会营销47.36万只；德宏州宾馆、酒店、社会旅馆、招待所、歌舞厅、酒吧、发廊、公立医疗机构、疾控中心、私立性病门诊等场所安全套摆放率达100%。有效遏制了艾滋病经性途径传播和蔓延。

【强化督促检查，确保政策法规的正确执行和各项工作的落实】

2006年德宏州政府先后组织开展了“十五”人口计生工作成效评估、人口计生工作半年督查、人口和计划生育专项资金检查、“奖优免补”政策执行情况专项检查和计划生育执法情况5个专项的督促检查工作，有力促进了人口计生政策法规的正确执行，确保了各项目标任务的全面完成。

与此同时，切实加强党风廉政和行风建设，始终把加强党风廉政建设和行风建设作为建设一支作风硬、业务精、特别能吃苦、特别能奉献、善于做群众工作、善于开创工作新局面的高素质人口计生队伍的关键性工作抓紧抓好；进一步深化对平安创建工作的认识，积极推进综治维稳和平安创建工作。在州委州政府组织的考核中，州人口计生委党风廉政建设和综治维稳工作均获得一等奖。

【考核结果】

经德宏州政府组织考核评估，潞西、瑞丽、

梁河、陇川4县市人民政府和畹町开发区管委获一等奖，盈江县人民政府获二等奖。在人口计生部门考核中，潞西、梁河、陇川、畹町4县市（区）人口计生局获一等奖，盈江、瑞丽2县市获二等奖。

德宏州政府对各成员单位的考核结果为：州财政局、州监察局、州发改委、州人事局、州审计局、州工商局、州卫生局、州文化局、德宏团结报社、州科技局、州广播电视局、州司法局、州农业局、团州委、州妇联等15个单位获一等奖；州公安局、州劳动和社会保障局、州教育局、州民政局、州扶贫办等5个单位获二等奖。

【召开高规格的德宏州人口计生工作会议】

2月27日和3月24日，德宏州委州政府分别召开了高规格的德宏州人口资源环境工作座谈会和人口与计划生育工作会议。州委书记刘一平、州长孟必光以及州委、州人大、州人民政府、州政协领导出席工作会议，州人口与计划生育协调领导小组成员单位和推安防艾工程工作领导小组成员单位的领导，州直有关单位负责人，各县市县市长和分管人口计生工作的副县市长及相关部门的负责人，各乡镇党委书记、乡镇长等220余人参加会议。刘书记、孟州长全面总结了“十五”人口和计划生育工作的主要成绩、基本经验，深刻分析了面临的形势和任务，提出了“十一五”发展思路和发展目标，部署了2006年和今后一段时期的主要工作；州政府与各县市政府、州人口和计划生育协调领导小组成员单位、州推安防艾工程工作领导小组成员单位签订了目标管理责任书，州人口计生委与各县市人口计生局签订了目标管理责任书。4个责任书既紧紧围绕全省的工作重点和中心任务，又结合了德宏具体实际，体现了求真务实、与时俱进、开拓创新的精神。4个责任书的签订，进一步强化和完善了德宏州人口和计划生育目标管理责任制。

【表彰了“十五”人口和计划生育工作先进集体和先进个人】

为进一步动员全社会树立科学发展观，增强人口意识，综合治理，统筹解决人口问题，推动德宏州人口和计划生育事业不断向前发展，州委州政府对在“十五”期间为德宏州人口和计划生育工作作出积极贡献的先进集体和先进个人进行了表彰。在受表彰的13个先进集体中有县政府1个、乡镇党委1个、乡镇政府9个、县市人口计生局2个。50名受表彰的先进工作者90%为县、乡、村人口和计划生育工作者。

【德宏州委州政府制订出台了《德宏州人口与计划生育工作通报和黄牌警告暂行规定》】

3月22日，德宏州委、州政府印发了《德宏州人口与计划生育工作通报和黄牌警告暂行规定》（以下简称《规定》），明确规定了人口计生工作的考核内容、考核对象、考核的组织实施以及责任人的奖惩办法，通报批评和黄牌警告的适用条件以及对受到黄牌警告的单位和有关责任人的具体处理办法等。该《规定》的出台，标志着德宏州的人口和计划生育长效管理机制建设迈出了新的步伐，它的出台和贯彻实施进一步推动了德宏州各级各部门贯彻落实人口计生政策法规、做好人口计生工作的积极性、主动性和创造性，形成了各司其职、齐抓共管的良好工作局面，促进了德宏州人口计生工作的健康发展。

【出台了《德宏州人民政府关于进一步加强和完善推广使用安全套防治艾滋病工程工作的意见》】

德宏州政府第33次常务会专题研究推广使用安全套工程工作，决定从2006年12月起，德宏州宾馆、酒店、旅社、招待所等旅馆业、桑拿、洗浴、发廊、歌舞厅等娱乐服务场所，卫生医疗机构、性病门诊等艾滋病防治重点场所，一律免费提供安全套，所需资金州、县（市）各承担50%，列入财政预算。11月18日，德宏州人民政府制订下发了《德宏州人民政府关于进一步加强和完善推广使用安全套防治艾滋病工程工作的意见》（以下简称《意见》），《意见》调整充实了德宏州推广使用安全套防治艾滋病工程工作组，提出了具体目标任务，明确了各部门的职责和相关场所业主的工作任务，制订了工作措施。12月8日，州政府召开了德宏州推广使用安全套防治艾滋病工程工作电视电话会议，州委常委、常务副州长龚敬政对德宏州2004年以来推安防艾工程工作进行了认真总结，分析了德宏州艾滋病流行趋势，全面部署了下一步的推安防艾工作。为认真贯彻好《意见》，确保安全套推广使用工作落到实处，州人口计生委、州卫生局、州工商局、州文化局、州旅游局、州食品药品监督管理局、州公安局又联合制订了《关于贯彻<德宏州人民政府关于进一步加强和完善推广使用安全套防治艾滋病工程工作的意见>的实施办法》，提出了德宏州推安防艾工作的具体工作措施，州、县市推安防艾成员单位和业主迅速制订具体措施，全面启动免费提供安全套工作。

【荣誉】

在省政府组织的人口计生目标管理考核中，德宏州人民政府和州人口计生委均获得一等奖；在省委宣传部、省人口计生委组织的关爱女孩知识竞赛中获得组织奖、优秀奖。在州委、州政府组织的党风廉政建设考核中获优秀奖，社会治安综合治理、禁毒防艾工作考核中获得一等奖。被州委州政府授予2006—2008年度“文明单位”。

2006年，段建玲同志被州委、州政府评为“十五”期间计划生育工作先进个人。

2007年

【概况】

2007年，德宏州认真贯彻落实省第八次党代会、州第五次党代会精神和《中共中央国务院关于全面加强人口和计划生育工作，统筹解决人口问题的决定》(以下简称《决定》)精神，以“凝聚力、执行力、创新力”建设(以下简称“三力建设”)为抓手，紧紧围绕人口和计划生育目标管理责任书的各项指标任务，加强领导，开拓进取，狠抓落实，人口和计划生育工作水平全面提升，圆满完成了2007年人口和计划生育各项目标任务。

【统计数据】

据德宏州统计年鉴，2007年年末德宏州总人口117.72万人；当年出生1.59万人，出生率13.60‰；死亡0.69万人，死亡率5.90‰；自然增长0.9万人，自然增长率7.70‰。据计划生育报表，德宏州计划生育率98.74%、避孕及时率94.44%，综合避孕率85.22%。

【宣传教育有新成效】

抓住德宏州被中宣部、国家人口计生委等部委列为第三阶段全国婚育新风进万家活动示范州的机遇，强化宣传教育的先导意识，以深入宣传贯彻中央《决定》为主线，创新思路和载体，把人口计生宣传教育与精神文明建设相结合，与增进民族团结、构建和谐社会、保持边疆稳定相结合，与新农村建设和计划生育村民自治相结合，与优质服务相结合，与“关爱女孩行动”相结合，与贯彻落实农业人口独生子女“奖优免补”政策相结合，与禁毒防艾和推广使用安全套相结合，深入开展人口计生政策法规宣传教育、婚育新风进万家活动和关爱女孩行动，传播科学、文明、进步的社会主义新型生育文化，增强了各级领导干部和广大群众的法律意识，转变了群众的婚育观念，提升了人口计生工作水平，探索了新的工作方法和途径，促进了人口计生事业的健康发展。

【服务站所建设有新推进】

德宏州人口计生委把搞好服务站所建设、完善服务功能作为一项重要工作抓紧抓好。加强对省人口计生委的请示和协调，在及时落实了盈江县计划生育服务站、瑞丽市计划生育服务站和盏西镇、姐相乡、轩岗乡、勐嘎镇、风平镇、卡场镇、陇把镇、清平乡、户撒乡计划生育服务所建设资金376万元的基础上，争取到了潞西市计划生育服务站建设资金90万元。对建设项目进行了认真评审，严格把关，多次深入各县市及项目实施乡镇，帮助落实建设用地，指导县、乡按照“以人为本、温馨亲切、方便群众”的理念搞好规划和建设。年底，德宏州已新建投入使用4个中心乡镇服务所、4个县级服务站，9个中心乡镇服务所正在建设，有望在2008年建成投入使用。

【优质服务上新台阶】

始终把优质服务作为实现人口计生工作思路和工作方法两个根本性转变的重要举措，贯穿于人口计生工作的全过程。以满足广大人民群众计划生育、生殖健康需求为出发点和落脚点，以建立起优质服务为理念、群众需求为引导、管理科学为特征的优质服务机制为目标，以建设人民群众满意的行业为追求，进一步规范计划生育技术服务行为和服务标准，认真做好技术服务人员的资格审查和培训工作；加强对计划生育重点人群的孕前管理与服务工作，最大限度的降低非意愿妊娠，切实维护育龄人群身心健康。树立和落实以人为本的科学发展观，不断深化规范性管理工作，积极推进药具管理改革，计划生育药具管理和服务水平不断提高。积极筹措资金兑现独生子女保健费，德宏州共为12717户农业人口独生子女家庭兑现独生子女保健费284.7万元。

【人口和计划生育村民自治工作有新思路】

按照构建和谐德宏和推进社会主义新农村建设的要求，把农村作为稳定低生育水平、统筹解决人口问题的重中之重，抓住社会主义新农村建设的机遇，把人口计生工作主动融入新农村建设之中，全面贯彻落实《德宏州人口和计划生育村民自治五年实施方案》，解放思想、与时俱进、大胆创新，着力在提高村民民主参与性，确保村民自治章程、村规民约、协议的合法性，注重自治工作的有效性上下工夫。德宏州147个村委会初步建立人口和计划生育村民自治机制。

【出生缺陷预防工程有新成效】

把出生缺陷预防纳入目标管理责任书，科学设置考核指标，加大工作力度，强化目标管理，加强督促检查和指导，做好宣传倡导，规范工作程序，大力推进出生缺陷一级预防工作，取得积极成效。一是广泛宣传和普及了出生缺陷预防知识；二是加快了计划生育技术服务基础设施特别是县计划生育服务站检验室的建设步伐；三是促进了计划生育优质服务的全面发展，提升了服务质量，计划生育服务站所的经济社会效益明显提高；四是专业技术人员服务能力得到全面提高，两个试点县80%技术人员完成了州级以上医疗单位六个月的进修学习计划。

【流动人口计划生育管理与服务工作有新举措】

德宏州广泛开展以“关怀关爱、促进和谐”为主题的流动人口、农民工计划生育“关怀关爱”专项行动，送政策、送宣传、送温暖、送服务上门，推进流动人口、农民工计划生育便民维权活动；制订出台了德宏州流动人口（农民工）计划生育便民维权十项措施、进一步搞好流动人口（农民工）计划生育管理和服务工作的九条指导意见、《流动人口计划生育管理和服务工作规范（试行）》，建立了流动人口违法生育举报奖励制度，积极开展流动人口计划生育生殖健康普查活动，有效推动了“属地化管理，市民化服务”机制的建立，促进了流动人口计划生育管理和服务工作。

【推套防艾工程工作成效进一步提高】

认真贯彻《德宏州人民政府关于进一步加强和完善推广使用安全套防治艾滋病工程工作的意见》，加强宣传教育和督促检查，强化目标管理，全面落实安全套摆放和推广使用工作。截至12月31日，德宏州宾馆、酒店、社会旅馆、歌舞厅、酒吧发廊、医疗疾控机构、私立门诊、零售药店100%摆放安全套，艾滋病防治重点场所摆放免费安全套119.65万只，使用79.82万只；营销安全套45.07万只；医疗机构、疾控中心等部门向艾滋病病毒感染者、艾滋病人及其家属和性病患者免费发放安全套13.8万只，人口计生部门向已婚育龄妇女免费发放安全套70.91万只。全年开展服务人员预防艾滋病知识培训115期，受训1951人次；开展外展服务598次，接受宣传服务10917人次；聘请同伴宣传员256人，培训同伴宣传员77期，同伴宣传员开展同伴宣传11974次，接受同伴宣传31836人次；发放宣传资料51570份、安全套36.57万只，增强了娱乐服务场所从业人员的自我防范意识，提高了安全套的使用率，有效遏制了艾滋病的传播蔓延。

【扎实有效开展“三力建设”】

中共德宏州委决定用三年的时间在各级领导班子和领导干部中开展一轮“三力建设”，并把州人口计生委列为了“三力建设”工作示范单位，州人口计生委党组高度重视，按照州委的统一部署和要求，结合州人口计生委工作实际，及时启动“三力建设”，认真制订年度分解任务，细化分解，责任到人；创新思路，推行“三力建设”督促检查考核机制，建立交心谈心制度，健全机关活动制度，组织了党组中心组学习和大讨论活动，把“三力建设”与党风廉政建设有机结合，协调推进，采取有力措施推进目标任务的完成。州人口计生委凝聚力、执行力、创新力明显增强，各项工作有效开展并取得积极成效。

【计划生育协会进一步拓展】

德宏州各级计划生育协会组织达345个，团体会员380个，会员之家238个，会员小组3414个，会员联系户6295户，会员总数86083人。积极向上争取项目和资金，组织实施好计划生育国际国内合作项目，帮助计划生育家庭发展生产，脱贫致富，德宏州开展的各类协会项目达14个，覆盖德宏州五县市及畹町开发区的17个乡镇，项目资金达94.2万元，其中计划生育帮扶资金65.2万元，累计帮扶计生户710户；中国计生协预防艾滋病宣传拓展项目1个，投入资金10万元；联合国人口基金会跨国界流动人口预防艾滋病宣传项目1个，项目资金3万美元。

【考核结果】

经州政府组织考核评估，潞西、瑞丽、梁河、盈江、陇川5县市人民政府和畹町开发区管委均获得一等奖。在人口计生部门考核中，潞西、盈江、梁河、陇川、瑞丽5县市人口计生局获一等奖，畹町开发区人口计生局获二等奖。州政府对各成员单位的考核结果为：州监察局、州财政局、州人事局、州工商局、州卫生局、州司法局、州科技局、团州委、州妇联、德宏团结报社等10个单位获一等奖；州发改委、州公安局、州审计局、州文化局、州农业局、州广电局、州民政局等7个单位获二等奖。

【州政府开展了3次督促检查】

一是1月上旬至2月初，州政府组成检查考核组对5县市及畹町开发区、20个州人口和计划生育协调领导小组成员单位、7个州推安防艾成员单位目标管理责任书落实情况进行了全面检查考核。二是7月12日至8月1日，州人民政府组成督查组对各县市（区）2007年人口和计划生育工作情况及“双线”目标管理责任书各项指标任务的落实情况进行全面督导。三是6月25日至7月4日，对5县市及畹町开发区人口计生局2006年以来的专项资金管理使用情况进行检查，共检查省、州下达专项资金931.495万元，县市配套资金453.09万元，针对各县市存在的问题，提出整改建议，并限期整改。

【广泛深入开展政风行风评议活动】

2007年6月，德宏州人口计生委制订了《德宏州人口和计划生育系统民主评议政风行风工作实施方案》，6月至8月，按照《方案》开展了一系列评议活动。一是发放问卷调查评议表7000份，收回6946份，广泛征求对人口计生部门及工作人员工作作风、遵守群众工作纪律等方面的情况；二是发放下评上评议表26份、相关单位评议人口计生征求意见表24份，征求有关部门、领导和县市人口计生局对州人口计生委领导班子及成员的意见建议；三是在德宏州认真组织开展了“六看”、“六访”活动，共填写“六看”、“六访”问卷调查表

500余份。未发现行政乱作为、不作为和损害群众利益的行为，相关部门、基层工作者和人民群众对德宏州人口计生工作普遍满意，对近年来人口计生工作给予充分肯定。

【禁毒防艾挂钩村工作取得较大突破】

德宏州人口计生委认真贯彻州委、州政府关于禁毒防艾工作的各项部署，积极筹措禁防资金近20万元，采取一系列措施，狠抓落实，禁防挂钩点禁防工作取得了“三建立、五提高、三实现”的阶段性成效。即：建立了以村规民约为主要内容的禁防工作长效机制，建立了以护村队为主体的群防群治工作体系，建立了以村党支部为核心、村委会为纽带、护村队员为主体、党员、民兵、妇女、青年骨干共同参与的吸毒人员帮教体系；群众对禁毒防艾知识知晓率提高、村社干部和广大群众的认识提高、村社干部和群众开展禁防工作的积极性提高、村民支持和参与禁防工作的积极性大幅度提高、收戒率提高；实现了毒品危害和预防艾滋病基本知识宣传教育家喻户晓，覆盖率达100%，全民禁毒和预防艾滋病意识明显增强的目标，实现了全村无新增吸毒人员和社会面上无失控吸毒人员，毒品和艾滋病对社会的危害降低的目标，实现了建立长效工作机制、健全帮教体系的目标。（四）承办了全省人口计生宣传工作会议。12月16—18日，全省人口和计划生育宣传工作暨婚育新风进万家活动示范启动会议在德宏州瑞丽市召开，省人口计生委主任郝青山、德宏州人民政府州长孟必光、省人口计生委副主任金桂兰、德宏州人民政府副州长杨晓红等领导出席会议，会议总结交流了全省人口计生宣传工作经验，部署了新阶段全省人口计生宣传工作暨婚育新风进万家活动工作，统一了思想，明确了任务。

【荣誉】

2007年，德宏州人口计生委被国家人口计生委授予“全国计划生育科技工作先进集体”、“全国人口和计划生育外事工作先进集体”；在省政府组织的人口计生目标管理考核中，州人民政府和州人口计生委均获得一等奖；在州委、州政府组织的党风廉政建设、社会治安综合治理、三年禁毒防艾工作考核中获一等奖。

2007年，康有祝同志被州委、州政府评为德宏州三年禁毒和防治艾滋病人民战争“先进个人”，刘文祥同志被州委、州政府评为德宏州三年禁毒和防治艾滋病人民战争“先进个人”。

2008年

【概况】

2008年，德宏州各级党委、政府和人口计生部门以“三个代表”重要思想和科学发展观为统领，全面贯彻落实党的十七大和中央《决定》精神，坚持计划生育基本国策不动摇，以“三力建设”为抓手，以落实行政负责人问责办法等四项制度为促进力，全面推进宣传教育、婚育新风进万家示范活动、优质服务、村民自治、出生缺陷一级预防、流动人口服务管理、综合治理、依法行政、禁毒防艾等各项工作，整体工作水平进一步提升。

【统计数据】

据德宏州统计年鉴，2008年年末德宏州总人口118.5万人；当年出生1.61万人，出生率13.50‰；死亡0.69万人，死亡率5.90‰；自然增长0.89万人，自然增长率7.60‰。据计划生育报表，德宏州计划生育率98.58%、避孕及时率92.38%，综合避孕率85.93%。

【婚育新风进万家示范活动取得初步成效】

树立宣传教育先导性意识，认真落实《德宏州人民政府关于开展争创生育文明乡村推进婚育新风深入千家万户活动的通知》有关要求，不断巩固完善宣传网络和阵地，充分发挥新闻媒体的作用，扩大婚育新风宣传的覆盖面，抓好示范引导和宣传精品进村入户，建立和完善婚育新风进万家活动的长效机制，深入推进婚育新风进万家活动。转变了群众的婚育观念，提升了人口计生工作水平，探索了新的工作方法和途径，促进了人口计生事业的健康发展。

【群众对人口计生工作满意率提高】

以为群众提供优质服务为出发点，认真组织实施好“兴边富民”和国债资金计划生育建设项目，千方百计解决计划生育技术服务站所设备单一、不足的问题，增强服务功能，进一步规范计划生育技术服务行为和服务标准；加强对计划生育重点人群的孕前型管理与服务工作，以不断满足人民群众日益增长的计划生育和避孕节育、生殖健康、知情选择需求为出发点，不断深化规范性管理工作，最大限度的降低非意愿妊娠，切实维护育龄人群身心健康；认真落实好《云南省出生缺陷预防规定》，全面推进出生缺陷一级干预工作，努力减少出生缺陷的发生，提高出生人口素质；切实维护广大独生子女家庭的利益，为13439户农业人口独生子女家庭兑现独生子女保健费173.31万元，受到了人民群众的欢迎。群众对人口和计划生育工作的满意率保持在95%以上。

【完善了流动人口计划生育服务管理工作机制】

把流动人口计划生育服务管理工作列为人口计生工作的重要内容，纳入综合治理目标管理责任书和“双线”目标管理责任书，实行目标责任考核，层层抓落实。统一印制了《流动人口育龄妇女服务证》，免费发给持有合法有效《流动人口婚育证明》的流动育龄妇女，按载明项目免费提供服务。各县市（区）建立了《流动人口违法生育举报奖励制度》和流动人口计划生育联合办公机制，乡、村及社区均配备了专（兼）职工作人员，年内新配备社区流动人口计划生育信息交换平台专用电脑11台。开展送政策、送温暖、送信息、送法律、送健康的“五送”服务活动，初步形成了流动人口与户籍人口“同宣传、同管理、同服务、同优待、同考核”的流动人口计生工作格局和以“属地化管理，市民化服务”为主要特征的流动人口计划生育服务管理的体制机制。

【深入推进禁毒防艾工作】

认真履行牵头部门职责，创新思路，加大工作力度，完善工作机制，做好安全套推广使用工作。全年开展检查督导70次，开展推套防艾宣传教育活动216场次，举办娱乐服务场所服务人员培训49场次，培训1800人；招募同伴教育宣传员191人，开展同伴宣传员培训46期，培训1411人次；对娱乐场所服务人员开展行为干预和外展服务317次、11614人次；进行艾滋病高危行为干预19013人；人口计生部门开展新婚孕产妇艾滋病知识培训16465人，进行艾滋病检测5894人；发放防治艾滋病知识小册子、宣传材料10万份。德宏州所有宾馆、酒店、社会旅馆、歌舞厅、酒吧发廊、医疗疾控机构、私立门诊、零售药店均100%摆放安全套；艾滋病防治重点场所免费摆放安全套138.53万只，使用101.32万只；营销安全套43.32万只；医疗机构、疾控中心等部门免费发放给HIV/AIDS人员及其家属和性病患者专用安全套24.02万只，向育龄群众免费发放安全套68.64万只。群众对艾滋病预防知识知晓率达95%以上，防范意识明显增强；高危人群艾滋病知识知晓率达到98%，目标人群最近一个月安全套使用率为90%以上，为有效阻断艾滋病经性途径传播作出了积极贡献。

【扎实开展领导干部“下访”活动】

在认真分析近年来德宏州人口计生工作中存在的矛盾和隐患的基础上，制订了关于在德宏州人口计生系统深入开展领导干部“下访”活动的实施方案，明确了工作任务，提出了工作措施和工作步骤。4月至5月，按照带案下访、深入群众、全面掌握、及时化解突出问题的思路，从基层干部和群众最关心的热点、难点问题入手，由州县（市）人口计生委（局）主要领导带队，扎实认真地开展了领导干部“下访”活动。通过“下访”，全面掌握了德宏州人口计生工作中存在的矛盾和问题、影响社会和谐的因素，以及产生这些问题的主客观原因，对可以现场解决的问题，现场给予群众明确答复，解除群众的后顾之忧；对通过努力可以在近期解决的问题，及时与县市人口计生局研究，提出解决办法；对暂时无法解决的问题，给予群众耐心细致的解释，并研究提出解决方案，报上级部门和有关领导。由于转变了机关作风，信访工作走进了农家院落，走进了田间地头，既提高了部门的执行力和公信力，树立了良好的人口计生形象，又提高了为民服务、为民办事的能力和水平，群众对人口计生工作的满意率提高。

【考核结果】

经德宏州政府组织考核评估，畹町开发区管委获一等奖，潞西、瑞丽、梁河、盈江、陇川5县市人民政府获二等奖。在人口计生部门考核中，潞西、梁河、盈江、畹町4县市（区）人口计生局获一等奖；陇川、瑞丽2县市人口计生局获二等奖。

德宏州政府对各成员单位的考核结果为：州财政局、州监察局、州发展改革委员会、州卫生局、州工商行政管理局、州公安局、州科技局、州广播电视局、州司法局、州文化局、州审计局、德宏团结报社、州妇联等13个单位获一等奖；州人事局、州教育局、州农业局、州民政局、州劳动和社会保障局、州扶贫办等6个单位获二等奖。

【省委副书记李纪恒到州人口计生委禁防挂钩点视察】

2008年7月7日，省委副书记李纪恒率省扶贫办、省发改委、省财政厅、省委办公厅等部门领导，深入富联村调研指导禁毒防艾等工作。李纪恒副书记充分肯定富联村禁毒防工作成绩，并作出了重要指示。即：利用3年时间，按照“生产发展、生活宽裕、乡风文明、村容整洁、管理民主”的要求，以“发展农村基础产业、搞好基础设施建设、提高农民基本素质、完善农村基本保障、抓好农村基本队伍建设”为主要任务，进一步加大对“三农”的投入，把发展农村经济和促进农民增收作为工作重心，迅速改变农村面貌，提高农民生产水平和生活质量，把平原镇富联村建设成为禁毒防艾和新农村示范村、经济发展和精神文明建设先进村。李纪恒副书记还决定亲自挂钩指导富联村。

【开展大规模干部教育培训】

为建设一支思想好、作风正、懂业务、会管理、结构合理、精干高效、适应新时期人口和计划生育事业发展的高素质、职业化干部队伍，州人口计生委组织开展了大规模干部教育培训。统一组织州及县市人口计生局干部、技术服务人员、乡镇分管领导及计生办主任175人到省宣教中心，请省人口计生委相关处室领导就基层统计、依法行政、优质服务、婚育新风进万家活动、流动人口服务管理等重点业务进行培训；积极选派40余人次参加南京人口学校、国家人口计生委、省人口计生委组织的培训。认真组织开展了科技大练兵活动，德宏州195人参加了州级统一组织的科技大练兵业务技能培训和理论测试，共选派1人到省级医院进修、12人到州级医院进修、15人到县市医院进修。

【荣誉】

2008年，德宏州人口计生委被省委、省政府授予禁毒防艾工作先进单位，在省政府组织的人口计生目标管理考核中，州人民政府获二等奖、州人口计生委获一等奖；在州委、州政府组织社会治安综合治理、禁毒防艾工作考核均获一等奖。

2008年，刘文祥被省委、省政府评为禁毒防艾人民战争先进个人，管国芹被州委、州政府评为2007年社会主义新农村建设工作优秀指导员。

潞西市

2006 年

【统计数据】

（一）人口基本情况：根据《潞西市 2006 年国民经济和社会发展统计公报》反映，全市总人口为 370669 人，出生率为 13.31‰；死亡率 5.24%，自然增长率为 8.07‰。

（二）计划生育基本情况：根据计生部门统计年报表反映，计划生育率为 98.36%；综合避孕率为 85.63%；避孕及时率为 81.36%；避孕及时率达 81.36%；对新婚夫妇、孕产妇优生优育知识宣传培训率达 93.81% 以上；新婚夫妇、孕妇服用叶酸、福施福服用率达 53.46%；《流动人口婚育证明》出具率为 92%；查验率 93.6%。

【严格执行“黄牌警告”和“一票否决”制度】

对 2005 年度人口和计划生育“双线”目标完成情况较差的华侨农场和华侨总公司，给予其“黄牌警告”和“一票否决”，并要求其班子及时制订整改措施，认真加以落实。同时制订出《潞西市人口和计划生育工作通报和黄牌警告暂行规定》，并由潞西市委办、市政府办印发执行。该规定的出台，使潞西市实行“黄牌警告”、“一票否决”有章可循、有规可依，并形成制度化、规范化。

【切实做好推广使用安全套防治艾滋病工作】

潞西市政府成立了专门的领导小组，由分管副市长担任组长，市人口计生局作为牵头单位，各成员单位一把手为领导小组成员。领导小组对责任书的完成情况进行年中检查、督促，年底对成员单位进行严格的考核、奖惩。同时制订了推套防艾工作的五年实施方案，各成员单位与领导小组签订《潞西市推广使用安全套防治艾滋病工作目标管理责任书》，12 月正式启动了安全套免费摆放工作，设置了自动售套机 110 台，保证各类公共娱乐场所 100% 摆放安全套。

【抓好计生服务站所建设，推进人口计生优质服务工作】

注重抓好计生服务站所的建设，改造了市计生服务站门诊，正式动工新建遮放镇计生中心服务所，市财政投入资金 25 万元，申报创建六个乡镇计生服务所为 2006 年达标所。

【加强干部队伍建设，提高计生干部的业务水平】

为不断提高计生干部的综合素质，一是潞西市人口计生局于 5 月，对全市各乡镇农场的 163 名计生工作人员进行了业务培训。二是市人口计生局、计生服务站 11 月，举办了计划生育技术人员培训班。市计生站乡服务所 56 名计划生育技术人员接受了培训。培训重点是“强化服务意识，努力提高服务质量”、“医疗纠纷浅析及防范”、“宫颈炎治疗及微波治疗仪的应用”、计划生育技术服务规范化操作和医疗文书的规范化使用等理论和业务知识。

【综合治理】

在综合治理人口问题的新机制建设中潞西市采取了一些措施，如《中共潞西市委潞西人民政府关于印发 <潞西市深化集体林权制度改革实施方案> 的通知》（潞发【2006】9 号）文件规定：对响应国家计划生育基本国策，办理独生子女父母光荣证的，在分配林地时给予优惠，即按增加一个人口单位均分。对依法接受处罚的违法多孩，给予有偿均分政策。对办理了农业人口独生子女父母光荣证，参与分配后又退证的，由集体无偿收回增加的一个人口单位的林地。

【婚育新风进万家活动】

一是举行全国婚育新风进万家活动示范县潞西市启动仪式。2006 年，潞西市被确定为第三批全国婚育新风进万家活动示范县。市政府制订了《潞西市2006年——2010年继续广泛深入开展婚育新风进万家活动实施方案》，并确定每年的活动主题，明确各部门的职责。5月，潞西市委宣传部和市人口计生局在勐戛镇举行全国婚育新风进万家活动示范县潞西市启动仪式，拉开全市新一轮婚育新风进万家活动的序幕。勐戛镇计划生育协会组织会表演了《计划生育是国法，独生子女政策好》、小品《因女而幸福》、快板《让全社会都来关爱女孩》、说唱表演《计划生育政策好》等文艺节目。二是会同宣传文化部门组织计划生育文艺宣传队，创作、编排以婚育新风进万家活动为主题的文艺节目巡回乡村演出，形成强大的宣传声势。轩岗乡由计生协牵头，组织乡团委、妇联、文化站、丙茂村群众自编自演傣剧《婚育新风进万家》，以群众喜闻乐见的说唱手法展现在观众面前。芒海镇计生办与文化站组成文艺宣传队，到农村开展有奖知识抢答。勐戛镇计生协组织文艺宣传队到村组宣传。各乡镇农场利用"妇女之家"、"青年之家"、"会员之家"、育龄群众之家开展群众喜闻乐见的宣传活动，建设农村新型生育文化阵地。三是根据2006年"关爱女孩"的主题，10月，市委宣传部、市人口计生局等单位联合承办"潞西市'关爱女孩行动'知识竞赛"，全市共有18支代表队54名选手参加了竞赛。竞赛活动使婚育新风进万家活动得到深化、提升和发展。

【召开创建乡级服务达标所现场观摩会】

2006年8月，潞西市人口计生局在江东乡召开创建达标计划生育服务所现场观摩会。各乡镇长、分管副乡长、计生办主任、计生服务所所长共46人参加了会议，会议通过江东乡政府计生服务所创建"达标所"的经验交流和现场观摩，要求乡镇计生服务所要充分发挥宣传教育、信息咨询、技术服务、避孕药具、生殖保健"5大作用"，按照"6化"要求、"8条"措施、"27项"考核标准实现达标，成为环境优美、技术优良、管理优秀、服务优质、群众满意的"人民群众之家"。

【宫内节育器放置效果对比课题】

潞西市人口计生局在勐戛镇开展宫内节育器放置效果对比课题。时间为三年，2006年为放置，每年将课题活动情况进行使用效果对比分析，专题报告报送州计生委科技科和州计生药具站。年内，制订了《潞西市开展宫内节育器放置效果对比课题方案》；完成了样本的放置：对农业人口生育一孩家庭，准备办理《独生子女父母光荣证》的目标人群，免费放置"吉尼环"30套，对农业人口、非农业人口目标人群放置"活性元宫环"、"TCU380A环"各30套，对勐戛镇开展三种宫内节育器临床效果进行对比分析。

【荣誉】

2006年获州级以上表彰情况

获奖称号	表彰单位	时间
2005年度人口与计划生育工作一等奖	中共德宏州委、德宏州人民政府	2006. 3.
2005年度人口与计划生育工作一等奖	德宏州人口和计划生育委员会	2006.3.
“十五”人口与计划生育工作先进集	中共德宏州委、德宏州人民政府	2006.3
2003——2006文明单位	中共德宏州委、德宏州人民政府	2006.
平安单位	中共德宏州委、德宏州人民政府	2006.6.
潞西市第四个五年法制宣传教育工作（2001—2005年）	中共潞西市委、潞西市人民政府	2006. 9.
德宏州“关爱女孩”行动知识竞赛组织奖	德宏州“关爱女孩”行动知识竟组委会	2006.

2006年获州以上表彰的先进个人

单位	姓名	获奖称号	表彰单位	时间
潞西市人口和计划生育局	文恩贵	德[宏州防治艾滋病工作先进个人	德宏州防治艾滋病工作委员会	2006. 3.
	祁永芳	“十五”人口与计划生育工作先进个人	中共德宏州委德宏州人民政府	2006.3.
	李彩芹	2001-2005年全省婚育新风进万家活动先进个人	中共云南省委宣传部云南省人口计生委	2006.3.
	陈继英	优秀共产党员	中共潞西市委	2006. 7.
	王立海	全国人口计生科技工作先进个人		

2007年

【统计数据】

（一）人口基本情况：根据《潞西市2007年国民经济和社会发展统计公报》反映，全市总人口为374672人，出生率为12.65‰；死亡率4.75%，自然增长率为7.9‰。

（二）计划生育基本情况：根据计生部门2007年统计年报表反映，基本生育率为98.69%；有已婚育龄妇女75396人，综合避孕率为83.9%，避孕及时率为80.92%；对新婚夫妇、孕、产妇的优生优育知识宣传培训率达92.77%；新婚夫妇、孕妇服用叶酸、福施福的服用率达达66.25%；《流动人口婚育证明》出具率达95.68%，查验率达95.21%。

【深入开展婚育新风进万家活动】

把开展婚育新风进万家活动纳入人口与计划生育责任管理目标考核的重要内容，层层签订目标管理责任书;在潞西电视台开辟了人口计生政策宣传专栏;投入14.5万元制作了婚育新风进万家宣传画10万份发放到全市所有农户中，宣传人口与计划生育科普知识，扩大人口计生政策法规、婚育新风的宣传面。

【创新督查方式，加大督查力度】

加大对基层工作的指导、督查，潞西市将以往每年两次的督查改变为每年四次，以抽查重点户的方式全面开展督查工作。督查采取不打招呼，随机抽点，直接深入村组的形式对重点户进行入户调查，听取群众对乡镇计生宣传员开展计划生育工作的意见、建议后，再到村委会和乡镇计生办查阅相关痕迹资料管理，最后将督查中发现的问题及时向乡镇党委政府反馈，并提出改进工作的措施，达到及早发现问题，及时改进，达到督查的目的。

【创新业务培训方式，抓好干部业务培训】

2007年，业务培训采用分片分批培训的方法。6月，全市基层计划生育干部分为三批三个片区开展了历时6天的培训， 10月，又组织全市人口计生专业技术人员进行2天的专业技术培训，邀请州医疗集团、市药监局、市卫生监督大队等单位的专业人员讲课。

【全面规范执法行为】

按照行政许可法规定，潞西市全市统一制作了计划生育行政许可事项公示板。正式启用一套新的计划生育行政执法文书，对全市计划生育行政执法中使用的法律文书进行统一规范，案件由市人口计生局进行审批，卷宗由市局进行统一保管，杜绝了行政执法案卷不规范，管理混乱的局面。

【开通人口计生网页】

2007年1月，潞西市开通人口计生系统网页。网页设有人口和计划生育组织机构、政策法规、计生动态、生殖健康、咨询与投诉、职工园地6大块。

【开展关爱已婚育龄妇女生殖健康活动】

2007年3月，潞西市人口计生局、市妇联、市总工会、修正药业集团联合在五岔路乡政府举行已婚育龄妇女生殖健康普查普治工作启动仪式。会后，市乡计生专业技术人员、修正药业集团的技术人员为已婚育龄妇女开展数码电子阴道镜、红外乳腺等妇科疾病免费普查活动，当天共有152名已婚育龄妇女接受了检查服务，其中接受数码电子阴道镜检查52人、红外乳腺65人、B超35人。启动仪式后，修正药业集团的技术人员配合市乡计划生育服务站所的医生，巡回到机关、农村为广大的已婚育龄妇女开展生殖健康免费普查活动，通过普查活动，建立潞西市育龄妇女生殖道系统感染情况电子档案，为妇科疾病的感染情况提供图像化、数据化、科学化依据。

【市人口计生执法大队机构设置】

2007年6月，经市编委研究，同意设立潞西市人口和计划生育工作执法大队。主要职责是依据人口和计划生育法律法规及相关法律法规、规章政策，对全市人口和计划生育行政执法工作进行指导、监督、执行；会同相关部门依法查处违规征收社会扶养费、乱罚款、非法利用B超鉴定胎儿性别、非法实施终止妊娠、违法仿伪买卖计生证明等人口计生违法案件；依法查处群众举报案件、信访案件；依法查处违规开展计划生育技术服务的医疗机构、个体诊所；代表市人口计生局依法申请法院强制执行拒绝缴纳社会扶养费、行政处罚的人员及案件。

【荣誉】

2007年州以上表彰情况

获奖称号	表彰单位	时间
2007年芒市地区勐焕大金塔万人健步走活动优秀组织奖	中共德宏州体育事业局、	
潞西市文化体育局	2007.8.31.	
2007年度人口与计划生育工作一等奖	德宏州人口和计划生育委员会	2007
三年禁毒防艾工作先进工作队一等奖	中共市委、市人民政府	2007.12.
爱我潞西做文明市民歌咏比赛优秀奖	中共潞西市委、潞西市人民政府	2007.11.21.
省文级明单位（2006—2008年	中共云南省委、省人民政府	2007
潞西市综治维稳工作一等奖	潞西市人民政府	2008. 2. 29
2005-2007年度防治艾滋病工作一等奖	潞西市人民政府	2008. 2.
无邪教先进单位	潞西市人民政府	2008. 2.

2007年潞西市人口和计划生育局获市级以上表彰的先进个人

姓名	获奖称号	表彰单位	时间
文恩贵	先进工作者	潞西市人民政府	2007.4.24.
文恩贵	全省人口和计划生育先进工作者	云南省人事厅云南省人口和计划生育委员会	2007.3.13.
文恩贵	优秀共产党员	中共潞西市委	2007
文恩贵	芒市城区综治维工作先进个人	中共潞西市委、市人民政府	2008. 2.
罗利宏	三年禁毒防艾人民战争先进个人	中共市委、市人民政府	2007.12.
潘　黎	优秀共产党员	中共潞西市委	2007
陈继英	优秀共产党员	中共潞西市委	2007
祁永芳	优秀共产党员	中共潞西市委	2007
李美进	科技先进工作者	中共潞西市委、市人民政府	2007.4.26.
李美进	芒市城区“十单位联防”先进个人	中共潞西市委、市人民政府	2008. 2.

2008年

【统计数据】

（一）人口基本情况：根据《潞西市2008年国民经济和社会发展统计公报》，全市总人口为378278人，出生率为12.56‰；死亡率4.78%，自然增长率为7.78‰。

（二）计划生育基本情况：根据计生部门2007年统计年报表， 计划生育率达98.51%；综合避孕率为85.63 %，优选节育率为78.11 %，长效避孕及时率为82.62 %；对新婚夫妇、孕产妇的宣传率达96.15 %；新婚夫妇、孕产妇服用叶酸、福施福的服用率达65.38%。《流动人口婚育证明》出具率达95%， 查验率达96.41%；服务率达88.83%。

【工作调研到位，摸清市情】

2008年6月，潞西市人口计生局局长文恩贵等陪同市委常委、副市长穆勒准率队深入到乡镇就乡镇机构改革中人口计生队伍状况进行调研。摸清了各乡镇机构改革对计生工作造成的影响。针对潞西市出现部分农村独生子女办证户要求退证的问题，潞西市人口计生局组成若干工作组，由市政府领导带队，分赴各乡镇进行主动下访。工作人员深入到每个要求退证的农户家中，仔细询问他们要求退证的原因，了解他们的真实想法，倾听他们对人口计生政策的意见建议，为解决问题提供了可靠的第一手资料。

【婚育新风宣传到位，特色鲜明】

注重把婚育新风进万家活动同发展边疆经济、弘扬民族文化、促进民族团结紧紧结合起来，因地制宜，充分调动群众力量，大力开展宣传教育活动。例如：组建群众宣传队，由群众自编自演节目，深受群众的欢迎，聘请热心计划生育工作的群众担任同伴宣传员，开展群众间的宣传教育；充分利用村社文化设施，开展宣传工作等。目前，潞西市已投入了6万余元经费，在全市设立一乡、两村、三组的市级婚育新风示范点，同时，全市各乡镇也都根据自身特点，设立了乡级示范点。投入经费10万余元，制作了小口杯、纸杯、宣传折页、礼品袋等宣传品，扩大了宣传范围，加大宣传力度，增强了宣传效果。

【建立流动人口管理合署办公机制，水平提升】

潞西市政府建立了合署办公、综合治理的工作机制，整合人口计生、公安、工商、建设、街道办事处等相关单位的力量，由市人口计生局牵头，定期对流动人口进行清查、建档、登记、办理和查验《流动人口婚育证明》、签订管理合同，为流动人口开展优质服务，形成了强有力的管理体制。为发挥流动人口自身的积极主动性，加强流动人口计划生育工作的自我管理，潞西市人口计生局还在流动人口数量最多、居住最集中的丙午社区成立了流动人口计划生育协会，这将对潞西市流动人口计划生育管理工作起到极大地促进作用。

【科技“大练兵”活动到位， 打造技术精湛的技术服务队伍】

2008年12月，通过模拟操作和实践演练的方式，开展技术人员技能操作比赛。聘请州、市医院专家、市站技术人员和州市人口计生部门领导重点就生殖保健服务、妇科病诊治、出生缺陷干预、无菌技术、避孕节育、医疗文书书写规范、政策法规、孕产妇艾滋病感染监测、妇产科学的新技术开展理论培训和实践操作指导。同时选派市计生站2名、乡镇计生所9名计划生育临床技术骨干分别到省、州、市医疗机构进修学习。全市41名技术人员分组进行技能操作比赛。

【利用山歌比赛开展计生宣传活动】

2008年2月， 在江东乡尹帕寺山首届山歌比赛中，潞西市人口计生局组织宣传小组，采用摆摊设点、表演节目等方式开展人口和计划生育宣传咨询服务活动，为群众宣传讲解人口计生政策法规、优生优育、生殖保健、新型生育观、禁毒防艾等知识。节目内容有歌唱党的好政策、计划生育好、花灯小品《计划生育利国利民》，小品表演了一家两代人由传统的生育观念“不生儿子不罢休”，到自觉采取补救措施，“生男生女一样好，女儿也是接代人”新型生育观念的转变。活动中发放宣传资料1500余份，避孕药具400板（盒），展示人口计生宣传展板10块。

【与人大代表面商代表议案】

2008年3月，潞西市人口计生局邀请市四届一次人代会112号议案的代表到计生局，面对面地协商解决代表建议。市法制局和市人口计生局领导及相关人员、市四届一次人代会112号议案的代表参加面商会。面商会上，潞西市人口计生局根据人口计生法律法规解答代表建议，潞西市人口计生局对代表建议认真负责的态度和采取面商解答问题的办法，代表们表示很满意。

【婚育新风进万家活动暨流动人口计生管理工作现场会】

2008年11月，市人口计生局在三台山乡召开婚育新风进万家活动暨流动人口计生管理工作现场会。全市乡镇、农场、街道办事处分管领导、计生办主任、流动人口专兼职工作人员共49人参加会议。会议组织现场观摩婚育新风进万家活动示范点沪东娜村民小组人口文化活动室、人口文化图书角、群众性的同伴教育骨干队伍等阵地建设以及婚育新风进万家活动、流动人口计生管理工作痕迹资料规范管理。会议要求：每个乡镇打造一个婚育新风进万家活动示范点，每个示范点市人口计生局支持工作经费1000元；勐焕街道办事处要在丙午、锦华社区打造流动人口计生管理工作示范点，省、州配置电脑2台，工作经费4万元。

【荣誉】

2008年州以上表彰情况

获奖称号	表彰单位	时间
实施“云岭先锋”2004—2008年先进基层党组织	德宏委	2008.7.1.
2008年人口和计划生育优质服务先进县（市）	云南省人口和计划生育委员会	2009.2.

2008年州以上表彰的先进个人

单位	姓名	获奖称号	表彰单位	时间
潞西市人口和计划生育局	文恩贵	云南省人口和计划生育宣传教中心2008年度宣传教育和干部训业务工作特殊贡献奖	云南省人口和计划生育宣传教中心	2008.12.31.
五岔路	尚木南	2008年度云南省人口和计划生育先进工作者	云南省人力资源和社会保障厅、云南计划生育委员会	2009. 2. 6.

梁河县

2006年

【概况】

认真贯彻落实《中华人民共和国人口和计划生育法》、《云南省人口和计划生育条例》、《云南省农业人口独生子女奖励规定》、《云南省人口出生缺陷干预工程》、《云南省流动人口管理办法》等相关法律法规，按照"宣传开路、利益导向、政策推动、优质服务、依法管理、村（居）民自治综合治理"工作方针，紧紧围绕州政府、州人口计生委下达的人口计生双线目标任务开展工作。

【统计数据】

根据2006年人口计生局报表，梁河县年末总人口为160208人，年出生人口1513人，出生率为9.47‰，死亡率为98.88%，综合避孕率为88.37%，长效避孕率为80.45%。

【形成新思路】

在工作思路和工作方法上，由依靠行政管理，惩罚违法多生为主，向依法管理、利益导向、奖励少生为主的方向转变；由管理为主，向服务为主的方向转变；由管理一代人为主，向服务三代人为主的方向转变；由单纯的控制人口数量，向既控制人口数量，又重视人口素质和人口结构的方向转变。

【建立新机制】

坚持以"三个代表"重要思想和科学发展观为指导，大力实施"三力建设"、边疆党建长廊。积极探索，不断创新工作思路和工作方法，初步建立了三个机制。一是建立了党政一把手亲自抓、负总责，强化人口计生目标管理责任为主体的管理机制；二是建立了以"奖优免补"为主要内容的利益导向机制；三是建立了村（居）民自治依法管理、综合治理新机制。

【法制建设有成效】

梁河县人口计生局坚持学法与用法相结合，普法并举，以法制宣传教育为基础，以依法行政、依法服务为核心，以提高执法水平，推进优质服务为目的，稳步推进人口与计划生育法制建设。一是抓普法宣传，广泛开展普法宣传教育，不断提高群众自觉守法的意识。二是抓干部职工的执法学习培训，提高执法队伍素质。三是抓执法监督，规范执法行为。

【服务站所建设有新进展】

梁河县计划生育服务站所按照三配套（房屋、设备、人员）逐步改造和完善的要求，积极争取到县服务站业务用房大楼建设项目资金90万元，新建平山乡，河西乡计生服务所，投资资金共48.9万，为县站争取4台设备近64万元，八所一站B超配置10台及显微镜10个，妇科治疗仪10台，近35万元。

【推套防艾工程】

制发了《梁河县推广使用安全套防治艾滋病工作方案》，成立了梁河县推套防艾领导小组，明确各成员单位的工作职责，工作目标和工作要求，县政府与各成员单位签订了《推广使用安全套防治艾滋病工程工作目标管理责任书》，认真组织开展同伴宣传教育活动和对展服务工作，积极落实"四免一关怀"政策，实现宾馆、酒店、娱乐场所100%摆放安全套，推套防艾工程工作得到全面落实，群众使用安全套防范艾滋病、性病的意识和能力大大提高。

【全县人口和计划生育工作会】

2006年4月4日，梁河县召开2006年人口和计划生育工作会议。会议总结了全县"十五"人口与计划生育工作成绩和基本经验，分析面临的形式和任务，部署“十一五”人口计生发展思路和今年的主要工作；为向2005年各乡镇政府，县直各部门，人口和计划生育先进集体和个人颁发奖牌和奖金，县长与各乡镇政府签订2006年人口和计划生育目标责任书，与县直相关部门签订2006年人口和计划生育综合治理和推安防艾工程目标责任书。

【省、州人口计生监督组到梁河县检查指导工作】

2006年4月21日，省人口计生委副主任吴莉华一行，在州人口计生委领导陪同下，到梁河县检查指导人口计生工作。省人口计生委吴副主任听取汇报后，对梁河县人口计生工作给予充分肯定：一是完成任务好，梁河县上半年计生各项指标任务完成较好，特别是农业人口独生子女办证人数时间过半，任务过半，现已完成90%以上。二是创新工作有推进，出生缺陷干预工程任务完成效好，服药人数达40%，合同制管理工作不断创新。三是难点工作有突破，工作积极主动，提前完成流动人口计划生育专职管理人员的配备工作。督导组还深入九保乡勐科村、荒田组农村独生子女家中了解生产、生活、生育及独生子女保健费兑现情况。

【人口和计划生育村民自治工作启动会】

2006年7月20日，梁河县召开人口和计划生育村民自治工作启动会；县委副书记阮金纯到会作动员讲话。他说：实行人口和计划生育村民自治是新时期人口计生工作新机制建设的重要内容，是实现人口计生工作思路和工作方法“两个转变”以及全面落实计划生育各项政策和提高群众满意程度的有效途径。通过实行人口和计划生育村民自治工作，让村民进一步明确自己的权利和义务，使村民成为村民自治章程和计划生育村规民约以及各项规章制度的指定者、实施者和计划生育的参与者，全面推动新时期人口与计划生育工作的健康发展。

【出生缺陷干预试点工作启动会】

2006年8月18日，梁河县召开人口出生缺陷干预试点工作启动会，县委常委组织部长李富炳作重要讲话，指出：“实施出生缺陷干预是进一步降低生育水平、提高人口素质、确保人口安全、推进人口计生事业发展、建设社会主义新农村、构建社会主义和谐社会的需要，实施出生缺陷干预对新婚前、孕前、孕期、孕后等进行生殖健康指导和监测工作，能及时发现性病特别是艾滋病，防止母婴传播，对确保人口出生安全有着积极的促进作用”。会上县政府领导与各乡镇政府签订了人口出生缺陷干预工作目标管理责任书。

2007年

【概况】

认真贯彻落实党的十六届六中全会、省第八次党代表、州第五次党代表，以及《中共中央国务院关于全面加强人口和计划生育统筹解决人口问题的决定》精神。坚持以邓小平理论和“三个代表”重要思想为指导，落实科学发展观和构建社会主义和谐社会的重大战略思想，全面加强新时期人口和计划生育工作，统筹解决我国人口问题。

进一步规范计划生育技术服务程序和服务标准，认真做好技术服务人员的资格审查和培训工作，满足广大人民群众计划生育、生殖健康为出发点和落脚点，建立优质服务理念，群众需要为引导、管理科学为特征的优质服务机制为目标，按照环境优美、技术优良、服务优质、管理优秀、群众满意的“四优一满意”的要求，全面开展计划生育优质服务先进乡镇创建活动；坚持以人为本，加强对计划生育重点人群的孕前管理与服务工作，切实维护育龄人群身心健康。

加大对人口计生干部的法制教育培训，进一步明确法律责任，增强依法行政意识，权利法定意识，有限权利意识和公民合法权益意识，提高全县计划生育行政人员的执法水平；进一步规范执法行为、执法程序和法律文书；完善政务公开，公开执法内容、执法依据和执法程序。

执行“奖优免补”工作“三公开、三公示、一评议、一见面”民主监督机制。加政策宣传，引导更多农业人口一孩家庭办理《独生子女父母光荣证》，提高群众办证率和办证自愿率，提高办证巩固率。

进一步完善和落实流动人口计划生育综合治理机制，推进“一个章程、两个职责、两个制度，两账、两表、两书”工作模式，即：制订流动人口计划生育村（居）民自治章程，领导小组和工作人员职责，管理制度和违法行为有奖举报制度，流入、流出人口登记账，清理流动人口入户调查表、计划生育统计表，县直部门、乡镇、社区与房屋出租房或用工作单位签订《流动人口计划生育管理合同书》，流出人口、流入人口签订《合同书》；逐级签订流动人口计划生育目标管理责任书。

按照《梁河县人民政府关于进一步加强和完善推广使用安全套防治艾滋病工程工作的意见》要求，认真履行牵头单位的职责，加强成员单位之间的协调配合，进一步完善工作措施，加大推广使用安全套工作力度，规范安全套的市场营销及发售设施的安装，加强宣传培训，建立推广使用安全套长效机制。

进一步加强全县计划生育协会组织建设；巩固和拓展乡村组计划生育协会开展的现有项目，不断提升项目质量，逐步扩大项目影响；围绕中心、服务大局，不断探索计生协会工作和活动的新机制；提高协会工作队伍素质，不断开创协会工作新局面。

【统计数据】

据梁河县人口和计划生育局统计报表数，全县2007年总人口为161089人，当年出生人口1655人，出生率为10.30%，死亡人口835人，死亡率为5.20%，人口自然增长率为5.10‰，计划生育率为99.09‰，综合避孕率为87.44‰，长效避孕率为79.57%，针药具避孕率为7.87‰。

【三项措施把出生缺陷干预工程落到实处】

梁河县人口和计划生育局在实施出生缺陷干预工程中，采取三项措施，把工作落到实处：一是认真澄底，建好档案；二是加强培训，搞好预防；三是定期随访，搞好监控。

【“四个到位”完善避孕药具管理和服务】

梁河县人口和计划生育局采取“四个到位”完善避孕药具管理和服务：一是避孕药具发放到位；二是宣传教育到位；三是技术服务到位；四是跟踪服务到位。

【梁河县召开人口和计划生育工作会】

20047年5月10日，梁河县召开人口和计划生育工作，县委书记板岩过提出要求：一是认清形势，进一步增强责任感和紧迫感；二是要突出重点，准确把握全局，统筹兼顾，抓住主要矛盾和工作重点；三是要强化责任，再创佳绩，坚持党政正职亲自抓，负总责，坚持“一票否决权”制度，严格考核，准确反映工作实绩，切实加强社会各方面的协调配合，确保各项目标任务全面落实。

【国家人口计生委领导到梁河调研】

20047年6月18日，国家人口计生委宣教司副司长石海龙一行，在省人口计生委副主任金桂兰，副州长杨晓红陪同下，到梁河县对“婚育新风进万家活动”进行调研。

调研组听取汇报后，认为梁河县在开展婚育新风进万家活动中，领导重视、措施有力、投入到位、工作扎实。希望在今后的工作中，要继续宣传，贯彻落实好中央、省、州计划生育政策，以稳定低生育水平为核心，加大对婚育新风进万家活动的组织领导，加大新制度的创建，加大优质服务工作力度，结合新农村建设工作，实行政策知道、社会推进、项目推进，以科学发展观为前提，搞好典型试点，规模推动，使婚育新风进万家活动上台阶，上水平。

2008年

【概况】

以“三个代表”重要思想为指导，以科学发展观为统领，坚持贯彻执行现行人口和计划生育政策，紧紧围绕州人民政府和州人口计生委下达的人口计划生育各项目标任务，以狠抓基层落实基础为重点，认真研究解决人口和计划生育工作中出现的新情况、新问题，积极探索完成人口计划生育的新思路、新途径。

【统计数据】

据2008年人口和计划生育统计报表，梁河县年末总人口为162359人，出生人口为1692人、出生率为10.46‰，死亡人口771人、死亡率为4.77‰，人口自然增长率为5.69‰；计划生育率为99.11%，综合避孕率为86.56%，长效避孕率为79.74%，针药具避孕率为6.81%。

【落实人口和计划生育目标管理责任制，加强对人口和计划生育的领导】

一是调整充实梁河县人口与计划生育工作各种领导小组机构；二是县乡（镇）两级党委政府坚持“一把手”亲自抓，“一票否决”制；三是县乡两级实行半年工作检查督导，年终考核；四是确保计生事业经费足额到位。

【采取多种形式，加大宣传力度】

一是按照州人口计生委的安排部署，采取以试点为龙头，以点带面，稳定推进的方法；二是注重社会宣传效果；三是注重阵地宣传教育。

【依法行政，严格执法】

进一步提高人口和计划生育执法意识，建立健全新的工作机制；规范程度保证依法行政、执法到位。

【加强流动人口管理】

一是落实“其抓共管，综合治理”；二是对流动人口的持验证管理；三是按照“同宣传、同管理、同服务的要求，已婚育龄妇女到为管理服务重点。”

【完善利益导向机制，推进计生“三结合”工作】

在解决宅基地、安居、扶贫工程等项目上，对放弃生育指标的独生子女户和双女户给予照顾解决。

【不断强化避孕节育措施的落实】

一是明确随访监护对象，做群众的知情选择服务，把好节育关；二是做孕情检查服务，把好早孕关；三是做好孕前检查，孕后保健服务。

【全县人口计生工作会】

2008年4月30日，梁河县召开2008年人口计生工作会议，会议全面总结2007年度人口和计划生育工作，表彰先进，明确思路，部署2008年主要任务。县委书记杨向宏要求：各级各部门要紧紧围绕新时期人口和计生工作面临的形势和任务，加强领导、提高认识，创新工作思路和方法；认清形势，增强做好人口和计划生育工作的责任感和紧迫感；突出重点，进一步提升人口和计划生育工作水平；强化责任，常抓不懈，不断开创全县人口和计划生育的新局面。会议兑现了2007年度双线目标、综合治理、推安防艾目标奖。与各乡镇领导签订2008年《人口和计划生育目标管理责任书》与县直25个成员名单签订《综合治理人口目标责任书》，与县直成员单位签订《推安防艾目标责任书》。

【“六到位”畅通避孕药具服务绿色通道】

为进一步加强避孕药具服务工作，大力推广普及使用避孕药具，梁河县采取“六到位”狠抓避孕药具服务，畅通避孕药具绿色服务通道，受到广大育龄群众的欢迎。一是避孕知识宣传到位；二是避孕药具培训到位；三是避孕药具规范管理到位；四是避孕药具免费发放到位；五是避孕药具随访服务到位；六是避孕药使用考核到位。

【梁河县计生局积极参与文化科技卫生“三下乡”活动】

2008年4月11—23日，县委宣传部组织22个部门领导及工作人员，深入九个乡镇开展文化科技卫生“三下乡”活动。有效地提高了农民的科技和文化水平，解决了部分困难群众缺医少药无钱看病的问题，丰富了疙瘩群众的文化生活，促进了农村经济和社会各项事业的健康发展。为开展好"三下乡"活动，计生局领导重视，制订工作计划。协调工作人员4名，宣传车一辆，提供大量的计生政策和计生科普知识宣传册（单），确保活动有效开展。

【梁河县人口和计划生育局认真落实四项制度工作】

为深入贯彻落实科学发展观，坚持以人为本依法行政和执政为民，提高计生干部队伍的执行力和公信力，2008年7月17日，梁河县人口计生局结合""解放思想"大讨论学习活动，召开了"行政问责制、服务承诺制、首问责任制、限时办结制"四项制度工作。

【德宏州人民政府到梁河县督导人口和计划生育工作】

8月18—22日，州督导组到梁河督导人口计生工作，重要内容是：州政府与梁河县政府、州人口计生委与梁河人口计生局签订的《人口和计划生育目标责任书》、《德宏州2008年推广使用安全套防治艾滋病目标管理责任书》、《德宏州计划生育药具站2008年度目标管理责任书》等目标任务的执行情况。并深入乡村组入户询问调查，察看宾馆、旅馆、药店、发廊、歌舞厅以及成员单位开展工作的痕迹资料。认真解决工作中存在的问题和薄弱环节。确保人口和计划生育目标责任书各项任务落到实处。

【副州长杨晓红到梁河调研人口和计划生育工作】

2008年11月7日，副州长杨晓红在州人口计生委番绍芬主任和相关负责人的陪同下到梁河县调研人口和计划生育工作。副州长杨晓红听取汇报后，指出："要抓好人口和计划生育工作必须突破宣传教育工作常规，从多角度，多手段，多形式入手，形成立体的、纵深的、长效的宣传教育格局，将全县的计生工作进一步规范化，切实开展好流动人口计划生育管理和服务，婚育新风进万家，关爱女孩，出生婴儿性别治理，计划生育奖励扶助常规工作，实行'一票否决'、'黄牌警告'制度。"

瑞丽市

2006年

【概况】

2006年，瑞丽市人口与计划生育工作(简称人口计生工作)，全面贯彻落实中央、省、州文件精神，紧紧围绕“双线”目标管理责任制，坚持党政一把手亲自抓、负总责，实施黄牌警告和通报制度，抓住工作重点，突破工作难点，创新工作机制，实行综合治理，深化宣传教育和规范管理，推进优质服务和计划生育村民自治，整体工作水平明显提高，全面完成了人口与计划生育目标管理责任制。

【统计数据】

计生报表统计2006年年末瑞丽市出生率为10.10‰；自然增长率5.2‰；出生性别比为108；计划内出生1055人，计划生育率为99.25%；综合避孕率为85.9%；长效避孕及时率为88.4%“奖优免补”政策知识知晓率为96%；农业人口领取《独生子女父母光荣证》自愿率为100%。

【人口资源环境工作会召开】

2006年3月15日，瑞丽市召开人口资源环境工作座谈会，市政府与各乡（镇）、区、瑞丽农场签订了目标管理责任书。

【创安及综治工作】

瑞丽市人口计生局社会治安综合治理工作认真按照市委、市政府的安排部署和市创建“平安瑞丽”目标管理责任书的要求，贯彻落实市综治委关于社会综合治理的指示，与时俱进，开拓创新，较好地完成了各项综治工作。

【宣传教育】

明确主线，深化宣传载体，把计划生育宣传教育放在首位，确立了宣传主线，力求形式创新，内容更新，载体求实，在各乡镇、村及村民小组开展政策法规，优生优育，“奖优免补”，避孕药具、防治艾滋病知识等知识的全民宣传活动，针对不同类型的目标重点人群开展不同形式的宣传培训，知识宣传普及率达95%，重点人群宣传培训率达97%，知识知晓率达98%。开展了关爱女孩行动知识竞赛，促进了关爱女孩健康成长的社会氛围。

【协会】

经瑞丽市人口计生局和计生协的共同努力，争取到联合国人口基金资助由瑞丽市计划生育协会承办的“中国——瑞丽跨边界地区流动人口青年预防艾滋病”项目，此项目的成功开展填补了我市在社区、流动人口中开展防艾的空白。

【流动人口计划生育综合治理】

瑞丽市人民政府把流动人口计生工作纳入各级各部门综合治理责任制管理，并与各成员单位签订了目标责任书，市政府制订了《流动人口出租房屋管理的规定》，明确了部门及房屋出租户对流动人口计划生育管理职责，为8 个社区新配置了流动人口计划生育管理专职人员，市财政每人每月补助350元，并列入财政预算。按照属地管理为主的原则，对瑞丽市流出流入流出人口进行清查登记，建立健全了统计台账，签订目标管理责任书和协议书，纳入常住户口同管理、同服务、同考核，设立了流动人口药具窗口，免费提供避孕药具服务。

2007年

【概况】

2007年，瑞丽市人口和计划生育局全面贯彻落实《中共中央国务院关于全面加强人口和计划生育工作统筹解决人口问题的决定》，坚持科学发展观，以降低生育水平为重点，深入开展“婚育新风进万家”活动和“关爱女孩”行动，稳步推进人口和计划生育村民自治，广泛开展计划生育优质服务和出生缺陷干预工程，强化"黄牌警告"和通报制度，完善目标责任考核奖惩制度，围绕人口和计划生育"双线" 目标任务，创造性地开展工作，人口和计划生育工作取得明显成效，省、州考核，市人民政府、市人口计生局均获一等奖，为瑞丽市经济社会协调发展和构建和谐稳定奠定了良好的人口基础。

【社会事业工作会议召开】

2007年3月16日，瑞丽市召开瑞丽市社会事业工作会议，市政府与各乡镇、区、农场、市人口和计划生育工作领导小组成员单位签订了《人口和计划生育目标管理责任书》及《综合治理人口问题目标管理责任书》。

【人口计生工作会议召开】

2007年5月11日，召开人口和计划生育工作会议，学习贯彻了《中共中央国务院关于全面加强人口和计划生育工作统筹解决人口问题的决定》，总结分析瑞丽市人口计生工作面临的困难、问题和挑战，安排部署下步工作。

【宣传教育】

确立了以宣传贯彻《中共中央国务院关于全面加强人口计生工作统筹解决人口问题的决定》为主线的工作思路，形成"大宣传、大联合、大发展"上下联运的宣传方式，深入广泛地开展"婚育新风进万家"活动和"关爱女孩"行动，倡导男女平等，使计划生育政策深入人心，群众计划生育知识知晓率达98%以上，生育观念明显转变。打造了勐嘎村民小组婚育示范村，成为全省婚育示范村亮点，成功承办了全省人口计生工作宣传教育工作现场会。

【人口和计划生育村民自治】

制订了《瑞丽市人口和计划生育村民自治五年实施方案》，共有14个村（居）民委员会建立了人口和计划生育村（居）民自治机制，占村（居）委会的40%，通过村民自治，达到了群众自我教育，自我管理，自我服务，自我监督，群众参与，民主管理的实际效果。

【人口计生优质服务工作】

制订出台了《瑞丽市全面推进计划生育优质服务实施方案》，成立工作机构，确立工作目标，广泛开展以计划生育技术服务为重点的优质服务。

【基层基础工作】

把加强基层基础工作的规范管理作为重要工作来抓，投资购置技术设备，扩建市服务站，搬迁重建姐相乡计划生育服务所。强化了服务站、所规范管理，建立健全了各项规章制度，规范了服务范围和服务项目，避孕药具改革初见成效，药具合格村顺利通过了州、市计生部门的验收。

【计划生育科技】

在瑞丽市计划生育服务系统广泛开展科技大练兵活动，强化服务人员职业道德教育，提高综合服务能力。与成员单位签订推套防艾责任书，经州、市考核，市人口计生局获推套防艾工程工作一等奖，防治艾滋病工作一等奖。

【人口与计划生育责任目标管理】

认真组织完成人口计生"双线"目标管理责任制，经省、州政府和人口计生部门考核，圆满完成了上级下达的目标任务，瑞丽市政府、市人口计生局均获一等奖。

【流动人口计划生育综合治理】

2007年，瑞丽市政府继续把流动人口计划生育管理纳入综合治理的重要内容，与20个成员单位签订《流动人口计划生育综合治理责任书》，并进行督查考核，兑现奖励，初步形成了部门负责，综合治理工作机制。

2008年

【概况】

2008年，瑞丽市人口和计划生育工作以邓小平理论、"三个代表"重要思想为指导，全面贯彻落实党的十七大和《中共中央国务院关于全面加强人口和计划生育工作统筹解决人口问题的决定》、《云南省委、云南省人民政府关于全面加强人口和计划生育工作统筹解决人口问题的决定》精神，以科学发展观的理念，坚持计划生育基本国策不动摇，以降低和稳定低生育水平、认真落实农业人口计划生育奖励扶助政策、规范依法行政、流动人口计划生育管理、构建和谐计生为重点，求真务实、开拓创新、狠抓落实，坚定不移地贯彻执行计划生育基本国策，加快走中国特色统筹解决人口问题的步伐，明确工作思路，转变工作方法，创新工作机制，突破工作难点，实现市委、市政府确定的人口计划目标，促进瑞丽市经济社会又好又快发展。

【宣传教育】

宣传教育工作和“婚育新风进万家”活动扎实推进，制订了《瑞丽市开展婚育新风进入千家万户积极创建生育文明村寨实施方案》，创建了勐嘎村婚育示范村。以宣传贯彻中共中央、云南省《关于全面加强人口计生工作统筹解决人口问题的决定》为主线的工作思路，继续深入广泛地开展“婚育新风进万家”活动和“关爱女孩”行动。

【人口和计划生育村民自治】

扎实推进人口和计划生育村民自治，群众参与、民主监督取得初步成效。

截至2008年12月份，瑞丽市共有17个村民委员会及3个社区居委会建立了人口和计划生育村（居）民自治机制，占村（居）委会的59%。

【优质服务工作】

按照云南省计划生育优质服务先进县(市、区)考核评估标准及州、市《计划生育优质服务实施方案》要求，积极推进以计划生育技术服务为主的优质服务工作，

成立了创优活动领导小组，建立了工作制度和议事制度，部门职责分工明确；

通过开展优质服务，进一步密切了党群干群关系，树立了良好的计划生育形象，提高了计划生育整体水平，促进了经济发展和社会和谐稳定。

【计划生育科技】

广泛开展科技大练兵活动，强化服务人员职业道德教育，提高综合服务能力。积极选派技术人员到上级医疗机构进修深造，提高业务技能。

【推广使用安全套预防艾滋病】

按照推套防艾目标管理责任书要求认真落实各项工作任务，成立工作领导小组，强化目标管理，与各成员单位及各乡镇签订了目标责任书，形成层层抓落实的良好格局。全方位、多渠道开展宣传教育，营造防治艾滋病的良好舆论氛围，把推套防艾工作与本系统工作紧密结合，利用开展业务宣传和各种节庆活动，以及办各种培训班、召开群众大会、张贴标语、张贴宣传画、发放宣传品、图片展板、设立咨询服务台等多形式，广泛深入地开展防治艾滋病宣传教育活动。积极调拨和全面做好安全套摆放工作，保证安全套可获得性。

【计划生育综合治理】

流动人口计划生育管理新机制建设取得新突破，成立联合办公领导小组，抽调人员组成联合治理办公室，为了准确把握瑞丽市流动人口和计划生育工作形势，进一步增强乡、镇、社区、村及计划生育管理和服务能力，全面提升人口和计划生育整体水平。

陇川县

2006 年

【概况】

2006 年陇川县人口和计划生育局紧紧围绕“依法管理、村民自治、优质服务、政策推动、综合治理”的工作思路开展工作，县委、政府高度重视人口与计划生育工作，将开展计划生育村民自治、优质服务、奖优免补工作摆到重要位置，做到领导到位，认识到位，措施到位，投入到位，落实奖惩责任，把人口与计划生育工作纳入经济社会发展的总体规划，为构建和谐社会创造良好的人口环境。

【统计数据】

2006 年，陇川县总人口 17.66 万人，出生率 14.56 ‰，死亡率 6.85‰，自然增长率 7.7‰（根据德宏州统计局公布数据）。当年出生人口 1851 人，死亡人口 890 人，自然增长人口 961 人，计划生育率 97.24%，已婚育龄妇女 36643 人，综合避孕率 87.03%，优选节育率为 78.11%（根据计划生育报表）。

【“双线”目标责任执行情况】

2006 年陇川县人口和计划生育局组织完成州政府、州计生委下达的各项目标任务：出生率控制在 13.88‰、常住人口违法多生育控制 5 人、流动人口违法多生育控制 10 人、投入事业经费 72 万元、农业人口独生子女 0—14 周岁领取《独生子女父母光荣证》131 户、巩固率达 99.54%、计划生育率 97.24%、长效避孕及时率 84.03%、“奖优免补”信息录入准确率达 100%、“奖优免补”政策知晓率达 98%。为全面提升我县人口和计生工作水平，综合治理人口问题，建立长效机制，以陇发【2004】8 号文件出台了《中共陇川县委、陇川县人民政府关于加强人口和计划生育工作的决定》，建立一月一落实，一季一督查，半年一小考，年终一大考工作制度，及时了解掌握基层工作情况，严格执行“通报批评”、“诫勉谈话”、“黄牌警告”和“一票否决制”，切实做到一级抓一级，层层抓落实，形成陇川县上下协调，齐抓共管人口和计划生育的新局面，取得了初步成效。陇川县连续三年被州政府考核为“一等奖”。

【计生协会 / “三结合”，村民自治】

2006 年计生协会积极争取“三结合”帮扶资金四万元，投入在 3 个乡镇计生贫困户，开展回收快的种植 6 户，养殖 11 户，经商 2 户，共帮扶 19 户，增加了群众收入 14.39 万元，收到了较好的经济效益及社会效益。

积极推行计划生育村民自治，以陇政办发【2006】75 号文件，制订出台了《陇川县计划生育村民自治实施方案》，到 2009 年 100% 的村委会计划生育村民自治全面实施，基础较好的乡镇力争于 2007 年全面铺开实施。目前，我县计划生育村民自治工作正在有序进行，在各乡镇选取一个村委会开展计划生育村民自治试点。主要做法是经村民大会形成《计划生育村民自治章程》和各项管理制度，建立民主管理，民主决策制度，由村委会与村民签订协议书，明确双方的权利和义务，搞好各项服务，及时兑现承诺，把项目扶持小额信贷等优惠政策与计划生育村规民约、计划生育自治章程有机结合起来，形成了计划生育工作与农民的生产、生活直接挂钩，达到群众自我管理，自我教育，自我服务，自我监督的自治机制。把群众的生育意愿与国家的生育政策有机结合起来，全面推动新时期人口与计划生育工作。

【宣传教育】

2006 年，陇川县人口计生局按照“面向基层、深入乡村、方便群众、服务上门”的工作方针，把宣传教育放在计划生育的首位，开展了以婚育新风进万家科普知识，出生缺陷干预知识、避孕节育知识，知情选择知识，性病、艾滋病预防知识，妇女卫生保健知识，法律咨询服务宣传活动。全年出动宣传车120天，咨询人员315人次，发放图文及各类宣传资料115486份，“奖优免补”宣传画4500份，印发《陇川县人口和计划生育基层工作手册》1500份，《避孕节育知情选择》3000份，《生殖保健手册》10000份，刷写计划生育优质服务/出生缺陷干预宣传标语120条，发放优质服务/出生缺陷挂图560张，免费发放各种避孕药具13000板，安全套250873只，县、乡出宣传专栏213期，乡、村、组设立“奖优免补”公示栏608块，在县城街头路口醒目地段、主要公路沿线制作大型计划生育公益广告牌3个，墙体标语2500条，在陇川县范围内开展了解育龄群众需求信息的收集活动，制作并发出问卷调查表126份。全年共发放宣传简报、信息24期，团结报发表16期，陇川县受教育人数达145000人次。

【流动人口宣传与服务】

陇川县现有流动人口7023人，其中，流入4511人、流出2512人，全年共出生23人，违法多生育数10人，流入已婚育龄妇女有1294人，采取各种避孕节育措施1108例，其中：女扎158例，男扎26例、放环800例、皮埋8例、口服51例、避孕套65例，综合避孕率为85.63%，18至49周岁流入人口3222人，验证人数有2990人，验证率为92.79%，18至49周岁流出人口2399人，办理《流动人口婚育证明》2223人，办证率92.66%。我县严格按照目标管理责任书的要求，狠抓了流动人口的管理与服务工作，积极地开展好各项工作，一是县政府与公安、工商、民政、城建、卫生、劳动人事等部门签订了《计划生育综合治理目标责任书》，明确了各成员单位的职责任务，制订有考核目标；二是开展流动人口计划生育技术服务工作，服务率任务为70%，实际完成96%；三是做好流动人口信息交换，提交、查询率任务为95%，实际完成96.2%；四是加强合同制管理，与出租房屋、用工者签订《协助管理流动人口计划生育合同书》63份，与流动人口已婚育龄妇女签订《流动人口计划生育避孕节育手术合同》70份、《计划生育责任与义务合同》61份；五是充分利用各种民族节日对流动人口开展计划生育政策、知识宣传教育工作，发放各种宣传单3210份；六是定期为流动人口已婚育龄妇女开展生殖健康服务工作，开展B超监护2次，检查452人。通过认真开展流动人口计划生育管理工作不断促进了陇川县流动人口管理制度化、规范化建设，不断总结经验和改进工作方法，做到依法行政、亮证执法、文明执法。

【优质服务/出生缺陷干预工程】

2006年陇川县被列为全省开展优质服务先进县创建活动和出生缺陷干预的试点县，为认真贯彻落实好省人口计生委《关于在全省开展计划生育优质服务的实施意见》和《云南省人口出生缺陷预防规定》实现计划生育工作思路，工作方法的“两个转变”，全面提升人口计生工作水平，一是加强组织领导，及时以陇政办发【2006】74号文件成立了陇川县计划生育优质服务领导小组，制订了实施方案，明确各部门职责，制订考核评估标准，建立健全各项工作制度，议事制度。二是确保经费投入，在财政极度困难的情况下，拨出资金17万元保证优质服务工作的顺利开展。三是加强宣传培训工作，编印《陇川县计划生育优质服务培训材料》，对县、乡、村委会、村民小组计生工作人员及已婚育龄群众进行了计划生育法律法规，避孕节育，优生优育，生殖保健等知识的培训。四是完成了出生缺陷基本情况摸底调查工作。掌握陇川县人口出生缺陷基本现状，为开展出生缺陷干预试点工作奠定基础。五是出台陇人口发【2006】11号文件《关于发放出生缺陷干预药物（叶酸）的通知》，于2006年8月1日起目标人群实施免费发放叶酸。

【"奖优免补"】

2006年县人口和计划生育局认真贯彻落实《云南省农业人口独生子女家庭奖励规定》，严格执行德人口发【2005】21号"关于转发《省人口计生委、省财政厅、省教育厅关于农业人口独生子女义务教育奖学金发放办法的通知》的精神"。按照"四权分离"管理机制，严格资格认定，严格工作程序，严格工作纪律，保证政策兑现渠道畅通。全面完成了"奖优免补"工作，自2004年6月至2006年12月31日实施"奖优免补"政策以后，累计共有2117户农业人口办理了《独生子父母光荣证》，享受一次性奖励金的有1821户，占农业人口一孩家庭的40.06%，2006年享受奖学金772人，发放金额135920.00元，其中：小学648人，金额103680.00元，中学123人，金额31980.00元。享受养老补助218人，其中：独生子80人，金额48000.00元，独生女94人，金额65800.00元，无子女44人，金额33000.00元。通过认真落实农业人口独生子女"奖优免补"政策，使计划生育户确实感受到了政治上光荣与经济上实惠，营造了群众执行计划生育的良好氛围。

通过创新工作机制，全面开展计划生育优质服务的计划生育工作思路、工作方法有所转变，各项工作都得到了全面的提升，有效稳定低生育水平，为陇川县经济和社会发展小康社会及社会主义新农村建设创造了良好的人口环境。

2007年

【统计数据】

2007年末，陇川县总人口17.86万人，出生率13.78‰，死亡率6.28‰，自然增长率7.5‰（根据德宏州统计局公布数据）。当年出生人口1964人，死亡人口1043人，自然增长人口921人，计划生育率98.37%，已婚育龄妇女38024人，落实各种避孕措施的有31831人综合避孕率86.07%，优选节育率为77.44%（根据计划生育报表）。人口出生率由2004年的16.37‰下降到2007年的13.78‰，下降了2.59个千分点；人口自然增长率由2004年的10‰下降到2007年的7.5‰，下降了2.5个千分点。4年内少生人8801人，为陇川的经济和社会发展作出了巨大的贡献。

【目标责任】

2007年出生率控制在13.78‰、常住人口违法多生育控制6，人流动人口违法多生育控制6人《办理农业人口独生子子女父母光荣证》49户、巩固率达99.54%、"奖优免补"信息录入准确率达100%、"奖优免补"政策知晓率达96%。2007年被州政府考核为"一等奖"。

【宣传教育】

2007年，陇川县人口和计划生育局按照"面向基层、深入乡村、方便群众，把宣传教育放在计划生育的首位，开展了以婚育新风进万家科普知识，出生缺陷干预知识、避孕节育知识，知情选择知识，法律咨询服务宣传活动。全年出动宣传车130天，咨询人员325人次，发放图文及各类宣传资料115496份，"奖优免补"宣传画4700份，印发《人口和计划生育基层工作手册》1500份，《避孕节育知情选择》3000份，《生殖保健手册》10000份，刷写计划生育优质服务/出生缺陷干预宣传标语120条，发放优质服务/出生缺陷挂图560张，免费发放各种避孕药具13000板，安全套250873只，县、乡出宣传专栏213期，乡、村、组设立"奖优免补"公示栏610块，在县城街头路口醒目地段、主要公路沿线制作大型计划生育公益广告牌3个，墙体标语2500条，在陇川县范围内开展了解育龄群众需求信息的收集活动，制作并发出问卷调查表126份。全年共发放宣传简报、信息24期，团结报发表16期，陇川县受教育人数达145000人次。

【流动人口管理与服务】

陇川县现有流动人口7023人，其中，流入4567人、流出2512人，全年共出生22人，违法多生育数6人、流入已婚育龄妇女有1294人，采取各种避孕节育措施1108例，综合避孕率为85.63%，18至49周岁流入人口3222人，验证人数有2990人，验证率为92.79%，18至49周岁流出人口2399人,办理《流动人口婚育证明》2223人，办证率92.66%严格按照目标。管理责任书的要求，狠抓了流动人口的管理与服务工作,《计划生育综合治理目标责任书》，制订有考核目标；二是开展流动人口计划生育技术服务工作，服务率任务为70%，实际完成96%；三是做好流动人口信息交换、提交、查询率任务为95%，实际完成96.2%；四是与流动人口已婚育龄妇女签订《流动人口计划生育避孕节育手术合同》70份,《计划生育责任与义务合同》61份；五是充分利用各种民族节日对流动人口开展计划生育政策、知识宣传教育工作，发放各种宣传单3210份；六是定期为流动人口已婚育龄妇女开展生殖健康服务工作，开展B超监护2次，检查452人。认真开展流动人口计划生育管理工作不断促进了陇川县流动人口管理制度化、规范化建设，不断总结经验和改进工作方法，做到依法行政、亮证执法、文明执法。

【奖优免补】

2007年陇川县人口和计划生育局认真贯彻落实,严格执行德人口发［2005］21号“关于转发《省人口计生委、省财政厅、省教育厅关于农业人口独生子女义务教育奖学金发放办法的通知》的精神”。按照“四权分离”管理机制，严格资格认定，严格工作程序，严格工作纪律，保证政策兑现渠道畅通。全面完成了“奖优免补”工作，2007年末，共有2160户农业人口办理了《独生子女父母光荣证》，享受一次性奖励金的有1901户，占农业人口一孩家庭的38.86%，享受奖学金887人，其中：小学741人，金额118560.00元，中学146人，金额37960.00元。享受养老补助217人，其中：独生子83人，金额49800.00元，独生女91人，金额62700.00元，无子女43人，金额32250.00元。通过认真落实农业人口独生子女“奖优免补”政策，使计划生育户确实感受到了政治上光荣与经济上的实惠，营造了群众执行计划生育的良好氛围。”

2008年

【统计数据】

2008年末，陇川县总人口17.96万人，出生率13.63‰，死亡率6.21‰，自然增长率7.42‰（根据德宏州统计局公布数据)。当年出生人口1941人，死亡人口953人，自然增长人口988人，计划生育率98.35%，已婚育龄妇女38098人，落实各种避孕措施的有33109人，综合避孕率86.90%，优选节育率为77.44%（根据计划生育报表）。

【目标责任】

2008年出生率控制在13.63‰、常住人口违法多生育控制6人，流动人口违法多生育控制6人《办理农业人口独生子子女父母光荣证》49户、巩固率达99.54%、“奖优免补”信息录入准确率达100%、“奖优免补”政策知晓率达96%。2008年被州政府考核为“二等奖”。

【宣传教育】

2008年，陇川县人口和计划生育局按照“面向基层、深入乡村、方便群众”，服务上门”的工作方针，全年出动宣传车120天，咨询人员315人次，发放图文及各类宣传资料115486份，“奖优免补”宣传画4500份，印发《陇川县人口和计划生育基层工作手册》1800份,《避孕节育知情选择》3300份,《生殖保健手册》15000份，刷写计划生育优质服务/出生缺陷干预宣传标语130条，发放优质服务/出生缺陷挂图580张，免费发放各种避孕药具14000板，安全套250973只，县、乡出宣传专栏213期，在县城街头路口醒目地段、主要公路沿线制作大型计划生育公益广告牌3个，墙体标语2500条，发出问卷调查表126份。宣传简报、信息24期，受教育人数达145000人次。

【流动人口管理与服务】

陇川县现有流动人口7747人，其中：流入4931人、流出2816人，陇川县共出生12人，违法多生育数5人、流入已婚育龄妇女有1498人，采取各种避孕节育措施1253例，综合避孕率为83.64%，18至49周岁流入人口3574人，验证人数有3421人，验证率为95.71%，18至49周岁流出人口2399人,办理《流动人口婚育证明》2533人，办证率91.77%，严格按照目标管理责任书的要求，狠抓了流动人口的管理与服务工作，一是县政府与公安、工商、民政、城建、卫生、劳动等部门签订了《计划生育综合治理目标责任书》，明确了各成员单位的职责任务；二是开展流动人口计划生育技术服务工作服务率96%；三是做好流动人口信息交换、提交、查询率96.2%；四是加强合同制管理，与出租房屋、用工者签订《协助管理流动人口计划生育合同书》67份，与流动人口已婚育龄妇女签订《流动人口计划生育避孕节育手术合同》70份,《计划生育责任与义务合同》64份；五是发放各种宣传单3230份；六是定期为流动人口已婚育龄妇女开展生殖健康服务工作,开展B超监护2次，检查1087人。通过认真开展流动人口计划生育管理工作不断促进了陇川县流动人口管理制度化、规范化建设，不断总结经验和改进工作方法，做到依法行政、亮证执法、文明执法。

【优质服务工作】

目前,陇川县、乡计划生育技术服务网络10个，建所率达100%，专业技术人员共39人，其中，主治医师2人、医师12人、主管护师1人、医士18人、护士3人，技工4人，执业医师8人、执业助理医师20人、执业护师1人、大专学历18人、中专21人。严格按照国家《计划生育技术服务工作管理条例》开展技术服务工作，充分发挥“十六字”工作方针，为育龄群众提供了安全、简便、有效的避孕节育方法，指导育龄群众知情选择。认真做好出生缺陷干预、生殖道感染干预等优质服务工作，加强孕前教育和优生指导，向新婚夫妇、孕妇推广服用叶酸、福施福，降低出生婴儿缺陷发生率，对新婚夫妇、孕、产妇开展优生优育、避孕节育知识的宣传工作，确保实现人口控制计划生育促进人口素质的提高。做好推广使用安全套防治艾滋病工程工作。

【奖优免补】

按照“四权分离”管理机制，严格资格认定，严格工作程序，严格工作纪律，保证政策兑现渠道畅通。2008年享受一次性奖励的有67人，金额33500元，享受养老补助187人（其中：独生子92人、独生女95人），金额121700元；发放农业人口独生子女考取高中、中专以上奖励金20200元；享受特别扶助76人，金额89280元；享受“少生快富”发放3000元的有1970户,金额5910000元;发放2000元的有1582户，金额3164000元。通过认真落实农业人口独生子女“奖优免补”、“少生快富”政策，使计划生育户确实感受到了政治上光荣与经济上的实惠，营造了群众执行计划生育的良好基础。”

盈江县

2006 年

【简述】

2006 年，盈江县人口和计划生育局按照“宣教开路、利益导向、政策推动、优质服务、村民自治、依法管理、综合治理”的基本工作方针，紧紧围绕省政府确立的人口出生率“一年降低一个千分点”的控制目标，州下达的人口与计划生育“双线”目标开展工作。宣传教育、依法管理、综合治理人口问题新机制，流动人口计划生育管理、信息化建设、队伍建设、基础设施建设、优质服务、规范管理等工作都有了新的突破。

【统计数据】

政府指标执行情况：人口出生率控制在 14‰以内；常住人口违法多生育 9 人；流动人口违法多生育 2 人；县本级投入人口计生事业经费 99.53 万元；县本级应匹配的“奖优免补”经费 28.5 万元；

计划生育工作指标执行情况：计划生育率达 97.7%；长效避孕及时率 88%；“奖优免补”政策知晓率达 98.73%；宣传工作“5331”工程达标率 100%，2006 年新增村级永久性标语 2017 条；新婚夫妇、孕产妇的优生优育知识宣传培训率达 96.3%，新婚夫妇、孕产妇叶酸、福施福的服用率达 92.3%（抽样）。

【人口和计划生育工作会议】

2006 年 4 月 7 日，盈江县人口和计划生育工作会议召开。县四套班子领导，县人口和计划生育工作领导小组成员、15 个乡镇及国有农场的主要领导、计生办主任、计生服务所所长以及盈江县人口计生局全体干部职工共 119 人参加会议。会议主要任务是以科学发展观为指导，深入贯彻落实省、州对 2006 年人口和计划生育工作的要求，总结“十五”期间盈江县人口和计划生育工作取得的成绩，安排部署 2006 年工作，盈江县委书记杨跃国作了重要讲话。

【业务培训】

2006 年 4 月 30 日，盈江县人口计生局对全体技术人员集中培训。5 月 26 日至 27 日，对盈江县 15 个乡镇及盈江农场分管计生工作的领导全体计生干部及村宣传员共 130 余人进行了业务培训，盈江县人民政府副县长李劲伟做动员讲话，提出四点意见：一是进一步提高对新形势下做好人口和计划生育工作重大意义的认识；二是按照“三个代表”重要思想的要求，切实做好新时期人口与计划生育工作；三是加强领导、开拓创新，建立人口和计划生育工作新的机制；四是统一思想，切实增强学习培训的自觉性、主动性。

【计划生育技术服务】

特邀到国家计生委科研所的胡静教授和吉妮环生产厂家分管云南遍区的负责人，为盈江县 49 名计生专业技术人员举办吉妮环放置术的专题讲座。盈江县大力推广计划生育新技术、新药具、吉妮环的放置使用，专业技术人员理论和实践技能得到提升，广大已婚育龄妇女的身心健康进一步得到维护。年内县乡计生服务站所施行各种计划生育手术 4610 例，采取针药及药具避孕 4438 例。

【宣传教育】

2006 年，盈江县人口计生局认真引导，组织开展计生法律法规，政策宣传。全年共开展宣传活动 34 场次，举办各类培训 12 期，刷写标语 376 条，制作永久性公益广告 3 块，固定性标语 1866 块，发放宣传单 72000 份，人口宣传挂历 2 万份，宣传品入户 54000 户，宣传品入户率达 100%，政策知晓率 96.2%，宣传经费投入 30 万元，人均 1.09 元。

【计划生育村民自治】

2006年8月，盈江县15个乡镇圆满完成了人口和计划生育村民自治试点村启动工作，15个计划生育村民自治试点村均建立了计划生育协会会员之家，各种职责、活动制度规范上墙，村民实行计划生育的自觉性和主动性进一步增强。

【关爱女孩行动】

积极参加由州委宣传部、州人口和计划生育委员会、州总工会、州妇联等单位联合举办的"关爱女孩行动知识竞赛"活动。盈江县人民政府从县人口计生局、县工商局抽派了3名干部组成盈江县代表队，代表盈江县赴州参加比赛。盈江县代表队以积极、沉着、冷静、团结、协作的参赛作风，取得了良好的成绩，荣获一等奖。

【计生协会与"三结合"】

一是认真开展中国计生协预防艾滋病宣传拓展项目。二是抓好"三结合"帮扶项目。2006年开展的"三结合"帮扶项目共在4个乡镇（平原、盏西、昔马、勐弄）投入帮扶资金12万元。共对69户独生子女户和双女户进行了帮扶，项目内容为种植、养殖、经商、运输，受益人数261人。

【关爱男性健康活动】

盈江县人口计生局全体干部和县计生服务站医生共30余人，在客运西站摆摊设点向赶街群众开展宣传和发放宣传品、宣传单，大力宣传普及男性健康科学知识，呼吁全社会关心男性健康，关爱女孩，坚决打击溺女婴弃女婴的违法犯罪行为；号召男性自觉担负起家庭、社会的责任，担负起生产、生活、生育、优生优育、优教等方面的责任。

【关爱送温暖活动】

州人口计生委番绍芬主任、李劲伟副县长、县人口计生局班子及铜壁关乡党委、政府领导等一行到该乡三合村看望了患肾功能衰竭病的计生宣传员（独生子女）杨彩丽。番主任、李副县长现场为杨彩丽捐赠了现金，并送上盈江县计生系统干部职工捐赠的6126元现金。11月28日，盈江县人口计生局局长马卫祖率机关干部职工前往平原镇的护切坝小组、爱回小组和太平镇的弄丘小组、放板、羊乃、蛮腮、弄应等7个村民小组入户看望了10户艾滋病感染家庭及致孤儿童。县计生局、计生协向10户艾滋病感染家庭分别发放慰问金200元；为致孤儿童赠送书包；为一户正在建房的感染者家庭资助了2000元的建房基金。

2007年

【简述】

2007年盈江县人口和计划生育工作坚持以邓小平理论和"三个代表"重要思想为指导，以科学发展观统领工作全局，深入贯彻落实党的十六届六中全会精神、十七大精神和《中共中央国务院关于全面加强人口和计划生育工作统筹解决人口问题的决定》精神，围绕稳定低生育水平、统筹解决人口问题、促进人的全面发展这个中心任务，谋全局，抓大事，深化改革，健全机制，开创盈江县人口和计划生育工作新局面。全面完成了人口与计划生育目标管理责任制，在州政府的考核中政府工作指标、计划生育工作指标均获一等奖。

【统计数据】

计划生育率达98.08%；长效避孕及时率达85%；"奖优免补"政策知晓率达96%；群众对计划生育管理和服务的满意率达99%；优生优育知识培训率达90%；叶酸、福施福服用率达60%。

【政府解决实际问题】

2007年5月17日县长办公会专题研究了县计生服务站、旧城和盏西计生服务所基础设施建设项目拼配资金；同日，召开的县政府第二十五次常务会议上，研究决定：一是为加大执法力度，增加县人口和计划生育局流动人口管理人员事业编制名额；二是把农业人口享受计划生育养老扶助对象的农村合作医疗参合费纳入财政预算。

县政府第二十六次常务会议决定：足额核拨人口计生工作事业经费128万元，足额核拨农业人口独生子女保健费95.5075万元。

县政府第二十九次常务会议决定：同意解决2007年度计划生育“奖优免补”配套资金9万元。

【人口资源环境工作座谈会】

2007年2月9日，盈江县人口资源环境工作座谈会在县政府会议大厅召开。副县长赵冬梅通报了2006年度各乡镇人口与计划生育责任目标、22个县直人口和计划生育综合治理成员单位责任目标以及7个推广使用安全套预防艾滋病工程工作责任目标执行情况。

俄吞代理县长在会上强调：要按照科学发展观要求，进一步做好人口资源环境工作。要始终把控制人口、节约资源、保护环境放在重要战略位置，把工作抓得紧而又紧，做得实而又实，要把握全局，突出重点，全面推进，力求每年都有新的进展。要求要进一步加强人口与计划生育工作，努力提高人口素质。要牢固树立抓人口计划生育工作就是抓生产力的思想。当前及今后一个时期，盈江县人口与计划生育工作重点之一就是要进一步降低出生率，要围绕实施奖励扶助制度，“少生快富”扶贫工程，农村独生子女“奖优免补”政策，继续实行“双线”责任目标管理，要以经常性工作为主，把人口计生工作与发展经济、勤劳致富、建设文明幸福家庭结合起来，更多地利用政策和利益导向来推动人口与计划生育工作。要采取强有力的措施，有效控制违法多生育和违法生育行为。高度重视出生人口性别比等问题，开展必要的专项治理，努力开创盈江县人口与计划生育工作新局面。

【人口和计划生育工作会议】

2007年4月29日，盈江县政府在政府会议厅召开了2007年盈江县人口和计划生育工作会。会上，县长俄吞作了题为《认清形势、明确责任、努力开创盈江县人口和计划生育工作新局面》的讲话，对2007年及今后一段时期盈江县人口计生工作提出了明确要求。赵副县长就下步工作提出了两点意见：一是认真做好贯彻落实《中共中央国务院关于全面加强人口和计划生育工作统筹解决人口问题的决定》。二是加强领导，强化措施，把各项任务落到实处。

【计生协会工作】

一是抓好基层协会建设，加强指导，不断提高协会工作整体工作水平；二是加强协会骨干培训，提高协会会员素质；三是围绕人口计生工作，积极开展宣传教育活动；四是以“三力”建设为契机，开展计划生育优质服务活动；五是抓好“三结合”帮扶项目；六是积极做好预防性病艾滋病宣传教育工作。

2007年6月18——20日，省计划生育协会秘书长李桂芳、办公室主任一行，在州人口和计划生育委员会副主任、州计生协副会长雷麻腊的陪同下，对盈江计生协开展的“中国计生协预防性病艾滋病宣传拓展项目”及协会工作开展情况、“生育关怀行动”开展情况进行了评估调研。

【依法行政】

成立了以人口计生局局长为组长的“五五普法领导小组”、行政执法监察领导小组；制订下发了一系列依法行政规划、制度及规范法律文书的通知；盈江县计生干部做到持证上岗，亮证执法；盈江县第三季度有54例违法案件，做到件件有落实，法律文书均统一报县人口计生局审批；全年办理生育证2763份，据督查及抽样调查，未发现法律条款用错现象。

【宣传教育】

2007年，认真组织盈江县三级培训（县、乡、村计生专干、医士、宣传员），利用多种媒介开展计生法律法规和政策宣传；积极开展对流动人口计划生育宣传教育及生殖健康普查活动。全年开展不同形式的宣传1248场次，其中：电影、电视及录像、宣传128场，广播宣传70场次，各种会议735场次，举办各类培训学习班256场次，黑板报宣传390期，张贴标语4398条，其中固定性标语2903条，“奖优免补”1495条，制作人口计生公益性广告120块，业务性广告460块，开展县级计生宣传单挂历，宣传品等15类，发放宣传单384812份，宣传品入户49430户，宣传品入户率达98.5%，征订各类人口计生杂志212份，编写人口和计划生育宣传信息56期，县人民政府公众信息网采用16条，县广播电视新闻采用56条。投入宣传经费39.44万元，人均1.43元。

【人口和计划生育综合治理长效机制】

县委、政府两办出台了《关于进一步加强人口和计划生育综合治理工作的意见》。对县直37个成员部门的工作任务和具体措施提出了明确的要求。

【科技大练兵】

2007年盈江县人口计生局正式启动科技大练兵活动，活动分三年实施，共三个阶段：启动阶段2007年7月—8月；组织实施阶段2007年9月—2009年12月；总结阶段（2010年1—6月）。年内在专业技术人员中开展大练兵活动两次。

【创建“巾帼文明岗”】

在计划生育技术服务站所开展了争创“巾帼文明岗”活动，2008年县服务站被县委宣传部、县妇联授予“巾帼文明岗”。通过创建“巾帼文明岗”使广大职工在工作中建新功、创新业，更好的为盈江县育龄群众提供安全、有效、快捷、优质的服务，不断提升服务水平，满足人民群众日益增长的生殖保健服务需求，为构建平安和谐盈江创造良好的人口环境。

【三力建设】

盈江县人口计生局被县委列为盈江县开展“三力建设”工作重点示范单位之一，及时成立了工作领导小组，制订了实施方案，召开了由全局干部职工参加的启动会，开展了以本单位凝聚力的支撑点在哪里？创新力的关键点在哪里？执行力的落脚点在哪里？为主题的大讨论活动。通过开展凝聚力、创新力、执行力建设活动，盈江县人口计生局团结干事的氛围已初步形成，领导干部、职工的精神风貌得到转变；工作思路更清晰、工作方法在不断创新；领导干部的自觉性、责任心、纪律性得到加强。

2008

【简述】

2008年盈江县人口计生局继续以《中共中央国务院关于全面加强人口和计划生育工作统筹解决人口问题的决定》精神为指导、州下达的“双线”目标责任书为努力方向，以解放思想大讨论活动为载体，认真学习领会《中共云南省委云南省人民政府关于进一步加强人口和计划生育工作统筹解决人口问题的决定》，以降低和稳定低生育水平、认真落实农业人口计划生育奖励扶助政策、规范依法行政、流动人口计划生育管理、构建和谐计生为重点，求真务实、开拓创新、狠抓落实，坚定不移地贯彻执行计划生育基本国策，明确工作思路，转变工作方法，创新工作机制，突破工作难点，抓好各项工作的落实。

【统计数据】

人口出生率为12.17‰；计划生育率为98.1%，足额兑现独生子女保健费37.139万元；盈江县50%以上的村推行了计划生育村民自治；流动人口查验率达80%以上，服务率都达85%以上，处罚率达50%。优选节育率达77.32%；长效避孕及时率达76%；据抽样人口计生政策知识知晓率达95%；计划生育管理服务满意率达98%；宣传率达95%，叶酸、福施福服用率达67%；“奖优免补”工作资料、个人信息资料、资格认定合格准确率达100%；统计台账运转合格率达98%以上。

【政府解决实际问题】

在盈江县人民政府第六次常务会上，同意将县城南部那邦边防检查站旁5亩土地，转让给县人口计生局用于建盖县计生服务站。10月27日，在县地震灾后恢复重建工作县级四班子联席会议上，安排计生系统200万元恢复重建资金。足额核拨人口计生工作事业经费128万元。

【人口资源环境工作座谈会】

2008年1月27日盈江县人口资源环境工作座谈会召开，县委、县人大、县政府、县政协的主要领导和分管联系领导、法院、检察院院长、乡镇的党委书记、乡镇长、分管人口和计划生育工作的副乡镇长、县直机关部门主要领导、县内主要厂矿企业负责人共120余人参加了会议。局长马卫祖在会上就2007年盈江县人口计生工作开展情况及2008年工作思路做了交流发言；县人民政府副县长赵冬梅就盈江县人口计生工作提出要求；县长俄吞作重要讲话，并就我县下一步人口计生工作提出新要求。

【人口和计划生育工作会议】

2008年4月24日，盈江县委、县政府在政府会议厅召开了2008年盈江县人口和计划生育工作会。县委副书记、县长俄吞出席会议并讲话。县委、县人大、县政府、县政协分管联系人口计生工作的四大班子领导，县人口计生协调领导小组成员单位的主要领导，各乡镇、国营盈江农场的主要负责人、分管人口计生工作的领导、计生办主任，县人口和计划生育局全体干部共101人参加了会议。会上，俄吞县长从六个方面对今后重点做好人口和计划生育工作提出要求：一是严格执行现行生育政策，进一步降低生育水平；二是加强优生优育工作，努力提高出生人口素质；三是扎实推进婚育新风进千家万户活动；四是综合施治，完善统筹解决人口问题新机制；五是加强制度和机制建设，提高流动人口管理服务水平；六是完善村民自治长效工作机制，推进社会主义新农村建设。并对加强人口和计划生育工作的领导提出要求：一是坚持党政一把手亲自抓、负总责，认真解决人口计生工作的重点问题；二是加强部门协调，综合治理人人口问题；三是改进考核办法，完善目标管理责任；四是加强干部队伍建设，提高管理服务能力。

【开展联合整治“两非”活动】

盈江县政府办公室组织由县人口计生局、县监察局、县卫生局、县公安局和县食品药品监督管理局五个成员部门参加的集中整治非法鉴定胎儿性别和选择性别终止妊娠专项活动联席会议。

盈江县关爱女孩行动综合治理出生人口性别比偏高问题行动计划领导小组组织开展了专项整治活动。一是对2006年、2007年两年以来领取一孩、二孩《生育证》后的生育情况及孕情消失情况进行了调查清理；二是人口计生、文生部门对盈江县的B超机数量、型号是否能做胎儿性别鉴定，操作人员情况进行了清理、登记；三是建立了有奖举报制度，并设立举报电话；四是于盈江县人口计生局牵头会同卫生、公安、食品药品监管部门，在盈江县开展了联合查处“两非”的活动。对出生人口性别比偏高的乡镇及个体医疗机构进行了重点检查。

【婚育新风进万家活动】

打造县级婚育新风进万家试点村—弄璋镇南永村。对南永村51名已婚育龄妇女、新婚夫妇、孕产妇进行了法律法规、生殖健康、人口理论、人口知识的培训及测试和查孕查环及妇女常见病的诊治。9月24日至26日到支那乡、芒章乡婚育新风进万家示范点开展人口文化宣传及生殖健康进村寨活动。10月23日，到旧城镇喊撒村参与婚育新风进万家联欢会。12月7日，12家县婚育新风进万家成员部门到南永村，与村民共同开展婚育新风进万家文艺汇演及有奖知识竞答活动。

2008年11月6日至7日，州人口计生委督查组到我县督导婚育新风进万家活动开展情况。督查组一行首先察看了县级开展婚育新风进万家活动相关痕迹资料，听取我县开展婚育新风进万家活动工作情况汇报，实地走访了部分群众。督查组对盈江县所开展的工作给予充分肯定，并就下步工作提出要求。

【宣传教育】

一是利用各种节日，深入基层开展了形式多

样的宣传活动。二是到莲花山基督教堂开展计生政策、法律法规的宣传培训。三是对人口计生标语进行清理规范更新，清理不规范标语12条，更新规范标语36条。四是春节前夕、“七一”建党节，深入禁毒防艾挂钩点新城乡广丙村开展调研工作。五是组织局机关干部、15个乡镇分管计生工作领导、计生专干、宣传员学习《中共云南省委云南省人民政府关于进一步加强人口和计划生育工作统筹解决人口问题的决定》。

【科技大练兵】

2008年5月份，组织盈江县49名计生专业技术人员集中进行培训，检查了平时的读书笔记，站所负责人进行经验交流并测试，8月份，举行了科技大练兵理论测试和岗位竞赛，通过培训和测试，使参训人员既增长了知识，又分享了工作经验，统一了操作标准，提高了操作技能，为扎实开展技术服务打下了坚实基础。选送5名县站业务骨干到盈江县医院进修，2名乡镇医士到盈江县计生服务站进修学习。

【兑现计划生育奖励扶助金】

2008年盈江县累计兑现各种奖励金102.643万元，其中：一次性奖励金1.75万元；全国部分农业人口计划生育家庭奖励扶助金22.15万元；升学奖励金1.4万元；独生子女保健费37.139万元；特别扶助奖励金10.752万元；义务教育阶段奖学金28.672万元；新型合作医疗金0.78万元。

【荣誉】

在省、州考核中，盈江县人口计生工作指标被州评为一等奖，政府工作指标评为二等奖。

丽江市人口和计划生育委员会

丽江市

2006年

【综述】

2006年是实施“十一五”规划的第一年，一年来，人口计生系统干部职工团结一心，勤奋工作，认真履行人口计生部门的职能职责，认真研究和探索新时期人口和计划生育工作的重点和难点。市人口计生委组织全体干部职工认真学习并深刻领会国务院《关于全面加强人口和计划生育工作统筹解决人口问题的决定》精神实质，全面开创人口计生工作的新局面，取得了可喜的成绩。

【统计数据】

2006年，丽江市总人口115.42万人，出生11173人，出生率为9.75‰，死亡数5415人，死亡率为4.73‰，人口自然增长率为5.02‰，计划生育率94.99‰。

【考核结果】

2006年市政府对县政府

一等奖：华坪县政府

二等奖：宁蒗县政府、永胜县政府

三：古城区政府、玉龙县政府

2006年市计生委对县计生局

一等奖：华坪县人口计生局

二等奖：玉龙县人口计生局

三等奖：古城区计生局、永胜县人口计生局

【关爱妇女】

2006年3月8日，为庆祝第96个国际“3.8”妇女节。市妇联、市人口计生委、市民政局、市卫生局联合开展“保障健康、促进优生、主动婚检”为主题的宣传活动。活动在古城区的红太阳广场举行，发放倡议书4万份，宣传单4 000份，安全套1万只。通过开展宣传活动，提倡婚前医学检查，告知广大育龄妇女婚配双方结婚前检查身体的重要性；从而为提高出生人口素质，降低出生缺陷，预防先天性疾病构筑一道重要防线。

【市人口计生工作会议】

2006年3月17日—18日，丽江市人口与计划生育工作会议召开。丽江市人口计生委主任张菊兰回顾和总结“十五”期间人口与计划生育工作，安排部署2006年度丽江市人口与计划生育工作；市政府、市人口计生委分别与各区县政府和人口计生局签订了2006年度人口与计划生育“双线”目标管理责任书；兑现2005年度人口与计划生育目标考核奖。分管人口与计划生育工作的各县区领导，市人口与计划生育工作领导小组成员单位和市人口计生委干部 职工共80余人参加了会议。

【调研活动】

2006年4月6日，丽江市人口计生委主任张菊兰，纪检组组长张德根率委机关各科站室负责人一行12人深入到华坪县永兴乡坝山、思木和基度三个村委会就开展第三批先进性教育活动进行联系，旨在加强基层党组织和党员队伍建设，服务农民群众，建设社会主义新农村及促进“三农”工作等方面进行调查研究。并就人口与计划生育各项政策措施的落实和农业人口独生子女家庭“奖优免补”政策的宣传，及政策兑现情况到农户家中进行走访调查。

【开展“5·29”宣传活动】

2006年5月29日是中国计划生育协会成立26周年的纪念日，也是第八个计划生育协会会员集中活动日。市计生协会按照国家和省计生协会的要求开展“协会服务行动拓展年”为主题的人口与计划生育宣传服务活动。即日上午，市计生协会和古城区计生协会联合在宏文市场开展宣传活动，活动共发放宣传单、宣传册5000份，发放价值为1 423元的避孕药具。

【国家人口计生委主任张维庆到丽江调研】

2006年7月28日国家人口计生委主任张维庆主任在省人口计生委主任张玉明的陪同下到丽江视察和指导工作，张维庆在充分肯定丽江市人口和计划生育工作取得显著成绩的同时，就新时期如何开展人口和计划生育工作，提出了指导性意见。

【“关爱女孩”活动】

2006年9月11日—12日丽江市在宁蒗县的大兴镇和新营盘乡开展“关爱女孩行动”和计划生育“三下乡”活动。活动共抽调一区四县服务站的技术骨干30余人，在市人口计生委副主任段松廷的带领下，深入到宁蒗县大兴镇和新营盘乡，为263名女孩发放学习用品，并对5户贫困独生女、双女户进行慰问；为103名女孩进行身体检查；为478人进行查环查孕。为5人进行人流手术，为10人进行放（取）环。共发放宣传品5 400份，避孕套12万只，药具260人次。此次活动在宁蒗产生了良好的社会效应。

【“奖优免补”工作】

2006年丽江市共有1 421户农业人口家庭新领取《独生子女父母光荣证》，到年底丽江市累计领证人数为14 351户；有7 509人次获得奖学金，有98人获得升学加分，有2 874人享受了养老生活补助。财政、教育、宣传、监察、邮政等部门齐心协力，认真履行职责，兑现 “奖优免补”政策，为丽江市有效控制人口数量，稳定低生育水平，增加农民收入，密切党群干群关系，起到积极的促进作用。

【对外交流】

2006年1月31日和4月28日西藏自治区人口计生委主任普布卓玛和青海省人口计生委副主任吴婕分别到丽江就边疆少数民族政策和人口和计划生育工作等事宜进行交流、沟通和学习。通过相互交流双方增进了友谊，互馈了信息。

【流动人口管理】

2006年 5月24日，市政府办公室发出《关于加强流动人口计划生育管理和服务工作的通知》，市人口计生委为贯彻好《通知》精神，进一步探索流动人口计划生育管理的新模式，从6月起在流动人口较为集中的古城区束河街道办事处的黄山居委会开展“计划生育村（居）民自治”和流动人口计划生育管理服务综合试点工作，经过半年多的探索初步形成“五一二二”流动人口计划生育管理机制（即一个章程、一个登记簿、一块牌子、一份协议、一份挂图、两封信、两个制度），通过试点，总结经验，以点带面，提高丽江市流动人口计划生育管理和服务水平。

【指导基层工作】

2006年4月3日—18日，丽江市人口计生委主任张菊兰带领各科室干部职工11人，深入到丽江市一区四县17个乡（镇）23个村（居）委会和11个基层服务（站）所，进行调查研究基层人口计生工作，并进行分类指导；5月15日—31日纪检组长张德根一行3人到宁蒗县15个乡（镇）进行 督查和指导工作，到宁蒗15个乡（镇）开展基层业务培训16场次，受训人数219人，其中乡（镇）专干19人，乡（镇）干部45人，村宣传员96人，服务站所工作人员59人。夯实了基层基础工作，使宁蒗县基层专干和村（居）委会宣传员业务素质得到提升。

【技术培训工作】

2006年4月18日，丽江市人口计生委在市委党校举办丽江市基层服务（站）长所培训。一区四县人口计生局科技干部和55个县乡服务（站）所长参加了培训，省人口计生委科技处处长，省科研所和市医院的教授专家为学员授课，通过培训使丽江市计划生育服务（站）所长的技术水平得到了提高。

【丽江市服务站所工作现场会】

2006年10月26日丽江市人口计生服务站所工作现场会在永胜县羊坪乡召开。参加会议的有市人口计生委主任张菊兰、副主任谭致、纪检组长张德根及各科站室的负责人。永胜县分管计生工作的副县长，永胜县计生局全体干部，羊坪乡党委、政府主要领导，丽江市50个乡（镇）服务站所长共120人。现场会主要以羊坪乡计生服务所硬件设施建设典型为契机，推动丽江市人口计划生育优质服务工作，发扬艰苦奋斗、团结拼搏和无私奉献精神，丽江市的优质服务工作提高到一个新的水平。

【宣传教育工作】

2006年11月24日，丽江市人口计生委与市委宣传部组织力量编印了《2007—2008年历书》，共30多万册，通过县、乡、村计生干部将《历书》发放到丽江市所有的城乡居民家中。《历书》印制精美，图文并茂，集日历、人口与计划生育政策、法律法规、避孕节育、出生缺陷预防、优生优育、生殖健康、禁毒、艾滋病预防、新农村建设、“八荣八耻”等科学知识为一体。该书内容丰富，集知识性、实用性为一体的科普读物。

【赵白鸽到丽江调研】

2006年10月24日国家人口计生委副主任赵白鸽在省人口计生委主任张玉明的陪同下到丽江视察和指导工作，市人口计生委主任张菊兰代表市人口计生委作丽江市人口和计划生育工作情况汇报；赵白鸽在充分肯定丽江市人口计生工作取得显著成绩的同时就如何开展流动人口计划生育管理和服务以及出生缺陷预防等工作做了指导。

【人口计划执行情况】

2006年丽江市出生率9.75‰，比计划少4.25个千分点；自然增长率5.02‰，比计划少2.22个千分点；违法生育人数42人，比计划少48人；市级计划生育专项经费投入156万元，是计划数的120%；丽江市新领取《独生子女父母光荣证》1 421户，配备了流动人口计划生育专职管理人员（其中：古城区18人、玉龙县2人、永胜县8人、华坪县4人、宁蒗县5人）；丽江市计划生育率上升到94.99%；计划外生育490人，计划外生育率5.01%；全面推行农业人口独生子女奖励政策“5331”工程，在乡（镇）、村（居）、组（社）三级广泛开展“三公开、三公示、一评议、一见面”为主的民主监督机制，丽江市“5331”工程达标率91.8%。

【“双线”目标考核均获一等奖】

2006年省政府对丽江市政府、省人口计生委对市人口计生委《人口与计划生育目标管理责任书》考核均获一等奖。

【宁蒗专项执法活动】

宁蒗是一个高寒贫困山区县，群众文化素质偏低，政策法律意识淡薄，生育观念和生育文化落后，计划生育工作开展难度较大，为把“一法一条例”推向广大农村，12月3日和12月18日县法院10余名法警对跑马坪乡和拉伯乡6户违法生育户进行社会抚养费征收的强制执行，这一活动的开展在宁蒗县收到很好的社会效果，同时增强农民群众的法律意识。

2007年

【综述】

2007年丽江市人口与计划生育工作坚持以邓小平理论、"三个代表"重要思想、科学发展观和"十七"大精神为指导，艰苦奋斗、改革创新、锐意进取；以"围绕一个目标，突出一个重点，抓好两个关键，强化五项工作"为思路，通过丽江市人口计生工作者的共同努力，圆满完成了年度各项人口计生工作目标任务，年度工作取得了明显成效。

【人口目标执行情况】

2007年人口与计划生育工作坚持"双线"目标管理考核责任制。各级政府与人口计生部门层层签订目标责任书，把信息员报酬，流动人口计划生育管理与服务，农业人口独生子女保健费兑现和优质服务工作纳入"责任书"进行考核，通过一年的辛勤工作，丽江市出生率控制在9.9‰以内，自增率控制在4.5‰以下，市级计划生育专项经费投入156万元，农业人口独生子女"一次性奖励金"和"教育奖学金"足额兑现到每位应享受对象手中；计划生育率达到95.79%，比任务数提高5.79个百分点。

2007年省政府对市政府、省人口计生委对市人口计生委"双线"责任目标考核再次荣获"一等奖"。

【统计数据】

2007年，丽江市总人口118.02万人，出生11548人，出生率为9.89‰，死亡数5752人，死亡率为4.93‰，人口自然增长率为4.969.89‰，计划生育率为95.79%。

【考核结果】

2007年市政府对县政府：

一等奖：古城区政府、玉龙县政府、华坪县政府

二等奖：永胜县政府、宁蒗县政府

2007年市计生委对县计生局：

一等奖：古城区人口计生局、玉龙县人口计生局、华坪县人口计生局、宁蒗县人口计生局

二等奖：永胜县人口计生局

【宣传教育工作】

始终坚持"宣教开路"的方针；把人口计生工作的宣传教育放在首位，加大宣传力度，创新宣传方式，扩大宣传教育的覆盖面。依托服务网络和培训内容，一是组织了"丽江市流动人口宣传周"、"世界艾滋病日"和"世界人口日"为主题活动；二是宣传"一法三规"、省《条例》和中央《决定》精神；三是做好宣传品的入户工作，制作《生育保健手册》、《生育健康知识通俗读本》、《生殖保健系列知识折页》、《2007年－2008年历书》、《流动人口须知》等群众喜闻乐见的宣传品发放到农村居民家中。四是在丽江电视台制作了人口计生工作专题片，在黄金时段播出，扩大了宣传覆盖面。五是在《丽江日报》上开设人口计生栏目，共登信息与文章15期。六是在古城区束河古镇举办了"以人为本，和谐计生"为主题的人口计生文艺调演活动。通过宣传教育，丽江市上下形成了群众都来关心支持人口计生工作的局面。

【"奖优免补"工作】

2007年进一步完善农村居民"奖优免补"制度，按照"四权分离"的原则，人口计生、财政、监察和邮政部门相互配合，认真履行职责，"奖优免补"资金兑现及时，进一步激发了群众参与"奖优免补"工作的积极性。年内丽江市又有902户农村居民领取了《独生子女父母光荣证》，有3078名年满60周岁的老人得到了养老生活补助，有298名初高中学生得到了升学加分，有8476名独生子女小学生和初中生享受了"奖学金"。

【丽江市人口计生工作会议召开】

2007年5月15日至16日丽江市人口和计划生育工作会议在市文化交流中心召开。会议贯彻了中央国务院《关于全面加强人口和计划生育工作统筹解决人口问题的决定》精神，传达学习全国、全省人

口计生工作会议精神，总结2006年人口计生工作，部署2007年的人口计生工作任务。会议由市政府副秘书长张学民主持。省人口计生委副主任金桂兰、省人口计生委流动人口管理处副处长范雅康应邀出席会议，副市长杨延仁、市人大副主任赖京鉴、市政协副主席朱桂兴、市委副秘书长康联智等出席会议；副市长杨延仁作了《千方百计稳定低生育水平统筹解决人口问题》的讲话；市人口计生委主任张菊兰作了《认真贯彻落实中央决定精神不断推动我市人口计生工作再上新台阶》的工作报告。市人民政府、市人口计生委与各县（区）人民政府和各县（区）人口计生局签订了2007年人口与计划生育责任状。

【市流动人口现场会召开】

2007年5月16日下午丽江市流动人口计划生育管理与服务试点工作现场会，在古城区束河古镇黄山社区召开，省市县人口计生委（局）的主要领导及丽江市流动人口管理站站长共50余人参加了会议，会议听取了束河街道办事处主任介绍了试点工作的基本情况，黄山社区居委会主任作了经验交流，同时还参观了黄山居委会流动人口计生管理模式示范区，走访了农村居民房屋出租户。“黄山社区流动人口计划生育管理与服务”经验为我市进一步加强流动人口和计划生育管理服务工作探索了一条新经验、新方法，简称为“五个一，两个二”的综合管理机制模式。

【《“十一五”人口发展规划》批准实施】

《丽江市“十一五”人口发展规划》自4月11日经市政府批准实施，主要内容共分5部分，即“十五”的主要成就和基本经验;存在的主要困难和问题；“十一五”人口发展规划的指导思想；目标任务和保障措施。

【丽江市人口计生业务培训】

2007年3月15日至23日，丽江市人口计生委在永胜县雷特大酒店、对丽江市县（区）人口计生局副科以下干部、乡（镇）计生专干、县（区）流动人口管理所干部、社区流动人口管理员共计200余人，开展了历时8天的人口与计划生育业务培训。培训共分两期，每期4天，培训内容主要涵盖新时期人口与计划生育宣传教育、政策法规、规划统计、流动人口计划生育管理、科技管理、避孕药具、计生协会及人口计生网络建设等方面的业务知识。同时还对《中共中央国务院关于会面加强人口和计划生育工作统筹解决人口问题的决定》作了详细的解读。培训师资由市人口计生委领导和各科、站、室负责人承担，培训采取教与讲解和多媒体演示相结合的方式进行。本次业务培训为我市“十一五”期间进一步完善人口与计划生育体制，做好新时期人口计划生育工作打下了良好的基础。

【省药具改革考核组到丽江考核】

2007年4月10日至15日，省深化计划生育药具工作改革领导小组到丽江市考核评估计划生育药具改革工作。省考核组按照《云南省计划生育药具工作改革评估方案》的要求，对古城区和永胜县的4个乡（镇），8个村（居）委会，80户已婚育龄妇女进行了抽样调查。对丽江市计划生育药具改革取得的成绩予以充分肯定，同时提出了建议和意见。

【勾清明到丽江调研】

2007年3月28日至29日中纪委驻国家人口计生委纪检组组长勾清明到丽江进行调研。28日上午市人民政府在“镇西明珠”会议室举行了人口与计划生育工作汇报会，参加会议的有市政府副秘书长张学民，市人口计生委班子成员及副科以上干部，古城区和玉龙县分管人口和计划生育工作的领导和正副局长。副市长杨延仁代表市政府作了汇报；市纪委副书记、监察局长年志武，就丽江市人口计生系统党风廉政和纠风建设等基本情况作了详细汇报；勾清明组长对人口计生工作及纪检监察工作取得的成绩作了充分的肯定，认为丽江市人口计生工作组织到位、管理到位、监督有力、制度完善、取得了一定成效。

【赵白鸽到丽江调研】

2007年5月29日至31日国家人口计生委副主任赵白鸽、省人口计生委主任郝青山到丽江调研。赵白鸽副主任本次调研的重点是国家扶贫工作重点县宁蒗。调研组先后深入到宁蒗县服务站和红桥乡计生服务所，调研的范围主要包括：县乡两级计划生育服务站（所）的基本建设、乡镇技术服务人员的构成、服务项目和社会效应等。通过调研赵白鸽对丽江市人口计生科技工作提出了四点要求：一是进一步提高技术服务领域，拓宽服务渠道，更好地满足育龄群众生殖健康需求；二是加强技术服务队伍建设，提高技术服务的质量和水平；三是认真总结和分析开展计划生育服务的数据，为各级人口计生部门提供决策依据。对宁蒗人口与计划生育技术服务工作，予以了充分地肯定。

【开展“5·29”关怀活动】

2007年5月22日市计生协会在古城区、玉龙县的七河乡和龙蟠乡开展了“5·29”计生关怀日活动。活动在两个乡的部分村委会召开了座谈会，慰问了独生子女家庭户。开展“5·29”关怀活动旨在发挥党和政府与人民群众的桥梁纽带作用，营造良好的社会氛围。

【国家计生协作组到宁蒗县开展救助活动】

2007年6月3日至6日，中央国家机关计生协作组到宁蒗开展“幸福工程——救助贫困母亲”活动。国家机关计生协作组组长关月华一行8人和省人口计生委副主任和耀云一行6人深入到宁蒗县6个乡（镇）24个村（居）委会，救助了99位贫困母亲，受益群众446人。受救助的贫困母亲大部分的收入有了明显增加，家庭逐步摆脱贫困，生活质量逐年得到了提升。

【科技大练兵活动】

自2007年6月开始，丽江市计划生育技术服务人员按照国家和省人口计生委的统一部署，全面开展计划生育科技大练兵活动。活动的内容包括：临床医疗、护理、检验、药剂、影像和心电等。活动的方式：以自学为主，辅以培训、进修、专题研讨、现场观摩、学术讲座、测试和岗位竞赛等。活动共分三个阶段：2007年6月至7月为启动阶段；2007年8月至2009年12月为实施阶段；2010年1月至6月为总结阶段。活动旨在以满足广大育龄群众计划生育生殖健康需求为目的，以全面提高基层计生技术服务员素质和服务技能为目标。

【县级计生药具业务培训会】

2007年6月6日至8日丽江市县级计划生育药具工作及业务培训在市人口计生委举行，参加培训的有县（区）计生服务站站长和药具管理员22人，培训的内容主要是《云南省计划生育药具规范管理办法》在实际操作中的重点和难点；药具质量管理和药具账表册单的记录及汇总上报工作；培训会上县与县之间进行了交流协作。

【指导基层工作】

2007年6月26日至7月20日市人口计生委组织各科、室、站负责人及业务骨干13人，深入到古城区、玉龙、宁蒗、永胜的13个乡（镇）、8个村（居）委会，12个县乡服务站（所），对人口和计划生育工作进行督查和调研，调研组采取查、看、访谈等形式，对人口计生目标责任制执行情况进行了认真的对口检查和指导，在调查中发现的问题及时进行有针对性的分类指导和现场培训。同时以座谈形式充分听取基层干部群众的意见建议。

【行政执法检查】

2007年8月6日至17日丽江市人口计生委组织相关科室人员深入到一区四县12个乡（镇）开展人口计生行政执法情况的督促和检查，检查内容包括：执法程序、执法文书的规范、独生子女证资格认定、政务公开等内容。通过督促检查进一步提高了我市县级人口计生干部依法行政、文明执法的工作理念。

【基层党建互助活动】

2007年7月11日丽江市人口计生委党组与华坪县通达乡双龙村党支部开展农村基层党组织党建互助活动。按照农村“五好”党组织建设的要求，制订切实可行的党建互助活动计划。活动旨在把帮助双龙村党支部加强党的建设与巩固扩大本委作风建设教育成果相结合，并做到相互促进、相互提高。

【丽江市人口计生、公安和统计召开联席会】

2007年10月18日市政府召集人口计生、公安和统计三部门，召开人口统计工作协调会议。为了进一步做好我市人口统计工作，通过三部门共同协商达成了一致共识：自2007年始，县乡两级人口计生、公安和统计部门要建立三大制度：一是建立基层人口统计台账和报表定期核对制度；二是建立部门之间人口信息共享制度；三是建立三部门联席会议制度。为做好新时期人口统计工作，满足经济建设和社会发展需求，实事求是科学合理地为各级政府提供人口数据。

【"艾滋病日"宣传活动】

2007年11月30日市人口计生委和古城区人口计生局在丽江师专和红太阳广场两地，围绕"遏制艾滋、履行承诺"为主题的"世界艾滋病日"宣传活动。本次活动共向群众发放内容涵盖"防艾"生殖健康、人口政策、避孕药具等科普知识的《2007-2008年历书》600多册，《防艾须知》宣传资料1万余份，安全套8000余只。

【五名计生工作者受到表彰奖励】

2007年3月13日省人事厅和省人口计生委对全省本年度人口与计划生育先进工作者进行表彰。丽江市受到表彰的有古城区束河街道办事处干部和寿阳；宁蒗县蝉战河乡三股水村宣传员肖越；永胜县副县长乐文鹤；华坪县人口计生局长谢贤恒；玉龙县石鼓镇镇长和晓英。

2008年

【综述】

2008年丽江市人口和计划生育工作在市委、市政府的领导和省人口计生委的关心支持下，丽江市人口和计划生育工作坚持"以人为本"的发展理念，学习实践科学发展观，以"采取四项措施、突出两个重点、抓好六项工作"为指导，进一步转变作风、团结奋进、开拓进取、真抓实干、取得了较好的成绩。

【统计数据】

2008年，丽江市总人口119.40万人，出生13519人，出生率为11.38‰，死亡数8334人，死亡率为6.98‰，人口自然增长率为4.40‰，计划生育率为95.48%。

【考核结果】

2008年市政府对县政府：

一等奖：古城区政府、玉龙县政府、华坪县政府

二等奖：永胜县政府、宁蒗县政府

2008年市计生委对县计生局：

一等奖：古城区人口计生局、玉龙县人口计生局、永胜县人口计生局、华坪县人口计生局

【"双线"责任目标全面完成】

2008年人口计生统计报表显示，丽江市总人口116.83万人，出生人口9296人，出生率7.99‰，已婚育龄妇女23.67万人，落实各种节育措施的有21.79万人，综合节育率为92.04%，优选节育率为87.01%；丽江市计划内出生8876人；计划生育率为95.48%。丽江市违法多生育46人（其中：流动人口违法多生育22人），市级人口计生事业费实际投入155.4万元。奖励对象资格准确率、优质服务、出生缺陷干预、群众政策知晓率、基层台账合格率、依法行政及流动人口管理服务等"双线"责任目标指标全面完成，省政府对市政府责任目标考核获一等奖。

【宣传教育活动】

坚持人口计生工作"宣教开路"的方针，把宣传工作放在首位，进一步扩大宣传面，一是利用广播电视及固定宣传栏，加大对《中共云南省云南省人民政府关于进一步加强人口和计划生育工作统筹解决人口问题的决定》精神和人口计生"一法三规"的宣传；二是利用标语、宣传牌和公示板开展"奖优免补"政策宣传；三是利用开展"四查二查"和医学监护活动（共服务19.14万人次），普及政策

法规，优生优育避孕节育和生殖健康知识，使丽江市育龄群众自觉实行计划生育的积极性、主动性得到增强，生育政策和育龄群众生育意愿的差距进一步缩小。

【扎实推进“奖优免补”工作】

按照“四权分离”的原则，认真履行职责，及时兑现奖励金，进一步激发群众参与计划生育的自觉性，2008年有625户农村居民放弃生育二孩，领取了《独生子女父母光荣证》，有8858人次独生子女享受了教育奖学金（其中：小学6710人次，中学2178人次），有381名独生子女初中生和高中生获得了升学加分，有2882名独生子女家庭的老人享受了养老生活补助，有625名独生子女伤残、死亡的老人享受特别扶助金。当年考取并就读高中阶段学校（包括普通高中、中专、职业高中和技工学校），国民教育全日制大学专科和大学本科农村独生子女381人。共兑现奖励金521.13万元。

【完成“十一五”人口发展规划中期评估】

2008年是“十一五”人口规划和计划生育事业发展规划实施的第三年，为准确把握人口计生工作的进展，及时发现问题和困难，完善政策措施和规划好人口区域功能规划工作。按照“总体与专题相结合、定性与定量相结合、核心指标专项采集与已有报表相结合、深度评估与常规考核相结合”的方式，确定了四个重点专题和七个重点项目的评估。对丽江市人口计生工作的宏观管理决策机制，丽江市及重点县生育水平，利益导向政策体系建立、宣传教育培训、出生人口素质和优质服务，出生人口性别比综合治理、流动人口计生服务与管理等十二个方面作了全面综合评估，并撰写了评估报告交省人口计生委及市人民政府。

【丽江市人口计生工作会议】

2008年3月28日下午，丽江市人口计生工作会议在文化交流中心召开，市政府副市长杨一奔、市政协副主席赵红、市人大秘书长周兆光、市人口计生工作领导小组成员，各县（区）人口计生局长、副局长、流管站（所）长、服务站（所）长等80余人参加了会议。会议由市委副秘书长康联智主持。副市长杨一奔作了重要讲话，市人口计生委主任张菊兰总结了2007年的工作，部署了2008年人口计生工作；通报了2007年丽江市人口与计划生育工作“双线”目标考核结果；签订了2008年人口与计划生育目标管理责任书。

【第四届计划生育协会】

2008年3月29日丽江市计划生育协会第四届代表大会召开，市级老领导杨文彬、李福田、和家修及副市长杨一奔出席了大会。市直有关部门和团体会员单位的理事，一区四县的理事和会员代表共125人参加了会议。市人口计生委主任、协会常务副会长张菊兰作了第三届理事会工作报告，会议选举了第四届理事会，杨国清、杨文彬二同志聘请为协会名誉会长，李福田、和家修二同志聘请为协会顾问；杨一奔选举为协会会长，张菊兰为协会常务副会长。

【丽江市人口计生委乔迁新居】

丽江市人口计生委办公大楼于2005年纳入市搬迁重建项目规划，2008年初落成，建筑面积1668平方米，总投资400多万元。3月29日，市人口计生委在新落成的综合办公楼会议室举行了乔迁庆典座谈会。会议由副主任段松廷主持，市委办、政府办、人大教科文卫工委、政协人口环资委、人口计生工作领导小组部分成员单位及各县（区）分管领导、市人口计生委退离休老干部参加了座谈会。

【省计生药具督导组到丽江督查】

2008年4月24日–29日，省人口计生药具站办公室副主任马俊、综合科干部攸启文到丽江市督导检查药具工作，督导组深入到古城、玉龙、华坪、永胜和宁蒗一区四县，听取县（区）人口计生局的工作汇报，实地察看了五个县（区）服务站的药具规范管理工作台账及表、卡、板、宣传、培训、仓库、质量检测等工作记录资料，检查了县（区）计生委药具业务信息系统运用情况。检查组对丽江市药具工作取得的成绩给予了充分肯定，对检查中存在的问题，提出了整改建议和意见。

【丽江市人口计生委到各区县调研】

2008年4月21日–5月2日由谭致副主任等5人组成的科技调研组到一区四县的5个服务站19个乡（镇）服务所进行调研，调研组认真听取服务（站）所的工作汇报，并仔细察看科室的设备、手术记录、门诊记录、消毒记录等，对存在的困难和问题提出针对性的意见和建议。

2008年5月29日、6月24日至26日牛鹏副主任等4人组成基层工作调研组到玉龙、永胜和宁蒗三县7个乡镇进行调研，调研的内容主要是人口计生政策执行情况，“奖优免补”的兑现和基层统计台账的运转情况。调研组针对各乡镇存在的问题给予了现场指导。

【丽江市计生协会开展“5·29”活动】

2008年5月29日市计生协会在段松延副主任的带领下来到太安乡天红村和拉市乡南尧村进行走访慰问。慰问组首先来到天红村计生宣传员杨桂花家，杨桂花从事计划生育宣传员工作15年，天红村已连续15年无计划外违法多生育。杨桂花家以种田为生，上有老人，下有子女读书，生活十分困难，但她15年如一日，热爱计划生育工作，为本村的计划生育工作作出了一定贡献。随后慰问组又到拉市乡南尧村等计划生育困难户家中走访慰问。

【开展迎“七·一”暨“关爱女孩行动”慰问】

2008年6月30日上午，市人口计生委干部职工来到永胜县三川镇中洲小学开展迎“七·一”暨“关爱女孩行动”。市人口计生委向中洲小学135名在校女生每人赠送了一本《新编学生八用词典》，一套学习用具;向中洲幼儿园36名女生赠送了一个书包，一盒24色水彩笔;向学校赠送了蓝球、足球、羽毛球拍、乒乓球拍、跳绳等2500元的体育用品，永胜县服务站医务人员免费为164名女孩进行了视力和色觉测试。

【开展作风建设教育活动】

丽江市人口计生委6月20日开始，为认真贯彻落实市委、市政府在丽江市开展“讲党性、重品行、抓落实、促发展”为主题的作风建设教育活动精神，成立了市人口计生委作风建设教育活动领导小组，教育活动与“解放思想、深化改革、扩大开放、科学发展”大讨论活动相结合；与贯彻落实行政问责制等四项制度建设相结合，旨在提高党员干部的党性修养和执政能力。

【开展计生药具知识培训】

2008年7月8日下午，丽江市人口计生委召集部分市直机关、省属、市属企事业单位的妇女代表，在市人口计生委办公楼三楼会议室进行计划生育药具培训，共有15个单位的22名代表参加。培训通过多媒体向参会人员介绍了计划生育药具发展过程、药具种类、使用方法等知识。紧紧围绕市人口计生委开展的生殖健康优质服务和出生缺陷干预等工作，开展问卷调查，旨在更好地为广大育龄群众提供优质的计划生育药具服务。

【丽江市巡视督查组到市人口计生委督查】

2008年7月21日市巡视督查组一行3人，对丽江市人口计生委上半年党风廉政建设责任制执行情况进行督查。市人口计生委主任张菊兰作了《2008年上半年党风廉政建设责任制执行情况报告》；市巡视组通过听、谈、查和看等多种形式的全面督查，对市人口计生委2008年上半年执行党风廉政建设责任制的情况表示满意，并给予充分肯定。

【开展“生育关怀”活动】

2008年9月2日丽江市人口计生委开展“生育关怀”活动，关注计划生育困难家庭。计生协工作人员一行在段松延副主任的带领下，到玉龙县拉市乡和黄山镇，对独生子女和丽清、梁惠秀、和凡等计划生育困难户进行慰问和救助，分别资助了计划生育困难家庭2000元至6000元不等的救助金，帮助她们渡过难关。“生育关怀”活动旨在使被救助家庭精神上得到慰藉，同时感受到党和政府的关怀，促进人口和计划生育工作的深入发展和社会和谐稳定。

【中秋佳节慰问联系点老党员】

2008年9月11日，在中秋佳节来临之际，丽江市人口计生委党支部党员在支部书记谭致的带领下，代表委党组和全体支部党员，带着崭新的党建学习资料，农业科技知识书籍和中秋月饼到党内互助联系点——永胜县三川镇中洲村党支部，看望和慰问结对帮扶的11名老党员。

【省药具站领导到丽江检查指导】

2008年11月3日－9日，省药具站站长张丽萍，综合科科长李永松到丽江市检查指导计划生育药具工作，检查指导组深入到永胜县、玉龙县、华坪县和宁蒗县9个服务站（所）、乡（镇）计生办和村（居）委会，实地察看了市、县、乡、村四级的计生药具发放情况，并召开了座谈会。检查组对丽江市计划生育药具发放工作提出了指导性意见和建议。

【丽江市计划生育药具工作会议】

2008年12月4日由丽江市人口计生委牵头召开了市食品药品监督局、市卫生局、市工商局参加的第二次计划生育药具工作联席会议。联席会议主要目的是商讨如何加强经营计划生育药具（安全套）企业（成人用品）的管理，市人口计生委针对计划生育药具市场管理中存在的问题，规范管理计划生育药具，及时向广大育龄群众提供高效、安全、优质、经济适用的计划生育药具，满足广大群众日益增长的避孕节育、生殖健康需求，提出了具体的意见和建议。

【丽江市党风廉政考核组进行考评】

2008年12月16日市党风廉政建设考评组曹炳文一行到市人口计生委进行2008年度党风廉政建设执行情况考核。考核组严格按照考核动员、听取汇报、民主测评、意见反馈等步骤进行，认真细致地进行了考核。考核组认为：市人口计生委高度重视党风廉政工作，做到年初有安排、年中有检查、年末有考核、工作有力、效果显著。

【省政府“双线”目标考核组到丽江考评】

2008年12月18日－22日，省政府2008年度人口与计划生育责任目标检查考核组一行5人对丽江市进行检查考评。考评组深入到古城区、宁蒗县和永胜县的9个乡（镇）计生办和个村委会，308户已婚育龄妇女和农业人口独生子女家庭进行了调查走访。22日上午，在市政府第三会议室召开了检查考核情况反馈会议。市政府巡视员张荫林、市人口计生委主任张菊兰分别代表市政府和市人口计生委作了汇报，考评组对丽江市2008年人口计生“双线”目标执行情况作了充分肯定，同时也对今后的工作提出了意见和建议。市政府巡视员张荫林代表市政府作了表态发言。

古城区

2006 年

【综述】

2006 年，古城区人口和计划生育工作在区委、区人民政府的正确领导和市人口计生委的指导下，坚持以“三个代表”重要思想为指导，认真贯彻落实中央人口资源环境工作座谈会精神和丽江市人口和计划生育工作会议精神，紧紧围绕市人民政府和市人口计生委下达的人口与计划生育目标责任，加强领导，强化基层基础；主攻重点难点，狠抓督办落实，认真研究和解决人口与计划生育工作中出现的新情况、新问题，积极探索新时期人口与计划生育工作的新思路，新途径，以人为本，依法行政，积极开展计划生育优质服务，狠抓流动人口计划生育综合治理，逐步实现了低出生、低死亡、低增长的现代化人口增长模式。通过古城区计生工作者的努力拼搏，各项工作取得了明显成效。

【统计数据】

根据 2006 年度人口与计划生育报表统计，古城区总人口为 148593 人，出生 1144 人（一孩 896 人、二孩 246 人，三孩 2 人），人口出生率为 7.76‰，死亡率为 4.89‰，人口自然增长率为 2.87‰；出生人口性别比为 104，计划生育率为 94.93%，综合节育率为 89.19%。

【人口与计划生育工作会议】

2006 年 4 月 28 日，古城区人民政府在丽江大酒店召开了《2006 年古城区人口与计划生育工作会议》。区人民政府常务副区长金光闪、区人大副主任刘亚梅、区政协副处级调研员和秀英、区政府办公室主任木德仁出席了会议。副区长金光闪作了《坚持用科学发展观统领全局 努力开创古城区计生工作新局面》的讲话。区人口计生局局长和茂松传达了省、市人口计生工作会议精神，回顾总结了 2005 年古城区人口与计划生育工作，安排部署了 2006 年的工作。金光闪副区长代表区人民政府与各乡人民政府 、各街道办事处签订了《2006 年人口与计划生育目标责任书》，兑现了 2005 年度人口计生目标考核奖。区人口计生局与各乡、各街道计生办、区流动人口计划生育管理所、区计划生育服务站和各乡计生服务所签订了《2006 年人口和计划生育目标管理责任书》。

【继续推行农业人口独生子女家庭“奖优免补”政策】

据统计，2005 年 10 月 1 日至 2006 年 9 月 30 日，古城区共有 104 户农业人口家庭领取了《独生子女父母光荣证》，超额完成了市人民政府下达的 2006 年完成农业人口新领取《独生子女父母光荣证》100 人的指标。共发放一次性奖励 111 户；教育奖学金 744 人，其中：小学 611 人，初中 133 人；申请高考加分 5 人，申请中考加分 10 人；养老生活补助 146 人。

【人口与计划生育宣传教育】

广泛深入地开展人口与计划生育宣传教育工作。

（一）各乡、街道办事处，结合自己的实际，利用各种节日、大小会议，进行了《人口与计划生育法》、《云南省人口与计划生育条例》和《云南省农业人口独生子女家庭奖励规定》等政策法规的宣传，开展婚育新风进万家活动，书写宣传标语 1269 条，其中“奖优免补”宣传标语 1015 条，发放人口与计划生育宣传单 110160 份。

（二）2006 年 5 月 20 日参加了由区科技局组织的“携手建设新型国家”的科技科普活动。为普及计划生育优生、优育和生殖健康知识，组织计生医务人员在红太阳广场开展坐诊、提供咨询、发放避孕药具和计生宣传资料等活动。

（三）2006 年 5 月 29 日，为纪念中国计划生育协会成立26周年，区人口计生局和计生协会联合组织开展了“协会服务行动拓展年”活动，发放计生宣传单3940份，免费发放安全套600只避孕药200板。

（四）2006年9月22日，在丽江大酒店举办了“关爱女孩行动知识竞赛”。参加这次知识竞赛的有区计生服务站、金江乡、金安、大研办事处、束河办事处、西安办事处、区妇联、团区委和福慧学校等九个代表队。区人民政府副区长吕庆胜、区政协副主席和秀英、区人大助理调研员张学胜、市人口计生委副主任段松廷等领导应邀出席了知识竞赛活动。10月26日，古城区代表队代表丽江市参加了“云南省关爱女孩行动知识竞赛”，并荣获三等奖。

（五）2006年12月，在市人口计生委的支持下，在古城区范围内发放了36670册2007—2008年《历书》。内容包含“奖优免补”政策、人口与计划生育法律法规、避孕节育、出生缺陷预防、优生优育、生殖健康、禁毒、艾滋病预防及社会主义新农村建设，八荣八耻等。

【开展计划生育村居民自治工作】

狠抓流动人口计划生育管理和服务，积极开展计划生育村（居）民试点工作。2006年5月，在市人口计生委的指导、支持下，在黄山社区居委会开展了计划生育村（居）民自治试点工作。实行房屋出租“旅店式管理”和“信息报告制”，引导群众全民参与，形成“人人都是宣传员和信息员”的工作格局。制订了计划生育村（居）民自治章程，为房屋出租户发放了《流动人口须知》挂牌735块，《流动人口租房登记册》428本。对房屋出租户发放了《致租房户的一封信》，对社区内流动人口发放了《致外来流动朋友的一封信》，通过“两封信”的温馨提示，房屋出租户和流入人口进一步明确了各自的权利和义务，并能积极主动地配合管理人员的工作。同时，在管理过程中，我们还积极为流动人口提供计划生育技术服务和药具服务。通过村（居）民自治，进一步加强了流动人口计划生育管理工作，形成了村（居）民自我管理、自我教育、自我服务的新局面。

【推广使用安全套预防艾滋病】

2006年8月29日，云南省推广使用安全套防治艾滋病工程督导组到古城区督导调研。木德仁代表区人民政府汇报了古城区开展“推广使用安全套防治艾滋病工程”工作的汇报。区“推广使用安全套防治艾滋病工程”领导小组成员单位以及市人口计生委的领导参加了汇报会。督导组还对古城区10余家星级宾馆和10余家非星级宾馆进行了实地检查。

【以“两非”专项整治为手段，综合治理出生人口性别比】

古城区各级党委、政府坚持党政牵头，落实部门职责，将治理出生人口性别比纳入了议事日程。根据要求，一是区人民政府办公室出台了《丽江市古城区人民政府办公室关于印发丽江市古城区广泛开展关爱女孩行动综合治理出生人口性别比偏高问题实施方案的通知》（古政办[2006]50号），成立了开展关爱女孩行动、综合治理出生人口性别比偏高问题工作领导小组，由区委常委、区人民政府副区长金光闪担任组长，相关单位主要领导作为成员，召开了协调会，明确了各单位的工作职责。二是全面发动，利用各种手段进行广泛宣传发动，营造了“两非”专项整治浓厚的氛围。三是扎实整治，区、乡计划生育服务站（所），建立了孕妇B超检查登记制度、孕情监测和随访服务等制度。四是督办检查，根据工作要求，区人口计生局对计生服务站（所）采取不定期检查工作，目前古城区未出现一起非法鉴定胎儿性别和选择性别终止妊娠行为案件。近年来，古城区出生人口性别比一直控制在目标范围内。

【以优质服务为宗旨，进一步提高计划生育优质服务水平】

开展优质服务是转变政府职能和人口计生工

作由管理型向服务型转变的必然要求。坚持以人为本抓服务，全面推进了以技术服务为重点的计划生育优质服务。结合古城区实际，在设备条件差、环境艰苦的情况下，广大计划生育技术服务人员克服重重困难，坚持"面向基层、深入乡村、方便群众、服务上门"的办站（所）方针和"下乡服务、主动服务、上门服务、低偿服务"的便民原则，把避孕节育和生殖健康服务送上门，同时把党和国家的计划生育方针政策以及优生优育知识、性病、艾滋病防治知识、男性参与计划生育的宣传送到千家万户。

根据国家人口计生委关于计划生育/生殖健康优质服务"三大工程"的部署，提高育龄妇女生殖健康的科学知识和自我保护意识，维护妇女的合法权益，消除育龄妇女生殖道感染性疾病的病痛，提高其生活质量。8月28日至9月7日，与修正药业集团合作，在古城区8个乡、街道办事处开展了"关爱妇女生殖健康"活动。对1080名已婚育龄妇女进行了电子阴道镜检查，并对患有疾病的妇女给予及时治疗，有效改善了育龄妇女的生殖健康状况。为广大妇女办了一件好事、实事，具有良好的社会效益，是贯彻"三个代表"重要思想与构造和谐社会的具体体现。

2006年，古城区计生服务站（所）职工共完成节育手术2198例，其中：女扎41例、人流669例、放环997例、取环491例，累计医学监护18112人次；其中查环7225人次、查孕3070人次、查病3109人次、治疗疾病4718人次；累计门诊17625人次，住院127人次。全年无一例手术差错和并发症及医疗事故，为育龄群众提供了优质、安全、满意的计划生育技术服务。

【计划生育协会工作】

切实做好计生协会工作。2006年4月8日召开了区人口计生协会第一届会员代表大会，选举产生了协会领导机构，通过了《计划生育协会章程》，确定了今后五年计生协会工作的思路、目标和工作任务。

【以队伍建设为根本，努力提高计生干部队伍整体素质】

古城区计生局高度重视计生队伍建设，通过多种方式和渠道，紧密结合人口计生工作实际，狠抓了计生干部队伍教育。一是通过先进性教育活动，针对自身查找和从基层征求到的意见，边查边议边整改，努力为群众办好事、办实事，通过学习教育，计生系统的党员素质明显提高、执政能力明显提升，各项工作取得明显进步。二是认真开展政风行风评议活动。召开征求意见座谈会，广泛接受社会监督，切实抓好整改落实，通过调查，群众对计生部门行业作风的满意率和基本满意率都在95%以上。

2007年

【综述】

2007年，古城区的人口与计划生育工作在区委、区人民政府的正确领导下，在市人口计生委的具体指导下，坚持邓小平理论和"三个代表"重要思想为指导，以"强化依法管理、完善服务体系"，认真开展计划生育村（居）民自治试点工作及计划生育优质服务工作，紧紧围绕人口与计划生育目标管理责任书的各项指标任务以及区委、政府下达的各项工作任务，研究解决人口与计划生育工作的新情况、新问题，不断创新人口与计划生育工作的新思路、新途径，狠抓基层落实，基本完成全年工作目标。

【统计数据】

2007年度，根据年末报表统计，古城区总人口为154473人，共出生1070人，出生率为7.08‰，自然增长率2.30‰，计划生育率为95.14%。

【考核结果】

经市人民政府和市人口计生委考核，全面完成2007年度人口与计划生育各项指标。区人民政府和区人口计生局均获一等奖。

【区政府召开人口和计划生育工作会议】

2007年5月29日，古城区人民政府在丽江大酒店召开了2007年古城区人口和计划生育工作会议。区人民政府副区长木德仁、市人中计生委副主任段松廷出席了会议。参加会议的还有区人口与计划生育领导小组成员、各乡、街道分管领导、计生专干、部分计生宣传员以及计生服务站（所）和区流动人口计划生育管理所相关人员共计90余人。会上，木副区长、区人口计生局局长和茂松分别作了重要讲话。区人民政府兑现了2006年度人口与计划生育目标管理考核奖，并与各乡、街道办签订了《2007年人口与计划生育目标管理责任书》。

【人口与计划生育宣传教育】

2007年度古城区人口与计生宣传教育工作紧紧围绕人口计生中心工作，大力开展中央《决定》学习宣传，推进生育文明建设，深入开展关爱女孩行动，多形式、多渠道加大宣传工作的力度，收到了良好的效果。

2007年5月16日，在束河古镇，参加了区人口计生局与市人口计生委联合举办的“以人为本，和谐计生”文艺演出。

2007年6月12日，在区委党校两委班子培训会上，区人口计生局局长和茂松，对两委班子成员178人进行了人口理论培训。

2007年7月，根据国家、省、市人口计生委关于清理规范更新人口计生宣传标语的通知精神，一是对辖区内的计划生育宣传标语进行了清理和更新。二是在区文广局的支持、配合下，连续两个月，在古城电视台新闻节目结束后，播放两条计生宣传标语。三是投入3万余元，在大丽路、丽宁路、丽永公路等主要交通要道，树立了10块计划生育公益宣传牌。

2007年7月，为纪念“7·11”世界人口日，各乡、各街道办结合各自实际，开展了不同形式的宣传活动。

2007年8月17日、20日，在中国移动丽江分公司、中国联通丽江分公司，向广大手机用户发送“坚持计划生育的基本国策，稳定现行生育政策不动摇，从严惩处违法生育行为”的计生短信。

2007年8月，与中国电信丽江分公司合作，在乡村电话号码《中国电信黄页》中开设了两个《人口与计划生育宣传栏》。

【继续推行农业人口独生子女家庭奖优免补政策】

2007年古城区共有104户农业人口家庭领取了独生子女父母光荣证，92户农业人口独生子女家庭享受了一次性奖励，共兑现奖励金9.15万元；691名小学生和156名中学生享受了教育奖学金，共兑现教育奖学金15.11万元；5名高中生和25名初中生享受了升学加分；167名老人享受了养老生活补助，其中独子户88人，独女户65人，无子女14人，共兑现养老生活补助10.88万元。

【计划生育政策法规】

2007年7月中旬至8月，开展了古城区计划生育行政执法大检查。对各乡、各街道计生办在计生行政执法中存在的问题，采取边查边培训的方法，进一步规范了古城区计划生育行政执法。

【流动人口计划生育工作】

根据丽江市人口计生委要求，在束河办事处黄山社区流动人口管理服务试点的基础上，新扩展了西安街道的象山和祥和街道的祥云两个社区居委会。

结合“5·29”协会会员活动，为进一步抓紧抓好古城区流动人口计划生育工作，促进推广使用安全套预防艾滋病工作，6月1日，与市人口计生委联合，在祥和顺天工地为农民工开展了宣传、咨询、服务活动，免费发放《艾滋病预防读本》240册，安全套8000只，《2007—2008年历书》200册，《生殖保健》小册子1000册，咨询服务200余人。

【计划生育科技服务】

1. 根据云南省人口和计划生育委员会关于《云南省人口出生缺陷预防规定》的要求，3月31日在丽江大酒店举办了“预防出生缺陷科普宣传”培训班，有208人参加了培训，为2500人作了义诊服务。

1. 根据《丽江市计划生育科技大练兵活动实施方案》文件精神，区人口计生局下发了《古城区计划生育科技大练兵活动实施方案》文件。于2007年8月10日组织古城区计生服务站（所）的29名技术服务人员，参加了计划生育科技大练兵业务知识讲座和现场教学活动。此次活动，拉开了古城区计划生育科技大练兵活动的序幕。

1.2007年3月14日至3月20日，到大东乡开展生殖健康医学监护共免费查病治病105人、心电图监测117人、红外线乳腺扫描124人。

1.2007年7月24至26日到束河办事处开展生殖健康服务。

1.2007年7月31日、8月1日到大研义尚社区居委会和文智社区居委会开展生殖健康服务。

1.2007年8月13日到祥和办事处祥云社区开展生殖健康服务。

1.2007年12月11日至18日到祥和办事处、西安街办事处、束河办事处进行生殖健康服务培训班。

【加强队伍建设】

1. 为认真贯彻落实《中共中央、国务院关于全面加强人口与计划生育工作，统筹解决人口问题的决定》文件精神，巩固计划生育工作成果，稳定低生育水平，提高出生人口素质，确保完成市人民政府下达的人口与计划生育各项任务，鉴于原领导小组成员工作变动较大的情况，2007年3月，经区委、区政府研究，调整充实了古城区人口与计划生育工作领导小组，并制订相关部门工作职责和领导小组议事制度。

1. 根据《丽江市古城区人民政府关于同意配备社区居委会流动人口计划生育专职管理人员的批复》（古政复[2006]17号）文件和《丽江市古城区人民政府会议纪要》（第2007·22期）精神，2007年6月，18名流动人口专职管理员分别在大研、祥和、西安、束河的18个社区上岗。

【丽江市人口计生委到古城区调研人口计生工作】

2007年7月20日，丽江市人口和计划生育委员会张菊兰主任一行，到古城区调研人口计生工作。7月中旬，市人口计生委纪检组长张德根一行，到古城区调研计划生育行政执法。

【区政协到古城区调研流动人口计划生育工作】

2007年9月日，由区政协教文卫体委员牵头，在政协副主席和晓宇及副调研员和秀英带领下，组成区人口计生局和相关工作人员参加的调研组，就古城区流动人口计划生育工作情况，到古城区流动人口较密集的西安街道办事处象山社区、束河街道办事处黄山社区进行调研工作。

【计划生育协会工作】

1. 为纪念中国计生协成立27周年，5月24日，区计生协与市计生协联合在七河乡七河村委会召开了以“生育传承希望 关怀相伴和谐”为主题的座谈会，市、区计生协领导、七河乡分管领导、计生专干、计生宣传员、信息员、村委会领导，以及10户独生子女父母共计30余人参加了座谈会。座谈会上，市、区计生协领导向参会人员进一步宣传了国家人口计生政策，详细了解了实行计划生育家庭户的生产、生活、生育情况，存在哪些困难，并鼓励他们，要相信党、相信政府，结合自己实际，发展生产，真正脱贫致富。向独生子女家庭发放了慰问品。

2. 在省、市计生协的关心支持下，区计生协争取到10万元少生快富项目资金。8月31日，在七河乡七河村委会与20户独生子女和双女户家庭签订了合同，发放了每户5000元的贷款，帮助他们发展生产，增加收入，解决生产、生活中遇到的实际困难。

【预防艾滋病推广使用安全套工程】

2007年11月30日，与丽江市人口计生委联合在红太阳广场举行了宣传咨询服务活动。根据《关于组织开展2007年世界艾滋病日宣传活动的通知》

（古宣联发[2007]3号）文件精神和省、市人口计生委的通知精神，此次活动向群众免费发放了艾滋病预防知识卡500份，安全套2000只、避孕药250板、药膜250本、药栓90盒，《2007—2008年历书》500本，咨询服务300余人。

2008年

【综述】

2008年古城区人口与计划生育工作，坚持以党的十七大精神为指导，深入贯彻落实科学发展观，全面落实中央《决定》精神，围绕"稳定低生育水平、统筹解决人口问题、促进人的全面发展"这一中心任务，以机制建设为核心，以队伍建设为重点，抓好农村"奖优免补"工作的全面实施、综合治理出生人口性别比、加强区、乡计划生育服务网络建设、加强流动人口管理和服务、加强计生干部队伍建设五件大事，确保完成全年人口计生各项工作目标和主要任务，努力推进古城区人口和计划生育工作整体水平再上一个新台阶。

【统计数据】

2008年1月至2008年12月，古城区共出生1030人，出生率为6.61‰，死亡735人，死亡率为4.72‰，自然增长率为1.89‰，计划生育率为95.05%，出生婴儿性别比为100：102，古城区有28719人落实了节育措施，综合节育率为93.72%，三术率为85.18%。

【区人民政府召开2008年人口与计划生育工作会议】

2008年4月29日，古城区人民政府在丽江大酒店召开了《古城区2008年人口与计划生育工作会议暨业务培训会》。区人民政府副区长李润兰、区人民政府助理调研员木灿新出席了会议，区人口与计划生育领导小组成员单位、各办事处、各乡人民政府分管领导、计生专干、村（居）委会计划生育宣传员、流动人口计划生育专职管理员、计划生育服务站（所）、区流动人口计划生育管理所负责人等120余人参加了会议。会议由区人民政府办公室主任和丕煜主持，古城区人民政府副区长李润兰作了重要讲话；区人口计生局局长和茂松作了工作报告。

李润兰副区长代表区人民政府与各乡镇人民政府、各街道办事处签订了《2008年人口与计划生育目标管理责任书》，区人口计生局局长和茂松分别与各乡、各街道计生办、区流动人口管理所、区计划生育服务站、乡计划生育服务所签订了《2008年人口与计划生育目标管理责任书》、《流动人口计划生育目标管理责任书》和《计划生育技术服务责任书》。区政府办公室主任和丕煜通报了2007年人口与计划生育责任目标管理考核情况。

会议期间，对古城区11名计生专干，54名计生宣传员、18名流动人口计划生育专职管理员和计生服务站（所）的负责人进行了相关的业务培训。

【继续贯彻执行"奖优免补"政策】

2008年共审核、审批一次性奖励80户，共发放奖励金7.95万元；审核审批教育奖学金940人，共发放教育奖学金17.35万元，审核审批养老生活补助162人，发放养老生活补助10.43万元；审核审批特别扶助35人，发放养老生活补助4.008万元；审核、审批高考升学加分5人，中考升学加分19人；审核、审批高中、在学阶段奖学金34人，共发放"奖学金"4.08万元。

【完成计划生育服务站改造工程】

古城区计划生育服务站改造工程于2008年3月开工，项目总投资395.17万元。2008年月11月完工，经相关部门验收合格，古城区人口计生局和区计划生育服务站于2008年月12月迁入新址办公。

【积极开展计划生育"科技大练兵活动"】

开展计划生育"科技大练兵活动"，采取理论与实践相结合的方法，邀请了丽江市著名医务专家，对古城区计划生育技术服务人员进行了业务知识和技能的培训，结合科技"三下乡"活动，到各乡、各街道开展生殖健康普查活动。进行免费B超监护1274人次，放、取环16人次，心电图检查 252 人次，红外线乳腺扫描 309 人次，肝功能检查 192 人次，尿十项检查 27 人次，电子数码阴道镜检查 267 人次。

【丽江市人口计生委领导前来古城区调研计划生育技术服务工作】

2008 年 4 月 20 日至 22 日，市人口计生委副主任谭致率科技管理科一行四人到区计生服务站、七河乡、金安乡、大东乡计生所调研计划生育技术服务工作，调研组就区计生服务站、乡计划生育服务所业务开展、人员配置、规范管理、业务用房、医疗设备等方面情况进行了调研。根据存在的问题和困难，提出了希望和要求。

【召开 2008 年流动人口计划生育专职管理员业务培训会议】

2008 年 5 月 28 日，古城区流动人口计划生育管理所组织大研、西安、祥和、束河四个街道办事处计生专干、社区居委会的 18 名流动人口专职管理员、5 名计生宣传员进行了综合业务知识培训。区人口计生局局长和茂松作了动员讲话，杨丽菊副局长就古城区流动人口工作中存在的问题和困难，作了发言。流动人口计划生育管理所副所长和木钧总结回顾了 2007 年古城区流动人口计划生育管理工作。

【丽江市计划生育协会和古城区计划生育协会联合开展“5.29 协会”宣传活动】

在“母亲节”和“5.29 会员活动周”期间，古城区计生协积极开展了以“生育传承希望 关怀相伴和谐”为主题的宣传活动。

2008 年 6 月 2 日至 6 日，区计生协与市计生协联合对古城区五个乡、四个办事处的 9 名计生宣传员特殊困难户进行了走访和慰问，并发放了人均 500 元的问慰金。

【古城区人计生局积极开展 2008 年“世界艾滋病日”宣传活动】

2008 年 12 月 1 日，古城区人口计生局组织了大研街道办事处、区计划生育协会、区计划生育服务站在忠义市场开展了以“遏制艾滋 履行承诺”为主题的宣传教育活动。免费发放了《艾滋病预防须知》100 册、《艾滋病预防读本》20 本、《农业人口独生子女奖励扶助》政策指南 500 册、安全套 2680 只、口服避孕药 228 盒、“生殖健康科普知识手册”1184 册、“中华人民共和国人口与计划生育法”100 份、“流动人口计划生育管理服务问答知识”1296 份、“出生缺陷干预知识手册”1296 册、“关爱生命、关注艾滋病”宣传单 1296 份、“生殖健康与计划生育知识指南”1296 份、“男性生殖健康知识卡片”1296 份,共折合人民币 5735.12 元。

【积极推进计划生育村(居)自治，抓紧抓好流动人口计划生育工作】

按照“依法管理、村(居)民自治、优质服务、政策推动、综合治理”的人口与计划生育新机制的要求，在去年开展计划生育村(居)民自治试点工作的基础上，2008 年又拓展了寨后、尚义、八河、光义 4 个点。积极组织区计划生育服务站，进入社区为流动人口进行生殖健康服务，免费发放避孕药具。通过计划生育村(居)民自治，有力地促进了社区流动人口计划生育工作的开展。

【切实开展政风行风建设工作】

2008 年 8 月至 9 月中旬在古城区范围组织开展了民主评议行风活动。评议的主要内容包括：育龄群众对人口计生工作的满意度评价，计划生育政务公开、计划生育技术服务、计划生育文明执法和流动人口管理服务等 5 项。共发放调查问卷 1500 份，收回有效问卷 1475 份，占 98.3%。其中：发放请农民兄弟姐妹评计生问卷 950 份，收回有效问卷 926 份，收回率达 97.4%；发放请流动人口农民工评计生问卷 550 份，收回有效问卷 549 份，占 99.8%。通过对调查问卷的统计分析，绝大多数被调查对象古城区对人口和计划生育工作感到满意，古城区人口和计划生育系统行风建设工作效果明显。

【省政府人口与计划生育“双线”责任目标考核组到古城区考评】

2008 年 12 月 22 日，省政府人口与计划生育

“双线”责任目标检查考核组一行5人，到古城区进行2008年人口与计划生育责任目标完成情况检查考评。考评组深入到古城区寨后社区、良美村委会、三义村委会、区计划生育服务站和流动人口管理所，对98户村(居)民户的已婚育龄妇女和农业人口独生子女家庭进行了调查走访。考评组对古城区2008年人口与计划生育“双线”责任目标执行情况表示满意，同时也对今后的工作提出了意见和建议。

【区委区人民政府目标管理考核组到区人口计生局考核】

2008年12月16日古城区2008年目标管理考核组一行6人到区人口计生局考核2008年度目标管理执行情况。人口计生局局长和茂松汇报了区人口计生局2008年目标管理执行情况，考核组通过听汇报、察看资料，认为：区人口计生局的目标管理工作班子重视，做到年初有安排、年中有检查、年末有考核、工作有力、效果显著。

【认真开展思想解放大讨论活动和作风建设活动】

按照区委要求，区人口计生局和下属事业单位开展了“解放思想、深化改革、扩大开放、科学发展”大讨论活动和“讲党性、重品行、抓落实、促发展”为主题的作风建设教育活动。成立了由和茂松局长任组长的大讨论活动和作风建设活动领导小组，并结合人口计生系统实际，制订了实施方案，召开了动员会，组织职工认真学习，做好学习笔记，撰写了学习心得。在深入学习、提高认识的基础上，发放征求意见表、召开座谈会，广泛征求基层意见，为切实转变机关工作作风，不断改进服务态度，提高服务水平奠定了良好的基础。

【开展向四川汶川地震灾区献爱心活动】

5·12大地震，给四川灾区人民造成了重大人员伤亡和财产损失。一方有难，八方方支援，古城区人口计生系统全体干部职工积极响应区委、区政府号召，捐款2450.00元，特殊党费7400.00元，支援灾区人民抗震救灾、重建家园。

玉龙县

2006年

【综述】

2006年玉龙县人口和计划生育工作在县委、政府的领导和市人口计生委的关心指导下，结合市政府、市计生委与县人民政府、县计生局签订的双线责任目标，以狠抓基层、夯实基础为重点，发扬团结拼搏，开拓进取的精神，圆满完成了人口计生工作各项任务。

【统计数据】

2006年人口计生统计报表显示，玉龙县总人口数为209623人；玉龙县出生人口1667人，人口出生率7.97‰。同比下降0.55‰；死亡人口1222人，人口死亡率3.49‰，同比下降0.89‰；人口自然增加445人，同比增长71人，人口自然增长率2.13‰，同比增长0.33个千分点；计划生育率93.58%，同比上升0.62个百分点；玉龙县已婚育龄妇女有40910人，综合节育率为91.4%，同比下降0.01个千分点；三术率为85.77%；避孕及时率70%；违法多生育一人。

【加强计生工作人员培训】

为了提高玉龙县计划生育系统工作人员的依法行政管理水平，组织对玉龙县乡镇计生工作人员及100个村的计生宣传员进行了有关依法行政、政策法规、统计、避孕药具发放与管理以及开展优质服务等业务知识的培训。组织工作组到计生专干已调整及计生工作后进乡镇进行业务指导，发现问题及时纠正，使计划生育工作全面稳步发展。

【努力推进奖优免补工作】

自2004年6月1日实施云南省农业人口独生子女奖优免补政策以来，群众领证积极性高涨，截至2006年9月30日玉龙县农业人口领取独生子女父母光荣证的有2944户。2006年当年享受一次性奖励的农业人口独生子女家庭有280户；2006年享受学生升学加分（优）20人；享受养老生活补助金（补）的有1546人（三年累计），2006年当年享受养老生活补助金的有566人，兑现资金36.91万元。

【积极争取农业人口独生子女保健费】

积极争取县委、政府对人口和计划生育工作的领导和支持，特别是在县财政十分困难的情况下，2006年12月兑现了历年来拖欠的农业人口独生子女保健费，并将农业人口独生子女保健费列入财政预算，解决了工作中的实际问题。

【抓基层基础工作，帮助后进乡解决遗留问题】

玉龙县人口与计划生育工作队伍整体素质有待提高，人员不稳定，乡镇间工作发展不平衡，采取了加强培训，提高队伍素质；突出重点，分类指导的方法抓基层基础工作，帮助后进乡解决遗留问题。

【加强宣传，营造良好的人口环境】

2006年5月13日——16日，玉龙县人口计生局带领县计生服务站、九河乡计生服务所专业技术人员，深入九河乡的白汉场、九河、甸头三个村委会开展巡回放电影，利用放电影前的时间进行计划生育政策、法律法规、优生优育等知识宣传。接受宣传的群众达1千余人，同时还为127名群众开展了计划生育技术服务；发放宣传品一千份。10月11.18日，到玉龙雪山为“印象丽江”的500多名17－35岁的男女演员开展了以“预防疾病 科学生活”为主题的有关生理卫生保健常识以及艾滋病预防知识的宣传。2006年3月21日—　26日，到石头乡、奉科乡为627名群众开展有关优生优育、节育避孕、妇幼保健常识的宣传。

【积极探索“计划生育村民自治”】

积极探索“计划生育村民自治”，选择在九河乡与黄山镇开展试点工作，制订了具体的“村委会协会自治章程”和“计划生育村民自治公约”。

2007年

【综述】

2007年玉龙县人口和计划生育工作严格执行《人口与计划生育法》和《云南省人口与计划生育条例》，以深入学习贯彻《中共中央国务院关于全面加强人口和计划生育工作统筹解决人口问题的决定》为重点，进一步加强依法行政、综合治理、优质服务、重心下移、信息管理工作，不断推动玉龙县人口和计划生育工作再上新台阶。经过市人民政府和市计生委考核，获得了2007年度双线目标考核一等奖。

【统计数据】

2007年人口计生统计报表显示，玉龙县总人口数为209769人；玉龙县出生人口1610人，人口出生率8.07‰；死亡人口1372人，人口死亡率6.54‰；人口自然增加321人，人口自然增长率2.13‰；计划生育率95.10%；玉龙县已婚育龄妇女有41110人，综合节育率为91.73%，三术率为85.38%。

【进一步完善管理制度】

玉龙县计生局进一步完善和规范了各项管理规章制度。将工作目标中的具体任务分解落实给每一个股室工作人员，并做到AB角互补，保证各项工作的正常运行。

【加强人口和计划生育的宣传培训】

多次组织了由乡镇分管领导、计生专干、计生专业技术人员参加的业务知识培训，计生局采取不同形式，开展广泛宣传。利用各种会议、下乡服务、黑板报、标语、广播、个性化需求和多部门合作等方式开展人口和计划生育政策、法律法规、中央《决定》精神、奖优免补政策、优生优育和生殖保健知识等宣传工作。印发各种计生宣传单12000张，计生宣传册《祝您健康》、《艾滋病预防宣传册》5000本。通过创新宣传、加大宣传力度，群众的生育观念不断得到改变，男女平等、优生优育的意识不断增强。

【更换计划生育统计新台账】

在县财政困难的情况下，经过局领导的努力和县委、政府的支持，2007年5月完成了玉龙县计划生育统计台账的更换及培训工作。

【加强计划生育行政执法力度】

根据国家、省市“六看”、“六访”及计划生育行风建设的各项要求，在玉龙县开展规范计划生育执法管理工作。深入到各乡镇召开现场会，调查了解乡镇计生工作，与计生专干、村委会计生宣传员交流座谈，加强法律法规知识的学习及宣传，树立正确的世界观、人生观、价值观、权利观，真正做到“情为民所系、权为民所用、利为民所谋。”加大行政执法力度，严防计划生育行政执法中不良事件的发生。

【进一步规范农村育龄夫妻避孕节育手术的免费服务】

于2007年10月15日经县人民政府批准，以《关于进一步完善农村计划生育手术医药费收费项目标准的通知》下发各乡镇及施术单位，规范了农村育龄夫妻避孕节育手术的免费服务，为县财政每年节约了30多万元资金。

【加强技术服务管理规范，认真开展科技大练兵活动】

2007年7月根据市级下发的《丽江市县级计划生育服务站管理与服务规范(试行)》和《丽江市乡(镇)计划生育服务所管理与服务规范(试行)》要求，结合实际，由计生局统一制订了技术服务工作十项规章制度下发各服务站所，技术服务管理工作得到了进一步加强。服务站所在开展常规工作的同时，玉龙县于2007年7月启动了科技大练兵活动，通过召开动员大会、业务培训、理论考试及观摩学习等活动，此项工作在玉龙县开展得有声有色，专业技术人员的技术服务水平不同程度得到了提高。

【加强流动人口计划生育管理与服务】

2007年5月29日玉龙县人民政府下发了《关于成立玉龙县流动人口计划生育管理工作领导小组及进一步明确各成员单位工作职责的通知》(玉政发〔2007〕38号)。要求玉龙县各乡镇、县直各部门要充分认识抓好流动人口计划生育工作对促进玉龙县经济社会又快又好发展的重要意义，采取县乡联合，共同管理的办法加强流动人口的管理与服务，实现流动人口与常住人口同管理、同服务。

【积极开展推广安全套预防艾滋病工程】

2007年计生局在经费非常紧张的情况下，为了开展好推广安全套预防艾滋病工程，编印了15000份相关内容的宣传单。到各乡镇和流动人口较为集中的县城所在地的嘉和建材城及南口工业区开展宣传活动，共发放安全套五万六千多支；发放宣传单8000余份，宣传册5500份，宣传覆盖人数达4万多人。各乡镇还依靠计生协会，组织群众自编自演倡导计划生育婚育新风、优生优育、生男生女一个样等节目，深受群众欢迎。为开展好推广安全套预防艾滋病工作起到了积极的作用。

2008年

【综述】

2008年，玉龙县人口和计划生育工作，紧紧围绕玉龙县经济和社会发展目标，认真履行人口和计划生育工作职责，开拓创新，为稳定玉龙县的低生育水平，提高人口素质，积极开展工作，全面完成了丽江市人民政府、玉龙县人民政府、市计生委下达的目标任务，获得了丽江市人民政府一等奖，丽江市人口计生委一等奖。

【统计数据】

2008年，玉龙县总人口210725人，全年出生1761人，出生率8.37‰，死亡1364人，死亡率6.48‰，自然增长397人，自然增长率1.89‰；在出生人口中，男孩948人，女孩813人，出生婴儿性别比为117，计划内出生117人，玉龙县已婚育龄妇女41627人，落实各种避孕节育措施的有38225人，优选节育率为85%，避孕及时率达70%，综合节育率达91.83%。

【县委、政府高度重视人口计生工作】

为了稳定玉龙县的低生育水平，促进玉龙县人口与经济、社会、资源、环境的协调发展，中共玉龙县委、县人民政府一是下发了《关于实行计划生育工作一票否决制实施办法》的文件；二是在县财政十分困难的情况下，解决了各乡镇历年拖欠的农业人口独生子女保健费21.45万元，并把每年的独生子女保健费列入了县级财政预算。三是加强人口和计生基础工作，稳定基层计划生育队伍，把玉龙县1145人村民小组计划生育信息员每人每月10元的补助纳入了县级财政预算。

【规范计划生育服务站所财务管理】

为了规范计生服务站所的财务管理，经县人民政府批准，计划生育服务站所的财务从乡财政管理统一收回由县人口和计划生育局管理，并建立了相应的财务管理制度。并对站所的财务人员进行了专门的业务培训，实行统一账户，分户管理的办法，加强监管力度，把有限的收入用于服务站所的再发展，着重用于器械设备的添置，房屋的修缮，改善工作环境。计生服务站所的财务规范管理，为开展好玉龙县计划生育技术服务工作起到了积极的作用。

【认真做好出生缺陷干预工作】

为了开展好此项工作，玉龙县召开了出生缺陷干预工作会议，安排了大量有关的工作任务，并对乡镇计生专干和计生技术人员进行了培训，各乡镇开展了目标人群的基线调查和培训工作，年内共培训19期1580人。2008年出生缺陷目标人群为1672对，参与孕前检查人数达到591对，占玉龙县出生缺陷目标人群的35.3%，1200对夫妻进行了婚前培训，叶酸发放900人份，产前检查350人。

【扎实开展奖优免补和特别扶助工作】

玉龙县累计农业人口领取独生子女父母光荣证的有4423户，其中当年领取的有170户，符合政策规定可享受一次性奖励的有168户，兑现一次性奖励金16.5万元，独生子女享受加分的有72人，享受教育奖学金的有1787人，兑现奖学金32.492万元，60岁以上享受养老生活补助的有606人，兑现资金39.025万元。玉龙县应享受计划生育特别扶助的有88人，兑现特别扶助金10.344万元，考取高中学校、国民教育全日制大学专科和大学本科的农业人口独生子女有75人享受到奖学金7.49万元。

【加强计生依法行政和文明执法工作】

为推进玉龙县人口计生依法行政、认真贯彻执行“一法三规一条例”，一是对计生工作人员的执法培训，基本做到持证上岗。二是对玉龙县人口计生执法工作进行“六看六访”大检查。三是深入开展婚育新风进万家活动和关爱女孩行动，综合治理人口性别比偏高问题。四是加强社会抚养费依法征收管理工作，征收社会抚养费及计生行政处罚350606万元。五是积极申报计划生育服务站所医疗机构执业许可证工作，通过努力，9个服务站所都取得了医疗机构执业许可证。

【加强流动人口计划生育管理与服务】

在玉龙县人口计生工作会和业务培训会上，对乡镇计生专干进行了流动人口管理相关业务知识的培训。及时完成乡镇流动育龄妇女的基本信息收集，输入与反馈。分期对城区及郊区流动人口进行查证验证工作，做到台账详细、及时输入信息平台，确保了流入地与流出地动态掌握、共同管理。

永胜县

2006 年

【综述】

2006 年，是实施“十一五”规划的开局之年，也是人口和计划生育工作从“稳定低生育水平”到“统筹解决人口”的重大转折时期，永胜县人口和计划生育工作，认真落实了科学发展观，在着力稳定并进一步降低生育水平，严格控制人口增长的同时，积极稳妥的推进了提高出生人口素质、治理人口性别比攀升、加强流动人口计划生育服务管理等工作，切实转变工作思路和工作方法，努力建立和完善“依法管理、政策推动、优质服务、村民自治、综合治理”工作机制，人口和计划生育工作健康发展。

【统计数据】

2006 年永胜县总人口 386630 人，年内出生人口 3316 人，出生率 8.59‰，净增人口 1187 人，自然增长率 3.08‰；出生人口中计划内出生 3153 人，计划生育率达到 95.3%；综合节育率达到 93%。

【“奖优免补”工作】

2006 年，永胜县人口和计划生育工作继续把“奖优免补”工作作为重点工作来抓，年内农业人口领取《独生子女父母光荣证》的家庭新增了557户，（3 年累计 7271 户），兑现一次性奖励 48.95 万元，（3 年累计 493.95 万元），教育“奖学金”71.27 万元（3 年累计 162.496 万元），养老生活补助 66.4 万元（3 年累计 186.77 万元），分别有 23 名初中生和 22 名高中生享受到高中、大学录取加分有优待（3 年累计有 77 名初中生和 57 名高中生享受加分）。

【人口出生缺陷干预工程】

2006 年，全省实施了人口出生缺陷干预工程试点工作，永胜县被确定为 25 个试点县之一，在永胜县开展了人口出生缺陷干预工程试点工作。从 2006 年月开始，婚前培训、孕前检查、叶酸增补、产前筛查等各项工作全面启动。年底，永胜县共开展试点工作骨干培训 16 期 218 人，婚前培训 36 期 1587 人，发放叶酸 3034 瓶，服药对象 845 人，孕前检查和产前筛查 96 例。

【生殖健康项目】

自 2000 年开始，永胜县持续开展了生殖健康系列服务项目，2006 年永胜县开发编印了宣传培训资料 5 种 57000 份，开展咨询活动 71 场次，发放宣传资料 84113 份，咨询服务 13658 人次，举办计划生育 / 生殖健康知识培训 60 场，培训目标人群 13195 人。生殖健康检查服务 35406 人，生殖系统疾病治疗 8050 人。

【流动人口计划生育管理服务】

一是切实加强领导，成立了县人民政府分管副县长任组长的“永胜县流动人口计划生育管理和服务工作领导小组”，下发了《关于加强流动人口计划生育管理和服务工作的通知》，制订了加强流动人口计划生育管理和服务工作《实施方案》及《工作规范》。二是坚持把流动计划生育管理服务工作纳入政府人口和计划生育目标管理责任的主要考核指标。三是加强了队伍建设，在永北镇 8 个社区分别配备了一名流动人口计划生育管理员，报酬与宣传员同等，由县财政列支。四是狠抓了业务主管部门工作的落实，建立健全了流动人口计划生育基础台账和信息交换平台，落实了流动人口计划生育合同和协议管理制度，改革和加强了《流动人口婚育证明》出具和查验工作，肃查处了流动人口违法生育行为，开展了流动人口计划生育 / 生殖健康服务项目。五是强化了各级政府、人口计生部门及相关部门职责的落实和相互间的协调配合，公安、卫生、农业局阳光工程办等部门积极配合流动计划生育管理服务工作，认真履行职责，发挥了部门职能作用，初步构建了信息互通，资源共享、齐抓共管，综合治理的良好格局。

【考核等次】

2006 年人口计生“双线”目标责任书考核，市人民政府对县人民政府考核为“二等奖”，市人口计生委对县人口计生局考核为“三等奖”。

【荣誉】

2006年人口计生系统集体获奖情况

单位	获奖名称	表彰部门
三川镇计生协会	全国计划生育协会先进集体	国家计生协
单位	获奖名称	表彰部门
永胜县羊坪乡计生服务所	全国计划生育技术服务先进单位	国家人口计生委

2006年人口计生系统先进个人

姓　名	获表彰名称	表彰单位
乐文鹤	省人口和计划生育先进工作者	省人事厅、人口计生委、财政厅
王金凤	全国计划生育协会先进工作者	国家计生协
子学珍	全国计划生育技术服务先进个人	国家人口计生委

2007 年

【综述】

2007 年，永胜县人口和计划生育工作紧紧围绕“千方百计稳定低生育水平，大力提高出生人口素质，综合治理出生人口性别比偏高，不断完善流动人口管理服务体系，积极应对人口老龄化”五项新时期人口和计划生育中心任务，立足实际，深化改革，真抓实干，开拓创新，努力开创人口和计划生育工作新局面。

【统计数据】

2007 年，永胜县总人口 385093 人，年内出生 3316 人，出生率 8.76‰，自然增长率 2.82‰；出生人口中计划内出生 3263 人，计划生育率 96.42%；已婚育龄妇女 81665 人，累计采取各种避孕节育措施 76081 人，综合节育率 93.2%；出生人口性别比下降到 100∶106。

【“奖优免补”工作】

2007 年，农业人口领取《独生子女父母光荣证》的家庭新增 444 户（累计 7420 户），兑现一次性奖励 30.45 万元（四年累计兑现 531.4 万元），兑现教育“奖学金”151.83 万元（四年累计 302.574 万元），兑现养老生活补助 70.665 万元（四年累计兑现 258.985 万元），有 185 名独生子初中生和 35 名独生子女高中学生享受到升学加分优待（四年累计有 262 名独生子女初中生和 92 名独生子女高中生享受到加分优待）。

【人口出生缺陷干预工程】

2007 年，永胜县按照《永胜县人口出生缺陷干预工作实施方案》，从“基线调查、宣传发动、知识培训、干预服务”等四个方面扎扎实实开展了人口出生缺陷干预试点工作。永胜县开展试点工作骨干培训 17 期 538 人；举办婚前、孕前、孕期知识培训 35 场 2512 人；发放叶酸 4496 瓶、服药对象 748 人，推广福施福 464 盒、服药对象 372 人；孕前检查 2769 人，孕期检查和产前筛查 868 人，目标人群结束分娩 1311 人，无一名出生缺陷儿发生。

【优质服务县创建活动】

2007 年，按照云南省人口计生委《关于在全省开展计划生育优质服务县的实施意见》和《云南省计划生育优质服务先进县（市、区）考核评估指标和评分标准》，紧紧围绕“环境优美、技术优良、服务优质、管理优秀、群众满意”的要求，着力推进技术服务规范化、具体服务个性化、分类服务特色化、政策服务公平公开化、信息服务准确快捷化、形成服务温馨化的“六化”标准，突出重点，解决难点，逐一对照标准查缺补漏，整改落实，各项指标均已达到考核评估指标的各项要求，并顺利通过省人口计生委对优质服务县创建活动的检查和验收。

【干部队伍建设】

一是为永胜县 1410 个村（居）民小组分别配备了 1 名计划生育信息员，报酬每人每年 120 元，由县财政予以列支。二是为乡（镇）计划生育服务所招录了 8 名计划生育技术服务人员，年内培训上岗。

【流动人口计划生育管理服务】

一是加强统计台账建设。协调公安、工商、劳务输出部门，认真清理登记永胜县流出流入人口，健全完善基础统计台账，确保台账运转正常。二是争取世界宣明会永胜办事处的援助和支持，在永北、三川、仁和、期纳、程海、涛源、片角等乡镇继续开展流动人口生殖健康项目。三是认真抓好永北、三川两个镇的流动人口计划生育管理服务规范试点工作，试点工作取得成效，为永胜县流动人口计划生育管理服务工作探索了一定的方法和检验。四是建立流动人口计划生育管理服务联席会议制度，加强部门之间的协调配合，各相关部门职责进一步得到落实。五是加强《流动人口婚育证明》的查验和出具工作。六是提高全国流动人口信息交换平台的录入率和反馈率。七是严格查处流动人口违法生育行为。

【生殖健康项目】

按照世界宣明会援助的“国际合作生殖健康项目”协议，持续发展和巩固了生殖健康项目系列服务。年内，举办生殖健康培训84场，培训目标人群4569人；开展生殖健康检查服务27085人，查出患生殖系统疾病8033人，自愿接受对症治疗7963人。利用“10·28”中国男性健康日、“12·1”世界艾滋病日、“7·11”世界人口日，开展以“关爱男性健康、你我同参与遏制艾滋病、关爱妇女健康素质”等为主题的大型社会宣传活动，受益人数约17200人。

【考核等次】

2007年市人民政府对县人民政府人口和计划生育目标管理责任书考核为“二等奖”，市人口计生委对县人口计生局目标管理责任书考核为“二等奖”。

【荣誉】

2007年先进个人

姓名	获奖名称	表彰部门
马天强	全省人口计生先进工作者	云南省人口计生委、人事厅、财政厅

【综述】

2008年，永胜县人口和计划生育工作立足实际，千方百计稳定低生育水平，大力提高出生人口素质，努力保持出生人口性别比平衡，进一步加强流动人口计划生育管理和服务，着力建立和完善“依法管理、政策推动、优质服务、村（居）民自治、综合治理”工作机制，全面完成了既定的人口和计划生育各项工作任务，实现了预期目标。

【统计数据】

2008年出生人口3243人，出生率下降到8.38‰，自然增长率为3.02‰，总人口为388602人，出生人口中计划内出生3087人。计划生育率达95.19%，流动人口违法多生育1人。累计采取避孕措施77213人，综合节育率达92.82%。出生人口性别比100：110。

【奖优免补】

新办证农业人口独生子女家庭262户，其中享受一次性奖励的家庭231户（累计7666户）；新增享受养老生活补助老人138人（累计1018人）；当年享受加分独生子女高中生56名，初中生219名。共发放奖励扶助金169.846万元（累计1180.525万元），其中一次性奖励金21.43万元（累计550.95万元）；养老生活补助66.31万元（累计325.425万元）；奖学金82.136万元；222户符合国家特别扶助制度条件的家庭纳入了特别扶助范围，

49名高中升大学、18名升大专和177名初中升高中（中专）的独生子女分别享受到了2000元、1200元、1000元的一次性奖学金。

【出生缺陷一级预防】

在总结2007年试点工作的基础上，按照上级要求，年内重点实施出生缺陷一级预防，有机的把生殖健康系列服务项目与出生缺陷一级预防项目及“四查”“二查”经常性工作结合起来，资源共享、知识互补、齐头并进，共组织婚孕前培训132场次，培训9155人，目标人群培训率达96.5%，孕前检查5884人次，占目标人群的70.5%，叶酸增补1129人，共发放叶酸5940瓶，推广使用“福格森”150盒。

【流动人口管理服务】

在抓好宣传培训、信息平台建设、查证验证等经常性工作的基础上，2008年建立并认真执行了县、乡两级流动人口计划生育管理服务工作联席会议制度，有效的推进了部门职责的落实和部门之间的协调，促进了流动人口管理与服务工作。

【生育关怀行动】

计划生育协会在5月份“母亲节”和“5.29”会员活动周期间，组织开展了“生育五关怀”活动。对全县23名有特殊困难的基层计划生育宣传员、信息员和双女结扎户、独生女户家庭进行了走访慰问，发放了100元——500元不等的慰问金和部分慰问物资，在干部群众中产生了积极的影响。

【乳腺疾病防治】

生殖健康系列服务项目，在继续开展婚孕知识、孕期保健、生殖道感染防治、性病/艾滋病预防等科学知识培训和生殖系统疾病检查治疗的基础上，重点实施了“乳腺疾病防治”知识培训和检查治疗项目，共组织培训94场，参训5915人，编印《乳腺疾病防治知识读本》15000册，发放6000余册，疾病检查13534人次，查出有生殖系统疾病的2410人，接受对症治疗2388人。

【考核等次】

2008年“双线”目标管理责任书考核，市人民政府对县人民政府考核获“二等奖”；是人口计生委对县人口计生局获“一等奖”。

【荣誉】

2008年获奖集体

单位	表彰内容	表彰单位
永胜县	优质服务先进县	省人口计生委

2008年先进个人

单位	表彰内容	表彰单位
周红美	人口计生先进工作者	省人口计生委、人事厅、财政厅

华坪县

2006 年

【综述】

2006 年是全面实现人口和计划生育“十一五”计划目标的第一年。“十一五”期间，华坪县人口和计划生育总体思路是：以控制人口数量，提高人口素质，改善人口结构，引导人口合理分布为主线，以全面建设小康社会及构建和谐社会为目标，树立和落实以人为本的科学发展观、正确的政绩观，坚持计划生育基本国策不动摇，进一步降低生育水平，为华坪县经济、社会、资源环境的协调发展和可持续发展营造良好的人口环境。

工作目标是：坚持以人为本，进一步稳定华坪县低生育水平，力争到 2010 年华坪县总人口控制在 15.6 万人以内，出生率控制在 9.5‰以内，人口自然增长率控制在 8‰以内，出生缺陷发生率有较大幅度下降，初步建立起调控有力、管理有序、服务周到，政策法规完备的人口和计划生育工作机制。

【统计数据】

2006 年末总人口 155691 人，已婚育龄妇女 32004 人，当年出生人口 1114 人，出生率为 7.19‰。死亡人口 692 人，死亡率为 4.47‰。自然增长人口 422 人，增长率为 2.73‰，计划生育率达 99.17%。

【宣传教育】

2006 年认真贯彻落实“5331”工程，按要求华坪县订制村级使用的“奖优免补”公示板 59 块、乡(镇)使用的瓷砖制作的“奖优免补”公示板 8 块，90% 以上的村民小组均书写有计划生育永久性宣传标语。华坪县永久性宣传标语共 983 条，各乡(镇)共举办培训班 108 期，11243 人参加了培训。县计生局在新庄乡天星村王岔口山庄创办了生育文化娱乐苑，在山庄内悬挂张贴了“奖优免补”优生优育、关爱女孩等方面的宣传画。全年“奖优免补”政策知晓率达 98%。

【奖优免补】

2006 年全年共办理农业人口《独生子女父母光荣证》117 户，兑现一次性奖励金 177 户，计 177000 元，累计有 448 位 60 岁以上的农村老人享受养老补助，共兑现养老生活补助 30.6 万元，有 873 位农村独生子女中小学生享受了教育“三免费”有 8 名农业人口独生子女享受了初、高中加分升学的优惠政策。

【检查指导】

2006 年 4 月 17 日，丽江市计生委主任张菊兰一行到华坪调研人口与计划生育工作，并提出以下建议：一是要加强各计生办宣传员的培训力度，认真完成好“5331”工程；二是加强基层基础设施和流动人口管理工作；三是农业人口独生子女领证的任务数必须完成；四是加强服务站管理，搞好计划生育优质服务工作。7 月 19 日市计生委纪检组长张德根一行到华坪检查指导计划生育优质服务工作并提出以下建议：一是完善相关制度；二是工作开展要有计划、有记录、有总结、宣传要突出；三是争取在 10 月 10 日前写出优质服务验收申请，优质服务工作争创“省优”。9 月 13 日市计生委谭致副主任一行对华坪目标责任及优质服务工作进行督查。

【流动人口计划生育管理】

2006 年，华坪县按照《云南省流动人口计划生育管理规定》进一步明确了各部门的职责、免费为流动人口提供生殖健康优质服务：加强了对流动人口的持证管理。为社区配备了五名流动人口计划生育专职管理员，报酬纳入县级财政预算，人均月工资 600 元。县计划生育局和中心镇政府共同出资购置了一辆流动人口计划生育管理执法车。

【优质服务】

2006年5月18日开始，分别在华坪县八个乡（镇）开展了“关爱妇女生殖健康”免费普查活动。活动于10月18日结束，共为华坪县13936名妇女进行了B超检查，为11199名妇女进行了数码阴道镜检查，共为华坪县妇女免除检查费达60多万元。县计生局投入资金，对船房服务站的房屋进行了规范性的改造，各计生服务站制作各种宣传板80余块。

2007年

【综述】

2007年，华坪县人口和计划生育局坚持科学发展观，深入贯彻学习《人口法》、《云南省人口与计划生育条例》及《中共中央国务院关于全面加强人口和计划生育工作统筹解决人口问题的决定》以完成责任目标任务为中心，进一步稳定低生育水平为核心，实施农业人口独生子女家庭奖励政策及抓好流动人口计划生育管理和加强基层基础工作为重点，认真落实市政府下达的计划生育目标任务，坚持“三不变”全面落实“三为主”方针，严格执行“黄牌警告”和“一票否决”制度。计划生育优质服务工作已达省级验收标准，并获得全省计划生育优质服务县的荣誉称号。同时连续两年实现了华坪县无计划外多孩生育的好成绩。

【统计数据】

2007年华坪县年末总人口158408人，已婚育龄妇女32354人，当年出生人口1180人，出生率7.51‰，死亡803人，死亡率5.11‰。计划生育率达99.15%，综合节育率91.49%，其中“三术率”达86%。出生婴儿性别为104。

【宣传教育】

2007年，华坪县人口计生局结合“两会”、“世界人口日”、《人口法》颁布五周年纪念、华坪县物资交流会等活动机会，制作计划生育宣传板8块，宣传单20000份，《流动人口计划生育服务手册》1.4万册，计划生育宣传品（围腰）20000条，用瓷砖制作大型公益宣传广告3幅，华坪县各村（居）委会举办人口与计划生育基础知识培训班102次，参加人数达12410人次。10月，县计生局对126名计划生育专干及计生宣传员进行了为期2天的计划生育业务培训。全年利用各种“节、假日”活动，计生系统开展计划生育咨询服务38期，发放各类避孕药具3458份，咨询人数达4325人次。全年共发计划生育宣传历书41000册。

【计划生育工作会议】

2007年2月12日，华坪县人口和计划生育局召开了各乡（镇）计生分管领导及计生办工作人员参加的年终工作总结会议，会议认真学习了《中共中央国务院关于加强计划生育工作统筹解决人口问题的决定》，对2006年的年度工作进行了全面的总结，对2007年的工作进行了全面的安排布置。4月13日，召开计生系统党风廉政建设会议，县局机关工作人员及八个计划生育服务站的全体员工共58人参加。6月11日，华坪县人民政府召开了2007年华坪县计划生育工作会议，对2006年及2007年上半年的工作总结，进行表彰了2006年度计划生育工作先进集体并授予“习好村、华荣村、干箐村”为计划生育合格村光荣称号。

【流动人口管理与服务】

2007年，华坪县人民政府调整充实了流动人口计划生育管理工作领导小组，制订《流动人口计划生育管理方案》、《工矿企业流动人口计划生育管理方案》，进一步明确了工作职责，并将荣将镇和石龙坝乡确定为工矿企业流动人口计划生育管理试点乡（镇）。制作了《城区流动人口分布图》，经过不断探索，总结出了一条适合华坪县流动人口计划生育管理和服务的“2231”工作模式。全年流出人口521人，流入人口6330人。

【“奖优免补”】

2007年华坪县有115户农业人口家庭办理了

《独生子女父母光荣证》，已全部享受一次性奖励，12名初、高中毕业生享受了加分升学的优惠政策。累计有1024人享受到教育奖学金，469人享受到养老生活补助。

【优质服务】

全年各计生服务站免费发放各种避孕药具金额达52000元，上街、下乡宣传100余次，发放各类避孕药具宣传资料2万余册，全年发放福施福870余份、叶酸100余份，各服务站利用B超、数码阴道镜、显微镜红外乳腺检查仪为33000名已婚育龄妇女进行生殖健康检查，治疗生殖道感染的已婚育龄妇女7800余人次。

2008年

【综述】

2008年，坚持以党的十七大精神为指导，深入贯彻落实科学发展观，认真宣传和贯彻党中央、国务院《决定》精神，全面巩固"省优"成果，不断提高计划生育优质服务质量。努力完成各项目标任务，使华坪县的人口与计划生育工作保持良好的发展态势。

【统计数据】

2008年华坪县年末总人口161065人，已婚育龄妇女31775人，当年出生人口1152人，出生率7.15‰，死亡874人，死亡率5.43‰。计划生育率达98.66%，综合节育率93.72%，其中"三术率"达85.86%。

【计划生育工作会议】

2008年1月28日华坪县人口计生局主持召开了年度工作总结会议，会上李秀清局长全面总结了2007年度计划生育工作。

2008年5月19日华坪县人民政府召开了人口与计划生育工作会议。会上副县长马湘同志安排部署了2008年人口与计划生育工作，并代表县政府与各乡镇人民政府签订年度目标管理责任书，表彰了2007年度人口与计划生育工作先进单位、先进乡镇及"计划生育合格村委会"。

2008年6月30日华坪县人口和计划生育局召开了上半年工作总结及下半年工作安排会议。

【利益导向】

严格按《云南省农业人口独生子女家庭奖励规定》。华坪县享受特别扶助85人，其中独生子女伤残6人，死亡79人，享受特别扶助金100560.00元。每年为独生子女户、双女户免费检查身体。对计划生育特困户、双女户、独生子女户家庭落实帮扶政策，帮助计生户解决了实际困难。

【计划生育依法行政】

2008年9月18日，对华坪县45名专业技术人员进行《执业医师法》、《医疗事故处理条例》、《医师定期考核办法》等医疗知识培训。10月7日邀请司法局法律专业人员为各乡（镇）计生办主任、专干进行《行政处罚》、《行政诉讼法》及规范化书写调查笔录等法律法规知识进行培训。

【综合改革】

1.2008年4月25日组织公开竞聘5个乡镇计生服务站站长工作。

2.进行了药具管理的改革工作，统一和规范了华坪县服务站进购药品渠道，加强了药品质量管理。

3.深入开展"关爱女孩"行动及"非医学需要的胎儿性别鉴定"工作。按照要求及时召开了成员单位专项治理工作联系会议，进一步明确了各自的职责，继续加强对出生人口性别比升高问题进行专项治理。

【流动人口计划生育管理】

一是加强工矿企业人口和计划生育基础工作管理，认真落实企业法人计划生育工作责任制，建立健全企业人口和计划生育工作体系；二是免费为华坪县范围内的流入已婚育龄妇女进行生殖健康服务，实行"同管理、同服务"；三是继续巩固荣将镇、石龙坝乡工矿企业流动人口计划生育管理模式，即"2231"模式并将提炼完善为"2543"

管理模式，乡镇成立流动人口计生协会；四是县计生局与公安部门进行资源整合，将社区流动人口计划生育管理员与社区民警纳入“双线”管理。

【宣传教育培训】

按照《2008年丽江市人口和计划生育宣传教育工作要点》精神，点面结合，在华坪县强化“三突出”。

2008制作并发放发放流动人口生殖健康服务手册2.4万册、计划生育村民自治宣传单3万份、定制计划生育宣传围裙2万条、悬挂宣传标语16条，制作专题宣传板10块，营造了浓厚的宣传氛围。

2008年7月—8月份对华坪县8个乡镇60个村(居)委会的计生工作进行督查指导，对宣传员进行了全面、系统的特别是人口统计台账知识的培训。进一步加强了计生宣传员的工作能力。

【预防艾滋病】

积极组织人员在县城的70余家旅馆、20余家美容美发厅、20余家OK厅进行了推广安全套预防艾滋病的宣传教育工作和摆放安全套的检查及免费发放安全套工作。开展预防艾滋病宣传咨询活动，发放艾滋病防治相关知识宣传单17530份。免费发放各类避孕药具3450盒，咨询人数达3270人次。

【政策法规】

华坪县共办理农业人口家庭《独生子女父母光荣证》66户，享受一次性奖励的有84户，享受教育奖学金的有1104人，享受特别扶助的有84人，有19名农村独生子女享受了升学加分。累计有2040户农业人口家庭办领了《独生子女父母光荣证》，符合兑现一次性奖金政策的有1227户，已兑现一次性奖励1187户；累计有443位60岁以上的农村计划生育家庭的老人获得了每年每人不低于600元的养老生活补助；有44位农村独生子女中小学生享受了奖学金。

【人口和计划生育服务站工作】

一、免费发放避孕药具：全年总计免费发放避孕药具金额68000.00元，上街、下乡宣传120余次，发放各类避孕药具宣传资料3万余册。

二、加强计划生育技术服务工作，改善服务态度提高服务质量。2008年我县计生服务站为已婚育龄妇女放置宫内节育器1000余例，为巩固我县的计划生育长效节育率打下了良好的基础。

三、积极开展出生缺陷干预工作，做好优生优育宣传指导。2008年共发放福施福450余盒，福格森580余盒。

四、为华坪县的育龄妇女开展生殖道感染的普查普治：2008年华坪县计生服务站用B超、数码阴道镜、显微镜、红外乳腺检查仪为36000多名已婚育龄妇女进行了生殖健康检查，治疗生殖道感染的已婚育龄妇女2800余人次，为计划生育优质服务工作打下了良好的基础。

宁蒗县

2006年

【综述】

2006年是宁蒗县全面实施“十一五”规划的开局之年，一年来，人口计生系统干部职工团结一心，勤奋工作，认真履行人口计生部门的职能职责，认真研究和探索新时期人口和计划生育工作的重点和难点。宁蒗县人口计生局组织全体干部职工认真学习并深刻领会国务院《关于全面加强人口和计划生育工作统筹解决人口问题的决定》精神，认真开展落实二00六年度人口与计划生育目标管理责任制，各项工作取得显著成绩。

【统计数据】

（据丽江市统计局公报）2006年宁蒗县年末总人口248178人，出生率8.82‰，比计划少2.18个千分点；自然增长率4.77‰，比计划少2.23个千分点；人口死亡率4.08‰；（据宁蒗县人口计生局年报）常住人口违法生育人数控制在25人以内，正好控制在计划25人，比去年同期减少6人；流动人口违法生育人数控制在5人以内，比计划少2人；计划生育率上升到92.78%；计划外生育152人，计划外生育率7.22%；县级计划生育专项经费投入37万元，是计划数的116%；配备大兴镇5个社区流动人口计划生育专职管理人员5人；其他各项指标任务比上年有较好的完成。

【人口与计划生育目标责任制考核】

2006年1月，宁蒗县人民政府抽调纪检监察局、统计局、财政局和计生局等有关人员分成三个考核组，对15个乡（镇）2005年度人口与计划生育双线责任目标执行完成情况进行考核评估，对考核分较低的战河乡和宁利乡进行通报批评。

【处理群众来信来访工作】

2006年宁蒗县人口计生局接待处理群众来信3件、来访84件，共计314人（次）。其中处理重大来访案件2件。

【市人口计生委主任张菊兰到宁蒗调研】

2006年4月3日—5日，丽江市人口计生委主任张菊兰一行11人，深入到宁蒗县红桥乡、红桥村委会、大梨树村委会、红桥乡服务所和翠玉乡、翠玉村委会、翠玉乡服务所、县服务站进行调查研究基层人口计生工作，并进行分类指导。5月15日—31日市人口计生委纪检组长张德根一行3人到宁蒗县15个乡（镇）进行督查和指导工作，开展基层业务培训16场次，受训人数219人。

【业务技术培训工作】

2006年4月22日，宁蒗县人口计生局在穗丰宾馆会议室举办宁蒗县各乡（镇）专干和服务（站）所长业务培训。宁蒗县15个乡（镇）专干和16个服务（站）所长参加了培训。

【召开县人口计生会议】

2006年5月12日，宁蒗县人口与计划生育工作会议召开，分管副县长简传银和县人口计生局局长杨见解回顾和总结“十五”期间人口与计划生育工作，安排部署2006年度宁蒗县人口与计划生育工作；县政府、县人口计生局分别与各县直部门和各乡（镇）签订了2006年度人口与计划生育“双线”目标管理责任书；表彰了先进集体和先进个人，对工作滞后的乡给予通报批评和黄牌警告，为做好今后的工作起到积极的推动作用。

【开展“5·29”宣传活动】

2006年5月29日宁蒗县计生协会按照国家、省和市计生协会的要求开展“协会服务行动拓展年”为主题的人口与计划生育宣传服务活动。要求县、乡、村（居）委会和村民小组四级协会组织认真学习《计划生育协会章程》和计划生育有关法律法规，动员广大育龄群众积极带头执行计划生育政策，充分发挥会员的作用，同时要求协会组织和受救助的计划生育户实施好幸福工程项目，严格按照合同规定用好帮扶资金，使其发挥社会效益。

【夯实人口与计划生育基层基础工作】

按照要求和标准统一更换了宁蒗县91个村（居）委会宣传员的统计台账（流动人口统计台账）和乡、村两级的一览板和季度动态管理板，印制各类表册10种，共计277100张，制作永久性人口与计划生育一览板和季度动态管理板共计212块。6月1日至7月30日，分别到宁蒗县15个乡（镇）进行更换统计台账业务培训指导，开展业务培训15场次，受训人数115人（其中乡镇专干19人，村宣传员96人），夯实了基层统计工作，使宁蒗县人口与计划生育统计台账的完整性、规范性和运转率都达95%以上。

【市人口计生委到宁蒗开展“关爱女孩”活动】

2006年9月11日—12日丽江市人口计生委副主任段松廷带领一区四县服务站的技术骨干30余人，深入到大兴镇和新营盘乡，开展“关爱女孩行动”和计划生育“三下乡”活动。为263名女孩发放学习用品，并对5户贫困独生女、双女户进行慰问；为103名女孩进行身体检查；为478人进行查环查孕。共发放宣传品5400份，避孕套12万只，药具260人次。此次活动对宁蒗县产生了良好的社会效应。

【“奖优免补”工作】

截至2006年9月30日，宁蒗县共有203户农业人口家庭新领取《独生子女父母光荣证》，累计领证人数为1933户（其中农业人口1098户）；有502人获得奖学金，有12人获得升学加分，有711人享受了养老生活补助，有313户当年获得一次性奖励金。

【宣传教育工作】

2006年11月20日–30日，县人口计生局全体干部职工在新民族广场，大力开展《中华人民共和国人口与计划生育法》、《云南省人口与计划生育条例》、农业人口独生子女“奖优免补”和优生优育及避孕节育知识的宣传，发放宣传品15种，共计3300册（张）；发放丽江市人口计生委订购赠送历书5万多册。

【“双线”目标考核均获二等奖】

2006年丽江市政府对县政府、市人口计生委对县人口计生局《人口与计划生育目标管理责任书》考核首次均获二等奖。

【党风廉政建设考核获先进单位】

2006年度中共宁蒗县委、县人民政府对县人口计生局《党风廉政建设目标责任书》考核获先进单位。

2007年

【综述】

2007年通过宁蒗县人口计生系统干部职工团结一心，勤奋工作，认真履行职能职责，对工作高度负责，不断增强责任感和事业心，认真开展落实2007年度人口与计划生育目标管理责任制各项指标任务，经市人口计生委考核验收，首次被评为全市一等奖。

【统计数据】

2007年宁蒗县年末总人口258837人，出生率10.80‰，比计划少0.2个千分点；自然增长率7.39‰，比计划多0.39个千分点；人口死亡率3.47‰；宁蒗县计划生育率上升到93.88%；群众对“奖优免补”政策的知晓率达95%；对计划生育管理与服务的满意率达95%；避孕药具分配执行率和账表册规范率均达100%；县级计划生育专项经费投入45.48万元。人口与计划生育指标任务的完成情况继续保持了“三降”、“三升”的可喜局面（即人口出生率、人口自然增长率、计划外生育率有所下降；计划生育率、育龄妇女综合节育率、独生子女领证率有所上升）。

【省考评组到宁蒗县考核】

2007年1月11日—14日，省考评组对宁蒗县2006年度人口与计划生育目标管理责任制执行完成情况进行考核，考评组给予表扬和一致好评，并对工作中的不足提出了宝贵的意见和建议。

【组织观看新闻发布会】

2007年1月23日，宁蒗县人口计生局组织全体干部职工观看国家计生委主任张维庆《关于全面加强人口和计划生育工作统筹解决人口问题的决定》的新闻发布会，全局干部职工深受教育，进一步认清了新形势、新时期人口与计划生工作的发展要求。

【宣传教育工作】

2007年2月5日—20日，宁蒗县人口计生局余晓华和李红锋协助宣传部、组织部到宁蒗县15个乡（镇）开展科技“三下乡”活动，发放《人口与计划生育法律法规手册》1万余册,广泛开展“一法一条例”为主的计划生育宣传活动，进一步提高了广大群众的政策知晓率和法律法规知识。

【业务技术培训】

2007年3月16日—22日，丽江市人口计生委在永胜县举办两期县、乡两级计生干部业务技术培训会，宁蒗县参加业务技术培训人员共计33人（第一期17人，第二期16人），在市人口计生委各科室科长精心组织的业务技术培训下，所有参训人员的业务技术水平和办事效率得到提升，为宁蒗县今后人口与计划生育工作起到了积极的推动作用。

【召开县人口计生会议】

2007年5月25日，宁蒗县召开人口计生工作会议，参加会议人员有县直各部门主要领导、各乡（镇）长、分管副乡长、计划生育专干、服务（站）所长、村主任、村计划生育宣传员和县人口计生局干部职工共计260余人。杨见解局长回顾和总结了2006年人口与计划生育工作，安排部署2007年度宁蒗县人口与计划生育工作；县政府、县人口计生局分别与各县直部门和各乡（镇）签订了2007年度人口与计划生育“双线”目标管理责任书；表彰了先进集体和先进个人，对工作滞后的乡给予通报批评和黄牌警告。

【业务培训与指导】

2007年5月26日–27日，县人口计生局对各乡（镇）专干、服务（站）所长和村计划生育宣传员共计142余人，在小凉山宾馆会议室进行一天半的业务培训，通过业务培训，提高了各乡（镇）计生专干及技术服务人员的业务操作能力。

【赵白鸽到宁蒗县调研】

2007年5月29日至31日，国家人口计生委副主任赵白鸽一行在云南省人口计生委主任郝青山和丽江市人口计生委主任张菊兰等领导的陪同下到宁蒗县调研人口和计划生育工作，与县、乡、村三级党政领导及计生干部深入座谈，广泛听取基层干部意见，与大家一起探讨新形势下人口和计划生育工作的方法和思路。

【张菊兰到宁蒗县调研】

2007年7月9日，丽江市人口计生委主任张菊兰一行10人到宁蒗县新营盘乡、跑马坪乡和战河乡服务所进行调研，张主任亲临实地察看后，提出三点建议：一是继续加强服务（站）所的建设维修；二是继续增强服务（站）所技术设备、环境卫生建设；三是全面提高服务（站）所工作人员的综合技术服务水平。

【加强基层人口统计工作】

2007年11月9日 根据丽人口发[2007]61号文件要求，在宁蒗县人口计生局办公室召开了加强基层人口统计工作联席会，参加会议人员有计生、公安和统计三局局长和统计人员共计6人，会议一致认为，乡、村、组三级的统计人员要经常召开联席会，上报数据时要互相衔接核对，特别是年终报表，数据要核对一致才能上报。

【加强服务所建设】

2007年宁蒗县人口计生局积极向上级部门争取资金，新建跑马坪服务所，扩建新营盘服务所，维修红旗、拉伯和永宁坪三个服务所。为广大育龄群众查环、查孕、查病和节育手术营造了更好的服务环境，工作人员的服务意识和服务质量有所提高。

【“奖优免补”工作】

2007年底宁蒗县累计领取《独生子女父母光荣证》人数为2092户（其中农业人口1207户）；有573人获得奖学金，有9人获得升学加分，有779人享受了养老补助金，有138户当年获得一次性奖励金。按照“巩固成果，逐步扩大，完善制度，规范操作”的方针开展工作，做到了奖励对象审核准确率、网站录入率、资金兑现率都达100%。

【计划生育群众来信来访工作】

2007年宁蒗县人口计生局共接待群众来信来访116件，来访群众223人（次）。切实做到了件件有答复，事事有回音，来信来访件数的办结率为95%以上。所有来信来访都在计生局得到了妥善处理和解决。

【“双线”目标考核均获一、二等奖】

2007年丽江市政府对宁蒗县政府《人口与计划生育目标管理责任书》考核获二等奖；丽江市人口计生委对宁蒗县人口计生局《人口与计划生育目标管理责任书》考核首次获一等奖。

【社会治安综合治理维护稳定目标考核一等奖】

2007年度中共宁蒗县委、县人民政府对宁蒗县人口计生局《社会治安综合治理维护稳定目标责任书》考核获一等奖。

2008年

【综述】

2008年宁蒗县人口计生系统全体干部职工，坚持“以人为本，和谐计生”的思想，深入学习实践科学发展观为指导，认真贯彻落实中央《决定》和现行的生育政策，继续执行“双线”目标责任制，较好地完成了各项指标任务，工作取得了新的成绩。

【统计数据】

2008年宁蒗县年末总人口264004人，出生率12.20‰，比计划多1.20个千分点；自然增长率6.53‰，比计划少0.47个千分点；人口死亡率5.63‰；县级计划生育专项经费投入57.316万元；计划生育率上升到94.79%；群众对“奖优免补”政策的知晓率达95%；对计划生育管理与服务的满意率达95%；避孕药具分配执行率和账表册规范率均达100%，宁蒗县“奖优免补”档案分类整理归档率达95%以上，较好地完成了人口与计划生育各项指标任务。

【考核目标责任制】

2008年1月17日—24日，宁蒗县人民政府委托县人口计生局分成三个考核组，深入宁蒗县15个乡（镇）和县直90多个单位部门，对2007年度人口与计划生育双线目标责任制执行完成情况进行考核评估，考核结束后，考核组实事求是共同进行探讨分析，指出工作中存在的问题和不足，提出2008年应加强的工作重点。

【加强流动人口计划生育工作管理】

2008年4月1日根据丽人口发[2008]15号文件的通知要求，宁蒗县流动人口计划生育管理所以大兴镇、永宁乡、泸沽湖、阿海电站、战河冶炼厂、子差拉煤矿等区域为重点，全面加强工作制度管理，大力开展流动人口与计划生育宣传、避孕节育和生殖健康等优质服务工作活动，为外出务工人员235人办理了《流动人口婚育证明》，流入人口查证验证9453人，验证率达98%。全年流动人口违法多生育人数已控制在2人。

【开展“关爱女孩”活动】

2008年4月2日，在宁蒗县大兴镇安乐社区清泉小组开展了“关爱女孩”现场活动会，对5户计划生育贫困家庭和10名女孩进行了看望和慰问。10月10日，宁蒗县人口计生局投入4500斤大米、70套衣服和2100元人民币在扶贫和计生挂钩联系点蝉战河乡万马厂村委会，开展“扶贫、计生及党员互助”现场活动会，重点以“关爱女孩”为宣传主题，慰问、扶助计划生育双女户家庭 8 户，为他（她）们送去温暖送去关爱，对宁蒗县综合治理出生人口性别比偏高问题起到了积极的宣传作用。

【召开县人口计生会议】

2008 年 4 月 17 日，宁蒗县人民政府组织召开了计生会议，参加会议人员有县直各部门主要领导、各乡（镇）分管计生副乡长、计生专干、服务（站）所长和县人口计生局全体干部职工共计 150 余人，分管副县长沙文华和县人口计生局局长杨见解回顾和总结了 2007 年人口与计划生育各项工作，安排部署 2008 年度宁蒗县人口与计划生育工作；通报了 2007 年考核分较低的乡（镇），表彰了先进集体和个人，县政府、县人口计生局分别与县直各部门、各乡（镇）、计生办、服务（站）所签订了 2008 年度人口与计划生育“双线”目标管理责任书。

【业务培训与指导】

2008 年 4 月 18 日 –19 日，各乡（镇）专干、服务（站）所长和县计生局全体干部共计 50 余人，在泸沽湖宾馆会议室，全面系统地开展政策法规、法律文书、统计台账、社会抚养费征收管理、技术服务、“奖优免补”等业务培训。

【“奖优免补”个人档案清理归档业务培训】

2008 年 6 月 19 日 –20 日，根据丽人口发 [2008]8 号文件要求，宁蒗县人口计生局在国税宾馆会议室举办了 2004–2008 年“奖优免补”个人档案清理、分类、补充、完善、归档等业务培训，各乡（镇）专干和县计生局全体干部共计 30 余人参加，要求县、乡两级在 9 月 30 日前，按时完成所有“奖优免补”个人档案的规范化归档管理，从年底归档验收情况看，各乡（镇）归档合格率都达 95 % 以上。

【特别扶助资格确认业务培训】

2008 年 9 月 21 日 –22 日，在宁蒗县大兴镇会议室举办计划生育特别家庭扶助对象资格确认培训会，参加会议人员有各乡（镇）专干、大兴镇各村（社）计划生育宣传员、流管员和县人口计生局全体干部共计 60 余人，培训重点主要是计划生育特别家庭扶助对象政策的基本内容、资格确认条件、审核过程，以及奖励扶助与特别扶助相同点和不同点等知识，要求各乡（镇）严格按照培训会内容，结合本乡镇实际，及时举办“特别扶助”资格确认业务培训会，把“特别扶助”政策宣传落实到家喻户晓。

【李解到宁蒗县视察】

2008 年 10 月 19 日，中央国家机关人口与计划生育第六协作组李解一行在云南省计生协副秘书长洪七娥和丽江市人口计生委副主任段松廷等领导的陪同下赴宁蒗县“三下乡”视察，在县人民政府五楼会议室再次为宁蒗县捐赠幸福工程项目资金 3 万元。目前，宁蒗县救助贫困母亲项目资金达到了 16.5 万元，实施项目点普及到 7 个乡（镇），34 个村（社），111 户贫困母亲家庭，受益人数达 491 人，资助金由 500 元增到 2000–5000 元，滚动资助金能发展“短、平、快”的产业，为一批计生贫困户和贫困母亲走上了脱贫致富之路。

【省考评组到宁蒗县考核】

2008 年 12 月 17 日—19 日，省考评组对宁蒗县 2008 年度人口与计划生育双线目标责任制执行完成情况进行考核，考核办法采取好、中、差抽签，对被抽中的大兴镇、跑马坪乡和宁利乡分别进行入村入户抽样考核，考评结束后，各项指标的完成情况取得了考评组一致好评。

【加强户口清理整顿工作】

2008 年 12 月 19 日 根据宁政办发 [2008]212 号文件的通知要求，在宁蒗县公安局会议室召开宁蒗县户口清理整顿会议，参加会议人员有公安局、计生局、统计局、民政局、扶贫办、移民局、各乡（镇）长、统计员和派出所长等共计 60 余人，会议由县人民政府副县长、公安局局长陈丽宏主持，全面讨论分析了宁蒗县人口重、错、漏和统计数据不一致等问题。按照上级的部署，自2008年12月18日至2009年2月10日，分四个阶段，采取六个方面的工作措施对宁蒗县户籍人口进行全面清理整顿，此次会议为宁蒗县人口统计数据的真实可靠性和一致性起到了积极的推动作用。

【强基固本，加强基层基础服务设施建设】

2008年宁蒗县人口计生局通过多方面筹集资金，继续新建好跑马坪、新营盘两个服务所的房屋，维修好红旗、拉伯、永宁坪三个服务所房屋，同时，还向县政府和上级部门申报了宁蒗县2008—2012年基层服务站（所）房屋设施规划建设项目。积极向县人民政府争取解决了宁蒗县1152个村民小组计生信息员人均每月10元的补贴，及时兑现了2008年度信息员补贴13.83万元。投入大量的人力、物力，加强对"奖优免补"档案的补充完善及整理工作，促使宁蒗县"奖优免补"工作逐步走上规范化管理轨道。

【开展计划生育优质服务工作】

2008年按照国家和省、市的有关要求，宁蒗县计划生育服务站（所）全面开展了避孕节育、优生优育、生殖健康、出生缺陷干预工程等计划生育优质服务工作。实施计划生育手术3786例，上门咨询5795人次，门诊咨询10709人次，查环、查孕、查病23668人次，随访12069人次，发放避孕药具12741人次。

【"奖优免补"工作】

2008年底宁蒗县累计领取《独生子女父母光荣证》人数为2189户（其中农业人口1272户）；有573人获得奖学金，有15人获得升学加分，有620人享受了养老补助金，有195人享受了特别扶助金，有85户当年获得一次性奖励金。农业人口独生子女家庭"奖优免补"政策和"特别肤助"政策在宁蒗县顺利健康推行。

【宣传教育工作】

2008年县人口计生局分别利用广播、电视认真宣传中央《决定》、"一法一条例"等人口与计划生育法律法规，认真推行实施好"奖优免补"政策和"5331"工程 。以科技、文化、卫生"三下乡"、骡马物资交流会、重要节日以及各服务站（所）下乡开展医学监护、发放药具等活动为契机，大力开展计划生育政策法规、奖优免补、优生优育、生殖健康、避孕节育等知识的宣传 。投入宣传经费84676元，开展计划生育宣传教育活动达82场，共发放宣传册、宣传折页等宣传材料62000册（张），育龄人群接受教育人数达总人数的70%。通过宣传教育，群众自觉实行计划生育的思想意识不断增强，生育政策和群众生育意愿的差距进一步缩小。

【计划生育群众来信来访工作】

2008年，宁蒗县人口计生局接待处理来信5件，来访56件，共计169（人）次。

【荣誉】

2008年市政府对县政府、市人口计生委对县人口计生局《人口与计划生育目标管理责任书》考核均获二等奖；

怒江州人口和计划生育委员会

怒江州

2006年

【人口计生工作会议】

2006年1月12—13日怒江州人口计生委召开怒江州人口和计划生育主任会议。会上，州人口计生委主任黄秀柏传达了州委五届七次会议精神并作了题为《总结经验，明确任务，再创人口和计划生育工作新佳绩》的讲话。会议由州人口计生委李仕泽副主任主持。四县人口计生委主任、副主任、办公室主任、州计划生育服务中心主任及州人口计生委全体干部职工共20人参加了会议。

2006年3月17日州人民政府在六库召开怒江州人口和计划生育工作会议，会议主要是以"三个代表"重要思想为指导，全面落实科学发展观，深入学习贯彻州人大九届一次会议精神，认真总结"十五"时期人口和计划生育的主要进展和基本经验，全面分析面临的形势和任务，研究部署"十一五"时期的发展思路和2006年的主要工作。州委副书记王仕宗、州人民政府副州长密秀芳到会并作了重要讲话。会议通报了2005年度人口和计生目标管理考核结果，兑现了2005年度人口和计生目标责任奖。密秀芳副州长代表州人民政府与各县人民政府代表签订的了2006年人口和计划生育目标管理责任书；州人口计生委主任黄秀柏与各县计生委主任签订了人口计生委2006年人口和计划生育目标管理责任书；

2006年7月24日，州人口计生委在兰坪县召开怒江州农业人口独生子女家庭"奖优免补"工作会议，州、县人口计生干部及部分乡镇分管领导计生专干共40人参加会议。会议通报2006年度人口与计划生育责任目标完成情况；总结交流怒江州开展农业人口独生子女家庭"奖优免补"工作，分析存在的问题。对做好下一步农业人口独生子女家庭奖优免补工作进行了安排部署。

【人口计生宣传教育工作】

一是结合州人民政府制订《怒江州推行〈云南省农业人口独生子女家庭奖励规定〉实施办法》的出台，在怒江州掀起继续开展"奖优免补"宣传高潮；二是与宣传部等十一个部门制发《怒江州2006－2010年婚育新风进万家活动实施方案》，深入开展"婚育新风进万家活动"及"三下乡"活动。三是州计生委、计生协联合在《怒江报》上开办生殖健康专题栏目，栏目刊载了有关生殖保健、生殖道疾病的防治、生育调节、优生优育、避孕节育、性传播疾病的防治等诸多方面知识。生殖健康栏目的开办，将进一步满足广大育龄群众对生殖健康知识的需求，提高育龄群众的自我保健和自我防范意识 。四是在省计生宣教中心《宣传专刊》、《怒江报》发行专版，宣传怒江州"十五"人口和计划生育工作成就。

【纪念中国计生协会成立 26 周年】

一是下发怒计生协发 [2006]6 号《关于开展纪念"5·29"活动的通知》，组织各县协会围绕"为生育群体服务，为社会大众服务"因地制宜地开展纪念活动；二是联合州人口计生委、州妇联从省计生科研所邀请有关专家，开展了以"为生育群体服务，为社会大众服务"为主题的计生优质服务活动。为六库地区近600名妇女进行了B超诊断、乳腺病诊断和生殖道感染等计划生育/生殖健康检查及咨询服务；三是邀请省计生科研所有关专家为州直机关男性和武警怒江边防支队、消防支队的官兵举办了男性生殖健康知识讲座；四是邀请电视台、怒江报社等新闻单位围绕纪念活动开展系列宣传报道工作;在《怒江报》上刊登《慰问信》，向广大理事、会员及团体会员单位寄予节日的慰问和祝福；在州府六库主街道上悬挂"隆重纪念中国计生协成立二十六周年"、"拓展领域，开创计生协会工作新局面"、"加强计生协会建设，提高协会服务群众能力"、"发挥计生协会作用，积极参与构建和谐社会"等宣传标语，营造了纪念"5.29"活动的良好氛围。

为实现出生人口性别比的自然平衡，促进男女平等和社会文明进步，全面建设小康社会和构建社会主义和谐社会创造良好的人口环境。州人民政府办公室印发《怒江州关爱女孩行动综合治理出生人口性别比偏高问题工作实施方案》，成立关爱女孩行动综合治理出生人口性别比偏高问题行动计划工作领导小组。今年 7 月 11 日是第 17 个世界人口日，联合国人口基金日前宣布，将 2006 年世界人口日主题确定为"年轻人——为了年轻人，与年轻人一起行动起来！"以"确保 5 岁以下儿童死亡率降低 2/3，产妇死亡率降低 3/4，保护年轻人的权利，使他们的生活远离贫穷、病痛、歧视和暴力"。结合国家人口和计划生育委员会在全国开展以关爱女孩行动为主要内容的纪念世界人口日暨全国关爱女孩行动宣传周活动，怒江州组织收看全国、全省关爱女孩行动电视电话会议，怒江州关爱女孩行动综合治理出生人口性别比偏高问题行动计划工作领导小组成员单位以及州县两级人口与计划生育系统的 49 名干部职工参加了会议。怒江州各级人口计生委、计生协利用街天老百姓集中的特点在街上开展以"关爱女孩，行动起来"为主题的声势浩大的宣传，发出宣传资料10000多份,其中人口与计划生育宣传手册2000本，怒江州推行《云南省农业人口独生子女家庭奖励规定》实施办法 2000 本，"奖优免补"宣传资料6000 份，免费发放价值 7 千多元的避孕药具。

【党风廉政建设】

开展人口计生工作专项检查。州纪委监察局、州人口计生委、州计划生育协会抽调人员联合组成工作组，开展纪律在贯彻落实计划生育基本国策中的保证作用专项调查，就计划生育有关政策、"奖优免补"政策中"四权分离""三公开""三公示""一评议""一见面"制度的贯彻落实、兴边富民工程项目建设、流动人口计划生育管理、避孕药具管理与发放、社会抚养费征收等进行了专项检查和调研。检查组深入四县26个乡镇,采取听汇报、察看记录及有关档案资料、实地走访县乡村干部、计生宣传员及群众的方法对各项目进行了严格检查;还就州人口计生委机关的政风、行风进行了"下评上"的民主测评。从检查的情况看，计生政策法规和"奖优免补"政策中"四权分离""三公开""三公示”“一评议”“一见面”制度得到全面贯彻和落实；兴边富民工程项目建设的三个中心服务所已竣工并交付使用；各县避孕药具管理发放规范，未出现非卖品流入市场现象；自2000年怒江州国家公务员违反政策生育和人口计生干部违纪、违规现象基本杜绝；流动人口计生管理和服务普遍加强；计生干部依法行政意识、责任意识、服务意识及整体素质都有较大提高；群众对计划生育基本国策的认识和对计生干部的态度有了根本性转变；基层干部群众对州人口计生委的工作给予了较好的评价。

开展民主评议政风行风工作。为认真贯彻落实《云南省人口计生系统2006年党风廉政建设与反腐败工作的意见》，州人民政府纠风办、州监察局《关于2006年开展民主评议政风行风工作实施意见》的通知精神，怒江州各级人口计生委认真组织学习《人口和计划生育群众工作纪律》、《人口和计划生育检查考评工作纪律》，切实加强人口计生系统政风行风教育，坚持“标本兼治、纠建并举”和“管行业必须管行风”的原则，以完善职业道德规范为基础，以预防不正之风为重点，以民主评议为载体，以人民满意为标准，以创建文明行业为目标，在怒江州四县人口计生系统29个乡镇中开展了“下评上”的政风行风测评工作。测评采取发放问卷调查、进村入户、个别走访等形式进行，共走访了26个乡镇58个村委会，走访乡镇及村干部80多人、群众200多人，发放问卷调查表150份，回收150份，测评范围为：计生委机关工作作风、宏观决策、对基层工作的指导作用、政务公开情况、公务员执行八条禁令情况等八个方面。其中满意、基本满意率达97%。意见建议5条：主要反映基层工作经费困难、乡村宣传员待遇偏低、基层网络基础条件差、技术力量薄弱，流动人口管理体制不健全、缺编制、经费、人员。希望人口计生委多下乡调研多解决基层实际困难。州人口计生委还对其他工作和相关责任目标的完成情况进行了检查。

开展廉政文化进家庭活动。州人口计生委以开展社会主义荣辱为契机，以“家庭设防线、常敲廉政钟”为主题，制订《怒江州开展廉政文化进家庭活动的实施方案》，在人口计生干部职工中开展了“立党为公、执政为民、依法行政、廉洁从政”等廉政教育活动。要求党员领导干部，要在廉政建设中率先垂范，自觉把“为民、务实、清廉”作为行为准则，努力做到“八个带头”。即带头加强思想修养和从政道德修养，坚决抵制各种诱惑和侵蚀；带头严格遵守政治纪律，坚决维护中央权威；带头树立科学发展观，纠正不切实际的“高指标”；带头依法行政、廉洁从政，防止行政不当和违法行政，杜绝收受商业贿赂等职务犯罪；带头勤政高效，下大力解决办事拖拉、效率低下问题；带头求真务实，克服形式主义和报喜不报忧现象；带头艰苦奋斗、勤俭节约，制止铺张浪费；带头深入基层调查研究，反对官僚主义 。从开展廉政文化建教育活动以来，结合“破旧俗，树新风”生育观念大讨论，全委干部职工先后有17名撰写了心得体会，占职工总数的94%，组织收看了反映人口计生系统的一部警示教育片，开展了一次干部职工和家属座谈会，以介绍计划生育工作取得的成绩、面临的形式和廉政建设在人口计生工作中的重要性等进行座谈，既达到了同职工家属相互沟通相互理解的目的，又起到了促进廉政文化建设和促进工作的要求。

【电子政务及信息建设】

为推进人口计生系统的机关局域网、公众信息网、系统局域网、育龄妇女信息库“三网一库”建设，州人口计生委完成机关局域网建设、业务专用网建设，开通“怒江傈僳族自治州人口和计划生育委员会公众信息网”（网址：WWW.NJJSW.NET），设置工作动态、政务公开、政策法规、协会工作、服务指南、怒江计生志、网络办公、主任信箱、计生论坛九个板块。网站的开通，提高州人口计生委信息化水平，方便广大群众上网查阅相关人口计生法规及计生科普知识。同时，在省人口计生委支持下，州级采购一批计算机设备，配备各科室，提高办公自动化水平及工作效率。

【扶贫点帮扶工作】

多年来，怒江州人口计生委把计划生育工作与提高人口素质有机地结合起来，建立了教育帮扶制度，在干部职工中多次开展了捐资助学活动。特别是在开展“云岭先锋”工程和保持共产党员先进性教育活动中，州人口计生委干部职工多次到扶贫联系点泸水县称杆乡就农民生产、生活和经济发展等问题进行调研。投入5000元帮助勒墨村10户双女贫困户发展山羊养殖和山羊品种改良；每年全委干部职工捐款捐物，帮助计划生育贫困户的7名中小学生完成学业。今年，州人口计生委被评为怒江州党风廉政建设先进单位，获得了1000元奖金，州人口计生委又将这笔奖金作为特殊助学金，送到称杆乡，作为贫困学生的生活费和资料费。结合州文明委开展“推进乡风文明，建设社会主义新农村”系列活动，州人口计生委向文明办捐赠《人口和计划生育法律法规汇编》200册；并向结对扶持的福贡县子里甲乡腊母甲村捐赠科普图书67册,2007年《中国人口报》1份,《人生》杂志1份。

【计划生育优质服务】

根据国家、省人口计生委关于开展计划生育优质服务先进县创建活动的有关通知精神，州人口计生委制订《关于开展计划生育优质服务工作的实施方案》、《关于创建计划生育优质服务先进县乡评选表彰奖励办法》等文件，在怒江州开展以满足人民群众对计划生育、生殖健康为出发点和落脚点，以进一步降低生育水平，提高出生人口素质，保障人口安全为目标，以人民群众的满意度作为衡量优质服务的主要标准的计划生育优质服务活动县、乡创建活动。截至2006年底，完成大兴地、匹河、独龙江三个“兴边富民”服务所建设项目。怒江州有县级服务站4个，建设面积2388平方米，建设投资319万元，设备投资59.7万元；乡级服务所16个，建设面积2868.6平方米，建设投资279万元，设备投资29.7万元；四个县配备了流动服务车。初步形成了以州计划生育服务中心为指导、以县计划生育服务站为龙头、乡计划生育服务所为枢纽，具有综合服务能力的宣传教育、技术服务、药具管理、人员培训“四大功能”的计划生育技术服务网络。各级计划生育服务站所，围绕国家人口计生委对创建活动提出的领导重视好、政策导向好、服务质量好、民主管理好、队伍作风好、依法行政好的“六好”目标和避孕节育生殖保健，出生缺陷干预和生殖道感染“三大工程”，建立起以群众需求为导向、科学管理的优质服务机制。

【推广使用安全套防治艾滋病工程】

推广使用安全套防治艾滋病工程，此项工作是涉及面广、政策性强的社会系统工程，需要在各级政府的领导下、各有关部门的密切配合、齐抓共管、分工合作才能完成的工作。根据州人民政府、州防治艾滋病工作委员会的工作部署，由怒江州人口计生委牵头，公安、文化、卫生、工商、药监、旅游等部门协助完成推广使用安全套工程。结合怒江州实际，首先成立了怒江州推广使用安全套防治艾滋病工作领导小组；其次各县设立了工作机构、安排了工作经费，仅2005年就投入费用16万元，怒江州宣传员补助也从10元提高到20元；然后与各县签订了《目标责任书》，层层落实目标责任制，明确了各级计生部门的工作目标任务及措施，为怒江州推广使用安全套防治艾滋病工程的全面深入实施，提供了有力保障；最后制订了《怒江州推广使用安全套防治艾滋病工程实施方案》和《怒江州推广使用安全套防治艾滋病工作规划》。我们的工作目标是：到2006年，高危人群使用安全套防治艾滋病知识知晓率达90%以上；经性途径感染HIV的增长势头明显得到遏制；高危人群和一般人群经性途径感染HIV所占比例有所下降；100% 的性病泌尿专科门诊为就诊人员提供安全套；探索出有效推广使用安全套防治艾滋病的工作机制和模式。据统计，2006 年怒江州星级宾馆 3 个，其中泸水 2 个，兰坪 1 个，安全套摆放达 100%。普通旅馆酒店 242 个，摆放数为 237 个，摆放率达到 98%。桑拿洗浴 38 个，摆放 38 个，摆放率 100%。歌舞厅、卡拉 OK 厅 90 个，摆放 90 个，摆放率达 100%。美容美发室 83 个，摆放 83 个，摆放率达 100%。医疗卫生单位 88 个，摆放 88 个，摆放率达 100%。药品经营单位 148 个，摆放 142 个，摆放率达 96%。仅 2006 年免费发放安全套 119411 只，营销 26403 只。通过一系列积极有效的防治措施和办法，使推广使用安全套防治艾滋病工作取得了明显成效。形成了有组织领导、有目标任务、有具体措施，达到了阻断艾滋病性病经性途径传播、遏制艾滋病的流行蔓延的总目标。

【荣誉】

2006 年 2 月 17 日，《云南省人事厅云南省人口和计划生育委员会关于表彰 2005 年度人口和计划生育先进工作者的决定》，对李永芳同志等 100 名先进工作者进行表彰。怒江州受表彰：

姓名	工作单位	性别	出生年月	政治面貌	民族	学历	职务
杨吾生	泸水县大兴地乡政府	男	1971.10	中共党员	傈僳	大专	副乡长
密秀芳	福贡县人民政府	女	1961.10	中共党员	傈僳	研究生	县长
和学佳	贡山县捧当乡政府	男	1960、7	中共党员	独龙	初中	科员
和炳俊	兰坪县计生委	男	1951.11	中共党员	白族	大专	主任
和顺昌	兰坪县中排乡克卓村	男	1971.8	中共党员	白族	初中	宣传员

2006年6月16日，《国家人口和计划生育委员会关于表彰全国人口和计划生育优秀科技成果科技工作先进集体和先进个人的决定》，授予兰坪县兔峨乡计划生育服务所为“全国人口和计划生育科技工作先进集体”；授予贡山县计划生育服务站明云英、福贡县马吉乡计划生育服务所张雪燕为“全国人口和计划生育科技工作先进个人”。

2006年10月15日，泸水县上江乡计生办麻卫国同志被国家人口计生委、财政部授予“全国部分农村奖励扶助制度和少生快富工程试点工作先进个人”。

为进一步深化社会各界对“关爱女孩行动”的认识，普及、宣传保护妇女儿童法律、法规、生殖健康和关爱女孩知识，推动全省“关爱女孩行动”的深入开展，10月24—26日，云南省人口和计划生育委员会在昆明组织云南省关爱女孩行动知识竞赛。全省23个代表队参加了竞赛。通过初赛、复赛和决赛，怒江州代表队荣获一等奖。

2007年

【概述】

2007年，在州委、州政府的领导和省人口计生委的指导下，怒江州人口和计划生育工作以“三个代表”重要思想和科学发展观为指导，以控制人口数量、提高人口素质、改善人口结构和引导人口分布为主线，以建设小康社会为目标，以构建和谐社会为宗旨，认真总结2006年人口计生工作的成绩和经验，分析人口形势，研究部署2007年人口计生工作发展思路和年度工作，层层落实2007年度人口与计划生育（双线）目标管理责任制，怒江州人口和计划生育工作稳步健康向前推进。据报表反映，期末总人口506969人，出生4745人，出生率为9.42‰，比去年同期减少0.27个千分点，死亡2187 人，死亡率为4.23‰，比去年同期减少0.69个千分点，自然增长2558人，自增率为5.08‰，比去年同期增加0.42个千分点；怒江州已婚育龄妇女94262人，领取独生子女父母光荣证7627人，女性初婚2253人，其中19岁及以下108人，23岁及以上998人；出生人口中一孩2687人，一孩率为56.63 %，二孩1792人，二孩率41.56%，多孩86人，多孩率1.81%，违法多生育5人，计划生育率为98.71%；期末选用各种避孕方法人数为84147人，节育率为89.27%，三术率为82.53%，针、药、具避孕率为6.73%。

【主要会议】

一是州委、州政府在“两会”期间继续召开人口资源环境工作座谈会，贯彻落实中央《决定》精神，进一步统一各级领导干部思想认识。二是州、县两级召开人口和计划生育工作会议，传达学习全省人口和计划生育工作两会精神，总结人口计生工作的成绩和经验，分析人口形势，研究部署人口计生工作发展思路和年度工作；层层签订2007年度人口与计划生育（双线）目标管理责任书。

【主要活动】

《中共中央国务院关于全面加强人口和计划生育工作统筹解决人口问题的决定》是指导今后人口和计划生育工作的纲领性文件，按照省人口计生委要求，怒江州各级人口计生部门认真组织广大干部职工学习中央《决定》，采取多种形式掀起宣传贯彻《决定》高潮。一是在《怒江报》开设“提高人口素质，构建和谐怒江”专题栏目，刊登中央《决定》相关内容。二是州委党校举办围绕宣传学习中央《决定》精神的《怒江州人口和计划生育问题》专题讲座，使党政干部接受人口形势教育面覆盖到州、县、乡。三是组织《决定》知识竞赛，观看国家人口计生委召开记者招待会电视转播节目。四是州人口计生委与州委宣传部等单位，投入资金24.8万元，编印12.4万余册《历书》，把中央《决定》精神、社会主义荣辱观、新农村建设、计划生育政策、奖优免补政策、预防艾滋病、优生优育、生殖健康、出生缺陷干预工程、关爱女孩、婚育新风、计划生育村民自治、流动人口计划生育管理与服务等内容宣传到千家万户。五是按照国家人口计生委推荐的标语口号，清理、规范宣传用语。怒江州乡级有宣传标语145条，村级有899条，村民小组有2881条，达到“5331”工程要求。

【计划生育优质服务】

为进一步贯彻落实《人口与计划生育法》、《云南省人口与计划生育条例》，全面体现以人为本，以人的全面发展为中心，以人民群众满意为标准，逐步建立和完善以优质服务为重点，广大群众自觉参与为基础的计划生育新模式。根据国家、省人口计生委关于开展计划生育优质服务先进县创建活动的有关通知精神，州人口计生委制订《关于开展计划生育优质服务工作的实施方案》、《关于创建计划生育优质服务先进县乡评选表彰奖励办法》等文件，在怒江州开展以满足人民群众对计划生育、生殖健康为出发点和落脚点，以进一步降低生育水平，提高出生人口素质，保障人口安全为目标，以人民群众的满意度作为衡量优质服务的主要标准的计划生育优质服务活动先进单位创建活动。截至2007年底，完成大兴地、匹河、独龙江三个“兴边富民”服务所建设项目。启动兰坪县、贡山县计生服务站，上江乡、石月亮乡、丙中洛乡计生服务所的建设项目。怒江州有县级服务站4个，建设面积2388平方米，建设投资319万元，设备投资59.7万元；乡级服务所16个，建设面积2868.6平方米，建设投资279万元，设备投资29.7万元；四个县配备了流动服务车。初步形成了以州计划生育服务中心为指导、以县计划生育服务站为龙头、乡计划生育服务所为枢纽，具有综合服务能力的宣传教育、技术服务、药具管理、人员培训“四大功能”的计划生育技术服务网络。各级计划生育服务站所，围绕国家人口计生委对创建活动提出的领导重视好、政策导向好、服务质量好、民主管理好、队伍作风好、依法行政好的“六好”目标和避孕节育生殖保健，出生缺陷干预和生殖道感染“三大工程”，建立起以群众需求为导向、科学管理的优质服务机制。泸水县被省人口计生委授予“全省计划生育优质服务先进单位”荣誉称号。

【推广使用安全套防治艾滋病工程】

推广使用安全套防治艾滋病工程是一项涉及面广、政策性强的社会系统工程，需要在各级政府的领导下、各有关部门的密切配合、齐抓共管、分工合作才能完成的工作。根据州人民政府、州防治艾滋病工作委员会的工作部署，怒江州成立了推广使用安全套防治艾滋病工作领导小组，制订了《怒江州推广使用安全套防治艾滋病工程实施方案》和《怒江州推广使用安全套防治艾滋病工作规划》。据统计，2007年，怒江州星级宾馆3个，其中泸水2个，兰坪1个，安全套摆放达100%。普通旅馆酒店261个，摆放数为257个，摆放率达到98%。桑拿洗浴38个，摆放38个，摆放率100%。歌舞厅、卡拉OK厅95个，摆放95个，摆放率达100%。美容美发室77个，摆放76个，摆放率达99%。医疗卫生单位84个，摆放84个，摆放率达100%。药品经营单位134个，摆放128个，摆放率达96%。通过一系列积极有效的防治措施和办法，使推广使用安全套防治艾滋病工作取得了明显成效。形成了有组织领导、有目标任务、有具体措施，达到了阻断艾滋病性病经性途径传播、遏制艾滋病的流行蔓延的总目标。

【开展关爱妇女生殖健康科普宣传普查活动】

为进一步推动社会主义新农村建设，提高广大农村育龄妇女的生殖健康水平，促进计划生育优质服务的深入开展，全面提升全县人口和计划生育工作的整体水平。根据国家人口计生委和云南省人口学会的要求，怒江州与修正药业合作，在泸水、兰坪两县依托县、乡计划生育服务网络，开展关爱妇女生殖健康科普宣传普查活动，已为城乡3910名已婚育龄妇女进行妇科检查、电子阴道镜检查、阴道分泌物检查、女性生殖器官B超检查等，为1932名患者给予治疗。关爱妇女生殖健康科普宣传普查活动，按照“政府主导、部门推动、政企合作、群众参与”的工作思路，由修正药业集团股份有限公司捐赠活动设备耗材，坚持科学宣传、规范检查，做到“四保证”，即：保证科普宣传服务免费；保证咨询服务免费；保证生殖健康普查免费；保证随访服务免费。

【开展民主评议政风行风工作】

根据《2007年人口和计划生育系统民主评议政风行风工作实施方案》要求，怒江州各级人口计生委认真组织学习《人口和计划生育群众工作纪律》、《人口和计划生育检查考评工作纪律》，切实加强人口计生系统政风行风教育，坚持“标本兼治、纠建并举”和“管行业必须管行风”的原则，以完善职业道德规范为基础，以预防不正之风为重点，以民主评议为载体，以人民满意为标准，以创建文明行业为目标，开展了“下评上”的政风行风测评工作。测评采取发放问卷调查、进村入户、个别走访等形式进行，共走访了8个乡镇16个村委会，走访乡镇及村干部50多人、群众100多人，发放《农民兄弟姐妹评计生问卷调查表》5000份，回收3674份，测评范围为：人口计生行政部门及工作人员作风情况、遵守人口和计划生育群众工作纪律情况、政务公开情况、公务员执行八条禁令情况等方面。其中满意、基本满意率达95.35%。并对怒江州人口计生系统领导作风、思想作风、工作作风、廉洁自律等方面情况向有关单位征求意见，收到意见和建议27条。

【出生缺陷干预工程】

根据《云南省人口出生缺陷预防规定》及《云南省人口出生缺陷干预工作实施细则（试行）》，预防出生缺陷，已经成为提高人口素质的第一步。2006年6月，怒江州泸水县被省人口计生委确定为人口出生缺陷干预试点县。2007年，省人口计生委下达目标责任要求怒江州全面铺开出生缺陷干预工作。结合怒江州人口与计划生育工作实际，为了切实加强对项目工作的组织领导，保证干预工作顺利开展，州、县计生委均成立了领导小组，制订了实施方案。开展了形式多样的宣传培训。利用流动服务车，广播、发放出生缺陷知识小折页、书写标语等形式开展宣传，使育龄群众进一步了解出生缺陷的危害，增强缺陷干预的意识，树立科学的生育观念，提高对优生优育重要性的认识，了解实施项目的意义、目的、方法等，为全面实施干预创造了良好的社会氛围。开展了基线调查，确定目标人数，及时将叶酸片发放到符合政策生育的免费目标人群手中，并指导其正确服用。按时报送叶酸增补报表，完成了项目的中期评估。

【荣誉】

“十五”时期，怒江州各级各部门坚持以邓小平理论和“三个代表”重要思想为指导，认真落实科学发展观，围绕“进一步降低生育水平，使人口自然增长率接近全省平均水平”的目标，以提高群众满意度为出发点，以深化改革为动力，创新工作机制，强化队伍建设，不断提高管理水平，努力提升工作质量，在控制人口增长、提高人口素质、改善人口结构，引导人口分布等方面取得显著成绩，促进了人口与经济、社会、环境、资源的协调发展，涌现出一批先进集体和先进个人。为鼓励先进，中共怒江州委、怒江州人民政府决定对怒江州人民医院等12个先进集体和徐盛丽等20名先进个人予以表彰。

一、先进集体（12个）

（一）州直单位：

怒江州人民医院

（二）泸水县：

中共泸水县委办公室

泸水县人口和计划生育委员会

泸水县鲁掌镇浪坝寨村委会

（三）福贡县：

福贡县财政局

福贡县人口计生委

福贡县上帕镇达普洛村委会

（四）贡山县：

贡山一中

贡山县丙中洛乡政府

（五）兰坪县：

兰坪县政府

兰坪县人口计生委

兰坪县中排乡计生办

二、先进个人（60名）

（一）州直单位：

徐盛丽（女） 怒江边防支队

王国香（女） 怒江州发改委

普健益 怒江州广电局

和春新（女） 中共怒江州直机关工委

刘永杰（女） 怒江州计生服务中心

（二）泸水县：

周四华 泸水县政府办

杨建梅（女） 泸水县鲁掌镇政府

蔡德明 泸水县大兴地乡计生服务所

胡记昌 泸水县称杆乡阿赤依堵村委会

（三）福贡县：

福林才 福贡县人口计生委

杨昆梅（女） 福贡县计生服务站

杨春梅（女） 福贡县匹河乡计生办

余志诚 福贡县马吉乡木加甲村

（四）贡山县：

吴金莲（女） 贡山县政府

余秀妹（女） 贡山县计生服务站

李世平 贡山县捧当乡马西当村

（五）兰坪县：

陈江妹（女） 兰坪县人口计生委

张跃全 兰坪县通甸镇政府

和炳亮 兰坪县通甸镇中心卫生院

杨　东 兰坪县金顶镇计生办

2007年3月13日，《云南省人事厅云南省人口和计划生育委员会关于表彰2006年度人口和计划生育先进工作者的决定》，对郭子贞同志等100名先进工作者进行表彰。怒江州受表彰：

余松成（白族） 兰坪县中排乡计生办主任

桑朝富（彝族） 泸水县上江乡计生专干

王沙波（傈僳族） 福贡县人口计生委主任

吴金莲(女、藏族) 贡山县人民政府副县长

2008 年

【概述】

2008年，是实施“十一五”规划的关键之年。怒江州人口和计划生育工作在级党委、政府的领导下，人大、政协的监督下，以科学发展观为指导，以解放思想大讨论和深入开展学习实践科学发展观活动为契机，真抓实干，创新发展，积极探索具有怒江特色的统筹解决人口问题的路子，通过广大人口计生干部辛勤努力，人口和计划生育工作取得了新突破和新成效。据统计，2008年怒江州期末总人口53.3万人，出生4604人，出生率为12.9‰，同比下降1.2个千分点，自然增长1946人，自增率为6.3‰，同比下降0.7个千分点；年增长6002人，年增长率为11.77%，同比下降为0.6个百分点。怒江州已婚育龄妇女95919人，领取独生子女父母光荣证8630人。出生人口中一孩2566 人，一孩率为55.73%，二孩1928人，二孩率41.88 %，多孩110人，三孩率2.39%，计划外生育98人，计划外生育率2.13%计划外多孩4人，计划外多孩率0.09%，计划生育率为92.21 %；期末选用各种避孕方法人数为83452人，节育率为87%，同比下降2.27个百分点，三术人数77372人，三术率为80.66%，同比下降1.87个百分点，采取针药及药具避孕人数为6080人，针、药、具避孕率为6.34%。

【主要会议】

1.怒江州人口和计划生育工作会议。

2008年3月24日，怒江州人口计生工作会议在六库召开。会议强调，要把稳定低生育水平，统筹解决人口问题、促进人的全面发展作为今后一个时期人口和计划生育工作重大而艰巨的任务，坚持不懈地抓紧抓好，抓出成效，动员全社会力量，采取综合措施，统筹解决人口数量、素质、结构、分布和安全问题，促进人口与经济、社会、资源、环境的协调和可持续发展，为实现怒江“二次跨越”、构建和

谐怒江作出应有的贡献。

会上，州委常委、宣传部长和玉花作了重要讲话，她指出，抓好当前人口和计划生育工作：一是坚持党政一把手亲自抓、负总责。各级党委、政府要坚持把人口与经济发展、社会进步、资源利用、环境保护联系在一起，做到人口与发展综合决策，实现人口与经济社会的协调发展；二是坚持人口与计划生育目标管理责任制，落实“一票否决”制度；三是加强计划生育干部队伍建设。要稳定各级人口与计划生育工作机构，选拔优秀人才充实到人口与计划生育工作部门，做到人员、责任、报酬落实；四是进一步明确职责，加强部门联动。建立和完善人口与计生宣传工作机制、流动人口管理服务机制、以公共财政投入为主渠道经费保障机制、综合治理出生人口性别比的工作机制、党员干部计划生育监督管理机制、人口和计划生育工作的优先优惠政策落实机制。

州人民政府副州长密秀芳简要总结和回顾了近年来怒江州计划生育工作取得的成绩，客观分析了当前面临的新形势和新问题。她要求，各级党委、政府和有关部门要站在全局和战略的高度，把人口计生工作摆上重要议事日程，认真研究解决重大问题，进一步完善各级人口和计划生育工作领导机构和协调机制，加强统筹协调和督促检查，切实增强做好人口计生工作的坚定性、主动性和创造性，把全面加强人口计生工作的各项任务落到实处。

她强调，开创怒江州人口和计划生育工作新局面，今年要重点抓好六项工作：着力保障和改善民生，巩固和完善农村计划生育家庭“奖优免补”和“少生快富”工程的基础上，探索计划生育家庭特别扶助制度，使计划生育家庭优先分享改革发展的成果；积极构建流动人口计划生育统一管理、优质服务的新体制；切实加强计划生育、生殖健康科学知识普及，建设和谐文明幸福家庭；大力开展出生缺陷干预，努力提高人口出生素质，促进出生人口性别比趋向平衡；坚持宣传教育先行，深入贯彻计划生育基本国策；充分发挥计划生育协会的作用，调动各方面积极性。

会上，州人口计生委主任黄秀柏作了工作报告，传达贯彻全省州市人口计生委主任会议精神；州人民政府兑现了2007年责任目标奖；与各县人民政府签订了2008年度责任书；州人口计生委与各县人口计生委签订了2008年度人口和计划生育目标管理责任书；泸水县、福贡县在会上作了经验交流。

州政府副秘书长潘正龙主持会议并就落实会议精神提出要求。州人大、政协领导何瑞琪、木志英、朱文勇、褚金秀出席会议。

1.2008年上半年人口形势分析会议。

2008年9月1日，怒江州人口计生委组织召开怒江州半年人口形势分析会议，会议传达了全省人口形势分析会精神，回顾总结半年人口和计划生育工作情况，深刻分析当前怒江州面临的人口形势及工作中存在的问题，安排部署下半年的工作任务。州人口计生委副主任李仕泽主持会议，各县人口计生委分管统计工作的主任或副主任参加会议并汇报了上半年工作情况。

会上，怒江州人口计生委黄秀柏主任对上半年怒江州人口和计划生育形势作了客观分析。上半年，怒江州共出生2249人，出生率为4.43‰，自然增长率为1.80‰，与上年同期相比，出生率下降了0.01‰，自然增长率上升了0.2‰；计划外出生人数同比减少；计划生育率为91%；综合避孕率88.15%（高于全省平均水平2.18个千分点），比去年同期下降1.90个百分点；累计领取《独生子女父母光荣证》人数为7640人，领证率7.99%，与上年同期相比，增加152人，领证率上升0.15%；计划生育知晓率达到96.16%；群众对计划生育管理和服务的满意率达95%。数据表明，怒江州上半年人口计生工作发展态势良好。

黄秀柏主任简要回顾了上半年工作，并对下半年工作进行了部署。要求各级坚持以科学发展观为指导，结合贯彻州人口形势分析会和州委六届四次全会精神，在今后的工作中要科学分析形势，增强人口计生工作的紧迫感、使命感；科学把握重点，确保人口计生各项工作落到实处；科学领导，努力开创人口计生工作新局面。重点做好以下几项工作：一是深入学习宣传贯彻落实中央《决定》，进一步提高各级领导对人口计生工作重要性、长期性和艰巨性的认识；二是加强干部队伍建设，进一步加大教育和培训力度，增强干部事业心和责任感，提高履职能力；三是进一步加大行政执法监察工作力度，规范依法行政行为；四是进一步加强流动人口计划生育管理和服务工作，规范流动人口管理台账，做到底数清、情况明，服务实；五是进一步夯实基层基础工作，加大督促检查指导力度，及时解决工作中存在的问题和困难；六是充分认识当前严峻的人口形势，团结一心、鼓足干劲，苦战四个月，千方百计完成全年人口与计划生育责任目标。

【省政府考核级到怒江州考核人口计生工作】

2008年1月12日至15日，省政府人口和计划生育工作考核组到怒江州，就怒江州人口和计划生育工作进行考核。考核组一行深入到福贡县子里甲乡、石月亮乡、马吉乡，贡山县普拉底乡、捧当乡、丙中洛乡，通过“听、看、查、访”后指出，2007年，怒江州人口和计划生育工作克服工作条件极为艰辛、经济财力极为薄弱的困难，认真贯彻落实中央《决定》和省人口与计划生育工作会议精神，以控制人口数量、提高人口素质、改善人口结构、引导人口分布为主线，以建设小康社会为目标，以构建和谐社会为宗旨，在认真总结2006年人口计生工作的成绩和经验，分析人口形势的同时，研究部署了2007年人口计生工作发展思路和年度工作、层层落实了2007年度人口与计划生育（双线）目标管理责任制，使怒江州人口和计划生育工作稳步健康向前推进，并取得了显著成效。同时，考核组希望怒江州在新的一年里，进一步增强人口计生工作的责任感和使命感，加强领导，狠抓落实，重点抓好奖励扶助制度和“少生快富”工程和全面实施，抓好出生缺陷干预、流动人口的管理和服务、“兴边富民”工程和计划生育优质服务的创建达标活动，使怒江州人口和计生工作再上新台阶。

【“三下乡”集中示范活动】

2008年1 月21日，兰坪县兔峨乡粮管所大院内，人声鼎沸，彩旗飘扬，欢歌曼舞，广大群众沉浸在一片祥和欢乐的节日气氛中。由州委宣传部牵头组织，科技、文化、卫生、人口计生、农业、司法等部门参与的怒江州2008年“三下乡”集中示范活动启动仪式在兔峨乡举行。怒江州人口计生委作为活动的主要参与部门，由分管副主任带队，抽调宣传、技术、药具等岗位的精干力量，组成人口计生宣传队，积极参与到活动中。在活动现场，州人口计生委设立了宣传服务台，通过采取悬挂横幅、摆放展牌、散发传单、发放药具、政策咨询等形式，向参加活动的广大农村育龄妇女送去计划生育政策法规、科普知识、生殖保健等知识和避孕药具。宣传服务台前人头攒动，群众争先恐后索取宣传品和计划生育药具。特别是《中共中央国务关于人口与计划生育工作统筹解决人口问题的决定》、“奖优免补政策”、“生殖健康”及“计划生育优质服务大家知”、“避孕节育知情选择知识”等宣传册最受群众欢迎；计生医疗义诊台前，前来咨询和体检的农村妇女更是络绎不绝。据统计，此次宣传服务活动，共散发各类宣传单和画册2100余份，发放计划生育药具价值3968元，开展义诊咨询服务620人次，受到了广大农村育龄群众的欢迎。并纷纷表示：“这样的计划生育宣传服务活动我们很喜欢，要是能经常来就更好了。”

【纪念中国共产党成立87周年】

为纪念中国共产党成立87周年，州人口和计划生育委员会隆重集会，庆祝党的生日。州人口计生委主任黄秀柏主持集会。首先，全体党员面对庄严党旗，重温入党誓词。宣誓结束后，支部书记李仕泽为全委职工上党课，讲授题为《科学发展观是指导中国特色社会主义发展的重大指导思想》学习心得。下午，党员们驱车到泸水县鲁掌福利院，看望福利院里工作人员、老人和小孩，与他们座谈，了解他们生活情况。并赠送洗衣机等价值1000多元生活用品。

【全国人口文化宣传月活动】

2008年9月25日，是《中共中央关于控制人口增长问题致全体共产党员、共青团员的公开信》发表28周年纪念日，也是怒江州“人口文化宣传月”活动启动之日。从即日起至10月31日，怒江州将利用一个月的时间，开展以“婚育新风，文化中国；关注人口，共创和谐”为主题的系列宣传活动。活动内容以宣传改革开放和人口发展30年来取得的巨大成就、宣传科学发展观、宣传科学文明进步的婚育观念、宣传人口和计划生育政策和科普知识等四个方面为重点。届时怒江州将开展以集中宣传、座谈会、巡回宣传服务、电视专题访谈等形式多样的宣传活动，弘扬人口文化，倡导婚育新风，在全社会进一步形成科学、文明、进步的婚育观念。

启动仪式上，州县人口计生委联合开展以“计划生育家庭特别扶助制度”为重点的计划生育宣传服务，活动共发放宣传册1200余份、免费体检131人次、发放价值3130元避孕药具。当天，怒江州各级人口计生部门都开展了不同形式的宣传服务活动。

【为扶贫点办实事】

多年来，州人口计生委把人口和计划生育工作与扶贫帮困、提高人口素质有机的结合起来，建立了各种帮扶制度。2005年起资助称杆乡5名贫困独生子女、2名贫困双女户子女每人每月50元学习和生活费。通过4年的帮扶，7名中小学生已顺利完成了义务教育阶段的学业。2008年9月24日，黄秀柏主任又赴称杆乡，亲自拟定了新一轮9名贫困中小学生帮扶资助计划；并将第一学期9名学生共计2250元学习生活费交到学校，还与资助学生见面座谈。黄主任鼓励同学们要刻苦学习科学文化知识，努力把自己培养成为品学兼优的好学生，长大后为家乡建设作出更多更大的贡献。在拟定教育帮扶计划的同时，黄主任还对称杆乡人口计生工作和计生服务所房屋修缮等情况作了认真的调查和了解，并帮助解决部分修缮费用。

【较好地完成人口计生“双线”责任目标】

2008年，各级政府进一步加强人口和计划生育工作，认真贯彻落实《中共中央国务院关于全面加强人口和计划生育工作统筹解决人口问题的决定》，各县召开人口和计划生育工作会议，层层签订《人口与计划生育目标管理责任书》。经考核，怒江州“双线”责任目标管理获二等奖。

政府责任目标完成情况：

1.人口出生率控制数为12.9‰，比省下达控制数14‰少1.1个千分点。

2.投入指标：

（1）“一次性奖励”、“教育奖学金”配套经费州级投入4.33万元，占州、县两级应承担部分50%，并按时足额到位。

（2）州级计划生育专项经费投入65.17万元，达到责任目标州级投入60万元的要求。

3.怒江州有农业人口独生子女2283人，应兑现保健费26.66万元，4县按时足额兑现独生子女保健费。

4.计划生育率为92.21%。比省下达90%高2.21个百分点。

5.流动人口违法多生育数为5人，比省下达控制数20人少15人。

6.转发《云南省全面开展出生缺陷一级预防工作实施意见》，落实配套经费5万元。按要求各县全面开展出生缺陷一级预防工作，

7.州人民政府行文，组织相关部门认真开展好人口区域功能规划工作，落实工作经费3万元，按时完成各阶段任务。

8.福贡县开展创建省级计划生育优质服务县活动，未达到省级计划生育优质服务县标准。

人口计生委责任目标完成情况：

1.优选节育率达84%，比省下达83%高1个百分点。

2.避孕及时率达53.85%，比省下达50%高3.85个百分点。

3.计划生育政策知晓率达95%。入户调查推断，群众对计划生育知晓率达到96.16%。

4.根据民主评议行风工作测评，群众对计划生育管理和服务的满意率达97.3%。达到责任目标95%要求。

5.经抽查，基层统计台账运转合格率达到责任目标95%要求。

6.奖励扶助资格认定准确率达到责任目标达100%要求。

7.州人口计生委下发《关于做好农村部分计划生育家庭奖励扶助档案工作的通知》，统一制作《奖励扶助档案》，提出资料保存要求，并进行达标检查，"奖优免补"档案合格率未达标。

8.依法行政。州人口计生委制发《关于开展人口和计划生育行政执法检查通知》，完成执法检查工作，并上报材料。同时，结合《政府信息公开条例》的贯彻落实，通过政府信息公开网站、怒江州人口和计划生育公众信息网，全面、准确、及时地向社会公开人口与计划生育政务信息。

9.州人口计生委制订《流动人口计划生育服务和管理考核办法（试行）》，对辖区内工作进展情况进行检查，落实流动人口计划生育服务和管理考核制度。

10.全面开展出生缺陷一级预防工作。

（1）州人口计生委转发《云南省全面开展出生缺陷一级预防工作实施意见》，各县按要求积极开展出生缺陷一级预防工作。

（2）泸水县为全省出生缺陷一级预防试点县，孕前检查率达到66.3%。

11.怒江州试点基础上，按云人口发［2004］11号文件要求全面开展关爱女孩行动，并取得明显成效。

【认真做好《政府信息公开条例》实施工作】

为做好实施《中华人民共和国政府信息公开条例》准备工作，州人口计生委提出六条措施，确保政府信息的全面、及时、准确公开，推动人口计生系统政务公开工作法制化进程。一是征订《政府信息公开条例概论》，组织职工认真学习，弄懂《政府信息公开条例》的具体内容以及行政机关政府信息公开的范围、方式和程序，增强政府信息公开的意识，提高做好政府信息公开工作能力；二是成立实施《政府信息公开条例》工作领导小组，结合实际，制订工作方案，细化分解任务，明确领导和各科室的工作责任；三是按照"公开是原则，不公开是例外"的原则，编制部门信息公开目录和信息公开指南；四是把贯彻落实《政府信息公开条例》和落实行政负责人问责办法等四项制度有机结合起来，推进机关效能建设，提高单位政务透明度，实现"阳光政府"；五是建立科学的信息公开工作运行机制，按照"谁主管谁公开，谁公开谁审查，谁审查谁负责，先审查后公开，谁主管谁审批，谁审批谁负责"的原则，准确、及时公开政务信息；六是认真做好《怒江州人口和计划生育公众信息网》维护管理工作，为做好政府信息公开工作提供网络保障平台。

【认真贯彻落实行政问责等四项制度】

为强化行政责任，规范行政行为，推进依法行政，改善行政工作人员服务态度，提高工作效能，提高执行力和公信力，怒江州人口计生委加强领导，制订措施，确保行政负责人问责办法、服务承诺制、首问责任制和限时办结制得到全面、准确、有效实施：一是严格履行8项工作承诺。即：不让来办事的人员在我这里受冷落；不让工作的事项在我这里积压延误：不让工作的差错在我这里发生；不让工作的机密在我这里泄露；不让影响团结的言行在我身上出现；不让违纪违法的行为在我身上发生；不让机关的形象因我受到影响；不让群众的利益因我受到侵害。二是实行依法行政制度。认真落实国务院《全面推进依法行政实施纲要》精神，依法办理各项人口计生业务。三是实行政务公开制度。凡办理人口计生工作业务，除涉及国家秘密、工作秘密和依法受到保护的商业秘密、个人隐私外，都要按照规定的程序、范围和时眼，向社会或一定范围的服务对象公开政策依据、公开办事程序、公开办事条件、公开责任人员、公开办事结果。四是实行首问责任制度。办事人前来办理有关事项或咨询有关政策、业务时，被询问（含接听电话）的第一位工作人员即为首问责任人。当有两位以上工作人员同时被问询时，职位高者为首问责任人，首问责任人应按要求热情接待。五是实行"一次性"告知制度。对来办理行政许可行，行政审批及其他事项的申请人，承办人要按照规定的受理条件和标准进行审查。对需补充相关材料的，应当在审查后当面一次性告知申请人，不得中途让申请人再次补送材料或退回办理。六是坚持文明接待制度。坚持使用文明用语，说话和气，态度和蔼。做到"三一四有"，即对采访办事的群众问一声好、让一个座、倒一杯茶，做到来有迎声、去有送声、问有答声、办事结果有回声。七是实行"AB角"工作制度。将工作分解到具体承办人。某项工作承办人（为A角）因外出不在岗时，单位负责人应及时指定其他工作人员（为B角）顶岗替代，以方便办事人员。八是实行限时办结制度。坚持急事急办、特事特办、常事快办，提高工作效率，提升工作质量，方便群众办事。凡属职能范围内的工作事项。符合政策规定，上报材料齐全，按程序能够受理的，一律在承诺的时限内办理完毕。九是实行行政过错责任追究制度。在执行公务过程中，不履行或不正确履行规定职责的，按照《关于追究计划生育行政执法过错责任的规定》执行。

【广泛深入开展解放思想大讨论活动】

为贯彻落实党的十七大、十七届二中全会、省第八次党代会、省八届四次全会精神和州第六次党代会、州委六届三次全会精神，认真总结改革开放30年的实践经验，激发怒江州人口计生系统广大干部职工高举中国特色社会主义伟大旗帜，立足当前，着眼未来，解放思想，改革创新，营造贯彻落实科学发展观的社会氛围，促进人口计生工作的思想大解放，制度大创新，事业大发展，为实现怒江"二次跨越"，建设富裕民主文明开放和谐生态怒江再创新的辉煌。怒江州人口计生委根据省、州有关文件精神，从深入宣传发动，提高思想认识入手，加强组织领导，结合工作实际，把"解放思想、深化改革、扩大开放、科学发展"大讨论活动落实到人口和计划生育工作每个环节。一是成立机构，制订方案。为进一步加强领导，领导班子专题研究具体措施，召开了解放思想大讨论活动动员会，成立了由黄秀柏主任为组长、分管领导任副组长、各科室负责人为成员的大讨论活动领导小组，下设专门办公室，设立联络员，专门负责上传下达工作。明确了领导责任制和"一把手负总责，一级抓一级，层层抓落实"的工作格局。同时还制订了活动的《实施方案》，结合怒江州人口计生委工作实际，还将大讨论活动进行具体细化。二是积极动员，全面部署。州人口计生委召开解放思想大讨论活动动员会。会议学习《中共怒江州委关于在怒江州开解"解放思想、深化改革、扩大开放、科学发展"大讨论活动的通知》精神，要求全委干部职工在开展解放思想大讨论活动中，认真学习《怒江州解放思想大讨论活动领导小组办公室关于做好大讨论活动第一阶段各项工作的通知》所规定学习内容，正确处理好工学矛盾，并注重"五个结合"。即：与完成年度人口和计划生育责任目标相结合；与抓好计划生育服务网络国债项目和"兴边富民"项目相结合；与实施计划生育奖励扶助制度和"少生快富"工程相结合；与推行行政问责办法等四项制度相结合；与贯彻落实《政府信息公开条例》工作相结合。三是广开言路，真诚纳谏。为更广泛、更深入地挖掘出怒江州人口计生委和个人在思想、作风和纪律等方面存在的问题及思想根源，怒江州人口计生委采取"面对面"、"不见面"和"无记名"等多种形式敞开纳谏，在全委职工、计划生育服务对象、下属单位和相关部门征求了意见和建议。其中：发放解放思想大讨论征求意见表20份，怒江州人口和计划生育系统作风建设问卷调查表40份，针对部分基层计划生育部门的"相关单位民主评议人口计生系统意见表"20份。同时，公布怒江州人口计生委征求意见电话，设立"征求意见电子信箱"，充分动员服务对象向怒江州人口计生委和个人"揭短"，接受监督。

【强化人口和计划生育宣传教育工作】

各级人口计生委利用世界人口日、"5·29"协会纪念日、防治艾滋病和民族节假日等，开展以计划生育法律法规、"奖优免补"、关爱女孩、出生人口性别比及生殖健康科普知识等为主要内容的多种形式的宣传，书写标语、印发宣传材料，利用广播、VCD等多种媒体进行宣传；一是在州广播电台、《怒江报》和州人口计生委公众信息网开设人口计生专栏，充分发挥媒体优势，加大对外宣传力度。二是2006年起，在《怒江报》推出"提高人口素质，构建和谐怒江"人口计生宣传专栏，2008年在怒江广播电台"新农村百叶窗"栏目中开通"计划生育广角"，大力宣传人口与计划生育。平时各级人口计生部门设有宣传专栏，定期更换内容，对广大育龄群众进行宣传教育，同时要求行政执法人员在工作中要坚持向广大育龄群众宣传讲解计划生育法律法规，做到普法宣传与征费、执法工作相结合，取得了良好效果。

【切实抓好基层计划生育服务网络建设】

为在"十一五"期间重点加大基层计划生育服务网络建设的力度，切实改善基层服务网络基础设施薄弱技术力量滞后等现象，怒江州人口计生委抓住国家加大西部地区的扶持和省委省政府实施"兴边富民"工程之机遇，及州发改委编制了《怒江州人口与计划生育技术服务网络国债项目建设规划》、《怒江州人口与计划生育技术服务网络"兴边富民"工程项目建设规划》等项目论证。州、县分别成立了项目工作领导小组。下设办公室，配备一名联络员，按期按月负责项目月报表的统计上报。州人口计生委与州发改委根据国债项目及"兴边富民"工程的实施情况分别提出了八条措施：一是工程实行"一把手"负责制，即无论是国债项目还是"兴边富民"工程，坚持谁受益、谁负责、谁监工；二是"兴边富民"工程由县级人口计生委负责工程设计，预算及招投标和竣工验收，州人口计生委、州发改委、州财政局对工程进行督查及完成省级报告；三是国债项目的初步设计，地质勘探，图纸及工程预算由县人口计生委按国家基本建设程序完成初稿后报州人口计生委、州发改委组织相关专家进行评审，达到设计要求，文本符合规定的，由州发改委批文进行招标；四是项目一经审批必须按照所批准的规模和建设标准进行施工，原则上不得擅自更改图纸，扩大规模和提高建设标准；五是凡属于项目工程必须独立进行财务管理，做到专账、专款、专用，如发现挪用，将按四项制度追究相关人员的责任；六是项目工程选址由当地政府负责，工程质量由县级质检部门和工程监理人员负责，必须保证工程按质按量按期完成；七是排水、排污、消防等附属工程及总体工程的资金预决算，原则上实行"捆绑式"即国家、省投入多少资金就使用多少钱，超出预算的由各县自筹解决；八是对国债项目的报表为每月6日上报一次，对工程竣工验收由州、县统一负责。州人口计生委还针对各县国债项目的进展情况提出了限期问责。

【干部队伍建设进一步增强】

一是怒江州计划生育干部队伍在几次机构改革中保持稳定和发展。基本建立了覆盖怒江州的人口和计划生育行政管理、技术服务、群众工作"三位一体"的互联、互补、互动的履行计生社会管理与公共服务职能的网络体系和工作人员队伍，形成了特别能吃苦、特别能战斗、特别能奉献、善于做群众工作的计生工作精神。截至目前，怒江州共配有人口计生行政人员136人，专业技术服务人员124人，村级宣传员350人，计生协会组织295个，会员总数达32673人。二是干部素质进一步提高。2001年以来，怒江州每年举办一期人口和计划生育专门业务培训班，今年投入近16万元，重点对“少生快富”工程、计划生育特扶政策、出生缺陷干预工程等进行了培训。

【开展“阳光计生行动”双评活动】

在怒江州组织开展“阳光计生行动”双评活动，通过发放《请农民兄弟姐妹评计生活动评议问卷》和《请流动人口农民工评计生活动评议问卷》。结果统计：对人口和计划生育工作整体情况和各项具体工作评价满意率为77.72%，基本满意率为22.28%；流动人口对计划生育工作整体情况和各项具体工作评价满意率为81.96%，基本满意率为17.78%，不满意率为0.26%。通过开展“阳光计生行动”，完善怒江州人口和计划生育政务公开、民主评议、社会监督体系，实现“阳光管理”、“阳光服务”、“阳光维权”，让权利在阳光下运行，尊重和保障了人民群众的知情权、参与权、表达权、监督权，不断提高依法管理和优质服务水平，增强计划生育基本国策的执行力和公信力，促进社会和谐。

【开展丰富多彩计划生育协会工作】

各级计划生育协会，把计划生育工作与促进社会和谐结合起来，以生育关怀为主线，开展丰富多彩计划生育协会工作。怒江州各级协会大力推行组织创新、制度创新、职能创新和工作思路创新，积极发挥“带头、宣传、服务、监督、交流”等五项职能，促进了怒江州人口和计划生育工作的长足发展。截至目前，怒江州共建州级协会1个，县级协会4个，乡级协会29个，村级协会260个，社区协会1个，会员之家421个，会员小组2275个，会员联系户1487户，理事会员人数达32673人。各级计生协积极争取党委、政府支持，按照《计划生育村民自治规范》，制订计划生育村民自治公约，宣传发动群众，提高村民的权利意识和参与意识，开展计划生育村（居）民自治；基层协会广泛参与村计划生育服务和管理，代表村民监督村民委员会以及各级政府和有关部门的人口和计划生育工作，反映群众呼声，提出工作意见和建议，发挥民主监督作用。

【不断提升药具优质服务水平】

怒江州各级党委、政府及人口计生部门站在贯彻落实科学发展观，构建社会主义和谐社会的高度，自觉地把药具工作作为人口计生部门关注民生、保障民生、改善民生的有效途径，作为做好人口和计划生育工作的重要支撑，积极争取纳入到民生事业的总体部署中。先后制发《怒江州计划生育药具工作改革方案》、《怒江州计划生育药具工作改革评估实施方案》、《怒江州计划生育药具工作“十一五”规划》、《怒江州2007–2010年计划生育药具宣传实施方案》、《关于进一步加强计划生育药具工作的通知》等文件；州人口计生委成立领导小组，专题听取药具工作汇报，定期研究药具工作，为推动怒江州药具工作改革提供了组织保障。通过广大人口计生干部的共同努力和相关部门的配合，怒江州药具管理服务工作取得了新的突破和进展，逐步探索出了符合怒江州计划生育药具管理服务的“五化”管理模式，即“管理规范化、发放网络化、宣传多样化、办公信息化、服务优质化”。在省人口计生委、省药具站支持下，怒江州成功承办2008年全省人口和计划生育药具工作会议。目前，怒江州设立422免费发放点，构筑了“横向到底，纵向到边”的药具发放网络，使计划生育药具工作实现了人性化的管理、零距离的服务。为不断满足广大育龄群众日益增长的计划生育药具/生殖健康需求，促进怒江州人口与计划生育事业发展作出了积极的贡献。

【党风廉政建设】

各级人口计生委把党风廉政建设作为实践科学发展观具体内容，把世界观、人生观、价值观作为干部思想教育工作抓紧抓好。认真学习党的十七大和十七届中纪委二次全会、国务院第一次廉政工作会议，全国人口计生系统反腐倡廉工作会议、省纪委三次全会和省政府第一次廉政工作会议精神，落实中共中央国务院《全面加强人口和计划生育工作统筹解决人口问题的决定》，组织广大干部职工观看国家人口计生委录制发生在人口计生系统中的腐败警示教育，加强思想修养和职业道德修养、筑牢拒腐防变的思想道德防线。通过专题学习、专题报告等形式，开展反腐倡廉形势教育、党纪条规教育，示范和警示教育，把党风廉政建设和反腐倡廉教育引向深入。开展以“八荣八耻”为主要内容的社会主义荣辱观教育。把“八荣八耻”融入党风党性党纪教育中去，融入党员领导干部廉洁自律中去；融入案件查处和警示教育中去；融入纠正部门和行业不正之风中去。通过开展学习人口和计划生育法律法规和廉洁从政规定，进一步引导广大党员干部常修为政之德，常思贪欲之害，常怀律己之心，树立起马克思主义的世界观、人生观、价值观和正确的权利观，地位观和利益观，全面提高依法行政能力和廉洁从政能力。

【荣誉】

1.全省人口和计划生育先进工作者

肯四才　傈僳族　泸水县人民政府副县长

普　叶　傈僳族　福贡县马吉乡马吉米村计生宣传员

李润平　傈僳族　贡山县人口计生委办公室主任

杨瑞全　白　族　兰坪县人口计生委主任

2.云南省“三八红旗手”

黄秀柏　女　白　族　怒江州人口计生委主任

3.云南省2005年至2007年

防治艾滋病人民战争先进个人

熊　英　普米族　怒江州人口计生委科技科长

4.怒江州老干部工作先进工作者

刘桂华　傣　族　怒江州人口计生委办公室主任

泸水县

2006年

【概述】

2006年度，泸水县的人口与计划生育工作在县委、政府的正确领导下，在怒江州人口和计划生育委员会的具体指导下，我们积极应对综合改革的形势，抢抓机遇，迎难而上，按计划、有步骤地推行计划生育村民自治试点工作以及出生缺陷干预试点工作，有力地推动了泸水县人口与计划生育工作上层次、上水平。

【统计数据】

截至2006年9月30日止，泸水县总人口171089人，其中城镇人口31637人，农业人口129066人，暂住人口10386人；泸水县出生人口合计1654人（男845人，女809人），其中计划内出生1640人，计划外出生14人（其中：违法多生育2人），计划生育率为99.15%，出生率为9.74‰；泸水县共有已婚育龄妇女32488人，综合节育率为87.58%；泸水县累计领取《独生子女父母光荣证》3942人，其中2006年农业人口领取《独生子女父母光荣证》228户。完成任务（下达数412户）的55.34%；泸水县自然增长人数878人，自增率为5.17‰；泸水县死亡人数776人，死亡率为4.57‰。

【农业人口独生子女“奖优免补”工作】

截至2006年9月30日止，泸水县已有1041户农业人口领取了独生子女父母光荣证，其中2006年领证人数为228户，完成率为55.34%。泸水县共兑现“奖优免补”专项经费44.069万元，其中：享受“一次性奖金”168户，15.4万元，享受升学加分1人，享受教育奖学金454人，8.61万元，享受养老生活补助302人，20.055万元，在全面推行“奖优免补”政策的过程中，所有符合享受对象均按要求严格实行组、村、乡三级公示制度，并按政策的相关规定，由纪委监察、审计、财政、教育等部门定期对“奖优免补”资金使用、政策兑现情况进行专项监督检查。确保“奖优免补”经费专款专用。

【稳步推进安全套推广摆放工程】

推广使用安全套预防艾滋病是一项涉及面广的社会系统工程，泸水县在2004年成立推广使用安全套工作领导小组的基础上，全面巩固工作成果，定期对宾馆旅店娱乐场所的安全套摆放情况进行督促检查，服务送货上门。有效督促宾馆、旅店及娱乐场所按要求摆放安全套，使安全套的市场营销工作步入良性循环，产生了良好的社会效益和经济效益。在工作中采取一系列的人性管理工作机制，对育龄群众的健康需求进行按需供给（分为生殖生理基础知识和专项生殖保健知识），积极开展防艾宣传工作，一年来，共营销安全套3145只，免费发放29000只（用于宣传），提供各类咨询 8194人次。

【流动人口的计划生育管理服务工作】

泸水县有暂住人口10386 人，流动人口的计划生育管理工作，以专项整治工作为主，年初在县委、政府的统一领导下，由安全局、劳动保障局、公安局、司法局等部门组成的矿山治理工作组，对六库镇的石缸河矿区进行了综合治理。今年8月，又在州、县、乡及社区的共同协作下，在六库镇所辖的三个社区居委会全面开展了流动人口的计划生育专项清理工作，与278家用工单位和业主签订了《流动人口工作协议书》，流动人口与用工单位及个人签订《流动人口管理协议书》627份，并限期要求业主与租房户签订《流动人口管理合同书》对流动人口实行与常住人口同管理、同服务，与各部门形成齐抓共管、综合治理的管理新格局。

【推广新型节育环】

为进一步了解各种宫内节育器在泸水县的推广放置效果情况，更好地满足泸水县育龄群众的计划生育药具知情选择需求，从2006年初，泸水县在省、州药具站的统一部署下，以上江和称杆两个乡镇为试点，开展“元宫环”和“吉妮环”放置对比项目。

【计划生育协会自身建设工作】

泸水县共有县级协会1个，乡级协会9个，会员小组1126个，计划生育宣传服务阵地73个，有县级理事44人，乡级理事360人，会员人数达11977人，占总人口的7%。2005年我们开展了基层协会整顿活动，今年，在去年开展协会整顿活动的基础上，于2006年3月29日下发了《关于对村级协会清理整顿及创建合格协会工作进行自查的通知》的文件，加大了整顿力度，更加注重协会的队伍建设、制度建设和阵地建设。县级协会理事多次深入基层督促、指导基层协会工作，积极以开展协会创优活动和优质服务来促进协会的自身建设。利用协会组织积极推进计划生育村民自治工作和出生缺陷干预工作。目前计划生育村民自治的前期工作已在泸水县范围内全面开展，试点镇——鲁掌镇，已初步形成了群众“自我教育、自我管理、自我监督、自我服务”的良好工作局面。将于明年在泸水县范围内推广工作经验，全面铺开计划生育村民自治工作。出生缺陷干预工作也已经全面启动，前期的宣传工作正在稳步进行。

【认真落实党政领导人口与计划生育目标管理责任制，切实加强对人口与计划生育工作的领导】

为了切实加强对计划生育工作的领导，使人口与计划生育工作落到实处。一是始终坚持以各级党政领导“一把手”亲自抓、负总责为核心的人口与计划生育目标管理责任制和计划生育“一票否决”制。年初，及时召开泸水县计划生育工作会议，县政府与乡（镇）政府、乡（镇）计生办与县计划生育部门签订人口与计划生育目标管理责任书。做到了目标明确，层层分解，责任到人，泸水县上下形成了横向到边，纵向到底的目标管理体系。二是建立严密计划生育目标管理监督制约机制，严格进行监控考核，并实行“一票否决”制。对乡（镇）实行半年和年终检查考核制度，并注重强化平时监控。经常深入乡（镇）指导工作，发现问题及时纠正，并通过考核强化目标的落实，使计划生育工作稳步达标。三是坚持每个季度一次的计生例会。通过例会及时总结交流工作经验，查找存在的问题，明确今后的措施。四是为了切实强化党政领导对计划生育工作的责任意识，我们定期对泸水县的计划生育工作情况进行通报，进一步提高党政领导对计划生育工作的重视程度，把“一把手”亲自抓落到实处。

【认真落实“三为主”，巩固和提高基层基础工作水平】

1.加大以“奖优免补”政策和州政府1号公告为主要内容的计划生育宣传力度。

2006年，紧紧围绕全面落实“三为主”工作方针，始终把宣传教育放在计划生育工作的首位，开展了以“婚育新风进万家”为主题的一系列内容丰富、形式多样的宣传教育活动。一是注重社会宣传的效果，营造全社会人人都关心、支持计划生育工作的良好氛围。首先利用春节“三下乡”和其他节假日活动，进行以“奖优免补”政策和州政府1号公告为主要内容的宣传，制作了一批宣传资料（《政府1号公告手册》、《生殖生理基础知识》、挂历、“奖优免补”知识围裙等）；其次，加强了平时入户面对面的宣传。经常组织计生干部、计生宣传员深入重点人群家中进行宣传，在工作中做到了“三上门”，即：送计生扶持政策上门、送生殖健康知识上门、送避孕药具上门。二是注重阵地宣传教育，充分发挥阵地的宣传教育作用。通过开设固定宣传栏，制作永久性标语，全面落实“5331”工程，对育龄群众进行潜移默化的教育。通过宣传，进一步增强了广大育龄群众的计划生育意识，提高了计划生育的自觉性。

1.强化避孕节育措施的落实，推进优质服务

（1）扎扎实实开展服务工作。我们根据群众的要求，积极开展生殖健康系列化服务。即：婚前服务、孕期服务、哺乳期服务和三随访服务等四项服务工作，有效地保障了公民的生殖健康权。

（2）认真开展“三查”(查环、查孕、查病)工作。自2002年开展计划生育优质服务工作以来，专门组织计划生育技术人员成立服务小分队，实行分片包干制，深入到基层免费为泸水县育龄妇女开展三查工作，在工作中处处体现“以人为本、关爱妇女”的工作宗旨，全年共为500名妇女做了妇科检查，为750名妇女做了B超检查，对检查中发现的疾病及时给予对症治疗。

【进一步加强了流动人口管理，提高了流动人口管理水平】

一是认真落实了“齐抓共管、综合治理”流动人口计划生育管理责任制。依据2003年制订的《泸水县流动人口管理实施细则》，进一步明确了各相关部门的职责；二是继续推行了以《云南省流动人口管理办法》为依据，以房东为中心，以合同为纽带的流动人口管理办法，进一步完善了流动人口查验、查证制度、合同制度、流动人口生育审批制度和查孕制度，有效地促进了流动人口管理的规范化，提高流动人口管理水平。

【结合群众需求，积极探索提高农业人口独生子女领证的新路子】

为提高泸水县农业人口的领证率，泸水县采取各种有效措施，处处服务人民群众，切实解决农民群众的后顾之忧，细心为群众讲解“奖优免补”政策，认真帮助其算账对比，让群众了解少生的远期利益，在办证过程中，全心全意为民所想，方便群众，免费为群众照证件像，对部分手续齐备的群众提供上门办证服务，在工作中，不定期召开一孩户座谈会，主动邀请已办证的群众到会作现身说法，工作人员还经常深入农户家中，与一孩户进行交心谈心，坚定其领证决心，在推行“奖优免补”工作中，不断摸索提高领证率的新路子。

2007年

【概述】

泸水县总人口176485人，其中城镇32332人，农村128974人，暂住15179人；出生1583人，其中计划内1565人，计划外18人，其中2人超生（六库镇流动人口1 人，上江农业人口1人）出生率为9.09‰；死亡867人，死亡率4.98‰；自增人数716人，自增率4.11‰；计划生育率98.66%，综合节育率87.90%；已婚育龄妇女31612人，农业人口办理《独生子女父母光荣证》111户，已兑现每户一次性1000元奖金97户，513名在校生符合政策取得了教育“三免”。

【宣传教育】

组织分散联动乡（镇）开展宣传活动，大力宣传《云南省人口与计划生育条例》、《云南省农业人口独生子女家庭奖励规定》、《预防艾滋病知识小册子》、《预防出生缺陷知识小册子》和《中共中央、国务院关于全面加强人口和计划生育统筹解决人口问题的决定》等计划生育方面的政策宣传，在泸水县营造良好的人口政策宣传氛围。泸水县人口计生委、团县委、县教育局部门联合在泸水县泸水一中校园内组织全体学生参加生殖健康进校园活动启动仪式，活动的主题为“关爱青少年，杜绝艾滋病”，通过活动，使青少年了解到有关性健康知识和如何预防艾滋病的相关知识，不断提高自身的卫生保健知识水平，收到较好的效果。

【计划生育工作会议】

2007年4月23日，县政府在永乐大酒店召开泸水县人口和计划生育工作会议，总结2006年人口与计生工作取得的成绩和经验，全面分析当前泸水县人口和计划生育面临的形势，安排部署2007年人口与计划生育多项任务，并签订县政府对乡（镇）政府，县人口计生委对乡（镇）计生办的《二○○七年人口与计划生育目标责任书》。

【计划生育协会】

5月29日是中国计生协会成立27周年，也是全国第九个会员集中活动日，州、县人口计生委精心组织，在六库地区开展以纪念“5.29”的大型宣传服务活动，活动的内容分为四项：一是免费测量血压；二是免费发放避孕药具；三是发放计划生育宣传资料；四是提供计划生育政策咨询。这次活动，在对以往 “关爱女孩”和“婚育新风”等知识宣传的基础之上，扩大了宣传内容的外延，把预防艾滋病和女性生殖健康知识及农业人口独生子女家庭奖励扶助政策等内容也有机的融入此次宣传活动之中，使群众拓宽了知识视野，深受启发和教育，整个宣传服务活动丰富多彩，深受群众的欢迎。活动共免费为群众测量血压252人，免费放发总价值2232元的计划生育避孕药具，放发宣传资料（防艾知识手册、预防出生缺陷知识小折页、生殖保健服务手册、印有“奖优免补”政策的围裙）1000份。提供计划生育政策及生殖健康咨询62人次。活动丰富多彩，深受群众的欢迎。

【关爱妇女】

为认真贯彻落实《中共中央、国务院关于全面加强人口和计划生育工作统筹解决人口问题的决定》的精神，深入推进计划生育优质服务工作，从广大育龄妇女计划生育、生殖健康需要为出发点和落脚点，依靠科技进步，积极引进和推广计划生育优生、优育、生殖健康新技术新成果来提高服务质量，使人口计生工作更具有特色化和服务个性化。2007年7月16日至12月28日泸水县人口计生委、县总工会、县妇联、团县委、修正药业集团联合在泸水县境内深入开展已婚育龄妇女生殖健康普查普治活动。利用高科技仪器（电子数码阴道镜、红外乳腺诊断仪）为泸水县育龄妇女免费开展生殖健康检查，受到了社会各界广泛关注和群众的普遍欢迎，充分体现了党和政府对妇女同胞的关爱。普查普治活动累计检查育龄妇女3910人，检查过程中发现患乳腺增生的有203人，患各种阴道炎、宫颈炎、宫颈糜烂患者有1729人，其中阴道炎、宫颈炎有717人，发病率达41%，宫颈糜烂患者有1012人，发病率达59%。

【出生缺陷干预工作】

预防出生缺陷是统筹解决人口问题、促进人的全面发展的重要任务，是坚持以人为本、增进家庭幸福、构建和谐社会的有效途径，是落实科学发展观，促进国家富强、民族振兴的重大举措。2006年6月，泸水县被省人口计生委确定为“人口出生缺陷干预工程”项目试点县以来。县委、政府高度重视此项工作，精心组织，周密部署，强化措施，狠抓落实，积极实施出生缺陷干预，成立了以县人民政府副县长任组长的领导小组，县人口计生委、县卫生局、县人民医院、县妇幼保健院、县妇联、县财政局、县广电局、县民政局相关责任人任组员，充分发挥部门协同作用。成立了技术指导小组，制订了《泸水县人口出生缺陷干预（预防）工作实施方案》，结合了泸水县人口与计划生育工作实际，坚持以人为本，以人的全面发展为中心，减少人口出生缺陷的发生，提高出生人口素质，促进泸水县人口与经济、社会、环境、资源的可持续发展和协调发展作出积极的贡献，各级计划生育部门充分发挥自身服务网络优势，积极开展宣传倡导、健康教育、优生咨询指导、叶酸增补、重点监测等项技术服务，不断满足群众生育健康孩子、建设和谐家庭的需求。

开展形式多样的宣传培训活动，大力普及预防出生缺陷科学知识。采用出动宣传车，广播、发放出生缺陷知识小折页、书写标语、墙报专栏、文图宣传品、培训讲座、群众活动等形式开展宣传，使育龄群众进一步了解出生缺陷疾病的危害，增强缺陷干预的意识，树立科学的生育观念，提高对优生优育重要性的认识，了解实施项目的意义、目的、方法等，为全面实施干预营造了提高出生人口素质良好的社会氛围，大大提高了广大群众自我保健和防护意识。从2006开展工作截至到2007年6月30日，泸水县共有目标人群1483人，服用叶酸片的有246

人份，1476瓶。

【流动人口计划生育管理】

加大了对流入人口的《流动人口婚育证明》的查验力度，依法查处流入人口违反计划生育法律法规的行为；掌握流出人口在外的计划生育基本信息情况。建立健全流动人口计划生育管理信息交换平台，及时运转流动人口信息交换平台，使流动人口的管理走向信息化、科学化。12月14日，泸水县人口计生委、服务站技术人员、六库镇、社区联合为六库地区流动人口较好密集的民通商场和峡谷商场的流动人口免费上门随访服务，发放避孕药具、宣传资料，活动受到了群众的好评，充分体现了同管理、同服务。

2008年

【概述】

据统计报表反映，泸水县总人口177624人，已婚育龄妇女32450人；2008年1–9月份出生人口为1019人（其中计划内出生987人，计划外出生32人，计划生育率为96.86%）出生率为5.76‰，死亡593人，死亡率为3.35‰，自然增长率为2.41‰，综合节育率为86.94 %；“奖优免补”工作情况：1–11月完成农业人口领取《独生子女父母光荣证》26户，符合享受一次性奖金的有47户，享受升学加分0人，符合享受教育奖学金人数534人，其中小学375人，初中159人，金额为101340元，符合享受养老生活补助人数284人，184300元，其中符合省级的享受人员284人(金额184300元)，符合州级的享受人员78人(金额50900元)。今年9月份，新出台了一项特别扶助政策，享受特别扶助奖励89人。

【出生缺陷干预试点工作】

泸水县2006年7月起正式实施“出生缺陷干预”工作，县委、政府高度重视，成立了以县人民政府分管人口计生工作的副县长任组长，县人口计生委、县卫生局、县人民医院 、县妇幼保健院等相关责任人任组员的工作领导小组。同时，在各乡（镇）分别成立了相应的技术指导组，制订工作方案，建立服务档案。并对泸水县所辖6乡3镇进行目标人群调查摸底工作，共有目标人群880人，目前，已发放叶酸196人份，1176瓶。

【推广使用安全套预防艾滋病工程】

在泸水县范围内所有旅馆、娱乐服务场所，流动人员集中场所、医疗卫生单位、药品经营单位等公共场所推广使用安全套。与公共场所的营业者签订《协议书》每季度对旅馆业、娱乐场所、流动人员集中场所、医疗卫生单位、药品经营单位、高危人群进行督促推广或发售安全套。2008年1月1日至9月30日止，泸水县营销安全套9496只，其中宾馆酒店6666只、娱乐场所635只、美容美发厅55只、医疗卫生单位510只、药品经营单位1630只。对已婚育龄妇女免费发放75437只，利用街天宣传发放41505只，发放预防艾滋病宣传小册子7881份，受教育人数9153人次，泸水县95家宾馆、旅社，3家星级宾馆，33家美容美发厅，26家歌舞厅，卡拉ok厅，2家桑拿洗浴城，46家医疗卫生单位，34家药品经营单位均已摆放安全套，摆放率达100%。

【优质服务工作】

在当前群众需求不断提高的新形势下，泸水县的计划生育优质服务工作紧紧围绕“以人为本、关爱妇女”的工作宗旨，积极探索计划生育优质服务新机制，加强组织领导，组建计划生育巡回服务队，开展规范化的技术和宣传服务活动，通过开展春节“三下乡”、宣传活动周、优质服务月和各种节假日宣传服务活动，加强部门与部门间的协作力度，与其他相关部门共同开展国策宣传。并收到了良好的社会效益。

【贯彻学习《决定》】

为了深入贯彻《中共中央国务院关于全面加强人口和计划生育工作统筹解决人口问题的决定》精神，做好学习宣传活动，要求县、乡两级工作人员在泸水县范围内掀起一个学习《决定》宣传的高潮。同时，县计生委还将学习《决定》纳入了泸水县开展的“解放思想、深化改革、扩大开放、科学发展”的大讨论活动中，作为大讨论活动的必学篇目，切实把《决定》精神的学习宣传活动落到实处。

【计划生育行政执法】

依法行政是贯彻落实人口与计划生育法律法规的重要保障。今年以来，泸水县将人口和计划生育行政执法工作摆上重要议事日程，在泸水县计生系统全面推行行政执法责任制，明确执法权限，落实执法责任，规范执法程序和执法文书。加大对计生系统干部的法律知识培训，提高计生干部的依法行政、文明执法的工作水平。畅通信访渠道，积极查处计生信访案件，全年共接到计生信访举报案件3起，立案3起，查处2起，目前尚未结案1起。

【开展科技大练兵】

为进一步提高技术服务人员整体素质和综合服务能力，制订了《泸水县计划生育科技大练兵活动实施方案》，并按该方案的要求组织泸水县计划生育技术服务人员进行集中培训，在培训中着重突出三个显著特点。一是培训规格。二是培训内容精，重点明。三是培训纪律严，效果好。通过系统的培训，使泸水县技术服务人员真正认识到技术服务工作的重要性，进一步激发了专业技术人员钻研学习技能的积极性，提高了技术服务人员的整体业务素质。

福贡县

2006年

【概述】

2006年福贡县人口与计划生育委员会是县人民政府直属部门，2006年5月9 日，福贡县计划生育委员会更名为福贡县人口和计划生育委员会。在县委、县政府的领导和上级业务部门的指导下开展工作，主要职责是宣传贯彻党的计划生育方针政策，法律法规以及上级的指示和决定。开展避孕节育技术指导服务、流动人口计划生育管理、人口与计划生育统计工作、负责社会抚养费的征收和管理、农村独生子女家庭奖励政策的实施及计划生育协会工作。2006年人口与计划生育工作以“三个代表”重要思想为指导，以优质服务为主题，着重贯彻落实《人口与计划生育法》《计划生育技术服务管理条例》《云南省人口与计划生育条例》《云南省流动人口计划生育管理规定》《农业人口独生子女家庭奖励扶助制度》为主线，扎实开展工作，圆满完成年初与州人民政府、州计划生育委员会、县人民政府签订的25项目标任务，计划生育工作成效明显。内设办公室(含财务室)、政策法规宣传股、统计科技股、计划生育协会(含流动人口管理股)。人员编制10名，其中行政编制8名，事业编制2名，领导为主任1名，副主任1名。年内干部职工有13人，其中男l0人，女3人。副科以上1人，科员有8人，办事员有1人。高级工1人，中级工1人，初级工1人。大专5人，中专6人，初中2人。20岁至29岁3人，30岁至39岁5人，40岁至49岁2人，50岁以上2人。

【统计数据】

2006年，福贡县总人口为95021人，已婚育龄妇女16089人，出生人口747人，人口出生率为8. 25No，比2005年下降0. 17个千分点，比州下达的人1：3出生率控制指标14. 4No低6. 15个千分点。人口自然增长373人，自然增长率为4. 12‰，比州下达的人口自然增长率控制指标9‰低4. 88个千分点，年内违法多生育1人(常住人口)，控制在州下达的5人指标以内，计划生育率达99. 9%，比州下达指标91%高8. 9个百分点。综合节育率达93. 9%，避孕及时率达80%。“5331”工程达标率达100%，比州下达指标91%高出9个百分点。群众“奖优免补”政策知晓率指标为82%，年内实际完成95%。年内福贡县农业人13领取《独生子女父母光荣证》161户，完成州下达办证任务222户的72. 5%，自愿领证率达100%，领证巩固率达100%。年内共查环、查孕、妇科检查、术后监护8000余人次。年内，县财政投入计划生育事业经费高达150万元，“一次性奖励”和“教育奖学金”配套经费按时足额到位，配备了1名上帕居委会流动人口计划生育专职管理员。

【加强计生管理】

根据年初州委、州政府和 州计生委提出的计生工作总体目标，县计生 委进一步统一思想，齐心协力，克服满足现 状和消极畏难情绪，全面推进计划生育工作。

2006年3月份，县委、县政府召开了福贡县人口与计划生育工作会议，会议总结过去一年的工作情况，研究部署新一年的工作，做到目标早明 确，问题早研究、任务早完成，责任早落实 的工作局面。面对新的形势、新的压力，福贡县人口计生委及时对福贡县人口和计划生育工作进行 深入细致的调查研究，掌握动态，采取了一系列举措。

一是召开了乡镇计生座谈会，抓好业务衔接工作。

二是就福贡县性别化升高的问题，县政府召开了福贡县综合治理出生婴儿性别比专题会议，成立了专项调查组，有关部门协助开展了性别比专项集中治理活动。

三是针对福贡县各乡镇计划生育工作业务规范程度不尽相同的问题，及时举办了乡村计生干部业务知识培训班，历时5天，参训人员达110人，提高了基层专干业务素质，业务工作 向规范化扭转。同时，加大“一法一条例”和“奖优免补”政策的宣传力度，开展了以“婚育新风进万家”为主题韵一系列宣传教育活动。注重宣传效果，营造全社会人人都关心支持计划生育工作的良好氛围。利用“5·29”协会活动日、“7·11”人口日、“9·1”人口法宣传日和“12·4”法制宣传日等集中宣传活动，以《人口与计划生育法》《云南省人口与计划生育条例》《云南省农业人口独生子女家庭奖励规定》为主要内容进行宣传。年内印发宣传折页近2万份，悬挂过街横幅标语10余条。在计划生育科普宣传活动中，共放映科学宣传教育片21场次，受宣传人数达2万人次。加强平时进村入户面对面的宣传，组织计生干部、计生助理员深入重点人群家中进行宣传，做到了“三上门”即送《人口与计划生育法》《云南省人口与计划生育条例》《云南省农业人口独生子女家庭奖励规，定》和政策上门、送生殖健康知识上门、送避孕药具上门。注重阵地宣传教育，充分发挥阵地的宣传教育作用，年内，用乡、村人口学校和教学点，对重点已婚育龄妇女进行了《云南省农业人口独生子女家庭奖励规定》和生殖保健知识等内容的系统化培训，制作永久性标语，通过宣传增强了广大育龄群众的计划生育意识，提高了实行计划生育的自觉性。

【推进优质服务工作】

福贡县人口计生委根据国家计生委《关于全面推进计划生育优质服务的意见》，继续开展生殖健康优质服务试点工作，在福贡县确定7个优质服务试点村，配备必要的服务设施，制订出一套完善的服务内容和切实可行的服务规程。加强约具的管理，加强对技术人员B超技术，避孕节育、优生优育和生殖服务等知识培训，县服务站充分利用计划生育服务车，经常深入各乡和试点村进行免费为广大群众开展生殖系列检查和治疗，满足广大育龄群众术后的服务要求，深受广大群众的好评，年内受监护人数达841人次。认真开展查环、查孕、查病工作，以县计生服务站、乡计生服务所技术人员组成的计划生育服务小组，定期深入到各乡镇免费为福贡县育龄妇女开展查环、查孕、查病工作，先后为2400余名妇女做了妇科检查，对检查中发现的疾病及时给予治疗。“三查’，工作的开展，方便了群众，保障了育龄妇女的身体健康。年内，对福贡县6乡1镇及村(居)委会的人口统计台账管理办证程序进行了统一标准、统一整理规范，并进行了相应的培训，为计生工作全面实现法制化、科学化、制度化和规范化管理奠定了良好的基础。

【加强流动人口管理】

2006年，福贡县人口计生委认真落实了“齐抓共管、综合治理”流动人口计划生育管理责任制，制订了《福贡县流动人口管理方案》，进一步明确了相关部门的职责，加强对流动人口的持证管理。县、乡镇根据各自实际，采取定期不定期方式对流动人口进行全范围清理，进行登记造册，严格查验“三证”，有效地推进了流动人口管理工作。年内按照《流动人口计划生育管理办法》和《云南省流动人口计划生育管理规定》，认真清查登记流出、流人人口，建立流动人员定期和长期居住福贡县境内的务工、经商人口登记簿，定期检查，提供生殖健康服务以及宣传计划生育政策，严肃查处躲生、抢生、骗生现象，建立了流动人口违法生育举报箱，形成群众监督与原居住地计生部门相互配合，以现居住地管理为主的工作格局，全年出具《流动人口婚育证明》共453人，查验流动人口743人次，持证率61%，查验率达80%。

【落实“奖优免补”政策】

自省政府出台《云南省农业人口独生子女家庭奖励规定》后，福贡县认真贯彻落实“奖优免补”政策，组织人员对乡镇上报的奖励扶助对象的资格进行逐人反复审核，按照"不漏不错"的原则，严把资格认定审核关，做到无一差错。截至9月31日，福贡县累计领取《农业人口独生子女父母光荣证》161户，享受一次性奖励的有129户，享受养老生活补助的有74名，享受义务教育奖学金的有138名，共投入"奖优免补"工作经费5万元。同时，积极向县政府提出对农业人口独生子女户的新型农村合作医疗保险基金给予免除或由县财政负担的要求。利益导向机制和"奖优免补"政策的深入推进，产生了很好的社会效益和经济效益。

【抓住工作重点】

为全面推进规范服务，牢固树立依法行政和规范服务的意识，强化计生服务管理，年内县计生委进一步加耐了县服务站的窗口建设，改善服务条件，提高技术服务质量。抓住福贡县开展"兴边富民"工程机遇，积极审报县服务站、乡服务所的建设规划，年内改建了匹河怒族乡计生服务所和新建了鹿马登乡计生服务所，建所面积分别达220平方米。对技术服务队伍严格实行持证上岗制度，严格技术操作规范，加强手术安全性管理，减少各类手术并发症发生。为全面贯彻落实中宣部等11个部委《关于综合治理出生人口性别化升高问题的意见》和《关于禁止非医学需要的胎儿性别鉴定和选择性别的人工终止妊娠的规定》精神，禁止人为干预出生性别的行为，广泛发动群众，大力宣传出生人口性别结构平衡的重要性，倡导男女平等的社会风尚，积极维护女孩的合法权益，建立健全终止妊娠前审查和对B超等各种可用于胎儿性别鉴定设备设施的监督管理等制度。7月，由县计划生育领导小组牵头，相关职能部门参与，联手行动，对福贡县各计生、卫生医疗机构进行了全面性别比综合治理专项行为。对辖区内个体诊所，涉及计生药品的药店进行逐一巡查和走访，对B超和妇产科及妊娠药品中可能存在的问题进行整顿规范，对不合条件开展补救手术的单位和个人责令其停止营业。

【宣传活动】

2006年，福贡县人口计生委认真宣传《人口与计划生育法》《云南省人口与计划生育条例》《流动人口计划生育管理办法》和云南省农业人口独生子女"奖优免补"政策。在各种会议上集中深，入学习"一法一条例"，利用各乡镇街天播放傈僳语录制的《人口与计划生育法》。开展"三下乡"活动，宣传法律法规及政策，发放优生优育和生殖健康知识等宣传资料，积极开展婚育新风进万家活动，深入农户免费查环、查孕和术后服务。年内共征订《中国人口报》2份、《人生杂志》2份、《人口与计划生育学术杂志》2份、《中国年鉴》2份、《人口与计划生育教材》40本，《计划生育生殖保健教程》手册、知识读本、培训教材总订40册，征订"奖优免补"指南5000份。充分利用乡村婚育学校、婚育教学点和集市、街天、教堂、礼拜天等人口聚集的地方进行广泛深入地宣传，部分宣传内容还翻译成傈僳语进行宣传，宣传品入户率达98%，受宣传人数达5.6万人次。县级计生协会发挥网络优势，深入宣传和普及避孕节育、优生优育、生殖健康等知识，开展"婚育新风进万家""关爱女孩"活动，开展"全国普及预防艾滋病知识公益行动"，开展计划生育知识竞赛和"健康宣传万里行"活动，同时利用"会员集中活动日"、"世界艾滋病"和"5·29"活动日开展形式多样，内容丰富的宣传活动，共发放宣传画册及传单3万余份，发放安全套2万盒。同时还与艾滋病防治重点区域重点场所签订责任书。受宣传群众近6万人次，参加知识竞赛的会员达5800人次。

【综治工作成效显著】

福贡县人口计生委是综治成员单位之一，对综治工作一如既往地重视和不断加强工作，与相关部门共同做好社会治安防范工作和流动人口管理工作，年初认真研究制订工作计划，调整了工作组织机构，委领导与各股室负责人签订了目标管理责任书，年中进行检查，年终认真总结，积极投入社会治安综合管理整体联动防范工程建设，积极支持联系村委会、治保会、调解会、民兵等组织，引导综治队伍加强群防群治工作，并安排了2000元工作经费，治安得到了持续稳定。

【协会工作】

2006年，福贡县计生协会围绕“三改变三树立”的工作方针，加强政治学习、调查研究、理论研讨，思想观念发生了可喜的转变，增强了全局意识租协调发展意识，把计生工作协会工作与全面建设小康社会的大目标联系起来，与坚持科学发展观、实现可持续发展战略联系起来，推动人口与经济、社会、资源、环境协调发展。增强了开拓创新意识，克服了等、靠、要思想，在争取政府支持的同时，努力提高社会协调动员、组织群众和依靠市场开发资源的能力。改变长期蹲机关，办事发文件的作风，主动到基层、到群众中了解群众需求，帮助群众解决实际困难，办了大量的实事好事。县级和所属7个乡镇57个村民委员会建立了协会组织，会员有6847人，拥有各级议事682人，有65个宣传服务阵地，会员小组有64个，村级管理员有67人，村级信息员有171人，各级协会都配备了专兼职协会工作人员负责协会日常工作。县级计生协会配备了责任心强，热爱协会工作，工作作出成效的专职工作人员，乡、镇、村委员会有专人负责。对协会干部进行培训，年内县计生协会对县、乡、村三级专职工作人员培训3次，受训人数达8848人，建立健全协会制度，各级协会有理事职责和学习制度，年内撰写了12期的协会信息简报，共3. 8万字，在州《计生协会简报》1~5期内刊登了5篇优秀短讯，在《怒江报》发表了6篇通讯消息。建立县级预防艾滋病宣传项目点，开展福贡县普及预防艾滋病知识宣传活动，指导各乡镇开展预防艾滋病知识宣传工作，采取街头宣传、召开纪念会、座谈会、组织知识竞赛、编排文艺节目等多种形式宣传预防性病、艾滋病等知识，提高群众的自我防范意识。年内共发放宣传画册及传单3万余份，发放安全套3万余盒。年内马吉乡马吉米村，架科底乡唯独村被评为合格村委会。为进一步加强协会自身建设，县计生协会制订了《合格协会方案》，组织各乡镇清理整顿和创建合格协会活动。采取自愿报名，理事会批准的办法，对协会会员进行重新登记，同时把登记工作与发展新会员结合起来，将威信高、有能力、热心计生工作的老党员、老干部、老模范、老专家、老职工或有一技之长的勤劳致富带头人、各界知名人士和育龄群众中的积极分子吸收为会员，大力充实新生力量，发展壮大会员队伍。年内福贡县已建立了县、乡、村三级协会网络，建立和完善了协会代表大会制度，理事会议制度、协会例会制度、秘书长会议制度、评估考核制度、培训制度、乡村协会工作制度、乡村协会活动等工作制度。

【三结合工作有成效】

为进一步开展计划生育“三结合”工作，年内县计生委围绕服从服务于经济建设为中心，坚持“既要抓紧又要抓好”的指导方针，深入基层，认真调查研究，积极开展联系户实用技术培训，并对计生户优先照顾。年内，福贡县95021人户中已帮扶5572户，其中已脱贫1181户，致富268户，有一个以上稳定项目的有577户，掌握一门以上致富技术的有4958户，文明家庭1187户。

【服务网络建设】

福贡县计划生育服务站成立于1991年，当时在街面租用50m2的房屋开展服务工作。1997年建成福贡县计生服务站，建筑面积为230m2，形成服务一体化基本达标站。从1997年至2004年先后建立了匹河、石月亮、子里甲、架科底、马吉、鹿马登乡6个计生服务所，建所覆盖面积达100%，建筑面积依次为446㎡、60㎡、120㎡、120㎡、100㎡和120㎡。同时积极争取“兴边富民”建设工程，其中匹河乡服务所被列为中心服务所建设项目。县级计生服务站医务人员由1991年的12人增加到2006年的25人，其中副主任医师1人、妇产科医师2人、护师2人、乡级服务所有7人。年内举办站、所医务人员学习《计划生育技术服务管理条例》和避孕药具知识及统计报表培训班。建立健全各项规章制度，配备了一辆服务车、2台B超机、1张多功能手术床、1台紫外线诊断仪、1台微波治疗仪、1台显微镜、1个药具柜和紫外线消毒灯6盏、手术包36套、空调设备1套、无影灯3台。宣教室配备了29寸彩电1台、VCD、播放机各1台、桌椅16套、乡级服务所均拥有B超机1台，手术床1台、紫外线消毒灯1个、手术包10套、药具柜1个、消毒锅1个。努力实现人员、房屋、设备“三配套”，发挥了“四功能”的作用。每年的各种计划生育手术总数中，计生服务站所施行的手术占95%以上。年内，利用服务车医疗监护56720人次，发放避孕套1840盒，放环2860例，接送手术人员20489人次。年内娠2名医务人员到州医院参加基础护理培训，派6名医务人员到州服务中心培训B超使用技术，派7名妇产科医生参加州保健站母婴保健技术培训。

2007年

【概述】

2007年，人口与计划生育工作以邓小平理论和“三个代表”重要思想为指导，以优质服务为主题，着重贯彻落实《人口与计划生育法》《计划生育技术服务管理条例》《云南省人口与计划生育条例》《云南省流动人口计划生育管理规定》《农业人口独生子女家庭奖励扶助》为主线，扎实开展工作，圆满完成年初与州人民政府、州计划生育、县人民政府签字的25项目标任务。2007年，人口与计划生育育内设办公室（含财务室）、政策法规宣传股、统计科技股、计划生育协会（含流动人口管理股）。定岗人员编制10名，其中行政编制8名，事业编制2名，领导职数2名，主任1名，副主任1名，副主任科员1名。年内有干部职工13人，其中男8人、女5人、副科以上2人、科员有6人、办事员1名、高级工1人、中专6人、初中2人。20~29岁3人，30~39岁5人，40~49岁2人，50岁以上2人。

【统计数据】

2007年，福贡县人口为98 135人，总出生654人，出生率为7. 45‰，控制在福贡县出生指标14‰以内，计划外多孩出生2人，控制在全年指标5人以内，计划生育率达95. 75%，比下达指标数上升0. 75个百分点。综合节育率下达指标93. 92%，实际完成95. 15%，避孕及时率下达71%，实际完成75. 76%，生育证发放合格率指标95%，实际完成98%，宣传品入户率指标95%，实际完成92. 5%，群众奖、优、免、补政策知晓率指标86%，实际完成90%。成立了优质服务领导小组，年内共查环、查孕、术后监护8 841人次。推行农业人口独生子女“奖、优、免、补”，政策兑现率100%。县财政投入计划生育事业经费达156万元。2007年福贡县农业人口领取《独生子女父母光荣证》为138户，完成指标111户的124%。

【宣传活动】

2007年，福贡县人口计生委认真宣传《人口与计划生育法》《云南省人口与计划生育条例》《流动人口计划生育管理办法》，重点宣传《云南省农业人口独生子女“奖、优、免、补”》政策，在各种会议上集中深入学习“一法一条例”，采取多种渠道，各种媒体进行宣传，利用各乡(镇)街天播放傈僳语录制的《人口与计划生育法》。勇冠开展“三下乡”活动，广泛宣传法律法规及政策，发放优生优育和生殖健康知识等宣传资料，积极开展婚育新风进万家活动，深入农户免费查环、查孕和术后服务。年内共征订了《中国人口报》2份，《人生杂志》2份，《人口与计划生育学术杂志》2份，《中国年鉴》2份，《人口与计划生育教育教材》40本，《计划生育生殖保健教程》手册、知识读本、培训教材总订40册，征订“奖、优、免、补”指南5 000份。部分宣传内容还翻译成傈僳语进行宣传，宣传品入户率达98%，受宣传人数达5. 6万人次。县级计生协会发挥网络优势，深入宣传和普及避孕节育，优生优育，生死健康等知识，开展“婚育新风进万家”“关爱女孩”活动，开展“全国普及预防艾滋病知识公益行活动”，开展计划生育知识竞赛和“健康宣传万里行”活动，同时利用“会员集中活动日”“世界艾滋病，和“5·29”活动日开展形式多样、内容丰富的宣传活动，共发放安全画册及传单3万余份，共发放宣传套2万盒，同时还与艾滋病防治重点区域、重点场签订责任书，宣传群众近日万人次，参加知识竞赛的会员达8 800人次。

【行政执法】

2007年，人口与计划生育推行行政执法责任制和落实“两错”责任追究制。开展计划生育政务公开和执法人员培训，提高了计划生育依法行政水平，实现了执法主体合法化、行政管理法制化、行政审批制度化、行政处罚规范化、执法队伍专业化。对违法生育的个别干部职工严格按规定征收社会抚养费，并提交相关部门给予党纪处分和行政处分。流动人口计划生育管理工作是福贡县计生工作的一大难点，近年来，加强了对流动人口计划生育在科学统计和及时监控、查处违法生育等方面做了大量的工作，年内按照《流动人口计划生育管理办法》和《云南省流动人口计划生育管理规定》，认真清查登记流出、流人人口。建立流动人员定期、长期居住福贡县境内的务工、经商人口登记簿，定期检查、提供生殖健康服务以及宣传计划生育政策，严肃查处躲生、抢生、骗生现象，设立了流动人口违法生育举报箱，形成群众监督与原居住地计生部门相互配合，以现居住地管理为主的工作格局。全年出具《流动人口婚育证明》共453人，查验流动人口743人次，持证率61%，查验率达85%。

【生殖健康服务】

根据国家计生委《关于全面推进计划生育优质服务的意见》，年内继续开展生殖健康优质服务试点工作，在福贡县确定7个优质服务试点村，配备必要的服务设施，制订完善的服务内容和切实可行的服务规程。加强药具的管理，加强对技术售货员超技术、避孕节育、优生优育和生殖服务等知识培训，县服务站深入各乡和试点村，进行免费为广大群众开展生殖系列检查和治疗，满足了广大育龄群众术后的服务要求，深受广大群众的好评，年内爱监护人数达8 848人次。

【协会工作】

2007年，县级和所属7个乡(镇)，57个村民委员会建立了协会组织，会员有6 847人，拥有各级理事682人，有65个宣传服务阵地，会员小组有64个，村级管理员有67人，村级信息员有171人，各级协会都配备了专兼职协会工作人员负责协会日常工作。年内县计生协对县、乡、村三级专职工作人员培训3次，受训人数达8 848人，建立健全协会制度，各级协会有理事职责和学习制度，年内撰写12期的协会信息简报，共4. 8万字，在州《计生协会简报》第一期至第五斯刊登了8篇通讯消息。建立县级预防艾滋病宣传项目点，统一开展全国普及预防艾滋病知识公益活动，组织有奖知识竞赛，健康珍重万里行，会员集中活动日，“世界艾滋病日”和“5. 29”活动日等内容丰富的艾滋病宣传活动。年内共发放宣传画册及清单3万余份，共爱放宣传套3万余盒。受宣传群众近6万人次，参加知识竞赛的会员达5. 8万余人次。福贡县建立了7个优质服务试点，广大干部群众逐步转变了传统的婚育观念，树立了少生、优生、优育。文明致富奔小康的新型婚育观念。年内马吉乡马吉米村、架科底乡唯独村被评为合格村协会。各乡级协会对任期已满三年未按协会章程进行换届的重新进行换届，年内福贡县已建立了县、乡、村三级协会网络，建立和完善了协会代表大会制度、理事会议制度、协会例会制度、秘书长会议制度、评估考核制度、培训制度、乡村协会工作制度、乡村协会活动工作制度。

【三结合工作】

为进一步开展计划生育“三结合”工作，年内县计生委围绕经济建设为中心，深入基层认真调查研究，积极开展联系户、帮助户的农业实用技术培训，并对计生户优先照顾、优先安排，年内，福贡县92 666人户中已帮扶5 572户，其中已脱贫1181户，致富268户，有一个以上稳定项目的有577户，掌握一门以上致富技术物有4 958户，文明家庭1 187户。县计生协会与州计生协会合作，从省计生协会争取资金3万元，投入到马吉乡、石月亮乡、架科底乡的计生农户发展养殖业，年内该项目发展趋势良好，取得了一定的社会效益和经济效益。

【服务网络建设】

福贡县计划生育服务站成立于1991年，1997年建成县计生服务站，建筑面积达230平方米。1997~2004年先后建立了匹河、石月亮、子里甲、架科底、马吉、鹿马登乡计生服务所，建筑面积依次为446平方米，60平方米，120平方米，120平方米，100平方米和20平方米。其中匹河乡服务被列为中心服务所建设项目，投入资金正在建设中。年内县级站医务人员有25人，其中副主任医师1人，妇产科医师2人，护师2人，助产士6人，医士12人，护士2人，乡级服务所有7人。服务站配备服务车一辆，B超机2台，多功能手术床1张，紫外线诊断仪1台，微波治疗仪1台，药具柜1个，紫外线消毒灯6盏，手术包36套，空调设备1套，无影灯3台，宣传室配备了29寸彩电1台，VCD、播放机各一台，手术床一台，紫外线消毒灯1个，手术包10套，药具柜1个，消毒锅1个。努力实现人员、房屋、设备、“三配套”发挥了“四功能”的作用。年内利用服务车医疗监护56720人次，发放避孕套1840盒，放环2860例，接送手术人员20489人次。

【高副主任到福贡】

2007年 9月19~20日，国务院扶贫办副主任高鸿宾带领国家民委经济发展司和国务院扶贫办规划财务司的同志到福贡调研，深入到鹿马登乡实地察看赤恒底异地搬迁点、马吉乡整村推进、劳动力转移和产业建设项目，看望了部分贫困群众。省扶贫办主任阿扎、州长侯新华、副州长鲁维星以及州扶贫办主任奚跃章、县四套班子领导和县扶贫办主任阿庆林全程陪同调研。

【县政协视察扶贫工作】

2007年10月16~31日，政协福贡委员会对县扶贫安居、易地安置工程建设情况进行视察。

【召开党参试种验收会】

11月20日，在鹿马登乡赤洒底村举行党参试点种植验收现场会，县委书记和丽川、代理县长胡荣才等领导到会指导，各乡镇相关领导和农村骨干150多人参加了现场会。

2008年

【概述】

2008年福贡县委、县人民政府进一步加强了对人口与计生工作的领导，年中召开了高规格的人口与计划生育工作会议，县人民政府与各乡（镇）人民政府，县计生委与乡（镇）计生办层层签订了“双线”目标责任书，严格执行计划生育“黄牌警告”和“一票否决”制度，增加经费投入，落实配套经费，做到了认识、措施、投入三到位。经州人民政府考核，福贡县获得了2008年度全州人口和计划生育工作二等奖。

【统计数据】

2008年末福贡县总人口为92105人，其中已婚育龄妇女16473人，共上报出生人口为631人，出生率为6.86‰；出生婴儿中男婴361人，女婴270人，婴儿出生性别比为134（女=100）；当年共上报死亡人口385人，人口自然增长率为2.68‰；综合节育率达86.82%，避孕及时率达61%。在年内出生的631人中：一孩出生335人，一孩率为53.09 %，二孩出生269人，二孩率为42.63%，多孩出生29人，多孩率为4.60%。福贡县计划内出生 627人，计划生育率为99.37%，其中：计划内一孩出生331人，占一孩出生数的98.81 %，计划内二孩出生267人，占二孩出生数的99.26%，计划内多孩出生29人，占多孩出生数的100%。计划外出生4人，计划外生育率为0.63%。

【“双线”目标责任完成情况】

为保证“一次性奖励”、“教育奖学金”配套经费按时足额到位，县人民政府拨付了州、县两级应承担部分的50%；并按时足额兑现了农业人口独生子女保健费。

积极开展了出生缺陷一级预防工作，孕前检查率为35%，完成州下达指标的30%；协调县农业、统计、国土等相关部门开展了人口区域规划工作，完成了各阶段工作任务。

认真执行计划生育法律法规，严格控制计划外生育，全年常住人口超生2人，控制在州下达指标5人以内；流动人口超生1人，非婚生育1人，控制在州下达指标4人以内。

全面开展计划生育优质服务活动，年内共查环、查孕、妇检、术后监护6000余人/次。

综合节育率达86.82%，避孕及时率达61%。

2008年开展了一次计划生育行政执法检查和3次流动人口清理登记工作，并将流动人口管理作为对各乡镇责任目标考核的重要内容之一，进一步加强了福贡县流动人口计划生育的管理；

积极开展"关爱女孩"行动，按照省、州活动方案，加强对B超管理和操作人员职业道德教育，严厉打击"两非"等违法行为；在2007年开展计划生育村民自治的基础上，各乡镇、村不断充实完善村民自治《章程》、《协议书》等，理顺乡与村、村与民关系，变乡镇管理为村民自治、村民自我管理，广大群众实行计划生育的自觉性不断增强。

对福贡县人口统计进行了多次培训，进一步提高了统计质量，台账运转合格率达96%以上；按照省、州"奖优免补"档案培训的要求，整理和完善了福贡县2004年至今年的 "奖优免补"档案。

2008年，在没有下达办证任务的情况下，仍有22对农业户口夫妇自觉办理《独生子女父母光荣证》，群众办证自愿率为100 %，巩固率达100%；奖励扶助资格准确率达100%；计划生育政策知晓率达97%；群众对计划生育管理和服务满意率达96%。

【抓部署、早安排，落实工作责任】

2008年5月县委政府召开了福贡县人口与计生工作会议，与乡镇签订了2008年目标责任书，明确了各项目标任务，进一步落实了工作任务。加大医学监护和工作力度，提高了避孕及时率，杜绝多孩出生，完善统计台账，提高统计准确率。各乡镇党委、乡镇人民政府进一步强化了党政"一把手"责任制，严格执行"一票否决"制，县人民政府把人口与计划生育工作纳入"四项制度"一并考核，对没有完成任务的乡镇人民政府主要领导实行问责制，确保了工作的顺利推进。

【抓基础、强管理，提高服务水平】

一是加强县、乡服务站所建设。5月份完成了石月亮乡服务所新建工作，县计生服务站、马吉乡、子里甲乡计生服务所建设已进入施工阶段。二是加强队伍建设。开展"科技大练兵"活动，进一步提高服务水平；认真研究方案，争取服务站所的人员编制，以适应新时期的工作需要。

【不断扩大优质服务内容】

以"创建优质服务达标县"为目标，围绕群众需求，积极开展妇女生殖道感染、乳腺疾病、不孕不育等疾病的普查普治，出生缺陷干预，优生优育等咨询服务，逐步扩大服务内容，以不断满足群众的服务需求。一是开展妇女生殖健康检查。县服务站充分利用各种现有设备，对县直各部门、企事业单位和各乡镇的育龄妇女开展了生殖健康检查，共检查育龄妇女6000余名；二是规范推广使用安全套预防艾滋病工作，对艾滋病高危人群免费提供安全套5000余只；对旅店房间安全套摆放情况的检查中，各旅店业单位、娱乐场所安全套摆放率达100%。

【抓宣传、重教育，营造良好的社会氛围】

一是加强对《中华人民共和国人口与计划生育法》、《云南省人口与计划生育条例》及农业人口独生子女"奖、优、免、补"政策的宣传，发放各类宣传资料20000余份。二是实行干部包片责任制，加大宣传动员力度，不断提高办证率。三是按要求贯彻落实农业人口独生子女户"奖、优、免、补"政策，取信于民，积极构建诚信政府。

【流动人口计划生育管理工作】

一是落实流动人口计划生育管理责任制，按"属地管理原则"切实抓好流动人口计划生育管理。二是切实落实"齐抓共管、综合治理"的流动人口计划生育管理责任制，各相关部门通力合作、各负其责，使流动人口管理不断规范化、制度化。三是开展生殖健康服务。各乡镇依托乡镇计划生育服务所，为流动人口免费开展咨询、妇科病普查、环孕情等各项服务。四是建立健全流动人口管理登记统计报表、登记注册、户口清理，按期向上级报送有关信息。五是努力抓好办理和查验《流动人口婚育证明》等基础工作，认真做好报表审查上报，抓好月、季和半年报、年报等报表各种报表的填报工作。六是建立和完善了《育龄妇女档案卡》、《流动人口名册》等各种台账制度。七是做好行政执法工作，加大流动人口违法生育查处和社会抚养费的征收力度。

【实施奖励扶助制度工作】

对农村部分计划生育家庭实行奖励扶助，是鼓励广大农民群众积极响应党的号召，自觉实行国家计划生育，稳定低生育率水平，促进农村人口与经济社会协调发展的一项重要举措。福贡县高度重视农村计划生育家庭奖励扶助工作，结合对去年奖扶对象的年审和对今年新增对象的资格确认，县计生委先后派出工作组多次下乡进村入户帮助指导，先后完成边境村二孩户、计划生育家庭特别扶助对象、一次性奖励、养老生活补助对象的数据录入工作，并为990名计划生育家庭代缴农村医疗参合费，保证了奖励扶助工作的顺利开展，有效维护了党和政府的信誉和形象。

【计划生育村民自治】

计划生育村民自治工作自2007年在福贡县启动以来，福贡县认真贯彻和领会"依法管理，村民自治，优质服务，政策推动，综合治理"工作机制，县人民政府出台了《福贡县计划生育村民自治实施方案》。各村委会也结合自身实际进一步完善了《村民自治章程》、《村规民约》，并签订了计划生育系列合同，在各村委会竞聘了一批有文化、有能力、对计划生育敢抓敢管的专干参与到计划生育工作中，推行了计划生育联户自治，让广大群众主动参与到计划生育中来。到目前为止，福贡县已有半数以上的村开展了此项工作，实现了村民自我教育、自我服务、自我管理。两年来，福贡县计划生育村民自治工作着力构筑"州总揽、县指导、乡负责、村为主、组配合、户落实"的工作格局，并把村民自治工作纳入目标管理，坚持县、乡、村层层签订目标责任书，严格兑现奖惩，推行联户自治，进一步得到了提高计划生育村民自治管理水平。

【协会组织建设工作情况】

福贡县计划生育协会自成立以来，7个乡（镇），57个村民委员会均建立了协会组织，目前会员人数共有6847人，占福贡县总人口的5%以上，拥有理事682人，目前已进行了三次换届选举，各基层组织积极参与了宣传避孕节育、优生优育、生殖健康知识，并开展了 "关爱女孩行动"、"全国普及预防艾滋病知识公益活动" 、 "婚育新风进万家"等活动。同时利用"会员集中活动日"、"世界艾滋病日"和"5·29"活动日开展形式多样、内容丰富的宣传活动，年内共发放宣传画册及传单1万余份。充分发挥了协会作用，有效推进了整体工作水平。

贡山县

2006年

【简述】

贡山县人口和计划生育委员会，成立于1982年，属政府职能部门。现有30名职工，设7个职能科室和7个技术服务站所，即：办公室、政法宣教科、计统财务科、科学技术科（推广使用安全套预防艾滋病工程办公室）、流动人口管理站、协会办公室、计划生育优生优育办；县计划生育服务站、县药具管理站、丙中洛乡计划生育服务所、捧当乡计划生育服务所、独龙江乡计划生育服务所、茨开镇计划生育服务所、普拉底乡计划生育服务所。

【统计数据】

2006年末贡山县总人口为34796人，其中：已婚育岭妇女7178人，贡山县农业人口新领取独生子女证数为46户。女性初婚人数108人。贡山县全年共出生361人，死亡241人，出生率、自增率和死亡率分别为9.7%、3.2%、6.5%。符合养老生活补助金的有99人，符合享受三免教育独生子女奖学金人数有111人，其中初中39人、小学72人。

【计生工作会议】

2006年11月15日，贡山县 人口和计划生育工作会议在贡山县机关礼堂会议室召开。来自基层第一线的村（居）委会管理员，乡（镇）计生专干、乡（镇）党委、政府领导以及县直机关各部门办局领导共计120人参加了会议。会上通报了2006年度贡山县人口和计划生育目标责任完成情况，宣布了县人民政府关于兑现2006年度人口和计划生育目标管理责任奖的决定，以及贡山县人民政府关于表彰2006年度人口和计划生育工作先进集体和先进个人的决定；总结过去一年贡山县人口和计划生育工作在完善、建立机制、完善协作配合、综合治理、流动人口管理、信息交换平台的运转以及年内目标责任指标等方面所取得的成绩和经验。同时布置了二00七年度工作任务

【认真开展各项工作】

坚定一个目标，重点抓好贡山县育龄群众。流动人和城乡结合部人口控制和管理。努力提高人口和计划生育整体水平，努力完成州委、州政府、县委确定的人口自然增长率控制在10% 以内的预期目标；围绕生育、节育、不育，努力做好优生、优育、避育、节育、生殖保健服务工作；开展生殖保健检查率达到90%以上；进一步抓紧抓好农业人口独生子女家庭奖励工作，重点建设利益导向机制，引导农民少生、优生、少生快富；抓好基层基础设施建设，广泛开展创建“计划生育优质服务先进县”活动；加大工作力度，全力以赴狠抓责任目标的落实，确保州委、州政府下达贡山县各项责任指标的圆满完成。

【茨开镇计生协会】

乡级协会1个，会长1个，副会长1个，常务理事2人，理事4人，秘书长1人，成员7人；村级协会8个，会长8人，副会长8人，理事69人，秘书8人，成员451人。

【捧打乡计生协会】

乡级协会1个，会长1人，副会长2人，理事1人，常委理事7人，秘书1人，成员8人；村级协会4个，会长4人，副会长4人，理事5人，秘书3人，成员168人。

【独龙江计生协会】

乡级协会1个，会长1人，副会长1人，理事2人，秘书1人，成员10人；村级协会6个，会长6人，理事11人，成员126人。

【普拉底计生协会】

乡级协会1个，会长1人，副会长1人，秘书1人，理事3人，成员13人；村级协会6个，会长6人，副会

长6人，理事17人，秘书6人，成员307人。

【丙中洛乡计生协会】

乡级协会1个，会长1人，副会长2人，秘书1人，常务理事3人，成员18人；村级协会4个，会长4人，副会长4人，秘书4人，理事12人，成员106人。

【宣传活动】

为了搞好农业人口“奖优免补”宣传月的活动，贡山县由县委宣传部、县财政局、县计生委联合下文，在贡山县三乡一镇利用计划生育流动服务车和电影放映车进行大规模的宣传、服务活动。年内，计划生育服务车和电影放映车总行程已超过1500公里，街天宣传和技术服务60人次，电影放映宣传19天，共放映18部电影（包括纪录片《婚育新风》等电影教片），总发放宣传册子1639份，受益人数共计4167人。

2007年

【简述】

贡山县人口和计划生育委员会是贡山县人民政府直属部门，在县委、县政府领导及上级业务部门指导下开展工作，宣传贯彻党的计划生育方针、政策、法律、法规以及上级指示和决定，主要开展避孕节育技术指导服务，流动人口计划生育管理，人口与计划生育统计工作，负责社会抚养费的征收和管理，农村独生子女家庭奖励政策的实施及计划生育协会工作。计划生育工作以“三个代表”重要思想为指导，以优质服务为主题，着重贯彻落实中央《决定》《人口与计划生育法》《计划生育技术服务管理条例》和《云南省流动人口与计划生育管理规定》和《农业人口独生子女家庭奖励扶助制度》为主线，抢抓机遇，扎实工作，努力探索，依法管理，村民自治，优质服务，政策推动，综合治理。年内圆满完成年初与州人民政府、州计划生育、县人民政府签订的11项目标任务，计划生育整体水平明显提高，经上级部门考核取得了良好成绩。年内计生委内设机构为办公室（含财务室）、政策法规宣教股、统计科技股、计划生育协会（含流动人口管理股），领导职数2名，主任1名、副主任2名。年内干部职工有12人，其中男7人，女5人。副科以上6人，科员有1人。中级工2人，初级工2人。大专9人，中专以上3人。20岁至29岁4人，30岁至39岁3人，40岁至49岁3人，50岁以上2人。

【统计数据】

2007年贡山县总人口为36662人，其中已婚育龄妇女7221人，全年人口出生为339人，出生率为9.15‰，与上年同期相比下降1.27‰。计划外多孩出生1人，与上年同期相比下降0.2%。计划生育率达99.71%，与上年同期相比上升0.34%，综合节育率达88.41%，与上年同期相比减少2.97%。全年绝育手术完成47例，比上年同期增加13例。放环完成329例，比上年同期增加30例。避孕及时率达52 %，比上年同期增长3%。生育证发放程序合格率98%，计划生育宣传入户率达100%，农村群众计划生育知识晓率达95%，比上年同期增长5%。基层统计台账运转合格率达95%，比上年同期上升3%，四查率达96%，比上年同期增长1%，二查率达80%，比上年同期增长15%，查验流动人口率达90%，出具率达80%，比上年同期增长13%。

【宣传活动】

2007年贡山县人口计生委认真宣传《人口与计划生育法》《云南省人口与计划生育条例》《流动人口计划生育管理办法》，重点宣传了《云南省农业人口独生子女“奖、优、免、补”》政策，在各种会议上集中深入学习“一法一条例”，采取多种渠道，各种传媒，层层掀起学习宣传高潮，利用各乡（镇）街天播放用傈僳语录制的《人口与计划生育法》。通过开展“三下乡”活动，广泛宣传法律法规及政策，发放在优生优育和计划生育生死健康知识等宣传资料，积极开展婚育新风进万家活动，深入农户免费查环，查孕和术后服务。年内共征订了《中国人口报》2份、《人生杂志》2份、《人口与计划生育学术杂志》2份、《中国年鉴》2份、《人口与计划生育教育教材》40本、《计划生育生死保健教程》手册、知识读本、培训教材，总订40册，征订“奖、优、免、补”指南5000份。充分利用乡、村一级的“婚育学校”“婚育教学点”的宣传阵地和集市，街天、教学拜天等人口聚集的地方进行广泛深入地宣传。部分宣传内容还翻译成傈僳语进行宣传，宣传品入户率达98%，受宣传人数达3万多人次。

【行政执法水平有新的提高】

认真贯彻了计划生育“一法二规一《条例》”，推行行政执法责任制和落实“两错”责任追究制，开展了计划生育政务公开和执法人员培训，提高了计划生育依法行政水平，实现了执法主体合法化，行政管理法制化，行政审批制度化，行政处罚规范化，执法队伍专业化。年内认真贯彻执行《人口与计划生育管理办法》《云南省人口与计划生育条例》《流动人口计划生育管理办法》《计划生育技术服务管理条例》《云南省社会抚养费征收管理规定》和中央《关于加强人口与计划生育工作稳定低生育水平的决定》，严格按法律程序办事，依法行政，持证上岗，亮证执法，严格按《生育证管理办法》和《生育须知》，把关《生育证》的发放程序，对违法生育的个别干部职工严格按规定征收社会抚养费，并提交相关部门给予党纪处分和行政处分。严格查处流动人口违法生育，对躲生、偷生、编生，持有假生育证的流动人口进行严惩。认真清查登记流出、流入人员，建立流入人员长期居住在县境内务工、经商人口登记簿，定期检查，提供生殖健康服务以及相关的计划生育政策，严肃查处躲生、抢生、编生现象，设立了流动人口违法生育报箱，制订了流动人口举报奖励制度，形成了群众监督与原居住地计生部门相互配合，以再现 居住地管理为主的工作格局。全年出具流动人口婚育证明共317人，查验流动人口327人次。年内共发放《生育证》339本，持证生育率达100%，生育证发放程序合格率达100%。

【协会工作】

贡山县县计生协会成立于1992年5月20日，截至2007年12月底，县级和所属四乡一镇，28个村（居）民委员会建立了协会组织，占应建数的100%，会员人数占人口的5%以上，会员有1859人，拥有各级理事305人，有32个宣传服务阵地，会员小组241个，村级管理员32人，村级信息员28人，各级协会都配备了专兼职协会工作人员负责协会日常工作。6月28日，召开了五年一次的县计生协会第三次代表大会，进行换届选举，分管计生工作的县委、政府领导、县直各委（办）局领导，贡山县四乡一镇党委、政府分管领导，计生办主任，计生服务所所长共 109 人参加了会议。县委常委县人民政府副县长吴金莲同志代表县计划生育协会第三届理事会作了题为《与时俱进、开拓创新、努力开创贡山县计划生育协会工作新局面》的报告，对贡山县几年来计生协会工作经验作了简要的回顾，同时对今后做好贡山县计生协会工作提出了九条建议。会议选举产生了贡山县计生协会第三届常务理事会理事丰凡人等15人，推选副县长吴金莲同志担任协会会长、县政府办公室副主任和玉担任秘书长。通过关于贡山县计划生育协会章程的决议，建立县级预防艾滋病宣传项目点，统一开展“全国普及预防艾滋病知识公益行动”，组织有奖知识竞赛和“健康宣传万里行”“会员集中活动日”“世界艾滋病日”和“5·29”等形式多样，内容丰富的宣传活动。共发放宣传画册及清单3万余份，共发放安全套2万盒。同时还与艾滋病防治重点区域，重点场所签订责任书，宣传群众2万人次，参加知识竞赛的会员达800余人次。贡山县建立了4个优质服务试点，广大干部群众逐步转变了传统的婚育观念，树立了少生、优生、优育、文明快富奔小康的新型婚育观念。

【服务站建设】

2007年，贡山县服务站（所）共有职工20人，其中主治医师1人，护师4人，护士4人，医士9人，后勤2人。年内认真落实岗位责任制和奖惩制，严格按技术服务操作规程，完成计划生育手术：放环术

125例，取环术44例，输卵管结扎术15例，输精管结扎术0例，人流18例，引产41例。利用计划生育流动服务车到各乡（镇）免费治疗术后并发症。发放避孕药具27580人次，宣传咨询15729人次，医学监护457例，接送病人271人次。年内县计划生育服务站已实现“人员、房屋、设备”三配套，发挥了“技术服务、干部培训、宣传教育和药具管理”四功能。

【“三结合”工作初见成效】

为进一步积极稳妥地开展计划生育“三结合”工作，县计生委紧紧围绕服从服务于经济建设为中心，坚持“既要抓紧又要抓好”的指导方针，深入基层，认真调查研究，积极开展联系户、帮扶户的农业实用技术培训，并对计生户优先照顾，优先安排，使它他尽快的掌握农村 实用技术，尽快脱贫致富。年内，贡山县50人户中已帮扶10户，其中已脱贫户，致富4户，有一个以上稳定项目的有4户，掌握一门以上致富技术的有2户。

【经常深入扶贫联系点】

积极响应贡山县委、政府的号召，狠抓扶贫联系点工作，抽调大批工作人员，深入扶贫联系点，对扶贫联系点投入大量的人力、物力、财力，为群众排忧解难，解决实际困难。制订措施，宣传指导大小春生产，聘请科技人员对农业生产进行技术培训。年内共深入扶贫联系点 51人次，176天，大小春生产投入化肥10袋，扶贫资金1500元，为“六一儿童节”捐助2500元，救济衣物4250件，大米300斤，各种救济物资折合人民币9.2万元。

2008年

【简述】

贡山县人口和计划生育委员会是贡山县人民政府直属部门，在县委、县政府领导及上级业务部门指导下开展工作，宣传贯彻党的计划生育方针、政策、法律、法规以及上级指示和决定，主要开展避孕节育技术指导服务，流动人口计划生育管理，人口与计划生育统计工作，负责社会抚养费的征收和管理，农村独生子女家庭奖励政策的实施及计划生育协会工作。计划生育工作以邓小平理论和“三个代表”重要思想为指导，深入落实科学发展观。以控制人口数量、提高人口素质、改善人口结构和引导人口分布为主线，以建设小康社会为目标，以构建和谐社会为宗旨。现有领导职数3名，主任1名、副主任2名。现有职工12人，其中男7人，女5人。正科4人，副科2人，科员有1人。高级工1人，中级工1人，初级工2人。大专9人，中专以上3人。20岁至29岁4人，30岁至39岁3人，40岁至49岁2人，50岁以上3人。

【统计数据】

2008年度贡山县总人口36768人，出生305人，出生率为8.31‰，死亡280人，死亡率为7.63‰，自然增长25人，自然增长率为0.68‰，贡山县已婚育龄妇女7096人，农业人口领取独生子女父母光荣证11人，女性初婚126人，其中19岁以下10人，23岁及以上69人；总出生人口中一孩出生144人，一孩率47.21%;二孩出生131人， 二孩率为42.95%;多孩出生30人， 多孩率为9.84%。期末选用各种避孕方法人数5899人，节育率为80.53%，三术率为69.16%，针、药、具避孕率为11.37%。

【贯彻落实会议精神】

贯彻落实《中共中央国务院全面加强人口和计划生育工作统筹解决人口问题的决定》精神，进一步统一领导干部思想认识。传达学习全州人口和计划生育工作两会精神，总结人口计生工作的成绩和经验，研究部署人口计生工作发展思路和工作计划；加强县人口计生委领导班子，充实工作人员。贡山县认真组织广大干部职工学习中央《决定》，采取多种形式掀起宣传贯彻《决定》高潮。编印3万余册《历书》，把中央《决定》精神，社会主义荣辱观、新农村建设、计划生育、奖优免补政策、预防艾滋病、优生优育、生殖健康、出生缺陷干预工程、关爱女孩、婚育新风、计划生育村民自治、流动人口计划生育管理与服务等内容宣传到千家万户。

【开展"奖优免补"工作】

在广泛开展宣传教育的基础上，严格执行"四权分离"、"三公开"、"三公示"、"一评议"、"一见面"制度；贡山县实现了工作思路和工作方法由过去"处罚多生"转为"奖励少生"，调动了广大群众实行计划生育的积极性。

【开展优质服务活动】

贯彻落实《人口与计划生育法》、《云南省人口与计划生育条例》，全面体现以人为本，以人的全面发展为中心，以人民群众满意为标准，逐步建立和完善以优质服务为重点，广大群众自觉参与为基础的计划生育新模式。根据省、州人口计生委关于开展计划生育优质服务先进县创建活动的有关通知精神，县人口计生委制订《关于开展计划生育优质服务工作的实施方案》、《计划生育优质服务工作领导小组》等文件，在贡山县开展以满足人民群众对计划生育、生殖健康为出发点和落脚点，以进一步降低生育水平，提高出生人口素质，保障人口安全为目标，以人民群众的满意度作为衡量优质服务的主要标准。初步形成了以县计划生育服务站为龙头、乡计划生育服务所为枢纽，具有综合服务能力的宣传教育、技术服务、药具管理、人员培训"四大功能"的计划生育技术服务网络。计划生育服务站、所，围绕国家人口计生委对创建活动提出的领导重视好、政策导向好、服务质量好、民主管理好、队伍作风好、依法行政好的"六好"目标和避孕节育生殖保健，出生缺陷干预和生殖道感染"三大工程"，建立起以群众需求为导向、科学管理的优质服务机制。

【实施出生缺陷预防工作，大力提高人口素质】

根据《云南省人口计生委关于〈国家人口计生委关于即发开展出生缺陷一级干预工作的指导意见的通知〉的通知》精神，县人民政府成立了人口出生缺陷预防工作领导小组，计生委落实了专人负责此项工作，已完成制订贡山县出生缺陷一级预防工作实施方案，已完成基线调查及登记工作。由于缺乏技术人员和医疗仪器无法开展风疹病毒抗体筛查、巨细胞病毒抗体筛查、弓形体抗体筛查、单纯疱疹病毒抗体筛查、梅毒螺旋体抗体筛查等工作，目前只能利用网络优势、利用广播、电视、报刊、墙报、专栏、文图、培训、群众活动等多种形式大力普及预防出生缺陷科学知识。通过健康教育，引导待孕，已孕夫妇树立科学的婚育观念，改变不良生活方式，远离高危环境，避免接触有病毒有害物质，合理营养，预防感染，谨慎用药，戒烟戒酒戒毒，远离宠物，适量运动等，培养健康行为，保证怀孕前后妇女和胎儿健康。

【开展计划生育村民自治工作】

根据怒人口发[2006]65号文件精神，结合贡山县实际为保证贡山县人口和计划生育村（居）民自治工作稳步推行，能顺利完成省、州下达的指标任务。成立了贡山县人口和计划生育村（居）自治领导小组，完成制订贡山县人口和计划生育村（居）民自治实施方案，各乡（镇）完成制订各村（居）民自治章程，完成28个村（居）人口和计划生育公约，贡山县239个村民小组8046户农户签订了人口和计划生育协议书。

【开展关爱妇女生殖健康科普宣传普查活动】

为进一步推动社会主义新农村建设，提高广大农村育龄妇女的生殖健康水平，促进计划生育优质服务的深入开展，全面提升贡山县人口和计划生育工作的整体水平。根据国家人口计生委和云南省人口学会、州人口计生委的要求，在贡山县范围内开展关爱妇女生殖健康科普宣传普查活动，已为城乡700多名已婚育龄妇女进行妇科检查、女性生殖器官B超检查等，为200多名患者给予治疗。关爱妇女生殖健康科普宣传普查活动，按照"政府主导、部门推动、政企合作、群众参与"的工作思路，坚持科学宣传、规范检查、做到"四保证"，即：保证科普宣传服务免费；保证咨询服务免费；保证生殖健康普查免费；保证随访服务免费。

【参与防艾抓好推套工程】

推广使用安全套防治艾滋病工程是一项涉及面广、政策性强的社会系统工程，需要在各级政府的领导下、各有关部门的密切配合，齐抓共管、分工合作才能完成的工作。贡山县成立了推广使用安全套防治艾滋病工作领导小组，制订了《贡山县推广使用安全套防治艾滋病工程实施方案》和《贡山县推广使用安全套防治艾滋病工作规划》，通过一系列积极有效的防治措施和办法，使推广使用安全套防治艾滋病工作取得了明显成效。形成了有组织领导、有目标任务、有具体措施，达到了阻断性途径传播、遏制艾滋病的流行蔓延的总目标。在日常防治艾滋病宣传教育及“12. 1”艾滋病日发放安全套30000多只，发放宣传材料5000多份。

【开展政风行风工作】

根据《2008年人口和计划生育系统民主评议政风行风工作实施方案》要求，贡山县人口计生委认真组织学习《人口和计划生育群众工作纪律》、《人口和计划生育检查考评工作纪律》，切实加强人口计生系统政风行风教育，坚持“标本兼治、纠建并举”和“管行业必须管行风”的原则，以完善职业道德规范为基础，以预防不正之风为重点，以民主评议为载体，以人民满意为标准，以创建文明行业为目标 ，开展了“下评上”的政风行风测评工作。满意、基本满意率达95.35%。

【开展科技大练兵】

科技大练兵活动是创建优质服务先进县、乡活动、服务站规范化标准化建设、开展“三大工程”的重要举措，是日常科技工作的重要组成部分，是干部队伍建设的重要补充。为把贡山县人口计生委系统的科技大练兵活动搞得有声有色，富有实效，确保贡山县科技大练兵活动取得实效，贡山县专门成立县人口委主任为组长、分管科技副主任为副组长的科技大练兵活动领导小组，负责科技大练兵活动的组织实施。制订了《贡山县计划生育科技大练兵活动实施方案》，明确了各阶段的目标任务，提出了具体措施。以县服务站为龙头，以乡镇服务所为主阵地，认真研究部署，强化宣传教育，努力在全系统形成一种学业务、练技术的良好氛围，并把科技大练兵活动纳入年终人口和计划生育工作目标考核。贡山县人口计生系统开展科技大练兵以来，贡山县人口计生队伍，保持了良好的精神风貌，形成“岗位比武，人人争先”的良好局面，进一步提高人口计生工作者的业务素质和思想修养。

【加强药具管理】

药具是满足群众物质文化生活的重要产品，是提高群众生殖健康水平的重要载体。同时，药具工作关系到千家万户群众的安全与健康，是直接体现党和政府关心群众切身利益、生命健康的一项民生事业。贡山县把药具工作作为人口计生部门关注民生、保障民生、改善民生的有效途径，始终把药具工作摆在了举足轻重的位置，把药具工作与计划生育整体工作同布置、同督促、同考核。为广大育龄群众提供了更多、更好、更实在的优质服务，顺利完成了上级下达的各项指标。

【独龙江开展计生工作情况】

根据县委独龙江乡封山期间工作会议精神，贡山县组织了三个工作小组13人于2008年9月26日到独龙江开展计划生育优质服务、育龄妇女登记管理、村民自治、出生缺陷干预基线调查、人口台账更新、流动人口管理、奖优免补和知识培训等工作专题服务项目，进一步规范了独龙江乡人口和计划生育工作。

【经常深入扶贫联系点】

积极响应县委、政府的号召，狠抓扶贫联系点工作，抽调工作人员，深入扶贫联系点，对扶贫联系点投入大量的人力、物力、财力，为群众排忧解难，解决实际困难。年内共深入扶贫联系点 51人次，176天，大小春生产投入化肥10袋，扶贫资金1500元，救济衣物4250件。

兰坪县

2006年

【概述】

兰坪县机构编制委员会于2006年4月下发了《关于印发〈兰坪县人口和计划生育委员会职能配置、内设机构和人员编制方案〉的通知》，将原兰坪县计划生育委员会更名为兰坪县人口和计划生育委员会（简称人口计生委），属政府组成部门。主管兰坪县人口和计划生育工作；县计划生育协会是协助政府做好人口和计划生育工作的群众团体，与县人口和计划生育委员会合署办公。内设机构7个股（室），分别为：办公室、规划统计财务股、科学技术股、政策法规股、城区计生办、流动人口计划生育办公室（新增科室）、计划生育协会；行政编制11人（增加3人），领导职数3人，分别为主任1人，副主任2人，科室领导7人。兰坪县计划生育服务站属县人口计生委下属事业单位，内设办公室、门诊部、住院部3个机构，事业编制9人。

【统计数据】

2005年10月1日至2006年12月31日兰坪县人口出生2 061人，出生率为13‰，与去年同比下降10人；人口死亡 1 149人，死亡率为5.73‰；人口净增912人，经人口抽样调查兰坪县自然增长率为7.3‰；计划生育率和持证生育率大幅度提高，分别达到96%和95%；兰坪县总人口200 738人，其中已婚育龄妇女39 428人，综合节育率达91.89%；违法生育33人，兰坪县违法多生育出生为0人，违法生育和违法多大幅度下降，违法多胎生育得到有效控制；中排乡多依村计划生育村民自治试点工作运行良好。

【农业人口独生子女家庭奖励工作】

2006年奖优免补工作又有新突破。通过多渠道，宽领域，深层次，全方位的政策宣传和积极发动、个案摸底、逐一核审、热情服务、及时兑现、务求实效等的工作，兰坪县独生子女领证率明显上升。兰坪县从2003年8月份被列入全省试点县并启动“奖、优、免、补”工作的四年间，农村独生子女领证人数已达670人，相当于过去20年的农村独生子女办证总和。今年（2005年10月1日至2006年9月30日）农村独生子女新办证164人，占年度州政府下达任务484人的34%，其中中排乡全面完成了农村独生子女新办证年度任务。到2006年12月31止日兰坪县（0—14岁）

历年累计领取独生子女父母光荣证1630户，其中农业人口办理独生子女父母光荣证949户，已享受到政府一次性奖励的农村独生子女父母1 049人，兑现奖金达5.25万元；兑现义务教育阶段就读的农村独生子女教育“奖学金”1 415人/次，兑现“奖学金”21.03万元；办理年满55～60周岁以上的农村独生子女父母1 236人次，均享受到政府的养老补助，兑现补助金81.82万元。“奖、优、免、补”网站数据录率入达99.6%。

【宣传教育】

以国家计划生育法律法规和云南省奖优免补政策为重点的宣传教育活动进一步向纵深发展，全年共制作近4万册（份）宣传品发放到各乡镇、村、一孩户手中，使宣传品入户达95%以上。通过多渠道，多媒体，有特点的广泛宣传，加大违法生育的查处力度，做到有法必依违法必究，依法行政，使计划生育各项方针、政策进一步家喻户晓，深入人心。优生优育、生殖健康知识进一步普及，艾滋病防治和安全套推广使用初见成效，兰坪县具有一定经营规模的旅店业，93%以上摆放了安全套。并充分利用广播、电视、召开会议、街天宣传、张贴标语、发放自制宣传品等，开展形式多样的宣传活动。

【流动人口计划生育工作】

针对兰坪县流动人口多、分布广泛、流动性强的特点，在没有专门管理人员、经费少的情况下，县、乡人口和计划生育部门把流动人口计划生育管理工作纳入本区域计划生育工作的重要内容来抓，建立流动人口管理档案台账和网络平台，定期或不定期的对流动人口进行婚育查验。同时会同公安、工商等部门开展对兰坪县流动人口，特别是林矿开发区，城乡结合部的流动人口进行查验、整治活动，力所能及地把流动人口计划生育管理工作抓实、抓好。年内流入人口为7 182人，其中已婚育龄妇女1 246人，持有《流动人口婚育证明》4 468人，通过查验持证率达85%。流出人口2 876人，出具《流动人口婚育证明》2 301人，出具率达80%。

【计划生育技术服务网络建设】

2006年对县计生服务站业务用房进行改造，投资5.7万元，新增病床6床、计划生育服务室1个，开设药房1个，恢复B超室、化验室的业务工作，增设红外线诊断治疗室，按标准化扩大手术室及生殖健康服务室，新增B超、高压锅、消毒锅等器具7.8万元，配备了计算机等办公设备，硬件建设进一步得到加强。金顶镇计生服务所自筹资金4.9万元对服务所进行全面改造，新增B超室、红外线诊断治疗室。县计划生育服务站国债资金建设项目，首批项目土建建设资金50万元已经到位。申报了中排乡、营盘镇、通甸镇三个中心服务所建设项目。

【计划生育优质服务工作】

2006年，兰坪县加大了优质服务工作的力度，在兰坪县开展了计划生育优质服务活动，取得了较好的成绩。县、乡计划生育服务站（所）在此次活动中充分发挥了应有的作用，共计完成放环976例，男（女）绝育术84例，人流引产129例，取环235例，提供相关的政策咨询、健康生殖、技术服务3 404人次，为流动人口查环查孕127人次。其中县计生服务站深入中排乡、拉井镇各个村委会进行进村入户免费服务，为268户574人独生子女及父母进行了免费体检，深受广大育龄群众的欢迎，收到了很好的社会效益。

【推广使用安全套预防艾滋病】

在2005年取得成绩的基础上，2006年进一步加大了安全套预防艾滋病工程的力度，在兰坪县范围内与各宾馆、旅店、娱乐场所负责人签订了《兰坪县推广使用安全套预防艾滋病工程责任目标书》，年内共计发放安全套19820只，其中销售给宾馆、旅店、娱乐场所8 820只。

【计划生育协会工作】

按照“组织创新、职能创新、活动创新、制度创新和工作创新”的要求，通过乡村两级计生协会的进一步整改，狠抓基层计生协会组织建设，充分发挥了计生协会在人口与计划生育工作中的桥梁纽带作用，基本实现了“协会建设有新举措、宣传教育有新发展、服务工作有新突破、自身建设有新水平”的工作目标。通过整改兰坪县县、乡、村共计协会组织113个，其中县级计生协会1个，乡级计生协会8个，村级计生协会104个。协会理事1186人，个人会员人数11942人。

【计划生育村民自治试点工作】

在开展计划生育村民自治试点工作中，兰坪县因地制宜，结合本地实际情况，确定了中排乡为试点乡，采取以点带面的工作方式，将中排乡多依村列为重点试点村，经过成立领导小组、确立方案、建章立制等工作，确保了试点工作的正常运行，取得了较好的社会效益，有力地促进了本地区各项人口与计划生育工作的健康发展。（张金相）

2007年

【概述】

紧紧围绕“稳定低生育水平，提高人口素质，改善人口结构，引导人口合理分布，确保人口安全”的工作目标，认真贯彻落实《中共中央、国务院从关于全面加强人口和计划生育工作统筹解决人口问题的决定》，通过各有关部门的大力协作与支持，狠抓各项责任目标的落实，较好地完成州人民政府下达的各项责任目标，为构建和谐兰坪、建设社会主义新农村创造良好的人口环境。2007年末，兰坪县总人口为202 008人，人口自然增长1 270人，自然增长率控制在8‰以内；已婚育龄妇女39 231人，综合节育率88.61%；年内总出生2 140人，人口出生率11.36‰，计划生育率93.6%，持证生育率86%；违法生育13人，其中违法多生育为0人，年内人口死亡1 359人，死亡率6.75‰；年内计划生育村民自治试点在兰坪县8乡（镇）展开，计划生育村民自治工作稳步推进；农业人口少生奖励工作，遵照国家指导、个人自愿的原则，农业人口领取《独生子女父母光荣证》人数逐年上升，群众对人口与计划生育法律、法规、奖优免补政策等知晓率达95%以上，群众对人口与计划生育管理和服务满意率95%；"5331"工程达标率92%，计划生育优质服务合格率70%，避孕药具分配执行率100%，综合治理人口问题已有新的进展。县人口和计划生育委员会下设办公室、城区计生办、流动人口计划生育办公室、规划统计财务股、计划生育协会、科技股；县计生服务站（独立法人、受计生委领导）；8乡（镇）计生办，锌业公司计生办，151个村级计生宣传员。根据《兰坪县机构编制委员会办公室关于调整和追加部分事业单位人员编制的通知》精神，县计生服务站由于编制不足于2007年8月增加事业编制3人，县计生服务站编制增加到13人。县人口计生委现有职工13人，县计生服务站有15人。

【召开人口与计生工作会议】

2007年4月10日上午，兰坪县2007年人口与计划生育工作会议在兰坪县通宝酒店召开，县委、政府四套班子领导，县委宣传部、纪委检察局、公安局、财政局、卫生局、教育局、审计局、妇联、广电局、工商局等单位负责人，各乡（镇）计生办主任（副主任）、统计、会计、金鼎锌业公司计生办主任，县人口计生委、计生服务站全体职工，共计80人参加会议。会议对2006年兰坪县人口与计划生育工作取得的成绩和存在的问题进行分析汇报，提出努力的方向和应对的措施，安排部署2007年兰坪县人口与计划生育工作。会上，县委、县人民政府对实现无违法多生育的8个乡（镇）进行表彰，与各乡（镇）人民政府、计生办签订2007年县、乡人口与计划生育"双线"责任目标；县人口和计划生育委员会对各乡（镇）（厂矿）计生办参加会议人员进行统计、政策法规、"奖优免补"等政策和业务培训。

【省人口与计生委副主任李善荣对兰坪县人口与计划生育工作进行调研】

2007年11月26～27日，省人口与计生委副主任李善荣对兰坪县人口与计划生育工作进行调研，重点对县计生服务站国债建设项目及县计生服务站工作的开展情况和国债项目计生服务站综合服务楼建设情况进行调研。调研期间要求兰坪县人口计生委要高度重视县计生综合服务楼项目的建设，要尽早动工，按要求、按标准建设好县计生综合服务楼，为兰坪广大育龄群众提供更加优质的计划生育技术和服务。

【"奖优免补"工作】

通过进一步加大入户的宣传力度和全方位的政策宣传，农业人口自愿领取《独生子女父母光荣证》人数明显上升，中排乡、兔峨乡两个乡镇全面完成县政府下达的农业人口独生子女新领证任务。到2007年末，兰坪县农业人口领取《独生子女父母光荣证》人数累计806户，独生子女领证巩固率99.7%。兰坪县年内共计农业人口新领取《独生子女父母光荣证》125户，占州政府下达任务241户的51.9%。截至年末，兰坪县历年累计领取《独生子女父母光荣证》2 300户，其中农业人口领取《独生子女光荣证》925户，已累计享受政府一次性奖励的农业人口独生子女父母1 131人，兑现一次性奖励金共计61.75万元，兑现义务教育阶段就读的农业人口独生子女教育"奖学金"1 861人次，兑现"奖学金"29.44万元。年内兑现养老补助金475人，兑现养老补助金31.64万元，其中年满55～60周岁以上的少小民族农业人口享有州政府补助独生子女父母已达10人，“奖优免补”网站数据录入率99.6%。农业人口独生子女及其父母免费办理农村医疗合作，投入合作医疗费用2.63万元。同时充分发挥各级计生协会在人口与计划生育工作中的“桥梁纽带”作用，切实关注计划生育贫困群众，年内共计帮扶计划生育“三结合”困难户196户。

【流动人口计划生育】

2007年，按流出地流入地共同管理，以流入地管理为主的流动人口管理原则，在兰坪县无流动人口专项管理经费和专职管理人员的情况下，县、乡人口与计划生育管理机构把流入流动人口纳入本区域人口和计划生育工作内容来管理。将流动人口作为人口与计划生育工作的重要内容来抓，与常住人口进行共同管理，建立流动人口管理台账，不断完善网络信息平台，对流入流动人口按期进行婚育查验，提供优质的计划生育技术和服务。定期不定期地会同公安、工商等部门开展流动人口计划生育情况综合治理活动，重点对林矿开发区、城乡结合地带进行《流动人口婚育证明》查验和非法生育整治活动。年内兰坪县流入人口为5 662人，其中18～49岁育龄妇女1 522人，已婚育龄妇女792人，持有《流动人口婚育证明》1 400人，通过查验持证率70%。18～49岁县内流出育龄妇女575人，其中已婚育龄妇女81人。年内共计投入流动人口计划生育技术服务经费5.21万元，其中免费技书服务经费支出3 158元。

【安全套预防艾滋病工程】

2007年，兰坪县人口计生委联合公安、工商等部门，对城区各旅店、宾馆、娱乐场所进行安全套摆放督检活动，各乡（镇）先后开展督促检查安全套摆放工作，并与各业主重新签订《安全套防治艾滋病工程责任目标书》。县计生服务站向各旅馆、酒店、桑拿洗浴等娱乐场所共计营销安全套7 208只，免费对已婚育龄夫妇发放安全套5.22万只。同时抽出县计生服务站技术服务人员积极参与“6·26”国际禁毒日宣传活动，协同县禁毒办、防艾办、卫生、教育、文化、共青团等有关部门及成员单位开展禁毒防艾活动，活动日接待各种咨询57人次，免费发放安全套200只。

【宣传教育】

2007年，为让计划生育宣传工作更加深入人心，采取多形式、多渠道、多样化的宣传方式，认真落实人口与计划生育法律法规、方针政策。一是各乡（镇）认真宣传贯彻省、州、县人口与计划生育工作精神，切实将有关会议精神宣传到村、组、户，兰坪县共计召开各种会议宣传场次达292场次。二是以《中共中央、国务院关于全面加强人口和计划生育工作统筹解决人口问题的决定》，计划生育各项方针、政策和“奖优免补”宣传为重点，“关爱女孩行动”、“婚育新风进万家”、“出生缺陷干预”、“推套防艾”、优生优育为配套的多学科、多门类、深层次、宽领域的宣传教育活动取得新进展。并发放州人口计生委制作下发的《宣传手册》4万份和县人口计生委自制的“奖优免补”宣传围裙1万条、宣传挂历1千册发放到各村委会（社区）、计划生育户和农业人口独生子女户。三是积极参与《中共中央、国务院关于全面加强人口和计划生育工作统筹解决人口问题的决定》的知识竞赛活动，县人口计生委及时下发《关于成立宣传贯彻决定知识竞赛活动领导小组的通知》，并发放相关材料，兰坪县各级计生专干、技术服务人员61人参加知识竞赛活动。

【计划生育村（居）民自治】

在上年中排乡多依村试点工作的基础上，2007年试点已在兰坪县8乡（镇）展开。在开展试点工作中严格按照稳步推行的工作方式，先要求每个乡（镇）开展2个村（居）委会为试点。2007年兰坪县已有15个村（居）委会94个村（居）民小组（小区）4 530户1.78万人参与计划生育村（民）民自治。通过两年的试点推广工作，各村（居）委会自我管理、自我约束的计划生育村（居）民自治意识有了进一步提高，群众参与计划生育工作的主人翁地位得到充分体观，“自我教育、自我管理、自我约束”的模式已取得一定的经验和成绩，为2008年全面开展计划生育村民自治工作奠定良好的基础。

【基层基础工作】

兰坪县各村（居）委会的人口计生台账，已使用20年，大部分已经破损。为抓好基础人口统计工作，年内县人口计生委投入7万元资金定制一批计划生育台账登记卡，利用4个月的时间对兰坪县各村（居）委会人口统计台账进行更换，加强基础人口统计工作的力度，人口台账运转日趋正常，网底更加牢固。

【计划生育优质服务】

2007年，根据国家、省、州关于创建优质服务先进县的要求，在兰坪县开展计划生育优质服务活动，为广大群众提供安全、方便、可靠的优质服务。成立县、乡计划生育优质服务创建领导小组，在兰坪县开展以满足广大群众对计划生育优质服务技术、生殖健康服务的工作。开展查环查孕2 325人次，生殖健康咨询服务1 341人次。争取到省人口计生委30万元医疗器械和先进诊断设备，为充分发挥计划生育技术服务的“三配套”、“四功能”奠定基础。

2008年

【概述】

兰坪县人口和计划生育委员会属政府组成部门，主管兰坪县人口与计划生育工作，有行政编制11名，年内新增工勤编制1名；领导职数3名，其中主任1名、副主任2名，实有主任1名、副主任2名；内设办公室、规划统计财务股、科学技术股、政策法规股、城区计生办、流动人口计划生育办公室、计划生育协会7个股室，实有股室负责人4名（办公室1名、规划统计财务股1名、计生协会1名、城区计生办1名，其他股室由办公室主任兼任），单位实有人数13名。兰坪县计划生育技术服务站属县人口计生委下属机构，有事业编制12名（年内新增1名），内设办公室、门诊部、住院部3个机构，单位实有人数17名。

【统计数据】

2008年，兰坪县总人口为204045人，年内出生2244人，人口自增1039人，人口死亡1205人，已婚育龄妇女39679人。综合节育率达87.7%，出生率为13.06‰，死亡率为6‰，计划生育率达96.2%，持证生育率达92%，长效避孕及时率达52.7%，违法生育45人，违法多生育控制较好。计划生育政策知晓率实地抽查达97%。统计台账运转良好，统计台账制度健全，基层统计台账运转合格率达96.5%。奖励扶助资格认定准确率达100%，奖扶对象的相关资料无误，资格认定准确，奖扶对象不重不漏，准确率达100%，奖优免补档案合格率达100%。县乡奖励扶助和其他奖励对象档案符合要求，乡为主的见面记录完整，合格率为95%。全面开展出生缺陷一级预防工作及“关爱女孩”行动取得明显成效。农业人口已领取《独生子女父母光荣证》巩固率为95%，农业人口新领取《独生子女父母光荣证》自愿率达100%。全面开展计划生育村民自治，合格率达70%。流动人口计划生育管理工作得到进一步加强，各项管理制度不断完善，管理台账逐步健全。按时足额兑现了农业人口独生子女保健费，兰坪县历年累计领取农业人口独生子女保健费1224人，兑现保健费30万元。积极开展出生缺陷一级预防工作，确保了配套经费按时足额到位，认真贯彻落实了省人口计生委《关于全面开展出生缺陷一级预防工作的实施意见》，按要求成立了领导小组，选派人员积极参加培训，按工作需要确保了工作经费到位。积极协调相关部门认真开展了人口区域功能规划工作，按时完成了各阶段任务，按照国家区域功能规划的要求，按时按质完成所需资料收集，并进行认真分析，能提供的数据，都能按时提供上报。认真开展了行政执法检查、“四项制度”等工作，各项制度的完善与落实进一步促进了计划生育优质服务工作的全面开展。年度“双线”责任目标经州人民政府和州人口计生委的考核，兰坪县人口与计划生育“双线”责任目标完成较好，均获一等奖。

【工作会议】

为贯彻落实省、州人口计生工生会议精神和兰坪县委十届三次全会精神及《中共中央国务院关于全面加强人口和计划生育工作统筹解决人口问题的决定》，总结分析2007年人口计生工作，部署2008年兰坪县人口计生工作任务，不断提高对人口与计划生育工作重要性的认识，全面落实科学发展观。兰坪县人民政府于2008年4月11日在兰坪县政府宾馆召开兰坪县人口与计划生育工作会议。县四套班子领导，县直各部门负责人，各乡（镇）计生办分管领导，乡镇（厂矿）计生办主任、统计、会计，共计120多人参加了会议。

会议由县政府办公室副主任陈松泉主持。县人民政府副县长史建琨在会上作了《统筹解决人口问题，促进人的全面发展，为兰坪社会经济发展创建良好人口环境》的重要讲话。讲话回顾了2007年兰坪县人口计生工作，对2008年兰坪县人口与计划生育工作作了七点要求。一是全面落实党的十七大精神，创造性地开展人口与计划生育工作；二是努力降低生育水平，实现人口控制目标；三是进一步完善和巩固“少生快富”工程，切实推进农业人口少生奖励工作；四是加快计划生育技术服务网络建设力度，强化优质服务；五是完善流动人口信息管理系统，加强流动人口计划生育管理和服务；六是全面推进行计划生育村（居）民自治工作；七是稳定和加强人口与计划生育干部队伍，加大对人口计生干部队伍培训力度。县人口计生委主任和炳俊在会议作了《夯实基础，务实求新，夺取兰坪县人口和计划生育工作新业绩》的讲话，对2007年兰坪县人口计生工作进行了总结，分析了存在的困难和问题，安排部署了2008年人口计生工作。会上，县人民政府副县长史建琨、县人口计生委主任和炳俊，分别代表县人民政府、县人口计生委与各乡镇人民政府、计生办签订了2008年县、乡人口与计划生育“双线”责任目标。会上县人民政府对2007年实现无违法多生育的啦井镇等8个乡（镇），县政府办公室等4个先进集体，杨刚等14名先进工作者分别进行了表彰。

【指导督促人口计生工作】

兰坪县人口和计划生育委员会年内组成工作组先后多次深入八乡镇，指导人口与计划生育工作，并对各乡镇群众反映的计划生育工作中热点、难点的问题，进行指导、检查。定期不定期地督促计划生育村民自治开、计划生育优质服务、流动人口计划生育管理、出生缺陷干预工程、少生奖励扶助、基础台账运转等各项工作的落实情况，做到及时发现问题及时解决，有力地促进了各项工作的健康发展。

【基层基础工作】

人口计生台账启用至今，已有二十多年的时间，未曾更换，已破烂不堪，去年县人口计生委投入了20多万元，让各乡镇于对台账进行了全面的更换。今年根据去年更换的情况再对兰坪县人口计生台账更换工作进行了进一步完善，年内各乡（镇）已按要求、按标准，全面完成了人口台账更换工作，各乡镇人口计生台账运转日趋正常。

【优质服务】

2008年，加大了“以人为本、优质服务”的工作力度，充分发挥了各级计生网络优势和计生协会的桥梁纽带作用，切实关注计划生育贫困群众，年内共计帮扶计划生育“三结合”困难户603户。积极实施出生缺陷一级预防工作，对新婚夫妇进行出生缺陷干预知识的宣传和孕前检查，为全面实施出生缺陷一级预防工作奠定了良好的基础，并对孕前检查人员进行了造册登记。加大了安全套预防艾滋病工程力度，实行分级负责制，城区由县计生服务站负责，各乡（镇）由乡（镇）计生办或服务所负责。年内县人口计生委还联合公安、工商等部门，对各旅店、宾馆、娱乐场所进行了安全套摆放的督查，并与各业主签订了《安全套防治艾滋病工程责任目标书》。全年各旅馆、酒店、桑拿、洗浴等娱乐场所共计摆放安全套6162只，免费为兰坪县已婚育龄妇女发放安全套158892只，为计划生育孕前型管理奠定了良好的基础。

【国际禁毒日活动】

为进一步做好禁毒防艾工作，2008年6月26日协同县禁毒办、防艾办、卫生局、教育局、文化、县团委等有关部门及成员单位开展了禁毒防艾活动，活动日共计发放安全套200多只，为高危人群免费提供安全套16000只。

【宣传教育】

根据《云南省人口和计划生育委员会办公室关于印发〈2008年云南省人口和计划生育宣传工作要点〉的通知要求》，兰坪县人口计生委结合县情在兰坪县开展了学习宣传贯彻落实中央《决定》和省委、政府《实施意见》的活动，进一步提高了广大干部群众对人口问题重要性、必要性和严峻性的认识。同时采取多种宣传形式认真宣传贯彻省、州、县人口与计划生育工作会议精神，切实将有关会议精神宣传到村、组、农户，兰坪县共计开展宣传场次达192场次。同时结合《关于认真做好〈中共云南省委云南省人民政府关于进一步加强人口和计划生育工作统筹解决人口问题的决定〉宣传品征订工作的通知》要求，征订了20870张/册宣传品，为进一步年全面宣传贯彻《中共云南省委云南省人民政府关于进一步加强人口和计划生育工作统筹解决人口问题的决定》奠定了基础。

【人口文化宣传月活动】

为做好兰坪县人口文化宣传月活动，按省、州人口计生委的要求，结合兰坪实际成立了由人口计生委委主任为宣传主任的组委会，并下发了《关于开展人口文化宣传月活动的通知》，在兰坪县开展了人口文化宣传活动，宣传月共计悬挂人口计牛宣传标语10条。各乡镇还利用“9.25”《公开信》发表28周年纪念日等重要节日，发放自制的人口与计划生育宣传资料“农村‘奖优免补’、‘婚育新风进万家’”、州人口计生委下发的“历书”等各种宣传品11426张/册，对出生缺陷预防工作、关爱女孩行动、村民自治等工作进行了进一步宣传，取得了良好的效果。

【流动人口计划生育工作】

兰坪县流入、流出流动人口在逐年增多，呈现分布广泛、流动性强的特点，在没有专门管理人员、经费少的情况下，县、乡计划生育部门乃将流入人口和计划生育管理工作纳入本区域计划生育工作的重要内容来抓，不断建立健全流动人口计划生育管理档案、台账，及时运转流动人口信息管理网络平台，定期或不定期地对流动人口进行婚育查验。会同公安、工商等部门开展对兰坪县流动人口进行综合治理，特别是对林矿开发区、城乡结合部的流动人口进行了重点查验、整治活动，将流动人口计划生育管理工作纳入常住人口进行一同管理，取得了较好的成绩。根据年终报表反映，年内流入人口8336人，兰坪县查验流动人口《流动人口婚育证明》3978人次 。

【奖优免补工作】

兰坪县“奖优免补”工作经过多年的运转，通过采取多渠道、宽领域、深层次、全方位的政策宣传，群众对少生优生、少生奖励政策有了进一步认识。年内在县、乡计生干部的积极发动下，通过个案摸底、逐一核审、热情服务、及时兑现、务求实效的工作，兰坪县有75户农业人口家庭领取了《独生子女父母光荣证》。到2008年兰坪县（0-14岁）历年累计领取独生子女证2694户，其中农村独生子女为1224户。已享受到政府一次性奖励的农村独生子女父母1380人，兑现奖励金达69万元；兑现义务教育阶段就读的农村独生子女教育“奖学金”2178人/次，兑现“奖学金”37.544万元；年满60周岁以上的农业人口独生子女父母已达2184人，享受到政府的养老补助，兑现补助金152.41万元。免费为2494人农业人口独生子女及其父母免费办理了农村合作医疗，共计投入免费合作医疗费用4.988万元。

【计划生育村民自治工作】

在去年各乡镇开展计划生育村民自治试点工作的基础上，2008年计划生育村民自治工作在兰坪县展开。在推进计划生育村民自治工作中，严格按要求、按程序稳步推进。通过各乡（镇）以村（居）民委员会为主的基层管理、服务模式的建立，群众自觉执行计划生育工作意识正逐步增强，“自我教育、自我管理、自我约束”的主人翁地位得到了充分体现，为兰坪县人口计生工作的进一步健康发展奠定了良好的基础。

【技术服务网络建设】

由于投入资金不足等原因，兰坪县计划生育技术服务网络建设滞后，满足不了目前广大群众日益增长的计划生育服务的需求，2008年县人口计生委加大了计划生育技术服务网络的建设力度，全面完成了兰坪县县(乡)计生服务站（所）的项目申报、立项等工作。其中通甸镇、营盘镇、中排乡三乡镇的中心服务所的建设工作基本完成。啦井镇、兔峨乡两乡镇的计生服务所的扩大内需建设项目得到了建设批复，预计在2009年建设。县计生服务站综合服务楼建设项目已与县政府争取到县级配套资金15万元，项目建设工作正在进行中。

【荣誉】

兰坪县人口计生委主任杨瑞全被评为云南省人口和计划生育先进工作者，荣获云南省人力资源和社会保障厅、云南省人口和计划生育委员会的表彰；县人口计生委职工和炳南被评为优秀共产党员，授到兰坪县直机构工为的表彰；兰坪县人民政府办公室、兰坪县财政局、兰坪县计生服务站、兰坪县金顶镇计划生育办公室被评为2008年度计划生育先进集体，授到兰坪县人民政府的表彰；杨刚(啦井镇计生主任)、李永平（金顶镇计生服务所职工）、段美贤（金顶镇计生办专干）、杨庚佑（通甸镇丰华村计生宣传员）、李平（河西乡计生办主任）、余松成（中排乡计生办主任）、李永波（石登乡计生办专干）、张德全（营盘镇计生办主任）、和全宝（兔峨乡计生办主任）、杨加利（兔峨乡计生办专干）、杨燕（金鼎锌业公司计生办主任）、张金相（兰坪县人口计生委职工）、张霞（兰坪县人口计生委职工）、傅燕娟（兰坪县计划生育服务站职工）被评为计划生育先进个人，授到兰坪县人民政府的表彰。

迪庆州人口和计划生育委员会

迪庆州

2006年

【综述】

2006年州人口与计划生育委员会获得了省政府和省人口计生委颁发的年度人口责任目标考核一等奖，这是全省上下实行人口责任目标双线考核以来迪庆州取得最好成绩的一年。2006年年末，总人口为37.2万人，全年出生人口3 894人，人口出生率为10.94‰，死亡人口2 215人，人口死亡率为5.15‰，人口自然增长率为4.80‰0

【重要会议】

2月14日，迪庆州委、州政府在香格里拉县召开了迪庆州人口资源环境工作座谈会。会议由齐扎拉州长主持。州计生委主任和桂琼、州国土资源局局长马成伟、州环保局局长赵志刚在会上分别汇报了迪庆州人口资源、环境保护方面的工作情况。在听取三个部门的汇报发言后，州委书记卯稳国作了重要讲话：他要求各级部门要牢固树立科学发展观，把人口资源环境工作摆到更加突出的战略位置，加大工作力度，全面落实人口资源环境工作的各项任务目标，加强组织领导，进一步强化责任意识，强化综合治理，增加经费投入，推进迪庆州人口资源环境工作的健康协调发展。

3月25日，迪庆州人民政府召开了迪庆州人口计划生育工作会议。州委、州人大、州政协分管领导及州人口与计划生育工作领导小组成员单位的领导、三县一区政府分管领导和州县、乡人口计生干部参加会议，人员达到了129人。在会上分管副州长陈建国作了题为《立足新起点谋求新发展用科学发展观统领新时期人口计生工作》的重要讲话，工作会议充分肯定了“十五”人口计生工作取得的成绩、深刻分析了“十一五”人口计生工作面临的形势，提出了“十一五”人口计生工作的奋斗目标，从十个方面对2006年的工作进行了全面安排部署；州政府与三县一区政府，州人口计生委与三县一区人口计生委分别签订了2006年度的双线人口计划生育目标管理责任书，兑现了2005年度的双线人口责任目标奖和乡计生服务所规范化管理达标、基本达标奖，对“十五”人口计划生育工作先进集体和先进个人进行了表彰。

【宣传教育】

2006年，迪庆州向国家人口计生委争取了近30万元的宣传项目经费，在德钦县升平镇、香格里拉县上江乡、小中甸实施了以宣传藏民族不重男轻女的生育观为切入点，以减少早婚早育、不到间隔生育、提高住院分娩率为目标的全国婚育新风进万家活动宣传项目。通过加强村级宣传阵地建设，编制表演富有地方特色的婚育新风文艺节目，开展形式多样的宣传和培训活动。项目点群众的婚育观念得到了明显的转变，计划生育率、住院分娩率分别比项目实施前提高了9.85、11.8个百分点，早婚率比项目实施前下降了4.4个百分点，不到间隔生育人数减少38人，杜绝了违法多生育。该项目的成功实施，得到了国家人口计生委领导的充分肯定，为迪庆州争取到新的项目打下了良好的基础。

【"奖优免补"工作】

各县（区）按照迪庆州年初计生工作会议提出的积极稳妥推进"奖优免补"工作的要求，稳妥推进"奖优免补"工作，全年迪庆州农业人口独生子女领证户达到了348户，"奖优免补"政策实施以来，迪庆州累计有1 531户农业人口家庭自愿放弃再生育，领取了《独生子女父母光荣证》。2006年迪庆州有1 547人领到了养老生活补助，有361名初中生，1 080名小学生享受到了义务教育奖学金，有324户农业人口独生子女家庭领到了一次性奖励金。截至2006年10月，迪庆州用于兑现"奖优免补"的资金已累计达537.653万元。

【流动人口管理】

迪庆州人口计生委在2006年专题举办了迪庆州流动人口计划生育管理培训班，对流动人口管理业务进行了培训，统一规范了流动人口计划生育管理台账、报表，有关管理制度及管理人员工作职责。州编委为州流动办解决了1名自定行政编制，三县一区于七月底前聘用配齐了12个社区的流动人口计划生育管理员。各县流动人口管理机构按州的要求，结合自身实际对流动人口的计划生育管理和服务进行了大胆探索。建立了流动人口管理相关制度、落实房主、雇主管理责任制方面取得了明显的成效。

【信息化建设】

2006年，州、县人口计生委按照省人口计生委关于认真做好云南省人口计生业务专网建设工作的要求，积极筹措近10万元资金，指定专人负责，完成了州、县两级计生业务专网建设，新增配备了部分电脑，提高了办公效率和数字传递的速度。

【科技管理】

2006年12月份，州人口计生委严格按照《迪庆州乡级计划生育服务所优质服务规范管理考核评分标准》规定的考核验收标准，对要求申报达标的金江乡等7个计生服务所进行了考核，经过严格考核金江乡、五境乡、永春乡、中路乡计生服务所实现了"达标"，虎跳峡镇、小中甸镇、巴迪乡计生服务所实现了"基本达标"。州人口计生委通过积极向上争取，为香格里拉县计生服务站所解决了16万元的改扩建资金，为维西县计生委解决了5万元的工作用车更新购置经费，为新农村新家庭大香格里拉地区人口健康促进项目实施乡镇、乡级计生达标所和基本达标所，配备了价值47.88万元的B超诊断、红外线治疗仪、高压锅、手术床等技术服务设备，省人口计生委专项为出生缺陷干预试点县（香格里拉县）配备了45万元的出生缺陷干预设备及项目经费。

【出生缺陷干预】

香格里拉县作为全省25个出生缺陷干预试点县之一，按照省的要求，认真开展了出生缺陷干预的基线调查、婚前培训、孕前检查、叶酸增补、产前筛查、必要的终止妊娠等具体工作。通过调查该县需要进行出生缺陷干预的目标人群大致为3 339人，其中适宜增补叶酸人数为1 628人。截至目前为止，该县已完成宣传品人户数2003户，对已婚和待孕的847人进行了出生缺陷干预相关知识的培训，对从事出生缺陷干预服务工作的人员31人进行了业务培训，实施孕前检查114人，同时在建塘镇、格咱乡、尼西乡、小中甸镇、金江镇举办了婚前培训共25期，参加培训人员达5 626人次，同时发放宣传小折页近8 000份。从省调入出生缺陷干预药品叶酸764份/人，已分发到各乡镇532份/人，直接发放到目标人群的已有221份/人。

【重要事件】

2006年10月份，联合国人口基金驻华首席代表薄纳德博士、国家人口计生委副主任赵白鸽、宣教司司长张建、省人口计生委主任张玉明等领导前来迪庆视察工作期间，经过积极汇报争取，国家和省人口计生委进一步加大了对迪庆州人口和计划生育工作的支持力度。国家人口计生委决定从2006年11月至2009年11月份分三年在迪庆州三个县实施"新农村新家庭—大香格里拉地区人口健康促进"项目，国家人口计生委对在迪庆州开展的项目投入90万元，省配套90万元。同时国家和省对迪庆州计划生育节育手术费、设备购置费及州药具站的搬迁建设经费等给予了大力倾斜和支持，国家和省两级对迪庆州人口计生事业的投入较之上年相比又有了明显的增加，投入的加大，为迪庆州搞好各项人口与计划生育工作提供了强有力的资金保障。2006年8月，为实地考察了解先进地区在抓人口计划生育工作方面的经验做法，进一步推动迪庆州人口计生工作的健康发展。由州计生委领导带队，组织三县人口计生委主任和州人口人口计生委科室负责同意分别赴上海、昆明和大理等地进行了考察学习，使干部开阔了眼界，增长了见识。

【荣誉】

在迪庆州人口计生工作会议上，迪庆州人民政府表彰了迪庆州"十五"期间涌现出来的人口和计划生育工作先进集体和先进个人。授予德钦县人口和计划生育委员会、香格里拉县五境乡人民政府、维西县中路乡人民政府、德钦县佛山乡人民政府州政府为先进单位的荣誉称号；州人口和计划生育委员会和志典、香格里拉县马小妹、德钦县阿姆、维西县钱玉枝、开发区李学先被评为先进个人；迪庆州人口和计划生育委员会史定东被评为全国计生系统优秀工作者称号。

2007年

【综述】

2007年迪庆州的人口计划生育工作在州委、州政府的正确领导和省人口计生委的精心指导下，坚持以"三个代表"重要思想和科学发展观为指导，深入贯彻中共中央、国务院《关于全面加强人口和计划生育工作统筹解决人口问题的决定》和全省人口计生工作会议精神，以控制人口数量、提高人口素质、改善人口结构为主线，将"以人为本"的科学理念融进各项工作，切实转变工作作风，加强宣传，强化服务，扎实工作，圆满完成了省、州下达的各项人口责任目标任务。2007年迪庆州年末总人口为374500人，其中户籍管理人口347866人。全年出生人口4011人，人口出生率为11.03‰，死亡人口2266人，人口死亡率为6.23‰，人口自然增长率为4.80‰。人口出生率比省下达的任务数13‰低了1.97个千分点。常住人口违法多生育和流动人口违法多生育分别为51人和28人，比省下达的任务数70人、40人各减少19人和12人。

【依法行政】

为进一步稳定低生育水平，迪庆州一手抓"少生奖励"，一手抓违法多生育控制，在少生奖励上，继续积极稳妥推进"奖优免补"各项政策的落实，让少生孩子的家庭，失去子女的老人享受到党的"奖优免补"政策带来的实惠，在社会上营造了"少生孩子光荣"的良好氛围。在违法多生育控制上，采取了一系列行之有效的措施，香格里拉县针对过去计划外多孩生育比较严重的乡镇专门派出督查组进行专项督查，协助配合乡镇查处违法多生育案件，全年下达处罚决定书37份，上门做违法超怀、多生育案件思想工作28起；德钦、维西也加大了对违法多生育的惩治力度；三县之间互通信息，对流动人口的违法多生育行为进行联合查处，各县对管理不到位、违法生育控制不力的乡镇实行黄牌警告。通过"奖励惩处"两手抓，进一步稳定了迪庆州的低生育水平。

【宣传教育】

2007年，迪庆州共投入宣传教育经费37.75万元，迪庆州上下以宣传中共中央、国务院《关于全面加强人口和计划生育统筹解决人口问题的决定》为重点，全年订制印发中央《决定》小册子250册，并把中央《决定》主要精神和内容、"奖优免补"政策、艾滋病防治知识、流动人口管理的政策规定、《云南省计划生育条例》规定的生育政策，社会扶养费征收标准、优生优育、孕妇保健、女性生殖健康知识、出生缺陷预防知识、《生育证》办证程序等相关知识制作成计划生育农家历75000份发到迪庆州农户手中，做到宣传品入户率达98%；计划生育光盘、磁带97盘；计划生育知识丛书1128套；生殖道感染诊治与预防画册400本等一批富有知识性、趣味性的计划生育宣传品发到各级领导、计生服务机构及广大群众手中。借助人口健康促进项目，对三县计生服务站和项目试点乡计生服务所的服务环境进行了整治，对项目试点乡(镇)村两级的宣传阵地进行了重点打造，为其配发电视机、VCD、桌椅板凳等宣传设施，建成比较规范的乡级文化图书屋1个，村宣传室5个，制作了比较有实用性深受群众喜爱的婴儿宝宝服、小抱被、洗脸盆、毛巾、酥油茶壶、围裙等一批宣传实物发到项目点群众手中。全年开展形式多样的婚育新风进万家宣传活动及知识竞赛12场次，发放宣传资料18738份，开展业务知识培训20多期。同时利用科技、文化、卫生"三下乡"活动开展文艺汇演11场次，发放计生法律法规宣传单10000张，群众参加36000多人次。清理规范了迪庆州的计划生育宣传标语，使宣传更加贴近基层、贴近生活，收到了良好的宣传效果。

【基础设施建设】

州、县将加强计划生育的基础设施建设作为推进全面工作的重中之重来抓，积极争取建设项目和资金。经多方争取，新建了投资近300万元的州计生药具站综合服务大楼；德钦县落实了80万元的县计生服务站改扩建资金，60万元的乡计生服务所建设资金，并启动了佛山、云岭、霞若乡三个计生服务所的建设工作；维西县用滇沪合作项目资金30万元对巴迪、塔城计生服务所进行了改扩建；州投入27万元对香格里拉县计生服务站进行了改造；香格里拉县三坝乡计生服务所搬迁落实了20万元的国债建设资金。2007年是迪庆州计划生育历史上争取项目最多，成效最好的一年。随着这批项目的建成，迪庆州计划生育基层基础设施薄弱的局面将得到明显改观。

【优质服务和科技管理】

经多次协调，德钦县政府将7个乡镇计生服务所从乡镇卫生院分设出来，理顺了乡镇计生服务所的管理体制。州人口计生委为德钦县新分设的7个服务所提供了20万元的手术服务设备，目前这些服务所已全部投入使用并开展工作。维西县作为全省优质服务试点县，在站所的环境整治、制度建设、档案痕迹管理方面做了大量的工作。州对6个乡镇计生服务所进行了规范达标验收。各级计生服务机构进一步强化了宣传教育、技术服务、信息咨询、人员培训、药具发放"五位一体"的服务功能。群众对计划生育服务的满意度不断提升。迪庆州各级计生服务机构坚持以人为本，把为群众提供高效优质服务作为工作的出发点和落脚点，开展了大量的三查（查孕、查环、查病）二服务（咨询服务、药具发放服务）工作，强化了宣传教育、技术服务、信息咨询、人员培训、药具发放"五位一体"的服务功能。2007年迪庆州计生系统开展男扎21例、女扎760例、放置宫内节育器3154例、取出宫内节育器1563例、放置皮下埋植剂363例，计生系统开展的优质服务工作得到了社会的肯定和群众的认可。

【流动人口管理和服务】

2007年，各级流动人口计划生育管理机构进一步加大了对流动人口经常化管理的力度。迪庆州在网上共录入流动人口已婚育龄妇女个人信息2328条，与用工单位、雇主、房屋出租户签订流动人口计划生育管理合同1651份，为流出人口办理《婚育证明》825份，通过信息平台及时向流出地反馈流动人口婚育信息70多条。为搞好信息交换，让流动人口方便快捷地领到药具和免费提供技术服务，州人口计生委为社区配发了电脑、打印机和计划生育药具柜。全年纳入人口计生部门统计范畴的迪庆州流动人口总数已达24626人，其中已婚育龄妇女4151人，一年来迪庆州共为流动人口提供免费技术服务529人次，发放避孕药具1548人次。流动人口管理服务工作的加强，进一步密切了流动人口与本地常住人口之间的关系，为迪庆州社会稳定、经济发展创造了良好的治安环境。

【药具管理和推套防艾工作】

在药具管理方面，2007年从州到县到乡，各级进一步加强了药具机构内部规章制度化、信息化、规范化的建设，加强了对药具订购、分配、发放的监督，有效杜绝和减少了药具的库存和积压，让群众用上了放心药具。州人口计生委订购了6000个安全套摆放架发到各大宾馆、酒店。计生、药监、公安、卫生等部门进一步加强了协调配合，使安全套的摆放率、使用率有了较大提高。

【人口健康促进项目】

在国家人口计生委和省人口计生委的大力关心支持下，迪庆州三县按照项目文本规定的必须抓好“五项”基本活动和“三项”自选活动的工作要求，全面推进“新农村新家庭大香格里拉地区人口健康促进项目”的实施，在项目实施过程中各县通过加强项目试点乡（镇）村两级宣传阵地建设，开展宣传教育培训、免费健康检查、鼓励群众入院分娩等各项工作，使项目区群众的婚育观念有了较大的转变，自觉实行计划生育，自我健康保护意识得到了明显增强，项目工作取得了阶段性成效并在全省宣传工作会议上作了交流。该项目的成功实施，引起了外界的广泛关注，带来了一系列的连锁效应。引进了团中央、中国青少年发展基金会 “家庭青年创业计划” YBC项目；中国扶贫基金会在德钦县实施的周期为7—8年的“母婴平安项目”，交通部德钦县国道214线德钦—盐井段的道路维修改造等2000多万元的项目资金，通过人口健康促进项目，极大地提升了迪庆州计生系统的知名度。

【协会工作】

为切实加强计划生育协会工作，迪庆州计生协在今年下发了《迪庆州计划生育协会工作示范村建设实施意见》，要求各县按照“五个结合”的协会工作要求及协会组织“六个一建设”的标准，每个县选择一个村委会进行试点，力争用3—5年的时间使迪庆州80%的村级计生协会达到示范村的要求，目前试点工作正在进行中。经州委批准，迪庆州第三届协会将在年底前完成换届工作。上海市计生协在去年给香格里拉县捐助10万元开展贫困母亲帮扶项目的基础上，今年又为德钦县捐助了15元的贫困母亲项目帮扶基金。并争取到了省计生协项目资金10万元。

【出生缺陷干预工作】

人口出生缺陷干预是省政府继“奖优免补”政策出台后的又一项重大决策，也是一项提高人口素质的利国、利民的民心工程。迪庆州香格里拉县作为全省25个出生缺陷干预工程试点县之一，做了大量的工作，抓了“五个落实”。一是开展了基线调查；二是组织了婚前孕前培训；三是开展了孕前检查；四是认真做好叶酸发放增补工作；五是进行了随访。截至2007年底，香格里拉县共组织了婚前孕前培训12期，培训983人次；开展孕前检查889人，孕期保健、B超检查972人，产前筛查903人次；免费发放叶酸512人。通过计生专业技术人员在对服用叶酸增补出生的新生儿的监测和随访中，尚未发现一例神经管缺陷儿。出生缺陷工作取得了初步成效。

【队伍建设】

为打造一支思想好、作风好、懂业务、会管理的工作队伍，顺应时代对人口计划生育工作提出的新挑战。迪庆州从上到下全面加强了人口计划生育队伍的建设工作。在组织领导和班子建设上，州委在2007年重新调整充实了州人口计划生育工作领导小组，为州人口计生委配备了副主任，配齐了州计生协专职副会长，健全了州人口计生委、州计生协领导班子；使长期在迪庆辛勤耕耘，为落实计划生育基本国策作出贡献的老同志的政治待遇得到妥善落实；维西县配备了计生协专职副会长。在人员编制上，州编委为州人口计生委追加了2名自定行政人员编制和为委下属事业单位药具站增加了1名事业编制；香格里拉县增加了1名流动人口计划生育专职管理人员编制并将人员及时配备到位；德钦县为7个新分设的乡镇计生服务所落实了14个事业编制，并采取医院调配，招收计生医士班学员等方式落实配齐了乡镇计生服务所的技术服务人员。在作风建设上，州、县两级人口计生委在进一步完善内部规章制度，强化考勤管理的基础上，在本系统认真开展了旨在提高“执行力、创新力、凝聚力”为主题的“三力”建设活动和以加强队伍作风建设为主要内容的3000农民兄弟评计生政风行风评议活动。通过加强班子和队伍建设，使计生队伍的执行力、创新力、凝聚力得到增强，内部结构得到优化、力量得到充实，为今后的工作打下了坚实的组织基础。

2008年

【综述】

2008年迪庆州的人口计划生育工作在州委、州政府的正确领导和国家、省人口计生委的大力关心支持下，坚持以邓小平理论、“三个代表”重要思想和科学发展观为指导，认真开展“解放思想”大讨论活动，全面落实党的十七大和《中共中央国务院关于全面加强人口和计划生育工作统筹解决人口问题的决定》精神，按照“夯实基础、突出特色、点面结合、全面提高”的工作思路，以完成责任目标为中心，抓住重点，勇于创新、大胆改革；以实施农业人口独生子女家庭奖励扶助、出生缺陷一级预防和提高计划生育优质服务工作水平为重点，狠抓基层基础工作；以“大香格里拉地区人口健康促进”项目扩展为契机，对迪庆州部分乡镇服务所进行重点打造，抓特色、抓亮点。全面完成了省人民政府与州人民政府签订的8项人口与计划生育工作任务和省人口计生委与州人口计生委签订的11项工作任务以及州人民政府下达给州计生委的5项经济发展社会主要责任目标。人口出生率控制在11.67‰，自增率控制在5.18‰，违法多生育控制在省下达指标以内。使迪庆州2008年度的人口与计划生育工作取得了较好成绩，并得到了省人民政府计划生育双线责任目标考核组的认可和较高的评价。

【宣传教育】

宣传是先导，服务是灵魂。迪庆州把宣传教育工作放在首位，以转变群众婚育观念为重点，突出宣传教育在计划生育工作中的“渗透”作用，让广大群众时时感受到浓郁的国策春风的熏陶。一是在迪庆州范围内开展了计划生育宣传标语的清理。二是加大宣传经费的投入，制作了以生殖健康宣传教育为主要内容的宣传展板，并展示于县乡计生服务站所。三是扩展宣传教育内容，从只注重国情国策、人口形势、政策法规的宣传教育，扩展到避孕节育知情选择、优生优育和生殖保健等科普知识的宣传教育。四是改变宣传教育的形式和方法，抓住“人口健康促进”项目实施及出生缺陷一级干预工作开展的契机，将宣传教育与优生优育咨询、发放药具、“二查四查”、技术服务等工作捆绑结合进村入户，以服务促宣传，在宣传中服务，将宣传教育工作融入计生工作的每个环节，努力使新的生育文化观念融入到群众的生产生活中。五是将中央和省《决定》的内容、各项计划生育惠民政策、法律法规纳入政府信息公开的重要组成部分，在政府网和电台、报纸上向公众公开。结合社会主义新农村建设，依托人口健康促进项目、地方政风行风热线节目及“婚育新风进万家”、“关爱女孩行动”等载体，广泛向群众宣传普及计划生育政策、法律法规、科学知识，使中央和省《决定》及计划生育政策、法规、科学知识做到了家喻户晓，为人口计生工作顺利开展营造了良好的工作氛围。

【依法行政】

为进一步稳定低生育水平，迪庆州一手抓“少生奖励”，一手抓违法多生育控制，在少生奖励上，继续积极稳妥推进“奖优免补”各项政策的落实，让少生孩子的家庭，失去子女的老人享受到党的“奖优免补”政策带来的实惠，在社会上营造了“少生孩子光荣”的良好氛围。2008年度迪庆州享受 “奖励扶助”及“奖优免补”惠民政策3838人次，享受金额为215954.00元。从2008年11月25日—12月5日，对三县一区人口计生双线责任目标考核的同时，对奖励扶助资格认定及“奖优免补”档案合格情况进行了入户调查，调查结果：资格认定全部做到了准确无误，奖励扶助资格认定准确率达100%，“奖优免补”档案合格率达100%。

【基础建设和优质服务】

为切实开展好迪庆州计划生育优质服务“创优”活动，增强服务能力。从加强计生服务网络的基础设施建设着手，夯实计生优质服务基础，落实了投资近300万元的州药具站建设资金，使其主体工程与附属工程得以全面竣工并投入使用。2008年度争取了近200万元资金新建了德钦县佛山、奔子栏、云岭乡等3个计生服务所，并对德钦县计生服务站进行改扩建。同时还争取到9个乡镇计生服务所的建设项目，计划在2009年上半年完成该项目工作。

【出生缺陷干预工作】

2008年，迪庆州的出生缺陷干预工作取得了明显成效。针对出生缺陷干预目标人群6920人，实施了6项干预措施，实施婚孕前培训6976人，技术人员培训598人，宣传品发放4117份，孕前检查1752人，有1032人增补了营养素，对903人进行了产前筛查。

【流动人口管理】

2008年在迪庆州进一步建立健全了8个流动人员较为集中社区的流动人口计生管理办公室，并落实了12个社区流动人口计生管理员的工作报酬。同时，为强化流动人口的个案信息录入、信息反馈管理工作，迪庆州还积极向上争取计算机网络设备，为每个社区流动人口管理办公室配备了计算机，建立了流动人口信息管理平台，初步实现了流动人口信息化管理。在落实流动人口管理员工作报酬上，香格里拉县大胆创新，把管理员工薪与工作实绩挂钩，并将管理员工薪由每月500元调整、提高到500-1000元。迪庆州还积极探索流动人口计生管理新模式，初步构建了以“单位负责、社区管理、抓雇主管雇工、抓房主管房客”为主要形式的管理体系。加强了流入地和流出地之间的协调配合，使流动人口管理服务工作有了新的进展。

【统计工作】

为加强计划生育计划统计工作管理，使迪庆州计划生育统计工作科学化、制度化、规范化，充分发挥统计在计划生育工作中的监督、检查、指导和信息服务作用，通过认真的、有针对性的培训，使与会人员掌握了新统计报表的填报方法，并制作下发了适应新形势人口发展研究方面的统计报表。同时，多次组织人员深入乡村，进一步加大了对基层台账运转情况的抽查力度，促进了基层台账的规范运转，使基层台账运转合格率达到了省下达任务目标。

【药具管理和推套防艾工作】

药具管理工作是人口和计划生育工作的重要组成部分，是推广知情选择，深化优质服务的主要内容之一。2008年的药具管理工作，严格按照《云南省深化计划生育药具工作改革考核评估办法》，做到一把手亲自抓，将药具工作改革纳入人口计生整体工作同部署、同督促、同考核，积极探索建立协调推进药具工作改革的长效机制，切实加强了对药具工作的领导。在加大对推广使用安全套防治艾滋病宣传工作的同时，按照非星级酒店、饭店、招待所等提供住宿的场所必须由政府承担免费提供摆放安全套的费用的要求，由部门垫资13万元完成了安全套的摆放任务。迪庆州共有重点服务场所1574家，安全套摆放率在星级宾馆和非星级普通旅馆业达到100%，在桑拿洗浴、歌舞卡拉ok厅及美容美发厅达到97%。同时，在迪庆州范围内设置自动售套机19台。全年累计向各重点服务场所发放安全套共180199只，其中有偿发放45745只，向非星级宾馆、饭店、招待所等普通旅馆业免费发放12255只，向已婚育龄妇女免费发放80699只，开展防艾宣传免费发放41500只。与去年同期相比，多发放安全套6万多只，有效地促进了遏制艾滋病流行蔓延的总体目标的实现。

【人口健康促进项目】

2008年的人口健康促进项目工作，主要以育龄妇女生殖健康检查为重点，按计划有序地开展此项工作。一是三县根据各自的经验，制订了项目拓展方案，成立了拓展领导小组，拓展和延伸了项目范围。二是在项目拓展乡镇组织开展了生殖健康普查普治活动，为育龄妇女进行了B超、妇科检查等健康体检，建立了健康档案。据统计，2008年迪庆州项目点共进行妇科检查1058人， B超检查3092人，产检413人次，生殖健康检查1833人，放环472人，查出各种妇科疾病如子宫肌瘤、卵巢囊肿等167例，健康教育7408人次。三是继续开展好住院分娩激励措施工作，全年共发放孕产妇住院分娩补助90210元，婴儿用品1202套。项目试点乡镇的住院分娩率大幅度提升，由2007年的51.88%提高到2008年的70.11%。以上数据表明，项目试点乡镇的基本公共服务水平得到了进一步的提高。四是搞好项目点的宣传阵地建设。迪庆州部分村委会建立了项目活动室，统一配备了宣传设备（电视机、功放机、音箱和DVD），并制作了黑板宣传栏、书架和电视柜、桌子，为进一步发挥村级宣传功能奠定了基础。

【协会工作】

2008年协会工作，得到了州委、州人民政府的进一步重视。召开了迪庆藏族自治州计划生育协会第三次会员代表大会，完成了计生协会换届工作，选举产生了新一届协会领导班子及理事会理事。并配备了计生协会专职副会长编制和人员。香格里拉县、维西县也相继完成了协会换届工作，迪庆州的计生协会组织建设得到了进一步加强与完善。计生协紧紧围绕州人口计生委工作，坚持协会自我教育、自我管理、自我服务的方针，加强工作机构和组织机构建设，全面提高协会的服务水平和能力，优化宣传教育，不断拓宽服务领域，较好地完成了各项工作任务。

【遏制出生性别比】

为遏制迪庆州出生人口性别比偏高势头，州政府召开了十二个部门的协调会，制订下发了《迪庆州人民政府办公室关于印发迪庆州深入开展关爱女孩行动综合治理出生人口性别比偏高问题的实施意见的通知》迪政办发〔2008〕79号，明确了相关部门职责，建立了相关部门综合治理出生人口性别比偏高的联动处理机制。并组织州卫生局、州药监局、州工商局、州文化局、州公安局、州旅游局等相关部门对香格里拉城区医疗单位、计生服务机构、个体医疗单位从事B超检查、使用药物终止妊娠的情况进行了专项联合执法检查，有效地规范了计生相关行业及从业人员的计生服务行为。同时，对独生子女户、双女结扎户进行慰问和增发女孩住院营养补助等关爱女孩的具体措施，营造了关爱女孩健康成长的氛围。通过专项治理和落实关爱女孩的具体措施使迪庆州的出生性别比控制在了正常值范围之内。

【队伍建设】

为使迪庆州的计生干部队伍适应不断发展的人口和计生工作新形势。一是多次组织参加了省计生委组织的各项培训，提高了计生工作人员的业务技能和服务水平，促进了迪庆州人口计生工作的健康发展。二是组织从事计划生育工作13年以上的基层计生专干及技术服务人员到昆明、大理、西双版纳、普洱等州市进行考察学习，借鉴了先进州市的经验，开阔了基层计划生育干部的视野。三是委党支部根据州直机关工委的工作部署和要求，本着求真务实的精神，紧紧围绕人口和计划生育中心工作，以继续深化规范化党支部建设和创建文明机关为重点，扎实开展“解放思想大讨论”活动，深入推进学习型机关和效能建设，认真组织学习贯彻省委《决定》精神，通过多种形式的活动，加强党员干部思想政治教育和从政道德教育，推进本部门的工作。四是按照云南省人口计生委关于开展民主评议计生系统行风政风工作的要求，迪庆州人口计生系统开展了“下评上”活动及“3000农民兄弟姐妹评计生”的政风行风评议活动。五是认真执行州委、州人民政府关于首问责任、限时办结和服务承诺“三项”制度的有关规定，在本系统全面推开了政务信息网上公开，限时办结制、首问责任制、服务承诺制等促进机关作风转变的各项工作。完成了政府信息公开目录、信息公开指南的编制工作。六是加强了依法行政工作，注重在依法行政、规范管理上下工夫，层层建立计划生育执法责任制、公示制、评议制和执法过错责任追究制。使迪庆州计生系统的依法行政工作做到了规范管理、文明执法，切实维护了广大群众的合法权益。

【党风廉政建设】

党风廉政建设工作是一项长期而艰巨的任务。2008年，迪庆州人口计生系统认真贯彻落实《中共中央纪委办、监察部关于党风廉政教育工作纲要》和各项责任制，在计划生育工作中实行办事公开与承诺制度、技术服务上门与承诺制度，促进了计生系统党风廉政建设工作的纵深发展。做到党风廉政建设工作与部门工作同部署、同检查、同落实。按照省人口计生委要求，认真开展了领导干部“大接访大下访”活动。召开了民主生活会，对各自勤政廉洁方面的情况作了认真的剖析，开展了批评和自我批评。严格履行年初与州综治委签订的《2008年迪庆州社会治安综合治理创建“平安单位”目标管理责任书》的各项要求，圆满完成了六大指标任务。

【荣誉】

维西县被国家人口和计划生育委员会授予“2008年全国计划生育优质服务先进单位”称号。陈建国荣获云南省“人口奖”。扎西顿珠、董开全、陈文明、赵永昌被云南省人力资源和社会保障厅及云南省人口和计划生育委员会授予“2008年度人口和计划生育先进工作者”称号。李宗琴、此里永姆、和正仙、方向东、李春梅被迪庆州人口和计划生育委员会授予“2008年度人口和计划生育先进工作者”称号。迪庆州委、州人民政府表彰了香格里拉县计划生育协会等10个先进集体，和志典等8名计划生育协会先进工作者，赵秀英等10名计划生育协会先进志愿者。

【附 表】

2008年度受表彰先进单位（省级）

先进单位	授予单位	授予时间	荣誉称号
维西县	云南省人口计生委	2009.2	2008年全省计划生育优质服务先进单位

2008年度受表彰先进个人（省级）

姓名	单位及职务	授予单位	授予时间	荣誉称号
陈建国	迪庆州委副书记、州长	云南人口奖遴选委员会	2009.2	人口奖
扎西顿珠	德钦县县委副书记、县长	云南省人力资源和社会保障厅、云南省人口和计划生育委员会		
2009.2	2008年度人口和计划生育先进工作者			
董开全	香格里拉县计划生育服务站站长	云南省人力资源和社会保障厅、云南省人口和计划生育委员会	2009.2	人口奖
陈文明	维西县计划生育服务站站长	云南省人力资源和社会保障厅、云南省人口和计划生育委员会	2009.2	人口奖
赵永昌	维西县永春乡美光村计生宣传员	云南省人力资源和社会保障厅、云南省人口和计划生育委员会	2009.2	人口奖

2008年度受表彰先进个人（州级）

姓名	单位及职务	授予单位	授予时间	荣誉称号
李宗琴	香格里拉县人口计生委统计股长	迪庆州人口和计划生育委员会	2009.3	2008年度人口和计划生育先进工作者
此里永姆	德钦县人口计生委科员	迪庆州人口和计划生育委员会	2009.3	2008年度人口和计划生育先进工作者
和正仙	迪庆州计划生育药具站副站长	迪庆州人口和计划生育委员会	2009.3	2008年度人口和计划生育先进工作者
方向东	维西县计划生育服务站副站长	迪庆州人口和计划生育委员会	2009.3	2008年度人口和计划生育先进工作者
李春梅	开发区社会事业局科员	迪庆州人口和计划生育委员会	2009.3	2008年度人口和计划生育先进工作者

2008年度计划生育协会先进集体及个人表彰情况

先进集体	授予单位	授予时间	荣誉称号	荣誉称号
香格里拉县计生协会	迪庆州委、州人民政府	2008.5	计划生育协会先进集体	2008年度人口和计划生育先进工作者
小中甸镇计生协会	迪庆州委、州人民政府	2008.5	计划生育协会先进集体	2008年度人口和计划生育先进工作者
德钦县升平镇计生协会	迪庆州委、州人民政府	2008.5	计划生育协会先进集体	2008年度人口和计划生育先进工作者
维西县叶枝镇计生协会	迪庆州委、州人民政府	2008.5	计划生育协会先进集体	2008年度人口和计划生育先进工作者
香格里拉县上江乡福库村协会	迪庆州委、州人民政府	2008.5	计划生育协会先进集体	2008年度人口和计划生育先进工作者
香格里拉县尼西乡江东村协会	迪庆州委、州人民政府	2008.5	计划生育协会先进集体	
德钦县佛山乡溜同江村协会	迪庆州委、州人民政府	2008.5	计划生育协会先进集体	
维西县永春乡腊八底村协会	迪庆州委、州人民政府	2008.5	计划生育协会先进集体	
维西县永春乡阿拉柱村协会	迪庆州委、州人民政府	2008.5	计划生育协会先进集体	
开发区社区居委会协会	迪庆州委、州人民政府	2008.5	计划生育协会先进集体	

协会先进工作者及志愿者名单

姓　名	职　务	授予单位	授予时间	荣誉称号
和志典	调研员	迪庆州委	计划生育协会先进集体	2008年度人口和计划生育先进工作者
州人民政府	2008.5	协会先进工作者	计划生育协会先进集体	2008年度人口和计划生育先进工作者
史定香	香格里拉县协会专职副会长	协会先进工作者	计划生育协会先进集体	2008年度人口和计划生育先进工作者
普昆迪	虎跳峡镇计生协秘书长	协会先进工作者	计划生育协会先进集体	2008年度人口和计划生育先进工作者
李仕英	德钦县人口计生委副主任	协会先进工作者	计划生育协会先进集体	2008年度人口和计划生育先进工作者
卓玛	德钦县佛山乡计生协秘书长	协会先进工作者	计划生育协会先进集体	2008年度人口和计划生育先进工作者
董永清	维西县人口计生委办公室秘书	协会先进工作者	计划生育协会先进集体	2008年度人口和计划生育先进工作者
李军	维西县维登乡箐头寸支部书记	协会先进工作者	计划生育协会先进集体	2008年度人口和计划生育先进工作者
李学光	开发区礼仁村计生宣传员	协会先进工作者	计划生育协会先进集体	2008年度人口和计划生育先进工作者
赵秀英	香格里拉县建塘镇红坡村计生协会理事	协会先进工作者	计划生育协会先进集体	计划生育协会先进志愿者
亚敏	香格里拉县东旺乡中心村协会理事	协会先进工作者	计划生育协会先进集体	计划生育协会先进志愿者
彭世贤	香格里拉县金江镇新建村协会理事	协会先进工作者	计划生育协会先进集体	计划生育协会先进志愿者
李福生	德钦县云岭乡查永仁协会小组组长	协会先进工作者	计划生育协会先进集体	计划生育协会先进志愿者
永宗	德钦县佛山乡争贡协会小组组长	协会先进工作者	计划生育协会先进集体	计划生育协会先进志愿者
永宗	德钦县升平镇飞来寺协会小组组长	协会先进工作者	计划生育协会先进集体	计划生育协会先进志愿者
段建华	维西县农行计生宣传员	协会先进工作者	计划生育协会先进集体	计划生育协会先进志愿者
丰春桃	维西县永春乡腊八底村协会理事	协会先进工作者	计划生育协会先进集体	计划生育协会先进志愿者
余建国	危险白济汛乡共吉村协会理事	协会先进工作者	计划生育协会先进集体	计划生育协会先进志愿者
和秀华	开发区新仁村上村组协会理事	协会先进工作者	计划生育协会先进集体	计划生育协会先进志愿者

香格里拉县

2006年

【综述】

2006年，香格里拉县人口和计生委以邓小平理论、“三个代表”重要思想为指导，全面落实科学发展观，紧紧围绕县委、县政府的中心工作，转变职能、依法行政、依法管理人口与计划生育工作，并取得州对县双向目标责任考核第一名的好成绩。

【人口资源环境工作】

为进一步统一思想，提高认识，动员各方面的力量抓好人口与计划生育工作，按照惯例，县委、县政府于2006年3月27日召开了人口资源环境工作座谈会，会上县人口和计生委、国土资源局、环保局主要负责人在会上向各级领导汇报了人口资源环境方面的工作情况，县委书记黄政红、县长马文龙，分别到会发表了重要讲话，并对香格里拉县的人口资源环境工作作出了明确指示，同时与各乡镇签订了县政府对乡（镇）政府的人口与计划生育目标责任书。

【计生工作培训会】

为进一步抓好2006年的人口与计划生育工作，香格里拉县人口和计生委于2006年3月18日至20日召开了香格里拉县人口与计划生育工作培训会议，参加会议的有各乡（镇）分管计生领导、计生干事、服务所医生、61个村宣传员、县计生服务站站长、副站长、委机关各股室负责人，共计106人参加培训，会议首先由县人口和计生委主任和红美作工作报告，其次就文秘工作、政策法规科技、统计、财务、流动人口、协会等方面工作进行全面深入培训，培训围绕现行政策，总结上一年的工作，分析存在问题，布置安排2006年工作任务，最后，县人口和计生委通报了2005年度的双线目标责任考核结果，表彰了先进乡（镇）和个人，并与各乡（镇）签订了2006年的计生对计生目标管理责任书。

【宣传教育工作】

2002年《人口与计划生育法》的颁布和《云南省人口与计划生育条例》的修订实施，要求人口计生机关必须深入持久地搞好人口与计划生育工作有关政策的宣传，宣传的好与坏将直接影响到政策的执行，所以，在巩固对固定标语宣传的同时，结合“树婚育新风、禁早婚早育”宣传活动在尼西乡、小中甸镇、虎跳峡镇、上江乡、五境乡等乡（镇）开展丰富多彩的“婚育新风进万家”活动，全年共发放各种宣传资料40000份，使计划生育的宣传工作得到明显改善。

【政策法规科技工作】

在加大对新时期现行生育政策宣传培训的同时，县人口和计生委经常深入各乡（镇）、村对超怀、抢生户面对面开展思想教育、政策宣传等工作，全年共下达社会抚养费处罚决定书17份，征收社会抚养费11960元，为依法行政、依法管理计划生育工作起到了较好的促进作用。

【统计工作】

统计工作是整个人口与计划生育工作中重要环节，2006年首先下大力了对各乡（镇）计生办、村宣传员进行业务知识的全面培训。其次对各乡（镇）、村、社老台账进行更换和按季度对各乡（镇）、村、社进行入户抽样调查。

【流动人口计划生育管理工作】

流动人口计划生育工作是整个人口与计划生育工作中的重要组成部分。在省、州人口计生委的大力支持、帮助下，及时配备6个社区流动人口协管员，并按省、州、县1∶2∶2的比例解决每人每月500.00元的工资，通过香格里拉县计生工作人员和协管员的积极配合与努力，已建立健全各种规章制度，建立统计台账，查清外来流动人口违法生育情况，并将已婚育龄妇女的信息全部录入网站，使流动人口信息平台运转正常。

【艾滋病预防、安全套推广工作】

预防艾滋病是全社会共同的责任，为加强各级政府的紧迫感和责任感，年初就把此项工作纳入了县政府对各乡（镇）的人口与计划生育责任目标考核。进一步明确了政府和业务部门在推广使用安全套防治艾滋病工程实施中的责任；与相关部门协调后，理顺了“安全套”市场营销体系。通过努力，到目前为止，香格里拉县100%的社会旅馆业和娱乐服务场均摆放了安全套或设置了安全套发售设施，有效地从源头上遏制了艾滋病的传播。

【计生专网建设】

随着市场经济的发展和国家对计生工作的重视，人口与计划生育工作越来越走向规范化、法制化和信息化。在州人口和计生委的大力支持下，香格里拉县十一个乡（镇）计生办配备电脑，县人口和计生委做到人手一台电脑，实现了网络报送、网上办公，同时根据国家、省、州的要求，加快对计生局域网建设的步伐，县人口计生委由一名副主任亲自负责此项工作，共投入13000.00元资金用于机房的改造和设备的购置，按质按量完成了州人口计生委的要求的改造任务。

【发挥县、乡计生服务站（所）和流动服务车的作用】

各级计划生育技术服务机构是贯彻落实计划生育基本国策的重要技术力量。在地方机构改革过程中，香格里拉县乡级计生服务所继续保留并得到加强，在稳定乡级计生服务机构后，香格里拉县进一步强化内部管理，在抓好常规服务工作的同时，充分发挥计生流动服务用车的作用，深入乡（镇）、村为群众提供计划生育技术服务。2006年计生流动服务用车下乡、村、社173天，行程达15587公里。查环查孕882例，放环83例，取环7例，皮埋8例，取皮埋3例，吸宫8例，女扎115例，男扎6例，提供避孕药具45人（次），生殖保健服务375人（次），宣传资源7050人（次），培训有关人员548人（次）。计生流动服务用车在优质服务工作中发挥了重要作用。

【村民自治试点工程】

人口和计划生育村民自治工作是新时期人口与计生工作的一项重要工作，根据2006年目标责任书要求，选择3个村进行试点，在没有现成的经验可借鉴的情况下，首先出台了《香格里拉县人口与计划生育村民自治实施方案》和成立领导小组，各试点乡也根据县《实施方案》，及时制订各乡镇《实施方案》和成立领导小组，各试点村按照县、乡开展计划生育村民自治实施方案的要求，反复征求群众意见，召开村民代表大会后，制订出切合实际、符合广大人民群众意愿的《计划生育村民自治章程》、《计划生育公约》、并签订《协议书》等，人口与计划生育工作正逐步走上自我管理、自我教育、自我服务的路子，从而为人口与计划生育村民自治工作全面推广积累经验。

【人口出生缺隐干预试点工作】

人口出生缺陷工作是一项利国、利民的大事，2006年7月香格里拉县被列为全省25个试点县之一后，县委、县政府非常重视此项工作，首先召开县级部门协调后，其次召开香格里拉县人口出生缺陷干预工作启动会，启动会上参加人员有县级部门的相关负责人，各乡镇分管领导、计生干事、计生服务所的医生共计70人，会后，香格里拉县广大计生干部职工深入各乡（镇）、村、社调查摸底，掌握了第一手资料。同时县人口计生委对各乡（镇）业务人员、技术服务人员进行培训，香格里拉县共培训25期，参加人员达5626人，各乡镇也通过召开群众大会等形式，对各目标人群进行广泛深入的宣传，并发放各种宣传资料5000多份。使香格里拉县广大目标人群对人口出生缺陷工作进一步有了认识和了解。

【协会工作】

计划生育协会是人口与计划生育工作中的“车之轮、鸟之翼”，充分发挥各级协会在计划生育中的作用具有十分重大的意义，香格里拉县现有会员11082人，占香格里拉县总人口6%以上，会员之家66个，各乡（镇）以村为阵地，开展了形式多样的活动，既丰富的各乡（镇）的文化生活，又为香格里拉县计划生育工作起到较好的宣传和促进作用，同时发挥好协会基金的作用。香格里拉县共向上级计生协会争取了20.6万元协会资金，通过近几年来循环运转使用，产生1.5万元的经济效益，使香格里拉县一部分独生户、双女结扎户在养殖业、种植业上起到明显效果，为他们在生产生活上解决了一定的困难，协会基金也已走上规范化管理的轨道，理顺规范了各乡（镇）协会资金使用合同，有效地促进人们自觉实行计划生育的带头作用。

【信访工作】

在当前各项改革不断深入，市场体系不断完善的过程中，因各种关系引发的新情况、新问题层出不穷，使信访工作显得尤为重要。县人口计生委切实履行好信访职能，认真做好的人民群众的来访、来信接待工作。对来访、来信、来电接待工作均做认真登记，并保证件件有着落、件件有答复，对来访群众做到态度热情、耐心，对反映的问题根据现行生育政策和实际情况客观的予以答复，为维护香格里拉县稳定作出积极的努力。

【荣誉】

2006年获全州计生双线目标责任考核第一名；

陈志伟获全省人口与计划生育先进工作者；

马小妹获全州人口与计划生育先进工作者；

王玉娣获州财政局会计先进个人称号。

2007年

【综述】

截至2007年9月底，香格里拉县总人口为148925人，已婚育龄妇女30677人，累计领取独生子女证人数为3505人，出生1614人，死亡757人，人口出生率为10.87‰，人口死亡率为 5.10‰，人口自然增长率为5.77‰，人口出生率比州下达的任务数12.5‰低了1.63个千分点，常住人口违法多生育和流动人口违法多生育分别为18人和10人，比州下达的任务数26人、18人各减少8人；县级计划生育专项经费应投入50万元，实际投入50万元；县本级“一次性奖励”、“教育奖学金”配套经费，除省补助外按州、县两级各承担50%的比例要求，已按时足额落实到位，专项经费到位及时率达100%；社区管委会流动人口管理，人均月500元工资已列入本级财政预算。优质服务工作开展面达80%以上，计划生育率93.25%，比州下达88%的任务数上升5.25个百分点。药具分配执行率、“奖优免补”政策知晓率、群众对计划生育管理与服务满意率、出生缺陷干预工作群众参与率，农业人口领取《独生子女父母光荣证》自愿率、巩固率全部达到州下达的任务指标要求，新农村新家庭人口健康促进项目和村民自治工作也初步取得实效。

【计生培训】

2007年6月6~7日在县城召开香格里拉县人口与计划生育工作暨培训会议，参加会议的有县人口与计划生育领导小组成员单位领导、各乡（镇）分管计生工作领导、计生干事、计服务所所长、村宣传员、县计生服务站、计生委机关各股室负责人，共计141人参加了会议。并以会代训的方式对参回人员进行了培训。同时，于2007年1月对人口出生缺陷干预工作进行全面的安排部署，并对11个乡（镇）服务所的医务人员进行业务、技术培训。紧接着，又召开新农村新家庭人口健康促进项目启动暨培训会。全年县级培训3次，参加人数达360人，乡级培训22次，参加人数达17600人。

【督促检查】

人口与计划生育工作的重点和难点在农村、在基层，目标责任制能否胜利完成，关键在乡（镇）党委、政府是否抓落实。在扎实开展好各项工作的同时，按季度派出督察组对每个乡（镇）抽样调查一个村民小组，主要对目标责任书执行情况、基层统计台账运转情况、违法生育、违法多生育、宣传法律、法规工作、协会工作，流动人口计划生育管理、出生缺陷干预工作、人口健康促进项目等进行督促和检查，并将抽样调查结果和工作中存在的问题及时反馈给各乡（镇），对存在问题要求限期整改。2007年，积极配合各乡（镇）、村、社查处违法多生育案件。全年下达处罚决定书37份，各级直接上门做违法超怀、多生育思想工作28起。

【宣传教育】

以转变群众观念为出发点，采取多种方式，不断增强宣传教育工作的渗透力。坚持经常性宣传和重大节假日宣传相结合。重点结合《人口与计划生育法》、《中共中央国务院关于全面加强人口与计划生育工作统筹解决人口问题的决定》等，有针对性地在重点地区、难点地区、展出计生宣传展板、办黑板报，组织已婚育龄妇女观看计生科教光盘，组织计划生育文艺演出，面对面咨询等多种形式宣传教育活动。2007年，共开展婚育新风进万家活动12场次，知识竞赛12场次，发放宣传资料18738份，VCD磁带97盘，刷写宣传标语72条；同时利用科技、文化、卫生“三下乡”活动，发放计生法律法规宣传单16000张，艾滋病宣传单10000张，文艺汇演11场次，群众参与36000多人次，还利用香格里拉周刊向群众宣传《决定》，宣传面达100%。

阵地宣传与流动宣传相结合。在开展计划生育优质服务宣传月活动中，通过丰富多彩的活动内容宣传计划生育政策，使《人口与计划生育法》、《云南省人口与计划生育条例》、《决定》、《计划生育技术服务条例》等深入人心、家喻户晓，使计划生育优质服务落到实处。同时，充分利用党校、人口理论学校等宣传阵地，举办各种班。2007年各类人口学校共举办13场次，直接受训人数达1200多人次。

【出生性别管理】

2007年，香格里拉县出生人口性别比为114，超出正常值107的范围，针对出生性别比失衡的情况，县计生委积极与有关部门协调，加大了宣传力度。5月30日在县食品药品监督管理局举办的“三项监测”培训班上，县人口计生委主任作了题为《全面抓好控制出生人口性别失衡工作》的宿舍宣传发动讲话，重点对出生性别比不断上升进行全面分析，要求各部门要通力合作，加强对B超的严格管理，同时要求大力宣传和普及预防出生缺陷科学知识，实施计划生育生殖健康促进计划，积极开展婚前和孕前保健、孕产期保健、产前筛查和诊断、产后诊视、新生儿疾病筛查和康复等工作。

【奖优免补】

按照积极稳妥推进“奖优免补”工作的要求，充分尊重群众的意愿，不搞强迫命令，以群众自愿为前提，以加强政策宣传为切入点，稳妥推进“奖优免补”工作。从2003年8月至2007年12月31日，香格里拉县累计享受一次性奖励有894户，享受九年义务教育奖学金有2786人次（其中小学2230人次，初中556人次），享受养老生活补助2056人次，而2007年香格里拉县享受一次性奖励有85户农业人口家庭，有699名中小学生享受九年义务教育奖学金，有594人享受到养老生活补助，通过不懈的努力，基本上使干部群众实现了“要我办证”向“我要办证”转变。

【流动人口计划生育管理】

流动人口计划生育管理，通过贯彻落实《流动人口计划生育管理办法》，在流入地和流出地共同负责的基础上，坚持以现居住地管理为主的原则，在县委、县政府的重视下，配备了1名流动人口计划生育专职管理人员，同时在人口集中的建塘镇北门、仓房、金龙、北郊、建塘5个居委会和虎跳峡镇街道办事处共配备了6名专职协管员，加强流动人口日常管理工作。通过对各乡（镇）村，特别是建塘镇和虎跳峡镇对流动人口进行拉网式普查，登记摸底，一一进行造册登记，建档立卡，将其纳入管理范围，做好经常性核查回访工作。在核查回访中，对新来的暂住人口及时宣传流动人口管理办法，并对流动人口计划生育重点户实行单独建档，跟踪管理，发现问题及时妥善处理，基本上做到了“人来登记，人在管理，人走注销”的工作要求。截至2007年10月1日止，香格里拉县流动人口总数为14343人，育龄妇女5684人，已婚育龄妇女2261人；加大对流动人口婚育证明输和查验力度。由于措施得力，流动人口婚育证明的发证数由2006年56人增加至2007年89人，持证人数也由2006年1070人增至2007年1561人，对未持证人员下发补办婚育证明通知书567份，全年查验证数达6933人次，同时与用工单位、雇主和房屋出租户签订流动人口计划生育合同，也由2006年460份提高至2007年678份。药具发放也由2006年570盒上升到2007年680盒；流动人口技术服务和信息平台运转正常。流动人口相关技术服务由2006年24例提高到2007年36例，香格里拉县查环查孕87例。到年底，香格里拉县信息平台运转正常，网上录入1423人，使香格里拉县的流动人口计划生育工作逐步走向规范化、制度化和信息化轨道；加大流动人口违法多生育案件的查处力度。流动人口违法多生育征收社会抚养费一直是香格里拉县整个流动人口计划生育工作中的难点和重点工作。2007年底在做好其他常规工作的同时，把重点放在违法生育二、三孩以上人员的清理和管理上，特别是2007年10月25日查实四川省泸县流入香格里拉县的饶龙财夫妇超生2孩的事实后，县人口计生委多次与当事人原籍联系，四川省泸县人口计生委于11月8日派出两名专职人员到香格里拉县核实查处。目前，在香格里拉县流动办、协管员的共同努力下，基本查实流动人口违法多生育案件8例。

【推套防艾】

2007年底，香格里拉县共向育龄人群发放避孕套13件260000只，共营销安全套34090只，免费发放80000只，在开展防艾宣传活动上发放9500只，开展大型宣传活动3次，培训2期，共发放宣传资料1800份，并得到州药具站免费提供3500个安全套摆放架。

【人口出生缺陷干预】

人口出生缺陷干预工作是省政府继“奖优免补”政策出台后的又一项重大决策，也是一项提高人口素质的利国、利民的民心工程。2007年，香格里拉县目标人群为1622人，省调入叶酸764盒（4584瓶），拨入各乡（镇）764盒，各乡（镇）发放到目标人群508盒，结存256盒。出生缺陷参加省级培训7人次，其中B超培训3人次，县、乡级共培训12期，培训983人次。香格里拉县孕前一般检查889人次，孕期保健972人次，产前筛查903人次，发放各种宣传资料5000多份。

【计划生育服务】

2006年10月至2007年9月，香格里拉县开展女扎384例、放置宫内节育器1173例、取出宫内节育器153例、人流药流、引产826例、上门咨询、查环查孕5337人次、随访4874人次、发放药具、优生检测742人次，妇女病检查3865人次，各种化验988人次，生殖道感染防治1376人次，不孕不育检测16人，各种策波治疗38人次。同时充分发挥好流动服务车流动服务的作用，深入乡（镇）、村为群众提供各种计划生育技术服务便利。自2006年10月至2007年9月，流动服务车累计出车210天，其中下乡208天，下乡服务村镇210次，行驶15262千米。放环60例，取环70例，放皮埋4例，吸宫术8例，宣传咨询11250人次，全年各种手术中无一例技术责任事故发生。

【新农村新家庭人口健康促进项目】

该项目2007年1月在香格里拉县启动以来，香格里拉县上下高度重视，根据基础上文本的要求，确立了“以群众的需求为出发点，以生殖健康水平为重点，以提高农牧民家庭的生育质量、生命质量和生活质量为主线，积极探索和建立妇女生殖保健系统管理服务机制，培育富裕文明、身心健康、优生优育、权益保障、民主和谐的新家庭和创建健康、文明、和谐的新农村”的项目工作思路。根据上级主管部门对项目工作要求，按照项目实施方案和工作流程，认真扎实地抓好倡导婚育新风、规范服务站所的建设、优生优育咨询服务、生殖健康检查、计生阵地及新家庭图书屋的建设、宣传发动孕产妇住院分娩等具体工作。通过项目每个环节的工作，有效地保证了项目年底工作的顺利开展和年度项目目标的完成。

【荣誉】

2007年，香格里拉县人口计生委获全国人口计生委“人口与计划生育科技工作先进集体”；获全州人口计生双线目标责任考核第一名；获州委、州人民政府表彰授予“文明单位”称号；谢文刚、王庭肖、和红美同志获全州先进个人称号。

2008年

【解放思想大讨论活动】

解放思想是马克思主义活的灵魂，是中国特色社会主义体系的精髓，是不断开创事业新局面的一大法宝，根据县委和州人口计生委的统一安排和部署，结合香人口发【2008】7号关于开展“解放思想、深化改革、扩大开放、科学发展”大讨论活动的实施方案，在人口计生系统开展为期5个月的学习提高、查摆问题、整改落实三个阶段的大讨论活动，通过解放思想大讨论活动的扎实开展，使广大干部职工全面准确地把握科学发展观的内涵、精神实质和实践要求，把握当前香格里拉县经济社会发展，人口再生产类型的实现历史性转变、稳定低生育水平、统筹解决人口问题、促进人的全面发展所面临的新形势、新任务、新机遇和新挑战，有力地促进香格里拉县人口和计划生育事业的健康发展，为香格里拉县经济社会的跨越式发展创造良好人口环境。

【加强领导、落实责任】

领导重视是人口和计划生育工作健康发展的重要保障。县委、政府始终坚持把稳定低生育水平、统筹解决人口问题、促进人的全面发展纳入重要议事日程。在年初召开的政府全会和香格里拉县人口和计划生育工作会议上，县政府与各乡（镇）人民政府，县人口计生委与各乡（镇）计生办分别签订了2008年目标责任书。各乡（镇）人民政府与各村委会，乡计生办与各村宣传员也相继层层签订了目标责任书，做到目标明确、层层分解，责任落实；切实形成了横向到边、纵向到底的目标管理体系。同时，切实加大了办公室的工作力度，在党务、接待、信访、财务、档案、安全、工会、妇女、后勤、党风廉政建设等方面都充分发挥了参谋助手作用，为积极推进人口与计划生育事业的健康发展提供了保障。

【目标管理责任制、一票否决制度和黄牌警告制度】

1.落实计划生育目标管理责任制。为完成2008年责任目标，香格里拉县人口计生委采取将双线目标责任分解到各股室，要求业务人员针对涉及各自本职工作的目标任务，定期或不定期对各乡镇工作进行督促、检查、指导，将责任明确到人。3月、6月、9月底县人口计生委抽调相关业务人员组成督查组，深入到十一个乡镇采取入户抽样调查，察看痕迹资料等方式对计划外多孩生育、计划外多孩怀孕，“奖优免补”档案收集整理，宣传标语清查落实情况，社会抚养费征收及执法领导小组成立，出生缺陷干预工作，村民自治及协会示范村工作开展，流动人口管理工作，基层统计台账运转等方面进行了督促检查。并对发现的问题在下季度工作中应当如何进行整改提出了意见和建议，通过督查，及时掌握了香格里拉县计划生育工作的重点和难点，明确了下一步人口与计划生育工作目标和工作思路。

1.坚持执行 “一票否决”制度。2008年县委宣传部文明办在评选县级文明村工作中，我委按照《云南省人口与计划生育条例》第六章第四十五条规定，对申报的40个村委会，由于计划外生育否决了22个村委会的评选资格，坚决执行了“一票否决”制度。

【宣传教育工作】

以贯彻落实中央、省《决定》为重点，加大了宣传教育工作力度。一是充分利用广播、电视、《迪庆日报》等媒体广泛向群众宣传中央、省《决定》精神、计划生育政策、法律法规，普及计划生育科学知识等，全年共发放宣传资料26480份。二是加大社会抚养费征收力度，2008年香格里拉县征收社会抚养费298744元，其中：虎跳峡镇2008年征收社会抚养费93930元，征收率达75%；建塘镇2008年征收历年来社会抚养费104364元，2008年的征收率为20%，通过各乡（镇）人民政府、计生办扎实有效地开展工作，社会抚养费征收管理工作取得了初步的成效。三是清理了旧的计划生育宣传标语口号，制作并张贴了新的宣传标语。四是以大香格里拉——人口健康促进项目、优质服务创建和出生缺陷一级干预等为载体，加大对乡镇计生办、县乡计生服务站所和部分村级宣传服务室软硬件投入，促进了宣传网络的健全和完善。同时，充分利用县、乡、村各级宣传阵地，对生殖健康、预防出生缺陷等知识和奖优免补、流动人口管理和服务等计划生育政策进行了重点宣传，进一步提高了群众对计划生育政策、科学知识的认知度，营造了浓厚的宣传氛围。

【落实待遇，提高标准】

为适应市场经济发展的客观要求和提高基层计划生育宣传员的工作积极性，2008年香格里拉县通过积极争取，宣传员补助从过去200元提高到250元，在县委、政府的高度重视下，应由县级承担的每人每月40元已按时足额到位，在一定程度上逐步解决了农村计划生育宣传员的待遇问题。

【强化培训】

2008年5月20日到21日，香格里拉县政府召开由县人口和计划生育领导小组成员单位领导、各乡镇分管计划生育工作领导、计生专干、计生服务所所长、村宣传员、县计生服务站和委机关各股室负责人等共130余人参加的香格里拉县人口和计划生育工作暨培训会议，会上县政府分管副县长、州人口计生委领导到会作了重要讲话，县人口计生委办公室、政策法规股、统计股、科技股、流动办、协会等科室分别从人口统计台账、统计报表，政策法规、优质服务、流动人口、协会、村民自治、出生缺陷、药具管理、预防艾滋病等方面进行了全面系统的业务培训。同年6月县政府组织县人口计生委、卫生局、妇联、各乡镇卫生院、计生办在顺源酒店召开新农村新家庭人口健康促进——母婴关爱项目启动暨培训会，共70多人参加培训。除了以上以会代训的培训外还积极争取省、州组织的外出学习培训的机会，年内共有10人参加州级以上业务知识的培训，大大提高计生工作人员的业务水平，强化了计生干部的专业知识。

【奖优免补工作】

自2003年8月1日被列为云南省农业人口独生子女“奖优免补”政策试点以来，县委、政府高度重视此项工作，切实加强领导，狠抓落实，使“奖优免补”政策在香格里拉县深入民心，农业人口领取独生子女证户数也持续增加，改变了实行计划生育政策以来，只惩不奖的管理方式，对有效控制人口增长，促进农村经济良性发展起到了很好的推动作用。

到2008年末，累计农业人口领取独生子女家庭达1400户，实施“奖优免补”政策后新领证户数达992户，享受一次性奖励的958户，享受教育奖学金的3493人次，其中小学2753人次，初中740人次，享受养老生活补助2551人次，2008年农业人口领取独生子女父母光荣证达84户，其中符合享受一次性奖励的74户。当年符合享受教育奖学金713人次，其中小学527人次，初中186人次，符合享受养老生活补助有501人次。

在贯彻落实独生子女伤残或死亡家庭扶助政策工作中，认真开展宣传、申报、审批等工作，并录入全国特别扶助管理系统，今年有257人共享受到

304080元的特别扶助资金。

在2008年就读高中、大专、大学阶段农业独生子女享受奖学金工作中认真开展摸底、公示、申报、审批等工作，共有38人享受奖学金14000多元，其中就读高中、中专28人，兑现奖励金2800元，就读大学专科6人，兑现奖励金7200元，就读本科2人，兑现奖励金4000元。

为确保“奖励扶助”享受对象的资格认定的准确率及档案资料的存档，2008年香格里拉县还对历年来“奖优免补”享受对象档案进行搜集整理，包括对“奖励扶助”对象的户籍资料复印件、生育证明、婚姻证明材料、乡级年见面调查记录的搜集和整理。目前此项工作除三坝乡、东旺乡外，其余乡（镇）已完成归档，有力地保障了今后“奖优免补”工作在香格里拉县的顺利落实和为每年档案资料归档工作奠定坚实的基础。

【出生缺陷干预工作】

人口出生缺陷干预工作是省政府继“奖优免补”政策出台后的又一项重大决策，也是一项提高人口素质利国、利民的民心工程。2008年香格里拉县在巩固试点工作的基础上，继续加大对人口出生缺陷干预宣传培训工作的力度，年内县级培训2期，共有1948人参加，乡级培训38期，共有4265人次参加，其中技术人员培训398人次，婚孕前培训1550人次，宣传品发放1703份。为了切实把技术服务工作开展得更加扎实有效，县计生服务站技术人员采取挂钩联系乡镇的方式，指导督促各乡镇开展出生缺陷工作。2008年，香格里拉县有目标人群1185人，采购叶酸800套，实际发放675套，孕前一般检查738人，产前筛查625人，出生随访436人。

【新农村新家庭人口健康促进项目】

（1）新农村新家庭人口健康促进项目在香格里拉县实施以来，香格里拉县按项目文本和实施方案有序地开展了各项工作， 2008年3月我委派有关人员到昆明参加了项目培训，根据要求成立了中期评估领导小组，抽调业务骨干对项目实施情况进行了中期评估调查、访谈，并形成中期评估报告。为实施好“新农村、新家庭”人口健康促进项目，香格里拉县分管副县长亲自召集各有关成员单位反复进行探讨酝酿，最终形成“香格里拉县新农村、新家庭人口健康促进——母婴关爱项目实施方案”，以县政府【2008】62号文件下发到各相关单位，并与各乡（镇）签订了母婴关爱项目目标管理责任书。

（2）扩大了新农村、新家庭人口健康促进项目实施的范围。在原来实施的尼西乡、格咱乡、虎跳峡镇的基础上，把项目拓展到建塘镇和小中甸镇，各项目乡镇按照“实施方案”有条不紊地开展好各项工作。

（3）2008年6月26日—7月9日，由县人口计生委、妇联、卫生等部门组成的工作组一行8人分宣传发动、技术服务两个工作组，先后深入到尼西乡幸福村、格咱乡格咱村、建塘镇尼史村、虎跳峡镇宝山村、小中甸镇和平村组织召开了“新农村、新家庭人口健康促进（母婴关爱）项目”启动暨培训会。在为期13天的宣传发动及生殖健康服务中，县人口计生委主任、县妇联主席和卫生局负责人分别就项目的目的、意义、由来及具体实施办法作了深入细致的宣传讲解，使广大群众对项目有了一个更系统全面的了解。结合培训，工作组还对维护稳定、“四自”精神、家庭文明建设、艾滋病和结核病防治知识、新型农村合作医疗及计划免疫等知识进行了宣传。县计生服务站技术人员还为广大农村妇女开展生殖健康检查，包括乳腺诊疗、B超和妇科检查。接受免费健康检查的有1560人次，其中B超检查705人次，乳腺诊疗检查502人次，妇科检查353人次，参加人数达1500余人。通过开展这次活动使项目区广大育龄妇女深入了解了“新农村、新家庭”人口健康促进项目的重要意义，同时提高了育龄群众的健康意识、科学生育观念和自我保健意识，为提高住院分娩率、孕产妇系统管理率、降低孕产妇及婴儿死亡率打下良好的基础，为实现农村群众人人享有初级卫生保健的目标作出了积极的贡献。

（4）加强项目乡镇的阵地建设，在项目试点乡建立两个“新家庭图书屋”，同时加强尼西乡江东村、新阳村、幸福村人口计生宣传教育活动室的建设。项目实施以来共制作书架7个，桌椅板凳80套，电视机柜3个，配备了电视机3台。接受TCL集团赠送的电视机2台。

（5）在尼西乡打造新家庭3户，首先对3户新家庭进行了全面系统的项目业务知识培训，其次对3户新家庭发放了图文并茂的多种宣传资料，通过对3户新家庭的宣传来带动其他家庭。

（6）狠抓了住院分娩激励措施工作，在项目试点乡和拓展乡镇给予住院分娩补助和宣传品发放，2008年共发放宣传品727套，折合人民币58160元，发放住院分娩补助57940元，共计116100元。在此基础上县政府把新农合、降消项目、出生缺陷干预、新农村新家庭人口健康促进项目进行整合，在香格里拉县范围内对住院分娩计划生育家庭实行限价优惠，让老百姓实实在在感到项目带来的实惠。

2008年，香格里拉县住院分娩率由2007年的63.48%提高到2008年的75.19%，其中尼西乡由51.95%提高到64.86%，建塘镇由54.85%提高到81.53%，小中甸镇由35.71%提高到65%，虎跳峡镇由65.02%提高到69.05%，格咱乡由66.04%提高到66.67%。

【流动人口计生管理】

地处州府所在地，是全州流动人口的高聚集地，近年来随着香格里拉县旅游业和招商引资工作的开展，香格里拉县城区流动人口不断增加。（1）2008年香格里拉县在做好流动人口常规工作同时，认真清理新流入人口，并进行造册登记和信息录入，加大了对流动人口婚育证明办理和查验力度，2008年，香格里拉县流动人口总数为15083人，其中：流入13105人，流出1978人，已婚育龄妇女2930人，流入2563人，流出367人。出生107人，其中违法多孩生育9人。流动人口婚育证明持证人数1745人，对未持婚育证明的流动人口已下发补办通知书900多份，同时与用工单位、雇主和房屋出租户签订的流动人口计划生育管理合同从2007年678份增至727份。流动人口计划生育信息应录入2563人，实际录入1533人，录入率达60%以上；流动人口计划生育信息应反馈30人，实际反馈16人，反馈率达53%；发放宣传材料100余份。各级医疗机构为流动人口提供技术服务162例，其中女扎3例、放环57例、皮埋2例、人流102例、药具发放3000盒，对持有婚育证明的流动人口进行查环查孕及采取节育措施实行免费。（2）是加大流动人口违法多生育案件的查处力度。首先对2007年8户违法多生育户进行了查处，经调查，8户违法多生育户中，其中有4户已在原籍交清了社会抚养费（有相关凭据），剩余4户县流动办进行了清查，下达处罚决定书后，1户已迁至大理；1户在对其进行查处后，向县流动办提交了户籍地计生部门出具的《生育证》；另1户决定回原籍交纳社会抚养费，应征社会抚养费89568元，已交纳10000元，并已向我处提供相关收据，要求分三次缴清，于2009年11月30日向我处提交剩余交纳凭证；还有一户应征收社会抚养费为14250元，已交纳押金200元，欠收14050元，将于2009年继续催收。其次对2008年流动人口违法多生育情况进行了清查，共查实流动人口违法多生育 9 例，目前已征收社会抚养费10300元，对于未征收人员已做了相关宣传，并已落实、掌握相关情况（住址、违法生育情况等）将于2009年对相关人员进行查处。经过努力流动人口社会抚养费征收管理工作取得了初步的成效。

【统计工作】

为加强人口计划生育统计工作的管理，促进香格里拉县计划生育统计工作科学化、制度化、规范化建设，充分发挥统计在计划生育工作中的监督、检查、指导和信息服务作用，香格里拉县于5月20日至21日进行了香格里拉县计生统计业务培训。同时，按季组织人员深入各乡（镇），对基层统计台账运转情况进行抽查、督促、指导，促进基层统计台账的规范和正常运转。通过一年来的努力，香格里拉县计生干部对人口统计工作重要性和必要性认识有了较大提高，基层统计台账运转合格率达到了省、州下达目标任务，为切实搞准今后的人口计生统计数据打下了良好的基础。

【推套防艾和药具管理工作】

2008年严格贯彻《云南省推广使用安全套管理暂行办法》，更加深入地推进了推套防艾工作。针对香格里拉县2008年街道改名，一些旅馆业和重点场所拆迁、停业等情况，香格里拉县在6月份安排2名工作人员对香格里拉县所有重点场所进行了走访调查和重新登记，对业主进行面对面的宣传交流，探讨存在的问题。并根据其规模大小，为业主发放10到50本不等有关预防艾滋病、使用定全套等多种知识的宣传材料。要求对所属的工作人员和服务对象进行有关知识的宣传，并对断货的重点场所进行了安全套的补充。由州人口计生委免费提供的4000个安全套摆放架，已全部发放到各重点场所。2008年香格里拉县清查应摆放安全套的旅馆业：星级宾馆32个，普通旅馆业323个，药品经营单位81个，洗浴桑拿15个，娱乐场所14个，医疗卫生303个，摆放率均达100%；美容美发82家，拒摆1家，摆放率达99%。香格里拉县共营销安全套14480只，对已婚育龄妇女免费发放21980只，发放宣传资料或宣传册近5000份。开展防艾滋病、使用安全套知识培训讲座1次，重点场所业主培训近600户，推广安全套预防艾滋病工作取得了明显成效。同时，严格按照《云南省深化计划生育药具工作改革考核评估办法》，切实加强了对药具工作的领导，做到一把手亲自抓、负总责，将药具工作改革纳入人口计生整体工作同部署、同督促、同考核，药品药具管理在工作措施、制度保障、队伍建设、规范管理、发放服务、工作拓展及信息化建设方面等都有了较大的改善。

【优质服务工作】

为认真贯彻落实省、州人口计生委《关于在全省开展计划生育优质服务实施意见》的要求，香格里拉县下发了香政办发【2008】148号《关于成立开展创建计划生育优质服务先进县活动领导小组的通知》和香人口通【2008】9号《关于创建计划生育优质服务县活动指导小县的通知》，及时修改并出台了计划生育优质服务实施方案，下发到各乡镇计生办、服务所、县站。在开展优质服务整个工作中，我委以改进计划生育管理与服务为重点，满足人民群众的需求为目标，切实转变工作作风，寓管理于服务之中，把广大人民群众的满意程度作为衡量优质服务的主要标准，围绕生育、节育、不育、优生及其他生殖健康开展系列服务。2008年香格里拉县计划生育系统开展男扎4例，女扎228例、放置宫内节育器893例、取出宫内节育器481例、人工流产120例、上门服务6287人次、门诊咨询6779人次、查环查孕6677人，妇女病检查5405人次、发放药具3562人次、随访3484人，优生监测1599人次，技术人员培训29人/次。而计划生育流动服务车累计出车93天，行驶6980公里，随车技术服务人员168人次，避孕节育手术服务2547例，其中，查环查孕2066例，放环125例，取环37例，更换环6例，皮埋18例，吸宫7例，提供避孕药具288例；生殖保健服务1277例，其他医疗服务各639例，女扎66例，出生缺陷检查248例，宣传咨询9200人次，培训有关人员177人次。

随着出生缺陷干预、人口健康促进等项目相继实施，香格里拉县计划生育技术服务站所基础设施建设得到改善、医疗服务设备得到更新，技术服务人员业务技能和服务水平得到提高、规章制度得到规范，为香格里拉县创建计划生育优质服务县提供了良好的发展平台。

【计划生育协会工作】

（1）加强协会基金的管理和运转

计生协会在计划生育村民自治工作开展和新

机制建设进程中，充分发挥网络健全、会员众多、联系广泛的优势，成为计划生育系统联系群众的桥梁和纽带。2008年香格里拉县强化计划生育协会基金管理和运转，理顺和规范了各乡（镇）协会资金使用，98年至今省计生协共投放12.6万元协会资金，受益户达150户，户均增收452元和上海“幸福工程”资金10万元，受益户9户，户均增收达1052元，为香格里拉县一部分独生子女户、双女结扎户在养殖业、种植业的发展上获得了良好的效益，为他们在农村脱贫致富中发挥了很好的作用，有效地激励了广大群众的实行计划生育的自觉性。

（2）开展“5·29”协会活动

上江乡福库村利用5·29协会活动日，由计划生育协会会员带头，积极组织农村妇女群众为四川汶川地震灾区捐款33760元，充分发挥了计划生育协会会员在广大农村基层的模范带头作用。尼西乡计生办以协会活动日为契机，召集村宣传员、村民小组信息员、计划生育协会会员开展计划生育法规、优生优育、计划生育协会章程、生殖健康保健、出生缺陷干预、“新农村、新家庭人口”健康项目的宣传培训活动，纪念“5·29”计生协会成立28周年。

（3）圆满完成计生协会第二次会员代表大会的各项议程。11月20日至21日在香格里拉县城圆满完成了计生协会第二次代表大会，大会审议通过了第一届理事会工作报告，选举产生了新一届理事会理事30名，常务理事9名，会长1名，副会长5名，聘请了秘书长1名，会议还通报表彰了在计生协会工作中作出突出成绩的先进集体、先进个人和先进志愿者，并进行了奖励。

【行风建设】

严格落实信访工作责任制，建立和完善信访接待等工作制度，对群众的来信来访及时调查外理，对敏感信访问题做到提前摸底，及时排查，有力维护了群众的来信来访及时调查处理，并在全系统深入开展评议政风行风活动，广大群众对人口计生工作的满意度得到明显提高。

【荣誉】

荣获迪庆州2008年人口和计划生育责任目标考核一等奖

荣获2008年县委、县人民政府授予的计划生育协会“先进集体”称号

李宗琴获2008年全州人口和计划生育先进个人称号

德钦县

2006年

【概述】

2006年度，在州人口计生委的指导下，在德钦县委、县政府的正确领导和高度重视下，2006年德钦县人口与计划生育工作，旨在稳定低生育水平，提高人口整体素质，积极稳妥地推行“奖优免补”政策，巩固“三为主”，人口计划逐步走向规范化。

【统计数据】

2006年总人口为60724人，比去年同期增9人，其中：常住人口58658人，流动人口2066人。

2006年总出生人数为675人，出生率为11.12‰，比去年同期下降0.20‰；期内死亡人数为498人，死亡率为8.20‰，比去年同期下降0.13‰，期内自然增长人数为177人，自然增长率为2.92‰，比去年同期下降0.07‰。期内计划内出生人数619人，计划生育率为91.70%。

【开展目标管理责任考核】

召开由德钦县人民政府副县长和建功主持德钦县人口与计划生育工作会议，在会上县长做了题为“落实科学发展观，稳步推行人口与计划生育工的讲话”，全面总结了2005年德钦县人口与计划生育工作所取得的成绩，对当前人口与计划生育工作形势和存在问题进行了认真的分析，并对2006年人口与计划生育工作进行了全面安排部署。德钦县计生委主任就对部门的2005年度工作做了详细的汇报，并结合全州计生工作会议精神对2006年工作具体安排十点任务。这次会议还对2005年度人口与计划生育双线责任目标考核结果进行了通报表彰，县政府与各乡镇领导签订了2006年度人口与计划生育目标管理责任状，还对计划生育系统的先进集体和个人进行了颁奖。

【开展婚育新风进万家项目试点】

根据迪办发[2005]42号文件精神，结合县情选择升平镇为活动试点单位，制订了活动实施方案，成立了项目实施领导小组。根据活动实施方案，对升平镇的相关人员进行了项目实施培训，对4个村委会（社区）进行了婚育新风知识培训，设立了5个婚育新风活动宣传室，配备了5台电视机和VCD以及办公用品，配齐了社区流动人口管理员、村计划生育宣传员和小组信息员，并落实了工资待遇和误工补贴，制订了工作职责。以“弘扬婚育新风，促进民族发展”为主题在升平镇范围内铺开。利用藏历新年和社区劳模大会、三八妇女节以及五一长假进行了社会宣传活动，两个社区每逢周三和周六进行大型广场圆舞，让群众自娱自乐、自我宣传、自我教育、广泛参与。针对升平镇早婚早育、近亲结婚、一妻（夫）多夫（妻）现象比较突出的实际，来宣传早婚早育、近亲结婚的害处，从长远利益、民族发展的观点来倡导群众树立新的婚育观念。还利用新闻媒体进行大力宣传，与农村开展“十星级”文明户、与新农村建设、与科技三下乡结合起来，把活动引向深入。对试点项目单位的四个村委会（社区）进行了面对面宣传及开展“三送”活动。组织服务技术人员和相关成员单位对已婚育龄人群进行“三送”活动，宣传一法三规，技术人员对育龄人群进行了查病治病，面对面咨询，讲解生殖健康保健知识，共接待病人745人次，咨询234人次，强化了育龄人群的温情服务，体现人文关怀。还对试点项目单位的相关人员进行了以婚育新风进万家内容为主的培训，以加强对重点人群的回访宣传。经过一年的项目活动实施，全镇人口与计划生育工作整体水平有了改善，人口环境得到进一步优化。据2006年报表反映：女性初婚人数为33人，其中早婚人数为4人，早婚率为12.12%，同比下降8.27%，期内出生人数94人，其中计划内出生人数为91人，计划生育率为96.8%，同比上升4.1%，计划外生育3人，计划外生育率为3.2%，同比下降4.1%，期内无计划外多生育现象，期内住院分娩率为34.2%（不含机关数），同比上升4.2%。期内婴儿死亡率24.2%，同比下降1.8%，孕产妇死亡率为0，综合节育率达到85%。通过数据，婚育新风进万家活动的健康开展，为改变育龄人群的婚育观念起到一定作用。

【奖优免补工作开展情况】

2005年10月1日至2006年9月30日期间德钦县农业人口办理《独生子女父母光荣证》户数为59户，其中：符合享受一次性奖励户数为56户，一次性奖励为75000元。2006年新增养老补助448户，养老补助为293750元。从2004年8月开始德钦县共发放一次性奖励346500元，发放养老补助795650元。符合享受奖学金的小学生人数为161人，发奖学金25726元，初中生为52人，发奖学金 13520元。

【开展德钦县人口状况调研工作】

根据座谈会上县长的讲话精神，为了能够更好的为德钦县党委政府起好参谋助手作用，德钦县人口计生委经过精心周密的设计调研表格，于8月开始进行德钦县人口整体调研工作，要求与人口统计报表同步完成。经过2个多月时间的努力，人口调研工作正式完成。通过调研，德钦县共有11640户，人口为58569人，其中男性人口为29385人，女性人口为29184人。在总人口中僧人和尼姑人口为984人，残疾人口为606人，在僧人尼姑和弱势群体中有生育能力的1148人，通过这组数反映了在总人口中就有1148人就失去了生育的机会，无形当中影响了人口的正常发展，随之而来的是人口自然增长率的停滞不前。德钦县共有男女劳动力31715人，65岁及以上人口为4302人，占总人口的7.3%。15~64岁之间人口为43384人，占总人口的74%。14岁及以下人口为10891人，占总人口的18.5%。德钦县共有一夫多妻家庭51户人数为153人，一妻多夫家庭为344户1075人，按理讲，这395户家庭按每户2-3个出生孩子计算，可以生790--1185人，可传统的婚育观念使得人口不能正常发展，影响了整体素质的提高。

【政策法规和流动人口管理工作】

今年德钦县升平镇、佛山乡和燕门乡积极征收社会抚养费及抢生费，三个乡共上缴35272元，并如数上缴财政国库。德钦县的流动人口工作步入了正规化，5月份开始配备了2个社区流动人口管理员，并制订了工作职责，实行分片包干，责任到人。德钦县共有流入人口2066人，其中已婚育龄妇女377人，已录入信息平台的已婚育龄妇女194人。已反馈的有42人，查无此人的有12条。接收流出人口已婚育龄妇女的个案信息15条，已反馈14人，1人为查无此人。2006年协助社区管理人员重新整理台账，对流动人口进行分户管理，并按照“谁出租谁负责，谁经营谁负责，谁用工谁负责”的管理原则，积极同出租屋签订责任书，责任书签订率达到82%。一共四次对城区流动人口进行了清理清查，与此同时查验《流动人口婚育证明》和《生育证》，对未办证或证件过期的进行了限期补办，对证件有疑问的及时与流出地联系，提高了城区流动人口《流动人口婚育证明》的持证率。

【队伍建设】

在农民健康工程的基础上，由于受物价上涨的因素，现有的工资难以调动起工作积极心，德钦县人口计生委通过多种渠道积极争取宣传员、流动人口管理员和信息员的报酬问题，共增加工资32640元，基础工作有了一定的改观，并调动了工作积极性，进一步规范了乡级服务站工作人员的管理。

【协会工作】

德钦县共有协会会员3538人，占总人口的6.03%。县级协会组织一个，乡镇协会组织8个，村居委会协会组织42个，县级协会理事37人，乡级协会理事120人，村级协会理事583人。协会基金使用情况：德钦县受益户50户共发放协会基金15万元，根据当地资源资源优势出发进行了养殖业、种植业和饮食服务业三大类进行使用协会基金。

【计划生育服务工作】

为了体现人文关怀，强化对育龄人群的温情服务，服务站所在本年度积极发挥服务站所的“四大功能”，围绕生育、节育积极开展生殖健康服务，对育龄人群提供个性化“分餐制”，实施出生缺陷干预工程，提高人口整体素质。深入基层开展“二查四查”对象服务工作，全年共下乡18人次，下乡总天数为136天。技术服务人员实行分片包干责任制，开展放置吉妮环实地操作8例，B超查环查孕操作培训12例，微波治疗仪培训1例。德钦县服务机构开展放环715例，取环338例，放皮埋172例，取皮埋125例，人流中引253例，男女结扎107例，药具发放1075人次。B超查环查孕查病944人次，红外线治疗38例孕检及产检412人次。不孕不育治疗14人次，节育数并发治疗4人次，生殖健康诊治5370人次。2006年4次配合相关部门继续实施预防和防治艾滋病工程，在去年摆放的基础上进行了查缺补漏，共补发24450支安全套，普及到4家星级宾馆126家普通旅馆酒店，2家桑拿，13家医疗卫生单位，5家药品经营单位，摆放率达到100%。

【宣传教育工作】

2006年，紧紧围绕全面落实“三为主”工作方针，始终把宣传教育放在人口与计划生育工作的首位，开展以“婚育新风进万家”为主题的一系列内容丰富、形式多样的宣传教育活动。一是注重社会宣传的效果，营造全社会都来关心和支持人口与计划生育工作的良好气氛，一是加大一法三规的宣传力度，。二是注重阵地宣传教育。充分发挥阵地宣传作用。着重对已婚育龄妇女宣传相关政策。在对乡村计划生育干部培训的同时对现行生育政策的“生育调节”及“限制与处罚”进行了重点宣传和培训，还通过宣传橱窗进行了宣传计划生育相关知识。2006年发放艾滋病知识宣传小册子和“奖优免补”宣传册子2514份，使奖优免补政策知晓率达到85%以上。深入矿区和流动人口集中地发放《流动人口管理规定》341份，进一步增强了广大育龄群众的计划生育意识，提高实现计划生育的自觉性。三是配合“三下乡”活动，进行开展计划生育宣传活动，以婚育新风进万家为活动主题，进行文艺表演，得到社会好评。2006年德钦县共征订3668.4元宣传资料，投入到基层。

2007年

【概述】

2007年度在州人口计生委的指导下，在德钦县委、县政府的正确领导和高度重视下，德钦县人口与计划生育工作始终围绕“稳定低生育水平，提高人口整体素质”的奋斗目标，坚持“以人为本，全面发展”的科学发展观，树立服务理念，完善综合治理人口问题的工作机制，积极稳妥的推行“奖优免补”政策和“新农村、新家庭人口健康促进项目”，较好地完成了全年的工作任务。

【统计数据】

2007年总人口为61532人，比去年同期增942人，期内总出生人数为556人，出生率为9.11‰，比去年同期下降2.01‰；期内死亡人数为417人，死亡率为6.83‰，比去年同期下降1.37‰，期内自然增长人数为139人，自然增长率为2.28‰， 比去年同期下降0.64‰， 计划生育率为86.51%，比去年同期下降5.19%。

【德钦县开展目标管理责任考核】

为了落实2007年人口与计划生育管理责任目标和检查督促各项指标的完成，制订了考核方案，以总人口的2%为入户调查基数，以随机抽点的方式对德钦县8个村委会，12个村民小组，422家农户1185人进行抽样调查。采取走访个别“奖优免补”对象，以回答问题的方式摸清“奖优免补”政策知晓程度。并根据年初签订的目标管理责任，对各乡镇流动人口计划生育工作管理方面；旅馆和娱乐服务场所安全套摆放情况；不到间隔生育、早育、非婚生育的处罚力度，违法多生育的社会抚养费征收情况等各方面做了系统的调查，全面掌握了2007年度各乡镇开展人口与计划生育工作的基本情况。

【开展新农村新家庭促进人口健康项目情况】

继项目文本制作培训、州人口计生委的项目布置会议及项目启动会和州计生委组织的服务站所规范化建设的考察之后，先后制订基线调查实施方案和德钦县项目实施方案，召开了相关成员单位的协调会议，明确职责，并成立了项目实施领导小组。召集县乡村三级骨干组织了项目培训，根据实施方案到试点乡先后三次进行了项目基线调查，组织技术人员两次到试点乡进行了服务。建立了村一级活动室，配备了桌椅50套和电视、DVD、音箱供放6套等宣传用品。同时召集了信息员召开了以答疑式的座谈会，对项目点上的育龄人群在生产生活和生育方面有什么需求进行了座谈，为下步的需求评估报告搜集了第一手资料，编写了项目的需求评估报告。利用各种节假日大力宣传有关计划生育政策和项目内容，组织群众自编自演的文艺活动，发放宣传资料上千份，发放了试点在县城相关部门进行基线调查，对县站整治了站容站貌，营造温馨的服务环境，项目点上也相应落实了技术服务场所，配备了最常用的服务设备、药品以及技术人员。德钦县共有住院分娩人数219人，发放补助16800元，发放实物宣传品（宝宝服2套、抱被一床、洗脸盆1个、毛巾1床）共216套，其中项目点上（佛山乡）的住院分娩发放宣传实物37套，补助7800元，并拓展到其他乡镇发放住院分娩补助9000元，实物宣传品179套。

【奖优免补工作开展情况】

2006年10月1日至2007年9月30日期间农村人口共办理《独生子女父母光荣证》户数为19户，其中：符合发放一次性奖励的有18户，一次性奖励为21750元。2007年符合享受养老补助482户，养老补助为316750元。符合享受奖学金的小学生人数为174人，奖学金为 27840元，初中生为72人，奖学金为18720元。

【对人口自然增长率相对低的燕门乡进行了人口调研】

2006年德钦县燕门乡人口自然增长率-0.39‰，针对这一实际，我委组织了工作队进行了调研，对全乡1583户进行了入户调查：燕门乡有7723人，其中非农业人口有217人。总人口中男性人口为3816人，其中僧侣人数为175人（其中有生育能力的有153人），占总人口的2.26%，其中残疾人口为129人（有生育能力的有65人），占总人口的1.67%。女性人口为3907人，其中尼姑人数为4人。有生育能力的4人，残疾人口为110人，其中有生育能力的有45人。全乡有51户一妻多夫家庭，人数为159人，生育数为120人，再婚家庭有55户，生育数为102人，50岁以下单亲家庭有140人 ，独生子女有102人，其中女孩33人，育龄人群外流人数389人，2006年1月至12月全乡共出生69人，死亡72人，其中育龄人群死亡15人。种种原因使人口自然增长率呈负增长趋势。

【流动人口管理工作】

在继续抓紧抓好流动人口常规工作的同时，为了便于流动人口“同管理、同服务”，体现人文关怀，对流人口进行了和常住人口同样的管理和服务。截至2007年9月30日德钦县流动人口共3114人，已婚育龄妇女501人，其中流入人口2648人，已婚育龄妇女441人，流出人口466人，已婚育龄妇女48人。流入已婚育龄妇女个案信息录入40条，已反馈39条，其中查无此人14条，接收流出已婚育龄妇女信息12条，已反馈7条。对流动人口比较集中的羊拉和江坡矿区增加流动人口协管两名，并对人口比较多的奔子栏村和大村要求增加配备两名计划生育宣传员，相关的地方配套经费已列入本级地方财政预算。清理清查城区流动人口，对流动人口钉子户进行了上门教育。清理流动人口计划外生育一户，已征收社会抚养费2760元，其余部分正在清理当中。积极配合相关部门检查督促安全套摆放，对景区景点进行补发安全套。

【队伍建设】

结合德钦县农民健康工程活动，为了整合资源，对村级计划生育宣传员进行整顿，村级计划生育宣传员由村医兼任，实行统一管理，并上报各种计划生育原始数据，对新任的村级计划生育宣传员进行了岗前业务培训。

【计划生育服务网络建设情况】

根据上级有关文件精神，德钦县人口计生委积极调研单独成立乡级服务站的前期工作，积极向县政府反映乡级服务所和卫生合并与单独建立的利弊关系，并制订了乡级服务所人员、办公用地及服务设备的拟定方案上报县政府，德政复（2007）14号批复了乡镇计划生育服务所与当地卫生院分署办公的请示，落实了办公场地和技术人员，解决了18万元的医疗设备和35000元的办公设备办理相关手续，目前7个乡镇的计划生育服务站已投入工作，同时与县人民政府一道对德钦县8个乡镇进行了人口与计划生育目标管理责任签订。

【协会工作】

德钦县共有协会会员3538人，占总人口的6.03%。县级协会组织一个，乡镇协会组织8个，村居委会协会组织42个，县级协会理事37人，乡级协会理事120人，村级协会理事583人。有专人负责协会工作，协会基金使用情况：受益户50户共发放协会基金15万元，根据当地资源优势出发进行了养殖业、种植业和饮食服务业三大类进行使用协会基金。协会工作下步需要加强的一点：第一批发放的协会基金难以回收，管理不到位，对此进行重点管理。

【党风廉政工作及安全生产工作开展情况】

根据党风廉政和安全生产工作的具体要求，指定了专人负责这两项工作，制订相关责任书，层层签订，责任到人，并通过县纪委和安全生产单位的验收。

【宣传教育工作】

在新农村新家庭促进人口健康项目的带动下，宣传教育工作深入人心。3月3号至4号国家人口计生委宣教司和北京清华大学考察德钦县远程教育设备的摆放场地，并扶持远程教育设备一套。4月1号至9号国家计生委宣教中心对“新农村新家庭促进人口健康项目”进行外宣片的摄制；5月26日国家人口计生委副主任赵白鸽帅中央党校省部级班对德钦县的公共服务体系进行了调研；5月31号至6月4号云南省计划生育科研所和和香港人士对德钦县不同海拔人群身体素质和疾病进行了调查，抽取500个人进行了健康检查，对抽取人员发放了每人价值10元的宣传品；6月18号至21号中国人口报社对贫困生救助一事进行了如户调查，期间云南省宣教中心对德钦县底层人群1000人进行了增强计划生育/生殖健康宣传品的问卷调查，并发放了价值3000元的宣传品。

2008年

【概述】

2008年度以来，在州人口计生委的指导下，在德钦县委、县政府的正确领导和高度重视下，德钦县的人口与计划生育工作取得了一定的成绩，人口计划逐步走向规范化，人口计生工作紧紧围绕年初签订的“双线”目标责任书，较好地完成了全年的工作任务。

【人口指标完成情况】

2008年总人口为62444人（包含流动人口）。期内出生614人，出生率为9.91‰，期内死亡442人，死亡率为7.13‰，人口自然增长率为2.77‰。期内计划内出生546人，计划生育率为88.93%。

【开展目标管理责任考核】

为了落实2008年人口与计划生育管理责任目标和检查督促各项指标的完成，制订了考核方案，对德钦县范围进行了抽样式的入户调查。采取走访个别“奖优免补”对象，回答问题的方式摸清“奖优免补”政策知晓程度。并根据年初签订的目标管理责任，对各乡镇流动人口计划生育工作管理方面；旅馆和娱乐服务场所安全套摆放情况；不到间隔生育、早育、非婚生育的处罚力度，违法多生育的社会抚养费征收情况等各方面做了系统的调查，全面掌握了2008年度各乡镇开展人口与计划生育工作的基本情况为省州县三级政府考核提供了依据。

【层层签订目标责任】

根据县长在德钦县政府全会和廉政会议上提出的"一线工作法"的工作要求，结合全州工作会议精神工作，组织工作人员到六乡二镇进行了实地签订双线目标管理责任书，传达了全州计生工作会议精神和政府全会精神，安排部署了第三届计划生育协会换届的前期工作，做到目标明确，层层分解，责任到人，早安排早部署。

【开展新农村新家庭促进人口健康项目情况】

在试点的基础上制订项目拓展方案，选定了七个拓展点和佛山乡5个村为巩固点，制订了项目拓展方案，成立了拓展领导小组，为项目的拓展打下坚实的基础。对项目拓展点免费进行了生殖健康服务。共产检80人次，产后访视47人次，发放药具237人次，妇检300人次，生殖健康检查403人次，健康教育1436人次，对以上人群的检查费一律进行免费检查，检查费10023元，并对佛山乡以及城区和拓展点流动人口进行了同管理同服务2次178人次，检查费用初步计算为12000元，并免费摆放了安全套，计划政府投入10000元； 对7个拓展点配发7套电视设备（电视机、功放机、音箱和DVD），每个拓展点统一制作了黑板栏、书架和电视柜。建立了项目活动室，配发了70套桌子，TCL集团赞助5套电视设备，分别发到4个农户和1个乡级服务站。成立了以王秀珍副县长为组长的项目中期评估领导小组。按中期评估方案撰写了中期评估报告，对项目的社会效益进行了评估。2008年全年共发放宣传实物229套，发放住院分娩补助和关爱女孩补助45800元。

【固定资产完成情况】

2008年完成固定资产218.93万元，完成下达数的91.22%，具体完成情况是：德钦县服务站业务用房资金落实96万元，下若乡服务站投资28.23万元，佛山投入30万元，云岭投入31万元，奔子栏投入19.7万元，投入设备14万元，办公设备3.45万元。

【奖优免补工作开展情况】

德钦县上年符合奖励扶助人数为482人，本期变动退出14人，当年新增符合奖励扶助对象人数为28人，到7月份德钦县符合奖励扶助的对象人数为496人，发放养老补助金额为326368元。9月10号楚雄会议增加"特别扶助"制度，召集德钦县计生专干进行专门培训，开始对辖区内进行相关人员的调查和登记，通过调查和资格认定，德钦县符合享受特别扶助的有104人，其中独生子女死亡家庭75人，发放特别扶助9万元，伤残家庭29人，发放特别扶助27840元。加强奖优免补的个人资料档案的归档工作，调查登记上报普通高中大学阶段奖学金13人，发放奖学金14400元；调查登记上报农村计划生育家庭参加新农合个人缴费部分人员的花名册，为农村人口计划生育家庭提供了良好的环境。

【对德钦县农村地区非农业人口生育愿望进行了调研】

由于受户籍管理制度改革的冲击，部分农村地区非农业人口生育管理出现混乱，社会抚养费征收工作无法执行，奖优免补的资格审查也受到牵连，对六乡二镇进行了德钦县农村地区非农业人口生育愿望调研工作，经过调研，德钦县共有农村地区非农业人口508人，271户。其中一方为非农业人口的有345人191对夫妇，双方为非农业人口的有163人80对夫妇，附带对非农业人口生育愿望做了调查，愿望生育二孩的有53人。

【政策法规和流动人口管理工作】

加强了二孩生育证管理，严格审查把关生育审批，根据《云南省行政问责办法》的有关要求，缩短了办证时间提高工作效率。加大了执法力度，针对个别乡镇存在的实际情况进行了督查，德钦县清理和登记了抢生、无证生育和违法多生育的现象，并拿出具体处理方案限期进行处理，通过处理，起到了处罚和教育相结合的目的。加强对流动人口的管理，2008年共录入262个已婚育龄妇女，已反馈的信息有108条，户籍地邀请反馈的有14条，都已反馈。对计划外生育户做了跟踪处理，流动人口社会抚养费征收率达80%。

【队伍建设】

在农民健康工程的基础上，由于受物价上涨的因素，现有的工资难以调动起工作积极心，所以通过多种渠道积极争取宣传员、流动人口管理员和信息员的报酬问题，共增加工资32640元，基础工作有了一定的改观，并调动了工作积极性，进一步规范了乡级服务站工作人员的管理。

【协会工作】

根据州计划生育协会换届精神，目前正在准备第四届协会换届的前期工作。大力抓好计划生育村民自治试点工作，把新农村新家庭项目融合在一起，德钦县有8个试点单位和一个计划生育协会示范村。指定专人负责协会资金回收工作，把上海扶持“贫困母亲救助基金”14.2万元和原有的协会资金15.4万元进行捆绑使用，为计划生育家庭户寻找发家致富的门路，更大地发挥协会资金效益。

【计划生育服务工作】

推开出生缺陷一级干预工作，根据《迪庆州人民政府办公室关于印发迪庆州预防出生缺陷干预实施方案的通知》精神，结合德钦县实际，召集计划生育技术服务人员进行了相应的培训，并制作调查表格进行调查筛选，为下一步的工作开展打下了基础；抓好药具管理及推广使用安全套防止艾滋病工作，根据《云南省深化药具工作改革考核评估办法》，药具工作做到了一把手亲自抓，从工作措施、制度保障、队伍建设、规范管理、发放服务工作拓展以及信息化建设方面都有了较大的改善。为了进一步搞好这项工作，通过狠抓落实，德钦县的旅馆业和娱乐服务场所的安全套摆放率达到100%；开展已婚育龄妇女知情选择服务，提高避孕及时率和优选节育率。营造了温馨的服务环境，打造服务服务环境亮点，为了达到 “四优一满意”的服务环境，也为了明年能达到规范化达标的目的，投入28385元，对下若、奔子栏、云岭和佛山四个乡镇的服务站进行了规站容站貌的规范改造，投入96万元新建了县级服务站，投入60万元新建了下若、佛山乡计划生育服务站，为下年的达标奠定了硬件基础，也为软件技术服务提供了保障。

【抓党风廉政建设推进了机关效能和作风建设】

进一步加强反腐倡廉宣传教育，教育党员干部牢固树立马克思主义的世界观、人生观、价值观，立党为公、执政为民；开展“学习型机关活动”，深入开展“八荣八耻”教育，不断提高党员领导干部的思想道德素质和拒腐防变的能力，筑牢思想道德防线。开展“三力建设”活动，按照党内监督条例各项规定，切实加强对领导干部的监督，建立和完善监督制约机制，狠抓各项任务落实，推动了党内监督工作的有序开展。

【宣传教育工作】

一是印制以政策法规和优惠政策为主要内容的宣传册子1000份发放到育龄群众手中，并在德钦电视台专题广播；三是在公路沿线、街头、村寨显眼处张贴、制作永久性固定宣传标语160幅 ；四是召开群众会，利用节假日和5.29协会活动日在街头设立宣传、咨询服务台，面对面地向干部群众宣传教育；五是举办乡、村、组三级培训班8次，六是认真开展“关爱女孩行动”，通过多形式、多渠道的宣传教育，人口计生政策法规进一步深入人心，群众对人口计生政策法规的知晓率达95%以上；群众的婚育观念有了明显好转，大多数已婚育龄群众已能够自觉实行计划生育。

维西县

2006年

【概述】

2006年是"十一五"规划的开局之年，维西县的人口与计划生育工作在县委、县人民政府的正确领导和支持下，在省、州业务部门的指导下，在相关部门的大力协助下，广大计生干部团结一心，以保持共产党员先进性教育为契机，用"三个代表"重要思想和科学发展观统领维西县人口计生工作，围绕省、州下达的年度工作指标，牢牢把握稳定低生育水平、提高出生人口素质这个主要任务，大力推进"依法管理、村（居）民自治、优质服务、政策推动、综合治理"的工作新机制，求真务实，不断创新，扎实工作。一年来，在落实"奖优免补"政策的基础上，提高优质服务质量，加强基础设施建设，扩大宣传教育面和深化综合改革力度。维西县人口计生工作整体水平大幅提升，各项指标均顺利完成，为维西县人口与经济、社会、资源环境的协调和可持续发展创造了良好的人口环境。现将今年工作总结如下：

【统计数据】

维西县出生人口数为1576人，出生率10.58‰；计划生育率92.07%；违法生育40人，其中常住人口29人，流动人口11人；长效避孕及时率50%；自然增长率4.05‰。

【责任目标完成情况】

农业人口已领取《独生子女父母光荣证》巩固率99.59%;农业人口已领取《独生子女父母光荣证》自愿率100%;"奖优免补"网站数据录入准确率100%；"奖优免补"政策知晓率90%；计划生育村民自治试点实施村4个；配齐了保和镇三个社区3名流动人口管理员，配全了办公设备。

【对人口与计划生育工作的组织领导进一步加强】

1.县人民政府召开维西县人口计生工作会议，具体布置全年工作。

2006年3月底，县政府召开有县四大班子主要领导、各乡（镇）分管领导、维西县计生干部及县直有关部门共100多人参加的维西县人口和计划生育工作会议。政府分管领导作了重要讲话，县人口计生委主任木丽琼同志汇报了2005年维西县人口计生工作情况，布置安排了2006年工作重点。县政府与各乡（镇）还签订了2006年人口计生责任状。维西县计生工作会议的召开，使全体计生干部别是乡镇领导提高了认识、统一了思想、明确了责任，极大调动了工作积极性和责任感。

2.抓好责任目标管理，继续实行"黄牌警告"制度。

2006年，维西县委政府继续将人口和计划生育责任目标落实予各乡镇，将目标考核结果与各乡镇党委政府年终考核相挂靠，实行"黄牌警告"制度，做到经济指标与人口指标同落实、同考核。人大、政协也把人口计生工作摆到重要位置，纳入督查、调研内容，加大对维西县人口计生工作的监管力度，年内人大重点进行了以信教地区计生工作及社会抚养费征收为内容的调研，同时向县委政府进言献策，专题听取了政府抓人口计生工作的报告，对维西县"十五"人口和计划生育工作所取得的成绩给予了很高的评价。

3.加大经费投入。

县委政府在维西县财力有限的情况下，不但不减计生事业费的投入，反而加大对其的投入，保证了维西县人口计生事业的稳步健康发展。今年，县级投入经费达46万元，比上一年增加3.2万元，增幅7%。其中：计免费15万元，宣传员补助9.8万元，"奖免"经费6.8万元，独生子女保健费11万元。

【加强宣传教育的工作力度】

1.深入开展“婚育新风进万家活动”。

在开展以改变育龄群众婚育观念为目的婚育新风进万家活动中，坚持在“新”字上做文章，在“进”字上下工夫，在“家”字上讲服务，在“实”字上求效果，面向基层，面向农村，面向群众，面向家庭。以文艺调演、知识竞赛、演讲比赛、参与评比“十星级文明户”、“村级文明社”等方式，真正把婚育新风吹进千家万户，吹暖广大育龄群众的心，扩大了宣传教育面，为维西县树立新型生育文化观念，构建和谐社会起到了积极作用。

2.组织实施“关爱女孩”行动。

开展关爱女孩行动，是综合治理出生人口性别比、统筹解决人口问题的重要举措，是坚持计划生育基本国策、维护妇女儿童合法权益的内在要求。一年来，我们与相关部门协调配合，营造良好的宣传教育氛围。在公路沿线喷刷有关标语，利用各种节日、赶集日宣传播报有关音像制品。各乡镇在“7.11”世界人口日集中开展了“关爱女孩”行动的宣传教育活动，形成了一个全社会都关注女孩成长的格局。县人口计生委还购置了6420份有关的宣传画和2006年挂历。经过一年来的宣传教育和综合治理，维西县出生人口性别比为 101，趋于合理态势，女孩也是传后人的生育观念正在广大农村群众中形成共识。

3.计生协经常开展宣传活动。

维西县计生协紧紧围绕县人口计生委主要工作，按照“1个目标、2个关键、3自方针、5个职能、6个作用”的总体要求，通过文化、文艺、咨询、座谈等形式的活动，充分发挥基层协会作用，继续深入宣传晚婚晚育、少生优生、女儿也是传后人等科学、文明、进步的婚育观念，广泛传播青春期、新婚期、孕产期、更年期生殖保健意识；认真组织实施使用安全套预防艾滋病工程，为维西县人口计生工作作出了积极的贡献；同时计生协也加强自身建设，借助“村民自治”试点工作之机，换届选举了村一级计生协，制订《协会章程》，整个计生协会充满了朝气。

4.深入信教地区开展宣传教育活动。

针对碧罗村信教群众多、计划生育工作难开展的特殊情况，年初，我委协同统战部、“三自”爱委会组成工作组，深入碧罗村各个村民小组开展为期12天的计生政策与《圣经》内容相结合的宣传教育活动，召开群众大会12场次，参会人数达成年人的90%。通过深入细致的宣传教育，提高了信教群众对人口计生工作的认识，正确理解采取避孕措施与《圣经》知识内容，解除他们的后顾之忧。在宣传发动的基础上，2月份，我委又抽调服务站业务技术骨干为全村群众开展查环查孕查病，对患者给予治疗，增进与信教群众交流，提高她们实行计划生育的自觉性。在为期20天的优质服务中，工作人员不辞辛苦，为全村优质服务200人次，其中放环18例，医治各种病人86人次。

据统计，全年共发放各种宣传手册4万份，新刷永久性标语82条，制作板报82块，实现了“组组有标语，户户有手册”的宣传阵地建设目标。投入的宣传经费达8.7万元。

【开展好计划生育优质服务】

1.深入组织实施“三大”工程，不断强化对育龄群众的生殖保健服务。

以“县站为龙头，乡所为依托，服务车为纽带”，坚持“面向基层、深入乡村、服务上门、方便群众”的工作方式，深入组织实施避孕措施知情选择、出生缺陷干预、生殖道感染“三大”工程。重点向育龄群众开展了以避孕节育、优生优育、妇女病普查诊治、产前术后随访及生殖保健为内容的优质服务。全年育龄妇女接受生殖保健服务率达82%，对维西县12834个育龄妇女进行普查普治，环情检查率达90%，孕情检查率达80%，“二四查”人数达12514人，发放《优质服务证》28783份。5月份，还举办了出生缺陷干预和生殖道感染培训班，县乡技术人员共65人参加了培训，为深入开展“三大”

工程奠定了人员基础。

2.积极稳妥地推进避孕方法"知情选择"。

避孕方法知情选择是开展优质服务工作的一项重要内容。以往，县乡计生干部偏重于放节育器、结扎，不少群众被动接受，这不利于增强群众的参与意识。推广这项活动后，维西县大力宣传推行避孕方法知情选择的目的和基本要求，采取多种形式向育龄群众传授避孕节育的科学知识，使育龄夫妇能正确掌握适合自己的三种以上避孕方法，放发制作精美、印各种避孕方法适禁症及应用人群的宣传手册。至9月份，共有15687人参与这项活动，其中落实放环1233例，结扎383例，皮埋52例，避孕套417例，外用123例，其他231人。

3.夯实服务阵地建设，进行服务站所达标申报工作。

总投资90万元的县服务站康复楼及附属设施建设投入使用，业务用房面积达到 961平方米。在原有科室基础上，增设了化验室、阴道镜室、红外仪治疗室等三个科室，配置了16张升降床，改善了施术群众住院环境，配备器械和设备18台（件）。持证上岗的专业技术人员34名，其中初级职称27人，中职7人，大专及以上学历32人，乡镇每所至少有1名女性专业技术人员，全面创建了优质服务平台。按照"机构小设备精、人员少技术精"和突出特色，依法规范的建站原则，发挥计生服务站所四大功能，在法律法规规定的范围内，按行业标准开展业务活动，满足群众需求。年内有4个乡镇服务站向业务部门申报达标服务站所，同时还争取到了巴迪、塔城两个乡镇计生服务站改扩建项目审批立项。

4.积极参与预防艾滋病工作，全面实施使用安全套防治艾滋病工程。

在"12·1世界艾滋病日"活动中采取设立咨询台、张贴标语、发放宣传品、发放安全套等方式进行预防艾滋病宣传教育，造成一定的社会宣传围。加强对专业技术人员的专项培训，目前为止，已有27名技术人员接受了专项培训。与工商、卫生、公安等部门相协调配合，促使各大宾馆和娱乐场所按要求摆设安全套和警示牌，做到检查、指导和督促同进行、同管理、同落实。全年在各大宾馆和娱乐场所摆设有偿安全套9000只，张贴警示牌186张。通过推广使用安全套，预防和防止了性病、艾滋病等各种疾病的传播，有效净化了服务行业的环境。

【加大人口与计划生育综合改革力度】

1.招聘社区流动人口管理员。

6月份，按照省州计生部门的要求，招聘了保和镇三个社区的流动人口计划生育管理员三名，统一到州计生委进行培训，增强他们的业务知识，为他们落实了500元/月的报酬，配备了"三个一"办公设备（一套办公桌、一组沙发、一个档案柜），形成人员、资金、设备三落实，有力促进了城区流动人口管理工作。

2.实施"计划生育村民自治"试点工作。

计划生育村民自治工作是今年维西县计生责任目标考核的主要内容之一。维西县被州计生委定为三个试点村，但县人口计生委自加压力，开拓创新，增设为四个试点村，分别是保和镇南路社区、永春乡兰永村、塔城镇塔城村、中路乡决菜山村。根据省州计生部门的要求以及计生村民自治有关规定内容，维西县采取了一系列政策措施，为全面启动试点工作提供了保障：一是政府出台《关于推行计划生育村民自治工作的意见》和《维西县计划生育村民自治试点实施方案》；二是政府成立了以分管副县长为组长的村民自治工作领导小组；三是县计生委组织以四个试点乡计生办主任、村主任、计生宣传员以及委机关四名业务骨干到丽江市玉龙、古城两县（区）进行实地考察、取经，摸索一套适合维西县情的试点工作方式方法和相关资料；四是抽调四名业务骨干挂钩指导四个试点乡镇工作，原则要求不考核结束不脱钩，并安排了一定的启动资金。这些措施的采取与实施，极大地调动了广大计生队伍的积极性，从人力、财力等方面为试点工作提供了良好的工作环境。

至2006年9月底，四个试点乡镇在下派工作队员的协助下，按照《实施方案》所规定的方法步骤已完成了宣传发动与建章立制两个阶段的工作。具体工作方法是：一是于8月中旬召开有党员、育龄夫妇和村民代表参加的群众大会，广泛宣传实行计划生育村民自治的意义，使基层干部和广大群众增强计划生育村民自治的认识，充分调动基层干部、群众实行村民自治的积极性，激发自我教育、自我管理、自我服务、自我监督的内在活力；二是相应制订出台乡级《计划生育村民自治实施方案》和成立自治工作领导小组；三是换届选举产生了新一届计生协会理事会和会员，制订了《计生协会章程》。计生协会的成立将促进村民自治工作的实现和深入进行，反过来，村民自治将有效调动计生协会活动正常开展；四是召开了村民代表大会，将经村委会“两委”班子联席会议充分酝酿、讨论通过的《计划生育村民自治章程》和《计划生育村规民约》（草案）提交村民代表大会逐条讨论通过。村民代表一致通过了这两份规章，形成了比较完善的《计划生育村民自治章程》和《计划生育村规民约》；五是召开群众大会宣传及通过《章程》和《村规民约》，让群众全面理解计划生育村民自治的内涵和必要性，要求他们自觉遵守《章程》和《村规民约》，使自治工作实现“人人都是计生信息员”的目标。《章程》和《村规民约》已报乡镇人民政府和人大主席团备案，同时成立了村级试点工作领导小组

3.流动人口计划生育管理工作深入加强，综合治理人口问题趋成雏形。

到2006年9月底，维西县流动人口3390人，其中已婚育龄妇女781人。按照有关规定，维西县严格管理流动人口计划生育工作，积极做到流动人口与户籍人口“同管理、同服务、同宣传”，并为他们提供免费的优质服务。一是加大执法力度，完善执法责任体系。全年共依法查处2件流动人口超生超怀案件；二是与房东和用工单位签订合同书，形成全民参与制度。采取与房屋出租户及用工单位签订合同办法，把流动人口的计划生育管理与本地居民密切联系起来，明确双方权利和义务，制订严明的奖惩制度，从根本上摸清流动人口总量、从业、居住、避孕措施等方面的情况，进一步规范流动人口的计划生育综合管理，全年共签订《出租房屋、用工单位协助管理流动人口计划生育合同》467份；三是加强《流动人口婚育证明》查验和办证力度，全年共查验《流动人口婚育证明》989份，外出人口办理《婚育证明》252份，发放《责补办通知书》210份；四是正常运转全国流动人口计划生育信息管理平台，实现计算机网络管理，及时反馈各省提供的个案信息，进一步增强了工作效率与质量，全年共接受个案信息48人（次），反馈个案信息48人（次），信息交换率达100%；五是积极为流动人口提供优质服务，到9月底累计完成技术服务698例，其中放环579例，结扎76例，综合节育率达 89.49%，“二四查”率达95%，极大地改善了流动人口计生优质服务状况；六是制订各项管理制度，规范流动人口的综合治理。先后制订了有关流动人口的《工作管理制度》，《婚育证明查验制度》，《二四查制度》等九项制度，进一步规范了流动人口的管理机制，从制度上形成综合治理流动人口的有效机制。

【进一步加强计划生育队伍和行业作风建设】

1.继续完善和健全委站各项规章制度。

借实施“云岭先锋”工程契机，制订了委机关《工作纪律制度》、《学习制度》、《责任追究制度》等9项制度；为巩固“先教”成果，制订了党支部《三会一课制度》、《党员汇报制度》等5项制度；服务站也根据达标站要求，完善和制订了一系列规章制度。制度的健全，有力促进了整体工作水平的上升，以往上班吹牛、串岗、做手工活等现象不复存在，每位职工都富有工作责任感，提高了工作质量，委站工作面貌焕然一新，给人一种精神饱满、富有激情的感觉。

2.继续与乡村计生干部签订责任目标，加大对他们的考核力度。

除政府对政府签订责任状外，今年，我委在延伸责任目标内容的基础上，继续与各乡镇计生办签订责任状，对乡村计生干部实行量化考核，改进和完善考核机制。对乡计生专干年终实行双向考核，没有县人口计生委考核结果签章，乡政府就不上报人事部门。对村计生宣传员实行年度聘任制，即一年一聘。积极为村组计生信息员争取报酬，有望在年终得以解决。

3.注重对干部职工的学习教育，积极向组织部门推荐优秀人才。

首先，切实加强计生干部队伍的思想、政治、业务、作风等方面的教育培训，严格实行公务员持证上岗，认真执行《云南省公务员八条禁令》；其次，注重干部队伍专业知识的更新和学历教育，选派各种人员参加省州计生业务培训学习，使干部职工不断接受和掌握新的计生知识和技术，年内还组织干部职工分两批外出考察学习，增长他们的知识，开阔他们的视野。计生队伍的知识结构和文化水平有了明显提高，维西县65名计生干部中具有大专及以上学历的有48人，占 74 %；最后，重视对干部职工的培养和关心，积极开展“推优”工作。按照民主推荐、德才兼备、任人唯贤的原则，选派两名年轻干部到基层锻炼，动员广大职工加入党组织，向县委组织部门推荐优秀计生干部，使他们纳入维西县科级后备干部库，充分调动了广大计生干部的工作热情，进一步增强了他们的爱岗敬业、献身国策的信心。

4.依法行政，规范管理工作不断加强。

一是年初与各乡镇签订《社会抚养费征收委托书》，明确双方责任，强化乡计生干部的责任意识；二是加强执法队伍的法制培训工作力度。6月份举办了执法培训班，聘请润泽律师事务所的和忠泽律师为法律顾问，对维西县计生专干进行以《行政处罚法》、法律文书制作与书写等为主要内容的执法培训，切实提高了计生队伍的依法行政水平；三是严格执法程序，规范执法行为。按照《人口和计划生育行政工作手册》的要求，统一制作使用行政执法文书，规范生育证审批、独生子女证审批、奖优免补审批、社会抚养费征收等程序，使计生行政行为合法化、程序化，走上法制的轨道。

【深入落实“奖优免补”政策 】

“奖优免补”政策是一项得民心、顺民意的工作。为把这项“民心工程”、“德政工程”真正办实办好，采取了一系列政策措施。一是利用各种渠道，采取多种形式加大对这项工作的宣传力度，使得这项工作家喻户晓，人人皆知。前后共发放了 3.3万份有关的宣传小图册，制作了82块“奖优免补”兑现公示栏，实现了村村有公示栏，户户有宣传册的局面。二是严格审批，实行审批、统计、发放“三权分离”制度。法规股严把《独生子女申请表》、《奖优免补申请表》的头道审批；统计人员负责电脑录入和汇总上报，制作各项花名册，严把第二关；财务人员协助县邮政局负责划拨资金，领取和发放邮政存折，严把第三关。三是乡镇专干各负其责，严格按照审核、公示等程序认真统计落实享受对象，至今没有一个漏统漏报，真正做到“该统就统，该删则删”的工作目标。据统计，今年符合享受一次性奖励金的有169户324人，涉及资金24.3万元；符合享受养老生活补助的有 623 人，涉及资金41.285万元；符合享受义务教育奖学金的有568人，其中小学405人，初中163人，涉及资金10.78万元。

【其他工作】

1.加大对扶贫挂钩村的扶贫力度。

配备了共元村党员活动室有关设备，即一套音响、一台DVD、五组沙发、8个茶几和10套桌椅板凳。继续加大以改变村民习俗和提高素质为主的教育力度，从本部门实际出发，严格执行计生政策，推行晚婚晚育、少生优生工作，提高出生人口素质，保证了全体村民的整体素质的提升。抽派技术骨干驻村入户为他们普查普治，免费为他们提供医疗药品，不间断地开展一些优质服务，使之成为一项工作制度。

2.抽调人员协助政府开展"普九"工作。

8月始，抽调了以和副主任带队的"普九"工作组深入白济汛乡共元村动员适龄儿童入学，积极协调有关部门解决贫困学生生活困难。至验收结束，先后下派了3批6人次的工作队员，使共元村适龄儿童入学率达100%，顺利完成了全村"普九"攻坚目标。

3"选派"干部积极为基层办实事。

根据州县组织部门的抽调，去年和今年先后有两名机关年轻干部到基层进行为期一年的培养锻炼。两名年轻干部始终珍惜机会，认真学习、主动工作、深入思考，得到了较为全面的锻炼。"三农"问题、基层组织建设情况、农民群众的心声和呼声、乡镇工作方式方法、理论素养等方面都有了很大的提高。两名年轻干部不管是在哪个阶段，从不以"公务员"身份自居，转换角色，扎实工作，同基层干部、农民群众打成一片，积极为基层办实事、好事。先后争取到水泥14吨，胶管2000多米，资金3000多元，为挂钩农户和村组解决生产、生活中的困难，树立了机关年轻干部的良好形象。

4.改善职工住房条件，丰富职工业余生活。

借县服务站康复楼修建之机，重建了一幢三层十二间的职工厨房，修建了车房和垃圾坑，平整了大院，绿化了住房区，安装了太阳能热水器，增设了两标接待室，极大地改善了委办公区域和住宿区域的环境，解决了职工的住房紧张、饮水和洗澡困难等问题。继续开展星期五下午的职工联谊活动，聘请专业老师教授民间民族歌曲和舞蹈，参与了作为县庆二十周年贺礼的《傈僳瓦器》VCD光盘制作，获得了有关部门和人士的好评。

5.认真办理人大、政协的建议和提案。

及时完成县委政府安排的工作任务，严格落实首问责任制和公开承诺制，认真接待来信来访人员，没有出现一起越级上访及重大群体上访事件，有效维护了社会秩序。

6.加强档案管理工作。

作为行政业务部门，档案工作至关重要。今年，在县档案局的关心帮助下，维西县人口计生档案工作走上规范化、网络化的轨道。一是县档案局将委机关档案室列入了达标验收单位；二是9月份，在县档案局的具体指导下利用一星期时间规范整理了2001年到2005年的档案，各份资料按要求重新分期归档，索引目录和单个档案目录一目了然，整齐规范；三是配备了相应的设备，如电脑、温湿度表等，安装了防盗门窗。

临沧市人口和计划生育委员会

临沧市

2006年

【概况】

2006年，临沧市各级人口计生部门紧紧围绕年度双线责任目标，突出农业人口独生子女"奖优免补"工作、控制违法生育和流动人口管理等工作重点，狠抓各项工作措施的落实，促进了人口计生事业持续健康发展。人口继续得到有效控制，避孕节育水平持续提高，基础设施建设进一步得到改善，计划生育优质服务工作取得新的突破，流动人口计划生育管理工作有了新的发展，推广使用安全套防治艾滋病工作得到加强。总之，临沧市人口计生工作继续保持"两降两升"，即：出生率下降，违法生育大幅度下降，计划生育率、农业人口独生子女办证率上升的良好势头，圆满完成了省上下达的各项责任目标任务，实现了"十一五"的良好开局。

【统计数据】

据临沧市统计局公报，2006年末，临沧市总人口为237.84万人，年内出生人数3.34万人，人口出生率14.15‰；死亡人数1.62万人，死亡率为6.86‰；自然增长人数1.72万人，自然增长率为7.29‰。据计划生育年度报表，临沧市2006年计划生育率为95.91%；累计落实避孕节育措施人数374768人，综合避孕节育率为88.68%；采取长效节育措施人数360694人，长效节育率为85.35%；长效避孕及时率为76.84%。

【考核结果】

2006年度临沧市人民政府对各县（区）人民政府的责任目标考核得分情况：凤庆县、云县、永德县、临翔区、双江县100分，沧源县、镇康县、耿马县90分。

2006年度市人口计生委对各县（区）人口计生局的责任目标考核得分情况：永德县98.3分，云县97.6分，临翔区97.1分，凤庆县94.5分，双江县93.5分，沧源县92.9分，镇康县86.8分，耿马县86分。

【奖优免补工作】

广泛深入地开展宣传教育活动，最大限度提高群众对"奖优免补"政策的知晓率，使"奖优免补"政策深入人心。同时，狠抓政策兑现，取信于民，及早安排配套的奖励资金预算并及时足额划拨到位，采取由财政垫支即办即兑的办法，促进办证任务的完成。并建立健全监督管理机制，加强督促检查，确保各项奖励经费足额按时兑现。2006年底，临沧市累计办理农业人口《独生子女父母光荣证》27651户，累计办证率达36.82%。2006年度完成农业人口独生子女办证5613户，占市政府下达任务5000户的112.26%；农业人口独生子女享受升学考试加分170人，被录取112人；享受义务教育奖学金对象10957人；享受国家奖励扶助对象4631人。

【基础设施建设】

以实施“农村计划生育服务站国债项目”和“兴边富民”工程为契机，重点加强3个边境县11个乡镇服务所“兴边富民”项目建设和镇康县计划生育服务站、永德县亚练乡、永康镇计划生育服务站所国债项目建设，年内完成镇康县计划生育服务站以及镇康县勐捧镇、耿马县孟定镇、沧源县勐省镇、永德县亚练乡等5个服务站所建设项目。同时，以县、乡二级服务站所为主，增添技术设备、改造工作环境，使基层服务站所的技术设备和服务条件逐步得到加强和改善。省级安排设备及设备补助达200万元，重点为出生缺陷干预试点县和其他县区、乡镇配备麻醉机、半自动生化仪、B超等设备。临翔区、云县在“创优”活动中还安排了一定经费改造服务站所，添置了部分设备，服务条件逐步改善。

【优质服务创建】

认真落实《省人口计生委关于开展创建计划生育优质服务先进县的实施意见》及《临沧市人民政府办公室关于开展计划生育先进乡（镇）创建活动的通知》。在完善和巩固凤庆县国家级优质服务先进县和第一批市级优质服务先进乡（镇）的基础上，2006年云县创建为省级优质服务先进单位，临翔区创建为省级优质服务达标单位，凤庆县新华乡、洛党镇、三岔河乡，临翔区帮东乡、马台乡、蚂蚁堆乡、平村乡，云县茂兰镇、茶房乡，永德县亚练乡等10个乡（镇）创建为第二批市级优质服务先进乡（镇），从而使临沧市的优质服务创建工作又有新的突破。

【宣传教育工作】

将宣传教育工作纳入年度责任目标考核，充分发挥各类宣传阵地作用，开展国情教育、计划生育基础知识和“奖优免补”政策的宣传。在乡村依托婚育学校，普及晚婚优孕、优生优育、避孕节育等生殖健康知识。在社区充分调动计生协会和中老年活动的积极性，开展自编自演及现身说法等宣传活动。与临沧日报社和临沧人民广播电台协办“人口与计划生育”、“人口婚育新风尚”两个栏目，并在市、县（区）两级党校开设人口课，受到了国家人口计生委的表彰。继续落实“1532”工程。2006年底临沧市8县区均设有图文并茂的宣传标牌，77个乡镇均设有一块公示板，村、组均按要求设置了永久性宣传标语和公示板。

【推套防艾工作】

认真贯彻执行《临沧市推广使用安全套防治艾滋病工程的实施方案》，进一步明确责任，强化措施。增加了安全套推广使用工程经费的投入，分别与各县（区）人口计生局签订了责任书，明确工作任务，先后在永德、云县、临翔、耿马、沧源等县（区）实施美国福特基金资助的“防治艾滋病宣传教育项目”和世界卫生组织、全球基金资助的100%安全套推广使用项目、对娱乐场所从业女性实施预防性病/艾滋病综合干预项目等国际合作项目，争取项目资金28万元。通过加强督促检查，临沧市的星级宾馆安全套摆放率达100%，普通旅馆酒店摆放率达98.3%，安装自动售套机30台。

【流动人口管理】

加强社区流动人口计划生育管理，临沧市28个社区有23个社区居委会已配备专职流动人口计划生育管理人员并解决相应的报酬，在社区居委会建立了流动人口计划生育服务点，为流动人口提供各项计划生育服务。并组织了部分县（区）人口计生局分管领导到大理州学习借鉴流动人口计划生育管理工作经验，对各县（区）开展全国流动人口计划生育信息交换平台进行培训，将平台运行情况进行定期通报，建立有效的重点对象情况定期报告制度和信息交换反馈制度，严格控制流动人口中的违法生育行为，在流动人口管理方面取得新的突破。

【干部队伍建设】

将“坚韧拼搏、求实开放、团结和谐、创新超越”的临沧精神部门化，形成了“以人为本，优质服务，求实创新，敬业奉献”的临沧人口计生系统精神。年内，在镇康县召开了临沧市人口计生系统理论学习中心组会议，举办了临沧市人口计生系统统计人员培训班（培训到乡镇一级）和行政执法人员培训班，为94名执法人员申请办理了行政执法证，为49名执法证到期人员办理了审验手续，组织了各县（区）人口计生局局长到相邻州市进行参观学习。通过加大教育培训力度，队伍凝聚力、战斗力得到提高，树立了良好行业形象。2006年临沧市共有11人受到国家、省级表彰奖励，其中：国家级表彰5人，省级表彰6人。凤庆县人口计生局、云县人口计生局被命名为第十四批市级文明单位。同时，投入62万元对“十五”期间在临沧市人口和计划生育事业中作出重大贡献的40个先进集体、100名先进工作者、第一批计划生育优质服务先进乡镇、46个计划生育合格村以及办理独生子女父母光荣证较好的县（区）进行了表彰奖励。

【荣誉】

（一）根据《国家人口和计划生育委员会关于表彰全国人口和计划生育优秀科技成果科技先进集体和先进个人的决定》（国人口发〔2006〕49号），临沧市耿马县孟定镇计划生育中心服务站被表彰为全国人口和计划生育科技工作先进集体，临沧市人口计生委主任王菊、沧源县计划生育服务站站长刘子芬、临翔区计划生育服务站站长李韦娜、镇康县南伞镇计划生育服务所杨明春、凤庆县腰街乡计划生育服务所周林虎等5人被表彰为全国人口和计划生育科技工作先进个人。

（二）根据《云南省人事厅、云南省人口和计划生育委员会关于表彰2006年度人口和计划生育先进工作者的决定》（云人口发〔2007〕13号），临沧市永德县人民政府副县长吴甫风、镇康县木场乡乡长吴强达、临翔区人口计生局副局长李梅、耿马县勐撒镇计生工作站站长林子荣、双江县勐库镇忙那村计生宣传员莫成美、凤庆县凤山镇安石村计生宣传员陈维菊等6人被表彰为2006年度全省人口和计划生育先进工作者。

（三）根据《云南省人口和计划生育委员会关于表彰2006年全省计划生育优质服务先进单位的决定》（云人口科发〔2007〕67号），云县被表彰为2006年全省计划生育优质服务先进单位。

2007年

【概况】

2007年，临沧市各级党委、政府以邓小平理论、“三个代表”重要思想和科学发展观为指导，以提升“三个核心指标”，统筹解决人口问题，促进人的全面发展为中心，以推进“奖优免补”工作和违法生育控制为重点，紧紧围绕2007年人口和计划生育责任目标，狠抓各项工作措施的落实，临沧市人口计生工作继续保持“三降三升”，即：出生率下降、自然增长率下降、违法生育大幅度下降，计划生育率、长效节育率、农业人口独生子女领证率上升的良好势头，在省人民政府对市人民政府、省人口计生委对市人口计生委的责任考核中，均获一等奖，临沧市人口和计划生育工作稳步健康的发展。

【统计数据】

据临沧市统计局公报，2007年末，临沧市总人口为236.8万人，年内出生人数3.08万人，人口出生率13‰；死亡人数1.22万人，死亡率为5.14‰；自然增长人数1.86万人，自然增长率为6.5‰。据计划生育年度报表， 2007年计划生育率为96.73%；临沧市共有已婚育龄妇女427513人，年内施行长效节育手术26617例，长效节育率为83.97%，长效避孕及时率达78.2%。

【考核结果】

2007年度临沧市人民政府对各县（区）人民政府的责任目标考核得分情况：凤庆县、云县、临翔区、永德县、耿马县、镇康县100分，双江县90分，沧源县88.8分。

2007年度市人口计生委对各县（区）人口计生局的责任目标考核得分情况：凤庆县98.9分，临翔区、云县95.58分，永德县93.22分，沧源县91.6分，双江县90.8分，镇康县87.7分，耿马县82.3分。

【奖优免补工作】

修订完善奖励资金管理制度，在《临沧地区农业人口独生子女奖励经费管理暂行办法》的基础上，制订下发了《农业人口独生子女家庭奖励资金管理办法》，在原基础上调整部分奖励政策和管理办法，调高了单亲家庭的奖励标准（独生子女保健费由原来的500元提高到1000元），使"奖优免补"政策的落实得到规范的制度保障。通过加强宣传力度和狠抓政策兑现，农业人口独生子女户继续增加，各项政策得到落实。临沧市累计办理农业人口《独生子女父母光荣证》30850户，累计办证率达38.55%；2007年度完成农业人口独生子女办证4045户，占市政府下达任务3000户的134.83%。临沧市2007年农业人口独生子女享受升学考试加分235人，被录取178人；落实兑现享受义务教育奖学金对象12967人；落实兑现享受国家奖励扶助（养老生活补助）对象4631人。

【基础设施建设】

沧源县计划生育服务站国债项目已完成。耿马县孟定镇、勐撒镇、勐永镇、沧源县勐省镇、勐来乡、芒卡镇、岩帅镇、镇康县勐捧镇、凤尾镇、勐堆乡、木场乡共11个乡镇计划生育服务所"兴边富民"项目建设已全面完工。通过实施出生缺陷一级预防和计划生育优质服务先进单位和达标单位、先进乡镇创建活动，计生服务站所的技术设备等服务条件逐步得到改善，服务能力和水平得到了提高。

【优质服务创建】

在完善和巩固凤庆县国家级优质服务先进县和云县省级计划生育优质服务先进单位及临翔区省级计划生育优质服务达标单位的基础上，2007年永德县创建为省级计划生育优质服务达标单位。同时，各县（区）积极开展计划生育优质服务先进乡镇创建工作。2007年，凤庆县营盘镇、临翔区博尚镇、忙畔街道、永德县大雪山乡4个乡镇（街道）创建为第三批市级计划生育优质服务先进乡镇，至此，临沧市计划生育优质服务乡镇已达到20个。

【宣传教育工作】

继续将宣传教育工作纳入年度责任目标考核，以宣传中央《决定》精神和"奖优免补"政策为重点，深入开展"婚育新风进万家"活动和"关爱女孩"行动，继续与临沧日报社和临沧人民广播电台协办"人口与计划生育"、"人口婚育新风尚"两个栏目，并在临沧市年鉴、《崛起的秘境临沧》等刊物中宣传人口和计划生育工作。同时，认真落实好"11532"工程。2007年底临沧市8县（区）设有19块图文并茂的宣传标牌；77个乡镇设有103块公示板，有永久性宣传标语496条；925个村设有1039块公示板，3067条宣传标语；11335个村民小组有7154个设有公示板，有永久性宣传标语23095条。

【药具管理和推套防艾工作】

临沧市药具规范化管理工作通过考评获二等奖，受到省人口计生委的表彰。同时，进一步规范了宾馆、酒店的安全套摆放，临沧市的星级宾馆安全套摆放率达100%，普通旅馆酒店摆放率达98%以上。

【流动人口管理】

临沧市28个社区居委会均已配备专职流动人口计划生育管理人员并落实了报酬。按照"属地化管理、市民化服务"的原则，将全国流动人口计划生育信息交换平台运行情况纳入对各县（区）的年度责任目标考核，努力探索建立流动人口计划生育统一管理、优质服务新体制，将流动人口计划生育管理服务纳入经常性工作范围，提供与户籍人口同等的免费服务。

【计生协会和村民自治工作】

强化计划生育协会在基层计生工作中的参与和监督作用，增强基层计生协会活力。实施好协会项目，在永德县实施防治艾滋病宣传教育项目的基础上，在临翔、凤庆、云县、耿马、镇康5个县（区）积极实施项目拓展点，并顺利通过了省计生协的验收。同时严格按照省计划生育基金管理办法做好项目，临沧市54万元省级计划生育基金全部用于帮助农村计划生育户发展家庭经济增加收入，取得了良好的经济社会效益。在完善以“三公开、三公示、一评议、一见面”为主的民主监督机制的基础上，积极稳妥地推行党委、政府领导下，计划生育部门指导下的有组织、有计划的村民自治试点工作。制订下发了《关于进一步规范计划生育村民自治工作的通知》（临人口发〔2007〕21号），对自治章程、自治公约和自治合同进行了统一。各县（区）特别是凤庆县以村民自治为切入点，进一步探索人口和计划生育工作村民自我教育、自我管理、自我服务的自治机制，取得了实质性进展。

【依法治理工作】

抓执法队伍的教育管理，严格执法程序，规范执法行为，进一步推进依法行政。把违法案件的查处和社会抚养费征收纳入责任目标进行考核，并加大执法力度，及时查处违法案件，违法生育行为得到有效遏制。

【干部队伍建设】

继续发扬“以人为本，优质服务，求实创新，敬业奉献”的临沧人口计生精神，加强各级人口计生干部的教育培训，组织开展了民主评议政风行风活动和政风行风上线活动。2007年，市人口计生委党组被市委、市政府表彰为党风廉政建设先进集体；凤庆、云县、临翔、永德、耿马、沧源、双江7县（区）人口计生局被评为“人民满意的涉农服务先进单位”；临沧市人口计生系统共有6人受到省级表彰奖励。

【荣誉】

根据《云南省人事厅、云南省人口和计划生育委员会关于表彰2007年度人口和计划生育先进工作者的决定》（云人口发〔2008〕62号），临沧市沧源县人民政府副县长李祥生、云县人口计生局局长杨仙琴、凤庆县计生服务站站长董国俊、临翔区蚂蚁堆乡党委书记、乡长杞忠、永德县亚练乡亚练村计生宣传员严家相、镇康县忙丙乡帮海村计生宣传员杨建强等6人被表彰为2007年度全省人口和计划生育先进工作者。

2008年

【概况】

2008年，临沧市紧紧围绕人口和计划生育双线责任目标，以出生缺陷一级预防、计划生育优质服务创建和控制违法生育为重点，不断创新工作思路和方法，临沧市人口计生工作继续保持“三降三升”（即：出生率、自然增长率、违法多生育下降，计划生育率、长效节育率、农业人口独生子女领证率上升）的良好态势，在 “双线”（云南省人民政府对临沧市人民政府、云南省人口计生委对临沧市人口计生委）的责任目标考核中均获一等奖。

【统计数据】

据临沧市统计局公报，2008年未，临沧市总人口为238.2万人，年内出生人数3.02万人，人口出生率12.74‰；死亡人数1.57万人，死亡率为6.62‰；自然增长人数1.45万人，自然增长率为6.12‰。据计划生育年度报表，临沧市2008年计划生育率为96.79%；临沧市共有已婚育龄妇女432044人，年末长效节育率为84.56%，长效避孕及时率达79.27%。

【考核结果】

2008年度临沧市人民政府对各县（区）人民政府的责任目标考核得分情况：临翔区、凤庆县、云县、永德县100分，双江县、镇康县、沧源县99分，耿马县96分。

2008年度市人口计生委对各县（区）人口计生局的责任目标考核得分情况：凤庆县99.8分，永德县98.8分，云县96.9分，临翔区95.4分，沧源县95.4分，双江县94.3分，镇康县94.1分，耿马县81.5分。

【奖优免补工作】

广泛深入地开展宣传教育活动，最大限度提高群众对“奖优免补”政策的知晓率，使“奖优免补”政策深入人心。同时，狠抓政策兑现，取信于民，及早安排配套的奖励资金预算并及时足额划拨到位，采取由财政垫支即办即兑的办法，促进办证任务的完成。并建立健全监督管理机制，加强督促检查，确保各项奖励经费足额按时兑现。临沧市累计办理农业人口《独生子女父母光荣证》32321户，累计办证率达41.2%，同比上升2.65个百分点；年内完成农业人口独生子女办证1505户，占任务数的100.33%；临沧市共享受升学考试加分163人，被录取90人；享受义务教育奖学金14503人；享受国家奖励扶助对象4279人，特别奖励扶助对象1488人。

【基础设施建设】

3个边境县11个乡镇服务所的“兴边富民”建设项目和沧源县计划生育服务站、临翔区圈内乡服务所国债建设项目已全面完成，临翔区忙畔街道、永德县乌木龙乡两个国债项目以及云县计划生育服务站等32个新增中央预算内项目已全面动工，市计划生育科技服务中心项目也做好了各项准备工作。同时，以县、乡两级服务站所为主，增添技术设备、改造工作环境，基层服务站所的技术设备和服务条件逐步得到加强和改善，服务能力和服务水平进一步提高。形成了覆盖率比较高、功能比较完备、专业特色比较突出、深受人民群众欢迎的计划生育服务网络。

【优质服务创建】

在完善和巩固凤庆县国家级优质服务先进县、云县省级计划生育优质服务先进单位和市级优质服务先进乡（镇）的基础上，2008年临翔区创建为省级优质服务先进单位，永德县创建为省级优质服务达标单位，云县涌宝镇等6个乡镇创建为市级计划生育优质服务先进乡镇。至此，临沧市已有1个国家级先进县，2个省级先进单位，3个省级达标单位，26个市级先进乡镇，优质服务覆盖率大幅提高。

【宣传教育工作】

继续将宣传教育工作纳入年度责任目标进行考核，利用报纸、电视、网络等多种形式宣传中央和省委《决定》精神及人口计生工作动态。充分发挥各级宣传阵地作用。在市委党校挂牌成立了“临沧市党政干部人口理论教育基地”，将人口和计划生育工作知识纳入党政干部培训的内容之一。各县（区）相继健全了人口学校，在民政部门核发《结婚证》之前，向广大育龄男女进行婚前计划生育政策、法规宣传和优生优育、生殖保健、避孕节育等知识的培训。乡镇依托婚育学校，普及晚婚优孕、优生优育、避孕节育等生殖健康知识。村、社区充分调动计生协会和中老年活动的积极性，开展自编自演及现身说法等宣传活动。继续在临沧日报社和临沧人民广播电台开办“人口与计划生育”、“人口婚育新风尚”两个栏目，并将政务信息工作纳入责任目标考核。2008年，被市委办、市政府办及省人口计生委办公室采用政务信息17篇；临沧日报等报刊刊登稿件76篇；年内通过调研形成两个调研报告，分别被市政府政情通报和创新杂志采用。

【出生缺陷预防】

全省州市人口计生委主任会议和云南省全面启动人口出生缺陷一级预防工作会议在凤庆县召开后，临沧市继续做好凤庆县试点县的巩固提升工作，按要求全面启动了云县、沧源、临翔3个重点县（区）出生缺陷一级预防工作，通过强化宣传，保障投入，落实措施，2008年各项指标全面完成。同时，及时在其他各县推广，充分利用人口计生网络和队伍的优势，积极开展婚前培训、孕前检查、孕期用药，在减少出生缺陷的发生，从源头上提高人口素质方面取得积极成效。

【推套防艾工作】

进一步推进了药具管理的制度化、规范化建设，基本达到规章制度健全，规范管理达标，保障群众获得安全、有效、适宜的计划生育药具。继续做好推广使用安全套预防艾滋病工作，加大了推安防艾工作的宣传力度，制发多种宣传资料利用各种形式广泛开展宣传，安排专项经费作为安全套推广使用工程经费，人口计生部门层层签订责任书，进一步规范了宾馆、酒店的安全套摆放，并加强督促检查的力度，定期不定期深入各县（区）开展督促检查指导。据统计，临沧市的星级宾馆、酒店安全套摆放率达100%，普通旅馆酒店摆放率达98%，安装自动售套机30台。

【流动人口管理】

严格按照“属地化管理、市民化服务”的原则，努力探索建立流动人口计划生育统一管理、优质服务新体制，将流动人口计划生育管理服务纳入经常性工作范围，制订出台《临沧市流动人口计划生育统计工作管理暂行办法》，统一规范基层流动人口计划生育信息统计工作，建立日常统计工作机制。实行免费为流动人口提供计划生育药具和基本项目的计划生育技术服务，免费为流动人口办理《流动人口婚育证明》，提供与户籍人口同等的免费服务。临沧市30个社区已有20个配备了计算机设备，保障了流动人口计划生育管理服务工作的开展。

【依法治理工作】

推行行政执法责任制、行政执法公示制、行政执法监督检查制度和执法过错责任追究制等制度，完善文书档案，提高依法行政水平。加大人口和计划生育工作的执法力度，及时查处违法案件，强化社会抚养费的征收。年内共征收社会抚养费83.7011万元，征收率达79.47%。严抓执法队伍的教育和管理，加大培训力度，共有104名行政执法人员申请办理了行政执法证。有3人取得了《云南省法制监督证》，做到持证上岗，亮证执法。严格执法程序，规范执法行为，全面推进了依法行政。

【计生协会和村民自治】

强化计划生育协会在基层计生工作中的参与和监督作用，增强基层计生协会活力。以村（居）级计划生育协会为依托，积极稳妥地推行计划生育村民自治工作，进一步探索人口和计划生育工作村民自我教育、自我管理、自我服务的自治机制。在临沧市开展6种计划生育保险服务，坚持和彰显计生协会的特点，给计划生育家庭多一种解除后顾之忧的选择。充分利用省级计划生育基金帮助农村计划生育户发展家庭经济增加收入，取得了良好的经济社会效益。

【干部队伍建设】

在临沧市人口计生系统认真落实行政问责办法等四项制度，不断提升工作水平和工作效率，积极开展人口计生政风行风评议活动，促进临沧市人口计生系统工作作风的转变，展示了临沧市人口和计划生育工作者的良好形象。同时，加强对人口计生工作人员的培训。6月份成功举办了科技大练兵暨出生缺陷一级预防培训班（培训到乡镇一级），邀请了省上的有关专家进行授课，对各县（区）人口计生局分管领导、服务站站长以及73个乡（镇）的计划生育服务所所长近100人进行了全方位的培训。年内先后组织各县（区）人口计生局办公室主任、宣传股长、统计股长、服务站长四批次40人参加了省上举办的培训考察学习班学习。同时，认真组织开展好“三千人才”工程培训，年内选派了2名技术服务人员到省上学习进修，并积极选派县级计划生育服务所技术骨干到市医院进修。年内，临沧市人口计生系统共有6人受到省级表彰奖励，凤庆县计生协、云县涌宝镇涌宝村计生协、临翔区忙畔街道忙令社区计生协被国家计生协表彰为全国计生协先进单位。

【大事记】

（一）2008年3月5日至6日，全省州市人口计生委主任和云南省全面启动出生缺陷一级预防工作会议在临沧市凤庆县召开。省人口计生委领导及各处室、直属单位主要负责人、各州市人口计生委主任及分管科技工作的副主任、25个试点县和20个重点县的人口计生局局长、服务站站长共150人参加了会议。中共临沧市委常委、宣传部长祁苑红、市人民政府副市长马迎春以及凤庆县委、县政府的主要领导出席了会议。

（二）2008年3月7日至9日，省人口计生委党组书记、主任郝青山一行在市人民政府副市长马迎春等领导的陪同下，先后深入凤庆县、云县、沧源县、双江县和临翔区进行工作调研。

（三）2008年4月9日，临沧市2008年人口和计划生育工作会议在临沧临通大酒店召开。市委常委、宣传部长祁苑红、市人大副主任张志强、市人民政府副市长马迎春、市政协副主席曾廷菊等领导出席了会议。各县（区）人民政府分管人口计生工作的领导及人口计生局、孟定片区社会事业局局长、计生服务站站长，市人口和计划生育领导小组成员单位领导，市人口计生委科级以上干部参加了会议。

【荣誉】

（一）根据《中共云南省委、云南省人民政府关于表彰三年禁毒和防艾人民战争先进集体和先进个人的决定》（云委〔2008〕188号），市人口计生委被表彰为先进集体。

（二）根据《云南省人事厅、云南省人口和计划生育委员会关于表彰2008年度人口和计划生育先进工作者的决定》（云人口发〔2009〕9号），临翔区委常委、副区长王美荣、沧源县人口计生局局长陈树勇、凤庆县勐佑镇人民政府镇长杨百伟、镇康县勐捧镇计生办主任鲁忠华、云县茂兰镇忙卓村计生宣传员杨玉和、双江县沙河乡忙开村计生宣传员李志富等6人被表彰为2008年度全省人口和计划生育先进工作者。

（三）根据《云南省人口和计划生育委员会关于表彰2008年全省计划生育优质服务先进单位的决定》（云人口发〔2009〕6号），临翔区被表彰为2008年全省计划生育优质服务先进单位。

临翔区

2006年

【概况】

2006年，临翔区围绕实现计划生育工作思路和工作方法的“两个转变”，不断强化和落实抓人口与计划生育计工作的各项措施 ，使队伍建设不断加强，行政执法工作进一步规范，人口计生各项工作取得明显成效，提高了计划生育工作整体水平，开创了全区计划生育工作新局面。

【统计数据】

2006年末，总人口283986人，其中农业人口230747人；当年出生人数3009人，出生率为：11.32‰，死亡人口1323人，死亡率为4.39‰，年内自然增长率为6.93‰。

据临翔区人口与计划生育统计报表反映，2006年，计划生育率为99.87 %，有已婚育龄妇54140 人，综合节育率为88.52 %，长效节育率为86.32%，避孕及时率为86.05%。

【加强领导，部门配合，齐抓共管抓好创建计划生育优质服务先进单位工作】

一是成立了由政府分管领导为组长，区计生、卫生、财政局主要领导为副组长，宣传、教育、扶贫、工商、公安等相关部门主要负责人为成员的创建计划生育优质服务先进单位工作领导小组，明确部门职责，注重加强领导；二是落实责任，形成政府主导、部门支持、群团配合、群众参与的良好工作格局，保障工作措施的落实，为创建省级计划生育优质服务先进区奠定坚实的基础。

【创新宣传机制，营造良好人口氛围】

一是以“婚育新风进万家”活动为主线，在全区倡导和开展婚育新风“三送三进”（送婚育新风、送计生政策、送技术服务，进大街小巷、进村入户）活动；二是在区计划生育服务站、各乡（镇、街道）计生服务所，设立“育龄群众之家”、“悄悄话室”、“热线电话”等服务内容，为广大群众释疑解惑；三是利用区、乡（镇、街道）、村（社区）婚育学校（教学点），开展“五期”教育和计划生育基础知识教育；四是在区人口计生局开办工作简报、计划生育协会自编自演群众喜闻乐见的文艺节目等多形式、多渠道的进行广泛宣传教育。投入宣经费9.8万元，制作计划生育手册、年画、挂历等11万多册（份）。

【坚持依法行政，公民合法权益得到有效维护】

全区计划生育行政人员积极参加省、市两级举办的执法培训，做到持证上岗、亮证执法。

【坚定贯彻执行“奖优免补”政策，农业人口办理《独生子女父母光荣证》工作成绩显著】

具体工作中做好“五个抓”，一抓认识，增强做好“奖优免补”工作重要性和必要性的认识；二抓宣传，把“奖优免补”政策宣传到千家万户，家喻户晓；三抓机制，用利益倒向机制，进一步引导农民办证的积极性；四抓服务，为办证农户提供户口办理到家、照片服务到家、表格填写到家、奖励兑现到家，优化办事程序，提高办证效率；五抓考核，把农业人口独生子女办证纳入“一票否决”指标，促进了办证工作的深入开展。

【加强队伍建设，提高服务技能】

一是在机构改革中，稳定了计生干部队伍编制，保证了计生干部队伍建设；二是增设流动人口计划生育办公室，增加编制5名，同时在流动人口相对集中的忙畔、凤翔两个街道的9个社区设立流动人口计划生育专职管理人员，由区财政解决每人每月300元的工资报酬，将流动人口的计划生育纳入常住人口同管理，同服务；四是加强学习培训，安排区计生技术服务人员到省、市医疗机构进修，进一步提高计划生育技术服务技能，减少和避免了手术责任事故的发生。

【各相关部门协同配合，开展关爱女孩行动】

以宣传为导向，努力营造关爱女孩行动的浓厚宣传氛围，区政府下发了临政办〔2006〕170号《关于印发临翔区关爱女孩行动实施意见》，严厉打击非医学需要鉴定胎儿性别和选择性终止妊娠，依法查处溺弃、虐待女婴行为。各村（社区）要把“关爱女孩”作为重要内容纳入村规民约和社区管理规定。

【流动人口计划生育管理不断加强】

按照“属地管理”要求，制订了《临翔区实施云南省流动人口计划生育管理规定办法》（临翔区人民政府2006年第7号公告），进一步加强了对流动人口的管理，明确三类计划生育合同，依法规范流动人口的生育行为。

【认真实施“六大工程”，唱响优质服务主旋律】

以实施 “生殖道感染综合防治工程”、“出生缺陷干预工程”、 “避孕节育知情选择”、“避孕节育随访服务工程”、“男性生殖健康推进工程”、“青少年生殖健康教育工程”为主要内容，全面推进计划生育优质服务工作。

【荣誉】

临翔区蚂蚁堆乡党委书记、乡长杞忠被评为2007年度临沧市“云南省人口和计划生育先进工作者”。

2007年

【概况】

2007年的人口与计划生育工作，以实践“三个代表”重要思想为指导，以树立科学发展观和建立和谐社会的高度，坚持以人为本、执政为民的理念，以开展创建计划生育优质服务先进区为重点，强化服务，坚持经济工作和计生工作“两手抓”，全面提升计划生育工作整体水平，促进了全区人口与经济、社会、资源环境的协调和可持续发展。

【统计数据】

2007年末，总人口303600人；出生人数3876人，出生率为：12.77‰；死亡人数：2270人，死亡率为：7.48；年内自然增长率为5.29‰。

2007年，计划生育率为99.49%，有已婚育龄妇54119人，综合节育率为88.75%，长效节育率为86.02%，避孕及时率为84.31%。

【加强领导，落实责任，切实帮助研究解决人口与计划生育工作中的实际问题】

始终把人口与计划生育工作纳入重要议事日程，切实加强领导，明确各级党政一把手亲自抓、负总责，层层签订责任书，逐级抓好落实。每年召开专题会议不少于2次，研究部署人口与计划生育工作，解决计划生育工作中的实际问题。

【加强计划生育宣传教育，努力营造人口与计划生育工作的良好舆论氛围】

加强计划生育宣传教育，充分发挥各类宣传阵地的作用，重点落实好“11532”宣传工程，全区共设立永久性宣传标语2780多条，设立宣传公示板1321块，设立了永久性宣传标志4块，征订小册子300余份，电视新闻报道7条、出黑板报127期，利用法律进社区活动开展人口与计划生育法律法规、方针政策、人口国情、人口理论宣传，举办各种宣传活动3场次，受宣传面达81893人次。

【强化措施，严格奖惩，狠抓目标管理责任制的落实】

一是实行常委领导联系挂钩乡（镇、街道）、处级领导联系挂钩村（社区）人口与计划生育工作责任制，全区29个处级领导干部在下基层指导工作的同时，帮助、指导、督促人口与计划生育工作的开展；二是严格执行“一票否决”和“黄牌警告”制度，进一步增强了各级领导的责任感；三是将全区农业人口独生子女办证和加强流动人口计划生育管理工作列入年度重点工作承诺，真正做到一手抓经济发展，一手抓人口控制，使全区人口与经济工作相互促进，协调发展。

【创新工作思路，增强计生服务的主动性】

以创建省级计划生育优质服务先进区为契机，把创建计划生育优质服务先进乡（镇、街道）作为工作重点，齐抓共管，形成了政府主导、部门支持、群团配合、群众参与的良好工作格局，为创建市级计划生育优质服务先进乡（镇）提供了强有力的组织保障。

【积极开展推广使用安全套防治艾滋病工程】

一是成立了由分管卫生的副区长为组长，公安、计生、文化、卫生、工商、旅游等部门为成员的推广使用安全套防治艾滋病工程领导小组，制订了《临翔区推广使用安全套防治艾滋病工程实施方案》；二是组织开展“遏制艾滋、履行承诺”系列宣传活动；三是同97家宾馆、酒店和娱乐场所签订安全套发售协议书和委托书，举办了安全套推广使用培训班20期；四是对科级以上领导干部进行防治艾滋病知识培训。在全区营造了良好的宣传氛围，人民群众的防艾意识得到明显增强，为下步宣传教育工作奠定了基础。

【以计划生育合格村为载体夯实基层基础工作，促进人口与计划生育工作的均衡发展】

积极开展以创建计划生育合格村活动为龙头的基层基础工作，共创建计划生育合格村（社区）84个，占村（社区）总数的82.35%；配齐配强村（社区）计生宣传员，提高宣传员报酬，建立健全计生统计台账，坚持月例会制度、定期报告制度、随访制度和药具规范管理制度。计生台账运转合格率达95%以上，计划生育“合格村”巩固率达98%以上。全区102个村（社区）将把人口与计划生育工作纳入《村（社）规民约》，并作为村务公开的一项内容。

【加强协会工作】

全区计划生育协会较好地发挥了自我教育、自我管理、自我服务的功能，积极参与开展计划生育“三结合”，由计划生育部门牵头，各涉农部门配合，采取多种形式和渠道，因地制宜开展计划生育“三结合”，引导群众少生快富奔小康，把计划生育转变为群众的需求和愿望。

【部门协同配合，关爱女孩关注妇女行动有序推进】

按照“政府主导、部门推动、政企合作、群众参与”的工作思路，由修正药业集团股份有限公司捐赠活动设备耗材，区人口计生局和区妇联组织，在全区农村广泛开展“关爱女孩关注妇女生殖健康普查普治活动”。

【积极开展“优质服务窗口单位”创建活动】

成立“创优”工作领导小组，制订开展“优质服务窗口单位创建活动实施方案”制订各项规章制度，完善工作措施，营造人人有责、奋发向上、团结拼搏的工作氛围，确保当年人口与计划生育各项指标任务的圆满完成。

【村“两委”换届选举工作中健全完善村级人口与计划生育管理机制】

根据区级换届选举工作领导小组《关于在村“两委”两委换届选举工作中健全完善村级各类相关配套组织的通知》要求，区人口计生局结合全区计生工作实际，制订了《临翔区人口和计划生育局关于村“两委”换届选举工作中健全完善村级人口与计划生育管理工作机制的意见》，建立健全计划生育组织机构，完善了六项工作制度，制订范本供乡（镇、街道）使用。通过在换届工作中，健全和完善了村级人口与计划生育管理机制，使人口与计划生育管理工作更加规范，得到市人口计生委的肯定，纳入全市推广。

【荣誉】

临沧市临翔区人口计生局副局长李梅被评为2006年度“云南省人口和计划生育先进工作者”

2008年

【概况】

2008年，临翔区人口与计划生育工作，以“三个代表”重要思想和科学发展观为指导，以创建省级计划生育优质服务先进区统揽计生工作全局，认真贯彻落实《中共中央国务院关于全面加强人口和计划生育工作统筹解决人口问题的决定》精神，紧紧围绕人口和计划生育双线责任目标，以人口出生缺陷一级预防、计划生育优质服务创建和控制违法生育为重点，狠抓各项工作措施的落实，全区人口和计划生育事业健康稳步发展。

【统计数据】

根据临翔区统计局公布数据，2008年总户数81683户，其中农业户 234131户；总人口：30.53万人，其中农业人口23.41万人；当年出生人数3529人，出生率为11.59‰ ；死亡人数：1796人，死亡率为5.9‰；年内自然增长率为5.69‰ 。

据临翔区人口与计划生育统计报表反映，2008年，计划生育率为99.59 %，有已婚育龄妇51076人，综合节育率为88.88 %人，长效节育率为86.11 %，避孕及时率为85.38 %。累计领取《农业人口独生子女父母光荣证》4471户。占一孩户的42.71% 。

【依法行政工作】

2008年按照《云南省社会抚养费征收管理规定》要求，下发了《关于再次强调严格规范社会抚养费征收管理有关规定的通知》，要求各乡（镇、街道）全面清理，依法征收并规范管理社会抚养费。

【强化流动人口计划生育管理】

健全流动人口计划生育管理服务考核机制，加强了对全区流动人口计划生育管理与服务。制订了《临沧市临翔区关于开展流动人口计划生育规范管理试点工作方案》，建立健全社区流动人口计划生育登记制度、工作台账管理制度、育龄妇女登记建档制度，争取市人口计生委解决6台电脑，为社区流动人口规范管理提供了条件。

【全面开展以出生缺陷一级预防为重点的计划生育优质服务先进单位创建工作】

区、乡（镇、街道）围绕开展“关爱女孩”行动，认真组织实施出生缺陷一级预防重点项目工作，相继制订《出生缺陷干预工程项目实施方案》，成立由分管领导任组长，计划生育工作站站长为副组长，计划生育工作站、服务所、村社区）宣传员参加的开展出生缺陷干预工程项目工作领导小组，负责整个项目的实施。

【夯实基础，促进计划生育工作均衡发展】

一是增加了宣传员的报酬，2008年下半年区政府在原来预算的基础上增加村级宣传员工资每人每月50元，使宣传员工资由原来的200元提高到250元，计划到2010年宣传员工资增加到每人每月400元；二是加强对计生宣传员基层基础台账培训。年内，派出基层台账业务培训组深入乡（镇、街道）开展业务培训62场次，规范提高基层台账“五个一”及13本挂册，基层台账运转质量大大提高。全区共创建计划生育合格村（社区）84个，占全区村（社区）总数的82.35%，计划生育“合格村”巩固率达98%以上。

【各相关部门协同配合，开展关爱女孩行动】

制订了《临沧市临翔区关爱女孩行动实施意见》，努力营造关爱女孩行动的浓厚宣传氛围，严厉打击非医学需要鉴定胎儿性别和选择性终止妊娠，依法查处溺弃、虐待女婴行为。以妇女生殖健康普查为载体，积极推进新型生育文化建设，制订出台计划生育家庭扶助优惠政策。

【深入开展优质服务创建活动，不断提高服务质量和效率】

始终遵循环境优美、技术优良、服务优质、群众满意的创建要求，积极开展优质服务创建活动，把贯彻执行计划生育法律、法规作为做好人口计生工作大事来抓，严格执行计划生育执法责任制、过错追究制、依法赔偿制和评议考核制。2008年创建为省级计划生育优质服务先进单位。

【荣誉】

临沧市临翔区区委常委、区人民政府副区长王美荣被评为2008年度“云南省人口和计划生育先进工作者”。

凤庆县

2006年

【概况】

2006年，凤庆县的人口和计划生育工作，以巩固计划生育优质服务工作成果为重点，继续在凤庆县上下深入开展了以优质服务“六大工程”为重点的各项工作，并以此来带动凤庆县人口和计划生育工作的全面协调发展。

【统计数据】

2006年凤庆县总人口45120人，当年人口出生4390人，人口出生率10.42‰，死亡2801人，死亡率6.52‰，自然增长人口1589人，人口自然增长率3.7‰。当年计划生育率99.38%，综合节育率89.59%。

【实施生殖道感染综合防治工程】

凤庆县由点到面、由社区到农村村组，全面实施了育龄妇女生殖道感染综合防治工程。凤庆县组织计生技术服务人员60名，分别深入到13个乡镇187个村委会（社区）进行巡回服务，对12840名育龄妇女建立了服务档案，进行普查、普防、普治，通过跟踪服务，共查出生殖道感染者7856人，通过对其系统治疗，目前，7856人中有5059人基本治愈，治愈率达64.4%。

【实施出生缺陷干预工程】

把预防出生缺陷知识系统地编印成2万多份宣传册，送进村组、居委和家庭，形成覆盖面较广的舆论声势，特别是以在县服务站建成的以“六大工程”为主要内容的生殖健康文化走廊为宣传教育阵地吸引了大量观众，引起了社会各界对预防出生缺陷工作的高度关注，通过广泛的知识传播，使广大干部群众对提高出生人口素质的重大意义有了更为深刻地理解。

【实施知情选择工程】

为了切实维护每一位育龄群众的身心健康和合法利益，提高避孕节育措施落实的有效性和安全性，从2002年开始，就不再下达手术任务，要求县、乡、村服务人员根据乡情民意和育龄群众的不同特点进行分类指导，用通俗易懂的方式，宣传避孕节育知识。使每位群众能根据自身身体状况，快速、简便、准确地选择最适合的避孕节育措施。目前，凤庆县各乡镇计生站实行与已婚育龄妇女签订避孕节育知情同意书，绝大多数已婚育龄妇女能够掌握3种以上的避孕方法，都能选择采取适合于自己的避孕措施。

【实施避孕节育随访服务工程】

为了切实加强对凤庆县7万多名落实各项避孕节育措施的育龄群众的跟踪服务工作，使之形成科学、及时、合理、规范、长期、有效的全方位服务。县、乡（镇）、村三级计生干部都实行了“定责任、定对象、定时间、定内容、定范围、定方法、定质量”的随访服务岗位责任制，确保每一位落实避孕节育措施的育龄妇女都能按工程要求，享受到计生技术服务。县计划生育服务站发挥龙头作用，利用服务车到各乡（镇）巡回指导，共派专技人员86人次、服务车28驾次，再加乡村两级每年4轮的随访服务，到目前为止，凤庆县的随访服务率已经达95%以上。

【实施男性生殖健康促进工程】

利用各级人口学校对育龄人群进行培训是人口和计划生育宣传教育工作的重要形式，但通常情况下男性参与的少。为此，凤庆县充分利用各级人口学校，鼓励男性积极参与培训。至目前，夫妻双双进入人口学校学习的情况成了家常便饭。男性参与人口学校培训后，极大地促进了人们生育观念的转变。

【实施青少年生殖健康教育工程】

一是提高认识，加强领导。二是认真组织，突出实际，在了解目标人群需求的基础上，建立并实施了“开设一条热线，办好一个学校，开办一次讲座，出好一个专栏”的“四个一”活动，三是加强沟通，注重联系。

【荣誉】

2006年2月，凤庆县人口计生局局长尹联虎同志被省人口计生委表彰为“计划生育先进工作者”。

2007年

【概况】

2007年，凤庆县以“十个一”活动为载体扎实做好人口出生缺陷干预试点工作，全面促进各项人口计生工作的稳步推进。把人口出生缺陷干预试点工作作为一项事关经济社会发展全局，事关妇女权益和生产力发展的重要工作来抓。制订方案，宣传发动，资金保障等工作的同时，根据服务能力，结合目标人群分散的实际，坚持以一级预防为主，以二、三级预防为辅，创造性地开展“十个一”系列服务活动，扎实做好人口出生缺陷干预各项工作。

【统计数据】

2007年凤庆县总人口452000人，当年人口出生4184人，人口出生率9.55‰，死亡2953人，死亡率6.54‰，自然增长人口1358人，人口自然增长率3.01‰。当年计划生育率99.24%，综合节育率89.77%。

【一个项目办公室抓协调】

凤庆县人口计生局成立了人口出生缺陷干预项目办公室，配备了专用办公设备和专职工作人员。加强项目办公室统筹调度工作，对两名项目办人员进行专门工作考核，要求他们熟悉人口出生缺陷干预工作的内容、步骤、措施，及时掌握运转凤庆县人口出生缺陷一级预防工作动态。

【一次基线调查清底数】

凤庆县人民政府要求各乡镇每个月召开一次宣传员例会，对新增加和已退出的目标人群进行增减，各乡镇每季度以电子文档更新报送一次增减对象，项目办公室每季度澄清一次目标人群基本情况。做到底数清，情况明。

【一份技术服务表强基础】

以县、乡、村共用“一表通”的模式，将技术服务表用活、用实。新婚男女到村（居）委会开具结婚介绍信时，先由村级计生宣传员为其建档，并由当事人将建档卡带到乡镇进行婚（孕）前检查，并填写相关项目，乡、村两级随访服务后又按月将新获取信息填入表内，目标人群到县计生服务站进行B超检查或实验室筛查时，又将情况以填写温情卡或孕产妇保健手册的方式反馈到乡镇，加以补充填写。目标人群孕周期结束，一份填写完整详实的技术服务表又交回县项目办公室统一存档。

【一台电脑录入统一管理】

村级计生宣传员做好目标人群基本档案报乡镇服务所，乡镇服务所用微机录入后以电子文档报县项目办，县、乡、村三级台账统一相符，目标人群到县、乡、村任何一级寻求免费服务时，点击档案，该对象基本情况一目了然，便于管理和服务。

【一次孕前检查送放心】

县乡服务站所对每对拟孕育目标人群进行一次免费孕前检查。对工作条件较差，人员、设备不足的乡镇，由乡镇卫生院协助检查或到县服务站进行检查。至目前，凤庆县应检人数4922人，实际检查4484人，孕前检查率为91.1%，查出乙肝阳性11例，风疹病毒感染10例，弓形虫感染5例，巨细胞病毒感染6例，梅毒感染1例。

【一次孕期检查送安心】

为凤庆县目标人群进行孕期检查，共检查妊娠妇女2985人，查出葡萄胎2例，胎儿盆腔积液1例，其他畸形可疑人数6例，都予以转诊或建议到上级医疗部门复查。

【一次产后随访送温暖】

县乡计生服务站所每季度开展一次育龄妇女随访服务活动，同时对产后妇女进行重点随访，对其进行优育指导，详细观察婴儿体征，认真做好缺陷儿登记工作。共进行产后随访1652人次，未发现缺陷儿。

【一张优质服务温情卡送热心】

对每一位目标人群发放一张优质服务温情卡，在凤庆县实行“一卡通”，持有温情卡的对象可在凤庆县任何一个计生服务网点得到免费服务。共发放温情卡4461张，开展免费孕前、孕期检测服务7423人次。

【一份叶酸和优孕菜单送健康】

根据目标人群数量，建立健全以县计生服务站为龙头，以乡镇服务所为骨干，以村活动室为基层发放点的三级叶酸发放网络。制作了一份“优孕菜单”，把“优孕菜单”发放到每个目标人群手中。“优孕菜单”明确了在孕期间哪些食物、药品应该禁止食用和使用，哪些食物、药品应该谨慎食用和使用，哪些食物应该大量食用，哪些药品可以放心使用。共发放叶酸4346人份。发放“优孕菜单”3714份，指导对象科学合理用药和补充营养。

【一条龙服务送舒心】

县、乡、村实行分级服务的原则，既相对划分各级职责，又有效地协作配合，强化了每一位计生工作人员的责任意识、主体意识，同时又为目标人群提供及时、便利的优质服务。

【荣誉】

2007年2月，凤庆县计划生育协会被中国计划生育协会表彰为“全国计划生育协会先进单位”。

2008年

【概况】

2008年，凤庆县以提升计划生育优质服务工作水平，继续抓好好出生缺陷一级预防工作为重点，抓好宣传教育、规范行政执法、推行少生奖励、加强协会建设、强化流动人口管理，促进了凤庆县人口计生工作的健康发展。

【统计数据】

2008年凤庆县总人口454600人，当年人口出生4412人，人口出生率10.32‰，死亡2809人，死亡率6.57‰，自然增长人口1603人，人口自然增长率5.69‰。当年计划生育率99.34%，综合节育率89.37%。

【宣传教育】

按照“以人为本、贴近生活、重心下移、分类推进”的宣传工作思路，以计划生育法律法规，农业人口独生子女家庭“奖优免补”政策，计划生育优质服务“六大工程”和生殖健康知识为宣传重点，认真实施“1532”工程，深入开展婚育新风进万家活动。

【综合治理性别比偏高】

积极开展关爱女孩行动，扎实推进综合治理出生人口性别比偏高工作。2008年底，凤庆县出生人口性别比为106，在正常值范围内。

【行政执法】

加大违法生育案件查处力度，严格控制违法生育。为彻底清收历年来拖欠的社会抚养费和违法生育罚款，严惩违法生育行为，9月份，凤庆县人民政府印发《关于集中开展计划生育宣传服务月活动的通知》（凤府办电〔2008〕123号），对违法生育案件查处和历年拖欠的社会抚养费和违法生育罚款清收工作作了统一安排，各乡镇人民政府高度重视，严格按照县人民政府安排部署，成立了公安、司法、民政、计生等相关部门工作人员为成员的清理整顿专项工作组，认真宣传计划生育的法律法规、“奖优免补”政策，加大对历年违反人口和计划生育政策的计划外生育行为查处力度。

【少生奖励】

截至2008年11月30日止，凤庆县共办理农业人口独生子女父母光荣证9208户，办证率达42.6%。2008年完成农业人口办理独生子女父母光荣证287户。兑现一次性奖励金721户，兑现义务教育奖学金4074人，完成特别扶助对象资格确认、申报、网录365人，应兑现资金43.392万元，其中子女伤残17人，子女死亡348人；养老生活补助对象资格确认、申报、网录1150人，其中独男612人，独女538人，应兑现资金74.38万元；完成教育奖学金网录申报4678人，应兑现资金83.788万元；完成新考取大中专学校奖学金对象资格确认、申报78人，应兑现资金8.9万元。完成2008年独生子女一次性奖励金网录申报392户，应兑现资金77万元，已兑现43.2万元。

【专项工作】

抓住全省人口出生缺陷一级预防工作会议在凤庆县召开的机遇，狠抓会议精神的贯彻落实，按照凤庆县在试点工作中提出的预防人口出生缺陷"十个一"活动模式，全面开展人口出生缺陷一级预防工作。县人民政府足额配套了工作经费12.34万元，确保了开展工作的必要经费。

【优质服务】

在巩固"全国计划生育优质服务先进县"成果工作中，继续抓好"市级计划生育优质服务先进乡镇"创建和巩固工作，按照市级计划生育优质服务先进乡镇的标准，小湾镇2008年创建"市级计划生育优质服务先进乡镇"，同时，加强对已被命名表彰为"市级计划生育优质服务先进乡镇"的诗礼等9个乡镇优质服务工作的督查和指导，全面深入推进计划生育优质服务"六大工程"，通过扎实认真的"市级计划生育优质服务先进乡镇"的创建和巩固工作，"全国计划生育优质服务先进县"工作成果得以巩固和进一步拓展。

【流动人口】

认真贯彻落实国家计生委《关于促进形成全国流动人口计划生育工作"一盘棋"格局的意见》和《国家计生委关于流动人口计划生育管理和服务工作检查评估指标（试行）的通知》要求，坚持"属地化管理，市民化服务"的原则，加强管理，立足服务，夯实基层基础，完善和健全流动人口计划生育管理制度，不断提升流动人口计划生育管理与服务水平。一是健全了管理网络。凤庆县十三个乡镇，187个村（社区）建立健全了流动人口统计台账，建立《流入人口总人口登记册》，对流入人口逐户进行编码登记，准确掌握流入人口的婚、孕、育情况；同时要求乡镇把流出人口的统计单位建立到村，村建立到组。建立《流出人口个案信息登记册》。规范了流动人口的痕迹管理，完善了管理制度。二是完善考核制度。根据上级要求，结合流动人口管理越来越难的实际，把流入人口信息提交量和流出人口信息反馈率、基层统计台账的建账率、流入人口的查验等相关指标纳入年度责任目标考核。三是开展业务培训。

【防艾工作】

凤庆县人口计生局作为防治性病、艾滋病的成员单位，始终重视性病、艾滋病防治工作，严格按照与市人口计生委、县人民政府签订的责任书要求，狠抓落实。

【协会建设】

凤庆县计划生育协会工作紧紧围绕凤庆县人口和计划生育工作中心，充分发挥计生协会组织优势，创新工作思路，改进工作方法，积极主动开展协会活动，使凤庆县计划生育协会工作有了新的进展，推进了凤庆县人口和计划生育工作全面发展。

【重要会议】

2008年3月4日至5日，全省人口计生委主任暨云南省全面启动人口出生缺陷一级预防工作会议在凤庆县召开。省人口计生委主任郝青山，副主任金桂兰、吴丽华、李善荣，市委常委、宣传部长祁苑红，市人民政府副市长马迎春等领导以及全省16个州市人口计生委主任及45个开展人口出生缺陷试点县的人口计生局局长参加了会议。

云县

2006年

【概况】

2006年，云县人口和计划生育工作紧紧围绕年度双线责任目标，以农业人口独生子女“奖优免补”工作、创建省级计划生育优质服务先进县、控制违法生育等工作重点，狠抓各项工作措施的落实，促进了人口计生事业持续健康发展。圆满完成了市上下达的各项责任目标任务。

【统计数据】

据临沧市统计局公报，2006年末，云县总人口为411271人，年内出生人5215人，人口出生率12.54‰；死亡人数2320人，死亡率为5.58‰；自然增长人数2894人，自然增长率为6.96‰。据计划生育年度报表，云县2006年计划生育率为98.56%；累计落实避孕节育措施人数67063人，综合避孕节育率为87.25%；采取长效节育措施人数65479人，长效节育率为85.54%；长效避孕及时率为82.44%。

【奖优免补工作】

深入贯彻落实农业人口独生子女“奖优免补”政策，最大限度提高群众对“奖优免补”政策的知晓率，使“奖优免补”政策深入人心。广泛深入地开展宣传教育活动，创新宣传方式方法，依托学校进行宣传，由孩子做其父母的工作，力所能及地帮助独生子女家庭解决子女读书、就医困难，支付资金2400元。2006年底，全县农业人口独生子女累计办证5902户，占期末农业人口一孩家庭户14589户的40.46%，共有享受养老生活补助676人；享受教育奖学金2192人（其中：初中379人，小学1813人）；享受升学加分19人（其中：初中升高中14人，高中升大专5人）。

【优质服务工作】

根据《省人口计生委关于开展创建计划生育优质服务先进县的实施意见》及《临沧市人民政府办公室关于开展计划生育先进乡（镇）创建活动的通知》。成立了创建优质服务活动领导小组，制订实施方案，明确部门工作职责，研究确定开展以“计划生育优质服务倡导、生殖道感染综合防治、避孕节育随访服务、避孕节育知情选择、出生缺陷干预、青少年生殖健康教育”六项内容为重点的计划生育优质服务。并以县服务站为龙头，各乡镇服务所、村服务室为基础、服务车为纽带开展了“关爱群众生殖健康万里行”服务活动，深入12个乡镇192个村委会，为育龄群众开展生殖道感染及妇科病的普查普治工作。服务群众4万多人次，接受咨询1万多人次。顺利实现省级计划生育优质服务先进单位，忙怀乡创建为市级计划生育优质服务先进乡镇。

【宣传教育工作】

充分发挥各类宣传阵地作用，开展国情教育、计划生育基础知识和“奖优免补”政策的宣传。采用电视、报刊、标语、简报、宣传小折页、文艺演出、“三下乡”等多种方式宣传。一年来，电视报道12次，云县报宣传40期40余篇，文艺演出8场，以流动服务车为纽带，深入到乡镇、山村宣传30多场次，刊出政策宣传30多期，发放宣传材料20000多份，发简报8期，召开一孩家庭户会议100多次；二是完善“1532”工程。首先是在县服务站制作了1.1M×18M、1.3M ×16M的政策、生育文化长廊各1块；其次是征订宣传资料袋350个，计划生育政策法规手册500份，生殖健康小折页10000多册，出生缺馅小折页、宣传画2200多份，发放到各乡镇计划生育服务所和村委会，形成了以县服务站形象宣传为龙头，以公路沿线和乡镇所在地为重点，以村、组为网络横向到边、纵向到底的宣传格局。提高广

大人民群众对计划生育工作政策“奖优免补”政策知晓率，

【推套防艾工作】

认真组织实施对娱乐场所从业女性实施预防性病/艾滋病综合干预项目，提高娱乐场所从业女性的防范意识，与宾馆、酒店、娱乐场所签订协议，汇同工商、旅游、卫生、文体等部门定期不定期上门督促安全套摆放，确保旅馆业安全套摆放率达100%；以计生协会为载体，积极开展预防性病/艾滋病健康教育项目。开展项目骨干培训，通过每个骨干带动和培训4-5名协会会员，使人民群众群众接受防治艾滋病健康教育知识；

【流动人口管理】

切实加强流动人口计划生育管理服务工作，进一步摸清流动人口底数，掌握流动人口的基本现状和动态。协同有关部门对居住在县城两个社区的流动人口进行了清理清查。经清查，县城两个社区共有流动人口9716人，已婚育龄妇女1389人，出生人口13人，采取各种节育措施1169人。全年共查验流动人口婚育证明6255人，查孕980人；出具流动人口婚育证明562本。完善办事流程和公示制度，建立“一账二卡”，即“流动人口计划生育台账、流动人口育龄妇女健康卡、流动人口计划生育优质服务卡”，确保流动人口计划生育管理和服务落到实处。

【荣誉】

（一）根据《云南省人口和计划生育委员会关于表彰2006年全省计划生育优质服务先进单位的决定》（云人口科发〔2007〕67号），云县被表彰为2006年全省计划生育优质服务先进单位。

（二）根据《临沧市人民政府关于表彰奖励“十五”期间人口和计划生育工作先进集体和先进工作者的决定》（临政发〔2006〕37号），云县人口和计划生育局、漫湾镇人民政府、忙怀乡计划生育服务所、涌宝镇岔河村委会、茂兰镇忙卓村委会被表彰为临沧市“十五”期间人口和计划生育工作先进集体，县人口计生局副局长张莉芬、科员沈是凤、县计生服务站站长罗开富、茶房乡计生助理员张新学、栗树乡计生助理员杨天胜、爱华镇计生服务所所长杨建学、大朝山西镇昔元村计生宣传员陈树楼、幸福镇帮挖村计生宣传员吴杰被表彰为临沧市“十五”期间人口和计划生育工作先进工作者。

（三）忙怀乡被表彰为市级计划生育优质服务先进乡镇。

2007年

【概况】

2007年，云县人口和计划生育工作在县委、政府的正确领导下，以邓小平理论、“三个代表”重要思想和科学发展观为指导，以县委“一二一”发展战略，统筹解决人口问题，促进人的全面发展为核心，远打基础，近促发展，紧紧围绕2007年人口和计划生育各项责任目标，狠抓各项工作措施的落实，全县人口和计划生育工作稳步健康发展。

【统计数据】

据云县统计局公报，2007年末，总人口为420535人，年内出生人数5746人，人口出生率13.55‰；死亡人数3494人，死亡率为8.24‰；自然增长人数2252人，自然增长率为5.31‰。据计划生育年度报表，2007年计划生育率为98.86%；全县共有已婚育龄妇女77914人，施行长效节育手术3857例，长效节育率为85.25%，长效避孕及时率达83.2%。

【奖优免补工作】

继续加大农业人口独生子女“奖优免补”政策的工作力度，调整部分奖励政策，提高了单亲家庭的奖励标准（独生子女保健费由原来的500元提高到1000元），使“奖优免补”政策的落实得到规范的制度保障。农业人口独生子女户继续增加，各项政策得到落实。全县累计办证6407户，占期末农业人口一孩家庭户14973户的42.79%；2007年统计年度农业人口独生子女办证531户，占市政府下达任务500户的106.2%，享受养老生活补助726人，享受教育奖学金2554人，享受升学加分16人，累计发放一次性奖励金1055.45万元；累计享受养老生活补助2527人次，兑现养老生活补助金165.235万元；累计享受教育奖学金8383人次，兑现教育奖学金148.141万元，累计享受升学加分40人。

【优质服务工作】

在巩固和完善省级计划生育优质服务先进单位基础上，积极开展计划生育优质服务先进乡镇的创建工作。与县妇联、修正药业联合开展生殖健康普查普治活动，深入12个乡（镇）100多个村委会，为人民群众开展生殖健康普查普治、查环、查孕、查病，送医、送药下乡，服务育龄妇女27085人次。茂兰镇实现第三批市级计划生育优质服务先进乡镇。

【宣传教育工作】

全面宣传贯彻中共中央国务院《关于全面加强人口和计划生育工作统筹解决人口问题的决定》。将《决定》的辅导光盘在云县电视台播放，并下发各乡镇组织收看；积极参加国家人口计生委开展《决定》百题知识竞赛活动，共发出知识竞赛答题卡1800多份，收回2084份。开展以“生育传承希望，关怀相伴和谐”为主题的“5·29”、“7·11”等大型宣传活动，展出婚育新风、生殖健康、优生优育、优生措施等4个方面内容，设立避孕药具发放点、医疗服务点、政策法规咨询点，共发放避孕药具2140盒，医疗服务人数达350人次，政策法规咨询达500人次。

【推套防艾工作】

继续实施合同制管理，与宾馆、酒店签订协议，加强督促检查。确保旅馆业安全套摆放率达100%；并利用外流人员到我局办理《流动人口婚育证明》的机会，为每个前来办证人员提供一份防艾知识宣传材料，提醒外出务工人员增强防范意识，提高自我保护的能力，同时以人口学校为载体，对新婚夫妇及其他育龄人群进行防艾知识培训。

【流动人口管理】

根据“属地化管理，市民化服务”的原则，健全和完善流动人口计划生育工作机制，调整充实云县流动人口计划生育工作领导小组，召开云县流动人口计划生育领导小组联席会议，加大违法生育清理清查力度。将全国流动人口计划生育信息交换平台运行情况纳入对各乡（镇）的年度责任目标考核，设置社区流动人口免费药具发放点5个。提高流动人口避孕药具的易得性。

【荣誉】

（一）云县人口计生局局长杨仙琴被表彰为2007年度全省人口和计划生育先进工作者。

（二）2007年云县人口计生局被命名为市级文明单位

（三）云县人口计生局被命名“人民满意的涉农服务先进单位”

（四）茂兰镇被表彰为市级第三批计划生育优质服务先进乡镇。

2008年

【概况】

2008年，云县人口和计划生育工作紧紧围绕双线责任目标，以出生缺陷一级预防、计划生育优质服务创建和控制违法生育为重点，不断创新工作思路和方法，全县人口计生工作继续保持良好的发展态势。

【统计数据】

据云县统计局公报，2008年末，总人口为427701人，年内出生人数2435人，人口出生率11.39‰；死亡人数1274人，死亡率为5.96‰；自然增长人数1161人，自然增长率为5.43‰。计划生育率为98.61%；全县共有已婚育龄妇女79173人，长效节育率为85.13%，长效避孕及时率达81.77%。

【奖优免补工作】

深入持久地开展“奖优免补”政策的宣传教育工作，最大限度提高群众对“奖优免补”政策的知晓率，全县农业人口独生子女累计办证6673户，占期末一孩家庭户15731户的42.42%。其中，年内领证293户，自愿率达100%，占市下达任务260户的112.7%；累计发放一次性奖励金1174.6万元；累计享受养老生活补助3280人次，兑现养老生活补助金165.34万元；累计享受教育奖学金10921人次，兑现教育奖学193.326万元，累计享受升学加分67人，其中：初中升高中47人，高中升大专20人。

【基础设施建设】

县计划生育服务站、大寨、茶房、晓街、后箐、栗树等计划生育服务站（所）被列为2008年中央预算内新增项目并已全面动工，项目的开工建设将使县、乡两级服务站所的工作环境，技术设备和服务条件逐步得到加强和改善，服务能力和服务水平进一步提高。形成覆盖率比较高、功能比较完备、专业特色比较突出、深受人民群众欢迎的计划生育服务网络。

【宣传教育工作】

全面宣传贯彻中共中央国务院和省委省政府《决定》精神及人口计生工作动态。开展“5·29”、“7·11”等宣传活动期间，制作并发放关爱女孩挂历100000张，计划生育知识卡片15000份，出生缺陷一级预防折页10000份。

【出生缺陷预防】

全面启动出生缺陷一级预防工作，成立工作领导小组，制订工作实施方案，明确各部门工作职责。为12乡镇服务所配备冰箱、离心机，按照对新婚夫妇的优生知识科普宣传达90%以上，目标人群婚孕前培训率达75%以上，孕前检查率达35%以上的目标要求，全年共培训新婚夫妇2102对4204人，婚孕前培训率达79.5%，目标人群孕前检查率达46.7%。

【荣誉】

（一）云县人口计生局党支部被中共云南省委表彰为先进党组织。

（二）云县茂兰镇忙卓村计生宣传员杨玉和被表彰为2008年度全省人口和计划生育先进工作者。

（三）涌宝镇被表彰为市级计划生育优质服务先进乡镇。

永德县

2006年

【概况】

2006年，永德县的人口和计划生育工作坚持和落实科学发展观，紧紧围绕统筹人与自然和谐发展这一根本任务，以完成责任目标为中心，以进一步降低生育水平为核心，突出“奖优免补”政策的落实和违法生育控制这两个工作重点，认真落实 “一票否决”制度，狠抓基层基础工作，强化孕前规范管理和服务，严格控制计划外生育，永德县人口和计划生育工作呈现出稳步发展的态势。

【统计数据】

2006年，永德县总人口336415人。已婚育龄妇女62128人，占总人口的18.47%，出生3167人，出生率为9.44‰，死亡人数1651人，死亡率为4.95‰。自然增长人数1516人，自增率为4.52‰。永德县计划内出生3069人，计划生育率为96.91%，长效节育率84.58%，避孕及时率71.36%。

【奖优免补工作】

永德县农业人口办证实际完成868户，占市下达任务750户的116%。“奖优免补”政策兑现率达100%。

【基础设施建设】

以实施“农村计划生育服务站所国债项目”和“兴边富民”工程为契机，重点加强永德县亚练乡和永康镇个计生服务所国债项目建设。同时，以县乡级服务站所为主，增添技术设备、改造工作环境，使基层服务站所的技术设备和服务条件逐步得到加强和改善。省级安排设备及设备补助达25万元，重点为出生缺陷干预试点乡镇配备麻醉机、半自动生化仪、B超等设备。服务条件逐步得到了改善。

【优质服务创建】

认真落实《省人口计生委关于开展创建计划生育优质服务先进县的实施意见》及《临沧市人民政府办公室关于开展计划生育先进乡（镇）创建活动的通知》。亚练乡创建为第二批市级优质服务先进乡（镇），从而使永德县的优质服务创建工作有扎实基础。

【宣传教育工作】

利用宣传车、计生阵地和宣传板报、橱窗、标语等载体，采取文艺汇演、上街宣传、电视广播等群众喜闻乐见的形式广泛进行宣传，各项计划生育政策法规的宣传面达到100%，育龄群众的政策法规知晓率达98%。利用婚育学校对哺乳期妇女进行培训，倡导科学育婴，达到优生优育的目的。以“7.11”世界人口日活动为契机，认真贯彻落实全国、全省关爱女孩行动电视电话会议精神，组织开展宣传活动，资助计划生育困难户女童上学，扶持计生纯女户85户，为计划生育家庭子女就学创造了良好条件。

【推套防艾工作】

增加了安全套推广使用工程经费的投入，分别与县辖各乡（镇）人口计生办签订了责任书，明确工作任务，先后在勐板乡、永康镇、大山乡和崇岗乡实施美国福特基金资助的“防治艾滋病宣传教育项目”和世界卫生组织、全球基金资助的100%安全套推广使用项目、对娱乐场所从业女性实施预防性病/艾滋病综合干预项目等国际合作项目，争取项目资金5万元。通过加强督促检查，永德县的宾馆安全套摆放率达100%，普通旅馆酒店摆放率达97.3%。

【流动人口管理】

一是建立流动人口计划生育工作管理机构。做到县级有专门的流动人口计划生育管理办公室、有编制、有人员。在德党和永康两个流动人口大镇成立了流动人口计划生育管理办公室，各有2名专职人员办公。二是建立健全流动人口计划生育管理机制，层层签订责任状；三是协调公安、工商、文化等部门的配合，摸清情况，对违法生育的流动人口进行处罚；四是正常运行流动人口信息交换平台和流动人口台账，与外省市搞好流入流出人口协查工作。

【干部队伍建设】

抽调培训力量先后深入大山、崇岗、德党、亚练、大雪山、小勐统、乌木龙、班卡8个乡镇，采用多媒体教学，对村（居）两委班子、计生干部、宣传员进行政策法规和统计业务培训，培训结束后进行了测试，合格率在95%以上。共计培训8场次，受训220人，进一步提高了干部队伍依法行政能力、管理水平和业务能力。同时采取“走出去”的办法，于4月28—30日，组织人口计生局干部职工、各乡镇分管领导和计生办主任共40人，到凤庆、云县参观学习。7月12日至15日派出永德县统计员12人，参加了市人口计生委举办的业务培训班，进一步强化了永德县统计业务人员素质。7月26日，请市人口计生委领导培训了创建计划生育优质服务乡镇知识，为创建计划生育优质服务乡镇打牢素质基础。

【荣誉】

根据《云南省人事厅、云南省人口和计划生育委员会关于表彰2006年度人口和计划生育先进工作者的决定》（云人口发〔2007〕13号），永德县人民政府副县长吴甫风被表彰为2006年度全省人口和计划生育先进工作者。

2007年

【概况】

紧紧围绕统筹人口与自然和谐发展这一根本任务，以完成责任目标为中心，以进一步降低生育水平为核心，以实施农业人口独生子女家庭奖励政策、抓好永德县人口控制和流动人口计划生育管理工作为重点，认真落实“黄牌警告”和“一票否决”制度，狠抓基层基础工作，强化孕前规范管理和服务，严格控制计划外生育，永德县人口和计划生育工作呈现出稳步发展的态势。

【统计数据】

据永德县统计局公报，2007年末，永德县总人口为333396人，人口出生率10.1‰；死亡率为5.03‰；自然增长率为5.04‰，计划生育率为96.89%；综合节育率为88.54%；避孕及时率73.06 %。

【奖优免补工作】

永德县已完成农业人口领取《独生子女父母光荣证》的户数为491户，已超任务41户，占市下达指标的 109.11%。“奖优免补”政策兑现率达100%。“奖优免补”网站数据录入准确率达99.5%，办证巩固率达99.82%，高于指标0.32个百分点，农业人口新领取《独生子女父母光荣证》自愿率100%。

【优质服务创建】

把创建优质服务先进县活动当作是实践“三个代表”重要思想、为民办实事好事的重大举措，以改进计生管理和服务为重点，以最大限度满足人民群众的需求为目标，全力推进创建活动。被省人口计生委确认为省级计划生育优质服务达标单位。

【宣传教育工作】

2007年投入计生宣传教育经费4万元。扩展宣传教育对象，在中小学校开设人口理论课和生殖健康知识讲座，加强中小学生的计生政策和生理卫生知识教育。扩展宣传教育的内容，从只注重国情国策、人口形势、政策法规的宣传教育，扩展到避孕节育知情选择、优生优育和生殖健康等科普知识的宣传教育。扩展宣传教育的形式和方法，开设有线电视计生专栏、广播计生专栏，把宣教资料送进千家万户。高度重视县、乡、村组“1532”工程，抓死宣传标语和宣传公示栏建设。县、乡、村组宣传标语已达“1532”工程的要求。县、乡、村三级均有宣传公示栏。

【推套防艾工作】

认真贯彻执行《临沧市推广使用安全套防治艾滋病工程的实施方案》，进一步明确责任，强化措施。增加了安全套推广使用工程经费的投入，分别与县辖各乡（镇）人口计生办签订了责任书，明确工作任务。永德县的宾馆安全套摆放率达100%，普通旅馆酒店摆放率达98.6%。

【流动人口管理】

建立健全县乡两级流动人口计划生育信息交换平台，并正常运作。强化流动人口计划生育管理工作，加强流动人口信息管理，正按省级要求，建立县乡两级流动人口计划生育信息交换平台。目前《流动人口婚育证明》持证查验率达95%。

【干部队伍建设】

建立了《县人口计生局公开承诺制度》、《永德县计生局科学民主决策制度》、《永德县人口计生局领导干部联系群众制度》、《永德县人口计生局首问首办制度》、《永德县人口计生局学习制度》，根据计生部门的特点，把行风建设作为提高服务质量，改进机关作风的有效方法，作为提高素质、树立计生形象的有效手段，作为促进职能到位，全面维护育龄群众身体健康的推进器。

【依法治理工作】

深入开展以依法行政、优质服务为主要内容的"环境建设年"活动，层层建立计划生育执法责任制、公示制、评议制和执法过错追究制，认真执行"七不准"规定，做到规范、文明执法，切实维护好广大群众的合法权益，实现了计生工作由"行政管理型"向"优质服务型"的转变。

【荣誉】

根据《云南省人事厅、云南省人口和计划生育委员会关于表彰2007年度人口和计划生育先进工作者的决定》（云人口发〔2008〕62号），永德县亚练乡亚练村计生宣传员严家相被表彰为2007年度全省人口和计划生育先进工作者。

2008年

【概况】

紧紧围绕"稳定低生育水平、统筹解决人口问题、促进人的全面发展"这一中心任务，以创建优质服务、抓避孕及时率、控制违法生育和落实"奖优免补"为工作重点，认真抓好以目标责任管理为主线的各项常规工作，以加强基层基础工作为切入点，以"两个转变"为方向，强化宣传教育，促进永德县人口计生工作稳步发展。

【统计数据】

2008年，永德县总人口339840人，已婚育龄妇女64744人。出生3001人，出生率8.86‰，死亡1650人，死亡率为4.87‰，自然增长1351人，自然增长率为3.99‰。计划生育率达96.13%，优选节育率达82.26%，避孕及时率达75.04%。违法多生育4人，控制在指标数6人以内。流动人口违法生育5人，其中违法多生育2人，控制在指标数8人以内。

【奖优免补工作】

2008年永德县完成农业人口领取《独生子女父母光荣证》的户数为258户，占市下达任务240户的107.5%。已领取《独生子女父母证》巩固率达99.98%。"奖优免补"档案合格率、政策兑现率达100%，奖励扶助资格认定准确率达100%。

【基础设施建设】

已落实县计生服务站、崇岗乡中心计生服务所、勐板乡中心计生服务所、班卡乡中心计生服务所、大山乡中心计生服务所、小勐统镇中心计生服务所、大雪山乡中心计生服务所等7个新建、改扩建项目的地基、图纸设计等前期准备工作。

【优质服务创建】

以永康、大山两个乡镇为重点开展了创建计划生育优质服务先进乡镇活动，按照领导重视好、政策导向好、依法行政好、服务质量好，民主管理好，队伍作风好的"六个好"要求，积极开展了以"六大工程"为主要内容的计划生育优质服务工作，抓好县乡村三级服务网阵地建设，为群众提供优质、优良、优美、安全、舒适、温馨的服务环境。工作中保障“三个到位”，即领导重视到位，工作责任到位，经费投入到位，突出“三个规范”，即规范行政行为，规范技术服务，规范基层基础管理。

【宣传教育工作】

把各乡镇婚育学校及其教学点开展宣教工作情况、1532工程实施情况、信息上报及采用情况纳入责任目标考核。加大经费投入，保障计划生育宣教工作顺利开展。在宣教形势和宣教内容上有突破和创新，投入近8万元资金，自制《致永德县广大育龄群众的一封信》、《致外来人员的公开信》，把各种计生法规政策生殖保健知识融入其中，并发放入户5万份，制作永久性宣传标语52条；共举办培训班600期，培训21万人次；9—11月份，在永德电视台播放宣教电视专题片；永德县共录用计划生育宣传稿件49篇，其中省宣教中心采用5篇，市广播电台采用2篇，市级报刊杂志采用9篇，县级政务信息采用33篇。

【推套防艾工作】

永德县2家星级宾馆和70家普通旅馆酒店，目前安全套摆放率为100%；31家歌舞厅和卡拉OK厅摆放安全套28家，摆放率为90.32%；18家美容厅及发廊摆放安全套13家，摆放率为72.22%； 133家医疗卫生单位中摆放安全套118家，摆放率为88.72%；60家药品经营单位中安全套摆放51家，摆放率为85%。年内免费发放安全套34500只，营销数22680只，共计57180只。

【流动人口管理】

一是建立流动人口计划生育工作管理机构。做到县级有专门的流动人口计划生育管理办公室、有编制、有人员。二是建立健全流动人口计划生育管理机制，层层签订责任状；三是协调公安、工商、文化等部门的配合，摸清情况，对违法生育的流动人口进行处罚，永德县已完成流动人口清理工作，共清理流入人口6386人，已婚育龄妇女506人；四是正常运行流动人口信息交换平台和流动人口台账，与外省市搞好流入流出人口协查工作，对所有流入人口建立和流出的8830人实行建账管理。提交全国流动人口信息交换平台345条信息，其中非农业户口45条，农业户口141条、其他160条，免费服务率100%。

【干部队伍建设】

积极开展科技大练兵活动，在永德县集中培训后，抽调培训力量，深入各乡镇，采用多媒体教学，对村（居）两委班子、计生干部、专技人员、宣传员进行政策法规、统计业务和计划生育优质服务相关知识培训。利用多媒体教学等方式对大山、永康、班卡、乌木龙、崇岗、小勐统的乡村两级干部职工、宣传员、广大育龄群众进行“创优”、政策法规、计划统计、生殖健康等方面知识培训30场次，参加培训的干部职工达1200多人次、群众达3500多人次。通过培训，提高了群众对计划生育政策知晓率和干部职工的业务能力，夯实了工作基础。

【依法治理工作】

抓好“一法三规一条例”宣传的同时，建立依法征收工作机制，实现依法征收管理工作制度化。认真地做好政策外生育处置工作，加大社会抚养费征收力度，做到发现一个查处一个，维护正常的生育秩序。严格生育证办理程序，申请、审核、批办手续规范，生育证办证程序合格率在95%以上，持证生育率达100%。

镇康县

2006年

【概况】

2006年，镇康县的人口与计划生育工作在各级党委、政府的正确领导下，在省、市人口与计生主管部门的指导帮助下，紧紧围绕中央、省、市有关人口与计划生育的方针、政策、法律法规和规章，按照党中央、国务院提出的“既要抓紧、又要抓好”的计划生育工作方针，积极探索新形势下人口与计划生育管理新机制，不断完善和提高管理服务水平，使农村基层基础工作得到进一步加强，管理进一步规范。人口与计划生育各项工作呈现良好发展态势。

【统计数据】

2006年末，据镇康县统计局公报，镇康县年末总人口为170059人，年内出生人数为1980人，出生率为11.65‰，年内死亡人数720人，死亡率为4.23‰，人口自然增长人数为1260人，自然增长率为7.42‰。据计划生育统计报表反映，计划生育率达87.86%，有已婚育龄妇女31585人，综合节育率为85.05%，避孕及时率为65.16%。

【奖优免补工作】

镇康县农业人口总人数为15.4万人，一孩户4586户，累计领取《独生子女父母光荣证》1089人，其中，本年领取独生证352人，比考核指标多22人。在巩固好原领取《独生子女父母光荣证》基础的同时，采用不同的方式加大“奖优免补”政策的宣传力度，使90%以上的农户知晓“奖优免补”政策，镇康县“奖优免补”网站数据录入准确率达100%，并及时兑现352户办证户的各种奖励。

【计划生育“合格村”创建工作】

临沧市人口与计生委下达镇康县新创计划生育“合格村”任务4个，经县级考核，勐捧镇的忙耿村，南伞镇的营盘村和哈里村，木场乡的绿荫塘村4个计划生育“合格村”创建顺利通过验收。

【流动人口计划生育管理工作】

县局成立了流动人口计划生育管理办公室，三个社区居委会各配备了1名专门负责流动人口计划生育专职管理人员。县乡（镇）流动人口的日常计划生育管理工作做到有人抓、有人管、有经费。当年，镇康县在新县城和各乡（镇）共开展了五次流动人口的计划生育清理清查工作，镇康县流动人口《婚育证明》查验率达92.03%。

【推广使用安全套防治艾滋病工程工作】

共组织各有关部门深入到乡（镇）、村开展推广使用安全套防治艾滋病的宣传活动4次，发放安全套80000只，与县城和乡（镇）的旅馆、娱乐服务场所等业主签订了《推广使用安全套防治艾滋病工程协议书》60份。

【村级计划生育宣传员报酬落实情况】

镇康县宣传员月平均补贴为268元，部分乡（镇）宣传员补贴每月300元。

【各项经费投入情况】

年内县级财政共投入计划生育工作经费34.7391万元，人均达2.12元。

【基层统计台账运转情况】

2006年4月，县人口和计划生育局对各乡（镇）统计员和村级宣传员进行基层统计台账的业务培训，当年镇康县的基层统计台账运转合格率达95%以上。

【县乡村组设有宣传标牌、宣传标语和宣传公示栏情况】

县、乡、村、组的宣传标牌、宣传标语和宣传公示栏数量均突破了“1532”的要求。

【开展规范化的避孕药具管理和计划生育村民自治

试点工作情况】

镇康县开展了避孕药具规范化管理及计划生育村民自治试点工作。4月，镇康县避孕药具规范化管理工作通过市计生服务站验收，计划生育村民自治工作于8月在南伞镇的白岩村和南伞村开始试点。

【协会工作情况】

镇康县计划生育协会有专职干部2名，各基层计划生育协会有人员、有经费，协会活动开展正常。

【荣誉】

根据《云南省人事厅、云南省人口和计划生育委员会关于表彰2006年度人口和计划生育先进工作者的决定》（云人口发〔2007〕13号），镇康县木场乡乡长吴强达被表彰为2006年度全省人口和计划生育先进工作者。

2007年

【概况】

紧紧围绕“一法、三规、一条例”和《中共中央、国务院关于全面加强人口与计划生育工作统筹解决人口问题的决定》，以构建和谐的社会主义新农村为契机，以创建计划生育“村民自治”和“合格村”为突破口，以技术服务进万家为龙头，继续巩固“三为主”，稳步推进“三结合”，切实加大行政执法力度，努力提高违法生育案件的查处率，镇康县人口与计划生育各项工作得到了健康的发展。

【统计数据】

2007年末，据镇康县统计局公报，镇康县人口为170500人，年内出生人数为1954人，出生率为11.47‰，年内死亡人数为873人，死亡率为5.13‰，自然增长人数为1081人，自然增长率为6.34‰。据计划生育统计报表反映，计划生育率达90.01%，有已婚育龄妇女31611人，综合节育率为83.33%，避孕及时率为67.85%。

【农业人口独生子女“奖优免补”工作】

镇康县农业人口总人数为14.31万人，现有一孩户家庭为4937户，累计领取《独生子女父母光荣证》1341人，其中， 2007年1-12月领取独生证262人。镇康县“奖优免补”网站数据录入准确率达100%，并及时兑现了应兑现办证户的各种奖励。

【流动人口计划生育管理工作】

在县公安局、县工商局等部门的密切配合下，在新县城和个别乡（镇）开展了五次流动人口的计划生育清理、清查工作。通过清查，基本掌握了流动人口的婚孕育及避孕节育情况，加强了流动人口信息管理工作，流动人口信息交换平台运转正常，实现了户籍地与现居住地的共同管理。

【推广使用安全套防治艾滋病工程工作】

为切实抓好艾滋病防治工作，县人口与计划生育局特别指定由县避孕药具管理站具体负责“防艾”的日常工作，配备了两名工作人员，协同县新农村建设办公室、公安局、司法局、县委宣传部、广电局、科协等十多个部门深入到各乡（镇）、村进行防艾与禁毒等知识宣传。年内共组织各有关部门深入到乡（镇）、村开展推广使用安全套防治艾滋病的宣传活动6次，发放安全套80000只，与县城和乡（镇）的旅馆、娱乐服务场所等业主签订了《推广使用安全套防治艾滋病工程协议书》60余份。

【村级计划生育宣传员和社区流动人口专职管理人员报酬落实情况】

镇康县宣传员月平均补贴为268元，部分乡（镇）宣传员补贴每月300元。镇康县四个社区的流动人口专职管理人员的报酬问题，由于县城所在地的新老城区的机构建设尚未确定，使得人员及报酬还未能落实。

【各项经费投入情况】

2007年，县级财政共投入计划生育工作经费30.00万元，人均达1.83元。

【开展计划生育“村民自治”试点及合同管理工作情况】

由于受交通不便等各方面因素影响，镇康县计划生育“村民自治”试点工作及合同管理工作仅在南伞镇的哈里村开展。

【县、乡、村、组设有宣传标牌、宣传标语和宣传公示栏情况】

县、乡、村、组的宣传标牌、宣传标语和宣传公示栏数量均突破了“1532”的要求，且内容人性化和温馨化。

【网络报送信息及稿件报送情况】

镇康县网络报送信息每月均在6条以上，人口与计划生育栏目稿件每月不少于2篇，被采用的稿件共8篇、多出任务2篇。

【开展规范化避孕药具管理及关爱女孩活动情况】

结合创建“平安镇康”、“平安单位”、“平安社区”、“平安村组”、“平安家庭”活动及科技、文化、卫生、计划生育“四下乡”活动，认真组织开展了关爱女孩活动。

【计划生育技术服务网络建设情况】

镇康县七个乡（镇）中，勐捧计划生育服务所已于2006年12月28日正式投入使用，凤尾、勐堆和木场三个服务所也于2007年8月初开始动工，预计12月底完工投入使用，南伞、忙丙和军赛三个服务所的建设项目计划已上报市发改委和市人口计生委，项目建设文本已在设置申报中。

【协会工作和计划生育“合格村”创建工作情况】

镇康县计划生育协会有专职干部2名，各基层协会也做到有人员、有经费，协会活动开展正常，且充分发挥其桥梁纽带作用。镇康县还继续抓住计划生育“合格村”的巩固和创建工作，以树典型带一片的方法，切实抓落实。

【荣誉】

根据《云南省人事厅、云南省人口和计划生育委员会关于表彰2007年度人口和计划生育先进工作者的决定》（云人口发〔2008〕62号），镇康县忙丙乡帮海村计划生育宣传员杨建强被表彰为2007年度全省人口和计划生育先进工作者。

2008年

【概况】

2008年，镇康县的人口与计划生育工作按照党中央、国务院提出的计划生育“既要抓紧、又要抓好”的工作方针和《中共中央、国务院关于全面加强人口与计划生育工作统筹解决人口问题的决定》，积极探索新形势下的人口与计划生育工作管理新机制，不断完善和提高管理和服务水平，从而使镇康县农村基层基础工作得到了进一步加强，人口与计划生育各项工作呈现了良好的发展态势

【统计数据】

2008年末，镇康县总人口为170983人，年内出生人数为1794人，生率为10.52‰;年内死亡人数750人，死亡率为4.4‰；自然增长人数为1044人，自然增长率为6.12‰。计划生育率89.05%；共有已婚育龄妇女32263人，综合节育率为85.92%，避孕及时率为70.31%。

【利益导向机制得到进一步落实和完善】

已逐步形成了以奖励、扶助、优惠和救助为主体的利益导向机制，截至2008年底，镇康县农业人口总人数为144180人，一孩户5458户，累计农业人口领取《独生子女父母光荣证》1458户，共兑现一次性奖励资金274500元，落实教育奖学金对象568人，共兑现奖学金100180元；全面落实奖励扶助制度，2008年新增奖扶对象25人，镇康县享受奖扶对象达到251人，新增特扶对象46人，累计享受特扶对象121人，共兑现奖励扶助资金305460元；兑现农业人口采取长效节育的营养补助费90000多元。

【综合治理力度进一步加大】

一是行政执法力度进一步加大。2008年，镇康县共征收各类计划外生育费210多万元。违法生育案件查处率达100%；二是打击“两非”力度进一步加大。成立了由县人口和计划生育局牵头，县监察、公安、卫生、食品药品监督管理部门配合的打击“两非”工作领导小组，同时，五个部门联合印

发了《镇康县集中开展整治非法鉴定胎儿性别和选择性别终止妊娠行为专项活动实施方案》（镇政计生字〔2008〕8号）文件，并先后组织两次大规模打击行动，取得了较好的效果；三是流动人口管理力度进一步加大。镇康县流入人口总数为8707人，其中：跨省流入4691人，育龄妇女1594人，已婚育龄妇女1477人；省内流动4016人，育龄妇女1516人，已婚育龄妇女1257人；查验《流动人口婚育证明》662人次；流动人口信息交换平台运转正常，信息录入313条，信息应反馈484条，已反馈480条。

【基础设施建设得到进一步加强】

在实施“兴边富民”项目和国家“扩大内需”项目建设过程中，勐捧、凤尾、木场、勐堆四个计划生育服务所建设都已竣工并正式投入使用，军赛、忙丙和南伞三个服务所开工建设。项目的实施和设备的更新，改善了镇康县计划生育技术服务工作环境，为创建计划生育优质服务达标县打下了坚实的基础。

【协会工作、计划生育“合格村”创建工作和“村民自治”及合同管理工作紧张有序开展】

一是为进一步发挥计划生育协会的纽带作用，县计划生育协会配备一名专职干部，各乡（镇）基层协会也配有专（兼）职人员，保证了协会工作的正常开展，同时，积极协调资金共计5万元，为10户农村“双女户”、“独生子女户”发展产业提供了资金援助；二是在巩固好南伞镇哈里村市级计划生育“合格村”的同时，忙丙乡忙汞村、凤尾镇大坝村已被市政府授予市级计划生育合格村；三是计划生育村民自治工作初见成效。四是严格计划生育合同管理。2008年初，经县人民政府同意，县人口和计划生育局根据计划生育的有关法律法规，结合镇康县育龄妇女家庭情况，下发了《镇康县人口和计划生育局关于认真做好计划生育合同管理工作的通知》（镇政计生字〔2008〕44号）文件。同时，编制发放了4万册《计划生育合同》，目前，此项工作正紧张有序开展。

【出生人口缺陷一级预防试点工作初见成效】

镇康县于7月在勐堆乡勐堆村启动出生人口缺陷一级预防试点工作，及时从县计生局和县计划生育服务站抽调工作人员组成工作组，对勐堆乡勐堆村出生缺陷一级预防试点工作进行组织实施、培训和指导。共举办宣传培训14场次，受训人数达1000多人次，婚（孕）前培训280人，发放出生缺陷预防知识宣传手册6500 份，发放预防出生缺陷知识挂图64 张，性病、艾滋病预防知识手册6500份，发放婚前培训合格证 139本，为全乡的已婚育龄妇女进行三查（查环、查孕、查病）896人。免费发放叶酸 25瓶，期间，实施放环手术 149 例，补救手术42例，取环手术 30 例。通过开展人口出生缺陷一级预防试点工作，深受广大人民群众的好评，有效地提高了人民群众对计划生育工作的满意度，为镇康县的下步人口出生缺陷一级预防工作和创建省级计划生育优质服务达标县奠定了坚实基础。

【荣誉】

根据《云南省人事厅、云南省人口和计划生育委员会关于表彰2008年度人口和计划生育先进工作者的决定》（云人口发〔2009〕号），镇康县勐捧镇计划生育办公室专干鲁忠华被表彰为2008年度全省人口和计划生育先进工作者。

配备了三个社区流动人口专职管理人员，并落实了报酬（每人每月200元）。

【启动了创计划生育优质服务乡镇活动】

由县人民政府办公室下发文件，各乡镇制订方案，分步实施。

双江县

2006年

【概况】

2006年双江自治县人口计生工作狠抓一把手工程落实，积极推行育龄妇女合同化管理，落实了3个社区流动人口专职管理人员及报酬，宣传阵地建设进一步加强，违法生育控制取得较大成效，农业人口独生子女新领证数大幅度提高。

【统计数据】

双江自治县统计局公报，2006年末，双江自总人口为165093人，其中，当年出生人口1805人，人口出生率为8.15‰，死亡999人，死亡率为4.93‰，年内自然增长人数为806人，自然增长率为3.21‰。

据双江自治县计划生育报表反映，2006年，计划生育率为90.72%，有已婚育龄妇女30905人，综合节育率为90.1%人，长效节育率为88.76%。年内有农业人口独生子女新领证数279户。

【积极推行计划生育合同管理】

在双江自的“三村”建设点和违法生育突出的村以及流动人口较集中的社区全面推行育龄妇女合同化管理，由乡镇人民政府直接与育龄妇女夫妇签订《计划生育合同书》和《流动人口计划生育管理合同书》，明确了双方的权利和义务，全年共签订《计划生育合同》1000多份。

【抓“1532”宣传工程的实施】

投入资金5万多元制作了85块“奖优免补”宣传标牌， 9个永久性水泥宣传碑，75块村级“奖优免补”公示板。

【抓流动人口管理】

2007

【概况】

2007年双江自治县不断强化抓人口计生工作的各项措施，计划生育率，避孕及时率，农业人口独生子女办证率不断提高，队伍建设不断加强，行政执法工作进一步规范，人口计生各项工作取得明显成效。

【统计数据】

双江自治县统计局公报，2007年末，双江自总人口为165765人，其中，当年出生人口1815人，人口出生率为7.8‰，死亡1142人，死亡率为4.95‰，年内自然增长人数为673人，自然增长率为2.85‰。

据双江自治县计划生育报表反映，2007年，计划生育率为92.53%，有已婚育龄妇女31250人，综合节育率为81.92%人，长效节育率为80.62%，避孕及时率为74.98%。新领证农业人口独生子女户为181户。

【主要工作】

1.出台了《双江自治县人民政府关于切实加强基层人口计生队伍建设的通知》（双政发〔2007〕132号文件），文件规定既要稳定干部队伍又要提高宣传员的待遇，其宣传员工资每月200元纳入县财政预算，保证了基层计生宣传员报酬的落实。

1.抓好中央《决定》的学习宣传，投入资金4万多元制作了570块“奖优免补”宣传公示标牌和中小学健康教育宣传册，在电信局制作的电话号码簿中印制计划生育知识，共7000份，下发到群众手中。

1.与县教育局联合下发了《关于在双江自各完小五年级以上班级开展青春期教育的通知》(双人口联发[2007]1号)文件。全面开展青少年性健康教育。

1.开展计划生育村民自治工作。制订下发了《双江自治县人口和计划生育村民自治试点实施方案》、《双江自治县人口和计划生育村民自治考核办法》、《双江自治县人口和计划生育村民自治合格乡镇标准》、《双江自治县人口和计划生育村民自治合格村标准》等文件，结合村级"两委"换届工作，在双江自四乡镇两镇进一步开展计划生育村民自治工作，并以勐勐镇千蚌村为试点，把各项规章制度上墙，建立健全和规范了计划生育村民自治工作。

2008年

【概况】

2008年双江自治县在双江自范围内实施生殖保健、出生缺陷干预、避孕节育知情选择、青少年生殖健康教育，农业人口独生子女优质服务等五大工程为重点的系列活动，优化服务环境，拓宽服务领域，扎实开展"百名医生进百村访千家连万人"医学监护活动，强化基层基础工作，在人口超过3000人以上的2个村新增了2名宣传员。2008年被省政府命名为省级计划生育优质服务达标单位。

【统计数据】

双江自治县统计局公报，2008年末，双江自总人口为165765人，其中，当年出生人口1462人，人口出生率为8.75‰，死亡907人，死亡率为4.93‰，年内自然增长人数为555人，自然增长率为3.82‰。

据双江自治县计划生育报表反映，2008年，计划生育率为96.31%，有已婚育龄妇女31166人，综合节育率为86.08%人，长效节育率为84.41%，避孕及时率为76.84%。新领证农业人口独生子女户为130户。

【主要工作】

1.成立了由政府分管副县长任组长，政府办公室联系副主任和人口计生局长任副组长，人口和计划生育工作领导小组18个部门负责人、各乡镇乡镇长为成员的创建计划生育优质服务工作领导小组，设立了办公室，具体负责指导协调优质服务工作。

2于4月24日召开了双江自人口和计划生育暨创建省级计划生育优质服务达标县动员会议，将会议规模扩大到村级。县四班子领导，计划生育领导小组成员单位负责人，各乡镇主要领导，村级计划生育宣传员共140多人参加了会议。

3.与卫生部门联合开展"百名医生进百村访千家连万人"活动，积极深入基层第一线、进村入户开展人口计生知识宣传、将30多种宣传品粘贴在县乡计划生育服务站，并精心制作了3.5万份计划生育优质服务手册，发放到每个已婚育龄群众手中。

4.投入资金15万元对县计划生育服务站进行了全面改造，各乡镇也投入资金近在25万元对计划生育服务所环境进行了美化绿化，统一制作了县乡服务站所标识、科室牌、技术服务人员服装及医用被套。

5.实施出生缺陷干预工程。制订了婚前培训方案，并于10月14日组织召开了县直机关育龄人群众婚前培训会议。双江自共有800多人参加了培训，并领到合格证。积极做好"叶酸"、"福施福"的推广应用，有效地提高了群众预防出生缺陷的意识和能力。

6.先后深入双江自中学和部分小学开展青少年生殖健康教育讲座，对人口国情、早恋、婚前性行为、青春期生理知识进行全面讲解，共有5395人参加了知识讲座。

耿马县

2006年

【概况】

2006年，耿马县人口计生部门紧紧围绕双线责任目标，突出控制违法生育，加强行政执法，狠抓各项工作，促进人口计生工作持续健康发展。着力建立“依法行政、村民自治、优质服务、政策推动、利益导向、综合治理”计生工作新机制，努力完成了市上下达的各项目标任务。

【统计数据】

根据耿马县统计局公布数据，2006年末，耿马县总人口263127人，出生人口2463人，死亡数1384人，死亡率5.29‰，自然增长数1346人，自然增长率5.13‰。计划生育率86.52%，累计落实避孕节育措施人数46786人，节育率89.11%。

【奖优免补工作】

广泛地开展宣传教育，提高奖励政策的知晓率，使奖优免补政策深入人心。同时抓好政策兑现工作。2006年共办理农业人口独生子女父母光荣证577户，一孩领证率达31.7%，占市政府下达指标任务的112.6%。

【宣传教育工作】

将宣传教育工作纳入政府责任目标考核，充分发挥各类宣传主阵地作用，开展国情教育、县情教育、计划生育政策法规教育及避孕节育、优生优育基础知识教育。耿马县共有永久性标语1205幅，出黑板报218期，印发各种宣传资料32943份，播放录音带237次。

【推行村民自治工作】

制订了《农村育龄户履行计划生育义务约定书》，《社区、单位流入人口计划生育管理约定书》。全年共签订义务约定书433份，管理约定书58份。

【推进防艾工作】

成立防艾领导小组，宣传防艾知识，签订推广使用安全套责任书，共与各宾馆、服务娱乐场所签订协议192份，安全套摆放率达100%。

2007年

【概况】

2007年耿马人口计生工作紧紧围绕县委、县人民政府人口控制目标和双线目标管理责任制，坚持解放思想、实事求是、依法行政、加强管理、搞好服务的工作方针，制订措施、狠抓各项工作的落实。耿马县人口计生工作取得了“一升四降三减少”的好成绩，即：计划生育率上升、出生率下降、自然增长率下降、计划外生育率下降、多孩率下降、违法多生育减少、违法生育减少、自然增长人数减少，人口计生工作稳步健康发展。

【统计数据】

根据耿马县统计局数据公布，2007年耿马县年末总人口26.5万人，出生人口1715人，出生率为6.49‰，死亡人数776人，死亡率2.94‰，自然增长数939人，自然增长率3.55‰，计划生育率90.55%。耿马县已婚育龄妇女53299人，落实各种节育措施人数47050人，节育率88.28%。

【奖优免补工作】

在做好宣传“奖优免补”政策的同时，积极抓好办证工作，年内完成农业人口独生子女办证420户，占市政府下达任务400户的105%。

【宣传教育工作】

坚持面向基层，方便群众，宣传好有关人口计生政策、方针，重点宣传计划生育法律法规及奖优免补政策。积极开展好“婚育新风进万家”活动，把宣传教育工作引向深入。耿马县共开办宣传教育工作培训18期，参训人员2100人次，开办婚育学校培训37期，参训人员1620人次，制作发放宣传资料29000余份，制作宣传小册子15000本。

【行政执法工作】

按照《云南省社会抚养费征收管理办法》及《云南省人口与计划生育条例》规定，做好计划生育行政案件立案审批工作。共立案审批18件，作出行政处罚决定42件，落实来信来访、政策咨询22件。

2008年

【概况】

2008年，耿马县人口计生工作以邓小平理论和“三个代表”重要思想为指导，认真贯彻落实中央《决定》精神，围绕双线责任目标，以控制违法生育工作为重点，积极做好出生缺陷一级预防干预和关爱女孩行动工作。耿马县人口计生工作继续保持良好态势。

【统计数据】

根据耿马县统计局公告：2008年耿马县总人口26.6万人，出生人口2268人，出生率为8.53‰，自然增长人数1045人，自然增长率3.93‰，计划生育率91.49%。耿马县已婚育龄妇女54283人，落实各种节育措施48940人，节育率90.15%。

【奖优免补工作】

广泛深入宣传奖优免补政策，积极抓好农业人口独生子女办证工作。全年共办证210户，完成市上下达的办证任务200户的105%。

【宣传教育工作】

认真组织抓好宣传计划生育政策法规宣传教育、避孕节育及优生优育基础知识教育工作。坚持走访群众、服务群众，积极深入到村、组，服务到育龄群众家庭，做好边服务边宣传。进一步做好“婚育新风进万家”活动工作，抓好计划生育宣传员的宣传培训工作，利用人口婚育学校办班培训、制作宣传标语、宣传资料等方式抓好宣传教育工作。

【落实少生快富工程】

从2008年3月开始到2008年底，初步审定独生子女户、双女户2471户政策对象实施少生快富奖励扶助。

【加强流动人口管理服务工作】

加强对《婚育证明》的查验工作，建立和完善流动人口管理台账，建立流动人口管理信息交换平台，实施互动管理和服务。

沧源县

2006年

【概况】

紧紧围绕2006年人口与计划生育目标管理责任制，把进一步控制违法生育，稳定低生育水平，提高育龄人群的生殖保健水平，宣传贯彻落实农业人口独生子女“奖优免补”政策，从实际出发，在强化责任，优化服务，狠抓落实的基础上，行之有效地开展工作。

【统计数据】

2006年末沧源县总人口为167126人，当年共出生人口1350人，出生率为8.12‰，死亡981人，死亡率为5.90‰，自增人口369人，自增率为2.22‰。沧源县计划生育率99.11%，综合节育率为87.51%，长效节育率为84.04%，避孕及时率为84.98%。

【宣传工作】

继续抓好《人口与计划生育法》、《云南省人口与计划生育条例》等计划生育政策、法律法规的宣传落实。同时，加大对农业人口独生子女“奖优免补”政策的宣传力度，千方百计印制各种宣传材料，因地制宜，多层次、多渠道、全方位的利用一切宣传媒体，把计划生育政策、法律法规和农业人口独生子女“奖优免补”政策宣传落实到乡村农户。全年共制作农业人口独生子女“奖优免补”宣传挂历30000张，“独生子女光荣户”牌1000块，分别发放到农业人口独生子女户、农村一孩户及部分农村家庭中。制作发放各类宣传册30080份，书写各类宣传标语1264条，制作宣传广告牌3块，电视专题宣传报道8次，出宣传板报专栏221期，科普街宣传30次，各级各类会议宣传865次，投送各类稿件73篇。

【依法行政工作】

依照《云南省人口与计划生育条例》、《云南省社会抚养费征收管理规定》等法律法规，对计划外怀孕人员做好耐心、细致的宣传教育工作，对违法生育人员依法进行了行政处罚和征收社会抚养费。通过严厉的法律手段，既有效地遏制了违法生育和计划外怀孕现象，也进一步增强了人口与计划生育法律法规的震慑力，同时也教育了沧源县广大干部群众。征收社会抚养费8户，申请法院强制执行4户。

【“奖优免补”工作】

始终坚持做到“六个到位”：即认识到位、领导工作到位、宣传工作到位、分类指导与引导工作到位、审核把关到位、管理兑现工作到位。始终坚持“宣传工作不含糊、分类指导不片面、实事求是把好关”的原则。共有333户农业人口独生子女家庭领取了《独生子女父母光荣证》，共兑现一次性奖励金206人38.6万元；兑现教育奖学金416人7.686万元；兑现奖励扶助金374人24.76万元。

【计划生育“合格村”创建工作】

按照计划生育“合格村”创建队伍建设好、政策落实好、宣传教育好、技术服务好、制度建设好、干群关系好“六个好”的要求，积极深入乡、村，帮助指导开展好创建工作。沧源县共有各级计划生育“合格村”56个，其中：市级“合格村”4个，县级“合格村”31个，乡级“合格村”21个（2006年申报市级29个，申报县级21个，新创乡级10个）。

【基层技术服务网络建设工作】

针对沧源县计划生育技术服务网络不健全，基础设施滞后等实际，沧源县人口计生局积极争取建设项目和资金，在省、市、县各有关部门的大力配合、支持下，2006年建成了勐来乡、勐省镇两个乡（镇）计生服务所。同时开工建设了沧源县中心服务站和芒卡乡服务所。通过基层计划生育技术服务网络建设，使沧源县基层计划生育基础设施建设逐步得到改善。

【开展100%安全套使用项目工程，进一步做好推广使用安全套防治艾滋病工作】

成立了100%安全套使用项目领导小组，制订了实施方案，召开了启动和业主培训会议，与业主签订了责任书，制订了工作流程，绘制了县城范围内娱乐场所分布图。充分利用佤文化的优势，通过各种宣传媒介，多层次、多渠道、全方位地开展宣传活动。沧源县共印制《实施方案》80余份，《预防艾滋病科普知识手册》等宣传资料共 5000余册；进行问卷调查200余人次；开展佤语宣传12次，文艺宣传8次，服务车流动宣传12次，进校园宣传3次；举办预防艾滋病培训班4期；制作宣传板面36套；与沧源县疾病预防控制中心等部门联合制作了VCD光碟100张；开展有线广播宣传100余次，播放光碟52场次；举办培训班2期，参训人员达200余人次，培训后发放调查问卷200余份，收回200份。通过实施100%安全套推广使用项目，使沧源县在性病、艾滋病的预防方面取得了明显成效。一是性病、艾滋病发病率有所下降。二是性工作者安全套使用率明显提高。经调查数据显示，娱乐场所小姐最近一周安全套使用率由2005年的65%上升到现在的92%。三是安全套销售、发放及摆放率明显增加。沧源县共设置城乡安全套免费发放点10个，销售点25个，在沧源县各大宾馆、酒店、娱乐场所均摆放了安全套。开通24小时送套上门服务热线。在各娱乐场所共销售和免费发放安全套17971只，安全套摆放率由2005年的88.4%上升到100%。

【荣誉】

沧源县人口计生局——2001—2005年全国婚育新风进万家活动先进单位；

刘子芬（沧源县计生服务站站长）——全国人口和计划生育科技工作先进个人、云南省“三八”红旗手；

付金华（沧源县人口计生局宣传法规股长）——2001—2005年全省婚育新风进万家活动先进个人；

2007年

【概况】

2007年沧源县的人口与计划生育工作紧紧围绕上级下达的各项人口与计划生育目标任务，做到工作早安排、早部署、早落实。主要工作任务是：沧源县人口自然增长率控制在9‰以内；违法生育人数控制在13人以内，计划生育率达99.2%以上；避孕及时率达86.4%以上；完成农业人口独生子女新领证532户；完成计划生育“三术”任务2520例。进一步稳定低生育水平，促进人口与经济、社会、资源、环境的协调发展。

【统计数据】

2007年末沧源县总人口为168844人，当年共出生人口1491人，出生率为8.87‰，死亡997人，死亡率为5.93‰，自增人口494人，自增率为2.94‰。沧源县计划生育率为98.93%，综合节育率为87.51%，长效节育率为84.04%，避孕及时率为85.9%。

【宣传教育】

一是进一步继续抓好《人口与计划生育法》、《云南省人口与计划生育条例》等计划生育政策、法律法规的宣传落实。二是积极做好对《中共中央国务院关于全面加强人口与计划生育工作统筹解决人口问题的决定》的宣传贯彻落实。三是加大对农业人口独生子女“奖优免补”政策的宣传力度。全年共制作发放各类宣传资料30000份，书写各类宣传标语1264条，电视专题宣传报道3次，出宣传板报专栏189期，科普街宣传30次，各级各类会议宣传865次。

【依法行政工作】

依照《云南省人口与计划生育条例》、《云南省社会抚养费征收管理规定》等法律法规，对计划外怀孕人员做好耐心、细致的宣传教育工作，对违法生育人员依法进行了行政处罚和征收社会抚养费，2007年度违法生育16户已全部进行查处，案件查处率达100%。2007年度共征收社会抚养费21800元。同时,对历年来应缴纳而未缴纳社会抚养费的人员进行追缴。通过严厉的法律手段,既有效地遏制了违法生育和计划外怀孕现象,进一步增强了人口与计划生育法律法规的震慑力,同时也教育了沧源县广大干部群众,维护了群众合法的生育权益,严格控制了违法生育。

【兑现落实好农业人口独生子女“奖优免补”政策情况】

农业人口独生子女新领证131户,比任务数250少119户。共兑现各项奖励资金41.745万元,其中:兑现一次性奖励金33户6.6万元,兑现教育奖学金462人7.36万元,兑现奖励扶助资金420人27.785万元。

【流动人口管理服务工作】

进一步加大了对外来流动人口的计划生育管理工作,积极组织力量对县城范围内的流动人口进行了严格的清理清查和造册登记工作。充分利用流动人口信息交换平台,把流入人口信息及时反馈,使来流人口计划生育管理工作逐步走上了规范化。对5886名外来流动人口进行了造册登记。其中有1026名应查验《流动人口婚育证明》,实际查验985名,查验率为96%。同时利用流动人口信息交换平台上传信息1102条。为外出打工人员出具《流动人口婚育证明》112人份。

【避孕药具规范化管理工作】

按省、市药具规范管理工作的要求,成立了《计划生育药具规范管理工作领导小组》,制订了《沧源县计划生育药具规范管理实施方案》,进一步建立和完善了技术服务网络,规范了避孕药具台账、各种报表和账册,加强了对使用药具人员的跟踪随访,确保了药具的有效率,积极稳妥地推进了避孕药具规范管理优质服务。2007年末,沧源县应使用药具人数为3689人,实际使用药具人数为3599人,药具使用人数占已婚育龄妇女人数的63.63%。

【计划生育村民自治工作】

为沧源县人口计生局在勐省镇和平村开展了计划生育村民自治试点工作,通过工作的开展,使村民进一步提高了对计划生育政策、法律法规的认识,自觉实行计划生育的积极性不断提高,为下一步在沧源县开展计划生育村民自治工作打下了良好的基础,同时,也受到了省、市人口计生委的充分肯定。

2008年

【概况】

2008年认真贯彻落实《中共中央国务院关于全面加强人口与计划生育工作统筹解决人口问题的决定》,认真落实科学发展观,牢固树立正确的政绩观和人口安全观,紧紧围绕降低生育水平这一主要任务,面向全面建设小康社会,建设社会主义新农村和构建和谐沧源为奋斗目标,重点抓好宣传教育工作、依法行政工作、基层技术服务网络建设和计划生育优质服务创建工作。

【统计数据】

2008年末沧源县总人口为169644人,当年共出生1452人,出生率为8.57‰,死亡859人,死亡率为5.07‰。自增人口593人,自增率为3.5‰。

2008年末沧源县计划生育率为99.45%,综合节育率为86.29%,长效节育率为82.44%,避孕及时率为83.27%。

【宣传教育】

始终坚持以宣传教育为先导的方针,以党的十七大精神为指导,落实科学发展观,进一步加强领导,提高认识,充分利用科普宣传、街天宣传、服务车流动宣传等方式,继续做好对“一法一条例”、“中央统筹解决人口问题的决定”和农业人口独生子女奖励政策、避孕节育、优生优育及优质服务、出生缺陷预防等知识的宣传力度。通过全方位、多渠道、多层次地广泛开展宣传工作,基本做到家喻户晓,营造了良好的宣传氛围。

【依法行政工作】

一是深入到计划外怀孕人员家中做耐心细致的说服动员工作,动员其采取措施终止妊娠,通过说服动员工作,沧源县计划外怀孕的339人中已有

330人采取了终止妊娠的补救措施。二是对违法生育人员，在完备法律手续的前提下，依法进行查处，决不迁就手软。

【流动人口计划生育管理与服务工作】

对勐董镇三个社区流动人口管理人员进行业务培训和工作指导，充分发挥社区流动人口计划生育管理人员的作用，进一步健全和完善了流动人口计划生育管理统计台账，充分利用流动人口信息交换平台对流动人口信息进行交换。2008年沧源县共有外来流动人口6098人，已育龄妇女1350人。应查证人数为1350人，已查证1280人，查验率为94.81%。共通过流动人口信息交换平台上传信息1100条、反馈信息160条。为沧源县外出人员办理《流动人口婚育证明》123人次。发放“关爱健康预防艾滋”宣传资料615份。

【技术服务和服务网络建设工作】

一方面，针对部分乡（镇）技术服务人员、力量薄弱等问题，继续组织工作组对沧源县10个乡（镇）进行了计划生育优质服务、出生缺陷一级预防工作和技术服务常规工作的业务指导。另一方面，为改变沧源县计划生育技术服务网络建设差、基础设施滞后、技术设备落后、人员不足、服务工作开展难的局面。一是积极加强各有关单位之间地协调联系，组织力量编报项目建设《可研报告》加强基础设施建设工作，2008年岩帅镇中心服务所已建设完工投入作用。二是通过公开招考，招录了4名技术服务人员，充实到岩帅、单甲、班洪三个乡镇服务所。三是积极向上级反映情况，争取更多的资金为沧源县的计生服务站（所）购置和更换设备。通过努力，沧源县的计划生育技术服务网络建设进一步得到改善，技术服务工作逐步走向规范化。

【创建省级优质服务达标县和开展出生缺陷一级预防工作】

根据省、市的相关规定及要求，县委、政府成立了创建省级计划生育优质服务达标县和开展出生缺陷一级预防工作领导小组，制订了《沧源佤族自治县创建计划生育优质服务先进县工作实施意见》和《沧源佤族自治县人口出生缺陷一级预防工作方案》，并召开了工作启动会议。对沧源县各乡（镇）分管计生工作的副乡（镇）长，计生专干、计生服务所长进行了优质服务和出生缺陷一级预防工作业务培训。沧源县共举办各类培训班23期，培训人数392人。

始终按照计划生育优质服务“六个好”的总体目标，按照 “四优一满意”的要求，采取“八项措施”努力实现“三个提高”积极推进“六化”服务。进一步健全机制，完善工作措施，建立了以县计生服务站为龙头，以乡（镇）计生服务所为骨干，以村宣传员为基础的三级服务网络。组织业务骨干人员分别深入到各乡（镇），对计生专干、服务所技术人员和村计生宣传员进行了计划生育基础知识、基层统计台账、计划生育统计报表的填报、农业人口独生子女奖励政策、避孕药具管理、优质服务、出生缺陷一级预防等知识的培训和开展婚前培训、孕期检查、产前筛查和推广使用叶酸福施福等项目工作。沧源县共开展婚孕前培训1851对，其中婚前培训984对，占目标人群1109对的88.73%；进行孕前检查446对，其中一孩户344对，占目标人群1109对的31.02%；开展产前筛查443人次，叶酸增补695人份4170瓶。

【荣誉】

陈树勇（沧源县人口计生局长）——云南省人口与计划生育先进工作者。

数 据 篇

人口和自然资源
Population and Natural Resources

指标	Item	2006年
全省年底人口总数(万 人)	Total Population (year-end)(10 000 persons)	4 483.00
人口密度(人/平方公里)	Population Density (person/sq .km)	114
全省土地面积(万平方公里)	Total Area (10 000 sq .km)	39.40
民族自治地方土地面积(万平方公里)	Autonomous Area of Nationalities (10 000 sq.km)	27.67
全省年末耕地总资源(万公顷)	Total cultivated Land Resources at the Year-end (10 000 hectares)	609.44
#常用耕地面积(万公顷)	Cultivated Land Area (10 000 hectares)	420.02
全省荒山荒地面积(万公顷)	Undeveloped Area (10 000 hectares)	1 290.40
#宜农荒地(万公顷)	Undeveloped Land Suitable for Agricultural Production (10 000 hectares)	286.70
全省森林面积(万公顷)	Forest Area (10 000 hectares)	1 501.50
全省活立木总蓄积量(亿立方米)	Standing Stock Volume (100 million cu.m)	15.48
全省水面面积(万公顷)	Water Area (10 000 hectares)	27.90
全省水力资源蕴藏量(亿千瓦)	Hydropower Resources (100 million kw)	1.04
全省水资源量总量(亿立方米)	Fotal of Water Resources (100 million cu.m)	1 712.00
全省铁矿保有资源储量(亿 吨)	Ensured Reserves of Iron Ore (100 million tons)	35.67
全省煤矿保有资源储量(亿 吨)	Ensured Reserves of Coal Ores (100 million tons)	263.41
全省磷矿石保有资源储量(亿 吨)	Ensured Reserves of Phosphate Ores (100 million tons)	38.38

注：森林资源有关数据系1997年全省森林资源连续清查第三次复查统计数。

Note: The figure on forest area is the statistic data of the third review of the continuous census provincial forest resources continuously censused in 1997.

Historic Population at the Year-end

单位:万人 (10 000 persons)

年份 Year	总人口 Total Population	按性别分 By Sex 男 Male	女 Female	按城乡分 By Residence 城镇人口 Urban	乡村人口 Rural	按农业、非农业分 Agricultural and Non-Agricultural 农业人口 Agricultural Population	非农业人口 Non-Agricultural Population
1949	1 595.0						
1952	1 695.1			82.3	1 612.8		
1957	1 896.8	941.9	954.8	237.1	1 659.7	1 717.0	179.8
1958	1 914.5	959.9	954.6	349.7	1 564.8	1 647.4	267.1
1960	1 894.6	937.8	956.7	305.2	1 589.4	1 615.9	278.7
1962	1 963.7	966.2	997.5	275.0	1 688.7	1 776.5	187.2
1965	2 160.4	1 075.3	1 085.1	261.4	1 899.0	1 925.5	234.9
1970	2 503.3	1 246.4	1 256.9	271.2	2 232.1	2 256.0	247.3
1973	2 746.9	1 369.7	1 377.2	323.9	2 423.0	2 461.7	285.2
1974	2 819.0	1 408.0	1 411.0	326.1	2 492.9	2 524.7	294.3
1975	2 884.3	1 441.8	1 442.5	335.9	2 548.4	2 585.9	298.4
1976	2 951.7	1 477.1	1 474.6	343.3	2 608.4	2 646.7	305.0
1977	3 024.6	1 515.0	1 509.6	351.7	2 672.9	2 712.4	312.2
1978	3 091.5	1 548.7	1 542.8	375.7	2 715.8	2 767.5	324.0
1979	3 134.8	1 569.1	1 565.6	388.3	2 746.5	2 798.2	336.6
1980	3 173.4	1 590.0	1 583.4	395.4	2 778.0	2 828.8	344.6
1981	3 222.8	1 622.2	1 600.6	416.5	2 806.3	2 873.0	349.8
1982	3 283.1	1 657.5	1 625.6	433.0	2 850.1	2 924.8	358.3
1983	3 330.8	1 683.1	1 647.7	472.0	2 858.8	2 963.1	367.7
1984	3 372.1	1 707.3	1 664.8	698.7	2 673.4	2 994.8	377.3
1985	3 418.1	1 733.7	1 684.4	904.6	2 513.5	3 021.9	396.2
1986	3 480.0	1 766.8	1 713.2	1 007.5	2 472.5	3 071.8	408.2
1987	3 534.0	1 797.7	1 736.3	996.2	2 537.8	3 112.0	422.0
1988	3 594.0	1 829.0	1 765.0	1 426.1	2 167.9	3 159.5	434.5
1989	3 648.0	1 861.2	1 786.8	1 524.5	2 123.5	3 204.8	443.2
1990	3 730.6	1 910.8	1 819.8	1 510.1	2 220.5	3 271.7	458.9
1991	3 782.1	1 939.1	1 843.0	1 555.2	2 226.9	3 312.0	470.1
1992	3 831.6	1 967.1	1 864.5	1 608.1	2 223.5	3 346.9	484.7
1993	3 885.2	1 997.0	1 888.2	1 664.0	2 221.2	3 380.5	504.7
1994	3 939.2	2 027.1	1 912.1	1 782.1	2 157.1	3 414.5	524.7
1995	3 989.6	2 055.2	1 934.4	1 821.3	2 168.3	3 445.5	544.1
1996	4 041.5	2 084.8	1 956.7	1 857.4	2 184.1	3 477.2	564.3
1997	4 094.0	2 112.9	1 981.1	1 937.3	2 156.7	3 506.1	587.9
1998	4 143.8	2 139.0	2 004.8	1 951.7	2 192.1	3 538.0	605.8
1999	4 192.4	2 165.8	2 026.6	1 991.3	2 201.1	3 554.8	637.6
2000	4 240.8	2 192.0	2 048.8	990.6	3 250.2	3 584.3	656.5
2001	4 287.4	2 217.4	2 070.0	1 066.0	3 221.4	3 609.9	677.5
2002	4 333.1	2 240.6	2 092.5	1 127.0	3 206.1	3 636.3	696.8
2003	4 375.6	2 263.6	2 112.0	1 163.9	3 211.7	3 662.4	713.2
2004	4 415.2	2 284.1	2 131.1	1 240.7	3 174.5	3 691.1	724.1
2005	4 450.4	2 302.2	2 148.2	1 312.9	3 137.5	3 720.5	729.9
2006	4 483.0	2 319.1	2 163.9	1 367.3	3 115.7	3 740.2	742.8

各地区户数、人口数及构成(2006年)
Number of Households, Population and Its Composition by Region (2006)

地区	Region	总户数 (万户) Family Households (10 000 households)	总人口 (万人) Total Population (10 000 persons)	按性别分 (万人) By Sex (10 000 Persons)		按城乡分 (万人) By Residence (10 000 Persons)		按农业、非农业分 (万人) By Agricultural and Non-Agricultural (10 000 Persons)		人口密度 (人/平方公里) Population Density (person/sq.km)
				男 Male	女 Female	市镇人口 Urban	乡村人口 Rural	农业人口 Agricultural Population	非农业人口 Non-Agricultural Population	
全省合计	**Total**	**1183.9**	**4 483.0**	**2 319.1**	**2 163.9**	**1 367.3**	**3 115.7**	**3 740.2**	**742.8**	**113.8**
昆明	Kunming	162.6	615.2	318.3	296.9	363.0	252.2	362.6	252.7	285.1
曲靖	Qujing	166.9	570.0	299.4	270.6	165.2	404.9	503.6	66.3	190.9
玉溪	Yuxi	64.5	224.6	115.2	109.4	76.3	148.2	186.5	38.1	146.9
保山	Baoshan	62.3	244.8	125.1	119.7	55.1	189.7	220.7	24.1	124.7
昭通	Zhaotong	140.9	511.8	268.0	243.8	88.0	423.8	474.2	37.6	222.3
丽江	Lijiang	32.1	121.3	61.8	59.5	32.9	88.4	104.4	16.9	57.2
普洱	Pu'er	63.1	257.3	134.4	122.9	64.3	193.0	223.6	33.7	56.7
临沧	Lincang	54.5	236.6	123.4	113.2	62.5	174.1	213.1	23.5	96.7
楚雄	Chuxiong	71.1	267.2	137.0	130.2	72.1	195.1	228.5	38.7	91.3
红河	Honghe	114.1	434.5	224.7	209.8	134.7	299.8	360.3	74.2	131.9
文山	Wenshan	83.4	339.1	176.8	162.3	74.6	264.5	310.1	29.0	105.2
西双版纳	Xishuangbanna	24.4	105.7	53.4	52.3	35.0	70.7	74.0	31.7	53.7
大理	Dali	95.4	348.6	176.8	171.8	92.4	256.2	306.4	42.2	118.3
德宏	Dehong	26.8	116.5	58.8	57.7	34.4	82.1	94.4	22.1	101.1
怒江	Nujiang	13.2	52.6	27.0	25.6	8.9	43.7	45.2	7.4	35.8
迪庆	Diqing	8.6	37.2	19.0	18.2	7.9	29.3	32.6	4.6	15.6

全省分民族人口数(2006年)
Provincial Population by Nationality (2006)

单位：万人 、 %　　(10 000 persons ,%)

民族	Nationality	人口数 Population	比重 Proportion	民族	Nationality	人口数 Population	比重 Proportion
总计	**Total**	**4 483.00**	**100.00**	藏族	Tibetan	14.30	0.32
汉族	Han Nationality	2 964.63	66.13	景颇族	Jingpo Nationality	14.81	0.33
彝族	Yi Nationality	499.04	11.13	布朗族	Bulang Nationality	11.11	0.25
白族	Bai Nationality	163.09	3.64	普米族	Pumi Nationality	3.77	0.08
哈尼族	Hani Nationality	152.58	3.40	怒族	Nu Nationality	3.05	0.07
壮族	Zhuang Nationality	120.59	2.69	阿昌族	Achang Nationality	3.52	0.08
傣族	Dai Nationality	130.99	2.92	基诺族	Jinuo Nationality	2.59	0.06
苗族	Miao Nationality	105.15	2.35	德昂族	De'ang Nationality	1.91	0.04
傈僳族	Lisu Nationality	67.06	1.50	蒙古族	Mongolian	1.94	0.04
回族	Hui Nationality	69.36	1.55	独龙族	Dulong Nationality	0.64	0.01
拉祜族	Lahu Nationality	47.04	1.05	满族	Manchu Nationality	1.27	0.03
佤族	Wa Nationality	41.45	0.92	水族	Shui Nationality	1.06	0.02
纳西族	Naxi Nationality	31.76	0.71	布依族	Buyi Nationality	4.79	0.11
瑶族	Yao Nationality	20.80	0.46	其他族	Other Nationalities	4.58	0.10

主要年份全省人口出生率、死亡率、自然增长率

Birth Rate, Death Rate and Natural Growth Rate of Provincial Population in Significant Years

单位：万人 、 ‰ (10 000 persons, ‰)

年份 Year	年平均人口 Annual Average Population	出生 Birth		死亡 Death		自然增长 Natural Growth	
		人数 Population	出生率 Birth Rate	人数 Population	死亡率 Death Rate	人数 Population	自然增长率 Natural Growth Rate
1952	1 677.70	56.5	33.69	27.1	16.16	29.4	17.50
1957	1 869.20	67.8	36.27	30.5	16.29	37.3	19.90
1962	1 931.80	76.7	39.71	21.0	10.85	55.7	28.90
1965	2 124.40	93.5	44.01	27.6	12.99	65.9	31.00
1970	2 548.00	97.1		20.4	8.02	76.7	30.10
1975	2 851.60	90.5	31.72	24.7	8.68	65.7	23.00
1976	2 918.00	92.9	31.83	22.9	7.84	70.0	24.00
1977	2 988.20	92.6	31.01	22.8	7.65	69.8	23.36
1978	3 058.00	86.8	28.37	21.2	6.93	65.6	21.44
1979	3 113.10	75.0	24.08	25.3	8.13	49.7	15.95
1980	3 154.10	65.9	20.91	23.2	7.36	42.7	13.54
1981	3 198.10	81.1	25.36	27.5	8.60	53.6	16.76
1982	3 252.90	77.4	23.80	32.1	9.88	45.3	13.92
1983	3 307.00	77.8	23.57	30.3	9.19	47.5	14.38
1984	3 351.50	67.8	20.29	26.5	7.92	41.3	12.37
1985	3 395.10	72.9	21.55	27.2	8.03	45.8	13.52
1986	3 449.50	89.1	26.03	27.0	7.87	62.1	18.16
1987	3 507.00	83.5	23.97	29.3	8.40	54.2	15.57
1988	3 564.00	84.9	24.00	25.2	7.13	59.7	16.87
1989	3 621.00	83.0	23.07	29.0	8.05	54.0	15.02
1990	3 689.30	87.0	23.60	29.0	7.92	58.0	15.68
1991	3 756.40	81.9	21.80	30.4	8.10	51.5	13.70
1992	3 806.90	79.9	21.00	30.5	8.00	49.5	13.00
1993	3 858.40	84.9	22.00	31.3	8.10	53.6	13.90
1994	3 912.20	85.3	21.80	31.3	8.00	54.0	13.80
1995	3 964.40	82.3	20.75	31.8	8.03	50.5	12.73
1996	4 015.60	83.8	20.87	31.9	7.94	51.9	12.93
1997	4 067.80	84.7	20.82	32.2	7.91	52.5	12.91
1998	4 118.90	82.4	20.01	32.6	7.91	49.8	12.10
1999	4 168.10	81.2	19.48	32.6	7.82	48.6	11.66
2000	4 216.60	80.3	19.05	31.9	7.57	48.4	11.48
2001	4 264.10	78.9	18.51	32.3	7.57	46.6	10.94
2002	4 310.25	77.3	17.90	31.5	7.30	45.7	10.60
2003	4 354.35	74.0	17.00	31.4	7.20	42.6	9.80
2004	4 395.40	68.6	15.60	29.0	6.60	39.6	9.00
2005	4 432.80	65.3	14.72	29.9	6.75	35.4	7.97
2006	4 466.70	59.0	13.20	28.1	6.30	30.9	6.90

注：本表从1983年起的数字系抽样调查推断数。其余年份数字均为人口年报数。

Note:In the table data from 1983 are estimated on the basis of population sample serveys,and the others are obtained from annual population reports.

各地区人口出生率、死亡率、自然增长率(2006年)

Birth Rate, Death Rate and Natural Growth Rate of Population by Region (2006)

单位：万人、‰ (10 000 persons, ‰)

地区	Region	出生 Birth 人数 Population	出生率 Birth Rate	死亡 Death 人数 Population	死亡率 Death Rate	自然增长 Natural Growth 人数 Population	自然增长率 Natural Growth Rate
全省合计	**Total**	**59.00**	**13.20**	**28.20**	**6.30**	**30.80**	**6.90**
昆明	Kunming	6.80	10.90	3.50	4.43	3.30	6.47
曲靖	Qujing	8.00	13.15	3.20	5.28	4.80	7.87
玉溪	Yuxi	2.70	10.82	1.40	5.32	1.30	5.50
保山	Baoshan	3.23	13.21	1.80	6.82	1.43	6.39
昭通	Zhaotong	8.24	16.17	3.23	6.34	5.01	9.56
丽江	Lijiang	1.30	8.65	1.10	4.30	0.20	4.35
普洱	Pu'er	3.34	13.00	1.80	6.99	1.54	6.01
临沧	Lincang	3.12	13.20	1.46	6.19	1.66	7.01
楚雄	Chuxiong	3.25	11.80	1.86	6.98	1.39	4.82
红河	Honghe	6.06	13.99	2.60	6.00	3.46	7.99
文山	Wenshan	4.74	14.02	2.11	6.24	2.63	7.78
西双版纳	Xishuangbanna	1.38	13.10	0.59	5.60	0.79	7.50
大理	Dali	4.08	11.73	2.20	5.46	1.88	6.27
德宏	Dehong	1.66	14.31	0.83	6.34	0.83	7.97
怒江	Nujiang	0.73	13.94	0.36	6.88	0.37	7.06
迪庆	Diqing	0.40	10.82	0.22	6.04	0.18	6.19

全省户数、平均人口及人口密度

Number of Households, Average Population and Population Density

年份 Year	户数 (万户) Number of Households (10 000 households)	平均每户人数 (人/户) Average Households Size (person/household)	年平均人口 (万人) Annual Average Population (10 000 persons)	农业人口 (万人) Agricultural Population (10 000 person)	非农业人口 (万人) NonAgricultural Population (10 000 person)	人口密度 (人/平方公里) Population Density (person/sq.km)
1965	446.3	4.8	2 124.40	1 903.9	220.6	54.8
1970	481.4	5.2	2 548.00	2 217.3	245.8	63.5
1975	538.3	5.4	2 851.60	2 555.3	296.4	73.2
1978	571.8	5.4	3 058.00	2 740.0	318.1	78.5
1980	590.9	5.4	3 154.10	2 813.5	340.6	80.5
1985	667.4	5.1	3 395.10	3 008.4	386.8	86.8
1990	812	4.5	3 689.30	3 238.3	451.1	94.7
1995	925.9	4.3	3 964.40	3 430.0	534.4	101.3
1997	965.4	4.2	4 067.80	3 491.7	576.1	103.9
1998	991.3	4.2	4 118.90	3 522.1	596.9	105.2
1999	1 012.0	4.2	4 168.10	3 554.8	637.6	106.4
2000	1 030.6	4.1	4 216.60	3 584.3	656.5	107.6
2001	1 046.7	4.1	4 264.10	3 609.9	677.5	108.8
2002	1 063.3	4.1	4 310.25	3 636.3	696.8	109.8
2003	1 083.1	4.0	4 354.34	3 662.4	713.2	111.0
2004	1 117.1	4.0	4 395.40	3 691.1	724.1	112.0
2005	1 216.2	3.7	4 432.80	3 720.5	729.9	112.9
2006	1 183.9	3.8	4 466.70	3 740.2	742.8	113.8

主要年份各县市年末总人口

Total Population at the Year-end by County and City

单位：万人 (10 000 persons)

地区	Region	1978年	1985年	1990年	1995年	2000年	2004年	2006年
全省合计	**Total**	**3 091.5**	**3 418.1**	**3 730.6**	**3 989.6**	**4 240.8**	**4 415.2**	**4 483.0**
昆明市	**Kunming**	**367.2**	**399.3**	**426.9**	**449.9**	**480.9**	**503.0**	**615.2**
五华区	Wuhua	23.4	31.3	36.6	39.8	45.5	66.1	87.8
盘龙区	Panlong	26.8	34.5	38.2	41.0	44.4	35.9	64.5
官渡区	Guandu	42.8	44.4	47.8	52.3	58.0	51.7	74.5
西山区	Xishan	28.0	29.0	29.9	31.5	33.3	42.4	68.5
东川区	Dongchuan	23.2	27.5	28.5	28.7	29.7	30.3	29.1
呈贡县	Chenggong	12.3	13.1	13.8	14.4	15.3	15.7	22.1
晋宁县	Jinning	22.5	23.0	24.0	25.1	26.6	27.3	28.3
富民县	Fuming	12	12.3	12.7	13.1	13.6	13.8	14.9
宜良县	Yiliang	33.4	35.0	36.3	37.6	39.5	40.6	41.6
石林县	Shilin	17.4	18.9	20.2	21.1	22.3	23.1	23.9
嵩明县	Songming	26.3	28.3	30.4	31.6	33.3	34.4	34.4
禄劝县	Luquan	36.8	39.7	42.2	43.9	45.2	44.8	43.9
寻甸县	Xundian	40.2	40	43.3	46.3	49.3	50.2	50.3
安宁市	Anning	22.1	22.3	22.9	23.5	25.0	26.7	31.5
曲靖市	**Qujing**	**397.7**	**442**	**482.1**	**511.5**	**547.1**	**575.6**	**570.0**
麒麟区	Qilin	68.3	75.8	83.2	91.8	60.6	65.1	68.2
马龙县	Malong	16	17	17.7	17.5	18.6	19.3	18.9
陆良县	Luliang	42.6	46.6	50.4	53.8	58.4	61.1	60.9
师宗县	Shizong	24.4	26.9	30.1	32	34.7	36.4	37.5
罗平县	Luoping	37.2	41.9	45.9	48.3	52.3	54.6	53.9
富源县	Fuyuan	44.8	50.4	55.8	60.0	65.4	71.6	70.2
会泽县	Huize	67.8	74.1	80.8	83.9	88.7	91.6	87.3
沾益县	Zhanyi					38.4	39.7	39.7
宣威市	Xuanwei	96.6	109.3	118.3	124.2	130	136.2	133.6
玉溪市	**Yuxi**	**156.6**	**168.9**	**181.9**	**190.6**	**201.7**	**208.6**	**224.6**
红塔区	Hongta	26.4	29.1	32.3	34.6	37.7	39.9	46.7
江川县	Jiangchuan	19.4	20.7	22.5	23.9	25.6	26.5	27.5
澄江县	Chengjiang	11.7	12.5	13.3	13.9	14.8	15.6	16.2
通海县	Tonghai	19.5	21.4	23.4	25.0	26.3	27.0	30.0
华宁县	Huaning	15.7	17.0	18.1	18.8	19.8	20.4	21.1
易门县	Yimen	15.2	15.7	16.2	16.6	17.2	17.3	17.8
峨山县	Ershan	11.9	12.7	13.5	14.1	14.7	15.0	16.0
新平县	Xinping	21.3	23.2	24.9	25.3	26.3	27.0	28.0
元江县	Yuanjiang	15.5	16.6	17.7	18.3	19.3	19.8	21.4

续表1 continued

单位：万人 (10 000 persons)

地　区	Region	1978年	1985年	1990年	1995年	2000年	2005年	2006年
保山市	**Baoshan**	**182.9**	**197.8**	**212.2**	**223.6**	**234.5**	**244.2**	**244.8**
隆阳区	Longyang	64.4	68.8	73.9	78.3	83	87.7	87.9
施甸县	Shidian	25.4	27.4	29.5	31.1	32.3	32.4	32.4
腾冲县	Tengchong	45.1	49.5	53.4	56.4	59.4	62.7	62.8
龙陵县	Longling	21.1	23	24.8	25.8	26.5	27.2	27.2
昌宁县	Changning	26.9	29.1	30.6	32	33.3	34.4	34.4
昭通市	**Zhaotong**	**339.4**	**381.4**	**429**	**457.1**	**491.9**	**507.5**	**511.8**
昭阳区	Zhaoyang	48.8	54.7	62.3	67.3	73.6	74.9	75.5
鲁甸县	Ludian	22.3	25.8	30.4	33.5	36.2	38.6	38.9
巧家县	Qiaojia	38.7	43.1	46.8	48	50.4	51.1	51.6
盐津县	Yanjin	25.3	28.1	31.8	33.1	35.5	36.5	36.8
大关县	Daguan	17.9	20.1	22.7	23.8	24.4	25.0	25.2
永善县	Yongshan	31.2	33.7	36.6	37.7	39.3	40.2	40.6
绥江县	Suijiang	11.5	12.3	13.5	14.4	15.3	15.4	15.6
镇雄县	Zhenxiong	78.1	90.7	102.7	111.5	121.6	126.2	127.3
彝良县	Yiliang	34.4	38.8	43.8	46.4	50.6	53.2	53.7
威信县	Weixin	24.5	26.6	30.3	32.8	35.7	37.0	37.3
水富县	Shuifu	6.7	7.5	8.2	8.6	9.1	9.4	9.5
丽江市	**Lijiang**	**87.4**	**94.5**	**101.5**	**105.9**	**109.9**	**120.3**	**121.3**
古城区	Gucheng						16.9	17.0
玉龙县	Yulong	28.4	30.1	31.9	33.2	34.7	22.7	22.9
永胜县	Yongsheng	30.9	33.1	35.4	36.8	37.7	39.3	39.6
华坪县	Huaping	12.3	13.3	14.0	14.5	14.8	16.2	16.3
宁蒗县	Ninglang	15.8	18.0	20.1	21.4	22.7	25.2	25.4
普洱市	**Pu'er**	**188.7**	**209.3**	**220.9**	**225.9**	**231.8**	**256.6**	**257.3**
思茅区	Simao	10.9	12.6	13.7	15.7	18.5	25.5	25.6
宁洱县	Ning'er	16.9	17.9	18.4	18.5	18.6	19.4	19.4
墨江县	Mojiang	31.2	34.2	35.2	35.6	35.2	37.8	37.9
景东县	Jingdong	29.9	32.7	34.1	34.4	35.1	37.8	37.9
景谷县	Jinggu	24.5	26.7	28	28.5	28.9	30.9	30.9
镇沅县	Zhenyuan	18.1	19.5	20.3	20.2	20.4	21.4	21.4
江城县	Jiangcheng	7.1	8.1	8.9	9.1	9.1	11.8	11.9
孟连县	Menglian	7.2	8.8	9.7	10.4	11.0	13.3	13.3
澜沧县	Lancang	37.1	41.8	44.8	45.5	46.8	49.7	49.8
西盟县	Ximeng	5.8	7.0	7.8	8.0	8.2	9.2	9.2
临沧市	**Lincang**	**161.7**	**183.8**	**199.4**	**207.1**	**213.8**	**236.1**	**236.6**
临翔区	Linxiang	21.3	23.8	25.7	26.4	27.3	30.1	30.3
凤庆县	Fengqing	33.3	37.1	39.9	41.3	42.1	44.9	45.1

续表2 continued

单位：万人 (10 000 persons)

地　区	Region	1978年	1985年	1990年	1995年	2000年	2004年	2006年
云　县	Yunxian	30.7	35.2	37.7	38.8	39.9	40.8	44.3
永德县	Yongde	24.8	28.2	30.2	31.1	32.1	32.8	36.4
镇康县	Zhenkang	11.1	12.9	14.2	14.9	15.5	16.0	17.0
双江县	Shuangjiang	11.7	13.6	15.0	15.7	16.2	16.4	17.8
耿马县	Gengma	17.1	19.7	22.0	23.4	24.9	25.8	28.3
沧源县	Cangyuan	11.7	13.3	14.7	15.4	15.8	16.0	17.3
楚 雄 州	**Chuxiong**	**208.6**	**211.1**	**233.2**	**242.0**	**250.8**	**256.2**	**267.2**
楚雄市	Chuxiong	34.9	37.9	40.5	44.0	47.4	49.4	54.6
双柏县	Shuangbo	13.4	14.2	14.9	15.1	15.4	15.5	15.9
牟定县	Mouding	18.1	18.6	19.4	19.5	19.8	20.0	20.4
南华县	Nanhua	18.8	20.2	21.5	22.1	22.8	23.3	23.8
姚安县	Yao'an	17.3	17.9	18.8	19.5	20.0	20.5	20.7
大姚县	Dayao	25.7	26.3	27.3	27.8	28.0	28.0	28.8
永仁县	Yongren	8.8	9.4	9.8	10.1	10.3	10.5	10.8
元谋县	Yuanmou	16.1	17.4	18.5	19.3	20.2	20.8	21.2
武定县	Wuding	20.8	22.5	24.2	25.1	26.0	26.5	27.5
禄丰县	Lufeng	34.7	36.7	38.4	39.5	40.9	41.7	43.6
红 河 州	**Honghe**	**304.3**	**335.5**	**364.0**	**379.6**	**394.2**	**404.3**	**434.5**
个旧市	Gejiu	30.7	34.2	37.1	38.0	38.5	38.7	45.5
开远市	Kaiyuan	19.4	21.7	24.0	25.3	26.0	26.3	31.1
蒙自县	Mengzi	23.6	25.6	28.0	29.6	31.5	32.7	39.5
屏边县	Pingbian	11.5	12.8	13.8	14.1	14.4	14.7	14.9
建水县	Jianshui	38.9	42.2	45.2	47.2	48.9	49.8	52.1
石屏县	Shiping	23.6	25.5	26.9	27.6	28.5	29.3	29.2
弥勒县	Mile	37.7	40.8	44.2	46.3	48.1	49.6	52.0
泸西县	Luxi	26.4	29.4	32.7	34.8	36.8	37.8	38.7
元阳县	Yuanyang	28.2	31.3	33.5	34.5	35.9	37.1	38.1
红河县	Honghe	19.6	22.0	24.0	25.4	26.8	27.7	28.5
金平县	Jinping	23.2	26.9	29.5	30.4	31.1	32.0	33.3
绿春县	Luchun	14.5	16.3	18.0	19.2	20.0	20.7	21.3
河口县	Hekou	7.0	6.8	7.0	7.6	7.7	7.9	10.3
文 山 州	**Wenshan**	**243.7**	**273.0**	**296.8**	**308.2**	**324.7**	**335.5**	**339.1**
文山县	Wenshan	29.1	32.7	36.8	38.8	41.4	43.5	44.3
砚山县	Yanshan	30.4	34.2	38.1	40.2	43.0	44.9	45.1
西畴县	Xichou	19.7	21.7	22.9	23.5	24.4	25.1	25.1
麻栗坡县	Malipo	21.7	24.2	25.3	25.9	26.7	27.3	27.4
马关县	Maguan	27.5	31.1	33.7	33.9	34.7	35.4	35.9

续表3 continued

单位：万人 (10 000 persons)

地 区	Region	1978年	1985年	1990年	1995年	2000年	2004年	2006年
丘北县	Qiubei	30.6	34.7	38.4	40.5	43.5	45.0	45.8
广南县	Guangnan	54.2	60.2	65.9	68.9	73.0	75.3	76.2
富宁县	Funing	30.5	34.2	35.7	36.6	38.0	38.9	39.4
西双版纳州	**Xishuangbanna**	**63.8**	**69.1**	**78.2**	**81.8**	**85.4**	**87.6**	**105.7**
景洪市	Jinghong	27.4	29.2	33.6	34.8	36.7	37.6	47.4
勐海县	Menghai	22.1	25.0	27.3	28.5	29.3	29.7	32.9
勐腊县	Mengla	14.3	14.9	17.3	18.5	19.3	20.3	25.5
大 理 州	**Dali**	**260.3**	**281.3**	**303.0**	**315.7**	**328.6**	**338.3**	**348.6**
大理市	Dali	35.9	39.6	43.6	46.9	50.1	59.0	62.4
漾濞县	Yangbi	8.0	8.5	9.3	9.7	9.8	10.0	10.6
祥云县	Xiangyun	35.9	37.6	39.8	41.3	43.5	45.0	46.0
宾川县	Binchuan	25.8	27.8	29.9	31.1	32.3	32.9	34.1
弥渡县	Midu	25.4	26.6	28.0	29.2	30.6	31.4	31.6
南涧县	Nanjian	17.4	19.1	20.2	20.6	21.2	21.7	22.2
巍山县	Weishan	23.4	25.6	27.6	28.5	29.6	30.3	31.1
永平县	Yongping	13.5	14.8	15.8	16.5	17.0	17.3	18.4
云龙县	Yunlong	15.7	17.4	18.8	19.4	19.7	20.1	20.7
洱源县	Eryuan	25.1	27.3	29.9	31.1	32.3	27.3	27.6
剑川县	Jianchuan	13.0	14.0	15.4	16.1	16.6	17.0	17.6
鹤庆县	Heqing	21.2	23.0	24.6	25.3	25.8	26.4	26.5
德 宏 州	**Dehong**	**69.4**	**80.6**	**90.6**	**96.6**	**101.8**	**105.8**	**116.5**
瑞丽市	Ruili	6.2	7.1	8.2	8.9	11.0	11.5	16.5
潞西市	Luxi	22.4	26.1	29.2	31.2	32.9	34.3	37.1
梁河县	Lianghe	11.3	12.9	14.3	15.1	15.6	16.0	15.9
盈江县	Yingjiang	17.5	20.5	23.4	24.7	25.8	26.8	29.3
陇川县	Longchuan	11.3	13.2	14.6	15.5	16.5	17.2	17.7
怒 江 州	**Nujiang**	**29.2**	**34.1**	**43.5**	**45.4**	**46.3**	**48.0**	**52.6**
泸水县	Lushui	8.8	10.5	14.4	15.0	15.3	15.7	18.4
福贡县	Fugong	4.2	5.0	8.5	8.8	8.9	9.2	9.4
贡山县	Gongshan	2.6	3.0	3.3	3.3	3.4	3.5	3.7
兰坪县	Lanping	13.6	15.6	17.3	18.3	18.7	19.6	21.1
迪 庆 州	**Diqing**	**26.0**	**29.0**	**31.5**	**32.5**	**33.1**	**33.8**	**37.2**
香格里拉县	Shangri-La	9.9	11.2	12.2	12.6	13.0	13.4	15.6
德钦县	Deqing	5.1	5.4	5.7	5.8	5.8	5.9	6.3
维西县	Weixi	11.0	12.4	13.6	14.1	14.3	14.5	15.3

各县市人口和构成（2006年）

Population and Its Composition by County and City (2006)

单位：万人 (10 000 persons)

地区	Region	总户数 Total Households	总人口 Total Population	按性别分 By Sex 男 Male	女 Female	按农业、非农业分 By Agricultural and Non-agricultural Population 农业人口 Agricultural Population	非农业人口 Non-agricultural Population
全省合计	**Total**	**1 183.9**	**4 483**	**2 319.1**	**2 163.9**	**3 740.2**	**742.8**
昆明市	**Kunming**	**162.6**	**615.2**	**318.3**	**296.9**	**362.5**	**252.7**
五华区	Wuhua	20.4	87.8	45.8	42.0	11.9	75.9
盘龙区	Panlong	13.1	64.5	35.1	29.4	13.4	51.1
官渡区	Guandu	17.5	74.5	39.8	34.7	39.3	35.2
西山区	Xishan	18	68.5	34.5	34.0	30.0	38.5
东川区	Dongchuan	9.1	29.1	15.2	13.9	22.3	6.7
呈贡县	Chenggong	5.6	22.1	11.0	11.0	17.8	4.3
晋宁县	Jinning	9.9	28.3	14.0	14.2	22.9	5.3
富民县	Fuming	4.6	14.9	7.4	7.5	12.9	2.0
宜良县	Yiliang	12.6	41.6	20.7	20.9	37.2	4.4
石林县	Shilin	7.3	23.9	12.0	11.8	21.2	2.7
嵩明县	Songming	9.3	34.4	17.4	17.0	30.9	3.6
禄劝县	Luquan	11.8	43.9	22.8	21.1	41.3	2.6
寻甸县	Xundian	13.2	50.3	26.0	24.3	47.0	3.4
安宁市	Anning	10.2	31.5	16.4	15.1	14.4	17.1
曲靖市	**Qujing**	**166.9**	**570.0**	**299.4**	**270.6**	**503.8**	**66.3**
麒麟区	Qilin	21.1	68.2	34.9	33.3	45.3	22.9
马龙县	Malong	5.1	18.9	9.8	9.1	16.8	2.1
陆良县	Luliang	19.3	60.9	31.9	29.0	55.4	5.5
师宗县	Shizong	10.2	37.5	19.5	17.9	33.9	3.6
罗平县	Luoping	15.5	53.9	28.6	25.3	49.4	4.5
富源县	Fuyuan	17.5	70.2	36.6	33.6	64.8	5.4
会泽县	Huize	26.5	87.3	46.9	40.4	80.5	6.8
沾益县	Zhanyi	11	39.7	20.4	19.3	35.2	4.5
宣威市	Xuanwei	40.7	133.6	70.7	62.9	122.6	11.0
玉溪市	**Yuxi**	**64.5**	**224.6**	**115.2**	**109.4**	**186.5**	**38.1**
红塔区	Hongta	13.4	46.7	24.2	22.5	32.9	13.8
江川县	Jiangchuan	8.5	27.5	14.8	12.7	24.4	3.2

续表1 continued

单位：万人 (10 000 persons)

地　区	Region	总户数 Total Households	总人口 Total Population	按性别分 By Sex 男 Male	女 Female	按农业、非农业分 By Agricultural and Non-agricultural Population 农业人口 Agricultural Population	非农业人口 Non-agricultural Population
澄江县	Chengjiang	4.9	16.2	8.1	8.1	14.2	2.0
通海县	Tonghai	8.2	30.0	14.8	15.2	26.0	4.0
华宁县	Huaning	5.9	21.1	10.8	10.3	18.9	2.2
易门县	Yimen	5.4	17.8	9.1	8.7	14.6	3.2
峨山县	Ershan	4.7	16.0	8.1	7.9	12.7	3.2
新平县	Xinping	7.9	28.0	14.3	13.7	24.4	3.6
元江县	Yuanjiang	5.6	21.4	11.0	10.4	18.5	2.9
保 山 市	**Baoshan**	**62.3**	**244.8**	**125.1**	**119.7**	**220.7**	**24.1**
隆阳区	Longyang	23.2	87.9	44.2	43.6	76.5	11.4
施甸县	Shidian	8.1	32.4	16.5	15.9	30.2	2.2
腾冲县	Tengchong	15.4	62.8	32.4	30.4	57.7	5.1
龙陵县	Longling	6.7	27.2	14.3	12.9	24.9	2.3
昌宁县	Changning	8.9	34.4	17.7	16.8	31.3	3.1
昭 通 市	**Zhaotong**	**140.9**	**511.8**	**268.0**	**243.8**	**474.2**	**37.6**
昭阳区	Zhaoyang	22.6	75.5	39.2	36.3	66.1	9.4
鲁甸县	Ludian	10.3	38.9	20.3	18.6	36.5	2.4
巧家县	Qiaojia	14.2	51.6	27.2	24.4	49.0	2.5
盐津县	Yanjin	9.6	36.8	19.4	17.4	34.3	2.5
大关县	Daguan	7.4	25.2	13.3	11.9	23.4	1.8
永善县	Yongshan	12.1	40.6	21.5	19.1	38.2	2.3
绥江县	Suijiang	4.4	15.6	8.1	7.5	13.5	2.1
镇雄县	Zhenxiong	32.8	127.3	66.6	60.6	120.8	6.5
彝良县	Yiliang	14.1	53.7	28.3	25.4	50.8	2.9
威信县	Weixin	10.0	37.3	19.1	18.1	34.7	2.6
水富县	Shuifu	3.40	9.5	4.9	4.6	7.0	2.5
丽 江 市	**Lijiang**	**32.1**	**121.3**	**61.8**	**59.5**	**104.4**	**16.9**
古城区	Gucheng	3.9	17.0	8.6	8.5	9.8	7.2
玉龙县	Yulong	5.8	22.9	11.9	11.1	21.3	1.6
永胜县	Yongsheng	11.3	39.6	20.0	19.6	36.8	2.8
华坪县	Huaping	4.6	16.3	8.3	8.0	13.5	2.8

续表2 continued

单位：万人 (10 000 persons)

地区	Region	总户数 Total Households	总人口 Total Population	按性别分 By Sex 男 Male	女 Female	按农业、非农业分 By Agricultural and Non-agricultural Population 农业人口 Agricultural Population	非农业人口 Non-agricultural Population
宁蒗县	Ninglang	6.5	25.4	13.1	12.3	22.9	2.5
普洱市	**Pu'er**	**63.1**	**257.3**	**134.4**	**122.9**	**223.6**	**33.7**
思茅区	Simao	6.4	25.6	13.0	12.5	16.1	9.5
宁洱县	Ning'er	5.3	19.4	10.1	9.3	16.2	3.2
墨江县	Mojiang	8.3	37.9	20.4	17.5	34.4	3.4
景东县	Jingdong	9.6	37.9	19.8	18.1	34.8	3.1
景谷县	Jinggu	8.0	30.9	16.3	14.7	27.5	3.4
镇沅县	Zhenyuan	5.7	21.4	11.4	10.0	19.1	2.3
江城县	Jiangcheng	2.4	11.9	6.1	5.8	9.6	2.3
孟连县	Menglian	3.3	13.3	6.7	6.6	11.4	1.9
澜沧县	Lancang	11.5	49.8	25.9	24.0	46.8	3.0
西盟县	Ximeng	2.6	9.2	4.8	4.4	7.6	1.6
临沧市	**Lincang**	**54.5**	**236.6**	**123.4**	**113.2**	**213.1**	**23.5**
临翔区	Linxiang	7.7	30.3	15.6	14.7	25.8	4.5
凤庆县	Fengqing	10.3	45.1	23.3	21.8	41.9	3.2
云县	Yunxian	10.4	44.3	23.6	20.7	41.1	3.2
永德县	Yongde	7.8	36.4	19.3	17.1	33.5	2.9
镇康县	Zhenkang	3.8	17.0	9.0	8.0	15.5	1.5
双江县	Shuangjiang	3.9	17.8	9.1	8.7	16.1	1.7
耿马县	Gengma	6.3	28.3	14.5	13.8	24.1	4.2
沧源县	Cangyuan	4.3	17.3	9.0	8.3	15.0	2.3
楚雄州	**Chuxiong**	**71.1**	**267.2**	**137.0**	**130.2**	**228.5**	**38.7**
楚雄市	Chuxiong	14.1	54.6	28.0	26.6	40.5	14.1
双柏县	Shuangbo	4.4	15.9	8.3	7.6	14.2	1.6
牟定县	Mouding	5.5	20.4	10.4	10.0	18.8	1.6
南华县	Nanhua	5.9	23.8	12.2	11.6	21.8	2.1
姚安县	Yao'an	4.9	20.7	10.6	10.1	19.1	1.7
大姚县	Dayao	8.1	28.8	14.7	14.1	26.3	2.5
永仁县	Yongren	3.0	10.8	5.6	5.2	9.4	1.4

续表3 continued

单位：万人 (10 000 persons)

地 区	Region	总户数 Total Households	总人口 Total Population	按性别分 By Sex 男 Male	女 Female	按农业、非农业分 By Agricultural and Non-agricultural Population 农业人口 Agricultural Population	非农业人口 Non-agricultural Population
元谋县	Yuanmou	6.0	21.2	10.8	10.4	18.9	2.3
武定县	Wuding	6.9	27.5	14.1	13.4	23.4	4.1
禄丰县	Lufeng	12.3	43.6	22.3	21.3	36.3	7.3
红 河 州	**Honghe**	**114.1**	**434.5**	**224.7**	**209.8**	**360.3**	**74.2**
个旧市	Gejiu	12.9	45.5	23.5	22.0	23.0	22.5
开远市	Kaiyuan	8.4	31.1	15.7	15.4	20.6	10.5
蒙自县	Mengzi	11.4	39.5	20.5	19.0	32.6	6.9
屏边县	Pingbian	3.7	14.9	7.7	7.2	13.1	1.8
建水县	Jianshui	14.8	52.1	26.3	25.7	45.0	7.1
石屏县	Shiping	8.5	29.2	14.8	14.4	25.8	3.4
弥勒县	Mile	14	52.0	26.6	25.4	46.2	5.8
泸西县	Luxi	10.8	38.7	20.7	18.0	34.8	3.9
元阳县	Yuanyang	8.3	38.1	20.4	17.7	36.2	2.0
红河县	Honghe	6.2	28.5	14.9	13.6	26.7	1.7
金平县	Jinping	7.7	33.3	17.3	16.0	30.9	2.4
绿春县	Luchun	4.7	21.3	11.2	10.1	19.5	1.7
河口县	Hekou	2.7	10.3	5.2	5.1	5.9	4.4
文 山 州	**Wenshan**	**83.4**	**339.1**	**176.8**	**162.3**	**310.1**	**29.0**
文山县	Wenshan	12.2	44.3	22.7	21.6	35.4	8.9
砚山县	Yanshan	11.5	45.1	23.2	21.8	41.9	3.2
西畴县	Xichou	6.6	25.1	13.2	11.9	22.6	2.5
麻栗坡县	Malipo	7.1	27.4	14.5	13.0	25.2	2.2
马关县	Maguan	9.2	35.9	18.8	17.1	32.6	3.3
丘北县	Qiubei	11.0	45.8	24.0	21.8	42.7	3.1
广南县	Guangnan	17.3	76.2	40.1	36.0	73.0	3.2
富宁县	Funing	8.5	39.4	20.3	19.1	36.7	2.7
西双版纳州	**Xishuangbanna**	**24.4**	**105.7**	**53.4**	**52.3**	**74.0**	**31.7**
景洪市	Jinghong	11.1	47.4	23.8	23.6	29.5	17.9
勐海县	Menghai	7.4	32.9	16.6	16.3	27.9	5.0

续表4 continued

单位：万人 (10 000 persons)

地　区	Region	总户数 Total Households	总人口 Total Population	按性别分 By Sex 男 Male	女 Female	按农业、非农业分 By Agricultural and Non-agricultural Population 农业人口 Agricultural Population	非农业人口 Non-agricultural Population
勐腊县	Mengla	5.9	25.5	13.0	12.5	16.6	8.8
大 理 州	**Dali**	**95.4**	**348.6**	**176.8**	**171.8**	**306.4**	**42.2**
大理市	Dali	17.7	62.4	31.1	31.3	42.4	20.0
漾濞县	Yangbi	2.8	10.6	5.5	5.2	9.5	1.1
祥云县	Xiangyun	12.7	46.0	23.4	22.6	42.8	3.2
宾川县	Binchuan	10.3	34.1	17.3	16.8	31.7	2.4
弥渡县	Midu	8.9	31.6	16.1	15.5	29.4	2.2
南涧县	Nanjian	5.9	22.2	11.5	10.7	20.7	1.5
巍山县	Weishan	8.1	31.1	15.8	15.3	29.0	2.1
永平县	Yongping	5.1	18.4	9.3	9.0	16.5	1.9
云龙县	Yunlong	5.7	20.7	10.7	10.0	18.8	1.9
洱源县	Eryuan	6.8	27.6	14.0	13.6	25.5	2.0
剑川县	Jianchuan	4.2	17.6	8.8	8.7	15.9	1.7
鹤庆县	Heqing	7.2	26.5	13.3	13.2	24.3	2.2
德 宏 州	**Dehong**	**26.8**	**116.5**	**58.8**	**57.7**	**94.4**	**22.1**
瑞丽市	Ruili	3.6	16.5	8.0	8.5	11.7	4.8
潞西市	Luxi	8.5	37.1	18.7	18.3	28.8	8.3
梁河县	Lianghe	3.9	15.9	8.2	7.8	14.2	1.8
盈江县	Yingjiang	6.4	29.3	14.9	14.4	25.5	3.8
陇川县	Longchuan	4.4	17.7	8.9	8.8	14.2	3.4
怒 江 州	**Nujiang**	**13.2**	**52.6**	**27.0**	**25.6**	**45.2**	**7.4**
泸水县	Lushui	4.4	18.4	9.5	8.9	15.3	3.1
福贡县	Fugong	2.5	9.4	4.8	4.6	8.5	0.9
贡山县	Gongshan	1.0	3.7	1.9	1.8	3.1	0.6
兰坪县	Lanping	5.3	21.1	10.8	10.2	18.3	2.8
迪 庆 州	**Diqing**	**8.6**	**37.2**	**19.0**	**18.2**	**32.6**	**4.6**
香格里拉县	Shangri-La	3.6	15.6	7.9	7.7	13.0	2.6
德钦县	Deqing	1.3	6.3	3.2	3.1	5.5	0.7
维西县	Weixi	3.7	15.3	7.9	7.4	14.0	1.3

各县市民族人口(2006年)

单位：人

地区	Region	总计 Total	汉族 Han	彝族 Yi	白族 Bai	哈尼族 Hani	壮族 Zhuang
全省合计	**Total**	**44 830 002**	**29 646 302**	**4 990 447**	**1 630 886**	**1 525 815**	**1 205 977**
昆明市	**Kunming**	**6 152 000**	**5 282 016**	**437 806**	**99 556**	**13 620**	**17 801**
五华区	Wuhua	877 700	754 010	27 102	34 330	3 750	5 020
盘龙区	Panlong	644 900	577 486	18 247	13 224	2 272	3 264
官渡区	Guandu	744 800	670 806	41 702	8 703	1 341	1 892
西山区	Xishan	684 900	582 267	42 177	26 414	1 344	2 002
东川区	Dongchuan	290 500	271 137	9 078	855	64	196
呈贡县	Chenggong	220 500	211 894	2 221	849	297	257
晋宁县	Jinning	282 500	253 289	22 497	813	1 552	272
富民县	Fuming	149 200	128 740	11 109	800	111	86
宜良县	Yiliang	416 200	381 566	25 859	471	319	373
石林县	Shilin	238 900	156 249	80 616	149	148	579
嵩明县	Songming	344 300	320 559	3 055	303	108	150
禄劝县	Luquan	439 000	304 901	97 454	204	1 183	2 742
寻甸县	Xundian	503 200	393 764	42 441	166	51	61
安宁市	Anning	315 400	275 349	14 249	12 275	1 081	907
曲靖市	**Qujing**	**5 700 000**	**5 304 309**	**214 766**	**4 420**	**1 189**	**30 759**
麒麟区	Qilin	682 300	656 059	14 705	1 781	344	805
马龙县	Malong	188 900	174 405	7 371	100	20	31
陆良县	Luliang	609 300	599 245	5 223	154	83	126
师宗县	Shizong	374 600	312 375	22 429	63	34	24 005
罗平县	Luoping	538 600	467 101	35 048	382	56	902
富源县	Fuyuan	701 600	642 744	43 216	719	109	139
会泽县	Huize	872 800	827 902	17 681	384	163	2 989
沾益县	Zhanyi	397 000	374 300	8 477	258	124	187
宣威市	Xuanwei	1 335 500	1 250 177	60 615	579	255	1 574
玉溪市	**Yuxi**	**2 246 000**	**1 525 798**	**444 627**	**11 833**	**120 041**	**1 133**
红塔区	Hongta	467 100	402 967	44 130	3 723	2 829	488
江川县	Jiangchuan	275 200	258 815	15 310	80	570	42
澄江县	Chengjiang	161 600	152 515	2 861	61	239	30
通海县	Tonghai	299 800	256 135	17 697	162	2 004	53
华宁县	Huaning	210 500	152 987	45 072	99	266	63
易门县	Yimen	177 800	123 389	48 075	347	3 338	122
峨山县	Eshan	159 700	53 734	88 651	121	10 855	55
新平县	Xinping	280 300	81 830	135 600	392	12 139	95
元江县	Yuanjiang	214 000	43 427	47 231	6 850	87 801	185

Population of Minority Nationalities by County and City (2006)

(person)

傣 族 Dai	苗 族 Miao	傈僳族 Lisu	回 族 Hui	拉祜族 Lahu	佤 族 Wa	纳西族 Naxi	景颇族 Jingpo
1 309 930	**1 051 483**	**670 570**	**693 689**	**470 393**	**414 489**	**317 676**	**148 057**
16 188	**49 057**	**17 978**	**171 533**	**2 215**	**1 408**	**11 674**	**1 447**
4 816	4 585	1 474	25 666	867	566	4 665	679
2 317	2 226	746	15 836	463	347	2 297	226
1 292	1 482	438	11 317	209	119	1 467	69
1 558	2 546	420	20 107	282	132	1 747	142
67	2 586	82	4 536	31	13	341	2
213	149	55	3 920	52	12	164	1
329	162	83	2 256	75	46	164	183
82	7 447	111	521	10	5	23	2
117	1 982	64	4 942	49	37	41	4
106	601	6	243	21	21	26	
78	3 149	57	16 319	29	18	56	7
4 435	12 652	13 845	974	13	8	28	6
50	5 372	21	61 029	5	15	37	
729	4 119	576	3 866	111	68	618	126
964	**27 145**	**440**	**71 338**	**241**	**182**	**565**	**89**
390	619	126	5 262	55	55	266	9
15	3 799	9	3 093	8		2	
55	62	34	3 807	10	13	15	
62	10 579	6	2 803	1	4	4	3
48	4 117	48	3 345	4	3	6	1
41	306	61	3 490	40	16	38	11
34	807	47	22 523	6	4	67	1
182	3 300	54	9 500	28	21	68	63
138	3 554	56	17 514	90	67	98	1
76 299	**6 712**	**271**	**43 127**	**6 298**	**114**	**450**	**32**
1 092	230	104	10 125	189	32	230	20
102	34	5	64	24	12	21	1
85	341	8	5 311	9	3	14	2
4 593	74	8	11 960	36	15	15	3
71	4 197	22	7 483	34	9	44	
129	741	21	1 322	18	17	67	
238	169	15	5 483	25	5	14	3
43 772	124	55	1 206	4 929	4	27	2
26 217	802	34	173	1 033	15	17	1

续表1

单位：人

地　　区	Region	瑶　族 Yao	藏　族 Tibetan	布朗族 Bulang	阿昌族 Achang	怒　族 Nu	普米族 Pumi
全省合计	**Total**	**208 073**	**143 042**	**111 192**	**35 201**	**30 546**	**37 788**
昆 明 市	**Kunming**	**1 493**	**2 068**	**552**	**360**	**254**	**557**
五华区	Wuhua	578	946	218	182	114	200
盘龙区	Panlong	411	433	113	85	73	161
官渡区	Guandu	142	203	70	30	27	45
西山区	Xishan	135	275	62	28	20	77
东川区	Dongchuan	20	33	6		2	12
呈贡县	Chenggong	1	22	8	1		7
晋宁县	Jinning	48	27	30	10	3	5
富民县	Fuming	3	3	3	2		4
宜良县	Yiliang	23	11	4	1	2	
石林县	Shilin	45	9				
嵩明县	Songming	17	18	2	1	3	8
禄劝县	Luquan	4	23	10			
寻甸县	Xundian	19	5	1			2
安宁市	Anning	46	60	25	20	11	36
曲 靖 市	**Qujing**	**2 244**	**194**	**62**	**31**	**17**	**75**
麒麟区	Qilin	51	50	20	6	3	7
马龙县	Malong	1	4	4	3		
陆良县	Luliang	15	13	5		1	13
师宗县	Shizong	2 064	10			1	10
罗平县	Luoping	12	1	2	1		2
富源县	Fuyuan	18	67	13	4	5	2
会泽县	Huize	4	12				22
沾益县	Zhanyi	51	19	5	16	1	5
宣威市	Xuanwei	28	19	14	1	6	14
玉 溪 市	**Yuxi**	**101**	**77**	**58**	**45**	**10**	**35**
红塔区	Hongta	44	41	30	2	2	28
江川县	Jiangchuan	3	3	2		1	1
澄江县	Chengjiang	1	3	1	4	1	1
通海县	Tonghai	3		3		1	1
华宁县	Huaning		7			2	
易门县	Yimen	12	7	9	33	2	1
峨山县	Ershan		8	5	2		
新平县	Xinping	8	6	2	3		1
元江县	Yuanjiang	29	1	4			2

continued

(person)

德昂族 Deang	独龙族 Dulong	蒙古族 Mongolian	基诺族 Jinuo	水　族 Shui	满　族 Man	布依族 Buyi	其　他 Others
19 158	**6 411**	**19 468**	**25 960**	**10 569**	**12 715**	**47 909**	**45 855**
26	**121**	**3 143**	**213**	**385**	**6 443**	**4 079**	**10 005**
13	27	1 189	86	127	2 392	904	3 192
2	41	517	63	66	1 375	569	2 041
3	13	389	18	57	1 007	541	1 421
3	20	420	23	63	921	480	1 237
1	4	39		5	88	1 045	258
		43	4	7	81	52	186
1	1	76	5	11	193	55	313
		19		1	17	20	81
1	4	23	3	17	48	88	150
	1	8	1	15	9	15	29
2	1	41		4	38	42	238
	2	229	2	2	10	20	253
		19		1	9	21	113
	7	131	8	8	255	227	493
4	**12**	**987**	**6**	**9 301**	**586**	**29 139**	**1 537**
	2	318		114	324	315	612
		2		4	7	12	12
		68		6	28	30	295
		13		6	15	22	91
		16		68	8	27 389	39
	4	457	1	8 886	23	1 143	47
	2	27		1	55	35	35
4	1	21	1	20	63	99	134
	3	64	4	197	63	96	272
	3	**7 677**	**7**	**20**	**204**	**198**	**831**
		293	3	6	121	72	299
		22			5	23	59
		11		7	25	5	60
		6 955	3	2	3	37	34
		61		1	7	9	68
		46			15	8	81
		241			4	17	54
	3	15		4	21	4	56
		34			2	22	120

续表2

单位：人

地　区	Region	总计 Total	汉族 Han	彝族 Yi	白族 Bai	哈尼族 Hani	壮族 Zhuang
保山市	**Baoshan**	**2 448 000**	**2 210 080**	**77 568**	**40 732**	**241**	**274**
隆阳区	Longyang	878 900	760 273	39 793	36 545	137	189
施甸县	Shidian	324 400	299 724	12 107	671	24	7
腾冲县	Tengchong	628 100	583 970	437	2 426	40	30
龙陵县	Longling	272 300	258 351	4 660	254	7	3
昌宁县	Changning	344 300	307 763	20 570	837	33	44
昭通市	**Zhaotong**	**5 118 000**	**4 601 253**	**165 592**	**6 246**	**118**	**4 180**
昭阳区	Zhaoyang	755 079	636 201	18 356	324	58	240
鲁甸县	Ludian	389 010	307 663	10 000	59	1	914
巧家县	Qiaojia	515 593	490 527	15 554	76	13	2 826
盐津县	Yanjin	367 726	355 425	64	51		2
大关县	Daguan	252 350	233 782	4 099	25	7	17
永善县	Yongshan	405 635	376 230	15 799	41	12	26
绥江县	Suijiang	155 716	155 137	117	18	2	18
镇雄县	Zhenxiong	1 272 509	1 159 947	76 052	5 483	7	72
彝良县	Yiliang	536 866	463 731	23 235	74	5	2
威信县	Weixin	372 921	331 333	2 194	42	2	9
水富县	Shuifu	94 595	91 277	122	53	13	55
丽江市	**Lijiang**	**1 213 000**	**501 622**	**232 428**	**53 077**	**111**	**3 855**
古城区	Gucheng	170 406	36 853	2 672	23 028	79	359
玉龙县	Yulong	229 219	34 697	6 884	22 174	3	207
永胜县	Yongsheng	396 090	267 762	50 835	6 779	20	869
华坪县	Huaping	163 354	112 972	12 114	314	3	1 222
宁蒗县	Ninglang	253 931	49 338	159 922	781	5	1 198
普洱市	**Pu'er**	**2 573 000**	**996 521**	**432 574**	**11 563**	**455 978**	**1 484**
思茅区	Simao	255 500	166 554	36 503	2 950	16 596	503
宁洱县	Ning'er	194 400	95 731	36 621	4 411	46 659	108
墨江县	Mojiang	378 700	97 384	36 386	281	230 153	111
景东县	Jingdong	378 600	202 133	150 487	639	12 756	179
景谷县	Jinggu	309 400	167 771	62 276	635	2 982	77
镇沅县	Zhenyuan	214 100	101 837	56 935	1 470	25 807	159
江城县	Jiangcheng	118 500	24 583	16 178	213	60 575	43
孟连县	Menglian	133 400	19 328	3 050	219	9 568	44
澜沧县	Lancang	498 200	115 549	33 194	604	50 060	245
西盟县	Ximeng	92 200	5 652	945	142	822	14
临沧市	**Lincang**	**2 366 000**	**1 430 410**	**370 826**	**33 629**	**544**	**1 233**
临翔区	Linxiang	303 000	245 001	16 166	3 091	57	254
凤庆县	Fengqing	451 000	308 678	124 660	5 388	12	143

continued

(person)

傣 族 Dai	苗 族 Miao	傈僳族 Lisu	回 族 Hui	拉祜族 Lahu	佤 族 Wa	纳西族 Naxi	景颇族 Jingpo
42 429	**9 446**	**29 521**	**13 249**	**87**	**4 237**	**1 062**	**2 340**
20 042	4 176	9 198	3 763	52	419	875	266
752	26	184	1 066	8	1 099	21	142
13 501	85	13 650	7 411	21	2 531	115	1 673
1 749	25	6 058	33	2	2	8	188
6 386	5 134	429	976	4	186	42	71
219	**169 999**	**82**	**166 922**	**14**	**13**	**109**	**2**
111	6 501	35	92 831	5	5	84	2
4	2 586	5	67 726				
13	4 978	6	244	1		1	
12	12 007	3	135	1	1	3	
12	9 924	13	4 293	1	3	4	
32	12 018	11	1 266	1	1	4	
14	376	2	4	4			
16	30 599	6	154		2	1	
5	48 771		174	1	1	6	
	39 318		7				
2	2 923	2	88			6	
11 042	**6 953**	**113 551**	**4 300**	**25**	**74**	**244 444**	**20**
260	1 749	1 718	546	16	10	101 533	12
26	1 728	27 201	57	1	1	128 849	2
4 680	875	49 283	2 894	5	54	9 473	1
5 838	1 888	26 924	655	1	7	1 196	5
238	713	8 424	149	1	2	3 393	
152 061	**9 508**	**6 163**	**13 166**	**306 683**	**159 835**	**303**	**243**
8 991	7 607	4 971	1 810	3 883	3 003	155	17
6 471	53	411	1 362	1 391	270	7	5
5 532	20	29	481	4 414	27	7	
2 825	644	267	1 739	1 407	105	26	4
60 067	74	29	2 025	11 337	54	10	
8 871	148	32	2 107	16 051	33	18	
9 134	807	18	372	1 915	67	28	2
27 697	55	324	259	40 325	32 182	11	144
19 025	47	37	2 940	209 654	59 532	34	68
3 448	54	45	72	16 305	64 563	8	1
122 694	**9 204**	**10 055**	**10 971**	**84 685**	**243 042**	**419**	**1 091**
18 056	295	385	1 084	16 234	1 203	84	15
1 319	4 290	954	2 273	438	722	86	25

续表3

单位：人

地区	Region	瑶族 Yao	藏族 Tibetan	布朗族 Bulang	阿昌族 Achang	怒族 Nu	普米族 Pumi
保山市	**Baoshan**	**57**	**94**	**10 249**	**3 050**	**139**	**28**
隆阳区	Longyang	36	54	146	210	85	26
施甸县	Shidian	7	6	8 380	19	2	
腾冲县	Tengchong	3	31	16	1 940	48	
龙陵县	Longling				860		
昌宁县	Changning	11	2	1 706	21	4	2
昭通市	**Zhaotong**	**20**	**50**	**2**	**7**	**3**	**7**
昭阳区	Zhaoyang	3	14	1	1		2
鲁甸县	Ludian		4				2
巧家县	Qiaojia		5				
盐津县	Yanjin	1	1				
大关县	Daguan	2	4		5	1	1
永善县	Yongshan		19			1	
绥江县	Suijiang			1	1	1	
镇雄县	Zhenxiong	3	3				2
彝良县	Yiliang						
威信县	Weixin						
水富县	Shuifu	11	1				
丽江市	**Lijiang**	**30**	**4 354**	**16**	**8**	**971**	**17 720**
古城区	Gucheng	23	844	14	7	19	425
玉龙县	Yulong	1	1 553	1	1	4	5 692
永胜县	Yongsheng	4	1 045			4	1 008
华坪县	Huaping	1	63	1		7	33
宁蒗县	Ninglang		849			937	10 562
普洱市	**Pu'er**	**9 271**	**88**	**13 595**	**72**	**132**	**219**
思茅区	Simao	181	32	710	4	115	17
宁洱县	Ning'er	86	3	179			26
墨江县	Mojiang	442	3	3 199			158
景东县	Jingdong	3 991	27	941	1	2	10
景谷县	Jinggu	261	8	1 378		1	1
镇沅县	Zhenyuan	28	3	41	68		4
江城县	Jiangcheng	4 184		250			
孟连县	Menglian	17	4	58			
澜沧县	Lancang	61	4	6 829		14	1
西盟县	Ximeng	20	3	11			1
临沧市	**Lincang**	**117**	**140**	**38 972**	**137**	**10**	**518**
临翔区	Linxiang	12	53	547	5	4	13
凤庆县	Fengqing	1	11	1 395		1	

continued

(person)

德昂族 Deang	独龙族 Dulong	蒙古族 Mongolian	基诺族 Jinuo	水 族 Shui	满 族 Man	布依族 Buyi	其 他 Others
1 047	**7**	**33**	**3**	**14**	**1 460**	**214**	**339**
973	1	16	2	4	1 338	125	154
23	1				88	26	18
16	3	9		10	6	40	86
34	2	7			25	4	28
2		1	1		3	18	53
	14	**145**		**532**	**181**	**1 548**	**742**
	1	36		7	105	44	112
		3			6	39	
	2	8			2	1 318	21
		4			1	4	12
	12	26		4	14	24	78
		23			4	6	142
		1			12	1	10
		38			18	8	98
		6		519	2	89	246
					4	7	7
		1		2	14	9	17
1	**12**	**142**	**4**	**32**	**160**	**128**	**17 920**
	3	27		14	90	36	69
1	1	18			7	19	90
	4	41	1	11	20	22	397
	1	21		4	27	22	35
	2	36	3	2	16	29	17 330
4	**16**	**846**	**148**	**73**	**893**	**253**	**1 307**
	16	175	110	16	99	77	403
		170	17		333	11	74
		6	3	1	7	15	39
		6	1	34	218	3	156
		8	10		175	11	209
		364	3		34	2	84
		30		10	4	26	61
		17			7	12	79
4		64	2	9	12	80	134
		5	1	2	4	15	67
3 558	**33**	**84**	**1**	**5**	**945**	**588**	**1 089**
22	20	6	1	2	222	48	120
4		5			463	13	120

续表4

单位：人

地区	Region	总计 Total	汉族 Han	彝族 Yi	白族 Bai	哈尼族 Hani	壮族 Zhuang
云县	Yunxian	443 000	222 614	164 370	16 901	186	282
永德县	Yongde	364 000	283 770	32 459	3 177	104	41
镇康县	Zhenkang	170 000	123 418	21 856	2 259	24	44
双江县	Shuangjiang	178 000	98 951	2 752	721	41	230
耿马县	Gengma	283 000	136 278	6 877	1 627	102	212
沧源县	Cangyuan	173 000	11 700	1 686	465	19	28
楚雄州	**Chuxiong**	**2 672 000**	**1 803 254**	**704 976**	**16 090**	**5 373**	**780**
楚雄市	Chuxiong	545 600	421 306	105 756	4 643	395	434
双柏县	Shuangbo	158 500	82 878	70 394	761	3 753	12
牟定县	Mouding	203 900	161 543	41 575	123	36	19
南华县	Nanhua	238 300	146 288	80 854	8 628	51	17
姚安县	Yao'an	207 300	154 568	51 194	187	41	15
大姚县	Dayao	288 000	192 658	87 822	233	56	52
永仁县	Yongren	108 000	43 173	55 024	50	6	26
元谋县	Yuanmou	211 800	134 731	56 374	130	23	28
武定县	Wuding	274 600	133 261	80 834	83	764	32
禄丰县	Lufeng	436 000	332 847	75 150	1 253	247	143
红河州	**Honghe**	**4 345 000**	**1 895 207**	**1 045 797**	**4 607**	**717 128**	**114 070**
个旧市	Gejiu	454 800	289 001	102 723	1 467	3 340	17 756
开远市	Kaiyuan	311 200	143 610	112 566	1 152	969	15 717
蒙自县	Mengzi	395 100	164 142	122 066	605	1 319	46 287
屏边县	Pingbian	148 900	55 375	27 826	40	114	3 595
建水县	Jianshui	520 900	335 085	149 021	572	10 311	521
石屏县	Shiping	291 800	122 654	156 412	131	2 273	203
弥勒县	Mile	520 400	302 377	160 769	296	332	6 057
泸西县	Luxi	387 300	335 905	29 817	98	180	2 549
元阳县	Yuanyang	381 400	44 384	90 264	52	204 331	3 561
红河县	Honghe	284 600	14 451	39 982	39	219 163	71
金平县	Jinping	333 000	48 112	39 693	78	87 885	6 100
绿春县	Luchun	212 800	3 351	10 501	8	186 786	17
河口县	Hekou	102 800	36 761	4 156	69	124	11 634
文山州	**Wenshan**	**3 391 000**	**1 445 881**	**344 197**	**8 009**	**439**	**1 026 295**
文山县	Wenshan	442 900	197 173	77 044	539	150	96 079
砚山县	Yanshan	450 900	150 269	94 806	359	53	139 415
西畴县	Xichou	250 800	201 631	8 886	59	41	25 097
麻栗坡县	Malipo	274 100	163 082	5 823	64	21	33 662
马关县	Maguan	358 800	181 784	28 658	83	106	55 524

continued

(person)

傣 族 Dai	苗 族 Miao	傈僳族 Lisu	回 族 Hui	拉祜族 Lahu	佤 族 Wa	纳西族 Naxi	景颇族 Jingpo
15 280	1 878	1 700	4 125	4 818	860	118	58
6 500	566	1 423	410	2 279	23 050	32	
4 098	1 793	2 684	1 722	1 023	8 892	3	3
10 248	106	12	96	35 618	14 264	23	1
57 930	228	2 843	1 104	20 261	48 638	60	976
9 263	48	55	155	4 014	145 412	14	12
21 432	**42 658**	**52 169**	**21 505**	**219**	**191**	**649**	**52**
679	1 530	557	8 297	76	30	426	24
72	322	31	189	17		12	
36	373	45	42	41	19	3	12
40	54	101	2 168	27	36	5	
48	48	37	1 020	13	5	15	7
3 814	507	2 337	291	10	8	24	1
8 818	64	94	640		3	8	1
472	1 351	16 768	1 568	4	55	43	1
7 128	21 711	29 741	960	4	8	23	
325	16 697	2 459	6 329	25	27	91	5
107 116	**278 090**	**733**	**74 771**	**9 799**	**147**	**802**	**18**
6 825	12 313	61	19 507	33	15	197	
841	18 121	506	15 616	39	26	304	1
720	54 786	44	3 842	62	19	128	11
91	61 226	11	97	1		4	
6 330	4 792	24	13 837	34	13	46	1
8 636	132	9	1 032	58	9	17	
31 259	11 709	19	7 137	8	6	64	1
3 192	1 976	27	13 375	18	51	7	
18 180	12 424	12	48	5		5	
8 952	18	3	25	3			
17 754	84 501	4	100	6 986	7	3	4
1 866	4		3	2 544			
2 470	16 088	12	154	6		28	
15 798	**426 561**	**134**	**24 405**	**55**	**27**	**118**	**34**
5 714	58 571	43	5 465	19	9	65	4
239	52 490	12	10 980	2	4	6	
56	13 217	41	31	1	1	3	
2 885	46 213	25	14	1	3	14	30
6 803	76 356	12	119	10	1		

续表5

单位：人

地区	Region	瑶族 Yao	藏族 Tibetan	布朗族 Bulang	阿昌族 Achang	怒族 Nu	普米族 Pumi
云县	Yunxian	25	25	8 792	113		224
永德县	Yongde	2	3	7 737	5		
镇康县	Zhenkang	17	25	1 733			
双江县	Shuangjiang	2	10	14 588	1		1
耿马县	Gengma	51	9	4 130	12	3	273
沧源县	Cangyuan	6	5	51		1	6
楚雄州	**Chuxiong**	**500**	**145**	**41**	**34**	**20**	**54**
楚雄市	Chuxiong	452	82	15	23	12	29
双柏县	Shuangbo	4	1		2		2
牟定县	Mouding		2	1	5		1
南华县	Nanhua	2	1		1	2	2
姚安县	Yao'an		10	5	1	1	
大姚县	Dayao	6	7			1	6
永仁县	Yongren	2	6				2
元谋县	Yuanmou	13	13	2		1	1
武定县	Wuding		2			2	
禄丰县	Lufeng	20	21	18	2	1	10
红河州	**Honghe**	**87 847**	**96**	**50**	**33**	**14**	**69**
个旧市	Gejiu	71	27	8	11	2	4
开远市	Kaiyuan	93	22	7	6		11
蒙自县	Mengzi	120	16	5	2		8
屏边县	Pingbian	331	1				
建水县	Jianshui	96	10	5	4	11	1
石屏县	Shiping	28	6	12			
弥勒县	Mile	22	3		3		8
泸西县	Luxi	8	2	3			1
元阳县	Yuanyang	8 092	2				
红河县	Honghe	1 834			5		
金平县	Jinping	41 164	5	4			2
绿春县	Luchun	7 704					
河口县	Hekou	28 284	1	5	1		34
文山州	**Wenshan**	**84 487**	**37**	**11**	**2**	**3**	**26**
文山县	Wenshan	410	21	3	2	2	9
砚山县	Yanshan	1 293	2				
西畴县	Xichou	839		2			
麻栗坡县	Malipo	19 195	9				17
马关县	Maguan	1 833		5			

continued

(person)

德昂族 Deang	独龙族 Dulong	蒙古族 Mongolian	基诺族 Jinuo	水 族 Shui	满 族 Man	布依族 Buyi	其 他 Others
475		24		2	25	8	99
2 177	3				21	141	99
		36			116	40	214
	4	3			9	248	70
880		9		1	79	76	341
	5				12	16	26
5	**14**	**157**	**15**	**40**	**338**	**164**	**1 126**
1		62	6	13	212	65	476
	5	2			6	14	21
				2	4	1	14
1	3			2	2		15
		1		1	3	15	64
	1	10	6	5	6	10	128
		10		5	3	1	63
		31		3	38	22	126
3	4			3	18	4	14
	1	40	3	5	46	30	204
1	**104**	**1 188**	**77**	**41**	**407**	**3 457**	**3 331**
	33	270	51	9	174	140	763
1	24	360		9	105	184	910
	28	224	1	5	56	145	460
		12		4		132	40
	6	36		6	9	52	75
		41	20		11	24	93
	8	85		1	18	87	129
	5	22			6	10	46
		15			1	6	17
		33	5			2	13
		8			11	43	533
							15
		82		6	16	2 632	236
	3	**4 587**	**2**	**21**	**109**	**6 894**	**2 865**
		508	2	5	47	201	15
		154			14	82	721
		776			9	26	86
	3	1 382		5	2	29	1 623
		993		3	3	6 448	58

续表6

单位：人

地　区	Region	总　计 Total	汉　族 Han	彝　族 Yi	白　族 Bai	哈尼族 Hani	壮　族 Zhuang
丘北县	Qiubei	458 000	172 429	76 931	6 753	27	129 581
广南县	Guangnan	761 600	286 861	39 572	111	14	325 611
富宁县	Funing	393 900	92 652	12 477	41	27	220 527
西双版纳州	**Xishuangbanna**	**1 057 000**	**257 177**	**53 397**	**4 034**	**210 039**	**1 868**
景洪市	Jinghong	473 600	148 406	22 086	2 582	80 458	569
勐海县	Menghai	328 800	41 293	5 993	592	68 705	194
勐腊县	Mengla	254 600	67 478	25 318	860	60 876	1 105
大 理 州	**Dali**	**3 486 000**	**1 747 519**	**439 559**	**1 167 246**	**757**	**1 768**
大理市	Dali	623 500	169 802	16 355	413 864	302	519
漾濞县	Yangbi	106 400	36 441	49 897	12 283	10	68
祥云县	Xiangyun	460 000	380 670	32 560	44 224	131	37
宾川县	Binchuan	341 000	267 416	20 612	44 270	17	38
弥渡县	Midu	316 100	285 652	26 200	1 556	116	58
南涧县	Nanjian	221 700	108 681	105 659	2 229	40	23
巍山县	Weishan	310 500	175 354	104 226	6 702	26	68
永平县	Yongping	183 600	112 334	45 703	5 857	26	70
云龙县	Yunlong	207 000	26 679	11 575	152 395	5	25
洱源县	Eryuan	275 500	88 612	9 215	169 494	69	6
剑川县	Jianchuan	175 600	6 353	3 822	160 716	3	13
鹤庆县	Heqing	265 100	89 525	13 733	153 655	13	843
德 宏 州	**Dehong**	**1 165 002**	**557 533**	**2 475**	**5 954**	**186**	**400**
瑞丽市	Ruili	165 294	70 378	668	1 308	45	145
潞西市	Luxi	370 669	183 956	1 052	1 712	75	153
梁河县	Lianghe	159 412	106 537	116	494	10	8
盈江县	Yingjiang	292 978	117 979	217	1 592	21	46
陇川县	Longchuan	176 649	78 682	422	848	36	48
怒 江 州	**Nujiang**	**526 000**	**40 119**	**9 897**	**148 798**	**32**	**47**
泸水县	Lushui	184 300	23 832	3 646	43 120	15	27
福贡县	Fugong	94 000	1 141	60	3 191	2	4
贡山县	Gongshan	36 900	1 373	33	809	10	4
兰坪县	Lanping	210 800	13 772	6 158	101 677	5	12
迪 庆 州	**Diqing**	**372 000**	**47 604**	**13 961**	**15 093**	**19**	**29**
香格里拉县	Shangri-La	156 000	24 390	11 724	5 044	13	27
德钦县	Deqin	62 800	502	11	156	2	1
维西县	Weixi	153 200	22 712	2 226	9 892	4	1

continued

(person)

傣 族 Dai	苗 族 Miao	傈僳族 Lisu	回 族 Hui	拉祜族 Lahu	佤 族 Wa	纳西族 Naxi	景颇族 Jingpo
45	62 514	1	6 303	11	3	18	
36	90 596		1 422	4		10	
21	26 605		72	7	6	3	
361 322	**3 835**	**309**	**4 076**	**59 419**	**3 862**	**190**	**168**
165 637	748	204	1 747	13 161	859	127	62
126 363	184	47	1 847	44 375	1 566	32	99
69 322	2 903	58	483	1 883	1 437	31	8
3 688	**10 168**	**32 407**	**70 394**	**554**	**416**	**4 554**	**92**
709	482	1 012	16 899	65	100	1 608	39
274	963	2 849	3 248	1	5	209	5
126	616	796	514	55	24	85	12
280	468	6 086	929	259	10	92	3
124	22	195	1 703	111	123	98	8
71	1 368	250	2 662	30	45	46	2
41	1 598	499	21 837	16	8	49	
125	2 104	2 458	14 626	6	85	83	14
1 637	1 125	10 446	391			50	4
121	30	1 087	6 172	3		399	
3	6	2 021	1 336	3	6	1 176	
176	1 386	4 708	76	5	9	659	5
378 230	**535**	**28 207**	**2 483**	**86**	**926**	**498**	**142 164**
70 374	189	771	623	27	42	145	17 677
135 266	155	3 480	729	29	84	199	30 886
34 914	14	1 199	135	3	727	52	1 825
107 873	130	18 054	486	2	40	23	44 972
29 803	47	4 702	509	26	33	79	46 805
420	**79**	**270 601**	**174**	**2**	**11**	**2 277**	**260**
411	49	109 861	105	2	9	1 121	258
2	18	70 616	16			330	
	5	19 817	18			532	1
7	6	70 308	34		1	295	1
27	**1 533**	**107 949**	**1 276**	**10**	**5**	**49 564**	**3**
17	1 491	12 459	1 102	8	1	29 111	1
2	3	9 347	72		2	956	
7	39	86 144	102	2	2	19 497	2

续表7

单位：人

地　　区	Region	瑶　族 Yao	藏　族 Tibetan	布朗族 Bulang	阿昌族 Achang	怒　族 Nu	普米族 Pumi
丘北县	Qiubei	3 214					
广南县	Guangnan	16 464	2	1			
富宁县	Funing	41 239	3			1	
西双版纳州	**Xishuangbanna**	**21 664**	**50**	**46 883**	**14**	**5**	**44**
景洪市	Jinghong	2 797	11	8 658	3	3	20
勐海县	Menghai	42	26	36 049		2	2
勐腊县	Mengla	18 824	13	2 176	11		21
大 理 州	**Dali**	**208**	**1 051**	**644**	**2 549**	**60**	**216**
大理市	Dali	50	492	43	29	3	45
漾濞县	Yangbi	24	51		2		8
祥云县	Xiangyun	3	20	19	1	3	8
宾川县	Binchuan	107	23	7		1	
弥渡县	Midu	7	15	17		1	6
南涧县	Nanjian	6	12	545		3	1
巍山县	Weishan	3	6	7		1	7
永平县	Yongping		4		5	4	
云龙县	Yunlong	4	4	1	2 506	37	18
洱源县	Eryuan	3	208	1	4		41
剑川县	Jianchuan		40	1		3	76
鹤庆县	Heqing		176	3	1	4	5
德 宏 州	**Dehong**	**32**	**80**	**57**	**28 847**	**9**	**33**
瑞丽市	Ruili	11	14	16	171	1	1
潞西市	Luxi	5	43	15	1 957	7	15
梁河县	Lianghe	1	1		12 582		
盈江县	Yingjiang	8	8	23	842		8
陇川县	Longchuan	7	14	4	13 294		9
怒 江 州	**Nujiang**	**3**	**1 991**		**11**	**28 731**	**16 433**
泸水县	Lushui	2	78		11	1 205	297
福贡县	Fugong		10			18 451	20
贡山县	Gongshan		1 838			6 729	28
兰坪县	Lanping	1	64			2 346	16 087
迪 庆 州	**Diqing**		**132 526**		**2**	**170**	**1 756**
香格里拉县	Shangri-La		70 109		1	12	269
德钦县	Deqin		51 729				1
维西县	Weixi		10 688		1	158	1 486

continued

(person)

德昂族 Deang	独龙族 Dulong	蒙古族 Mongolian	基诺族 Jinuo	水 族 Shui	满 族 Man	布依族 Buyi	其 他 Others
		76		2	12	45	34
		674		6	15	44	158
		23			7	20	171
9	**2**	**245**	**25 469**	**37**	**192**	**455**	**2 236**
9		151	24 326	23	135	181	638
	2	37	39	2	16	46	1 247
		56	1 104	13	41	228	350
10	**28**	**171**	**7**	**26**	**253**	**207**	**1 447**
7	9	121	3	20	144	119	656
		2		2	19	10	29
		6	1	2	1	19	68
		4		1	2	13	362
2	2	15			5	18	48
		4			1	5	16
	2	6			3	5	34
		2	3		71	1	17
	2	3			1	6	84
1	9	4			1	8	11
	1	1		1	2		15
	3	2			2	3	107
14 493	**3**	**23**	**7**	**15**	**484**	**557**	**684**
2 240	3	10		1	31	161	239
9 970		11	1	9	414	230	217
760			6	2	9	5	13
396		1		2	8	141	106
1 126		1		1	22	20	109
	5 939	**31**		**10**	**27**	**16**	**91**
	121	31		9	27	14	49
	107			1		1	29
	5 696					1	4
	15						9
	99	**10**	**1**	**15**	**31**	**10**	**305**
	1	8	1	14	13	10	173
		1					14
	98	1		1	18		118

各县市职工人数（2006年）

Number of Staff and Workers by County and City (2006)

单位：人 (person)

地　区	Region	单位从业人员 Number of Employed Persons in Entities	职工人数 Number of Staff and Workers 合　计 Total	国有单位 State-owned Entities	城镇集体单位 Urban Collective-owned Entities	其他单位 Other Ownership Entities
全省合计	**Total**	**2 592 290**	**2 479 824**	**1 709 767**	**126 343**	**643 714**
昆明市	**Kunming**	**804 496**	**767 960**	**438 533**	**46 661**	**282 766**
五华区	Wuhua	163 215	157 365	94 583	7 702	55 080
盘龙区	Panlong	111 716	107 235	64 633	9 521	33 081
官渡区	Guandu	174 432	166 386	56 852	9 002	100 532
西山区	Xishan	105 667	99 089	52 113	12 222	34 754
东川区	Dongchuan	15 359	14 717	8 583	1 000	5 134
呈贡县	Chenggong	12 293	12 150	6 974	519	4 657
晋宁县	Jinning	17 271	16 535	11 313	539	4 683
富民县	Fuming	10 093	9 975	5 760	294	3 921
宜良县	Yiliang	19 493	19 461	11 233	1 431	6 797
石林县	Shilin	12 011	11 900	9 668	826	1 406
嵩明县	Songming	11 062	11 023	10 205	284	534
禄劝县	Luquan	11 816	11 814	10 682	589	543
寻甸县	Xundian	18 644	16 653	10 882	825	4 946
安宁市	Anning	56 090	55 355	36 207	1 535	17 613
曲靖市	**Qujing**	**236 377**	**229 351**	**178 185**	**10 242**	**40 924**
麒麟区	Qilin	66 097	64 362	48 993	4 957	10 412
马龙县	Malong	7 057	6 970	5 673	115	1 182
陆良县	Luliang	23 126	22 547	18 744	995	2 808
师宗县	Shizong	12 946	12 566	10 734	496	1 336
罗平县	Luoping	17 656	15 819	12 354	724	2 741
富源县	Fuyuan	22 560	22 330	18 848	630	2 852
会泽县	Huize	30 778	30 746	18 668	748	11 330
沾益县	Zhanyi	17 497	17 153	10 940	326	5 887
宣威市	Xuanwei	38 660	36 858	33 231	1 251	2 376
玉溪市	**Yuxi**	**134 992**	**130 842**	**92 652**	**11 737**	**26 453**
红塔区	Hongta	51 226	49 850	33 441	8 350	8 059
江川县	Jiangchuan	8 814	8 613	6 369	207	2 037
澄江县	Chengjiang	6 754	6 487	5 454	668	365
通海县	Tonghai	12 170	11 704	7 085	696	3 923
华宁县	Huaning	8 716	8 268	6 600	268	1 400
易门县	Yimen	11 184	10 705	8 419	166	2 120
峨山县	Ershan	10 399	10 274	6 623	505	3 146
新平县	Xinping	14 749	13 979	10 555	557	2 867
元江县	Yuanjiang	10 980	10 962	8 106	320	2 536

续表1 continued

单位：人 (person)

地区	Region	单位从业人员 Number of Employed Persons in Entities	职工人数 Number of Staff and Workers 合计 Total	国有单位 State-owned Entities	城镇集体单位 Urban Collective-owned Entities	其他单位 Other Ownership Entities
保山市	**Baoshan**	**100 253**	**100 024**	**65 518**	**4 745**	**29 761**
隆阳区	Longyang	41 960	41 875	27 122	1 242	13 511
施甸县	Shidian	8 640	8 609	7 797	607	205
腾冲县	Tengchong	28 251	28 159	15 909	2 397	9 853
龙陵县	Longling	10 009	9 998	6 680	208	3 110
昌宁县	Changning	11 393	11 383	8 010	291	3 082
昭通市	**Zhaotong**	**155 812**	**151 958**	**120 121**	**6 195**	**25 642**
昭阳区	Zhaoyang	23 251	22 898	14 595	2 195	6 108
鲁甸县	Ludian	14 210	14 197	8 786	125	5 286
巧家县	Qiaojia	11 338	11 307	9 086	1 100	1 121
盐津县	Yanjin	9 746	9 745	6 311	116	3 318
大关县	Daguan	6 036	6 029	5 274	73	682
永善县	Yongshan	11 343	9 680	8 632	194	854
绥江县	Suijiang	6 397	6 387	4 533	371	1 483
镇雄县	Zhenxiong	22 505	22 486	19 527	480	2 479
彝良县	Yiliang	11 917	11 907	11 049	197	661
威信县	Weixin	9 250	8 900	8 322	208	370
水富县	Shuifu	9 957	9 105	5 950	981	2 174
市属	Directly Under Municipality	19 862	19 317	18 056	155	1 106
丽江市	**Lijiang**	**56 663**	**53 489**	**41 918**	**2 562**	**9 009**
古城区	Gucheng	21 728	19 343	13 307	949	5 087
玉龙县	Yulong	9 551	8 865	7 220	289	1 356
永胜县	Yongsheng	10 371	10 371	8 722	707	942
华坪县	Huaping	6 661	6 558	5 402	370	786
宁蒗县	Ninglang	8 352	8 352	7 267	247	838
普洱市	**Pu'er**	**125 902**	**115 716**	**83 801**	**3 566**	**28 349**
思茅区	Simao	39 409	38 954	20 074	757	18 123
宁洱县	Ning'er	9 566	9 079	8 112	133	834
墨江县	Mojiang	10 987	9 976	7 628	474	1 874
景东县	Jingdong	10 600	10 550	9 247	421	882
景谷县	Jinggu	13 300	12 441	8 579	437	3 425
镇沅县	Zhenyuan	8 286	7 330	6 214	177	939
江城县	Jiangcheng	5 948	5 489	4 217	339	933
孟连县	Menglian	7 883	6 340	5 133	307	900
澜沧县	Lancang	12 454	11 738	11 103	288	347
西盟县	Ximeng	7 469	3 819	3 494	233	92
临沧市	**Lincang**	**102 424**	**97 190**	**67 845**	**2 608**	**26 737**
临翔区	Linxiang	24 383	24 285	17 006	244	7 035

续表2 continued

单位：人 (person)

地　区	Region	单位从业人员 Number of Employed Persons in Entities	职工人数 Number of Staff and Workers			
			合　计 Total	国有单位 State-owned Entities	城镇集体单位 Urban Collective-owned Entities	其他单位 Other Ownership Entities
凤庆县	Yunxian	11 607	10 775	7 562	220	2 993
云　县	Yongde	17 554	16 831	9 119	1 148	6 564
永德县	Shuangjiang	12 259	10 836	8 824	218	1 794
镇康县	Zhenkang	7 276	6 197	3 995	86	2 116
双江县	Gengma	7 642	7 474	5 105	308	2 061
耿马县	Fengqing	12 982	12 077	9 640	318	2 119
沧源县	Cangyuan	8 721	8 715	6 594	66	2 055
楚雄州	**Chuxiong**	**120 382**	**114 334**	**94 857**	**3 983**	**15 494**
楚雄市	Chuxiong	42 239	41 915	34 743	1 772	5 400
双柏县	Shuangbo	6 099	5 501	5 012	65	424
牟定县	Mouding	6 284	5 660	5 082	294	284
南华县	Nanhua	7 411	6 930	5 731	175	1 024
姚安县	Yao'an	6 610	6 537	5 451	208	878
大姚县	Dayao	13 291	11 967	9 839	255	1 873
永仁县	Yongren	4 486	4 106	3 656	73	377
元谋县	Yuanmou	7 407	6 952	5 735	197	1 020
武定县	Wuding	7 847	6 886	6 434	381	71
禄丰县	Lufeng	18 708	17 880	13 174	563	4 143
红河州	**Honghe**	**224 947**	**213 537**	**142 978**	**9 861**	**60 698**
个旧市	Gejiu	54 475	53 494	18 540	3 880	31 074
开远市	Kaiyuan	29 410	29 015	19 796	1 525	7 694
蒙自县	Mengzi	25 846	23 568	17 041	378	6 149
屏边县	Pingbian	4 644	4 631	3 908	645	78
建水县	Jianshui	22 297	21 400	14 489	1 532	5 379
石屏县	Shiping	10 367	9 530	8 681	224	625
弥勒县	Mile	24 228	21 385	16 688	231	4 466
泸西县	Luxi	14 001	13 628	10 389	620	2 619
元阳县	Yuanyang	7 521	7 219	6 580	180	459
红河县	Honghe	6 605	6 593	6 220	126	247
金平县	Jinping	9 100	8 421	6 610	185	1 626
绿春县	Luchun	6 399	5 292	4 984	104	204
河口县	Hekou	10 054	9 361	9 052	231	78
文山州	**Wenshan**	**119 196**	**112 673**	**93 726**	**3 548**	**15 399**
文山县	Wenshan	34 974	31 911	24 897	427	6 587
砚山县	Yanshan	14 052	13 895	12 698	410	787

续表3 continued

单位：人 (person)

地　　区	Region	单位从业人员 Number of Employed Persons in Entities	职工人数 Number of Staff and Workers			
			合　计 Total	国有单位 State-owned Entities	城镇集体单位 Urban Collective-owned Entities	其他单位 Other Ownership Entities
西畴县	Xichou	7 248	7 241	6 276	301	664
麻栗坡县	Malipo	12 436	11 309	9 179	743	1 387
马关县	Maguan	12 374	11 713	8 377	159	3 177
丘北县	Qiubei	12 955	12 351	11 637	528	186
广南县	Guangnan	15 563	14 727	12 241	586	1 900
富宁县	Funing	9 594	9 526	8 421	394	711
西双版纳州	**Xishuangbanna**	**93 548**	**92 950**	**78 889**	**4 484**	**9 577**
景洪市	Jinghong	51 751	51 557	43 372	3 228	4 957
勐海县	Menghai	15 805	15 650	11 336	468	3 846
勐腊县	Mengla	25 992	25 743	24 181	788	774
大 理 州	**Dali**	**174 582**	**164 603**	**105 667**	**12 225**	**46 711**
大 理 市	Dali	82 148	77 216	39 252	9 697	28 267
漾濞县	Yangbi	4 398	4 063	3 779	76	208
祥云县	Xiangyun	20 272	19 189	10 090	567	8 532
宾川县	Binchuan	9 700	9 139	7 951	132	1 056
弥渡县	Midu	7 196	6 926	6 091	147	688
南涧县	Nanjian	6 335	5 695	5 060	292	343
巍山县	Weishan	9 419	8 418	7 100	319	999
永平县	Yongping	5 388	5 007	4 677	82	248
云龙县	Yunlong	5 657	5 462	4 915	131	416
洱源县	Eryuan	8 565	8 469	6 063	102	2 304
剑川县	Jianchuan	7 058	7 048	4 789	148	2 111
鹤庆县	Heqing	8 446	7 971	5 900	532	1 539
德 宏 州	**Dehong**	**82 272**	**79 833**	**58 329**	**3 265**	**18 239**
瑞丽市	Ruili	16 478	16 191	11 704	909	3 597
潞西市	Luxi	29 924	19 286	21 424	1 328	6 534
梁河县	Lianghe	8 146	7 686	5 426	173	2 087
盈江县	Yingjiang	13 748	13 197	9 694	695	2 808
陇川县	Longchuan	13 976	13 473	10 081	179	3 213
怒 江 州	**Nujiang**	**31 294**	**28 704**	**23 027**	**270**	**5 407**
泸水县	Lushui	12 891	12 767	10 776	34	1 957
福贡县	Fugong	4 083	3 487	3 282	120	85
贡山县	Gongshan	2 262	2 128	2 042	26	60
兰坪县	Lanping	12 058	10 322	6 927	90	3 305
迪 庆 州	**Diqing**	**23 608**	**21 121**	**18 182**	**391**	**2 548**
香格里拉县	Shangri-La	14 340	12 831	10 260	173	2 398
德钦县	Deqin	3 488	3 653	3 611	42	
维西县	Weixi	5 780	4 637	4 311	176	150

机构篇

云南省人口和计划生育委员会

郝青山　主　任
金桂兰　副主任
吴莉华　副主任
聂愿平　纪检组长
李善荣　副主任
郭秀华　党组成员、协会副会长

办公室

梁剑波　办公室主任
王永忠　办公室副主任

政策法规处

可　明　处　长
李　洁　副处长

财务处

卢　军　处　长
李春香　副处长

发展规划处

吴　宏　处　长
陈云斌　副处长
付秀莲　副处长

宣教处

易会安　处　长
李艳芳　副处长

科技处(国际合作处)

丁　明　处　长
杨自清　副处长

人事处

郭辉军　处　长
杨　芳　副处长

机关党委（老干办）

廖艳军　负责人

纪检监察室

李　宪　主　任
蔡俊萍　副主任

流动人口处

范雅康　处　长

云南省计划生育协会

朱　强　秘书长
唐大立　副秘书长
史东升　副秘书长

云南省计生科研所

李江川　所　长
叶汉凤　副所长
潘旭阳　副所长

省计生宣教中心

李文辉　中心主任
叶利民　中心副主任（正处）
刘正云　中心副主任

云南省计生药具站

张丽萍　站　长
苏建波　副站长

州、市人口和计划生育委员会主任、副主任

地　区	主　任	副主任
昆明市	杨文慧	赵世明　尹　俊
昭通市	龙　波	吴学刚　张瑞平　尚公乾
曲靖市	权美琼	陈金平　李　敏　李昌忠
楚雄州	孟树仙	申建林　周保全
玉溪市	雷　毅	李建明　张艳华
红河州	邵　钢	张泽洪　谭云华　李翠华
文山州	祝正武	杨朝华　卢兰云
普洱市	张丽菊	邱继东
西双版纳州	李　洁	冯秀兰　肖　江
大理州	芮雪梅	李少泉　解志坚
保山市	刘冬青	杨进勇　王升福
丽江市	张菊兰	谭　致　段橙廷
怒江州	黄秀柏	李仕泽　杨　芬
迪庆州	和桂琼	史定东　木丽琼
临沧市	王　菊	杨云珍　刘　飚

名录篇

一、省人口计生委

地址：昆明市关上国贸路 85 号政通大厦
邮编：650200
区号：0871
值班电话：7195360
传真：7195377

省计生宣传中心

地址：昆明市葵菱路 14 号
邮编：650031
区号：0871
传真：5313975

省计生药具站

地址：昆明市葵菱路 40 号
邮编：650031
区号：0871
传真：5381784

省计划生育协会

地址：昆明市关上国贸路 85 号政通大厦
邮编：650200
区号：0871
传真：7195393

省计生科研所

地址：昆明青年路金凤花园 5 号
邮编：650021
区号：0871
传真：5155674

二、昆明市人口计生委

地址：昆明市东风东路 17 号
邮编：650011
区号：0871
值班电话：3151761　传真：3134566

五华区人口计生局

地址：五华区华山西路 1 号
邮编：650021
区号：0871
传真：6321940

盘龙区人口计生局

地址：盘龙区白云路 327 号
邮编：6500224
区号：0871
传真：5615285

官渡区人口计生局

地址：官渡区关上关兴路217号
邮编：654100
区号：0871
传真：2121636

西山区人口计生局

地址：西山区秀宛路188号
邮编：650118
区号：0871
传真：8224230

东川区人口计生局

地址：东川区团结路50号
邮编：654100
区号：0871
传真：2121636

安宁市人口计生局

地址：安宁市金方路93号
邮编：650300
区号：0871
传真：8699942

宜良县人口计生局

地址：宜良县温泉路公务楼
邮编：652100
区号：0871
传真：7529345

晋宁县人口计生局

地址：昆大街14号（政府大院内）
邮编：650600
区号：0871
传真：7808728

嵩明县人口计生局

地址：嵩明县水真路215号
邮编：651700
区号：0871
传真：7921251

寻甸县人口计生局

地址：寻甸县文苑路22号
邮编：655200
区号：0871
传真：2662525

石林县人口计生局

地址：石林县龙泉路128号
邮编：652200
区号：0871
传真：7796761

富民县人口计生居

地址：富民县永定街88号
邮编：650400
区号：0871
传真：8811400

呈贡县人口计生局

地址：呈贡县人口计生局
邮编：650500
区号：0871
传真：6202406

禄劝县人口计生局

地址：禄劝县景星巷51号
邮编：651500
区号：0871
传真：8911049

三、昭通市人口计生委

地址：昭通市昭阳区迎丰路 100 号
邮编：657000
区号：0870　值班电话：2158251
传真：2159885

昭阳区人口计生局

地址：昭通市昭阳区青年路
邮编；657000
区号：0870
传真：2126330

鲁甸县人口计生局

地址：文屏镇邻河街 20 号
邮编：657100
区号：0870
传真：8121324

巧家县人口计生局

地址：白鹤滩镇新华北路 23 号
邮编：654600
区号：0870
传真：7122097

盐津县人口计生局

地址：盐津县坪街 307 号
邮编：657500
区号：0870
传真：6620094

大关县人口计生局

地址：大关县顺城南路 16 号
邮编：657400
区号：0870
传真：5621427

永善县人口计生局

地址：永善县溪洛渡镇兴隆街 59 号
邮编：657300
区号：0870
传真：4128487

绥江县人口计生局

地址：绥江县凤池新区
邮编：657700
区号：0870
传真：7626116

镇雄县人口计生局

地址：镇雄县南大街
邮编：657200
区号：0870
传真：3120342

彝良县人口计生局

地址：彝良县政府
邮编：657600
区号：0870
传真：5121807

威信县人口计生局

地址：威信县扎西镇鱼洞社区建设路 4 号
邮编：657900
区号：0870
传真：6124111

水富县人口计生局

地址：水富县向家坝镇工农东路
邮编：657800
区号：0870
传真：8636268

四、曲靖市人口和计划生育委

地址：曲靖市文昌街 172 号
邮编：655000
区号：0874　电话：3122995
传真：3125024

麒麟区人口和计划生育局

地址：麒麟区南宁南路 247 号
邮编：655000
区号：0874
传真：3213751

沾益县人口和计划生育局

地址：沾益县望海新区
邮编：655331
区号：0874
传真：3057078

马龙县人口和计划生育局

地址：马龙县政府大院
邮编：655100
区号：0874
传真：8880405

宣威市人口和计划生育局

地址：宣威市光华街 51 号
邮编：655400
区号：0874
传真：7122636

富源县人口和计划生育局

地址：富源县建设路 217 号
邮编：655500
区号：0874
传真：4617579

师宗县人口和计划生育局

地址：师宗县青年路 13 号
邮编：655700
区号：0874
传真：5752284

陆良县人口和计划生育局

地址：陆良县启明街 149 号
邮编：655600
区号：0874
传真：6222347

罗平县人口和计划生育局

地址：罗平县文笔路 4 号
邮编：655800
区号：0874
传真：8212247

会泽县人口和计划生育局

地址：会泽县钟屏路 247 号附一楼
邮编：654200
区号：0874
传真：5122919

五、楚雄州人口计生委

地址：楚雄市鹿城镇鹿城北路 29 号
邮编：675000
区号：0878　值班电话：8989599
传真：8989599

楚雄市人口计生局

地址：楚雄市东兴路 31 号
邮编：675000
区号：0878
传真：3012538

双柏县人口计生局

地址：双柏县妥甸镇人民路1号
邮编：675100
区号：0878
传真：7711771

牟定县人口计生局

地址：牟定县共和镇新南路
邮编：675500
区号：0878
传真：5215386

南华县人口计生局

地址：南华县龙川镇龙泉东路52号
邮编：675200
区号：0878
传真：7222519

大姚县人口计生局

地址：大姚县金碧镇南塔路
邮编：675400
区号：0878
传真：6226053

永仁县人口计生局

地址：永仁县新大街
邮编：651400
区号：0878
传真：6712016

元谋县人口计生局

地址：元谋县元马镇团结路4号
邮编：651300
区号：0878
传真：8212872

武定县人口计生局

地址：狮子镇狮山路北段
邮编：651600
区号：0878
传真：8711513

禄丰县人口计生局

地址：禄丰县金山镇金山南路
邮编：651200
区号：0878
传真：4122345

六、玉溪市人口计生委

地址：红塔区东风中路115号
邮编：653100
区号：0877　值班电话：2027933
传真：2027933

红塔区人口计生局

地址：红塔区东风东路117号
邮编：653100
区号：0877
传真：2026654

江川县人口计生局

地址：江川县大街镇宁海路25号
邮编：652600
区号：0877
传真：8011262

通海县人口计生局

地址：通海县礼乐东路27号3号
邮编：652700
区号：0877
传真：3011162

澄江县人口计生局

地址：澄江县利民街1号
邮编：652500
区号：0877
传真：6914411

华宁县人口计生局

地址：华宁县宁昌路6号
邮编：652800
区号：0877
传真：5012221

易门县人口计生局

地址：易门县龙泉镇南迎巷139号
邮编：651100
区号：0877
传真：4961077

峨山县人口计生局

地址：峨山县双江镇练江北路33号
邮编：653200
区号：0877
传真：4011193

新平县人口计生局

地址：新平县桂山镇幸福路24号
邮编：653400
区号：0877
传真7011221

元江县人口计生局

地址：元江县人口计生局
邮编：653311
区号：0877
传真6011077

七、红河州人口计生委

地址：蒙自天马路67号
(州政府行政中心C403)
邮编：661100　区号：0873
值班电话：3732612　传真：3732613

个旧市人口计生局

地址：个旧市31路市政府212室
邮编：661000
区号：0873
传真：2122014

开远市人口计生局

地址：开远市东新路市政府行政中心104室
邮编：661600
区号：0873
传真：7222411

屏边县人口计生局

地址：屏边县玉屏镇卫国路21号
邮编：661200
区号：0873
传真：3221438

建水县人口计生局

地址：建水县人民政府办公大楼1楼
邮编：654300
区号：0873
传真：7611943

石屏县人口计生局

地址：石屏县玉龙镇喜燕街14号
邮编：662200
区号：0873
传真：4857602

弥勒县人口计生局

地址：弥勒县弥阳镇二环南路 79 号

邮编：652300

区号：0873

传真 6122368

泸西县人口计生局

地址：泸西县玖华路东段

邮编：652400

区号：0873

传真：6633788

元阳县人口计生局

地址：元阳县元桂路 12 号 115 室

邮编：662400

区号：0873

传真：5642722

红河县人口计生局

地址：红河县跑马路

邮编：654400

区号：0873

传真：4625068

金平县人口计生局

地址：金平县金河镇文化路 26 号

邮编：661500

区号：0873

传真：5221266

绿春县人口计生局

地址：绿春县城西段

邮编：662509

区号：0873

传真：4224451

河口县人口计生局

地址：河口县河口镇槟榔路 12 号 41 幢

邮编：661300

区号：0873

传真：3451226

八、文山州人口计生委

地址：文山县沙坝中路 42 号

邮编：663000

区号：0876　值班电话：2122670

传真：2122670

文山县人口计生局

地址：文山县开化镇沙北路 5 巷 10 号

邮编：663000

区号：0876

传真：2122242

砚山县人口计生局

地址：砚山县砚华西路 59 号

邮编：663100

区号：0876

传真：3122216

西畴县人口计生局

地址：西畴县金玉路 119 号

邮编：663500

区号 0876

传真：7622259

麻栗坡县人口计生局

地址：麻栗坡县创业路 1 号

邮编：663600

马关县人口计生局

地址：马关县骏城路 2 号
邮编：663700
区号：0876
传真：7122208

丘北县人口计生局

地址：锦屏镇普者黑大街 245 号
邮编：663200
区号：0876
传真 4122037

广南县人口计生局

地址：莲城镇北宁社区西路 2 号
邮编：663300
区号：0876
传真：5150438

富宁县人口计生局

地址：富宁县新华路 4 号
邮编：663400
区号：0876
传真：6122749

九、普洱市人口计生委

地址：思茅区林源路 23 号
邮编：665000
区号：0879　值班电话：2168672
传真：2163383

思茅区人口计生局

地址：思茅区过街楼 43 号
邮编：665000
区号：0879
传真：2122654

宁洱县人口计生局

地址：宁洱镇建议巷 4 号
邮编：665109
区号：0879
传真：3232365

墨江县人口计生局

地址：墨江县回归大道
邮编：654800
区号：0879
传真：4230308

景东县人口计生局

地址：景东县景平路 69 号
邮编：676200
区号：0879
传真：6221566

景谷县人口计生局

地址：景谷县气象路 8 号
邮编：666400
区号：0879
传真：5221359

镇沅县人口计生局

地址：镇沅县恩水路
邮编：666500
区号：0879
传真：5816556

江城县人口计生局

地址：双城县勐烈大街 94 号
邮编：665900
区号：0879
传真：3721809

孟连县人口计生局

地址：勐连县大街(政府大院内)
邮编：665800
区号：0879
传真：8721330

澜沧县人口计生局

地址：澜沧县东郎路706号
邮编：665600
区号：0879
传真：7222692

西盟县人口计生局

地址：西盟县兴盟路
邮编：665700
区号：0879
传真：8344828

十、西双版纳州人口计生委

地址：景洪市园林巷9号
邮编：666100
区号：0691
值班电话：2126809　　传真：2126809

景洪市人口计生局

地址：景洪市嘎兰南路16号
邮编：666100
区号：0691
传真：2122196

勐海县人口计生局

地址：勐海县景管路11号
邮编：666200
区号：0691
传真：5122686

勐腊县人口计生局

地址：勐腊县人口计生局
邮编：666300
区号：0691
传真：8128012

十一、大理州人口计生委

地址：大理龙山州级行政办公区
邮编：671000
区号：0872　　值班电话：2316519
传真：2316520

大理市人口计生局

地址：大理市洱河北路135号
邮编：671000
区号：0872
传真：2202382

漾濞县人口计生局

地址：漾濞县苍山西镇新建街78号
邮编：672500
区号：0872
传真：7524764

祥云县人口计生局

地址：祥云县祥城镇龙祥路
邮编：672100
区号：0872
传真：3121230

宾川县人口计生局

地址：宾川县金牛镇仁和路68号
邮编：671600
区号：0872
传真：7142142

弥渡县人口计生局

地址：弥渡县弥城镇政道街 2 号
邮编：675600
区号：0872
传真：8162807

南涧县人口计生局

地址：南涧县正义路 6 号
邮编：675700
区号：0872
传真：8521401

巍山县人口计生局

地址：巍山县南诏镇报国街 10 号
邮编：672400
区号：0872
传真：6122951

永平县人口计生局

地址：永平县博南镇博南东路
邮编：672600
区号：0872
传真：6525238

云龙县人口计生局

地址：云龙县诺邓镇人民路 46 号
邮编：672700
区号：0872
传真：5520010

洱源县人口计生局

地址：茈碧湖镇兴源路 14 号政府大院
邮编：671200
区号：0872
传真：5124035

剑川县人口计生局

地址：剑川县金华凤营小区 52 号
邮编：671300
区号：0872
传真：4521226

鹤庆县人口计生局

地址：鹤庆县云鹤镇鹤阳西路 6 号
邮编：671500
区号：0872
传真：4122134

十二、保山市人口计生委

地址：保山市隆阳区兰城街道办事处同仁街
邮编：678000
区号：0875　值班电话：2229560
传真：2229010

隆阳区人口计生局

地址：隆阳区兰城镇上巷街
邮编：678000
区号：0875
传真：2160071

施甸县人口计生局

地址施甸县甸阳镇甸阳中路
邮编：678200
区号：0875
传真：8127336

腾冲县人口计生局

地址：腾越镇山源杜区文笔小区 271 号
邮编：679100
区号：0875
传真：5155237

龙陵县人口计生局

地址：龙山镇新农路 49 号
邮编：678300
区号：0875
传真：6121853

昌宁县人口计生局

地址：田园镇龙井社区北门街 8 号附 5 号
邮编：678100
区号：0875
传真：7130184

十三、德宏州人口计生委

地址：德宏州芒市镇勇罕街 5 号
邮编：678400
区号：0692　　值班电话：2121144
传真：2121144

潞西市人口计生局

地址：潞西市芒市镇芒罕路 35 号
邮编：678400
区号：0692
传真：2121570

梁河县人口计生局

地址：梁河县振兴路 137 号
邮编：679200
区号：0692
传真：6161167

瑞丽市人口计生局

地址：瑞丽市勐卯路 1 号
邮编：678600
区号：0692
传真：4119377

陇川县人口计生局

地址陇川县章风镇卫国路 2 号
邮编：678700
区号：0692
传真：7172020

盈江县人口计生局

地址：盈江县永胜路花园巷 6 号
邮编：679300
区号：0692
传真：8117912

畹町经济开发区人口计生局

地址：畹町经济开发区畹江 1 号
邮编：678500
区号：0692
传真：5153746

十四、丽江市人口计生委

地址：古城区祥和丽城太和西路
邮编：674100
区号：0888
值班电话：5121513　　传真：5124255

古城区人口计生局

地址：古城区福慧路政府大院
邮编：674100
区号：0888
传真：5101921

玉龙县人口计生局

地址：玉龙县行政办公区县委附楼 B 栋 1 楼
邮编：674100
区号：0888
传真：5121270

永胜县人口计生局

地址：永胜县永北镇环城北路3号
邮编：674200
区号：0888
传真：5121415

华坪县人口计生局

地址：华坪县锦华路民政大楼2楼
邮编：674800
区号：0888
传真：6121415

宁蒗县人口计生局

地址：宁蒗县政府大院1楼
邮编：674300
区号：0888
传真：5521017

十五、怒江州人口计生委

地址：泸水县六库镇
邮编：673100
区号：0886
值班电话：3622647　传真：3622647

泸水县人口计生局

地址：泸水县向阳南路187号
邮编：673100
区号：0886
传真：6328284

福贡县人口计生局

地址：福贡县上帕城区政府二号院
邮编：673400
区号：0886
传真：3411720

贡山县人口计生局

地址：贡山县茨开镇
邮编：673500
区号：0886
传真：3511790

兰坪县人口计生局

地址：兰坪县金顶镇玉屏社区中小区58号
邮编：671400
区号：0886
传真：3212470

十六、迪庆州人口计生委

地址：迪庆州人民政府1号楼
邮编：674400
区号：0887　值班电话：8222409
传真．8225968

香格里拉县人口计生委

地址：香格里拉县人民政府大院1号楼
邮编：674400
区号：0887
传真：8626546

德钦县人口计生委

地址：德钦县开平镇南坪街001号
邮编：674500
区号：0887
传真：8412467

维西县人口计生委

地址：维西县保和镇星云路45号
邮编：674600
区号：0887
传真：8222156

十七、临沧市人口计生委

地址：临翔区凤翔街道办事处南屏西路 16 号

邮编：677000

区号：0883　　值班电话：2122313

传真：2122313

临翔区人口计生局

地址：临翔区忙畔街道白塔路

邮编：677000

区号：0883

传真：2166227

凤庆县人口计生局

地址：凤庆县凤山镇龙泉社区凤梧路 198 号

邮编：675900

区号：0883

传真：4262180

云县人口计生局

地址：云县爱华镇草皮街职教路中段

邮编：675800

区号：0883

传真：3211448

永德县人口计生局

地址：永德县行政办公中心四楼

邮编：677600

区号：0883

传真：5211970

镇康县人口计生局

地址：镇康县南伞镇公主路东段

邮编：677704

区号：0883

传真：6632012

双江县人口计生局

地址：双江县阳光巷 3 号

邮编：677300

区号：0883

传真：7621224

耿马县人口计生局

地址：耿马大街德胜路 8 号

邮编：677500

区号：0883

传真：6127193

沧源县人口计生局

地址：沧源县勐董镇金泉路 39 号

邮编：677400

区号：0883

传真：7121295

附 录

云南省农业人口独生子女家庭奖励规定

第一条 为了进一步贯彻落实人口与计划生育基本国策，建立和完善计划生育利益导向机制，促进少生、优生，降低生育水平，根据《云南省人口与计划生育条例》、《中共云南省委、云南省人民政府关于加强人口与计划生育工作，进一步降低生育水平的决定》和国家关于对农村部分计划生育家庭实行奖励扶助制度及实施“少生快富”扶贫工程的有关规定，制订本规定。

第二条 本规定适用的奖励对象是自愿放弃生育二孩，终身只生育1个孩子，依法领取了《独生子女父母光荣证》，落实了长效避孕措施并与乡(镇)政府签订了终身生育一个孩子合同的农业人口夫妻及其独生子女。

依法生育的子女死亡，现无子女、年满60周岁的夫妻享受养老生活补助适用本规定。

第三条 本规定所称的农业人口是指户籍属农业户口并登记在村(居)民委员会，自小未享受城市最低生活保障的人口。

本规定所称的独生了女是指符合《云南省人口与计划生育条例》和《云南省独生子女父母光荣证管理办法》规定的独生子女条件的人口。

第四条 对符合本规定奖励条件的农业人口夫妻及其子女，给予下列“奖优免补”的奖励：

奖：一次性奖给独生子女父母奖金1000元。

优：独生子女小学毕业升本县(市、区)初中时，在未“普九”的地方，加20分优先录取；初中毕业报考本州(市)一级中学的，加10分优先录取，报考本县(市、区)其他高中的，加20分优先录取；高中毕业报考省内高等院校的，给予加20分优先录取。符合多种加分条件的，执行最高加分政策，不得累计加分。

免：免除独生子女义务教育阶段的课本费、杂费、文具费(实行“一费制”后，免除“费”)。独生子女16周岁前，免除其父母所承担的农村筹资、筹劳。

补：年满60周岁以后直至其亡故，独生子的父母每人每年发给600元，独生女的父母每人每年发给700元，依法生育的子女死亡现无子女的夫妻每人每年发给750元的养老生活补助(即国家规定的奖励扶助金)。现年龄超过60周岁的，从本规定开始实施的实际年龄为起点发放。

第五条 农业人口育龄夫妻有下列情形之一的，按本规定第二条办理有关手续后，可以给予有关奖励：

(一)独生子女死亡,不再生育也不收养子女的;

(二)独生子女死亡，依法生育或收养一个孩子后放弃再生育的；

(三)患不孕症，依法收养1个孩子后又恢复生育能力而自愿放弃再生育，终身只养育1个孩子的；

(四)依法生育了两个子女，落实了长效避孕措施后，其中一个子女在14周岁前死亡，另一个子女未满14周岁且不再生育的。

第六条 农业人口再婚夫妻有下列情形之一，按本规定第二条办理有关于续后，可以给予有关奖励：

(一)再婚前夫妻一方只生育过一个孩子，另一方未生育过，再婚后不再生育的；

(二)再婚前双方各生育过一个孩子，并依法办理了《独生子女父母光荣证》，再婚后不再生育，新组合的家庭只有一个子女或无子女的。

第七条 农业人口夫妻离婚或丧偶前只生育了一个子女，离婚或者丧偶后的单亲家庭，办理《独生子女父母光荣证》后可以给予有关奖励。

第八条 农业人口夫妻在其子女年满14周岁前办理《独生子女父母光荣证》的，对父母及其子女给予“奖优免补”的奖励；在子女年满14周岁后办理《独生子女父母光荣证》的，对父母可以给予“免、补”的奖励，对其子女可以给予“优、免”的奖励。

第九条 农业人口独生子女父母户籍不属我省的一方，不按本规定给予奖励。户籍属我省的一方，可以给予“奖、免、补”的奖励，其中一次性奖金按500元发放。农业人口独生子女户籍属我省的，可以给予“优、免”的奖励。

农业人口夫妻按照本规定第二条办理了有关关手续后，一方或双方死亡的，对其独生子女在生活方面给予有关奖励。

第十条 农业人口家庭按本规定第二条办理有关手续后农转非的，分别按以下规定处理：

(一)夫妻一方或双方农转非的，对该夫妻及其独生子女从农转非之月起，停止有关奖励；

(二)独生子女农转非，其父母未农转非的，对其父母和独生子女可以继续给予有关奖励。

第十一条 符合奖励条件的农业人口独生子女家庭，由县级人口和计划生育行政部门发给《农业人口独生了女家庭奖励兑现证》. 凭证给予奖励。

《农业人口独生子女家庭奖励兑现证》由省级人口和计划生育行政主管部门统一印制。

第十二条 一次性奖金和教育“三免费”的经费，属国家和省级扶贫开发工作重点县的，由省财政承担80%，州市和县级财政承担20%；非扶贫开发工作重点县的，由省财政承担50%，州市和县级财政承担50%。养老生活补助的经费，除由中央财政承担部分外，其余部分由省财政承担。

第十三条 县级以上政府要将奖励经费和工作经费列入本级财政年度预算，确保所需经费按时足额到位。

第十四条 县级以上财政安排的奖励经费，由县级人口和计划生育行政主管部门设立“农业人口独生子女家庭奖励资金”，实行专户管理，确保专款专用：一次性奖金、教育“三免费”在该专户内实行分账核算。

奖励经费实行预拨制。县级以上财政必须于每年6月30日前，将本年度预算的奖励经费拨付到“农业人口独生子女家庭奖励资金”专户。结算后年度结余资金结转下年使用。具体管理办法由省财政厅、人口计生委、教育厅另行制订。

第十五条 一次性奖金由人口和计划生育行政部门负责兑现；教育“三免费”由人口和计划

生育行政部门和教育行政部门负责兑现；升学加分优先录取由教育行政部门负责兑现；免除筹资、筹劳由乡(镇)政府和村民委员会负责兑现。具体办法由省人口计生委会同财政厅、教育厅、农业厅另行制订。养老生活补助的兑现按照国家有关规定执行。

任何组织和个人对符合奖励条件的当事人不得拒绝兑现或刁难。

第十六条 按本规定已给予奖励的农业人口夫妻，经批准再生育子女或依法收养子女且现有子女数超过一个的，应退回一次性奖金，不再继续给予有关奖励。

第十七条 按本规定已给予奖励的农业人口夫妻，违法再生育或违法收养孩子的，依照《云南省人口与计划生育条例》第三十八条的规定处理。

第十八条 当事人骗取奖金或其他奖励的，有关单位应当及时追回全部奖会，取消已给予的其他奖励，并由县级人口和计划生育行政部门依照《云南省人口与计划生育条例》和相关法律、法规的规定予以处理。

第十九条 各级政府应当进一步加强对人口与计划生育工作的领导。人口和计划生育、财政、教育、农业、扶贫等部门要切实履行好各自的职责，密切配合，共同做好农业人口独生子女家庭奖励工作。

各级政府要建立议事协调制度，由各级政府分管人口与计划生育工作的领导适时召集相关部门进行协调，切实提高人口与计划生育工作水平，做到严格控制违法生育与大力推行农业人口独生子女家庭奖励"两手抓"，切忌顾此失彼，以确保我省人口控制目标的实现。对于工作成绩显著的政府和有关部门，由上级政府给予表彰和奖励。对因领导不力、经费不落实、工作不到位造成农业人口独生子女家庭奖励工作不能正常开展的，追究主要领导、分管领导和相关责任人的责任。

第二十条 各级政府及有关部门要建立完善农业人口独生子女家庭奖励档案管理制度，实行计算机系统管理。

农业人口独生子女家庭奖励的执行情况，纳入县(市、区)、乡(镇)、村计划生育政务和村务公开的范围。各级人口和计划生育部门、财政部门、监察部门应当设立举报电话，鼓励公众和新闻媒体进行监督。对举报属实的人员，由省人口和计划生育委员会给予适当奖励。

第二十一条 各级财政、审计、临察部门应当加强对农业人口独生子女家庭奖励资金使用情况的监督检查，确保资金按时足额到位并专款专用。

对不按时拨付经费或虚报、冒领、克扣、贪污、骗取、挪用、挤占、截留奖励经费的单位和个人，应当依法追究有关负责人和直接责任人的责任，情节严重的依法追究刑事责任。

第二十二条 本规定自2004年6月1口起施行。2003年7月3日省政府印发的《云南省农业人口独生子女奖励暂行规定》(云政发[2003]84号)及相关配套规定同时废止。原执行《云南省农业人口独生子女奖励暂行规定》的县(市、区)的农业人口独子女父母的养老生活补助费从本规定施行之后按本规定进行调整。原未执行《云南省农业人口独生子女奖励暂行规定》的县(市、区)已办理《独生子女父母光荣证》的农业人口夫妻及其独生子女，按本规定第二条办理有关手续后，可享受除一次性奖金外的其他奖励政策。

云南省人口与计划生育条例

(2002年7月25日省九届人大常委会第十九次会议通过)

第一章　总　则

第一条　为了实现人口与经济、社会、资源、环境的协调发展，推行计划生育，控制人口数量，提高人口素质，改善人口结构，维护公民合法权益，促进家庭幸福、民族繁荣与社会进步，根据《中华人民共和国人口与计划生育法》和有关法律法规，结合本省实际，制订本条例。

第二条　实行计划生育是国家的基本国策。

本省行政区域内的公民、法人和其他组织应当遵守本条例。

第三条　计划生育工作坚持以宣传教育为主、避孕为主、经常工作为主，与发展经济、勤劳致富、建设文明幸福家庭相结合，依靠科技进步，推进优质服务，实现和稳定人口低增长水平，促进可持续发展。

第四条　各级人民政府领导本行政区域内的人口与计划生育工作。

各级人民政府的计划生育行政部门及工作机构负责本行政区域内的计划生育工作和与计划生育有关的人口工作。其他有关部门在各自的职责范围内做好人口与计划生育工作。

第五条　各级人民政府对在人口与计划生育服务与管理、科学研究与应用、对外交流与合作工作中作出显著成绩的组织和个人，给予奖励。

第二章　人口发展规划的制订与实施

第六条　县级以上人民政府根据上一级人民政府人口发展规划，结合当地实际编制本行政区域的人口发展规划，将其纳入国民经济和社会发展计划，制订人口与计划生育实施方案并组织实施。

县级以上计划生育行政部门负责人口与计划生育方案实施的日常工作。

乡级人民政府和城市街道办事处负责本辖区内的人口与计划生育工作。

第七条　村民委员会、居民委员会应当依法做好计划生育工作。

机关、企业事业单位、社会团体和其他组织应当做好本单位的计划生育工作。

第八条　各级人民政府应当采取措施，建立有效的人口与计划生育服务机制，健全母婴保健工作制度，提高医疗技术水平，完善婚前保健、孕产期保健制度，防止和减少出生缺陷，提高生殖健康水平，保障边远、贫困和少数民族地区公民享有计划生育的技术服务。

第九条　人口与计划生育工作实行目标管理责任制度，单位法定代表人责任制度，生育、节育与生殖保健合同管理制度和计划生育一票否决制度。

第十条 计划生育、教育、科技、文化、卫生、民政、新闻出版、广播电视等部门应当组织开展人口与计划生育宣传教育工作。

大众传媒应当开展人口与计划生育工作的社会公益性宣传。

学校应当以符合受教育者年龄、心理特征的方式，在学生中有计划地开展生理卫生教育、青春期教育和性健康教育。

第十一条 各级人民政府所属各工作部门的人口与计划生育工作，受同级计划生育行政部门的业务指导和监督检查。

机关、企业事业单位、社会团体、其他组织和公民的计划生育管理工作，由所在地的乡级人民政府、城市街道办事处计划生育工作机构负责。

第十二条 流动人口的计划生育工作由其户籍所在地和现居住的人民政府共同负责管理，以现居住地为主。

各级人民政府应当将流动人口计划生育管理纳入本行政区域内人口和计划生育工作目标管理责任制。

县级以上公安、工商行政管理、劳动和社会保障、卫生、建设等行政部门应当配合同级计划生育行政部门，在各自的职责范围内做好流动人口计划生育管理和服务工作。

第十三条 乡级人民政府、城市街道办事处设立计划生育工作机构，配备专职计划生育工作人员。

村民委员会、居民委员会配备计划生育宣传员。

村民小组和居民小组设置计划生育服务员。

机关、企业事业单位、社会团体和其他组织，应当配备专职或者兼职工作人员管理本单位的计划生育工作，可以根据工作需要设立计划生育工作机构。

第十四条 各级人民政府根据国民经济和社会发展状况逐步提高人口与计划生育经费投入的总体水平，切实保障人口与计划生育工作必要的经费。

各级人民政府应当对贫困地区、少数民族地区的人口与计划生育工作给予重点扶持。

各企业事业单位和其他组织应当安排必要的经费，保障人口与计划生育工作的开展。

禁止截留、克扣、挪用人口与计划生育经费。

第十五条 计划生育宣传员的报酬，由各级财政列入计划生育事业费中解决。

计划生育服务员的报酬，主要由乡镇、城市街道办事处解决，村民委员会、居民委员会给予补助。

第十六条 计划生育行政部门应当公开计划生育的规定和办事程序，依法行政；从事计划生育工作的人员应当持证上岗，文明执法，不得侵犯公民的合法权益。

乡级人民政府、城市街道办事处和村民委员会、居民委员会、单位应当定期公布生育情况、计划生育违法行为的处理结果和社会抚养费征收情况，接受群众监督。

第三章　生育调节

第十七条 鼓励公民晚婚晚育，少生优生，提倡一对夫妻生育一个子女；符合法律、行政法规和本条例规定的，可以要求生育第二个子女。

第十八条 夫妻双方或者一方是非农业人口的，一对夫妻生育一个子女。但有下列情形之一的，由夫妻双方申请，经县级计划生育行政部门审查批准，可以生育第二个子女：

（一）经计划生育行政部门组织医学鉴定，第一个子女为非遗传性或者可以避免的遗传性残疾，适宜再生育的；

（二）经计划生育技术鉴定患不孕症，依法收养一个子女后又怀孕的；

（三）夫妻双方都是独生子女的；

（四）夫妻双方都是归国华侨或者港、澳、台同胞，来我省定居时间不满六年的。

第十九条 提倡农业人口一对夫妻生育一个子女。确有实际困难要求生育第二个子女的，由夫妻双方申请，经县级计划生育行政部门审查批准，可以生育第二个子女。

大中城市的郊区、人口稠密或者生态恶化地区实施前款规定应当从严控制，具体办法由州、市人民政府和地区行政公署制订，报省人民政府批准后执行。

第二十条 少数民族农业人口在执行本条例第十九条规定的基础上，有下列情形之一的，夫妻双方可以提出申请，经县级计划生育行政部门批准，可以再生育一个子女：

（一）夫妻双方都是居住在边境村民委员会辖区内的少数民族

（二）夫妻双方或者一方是独龙族、德昂族、基诺族、阿昌族、怒族、普米族、布朗族的。

第二十一条 再婚夫妻，具有下列情形之一的，由夫妻双方申请，经县级计划生育行政部门审查批准，可以再生育一个子女：

（一）夫妻一方为初婚，另一方为再婚并只生育过一个子女的；或者双方都是再婚，其中一方只生育过一个子女的，另一方未生育过的。

（二）农业人口的再婚夫妻，一方为依法生育过两个子女的丧偶者，另一方为未生育过的。

第二十二条 育龄夫妻不得以送养子女为由，违反本条例规定再生育子女。

第二十三条 符合再生育规定的，生育间隔时间应当在四周年以上。

符合本条例第二十条规定，需要缩短生育间隔时间的，经县级计划生育行政部门批准，生育间隔时间可以缩短至三周年。

第二十四条 夫妻要求生育第一个子女的，由双方向女方工作单位所在地或者女方户籍所在地乡级人民政府或者城市街道办事处办理生育手续。

符合本条例规定，要求再生育一个子女的，由夫妻双方共同提出申请，经女方工作单位所在地或者女方户籍所在地乡级人民政府或者城市街道办事处审查，报县级计划生育行政部门办理生育手续。

在异地居住一年以上的本省公民，经户籍所在地乡级人民政府出具婚育情况证明，也可以在现居住地申请办理生育手续。

审批机关应当自收到申请书之日起三十日内作出决定；因特殊情况需要延长的，经审批机关负责人批准，可以适当延长，但最长不超过六十日。

第二十五条 符合生育条件生育的，应当依照本条例规定领取《生育证》。

第四章　奖励与社会保障

第二十六条 男二十五周岁、女二十三周岁以上的公民，依法登记初婚的为晚婚，已婚妇女二十四周岁以上生育第一个子女的为晚育。

机关、企业事业单位、社会团体和其他组织的工作人员晚婚的，在国家规定的婚假外增加婚假十五天；晚育的给予女方增加产假三十天，男方护理假七天；在产假期间办理《独生子女父母光荣证》的，给予女方增加产假十五天。

前款规定的休假视同出勤。

第二十七条 机关、企业事业单位、社会团体和其他组织的工作人员，施行计划生育手术后，依照下列规定休假：

（一）放置宫内节育器的，休假七天，产假期间放置的产假顺延。

（二）经计划生育行政部门批准摘取宫内节育器的，休假三天。

（三）施行输卵管结扎的，休假三十天，产假期间结扎的产假顺延。

（四）施行输精管结扎的，休假十五天。

（五）经县级计划生育行政部门批准，施行输卵管复通术的，休假三十天；施行输精管复通术的，休假十五天。

（六）因避孕措施失效而施行补救手术的，休假四十天。

前款规定的休假视同出勤。

第二十八条 无兄弟姐妹（包括同胞、继、养兄弟姐妹）的独生子、独生女或者依法收养的独养子女为独生子女。

领取《独生子女父母光荣证》的，享受下列奖励和优待：

（一）从领证之月起到子女满十四周岁止，每月领取不低于十元的独生子女保健费，独生子女保健费的发放，夫妻双方都是机关、企业事业单位、社会团体工作人员的，由所在单位各支付一半；一方是机关、企业事业单位、社会团体工作人员，另一方是其他非农业人口或者农业人口的，由机关、企业事业单位、社会团体工作人员所在单位全额支付。夫妻双方都是其他非农业人口或者农业人口的，由其户籍所在地的县、乡财政共同安排解决；

（二）在同等条件下给予社会救助，子女入托、入园、入学等方面的优先照顾；

（三）享受退休待遇的，退休时加发百分之五的退休金或者基本养老金；

（四）农村独生子女由计划生育技术服务机构给予定期免费的健康检查；

（五）对农村独生子女家庭发展经济，给予资金、技术、培训等方面的支持、优惠；对农村独生子女困难家庭，在扶贫贷款、以工代赈、扶贫项目、社会救济以及划分宅基地、介绍就业等方面给予优先照顾。

独生子女死亡，其父母不再生育或者收养子女的，前款第（三）、（五）项规定的待遇不变。享受独生子女待遇后，经批准再生育一个子女的，从批准之月起收回《独生子女父母光荣证》，并停止享受本条规定的奖励和优待。

第二十九条 符合再生育规定的农业人口的夫妻，自愿终身只生（养）育一个子女并领取《独生子女父母光荣证》的，除享受本条例第二十八条第二款规定的奖励和优待外，由人民政府给予一次性奖励，具体办法由省人民政府规定。

第三十条 各级人民政府应当建立健全农村社会保障制度，促进计划生育工作的开展。

第五章　计划生育技术服务

第三十一条 计划生育技术服务机构应当依法办理《计划生育技术服务机构执业许可证》，并由批准机构在执业许可证上注明获准开展的计划生育技术服务项目。从事计划生育技术服务的医疗、保健机构，由县级以上卫生行政部门审查批准，在其《医疗机构执业许可证》上注明获准开展的计划生育技术服务项目，向同级计划生育行政部门通报。

计划生育手术必须由取得《计划生育技术服务人员合格证》的人员按照批准的手术范围施行。

实施避孕节育手术，应当保证受术者的安全。经鉴定为计划生育技术服务事故、计划生育手术并发症的，由施术单位依法承担责任。

第三十二条 育龄夫妻应当自觉落实计划生育避孕节育措施，接受计划生育技术服务指导，预防和减少非意愿妊娠。

第三十三条 计划生育行政部门负责计划生育技术服务的综合管理。

计划生育技术服务机构及其工作人员负责指导公民知情选择安全、有效、适宜的避孕节育措施，对不符合本条例规定怀孕的，应当及时帮助其采取补救措施。

第三十四条 参加生育保险或者基本医疗保险的机关、企业事业单位、社会团体和其他组织的工作人员，其计划生育手术费用纳入保险基金支付；未参加生育、医疗保险的单位，其工作人员计划生育手术费用由所在单位承担。

其他非农业人口、农业人口的计划生育手术费用，按照国家有关规定列入财政预算。

第三十五条 病残儿童医学鉴定、计划生育手术并发症鉴定和管理，依照国务院《计划生育技术服务管理条例》执行。

第三十六条 严禁任何机构和个人利用超声技术和其他技术手段进行非医学需要的胎儿性别鉴定；严禁非医学需要的选择性别的人工终止妊娠。

第六章 法律责任

第三十七条 违反本条例第十八条、第十九条、第二十条、第二十一条、第二十二条规定生育子女的，依法对夫妻双方分别征收社会抚养费，并依照下列规定处理：

（一）属机关、事业单位、社会团体工作人员的，给予开除的行政处分；

（二）属企业职工的，解除劳动合同；

（三）属机关、企业事业单位、社会团体的退休人员的，减发退休金或者基本养老金；

（四）属农业人口的，在落实节育措施前，不得享受扶贫优待。

未依法确立夫妻关系，违反本条例规定生育子女的，依照前款规定处理。

收养子女，违反计划生育有关规定的，依照本条第一款的规定处理。

违法生育的人员，生育费用及与生育有关的医疗费用自理；有工资待遇的，产假期间不发工资。

第三十八条 享受独生子女待遇后，违法生育第二个子女的，取消独生子女待遇，收回《独生子女父母光荣证》和已发放的独生子女保健费、加发的退休金或者基本养老金以及一次性奖励费，并按照本条例第三十七条的规定处理。

第三十九条 社会抚养费的征收、管理，依照国务院有关规定执行。

第四十条 违反本条例第二十三条规定生育子女的，对夫妻双方分别处五百元以上二千元以下罚款。

违反本条例第二十五条规定无证生育的，应当责令其补办《生育证》，拒不补办的，对夫妻双方分别处二百元至一千元罚款。

第四十一条 有配偶者与他人生育子女的，处五千元以上一万元以下罚款，并依照本条例第三十七条的规定处理。

第四十二条 有下列情形之一的，由县级计划生育行政部门给予警告，责令限期改正，并处一千元以上三千元以下的罚款：

（一）干涉、阻碍他人实行避孕节育措施的；

（二）藏匿、包庇违反计划生育人员的；

（三）其他妨害计划生育管理的行为。

第四十三条 国家机关工作人员在计划生育工作中，有下列行为之一的，给予行政处分；有违法所得的，没收违法所得，构成犯罪的，依法追究刑事责任：

（一）侵犯公民人身权、财产权和其他合法权益的；

（二）滥用职权、玩忽职守、徇私舞弊的；

（三）索取、收受贿赂的；

（四）截留、克扣、挪用、贪污计划生育经费或者社会抚养费的；

（五）虚报、瞒报、伪造、篡改或者拒报人口与计划生育统计数据的。

计划生育宣传员不履行其义务或者有其他违反本条例规定行为的，应当给予批评教育，构成犯罪的，依法追究刑事责任。

第四十四条 有下列情形之一的，由计划生育行政部门给予批评教育并予以制止，违反治安管理规定的，依法给予治安管理处罚；构成犯罪的，依法追究刑事责任：

（一）以暴力、胁迫或者其他手段阻碍计划生育行政部门及其工作人员依法执行公务的；

(二)对计划生育工作人员及其家庭成员实施报复，造成伤害的；

(三)扰乱计划生育机关正常工作秩序的；

(四)因生育原因虐待妇女、儿童的；

(五)歧视、虐待、遗弃女婴的。

第四十五条 流动人口在本省行政区域内违法生育的，依照本条例的有关规定处理。

第四十六条 违法生育人员，五年内不得评选先进、授予荣誉称号和奖励；不得任用为机关、事业单位、国有及国有控股企业、社会团体的负责人。

违法生育人员所在单位，三年内不得评选为文明单位、先进单位，不得授予荣誉称号。

第四十七条 公民、法人和其他组织认为行政机关及其工作人员在计划生育管理工作中的具体行政行为侵犯其合法权益的，可以依法申请行政复议或者提起行政诉讼。

第七章　附则

第四十八条 本条例自2002年9月1日起行。

1990年12月22日云南省第七届人民代表大会常务委员会第十五次会议通过《云南省计划生育条例》、1997年12月3日云南省第八届人民代表大会常务委员会第三十一次会议审议通过的《云南省人民代表大会常务委员会关于修改十五件地方性法规的决定》中有关《云南省计划生育条例》修改的规定同时废止。

云南省社会抚养费征收管理规定

（云南省人民政府 2002 年 8 月 30 日公布）

第一条 根据国务院公布的《社会抚养费征收管理办法》和《云南省人口与计划生育条例》，结合本省实际，制订本规定。

第二条 对违反《云南省人口与计划生育条例》规定多生育子女的公民，应当征收社会抚养费的，依照本规定执行。

第三条 社会抚养费的征收标准，按照下列规定执行：

（一）非农业人口夫妻违法多生育一个子女的，对双方分别按照省统计部门公布的上年度全省城镇居民年人均可支配收入的 5 至 10 倍计征；

（二）农业人口夫妻违法多生育一个子女的，对双方分别按照地州市统计部门公布的上年度地州市农民年人均纯收入的 5 至 8 倍计征：

（三）违法多生育一个子女的夫妻，一方是非农业人口，另一方是农业人口的，按照本款（一）、（二）项分别计征。

违法多生育二个以下子女的，以违法生育一个子女应当征收的社会抚养费为基数，按照违法多生育子女数为倍数计征。

本条规定的违法生育人员，本人上年度实际收人高于统计部门公布的上年度全省城镇居民年人均可支配收入和地州市农民年人均纯收入的，还应当以其超过部分为基数加收 3 倍的社会抚养费。

第四条 流动人口违法生育子女的，按照下列规定征收社会抚养费：

（一）当事人的违法生育行为发生在其现居住地的，由现居住地县级人民政府计划生育行政部门按照现居住地的征收标准作出征收决定；

（二）当事人的违法生育行为发生在其户籍所在地的，由户籍所在地县级人民政府计划生育行政部门按照户籍所在地的征收标准作出征收决定；

（三）当事人的违法生育行为发生时，其现居住地或者户籍所在地县级人民政府计划生育行政部门均未发现的，此后由首先发现其生育行为的县级人民政府计划生育行政部门按照当地的征收标准作出征收决定。

当事人在一地已经被征收社会抚养费的，在另一地不得因同一事实再次被征收社会抚养费。

第五条 征收社会抚养费，由县级人民政府计划生育行政部门作出书面征收决定；县级人民政府计划生育行政部门也可以委托乡（镇）人民政府或者街道办事处作出书面征收决定。

乡（镇）人民政府或者街道办事处为社会抚养费的代征机关，负责社会抚养费的征收工作。村（居）民委员会和有关单位应当予以协助。

第六条 社会抚养费的征收决定，自送达当事人之日起生效。当事人应当自收到征收决定之日起 30 日内一次性缴纳社会抚养费。

一次性缴纳社会抚养费确有实际困难的，可以自收到征收决定之日起 30 日内由本人提出分期缴纳的书面申请，由所在单位或者村（居）民委员会出具证明，经乡（镇）人民政府或者街道办事处审查，报县级人民政府计划生育行政部门审批。

县级人民政府计划生育行政部门应当自收到当事人的申请之日起30日内作出批准或者不批准分期缴纳的决定，并书面通知当事人和代征机关。

经批准分期缴纳社会抚养费的，缴纳期限最长不得超过两年。

第七条 当事人未在规定的期限内缴纳社会抚养费的，自欠缴之日起每月加收欠缴社会抚养费的千分之二的滞纳金；仍不缴纳的，由作出征收决定的计划生育行政部门依法申请人民法院强制执行。

第八条 社会抚养费及滞纳金应当全部上缴国库，纳入地方财政预算管理。任何单位和个人不得截留、挪用、贪污、私分。

计划生育工作必要的经费，由各级人民政府财政予以保障。

第九条 社会抚养费的代征机关应当在收到社会抚养费之日起二日内将社会抚养费上缴县级国库，并定期将社会抚养费的征缴情况报告作出征收决定的计划生育行政部门。

第十条 征收社会抚养费应当向当事人出具社会抚养费专用收据。社会抚养费专用收据由省财政部门统一印制。

第十一条 县级以上人民政府计划生育、财政、价格、审计、监察等部门，应当加强对社会抚养费征收管理工作的监督、检查。

第十二条 本规定自2002年9月1日起施行。2002年9月1前违法生育的，仍依照《云南省计划生育条例》的规定征收或者追缴计划外生育费。

印发云南省农业人口独生子女家庭奖励规定实施细则的通知

云政办发[2004]165号

各州、市、县人民政府，各地区行政公署，省直各委、办、厅、局：

经省政府同意，现将《云南省农业人口独生子女家庭奖励规定实施细则》印发给你们，请与《云南省人民政府关于印发云南省农业人口独生子女家庭奖励规定的通知》(云政发[2004]101号)一并贯彻落实。

二00四年七月十六日

云南省农业人口独生子女家庭奖励规定实施细则

第一章　具体政策适用

第一条　为贯彻落实《云南省农业人口独生子女家庭奖励规定》(以下简称《规定》)，确保“奖优免补”政策的兑现，特制订本实施细则。

第二条　有违法多生育行为的人员，即使其现有家庭子女数只有一个或无子女，也不能享受“奖优免补”政策。

有早育、非婚生育、不到间隔生育行为的人员．在接受有关处理后．符合《规定》第二条并达到法定结婚年龄和生育间隔的，可以享受相应的奖励和优待。

第三条 生育行为的合法性依据以下法规、文件规定确认。

(一)2002年9月1日以后生育的，依据《云南省人口与计划生育条例》确认。

(二)1991年4月1日至2002年8月31日生育的，依据原《云南省计划生育条例》确认。

(三)1984年8月26日至1991年3月31日生育的，依据省委《批转省计划生育委员会党组《关于贯彻中央[1984]7号文件，继续大力抓紧抓好计划生育工作的意见)的通知》(云发[1984]52号)和《关于再婚夫妻生育和领取独生子女证的几点规定(试行办法)》(云计生委发[1985]29号)确认。

(四)1979年7月9日至1984年8月25日生育的，依据我省《关于计划生育工作若干问题的试行规定》(云革发[1979]157号)确认。

(五)1979年7月8日以前生育的，依据当时适用的有关计划生育政策规定确认。

第四条 享受"奖优免补"的人员应分别符合以下条件

"奖":自愿放弃再生育,终身生育一个孩子,在子女年满14周岁前领取了《独生子女父母光荣证》(以下简称《光荣证》)，落实了长效避孕措施并与乡(镇)人民政府签订了终身生育一个孩子合同的农业人口夫妻。

"优"：按《规定》第二条办理了手续的夫妻的独生子女(仅限应届毕业生)。

"免"：教育二免费的对象是按《规定》第二条办理了手续的夫妻的独生子女，属正在接受义务教育期间的在校学生(小学、初中毕业后的复读生不得重复享受)：

免除筹资、筹劳的对象是按《规定》第一条办理了手续且子女未满16周岁的夫妻。

"补"：1933年1月1日以后出生，无违法多生育行为，现只有一个子女或子女死亡现无子女，年满60周岁的农业人口。

第五条 按《规定》第二条办理了有关手续的夫妻，凭《终身生育一个孩子合同书》领取《云南省农业人口独生子女家庭奖励兑现证》(以下简称《兑现证》),发证机关根据其办理《光荣证》的时间,在《兑现证》栏目内注明可享受优待的内容。

婚姻、户籍情况发生变化的，应重新办理《兑现证》，已享受过一次性奖励的，不得重复享受。

子女情况发生变化的，应及时到发证机关更改，不得重复享受一次性奖励。

只享受"补"的人员，凭所在村(居)委员会的证明，经乡(镇)人民政府核实后，报经县级人口计生部门批准发给《兑现证》，凭《兑现证》享受"补"的优待。

第六条 《规定》第二条所称的长效避孕措施是指放置宫内节育器、皮埋、输精管或输卵管结扎术中的一种。

对只生育一个孩子的夫妻，除本人要求外，不得施行输精管或输卵管结扎术。

第七条 《规定》第六条所称的无子女是指再婚夫妻分别与前配偶离婚时，子女都判归前配偶，新组合的家庭无子女。这类人员年满60周岁后享受养老生活补助费(即国家规定的奖励扶助金，下同)的标准，以各自再婚前独生子女的性别确定。

第八条 属我省户籍的流动人口，符合奖励条件的，父母的奖励由其户籍所在地负责兑现；子女在本省就读的，"优免"由就读学校所在地负责落实。

第九条 现存子女数包含本人及配偶曾生育现存活的子女数和收养、送养现存活的子女数。

第十条 农业人口独生子女义务教育阶段"三免费"的标准为：小学阶段每人每学年160元，初中阶段每人每学年260元。实行"一费制"后，按省政府规定的"一费制"的标准执行。

执行边境地区乡镇义务教育"三免费"的地方，独生子女不重复享受教育"三免费"。

第二章 职责

第十一条 村(居)民委员会职责

(一)负责《规定》的宣传工作；

(二)负责奖励对象的摸底调查，适时走访奖励对象，建立统计台账，向有关部门提供信息资料；

(三)负责奖励对象资格的初审；

(四)对奖励对象名单进行公示；

(五)兑现免除筹资、筹劳；

(六)协助有关部门做好奖励金的发放工作。

第十二条 人口和计划生育部门职责

(一)乡(镇)计生办的职责：

1.负责做好《规定》的宣传工作；

1.负责计划生育奖励对象资格的审查，将奖励对象名单予以公示；

1.负责奖励对象的统计调查、数据汇总和人群规模预测，分类登记，建立信息档案，每半年至少与领取养老生活补助对象见面一次，核实情况；

1.根据《云南省人口与计划生育条例》、《云南省独生子女父母光荣证管理办法》和《规定》，为符合条件的农业人口夫妻及其独生子女发放《光荣证》，受县级人口计生部门的委托发放《兑现证》；

1.负责奖励金的兑现；

(二)县级人口计生部门职责：

1.负责计划生育奖励对象资格的认定和审批。对各乡(镇)的奖励对象名单确认后，正式报同级财政部门和代发养老生活补助费的机构；对变更的对象名单应在确认后5个工作日内通知代理发放机构；

1.对所属乡(镇)办理计划生育奖励情况进行指导和监督检查，会同当地财政部门与代理发放机构签订委托代发计划生育奖励金协议书；

1.设立农业人口独生子女奖励资金专户，负责专户资金核算和管理，并编制各类财务报表；

1.每年10月底前应组织年度的奖励人数进行调查摸底，制订奖励计划，并在11月15日前分别报送同级财政部门和各级人口计生、财政部门；

1.负责《规定》实施的培训工作；

1.负责对乡(镇)落实"奖优免补"政策进行临督、检查、考核。

(三)地州市级人口计生部门职责：

1.负责对《规定》的宣传和人员的培训；

1.结合本地实际建立确保"奖优免补"规范运行的机制；

1.及时向同级财政部门和教育部门以及上级人口计生部门报送"奖优免补"有关资料；

1. 对县、乡(镇)级执行“奖优免补”政策情况进行监督、检查、考核;

1. 做好“奖优免补”实施中的有关协调工作。

(四)省级人口计生部门职责:

1. 牵头有关部门研究拟定“奖优免补”工作实施细则,完善配套政策和规章制度,建立确保“奖优免补”政策规范运行的机制,对政策执行情况进行监督检查;

1. 负责《规定》的政策解释;

1. 组织、协调“奖优免补”的宣传和培训工作;

1. 配合财政部门做好奖励资金的年度预算、决算和专项资会的拨付与管理;

1. 组织、协调对奖励专项资金管理使用情况的绩效评估;

1. 向代理发放养老生活补助费的机构提供奖励对象个人信息档案,协助建立奖励金个人账户,及时了解个人账户的资金转入和提取情况。

第十三条 财政部门职责

(一)县级财政部门职责:

1. 负责落实本级承担的配套资金,会同县级人口计生部门建立农业人口独生子女奖励资金专户;

1. 审核人口计生部门申报的奖励经费预算,将《规定》所涉及的经费纳入本级财政预算,实行奖励经费预拨制度,及时将省、地、州、市安排的奖励资金和本级承担的配套资金预算下达拨付到县级人口计生部门,并将资金及时拨付到“农业人口独生子女奖励资金专户”;

1. 负责奖励资金的决算;

1. 向上级财政和人口计生部门上报“奖优免补”所需经费预算、决算情况;

1. 对奖励资金的兑现情况进行监督、检查。

(二)地州市财政部门职责:

1、负责落实本级承担的配套资会;

1. 审核计划生育部门申报的奖励经费预算,将《规定》所涉及的经费纳入本级财政预算,实行奖励经费预拨制度,及时将省级安排的奖励资金和本级承担的配套资金一并下达拨付到县级财政;

1. 向上级财政和人口计生部门上报“奖优免补”经费预算、决算情况:

1. 对奖励资金的兑现情况进行监督、检查。

(三)省级财政部门职责:

1. 负责落实省级承担的奖励资金;

1. 审核人口计生部门申报的奖励经费预算,将《规定》所涉及的经费纳入本级财政预算,实行奖励经费预拨制度,上半年前将本年度预算安排的奖励资金下达拨付到地州市财政以及将养老生活补助资金拨付到代理发放金融机构;

1. 对地州市、县(市、区)奖励资金的兑现及代理发放养老生活补助费的机构发放养老生活补助费的情况进行监督、检查;

1. 省级人口计生部门及时向国家财政部和国家人口计生委上报奖励扶助金预算、决算情况及相关资料。

第十四条 代理发放养老生活补助费机构职责

（一）与省级财政、人口计生部门签订委托代理发放养老生活补助费协议书。

（二）建立奖励对象个人账户。在收到人口计生部门提供的计划生育奖励对象名单后，应及时将资金直接划入到计划生育奖励对象个人账户，并及时将实际发放名单、数额和汇总情况向省级财政、人口计生部门通报。

（三）确保奖励金发放到户、到人。对符合规定的奖励对象，在确认其身份和核对名单后，应立即按规定支付奖励金；当事人因特殊情况委托他人代领的，代领人应持本人身份证和委托人的身份证和《兑现证》代领奖励金。

第十五条　教育部门职责

（一）中小学校职责：

1. 宣传“奖优免补”政策；

1. 初审教育“三免费”学生名单并上报县级人口计生部门和教育部门，抄送乡（镇）计生办；

1. 按照审批后的名单兑现教育“三免费”。

（二）县级教育部门职责；

1. 宣传“奖优免补”政策；

1. 督促中小学校兑现教育“三免费”；

1. 兑现小学升初中和初中升高中加分照顾；

1. 审核上报中考、高考加分的学生名单；

1. 督促、检查、落实和考核教育“优免”政策的执行情况，

（三）地州市级教育部门职责；

1. 宫传“奖优免补”政策；

1. 兑现中考加分政策；

1. 审核中考、高考加分学生名单；

1. 督促、检查、落实和考核教育“优免”政策的执行情况；

（四）省级教育部门职责；

1. 宣传“奖优免补”政策；

1. 兑现高考加分政策；

1. 督促、检查、落实和考核教育“优免”政策的执行情况；

第十六条　审计部门职责

县级以上审计部门每年对同级财政和人口计生部门“奖优免补”资金的到位和使用情况进行审计。

第十七条　监察部门职责

（一）对“奖优免补”政策执行情况进行日常监督。

（二）对执行“奖优免补”政策工作中发生的违法违纪行为及时进行查处。

第十八条　农业部门职责

对乡（镇）人民政府和村民委员会免除独生子女父母筹资、筹劳的工作进行指导和监督，确保政策兑现。

第十九条　扶贫开发部门职责

（一）会同人口计生部门抓好国家“少生快富”扶贫工程。

（二）把扶贫工作与计划生育工作相结合，优先扶持实行计划生育的贫困户。

第二十条 公安部门职责

（一）根据当事人的申请，据实出具户籍证明。

（二）对伪造户籍等证明材料的行为依法进行查处。

（三）根据人口计生部门的工作需要适时提供相关资料。

第三章 兑现程序

第二十一条 一次性奖励金的兑现程序

由独生子女父母持本人居民身份证或户口簿及有关证明材料，到所在村（居）民委员会领取并填写《云南省农业人口独生子女家庭一次性奖励金申报审批表》，同时提供《光荣证》和已落实长效避孕措施的证明，交村（居）民委员会。

村（居）民委员会应及时对申请人的申请进行初审，并在村、组公示5日，再将无异议的对象资料报乡（镇）计生办。乡（镇）计生办应及时进行审核，并公示5日，无异议后由乡（镇）人民政府与申请人签订《自愿终身生育一个孩子合同书》，将对象资料报县级人口计生部门审批。

县级人口计生部门应在5个工作日内进行审核，并批复各乡（镇）计生办。

乡（镇）训生办在接到县级人口计生部门批复后，向奖励对象发放《兑现证》并兑现奖金。

第二十二条 独生子女升学加分兑现程序符合升学加分的农业人口独生子女，高中毕业报考高等院校时，由本人提出申请，填写《云南省农业人口独生子女报考高等院校升学加分申报审批表》，由招生部门负责落实加分。对同时符合多种加分照顾条件的，执行最高加分政策，不得累计加分。

小学、初中毕业的升学加分程序及办法，各地州市、县（市、区）自定。

第二十三条 教育“三免费”（或免除“一费”）兑现的程序

符合教育“三免费”（或免除“一费”）的农业人口独生子女，凭其父母的《光荣证》和《兑现证》，在所就读的学校填写《云南省免除农业人口独生子女义务教育阶段二费（一费）申报审批表》，经批准后享受优待。

第二十四条 免除筹资、筹劳的程序

乡（镇）人民政府、村民委员会在安排筹资、筹劳时，农业人口独生子女的父母凭《兑现证》向村民委员会提出免除筹资、筹劳申请。村民委员会应将申请人的情况在本村范围内公示5日，群众无异议的，免除申请人的筹资、筹劳。

第二十五条 养老生活补助费的兑现程序

（一）符合享受养老生活补助费的人员，须填写《云南省农业人口独生子女家庭养老生活补助费申报审批表》，办理有关手续。

（二）代理发放机构根据人口计生部门提供的奖励对象资料信息，建立奖励对象个案信息库，以个人为单位制作存折或储蓄卡，在规定时间内发放到奖励对象手中。

（二）奖励对象凭《兑现证》领取存折或储蓄卡，持存折或储蓄卡到代理发放机构网点支取现金。

第四章　监督与责任追究

第二十六条　行政监督

（一）县级以上监察、人口计生部门设立举报电话并向社会公开，接受社会监督。对“奖优免补”政策执行中的各种举报进行收集、分析，对违纪违规的人和事进行查处，对触犯刑律的移送司法机关处理。

（二）县级以上人口计生、财政、教育、审计、监察部门要组织会计师事务所等社会中介机构对下级执行“奖优免补”政策的情况进行检查，对绩效作出综合评估。

（三）利用“奖优免补”信息管理和监控平台实行动态管理各地州市、县（市、区）人口计生部门，每半年进行一次相关数据的汇总分析，并及时向省人口计生部门报告专项资金落实的情况，省人口计生部门对各地州市、县（市、区）专项资金落实情况进行通报。

第二十七条　群众监督

（一）县、乡、村应按程序将奖励对象名单、家庭基本情况及应享受的奖励和优待事项予以公示，接受群众监督。

（二）发挥行风评议作用，各级人口计生部门把“奖优免补”的落实情况纳入每年“计划生育行风评议活动”的范围．让广大群众对“奖优免补”工作开展情况公开进行评价。

（三）县级人口计生部门、乡（镇）人民政府指定专人受理群众的批评、建议、申诉、检举、举报，对不符合条件的申请人要说明原因，并为群众的咨询和查询提供服务。

（四）各级计生协会要组织会员对“奖优免补”的村务公开、民主评议的执行情况进行监督．及时了解和反馈群众意见，在开展村民自治工作中让群众充分知晓“奖优免补”政策及执行情况。

第二十八条　舆论监督

（一）各地州市、县（市、区）要加强对农村“奖优免补”政策的宣传，让广大群众了解国家的奖励扶助政策，营造有利于社会监督的舆论氛围。

（二）充分发挥报刊、广播电视、网络等新闻媒体的监督作用，宣传“奖优免补”执行中的经验、做法，对政策执行中的违法、违纪案件，经有关部门批准后可公开曝光。

第二十九条　责任追究

（一）把“奖优免补”政策执行情况纳入人口和计划生育目标管理责任制考核。对因领导不力、经费不落实、工作不到位造成农业人口独生子女家庭奖励工作不能正常开展的，要追究主要领导、分管领导和相关责任人的责任。

（二）“奖优免补”政策执行中，对把握政策不严，执行政策不公，弄虚作假，以权谋私的，要追究人口计生部门主要负责人和直接责任人的责任。

（三）省、地州市、县（市、区）财政配套资金不能及时足额拨付到位的，由同级政府追究财政部门主要负责人和有关人员的责任。

（四）独生子女升学加分和教育“三免费”（或免除“一费”）不能兑现的，由同级政府追究教育部门主要负责人和有关人员的责任。

（五）对虚报、冒领、克扣、贪污、挪用、挤占奖励资金的单位和个人，一经发现，由各级人民政府和有关部门按照有关法律法规严肃查处，对相关领导和责任人，依法给予行政处分和党纪处分，触犯刑律的，依法追究刑事责任。

（六）受委托发放养老生活补助费的机构不能按委托协议履行义务，或因管理不严造成专项资金流失、挪用，不能及时足额发放的，按有关法律、法规和协议追究其责任。

（七）严禁任何单位、个人以任何名义借发放奖励金之机，抵扣计划生育其他经费或搭车收费。情节严重的，按照有关规定给予严肃处理。

（八）参与实施“奖优免补”政策的人员弄虚作假，提供虚假证明材料，属国家工作人员的，给予行政处分；属党员的，给予党纪处分；属非国家工作人员而享受有关工资待遇的，依法解除劳动合同。

第五章　附　则

第三十条　本实施细则与《规定》一并实施。

第三十一条　本实施细则由省人口和计划生育委员会负责解释。

BIAN JI SHUO MING

编辑说明

人口问题是我国社会主义初级阶段长期面临的重大问题，是制约我国经济和社会发展的关键因素。稳定低生育水平，统筹解决人口问题，促进人的全面发展是实现社会主义现代化建设宏伟目标、实现全面协调和可持续发展、全面建设小康社会和构建社会主义和谐社会的重大战略决策。实行计划生育仍然是必须长期坚持的基本国策。中国人口和计划生育事业自上世纪70代以来，特别是“十五”时期取得了巨大成就，为国家的经济和社会发展作出了重要贡献。2006年以中央《决定》的颁布为标志，我国人口和计划生育工作进入了稳定低生育水平、统筹解决人口问题的新的历史发展阶段。

《云南人口和计划生育年鉴》（以下简称《年鉴》）是云南省人口和计划生育委员会主管，全省人口计生系统和部分人口研究机构共同参与编纂的首部年鉴，全面、系统、准确地总结、记载、宣传云南人口和计划生育事业进展、成就和经验的大型资料工具书。

《年鉴》作为大型资料工具书，为读者提供了便捷的查阅途径。《年鉴》由云南人口和计生系统和有关机构的干部、专家共同撰稿和编写，内容、资料和数据力求全面、真实、准确、客观。因本年鉴编辑部人力、水平、时间有限，编校工作中的疏漏和差错在所难免，诚望广大读者给予理解和支持，并提出宝贵意见。

经过全省人口计生系统共同努力，首次创刊的《年鉴》将在保存史实资料、总结传播经验、宣传先进典型、传递业务信息、提供历史借鉴、辅助领导决策等方面发挥重要的作用，更好地为我省人口和计划生育事业在新时期、新阶段的进一步发展服务。

2009年6月

云南人口和计划生育年鉴编辑部

图书在版编目(CIP)数据

云南人口和计划生育年鉴：2006～2008 / 云南省人口和计划生育委员会编 .—昆明：云南人民出版社，2009

ISBN 978-7-222-06186-6

Ⅰ. 云 … Ⅱ. 云… Ⅲ. ①人口—工作—云南省—2006～2008—年鉴②计划生育—工作—云南省—2006～2008—年鉴 Ⅳ. C924.257.4-54

中国版本图书馆 CIP 数据核字（2009）第 187282 号

责任编辑：崔 洋

装帧设计：李学科

责任印制：段金华

书 名	云南人口和计划生育年鉴（2006-2008）
作 者	云南省人口和计划生育委员会 编
出 版	云南出版集团公司 云南人民出版社
发 行	云南人民出版社
地 址	昆明市环城西路 609 号
邮 编	650034
网 址	www.ynpph.com.cn
E-mail	rmszbs@public.km.yn.cn
开 本	889×1194 1/16
印 张	75.25
字 数	1200 千
版 次	2009 年 10 月第 1 次印刷
印 刷	昆明美盈彩印包装有限公司
书 号	ISBN 978-7-222-06186-6
定 价	680.00 元

开远市人口和计划生育局

云南省人口计生委吴副主任（左二）一行到开远指导创优工作

市长李存贵（右一）一行到人口计生局调研，察看计生服务站建设

市人口计生局局长刘东（中）慰问农村独生子女贫困户

2006年，开远市全面完成了红河州下达的各项责任目标任务，计划生育工作呈现稳步健康发展态势。

人口基本情况：据开远市统计局公报，2006年开远市年末总人口262641人，出生率12.34‰，死亡率5.08‰，自然增长率为7.26‰，出生人口为3251人，死亡人口为1337人。计划生育基本情况：据开远市计划生育报表，计划生育率为98.15%、优选节育率为77.29%、避孕及时率为68%。

2007年，开远市围绕以人的全面发展为核心，以稳定低生育水平、提高人口素质为目标，全面提高管理水平和服务质量，为全市建设小康社会创造良好的人口环境。

人口基本情况：据开远市统计局公报，2007年开远市年末总人口为265202人，出生率12.54‰，死亡率4.61‰，自然增长率7.93‰，出生人口为3309人，死亡人口为1217人。计划生育基本情况：据开远市计划生育报表，计划生育率为97.73%、优选节育率为77.50%、避孕及时率为68%。

2008年开远市委、市人民政府紧紧围绕“推动科学发展，促进社会和谐”、“建美丽开远市，做幸福开远人”总体目标，在加快经济建设的同时，高度重视人口和计划生育工作，使该市的计划生育管理和服务工作迈上了一个新的台阶。

人口基本情况：据开远市统计局公报，2008年开远市年末总人口267780人，出生率15.85‰，死亡率为4.96‰，自然增长率为10.89‰，出生人口为4223人，死亡人口1323人。计划生育基本情况：据开远市计划生育报表，计划生育率为97.66%、优选节育率为81.38%、避孕及时率为68%。

市计生服务站技术人员深入农户进行随访

祥云县人口和计划生育局

国家人口计生委到祥云进行行政执法督查

国家人口计生委到祥云调研

2008年祥云县人口计生局进一步抓实目标管理责任制，夯实基层基础，严格依法行政，拓展宣传教育，深化优质服务，狠抓队伍建设，全县人口计生工作主要指标执行情况良好。

人口基本情况：年末总人口458263人，当年出生人口4569人，出生率9.99‰，死亡人口3120人，死亡率6.82‰，自然增长人口1449人，自然增长率3.17‰。计划生育基本情况：计划生育率99.98%，已婚育龄妇女避孕及时率达85%以上，综合节育率达92%。

《孕前保健关键技术研究及示范项目》落户祥云；祥云县计生系统参加卫生部门开展的紧急医疗救护演习活动；祥云县人口计生系统开展“双评”活动改进工作作风提高行政效率；“新家庭文化屋”工程建设项目落户祥云县普淜镇大井村；祥云县计划生育协会荣获全国先进单位。

州人大执法检查组到祥云检查流动人口管理工作

州计划生育协会到禾甸镇新兴底村开展生育关怀慰问活动

大理州“科技、文化、卫生”三下乡示范活动在祥云

宾川县人口和计划生育局

2008年1月10日省计生委副主任吴莉华（右）在宾川检查指导工作

宾川县政府副县长倪昆（右二）、县计生局局长王鸿明（右一）在第十九个世界人口宣传活动中

2007年5月18日州人大执法检查组对宾川县流动人口计划生育服务管理工作进行检查

宾川县人口和计划生育局是政府主管人口和计划生育的行政管理机构，设办公室、政策法规股、统计股、宣教科技股、计划生育协会、流动人口管理股和县计划生育服务站。有干部、职工36人。该局以“稳定低生育水平，提高人口素质，优化人口结构”为目标，提倡“晚婚晚育、少生优生”，开展“关爱女孩”行动，依法打击非医学需要的胎儿性别鉴定、选择性别的人工终止妊娠和计划外生育行为，落实计划生育利益导向机制，提供计划生育科技优质服务。先后评为省级计划生育药具管理先进集体。

县人口计生局是县政府主管人口和计划生育工作的职能部门，负责全县计划生育政策和人口计划的执行，指导督促人口和计划生育工作的开展，组织实施计划生育与人口知识的宣传教育。（一）根据国家和省有关人口与计划生育工作的方针、政策和法规，协同有关部门制订县人口与计划生育工作政策和措施，制定全县性的计划生育工作的具体管理办法，并协调、指导、监督实施。（二）会同有关部门编制人口发展规划和年度计划，负责人口与计划生育的数据统计工作，协同有关部门对人口计划的执行情况进行检查、评估。（三）组织、实施人口与计划生育的宣传教育工作；参与协调有关部门对人口计划生育工作进行综合管理；指导计划生育社会团体的工作。（四）对县人口与计划生育情况进行综合性、前瞻性研究，发现问题，提出对策；协同有关部门制定人口计划生育科学研究规划并付诸实施。（五）负责计划生育技术服务工作的综合管理；指导计划生育服务站工作；协同有关部门做好优生优育工作。（六）负责全县计划生育的药具、物资的计划、管理；指导、监督计划外生育社会抚养费的征收、使用与管理。

2008年7月22日州计生委副主任李绍泉（右一）深入宾川县上白塔农户家中检查“奖优免补”况现情况

永平县人口和计划生育局

省人口计生委领导及州人民政府领导深入我县检查指导人口计生工作

2006年，永平县以降低生育水平、提高出生人口素质、保持出生人口性别平衡为目标，以全面推进人口与计划生育优质服务为主线，不断强化措施，落实责任，努力做好人口与计划生育各项工作。2006年全县总人口为178935人，年内出生1491人，出生性别比为102.58，出生率8.36‰，死亡1319人，死亡率7.40‰，自然增长172人，自然增长率为0.96 ‰。

永平县人口和计划生育工作以法律法规为依据、以农业人口少生奖励为动力、计划生育合同管理为手段，构建综合治理机制，实现了全县人口计生工作的良性发展。2007年全县总人口为179364人，年内出生1440人，出生性别比为96.45，出生率8.04‰，死亡1948人，死亡率10.87‰，自然增长-508人，自然增长率为 -2.84‰。

永平县以落实《中共中央、国务院关于全面加强人口和计划生育工作统筹解决人口问题的决定》精神为主线，紧紧围绕全州创建全国统筹解决人口问题试验区这个中心任务，切实抓好稳定低生育水平、提高出生人口素质、综合治理出生人口性别比偏高等工作，努力为我县实现全面建设小康社会的奋斗目标创造良好的人口环境。2008年全县总人口为181641人，年内出生2030人，出生率11.17‰，死亡924人，死亡率 5.09‰，自然增长640人，自然增长率为6.08‰。出生性别比为108.40。

永平县人口和计划生育局积极开展科技大练兵培训活动，图为学员演示培训项目

永平县人口和计划生育局发放以人口计生法律法规、优生优育、避孕节育、生殖健康等知识为主要内容的《2009年—2013年农家历》

开展计生干部培训，提高队伍整体素质

云龙县人口和计划生育局

2008年度，云龙县完成和超额完成了州人民政府对县人民政府下达的各项人口与计划生育责任目标工作任务，全县人口与计划生育工作取得了新成绩，低生育水平进一步得到稳定。

人口基本情况：年末全县总人口205296人（其中已婚育龄妇女37456人），当年出生1742人，（男婴923人，女婴819人），人口出生率为8.5‰，死亡1336人，死亡率6.52‰，自然增长人口406人，自然增长率为1.98‰。

计划生育基本情况：全年落实长效避孕手术2019例（含结扎242例），同比减少66例，综合节育率达88.49%，已婚育龄妇女避孕及时率达80.6%。

洱源县人口和计划生育局

省计后协会密书长李桂芳到洱源县右所镇检查指导预防艾滋病宣传教育项目工作

2007年7月27—28日，大理州政协常务副主席杨培香、副主席寇铸勋以及相关委室负责人一行8人，在州计生委领导陪同下，前来洱源县视察调研洱源县计划生育服务站所建设管理工作

2008年，洱源县的人口和计划生育工作在全面推进“优质服务、合同管理、少生奖励”三项重点工程中，较好地完成了州对县的各项工作考核指标，保持了全县人口的低生育水平，为全县的经济社会稳定和发展创造了良好的人口环境。

2008年末，全县总人口278313人；当年出生2382人，人口出生率8.55‰，比上年下降了0.63‰；死亡率4.82‰，人口自然增长率为3.73‰，比上年降低了0.52‰。

洱源县人口和计划生育局开展计划生育宣传教育活动

洱源县牛街乡白塔村业余文艺宣传队开展活动

业余文艺宣传队开展活动

剑川县人口和计划生育局

剑川是一个多民族聚居县，境内有白、汉、彝、回、傈僳、纳西等6个世居民族。2008年末，全县少数民族人口有165840人，占总人口的96.37%,白族又占全县总人口的90.43%,是全省白族人口比例最高的一个县。

2008年末,全县总人口达172080人,年内出生1469人,(男婴753人,女婴716人),人口出生率8.89‰,死亡1048人,死亡率6.10‰,人口自然增长率2.95‰,人口出生性别比105 。

2008年，剑川县的人口与计划生育坚持以邓小平理论和“三个代表”重要思想为指导，落实科学发展观，认真贯彻执行党的路线、方针、政策和中央、省、州、县关于人口计生工作的重大决策部署，紧紧围绕全县工作大局以及人口和计划生育工作责任目标，解放思想，开拓创新，扎实工作，为全县经济社会发展创造了良好的人口环境。

剑川县人口计生局领导深入基层调研人口计生工作

全县人口计生工作会议在剑川宾馆召开

举办科技大练兵集中培训

生殖健康普查对象在剑川县计生服务站接受检查

施甸县人口和计划生育局

2008年3月，市人大副主任陈自锋（右三）在太平镇进行执法检查

施甸县人口计生局内设5个职能科室，下辖县计生服务站，干部职工30人，全县人口计生队伍共235人。共有计生服务站所14个，房屋总面积3230.06平方米。在县委、县政府领导下，在市人口计生委指导下，始终把人口与计划生育工作纳入经济和社会发展总体规划中，认真贯彻落实党中央国务院和云南省委省政府《决定》精神，紧紧围绕进一步稳定低生育水平的目标，采取有力措施，创新工作思路，经过全县上下的共同努力，人口数量得到有效控制，人口素质不断提高，"依法管理、村民自治、优质服务、政策推动、综合治理"的人口和计划生育工作机制不断完善，计生服务体系建设扎实推进，较好地完成了人口计生各项工作目标，人口和计划生育工作取得新的成效。2008年，全县出生率下降到8.61‰、计划生育率上升到98.88%，为全县社会、经济、资源、环境协调和可持续发展营造了良好的人口环境。

祁腾武县长（前排左三）出席全县人口计生工作会议

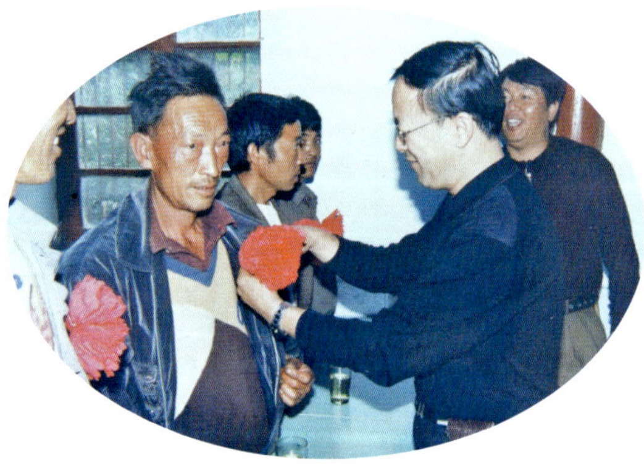

县计生局局长蒋启坤为独生子女父母配戴大红花

在农村举行婚育新风进万家文艺演出

技术服务人员深入农村开展查环、查孕、查病

潞西市人口和计划生育局

国家省州人口计生委领导到路西指导工作

省计生药具工作会议在潞西召开图片为省人口计生委副主任李善荣检查潞西计划生育药具工作

州市人口计生部门领导进村入户开展工作调研

潞西市开展关爱女孩知识竞赛活动

潞西市婚育新风进万家活动启动仪式

盈江县人口和计划生育局

国家计生协党组书记、常务副会长席小平在县委常委县妇联主席何生兰、县政府分管计生工作的副县长李劲伟、县计生局局长马卫祖的陪同下视察计生协工作

团结务实开拓创新的领导班子

省、州、县领导到计生服务所视察工作

州计生委主任番绍芬在县委常委县妇联主席何生兰的陪同下到苏典乡看望慰问受灾的独生子女家庭

盈江县1979年6月成立计划生育办公室；1984年3月合并卫生局设立计划生育办公室；1986年由卫生局分离出来，成立计划生育办公室；1988年更名为划生育委员会；2003年更名为计划生育局；2005年命名为人口和计划生育局。

局机关设4个职能股室，分别为：办公室、法规统计股、综合股（履行5项职能：宣传教育、科技、安全套推广、信访和协会管理）、流动人口计划生育办公室。核定编制14 名，其中行政编制9名，事业编制4名，工勤1名，实有干部职工18名，其中男9名，女9名，大专及以上文化程度16名，高中1名；公务员15名，工勤人员3名。下辖1个县计生服务站，15个乡镇计生服务所，核定编制63名，现有专业技术人员49名，管理人员2名，工勤3名；49名专业技术人员中：助理医师23名，执业医师15名。

对新婚夫妇、孕妇开展优生优育知识宣传培训

云县人口和计划生育局

2007年，云县人口和计划生育工作，坚持以“三个代表”重要思想为指导，深入贯彻落实中共中央国务院《关于全面加强人口和计划生育工作统筹解决人口问题的决定》，以“远打基础，近促发展”的工作方针，全面加强基层基础工作，切实把工作重心下移，围绕中心，突出重点，攻坚克难，与时俱进，开拓创新，围绕群众生育、节育、不孕不育和生殖健康的要求，以人为本、优质服务，寓管理于服务之中，尊重、理解、关心农村育龄群众，帮助解决他们生产、生活、生育的实际困难，不断满足他们对计划生育技术、生殖保健服务的需求。一年来，云县在继续开展以“计划生育优质服务倡导、生殖道感染综合防治、避孕节育随访服务、避孕节育知情选择、出生缺陷干预、青少年生殖健康教育”六项内容为重点的计划生育优质服务的基础上，与县妇联、修正药业集团联合开展了“关爱女孩关注妇女生殖健康普查普治”活动，深入12个乡（镇）100多个村委会，为人民群众开展生殖健康普查普治、查环、查孕、查病，送医、送药下乡，服务育龄妇女27085人次。深受人民群众的好评，树立了计划生育亲民、爱民的新形象。

云南省计生委主任郝青山到云县调研

领导亲临计生服务站检查指导工作

一分耕耘，一分收获。2007年云县人口和计划生育局被命名为市级文明单位、巾帼文明示范窗口、平安单位、无邪教单位、基层党建示范点、省级计划生育优质服务先进县。全县呈现出计划生率提高，违法生育下降的良好态势。2007年末，全县总人口427224人，出生3699人，出生率8.75‰，计划生育率98.86%，自然增长人数1869人，自然增长率4.42‰。全县农业人口独生子女累计办证6407户，占期末农业人口一孩家庭户14973户的42.79%，累计发放一次性奖励金1055.45万元；累计享受养老生活补助2527人次，兑现养老生活补助金165.235万元；累计享受教育奖学金8383人次，兑现教育奖学金148.141万元。

沧源县人口和计划生育局

2008年人口与计划生育工作认真贯彻落实《中共中央国务院关于全面加强人口与计划生育工作统筹解决人口问题的决定》，认真落实科学发展观，牢固树立正确的政绩观和人口安全观，紧紧围绕降低生育水平这一主要任务，面向全面建设小康社会，建设社会主义新农村和构建和谐沧源为奋斗目标，重点抓好宣传教育工作、依法行政工作、基层技术服务网络建设和计划生育优质服务创建工作。

2008年末全县总人口为169644人，当年共出生1452人，出生率为8.57‰，死亡859人，死亡率为5.07‰。自增人口593人，自增率为3.5‰。

2008年末全县计划生育率为99.45%，综合节育率为86.29%，长效节育率为82.44%，避孕及时率为83.27%。

2008年3月，云南省人口和计划生育委员会郝青山主任一行，深入到沧源县计划生育服务站检查指导工作

2008年3月，沧源县委、县人民政府召开“沧源县人口与计划生育暨创建省级优质服务先进县、出生缺陷一级预防启动会议”

2008年5月，沧源县人口计生局组织开展“三下乡”活动

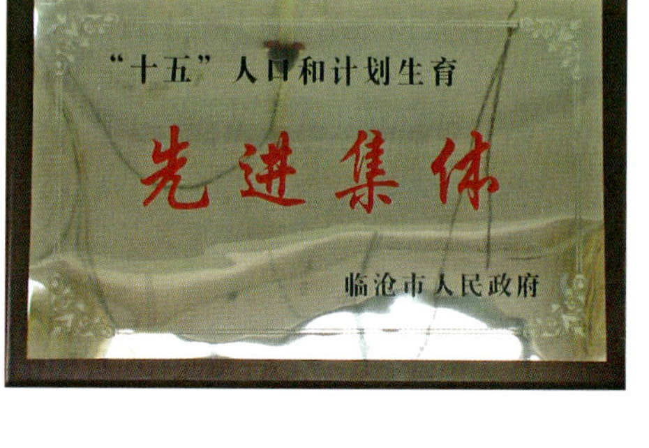

镇沅县人口和计划生育局

镇沅县人口与计划生育局位于镇沅县城恩水路与融林享交叉口，成立于1979年10月，2005年9月由镇沅县计划生育委员会更名为镇沅县人口与计划生育局，属全额拨款行政事业性单位，现有干部职工13人，其中党员8人。下设办公室、宣传法规股、计划统计股、财务股、科技协会股。下属事业单位：县计划生育服务站、流动人口管理所、9个乡（镇）计划生育服务所。镇沅县人口与计划生育局主要职责是贯彻执行党和国家人口和计划生育方针、政策、法律、法规，编制县级人口规划和人口计划，制定实施人口和计划生育目标及实现目标的措施。是主管人口和计划生育工作的政府组成部门。近年来，我局以“三个代表”重要思想和科学发展观为指导，以争创省级“计划生育优质服务先进县”为动力，以统筹解决人口问题为己任，连续13年完成市人民政府下达我县人口和计划生育目标任务，为全面建设小康镇沅创造了良好的人口环境。

2006-2008年,镇沅县人口计生工作以满足群众愿望和需求为出发点和立足点,以突出为民服务意识为前提和根本,以坚持“三个代表”重要思想和科学发展观为指导，认真贯彻落实党和国家人口计生工作各项方针政策、法律法规，初步建立完善依法管理、村（居）民自治、优质服务、政策推动、综合治理工作新机制，形成宣传开路、利益导向、政策推动、综合治理、齐抓共管工作新格局。

3年来，镇沅县人口计生工作，（1）加强队伍建设，不断提高队伍素质，强化责任，增强法制观念和服务意识，全面提升管理服务水平。（2）加强基础建设，完善基层服务网络，狠抓基层基础工作。（3）加大宣传教育力度，普及“应知应会”知识，加强法制教育和健康教育，增强法律意识和健康意识，倡导婚育新风，建设生育文化，引导群众树立新型婚育观念。（4）完善利益导向机制，落实优先优惠和奖励扶助政策，保障计划生育家庭的合法权益。（5）创建优质服务体系，增强优质服务能力，提供计划生育/生殖健康优质服务。（6）积极开展村民自治，强化民主管理，实现计划生育自我管理、自我教育、自我服务。（7）加强流动人口计划生育管理、完善综合治理机制，探索管理服务模式。

2006-2008年，连续3年获人口和计划生育双线责任目标考核一等奖。

云南人口和计划生育 年鉴 2008 Yunnan Population and Family Planning Yearbook

云南省人口和计划生育委员会

云南
人口和计划生育 年鉴 2008

Yunnan Population and Family Planning Yearbook

热烈庆祝中华人民共和国成立60华诞